U0863951

国家社科基金后期资助项目
出版说明

后期资助项目是国家社科基金设立的一类重要项目，旨在鼓励广大社科研究者潜心治学，支持基础研究多出优秀成果。它是经过严格评审，从接近完成的科研成果中遴选立项的。为扩大后期资助项目的影响，更好地推动学术发展，促进成果转化，全国哲学社会科学工作办公室按照“统一设计、统一标识、统一版式、形成系列”的总体要求，组织出版国家社科基金后期资助项目成果。

全国哲学社会科学工作办公室

国家社科基金
GUOJIA SHEKE JIJIN HOUQI ZIZHU XIANGMU
后期资助项目

兴奋剂违规与处罚研究

Research on
Doping Violations and Sanctions

杨春然　著

法律出版社
LAW PRESS · CHINA
——北京——

图书在版编目（CIP）数据

兴奋剂违规与处罚研究 / 杨春然著. -- 北京：法律出版社，2024. -- ISBN 978-7-5197-9447-7

Ⅰ. D912.16

中国国家版本馆 CIP 数据核字第 20249XZ462 号

兴奋剂违规与处罚研究
XINGFENJI WEIGUI YU CHUFA YANJIU

杨春然 著

策划编辑 张 岩 冯雨春
责任编辑 程鹏瑶
装帧设计 李 瞻

出版发行 法律出版社
编辑统筹 重大项目办公室
责任校对 王晓萍
责任印制 吕亚莉
经　　销 新华书店

开本 710 毫米×1000 毫米 1/16
印张 31.5 **字数** 544 千
版本 2024 年 11 月第 1 版
印次 2024 年 11 月第 1 次印刷
印刷 北京建宏印刷有限公司

地址：北京市丰台区莲花池西里 7 号（100073）
网址：www.lawpress.com.cn
投稿邮箱：info@lawpress.com.cn
举报盗版邮箱：jbwq@lawpress.com.cn
销售电话：010-83938349
客服电话：010-83938350
咨询电话：010-63939796
版权所有·侵权必究

书号：ISBN 978-7-5197-9447-7
定价：198.00 元

凡购买本社图书，如有印装错误，我社负责退换。电话：010-83938349

基金项目
国家社会科学基金后期资助项目，项目批准号：19FTYB011

序　言

我国《刑法修正案(十一)》将妨碍兴奋剂管理的行为定为犯罪。这一罪名实际上属于行政犯的范畴,其之适用受制于我国的反兴奋剂制度。根据《世界反兴奋剂条例》第 23. 2. 2 条的规定,作为成员国,我国的反兴奋剂制度必须符合《世界反兴奋剂条例》的要求。然而,对这些要求的理解,不能忽视国际体育仲裁法庭(Court of Arbitration for Sport,CAS)的判例法,因为该条例的很多内容都源于判例。反兴奋剂制度的国际性,使得妨碍兴奋剂管理罪的实施非常复杂,因此,本书对兴奋剂违规处罚各种问题的探讨,主要针对国际运动员的违规行为,对国内运动员的违规行为有参考意义。对于妨害兴奋剂管理罪,应当慎重使用。全书分为实体法篇、程序法篇和改革篇。

实体法篇主要关注反兴奋剂立法的过程,反兴奋剂违规制度的内容,包括原则与规则。揭示反兴奋剂规则的内在逻辑结构:行为触犯兴奋剂禁止—阻却违规事由—阻却责任事由—兴奋剂违规处罚。

程序法篇着重探讨兴奋剂违规的证明、大数据技术在兴奋剂违规监管中的应用与限制,揭示兴奋剂违规处罚的双重属性以及引发的问题,比如证明标准处在民事上的优势证据标准与刑事上的排除合理怀疑标准之间,运动员应当受到特殊的程序保护等。

改革篇聚焦于《世界反兴奋剂条例》的挑战和反兴奋剂规则的改革。探讨当前反兴奋剂规则面临的挑战、兴奋剂入罪问题,并提出改革的思路和建议。

目录 Contents

实体法篇

程序法篇

改 革 篇

实体法篇

第一章 反兴奋剂制度概述

第一节 反兴奋剂制度发展史

在体育领域使用兴奋剂，最早可以追溯到古希腊。当时，很多希腊运动员为了战胜对手，在比赛之前使用药膏和茶叶以提高自己的比赛成绩。到了近代，出现了激素后，很多运动员开始使用这种物质。不过，他们这样做通常是公开的，根本不予掩盖，因为这种行为并不被当时的体育组织所禁止，但是，也有一些运动员对外保密，目的是防止自己的这种专有"兴奋剂"秘籍被竞争对手知道，影响自己的"竞争优势"。

20 世纪 30 年代，社会上出现了一种名为安非他命的药，其原本用于迅速提振精神、消除疲劳、加强竞争性及敌对性，让力量与体能大幅亢进。由于其有心理刺激效果，在"二战"期间首先被军队使用。战争结束后，这种物质被广泛应用于职业棒球运动。特别是"二战"期间，德国科学家开发出了一种药品——类固醇，被纳粹用于德国士兵，以提高其战斗力。"二战"结束后不久，美国和苏联的举重运动员开始使用这种药品。随后，这种药品的使用逐渐扩展到其他体育项目上，以至于在 20 世纪中期，这种药品在体育领域广泛流行。

到了 20 世纪 60 年代，国际奥林匹克委员会（International Olympic Committee，IOC，以下简称国际奥委会）开始关注运动员因用药而获得竞争优势的问题，不过，当时并没有采取统一的行动来限制或制止这种行为。然而，丹麦自行车运动员科纳特·艾弗里（Knud Enemark Jensen）在罗马奥运会上，因为中暑和服用了兴奋剂而在赛道上倒下，后被送往医院，不幸死亡，国际奥委会才开始意识到药品问题的严重性，并随即建立了国际奥委会医疗委员会，其主要任务就是进行兴奋剂预防，负责制定《奥林匹克运动反兴奋剂条例》，并监督其实施。在接下来的 1968 年的墨西哥奥运会上，开始了药品检查，其根据就是《奥林匹克运动反兴奋剂条例》。然而，该条例仅仅适用于奥运会等奥林匹克运动，对其他国际或者国内体育比赛不适用，这无法从根本上遏制兴奋剂在体育领域的泛滥。这方面最典型的例证是东德的官方体育组织，为了能在比赛中获得更多的奖牌，甚至强迫运动员使用药品,给运动员造成了严重的身体伤害。比如,前东德体育联合会的部长曼弗雷德·埃瓦尔德(Manfred Ewald),以及负责医疗工作的曼弗雷德·霍普纳(Manfred Höppner),曾经参与向运动员强制或者秘密地提供兴奋剂的计划,导致许多运动员的身体和心理受到严重的损害。在东德解体后,他们被起诉并被判处有期徒刑,但是后来被减刑或者改为缓刑。他们的行为被认为是体育史上最大的兴奋剂丑闻之一。根据该案的审理,埃瓦尔德本人曾指使142个德国运动员,主要是游泳运动员,使用药品提高成绩,为此他被判处22个月的监禁刑。作为共同被告的霍普纳被判处18个月的缓期。① 该案表明,在20世纪六七十年代,东德政府为了提高比赛成绩,有一个秘密使用兴奋剂的计划,有组织地帮助运动员使用药品。很多运动员证实,当时他们并不知道自己使用了药品,更不知道其存在健康方面的危险。部分女性运动员由于使用了提高比赛成绩的物质(主要是合成性类固醇),出现了荷尔蒙失调等副反应,身体长出大量的毛发,肌肉出现男性化的倾向,声音变得沙哑,肝脏和肾脏病变;有的发生月经紊乱以及出现其他妇科疾病。东西德合并后,东德政府这种丑闻才被披露出来,涉及的教练、医生和官员有680人,其中有9人被判了刑。前民主德国安全局的内部材料显示,这个计划从1969年开始,原来是为了在1972年的慕尼黑运动会上羞辱西德,才开始制定体育优先政策。在这次奥运会上,他们让一千多名运动员使用了药品,很多运动员当时并不知道他们吃的是什么。当发现事实真相后,政府强迫他们签订协议,不允许告知外界。随后,击败西德的病态心理被运动员取得金钱、彰显自己的成功所取代。然而,这样做的成本却非常昂贵,绝大多数运动员的身体受到严重伤害。在东德安全局1977年的报告中,详细列举了女性运动员使用提高比赛成绩的物质所产生的副反应,包括身体毛发激增、声音沙哑、性欲减退,等等。尽管如此,为了能继续获得赛场上的成功,她们仍然持续使用药品。在1980年的莫斯科奥运会上赢得3枚金牌的东德游泳运动员里卡·赖尼施(Rica Reinisch)回忆说:"当时经常吃药,教练拿来时,根本不知道是什么东西。教练只是说吃了它能使我在训练或者比赛后迅速恢复体力,有利于战胜对手。我就盲目地相信了他。最后,很可能是它造成了我卵巢发炎,且滋生了很多囊肿,不得不提前退役。"赖尼施后来成了慕尼黑一家电台的体育解说员,生育了2个孩子,相对来说后果并不是很严重。其他运动员

---

① See Ioannidis G., *The Application of Criminal Law on Doping Infractions and the "Whereabouts Information" Rule: State Regulation v. Self-Regulation*, Int. Sports Law, Vol. 1, p. 14 – 25 (2010).

就没有这么幸运了，很多人终身不育，一些年轻的运动员身体发生病变，年龄不大就终生与轮椅为伴。而有些男性运动员乳房剧增：由于药物的刺激，其身体系统失去了产生足够男性荷尔蒙的能力。在这里面，最不幸的是东德著名的铅球运动员海蒂·克里格（Heidi Krieger），她曾获得1986年欧洲田径锦标赛女子铅球冠军。她从16岁起，就高剂量（每年2590毫克）服用类固醇，这使其不仅外貌像一个男人，而且还产生了转变性别的想法。1997年，克里格进行了变性手术。这些证据揭示了兴奋剂的危险性和人身危害性。

正是基于上述原因，在国际奥委会的倡导下，大部分国际单项体育联合会和一些国家也开始制订自己的反兴奋剂规则，建立自己专门的实验室，对参加比赛的运动员进行检查，发现体内有禁用物质的，进行处罚；运动员对处罚不服的，由专门的组织进行听证，且可依据上诉规则进行上诉。然而，各体育组织及成员国在被禁用的物质、处罚和程序等方面，存在很大的差异，反兴奋剂领域存在极大的混乱。也就是说，从立法的角度看，这些国家、体育机构与国际奥委会，在禁用物质、处罚程序和违规后果等方面，存在很大的差异，这给反兴奋剂运动带来了极大的麻烦：

其一，有悖于公平原则。对国际比赛而言，其所属的国际体育组织不同，反兴奋剂规定也不相同，这意味着一个体育组织禁止使用的物质，很可能被另外一个体育组织所允许。这样，熟悉反兴奋剂规则的运动员，很可能利用这种"制度差异"，选择相应的禁用物质提高比赛成绩。在这种情况下，没有使用禁药的运动员，通常会怀疑其竞争对手合法地使用了兴奋剂，从而抱怨比赛的不公平；使用禁药的运动员会认为竞争对手也使用了药品，这必然会影响反兴奋剂政策的实施。

其二，违反平等原则。各个国家的反兴奋剂规定不同，特别是有的国家禁止，有的国家不禁止，这必然造成各个国家的运动员在兴奋剂问题上的不平等。即使各国都禁止使用兴奋剂，如果处罚不同，禁用物质的清单不同，或者进行赛外检查的概率不同，这同样违反平等原则。

其三，极易产生利益冲突。对于国际比赛，各个国家都希望自己的运动员能取得好成绩，即比赛成绩往往关涉国家利益，因此，让各国担负反兴奋剂的任务，其之公正性，很容易受到质疑。东德政府支持运动员系统使用兴奋剂的事实，也证明了该质疑的合理性。①

---

① 参见杨春然：《运动员使用兴奋剂行为入罪的法律障碍及突破》，载《上海体育学院学报》2018年第2期。

总之,上述治理结构存在很多问题,基于此,1999 年国际奥委会在瑞士的洛桑召开会议,决定成立独立的反兴奋剂组织,即世界反兴奋剂机构(World Anti-Doping Agency,WADA),统一奥林匹克运动内部的反兴奋剂政策。

在 WADA 的主导下,才先后制定了 4 个版本的《世界反兴奋剂条例》(World Anti-Doping Code,WADC),即 2003 版 WADC、2009 版 WADC、2015 版 WADC、2021 版 WADC。尤其是 2021 版 WADC 规定,各个国际单项体育联合会和成员国制定的反兴奋剂规则在实质上应当与 WADC 的规定完全相同,不允许进行实质的改变,即在立法上,彻底统一反兴奋剂制度。

这样,形成了以世界反兴奋剂机构为主导的,以《世界反兴奋剂条例》为核心的反兴奋剂制度。这种制度的优点在于:由于世界反兴奋剂机构专门负责全世界的反兴奋剂工作,且其既不效忠于国际奥委会,也不效忠于任何一个国家或者参赛队伍,或者某一体育比赛项目,从而从根本上解决了反兴奋剂制度所蕴含的利益冲突问题,即无须担心反兴奋剂工作会影响体育比赛的观赏性,或者影响电视受众对体育比赛的兴趣等而放纵兴奋剂监管的问题。世界反兴奋剂机构的主要任务,就是保障运动员参加干净比赛的权利,增进运动员的健康、维护比赛公平和平等,打击使用兴奋剂的行为。① 正是 WADA 的独立性和主导性,才使以《世界反兴奋剂条例》为中心的反兴奋剂政策具有单向性,其之制定与实施,无须得到运动员和其他利益相关方的认可。② 这种单向性,使得当前反兴奋剂制度具有以下的特点:

其一,《世界反兴奋剂条例》为兴奋剂违规行为设置了较为严厉的处罚。比如,根据 2015 版 WADC 第 10.2.1 条,初次故意使用兴奋剂的,基准罚为禁赛 4 年。也就是说,对很多体育项目而言,为了提高比赛成绩而使用禁用物质的,会处以几乎等同于终身禁赛的处罚。③ WADC 之所以规定如此严厉的处罚,主要原因在于 WADA 不用过多地考虑运动员的利益。与此形成鲜明对比的是,美国职业足球大联盟(Major League Soccer,

---

① 参见杨春然:《论兴奋剂处罚的归责原则与 WADC 目的的冲突及协调》,载《武汉体育学院学报》2017 年第 3 期。

② See Daniel J. Gandert, *The WADA Code: Optimal on Paper*, Md. J. Int'l L., Vol. 32:1, p. 274 – 337(2017).

③ 参见杨春然:《论兴奋剂处罚的归责原则与 WADC 目的的冲突及协调》,载《武汉体育学院学报》2017 年第 3 期。

MLS）规定，对于初次故意使用兴奋剂的，禁赛处罚不得超过一季。① 世界反兴奋剂机构认为，如此轻微的处罚，很难控制兴奋剂的滥用，毕竟一旦侥幸成功，运动员会获得巨大的收益。不过，由于该联盟独立于世界反兴奋剂体系，且其反兴奋剂制度是资方与运动员相互谈判后的结果，即其包含着运动员的诉求，所以对兴奋剂违规行为比较宽容。显然，世界反兴奋剂体系有利于避免这种缺陷。

其二，《世界反兴奋剂条例》制定了较为严厉的监管措施。一般认为，目前飞行药检对控制兴奋剂的滥用具有不可或缺性。不过，该制度的实施离不开"行踪规则"。根据《世界反兴奋剂条例》中的"行踪规则"，运动员必须事前登记其行踪，以便于不通过事前通知，就能随时随地找到他们，从而进行药检。② 如果一年（12 个月）之内，出现了 3 次药检失败，运动员就构成一次兴奋剂违规，会受到 1～2 年的禁赛处罚。从劳动法的角度看，如果雇佣合同包含着这样的规定，肯定是有问题的。事实上，该制度一经实施，即刻遭到很多运动员的强烈反对。比如，在当时，就有 65 个比利时籍的运动员对其提起了集团诉讼，认为其无异于为抓捕一个罪犯而将整个村庄投入监狱。网球明星纳达尔（Rafael Nadal）也抱怨说这种制度极为变态，其使运动员的处境与囚犯无异。甚至国际足球联合会（Fédération Internationale de Football Association，FIFA，以下简称国际足联）和欧洲足球协会联盟（Union of European Football Associations，UEFA，以下简称欧足联）也都抵制这项制度。③ 欧盟为此还专门成立了一个法律咨询机构。该机构经过研究认为，这项制度与欧洲法相悖，应当废除。④ 但是，WADA 对此却置之不理，原因就是 WADC 是由其单方制定的，运动员及参与奥林匹克运动的其他人，只有遵守的义务，并没有讨价还价的权利。⑤ 显然，美国职业大联盟，很难有这样的制度。

---

① 禁赛期间没有薪金，运动员将其视为是罚金刑。ESPN. com news services，*MLB ups Length of Drug-Use Bans*，ESPN（Mar. 28，2014），http://www. espn. com/mlb/story/_/id/10690127/major-league-baseball-union-toughendrugagreement-provisions；A Timeline of MLB's Drug-Testing Rules，Fox Sports.

② 参见杨春然、张梅：《世界反兴奋剂机构的行踪规则与法律的冲突及限制》，载《成都体育学院学报》2018 年第 1 期。

③ 参见杨春然、张梅：《世界反兴奋剂机构的行踪规则与法律的冲突及限制》，载《成都体育学院学报》2018 年第 1 期。

④ See James Halt，*Where is the Privacy in WADA's "Whereabouts" Rule?*，Marquette Sports Law Review，p. 267－289（2009）.

⑤ See Gandert D. ＆Ronisky F.，*American Professional Sports is a Doper's Paradise：It's Time We Make a Change*，North Dakota Law Review，p. 813－844（2010）.

其三,《世界反兴奋剂条例》有助于充分调动社会的资源,降低反兴奋剂工作的成本。当前反兴奋剂治理结构明显具有二元化的特点,其主要表现为:第一,WADA 的控制权由各国政府和奥林匹克组织平等分享,作为 WADA 权力机构的基金理事会的 38 个席位,两者各占一半;第二,WADA 的经费由各成员国的政府与奥林匹克组织平均分担;第三,在奥林匹克运动内部,反兴奋剂政策由 WADA 制定,而实际的兴奋剂控制工作,却是由其他国内组织或者国际单项联合会进行。这种模式可以充分利用各国的资源打击使用兴奋剂的行为,降低反兴奋剂工作的成本。然而,这种模式也存在一些致命的缺陷,即利益冲突,因为各个成员国为了保护本国运动员或者各个体育联合会为了使自己的项目赢得更多的观众,会放纵运动员滥用兴奋剂。面对这种挑战,二元化治理机制可能无法实现反兴奋剂运动或者反兴奋剂斗争的目的。

第二节 反兴奋剂规则体系

《世界反兴奋剂条例》最早在 2003 年制定,于 2004 年 8 月 1 日开始实施。如第一节中所述,WADC 共经历了 4 次修改,可以说每次修改都基于解决某一特定的问题,比如,2003 版 WADC 制定的主要目的是协调国际各体育联合会项目和国家的反兴奋剂规则;2009 版 WADC 的修改,主要是为了平衡兴奋剂违规的处罚必要性与比例原则之间的关系;2015 年的改革是为了解决阿姆斯特朗兴奋剂丑闻所反映的问题、①提高情报收集手段、规制运动员团队并增强威慑力。② 世界反兴奋剂机构对 WADC 的最新修订始于 2017 年,结束于 2019 年 11 月。在卡托维兹举行的世界反兴奋剂大会上,由于大多数利益相关者认为 2015 版 WADC 在总体上运作良好,③因此本次修订主要解决俄罗斯兴奋剂丑闻所反映的结构性和有组织的兴奋剂违规问题,确保 WADC 能快速应对新出现的问题,比如重新检查、滥用药物、守法监管等。

---

① See Cf. for an overview HAAS, *Background to the World Anti-Doping Code 2015*, Doping in Sport and the Law, p. 19 seq(2016).

② See Cf. HAAS, *Background to the World Anti-Doping Code 2015*, Doping in Sport and the Law, p. 19, 24(2016).

③ See December 2017 to March 2018, June 2018 to September 2018 and December 2018 to March 2019. Between May 2019 and September 2019 WADA allowed for further and continued stake holder feedback.

一、等级性的规范体系

反兴奋剂运动是一项全球性的运动，旨在保护运动员的健康和权利，维护体育运动的公平和清廉，打击使用兴奋剂的行为。为了实现这一目标，需要有一套统一和有效的规范性文件，来规范和指导各国政府、体育组织、运动员、教练、医生、官员、媒体、公众等在反兴奋剂方面的责任和义务，以及相关的标准和程序。WADA 为反兴奋剂运动制定了一套规范性文件，这些文件在结构上分为三个层次：

第一个层次：最高的是《世界反兴奋剂条例》。这是一份具有法律效力的文件，是反兴奋剂运动的核心和基础，它定义了什么是兴奋剂，什么是违规行为，如何进行检测、调查、审判、处罚、上诉等，以及各方的权利和义务。所有参与奥运会和其他国际体育赛事的国家和组织，都必须接受和遵守，否则将面临严重的后果。

第二个层次：WADA 颁布的具有强制性的国际标准。这些标准是对 WADC 的补充和细化，它们规定了反兴奋剂工作的具体的技术和操作要求，比如，有关实验室的国际标准，有关检测方法的国际标准，有关兴奋剂名单的国际标准，有关信息保护的国际标准，有关教育和沟通的国际标准等。所有遵守 WADC 的国家和组织，都必须按照这些国际标准来执行反兴奋剂工作，以保证反兴奋剂工作的质量和一致性。

第三个层次：技术文件。这种文件是一种工具，使世界反兴奋剂机构能够迅速对反兴奋剂领域的某些（当地或全球）问题作出反应，而不必遵循更漫长的改变国际标准的过程。[①] 比如，当出现一种新的兴奋剂或者检测方法时，WADA 可以通过发布技术文件，来通知各方如何应对和处理这种情况，以避免出现漏洞和延误。技术文件虽然不是法律文件，但是也具有一定的约束力，所有遵守 WADC 的国家和组织，都应该尊重和遵循技术文件的内容，以保证反兴奋剂工作的及时性和有效性。

上述规范性文件，构成了反兴奋剂运动的规范等级体系。它们相互协调，相互支持，相互补充，形成了一个完整有力的反兴奋剂框架。其实，过去就有技术文件，2021 版 WADC 只是公开承认这一做法，并将这些规定纳入世界反兴奋剂计划现有的规范等级体系中，以增强反兴奋剂运动的透明度和可信度。

---

① See For an overview of the existing Technical Documents, cf. https://www.wada-ama.org/sites/default/files/resources/files/td2019_index_v4.0.pdf.

二、国际标准

为了充实《世界反兴奋剂条例》的内容，确保反兴奋剂组织之间的做法更加协调一致，2021 版 WADC 增加了很多国际标准，主要有：①

第一，《签约方条例合规国际标准》（International Standard for Code Compliance by Signatories，ISCCS）：用于评估和监督各方的行为是否符合《世界反兴奋剂条例》。它规定了遵守 WADC 的标准、指标、程序、报告、惩罚等，以确保反兴奋剂工作的一致性和有效性。

第二，《检查和调查国际标准》（International Standard for Testing and Investigations，ISTI）：用于规范和指导反兴奋剂检查和调查。它规定了检查和调查的计划、方法、范围、频率、通知、样本、分析、记录、保密等，以确保检查和调查的质量和公正性。

第三，《治疗用药豁免国际标准》（International Standard for Therapeutic Use Exemptions，ISTUE）：用于规范和指导运动员在医疗需要的情况下使用禁用物质的条件。它规定了申请、审批、拒绝、撤销、修改、延期、公示、复审等的条件，以及程序、要求、责任等，以确保治疗用药豁免制度实施的合理性和透明度。

第四，《隐私和个人信息保护国际标准》（International Standard for the Protection of Privacy and Personal Information，ISPPPI）：用于规范和指导反兴奋剂工作中的个人信息的收集、存储、处理、传输、共享、使用、删除等。它规定了个人信息的定义、分类、权限、授权、同意、安全、违规、投诉等，以确保个人信息的保护和尊重。

第五，《实验室国际标准》（International Standard for Laboratories，ISL）：用于规范和指导反兴奋剂实验室的工作。它规定了实验室的认证、监督、管理、设备、人员、方法、程序、质量、报告、结果、争议等，以确保实验室的专业性和准确性。

第六，《教育国际标准》（International Standard for Education，ISE）：用于规范和指导反兴奋剂教育的工作。它规定了教育的目的、内容、对象、方法、评估、反馈、改进等，以确保教育的有效性和持续性。

第七，《结果管理国际标准》（International Standard for Results Management，ISRM）：用于规范和指导反兴奋剂结果的管理。它规定了结果管理的定

① See Haynes J.，*WADA's International Standard for Code Compliance by Signatories：A Primary Assessment*，I. S. L. Rissue 4，p. 59 etseq（2018）.

义、原则、程序、责任、权利、义务、通知、证据、听证、裁决、处罚、上诉等，以确保结果管理的公正性和一致性。

后面的两个国际标准在过去是没有的，他们原本在2015版WADC第7条中，现在独立成为国际标准，从而也压缩了2021版WADC的内容。

三、运动员的反兴奋剂权利法案

2021版WADC增加了由世界反兴奋剂机构运动员委员会提交的、由世界反兴奋剂机构理事会批准通过的《运动员反兴奋剂权利法案》(Athletes' Anti-Doping Rights Act，AADRA)，它不属于反兴奋剂三个层面的规范体系的内容。[①] 该法案在第20.7.7条以非详尽列举的方式明确了世界反兴奋剂机构和国际标准中以及反兴奋剂实践中认可的运动员的权利。该法案分为两部分，第一部分是宣言性的，列举(以非详尽的方式)了现有运动员在反兴奋剂背景下的权利，包括但不局限于：

第一，机会平等权：运动员有权参与一个没有兴奋剂、所有参与者都遵守相同的规则和标准、都受到相同的检查和处罚、都能够获得相同的教育和支持的运动环境。

第二，公平、公正的检测权：运动员有权享受公平、公正、有效、及时、透明的反兴奋剂检测计划，包括样本的收集、分析、运输、存储、报告等。

第三，医疗健康权：运动员有权在反兴奋剂工作中获得医疗和健康的保护，包括合理、必要、安全、有效的治疗用药，包括申请、审批、公示、监督等。运动员有权拒绝任何可能对自己健康造成危害或者违反反兴奋剂规则的医疗行为。

第四，正义权：运动员在反兴奋剂工作中有享受正义的权利，包括在涉及自己的反兴奋剂结果管理和处罚的过程中，获得公正、独立、透明、及时、有效的程序保护，包括检查、调查、结果管理、听证、裁决、处罚、上诉等。运动员有权获得充分的通知、证据、辩护、代表、解释、复核等。

第五，问责权：运动员在反兴奋剂工作中享有问责的权利，包括要求反兴奋剂组织、体育组织、政府、媒体、公众等履行他们的责任和义务，如制定和执行反兴奋剂的规则和标准，提供反兴奋剂的检查和调查，公正和及时地进行反兴奋剂的结果管理和处罚，保护和尊重反兴奋剂工作所收集的个人信息与行踪信息，提供反兴奋剂的教育和咨询，合作和参与反兴奋剂的

---

① For an overview over the changes related to results management, see also Mortsiefer, *Revision des Welt Anti-Doping Code(WADC 2021) – Ein Überblick*, SpuRt, p. 10, 11 seq(2020).

工作等。运动员有权投诉和纠正任何违反反兴奋剂规则和标准的行为和结果。

第六，举报权或者吹哨权：运动员有权在反兴奋剂工作中享有举报者的权利，包括向反兴奋剂组织、体育组织、政府、媒体、公众等举报任何涉及兴奋剂的违规行为，包括使用、生产、流通、销售、供应、运输等环节的兴奋剂违规行为和掩盖、破坏、误导、欺骗等。运动员有权获得举报的保密、保护、奖励、反馈等。

第七，受教育权：运动员有权在反兴奋剂工作中享受教育，包括获得充分、准确、及时、可靠、有用的反兴奋剂教育和咨询，包括了解兴奋剂的定义、危害、检测、处罚、预防、治疗、申诉等。运动员有权参与反兴奋剂教育和咨询的设计、实施、评估、改进等。运动员有权向反兴奋剂组织提出问题、建议、意见，进行反馈等。

第八，数据保护权：运动员有权在反兴奋剂工作中享受数据保护，包括保护自己的个人信息，包括身份、健康、样本、分析、结果、违规、处罚等。运动员有权控制自己的个人信息的收集、存储、处理、传输、共享、使用、删除等。运动员有权知道自己的个人信息被谁收集、为什么收集、怎么收集、使用多久、用来做什么等。运动员有权投诉和纠正个人信息的违规使用和错误等。

第九，赔偿权：运动员有权在反兴奋剂工作中受赔偿，包括在因为反兴奋剂工作的错误、疏忽、过失、违法等导致自己的权利和利益受到损害的情况下，获得合理、公正、及时的赔偿，包括经济、声誉、情感等方面的赔偿。

第十，受保护人的权利：运动员有权在反兴奋剂工作中获得受保护人的权利，包括在因为年龄、性别、种族、文化、教育、健康、社会、经济等原因导致自己的反兴奋剂能力和意识受到限制的情况下，获得特殊、适当、人性化的反兴奋剂服务，包括检查、调查、结果管理、处罚、教育、咨询等。

第十一，样本采集过程中的权利：运动员在反兴奋剂样本采集过程中享受以下的权利，包括选择自己的陪同人，要求查看采集人员的身份证明，要求采集人员遵守采集程序，要求采集人员尊重自己的隐私，要求采集人员保护自己的样本，要求采集人员提供采集的证明，要求采集人员记录自己的意见等。

运动员在样本采集过程中享受这些权利是为了保护运动员的合法权益，维护反兴奋剂工作的公信力，促进反兴奋剂工作的合作和参与，提高反兴奋剂工作的质量和效率。运动员在样本采集过程中行使这些权利的同时，也应该履行相应的责任和义务，包括遵守反兴奋剂的规则和标准，配合采集人员的工作，提供真实、完整、准确的信息，不做任何有损于反兴奋剂工作的事情。运动员和采集人员应该在样本采集过程中相互尊重、相互信任、相互支持、共同为反兴奋剂运动作贡献。

《运动员反兴奋剂权利法案》第二部分规定了运动员建议能够享有的权利。这些权利包括：

第一，免于反兴奋剂系统腐败权：运动员有权参与一个没有腐败的反兴奋剂系统，即所有参与者都遵守道德、诚信与清廉原则、不从事或者容忍任何形式的贿赂、欺诈、滥用、勒索、利益冲突、隐瞒、串通、操纵与报复等行为。这个权利意味着运动员希望反兴奋剂工作能够保持其独立性、专业性与公信力，不受任何外部或者内部的不正当的影响、干预、控制与利用等。

第二，参与治理和决策的权利：运动员有权参与反兴奋剂的治理和决策，包括在反兴奋剂组织、体育组织、政府等的组织结构、管理层、委员会、工作组、项目组等中，拥有合理、有效、有代表性的运动员代表，包括不同性别、年龄、项目、地区、层次的运动员代表，以及受保护人、退役运动员、举报者等特殊群体的运动员代表。运动员有权在反兴奋剂的规划、制定、执行、监督、评估以及改进等过程中，拥有平等、有效、有影响力的发言，投票，提案，监督，评估与改进等权利。这个权利意味着运动员希望反兴奋剂工作能够充分考虑和反映运动员的需求、利益、意见、建议等，让运动员成为反兴奋剂工作的主体，而不是被动对象。

第三，法律援助的权利：运动员有权在反兴奋剂工作中享受法律援助，包括在涉及自己的反兴奋剂结果管理和处罚中，获得免费、专业、可靠、及时的法律咨询与辩护等服务。这包括由反兴奋剂组织、体育组织、政府、媒体与社会等提供或者协助提供的法律援助。这个权利意味着运动员希望反兴奋剂工作能够保障运动员的法律权益，减轻运动员的法律负担，提高运动员的法律素养，增强运动员的法律信心。

以上这些权利并不普遍存在于反兴奋剂领域，也不普遍存在于《世界反兴奋剂条例》以及国际标准中。然而，这些权利是运动员希望或者鼓励反兴奋剂组织在自己的组织结构中予以尊重或者未来采取的相应措施，也希望 AADRA 最终发展成为一份法律文件，供仲裁机构援引。不过，运动员建议能够享有的权利绝不是没有意义的，事实上，这些权利很可能会以阻却故意、过失的方式，否定或者减轻对运动员的处罚。例如，如果运动员能够证明自己在反兴奋剂工作中没有获得公平、公正、透明的程序，没有获得充分、准确、及时的教育和咨询，没有获得合理、必要、安全、有效的治疗用药，没有获得免费、专业、可靠、及时的法律援助等，那么运动员可能会以此为理由,否定或者减轻自己的故意或者过失,从而影响反兴奋剂组织对运动员的处罚的类型、程度、期限等。易言之,如果说 AADRA 第一部分规定的权利会在对抗反兴奋剂禁止和责任判断两个层次上发挥作用,那么,AADRA 第二部分规定的权利,则主要是在责任的层面上,给运动员提供保护,这也是孙杨案处理的遗憾之处。

四、WADC 与国际标准的强制性

《世界反兴奋剂条例》和国际标准是所有缔约国必须遵守的强制性文件。2021 版 WADC 明确要求缔约国不仅要执行 WADC 的内容,而且不能对其做任何实质性的修改(第 23. 2. 2 条和第 23. 3. 3 条)。缔约国也不能通过添加条款来改变 WADC 的意义。这些规定的目的是保证各个体育项目在反兴奋剂方面的统一性,防止国际体育联盟和缔约国的干扰。① 在过去,为了彰显自己的自治权,很多体育组织有时会修改反兴奋剂的相关规定,违反了 WADC 第 23. 3. 3 条的要求。这是不被允许的。体育组织是否遵守了 WADC 第 23. 3. 3 条的规定,不能单凭规则的名字来判断,而要看规则是否涉及兴奋剂违规,《禁用清单》和处罚体制等方面,这是公认的事实。② 但是,如何区分反兴奋剂规则(惩罚性的)和资格规则(救济性的),这是国际体育仲裁法庭在处理案件时经常遇到的难题。③ 在大多数情况下,仲裁庭会根据规则的目的、性质或者效力来作出判断。④ 例如,在 CAS 2011/O/2422,no. 33 案中,仲裁庭就得出了这样的结论:⑤资格规则是为了组织赛事和保证运动员符合参赛条件而制定的规则。资格规则并非旨在对运动员的不良行为进行处罚。资格规则只是规定了参赛运动员的一些必要条件和程序,而不因运动员违反此规则而禁止他们参赛。相反,禁

---

① Ulrich Haas, Ex-Doper willkommen? in Jusletter v. 2. 4. 2012.

② See Cf. CAS 2012/A/3055(11. 10. 2013) Riis Cycling A/S v. the Licence Commission of the UCI, no. 8. 21.

③ Ulrich Haas, Ex-Doper willkommen? In Jusletter v. 2. 4. 2012.

④ CAS 2011/O/2422 (4. 10. 2011) USOC c. IOC, no. 33seq; see also CAS 2007/O/1381 (23. 11. 2007) RFEC & Alejandro Valverde c/UCI, no. 75etseq; CAS 2012/A/3055(11. 10. 2013) Riis Cycling A/S v. the Licence Commission of the UCI, no. 8. 21etseq; CAS 2017/A/5498 (3. 7. 2019) Vitaly Mutko v. IOC, no. 50; contra CASOG 18/03(9. 2. 2018) Alexander Legkov, Maxim Vylegzhanin, Evgeniy Belov, Alexander Bessmertnykh, Evgenia Shapovalova, Natalia Matveeva, Aleksandr Tretiakov, Elena Nikitina, Maria Orlova, Olga Fatkulina, Alexander Rumyantsev, Artem Kuznetcov, Tatyana Ivanova, Albert Demchenko, Sergei Chudinov v. International Olympic Committee, no. 7. 3etseq.

⑤ Cf. CAS 2018/A/5615 (25. 3. 2019) Jared Higgs v. Bahamas Football Association (BFA), no. 134etseq.

赛是一种惩罚运动员违反行为规则的纪律措施，和资格规则有本质的区别。比如，如果运动员因为接受飞行药检的时间不够，而无法参加比赛，那么适用的就是资格规则，运动员没有违反反兴奋剂规则和标准，只是因为客观的原因，没有达到参赛的条件。这种情况下，运动员不会受到处罚，只是失去了参赛的资格。运动员可以通过其他方式，比如重新报名、申请延期、提供证明等，来恢复或者获得参赛的资格。相反，如果运动员违反飞行药检制度，拒绝检查官采集样本，而不能参加比赛，那么适用的就是反兴奋剂规则。这是因为运动员有意或者过失地违反了反兴奋剂规则和标准，表现出对反兴奋剂工作的不合作、不诚信、不尊重等。这种情况下，运动员会受到处罚，比如禁赛、罚款、取消成绩、取消奖牌等。运动员不能通过其他方式来恢复或者获得参赛的资格，除非运动员能够证明自己有正当的理由，或者反兴奋剂组织有错误、疏忽、过失、违法等。

有些规则可能既不是反兴奋剂规则，也不是资格规则，而是介于两者之间的。这些规则可能是为了保护运动员的健康或者维护某个项目的声誉而制定的，但是它们也可能会影响运动员是否被允许使用药物，或者是否受到处罚。对此，2021 版《世界反兴奋剂条例》在第 23.3.3 条规定，它允许签约方制订这些规则，但是要求它们不能与反兴奋剂规则和标准相冲突，而且要明确它们是否属于反兴奋剂规则的范畴，以及是否会影响兴奋剂违规的结果管理和处罚。① 比如，有些项目或者赛事可能会规定运动员在比赛前或者比赛中不能使用某些药物，即使这些药物不在《禁用清单》上，或有治疗用药豁免。这些规则可能是为了保证运动员的安全或者项目的公平，但是它们也可能会被视为反兴奋剂规则，因为它们限制了运动员使用某些物质的自由，而且如果运动员违反了这些规则，他们可能会受到类似于兴奋剂违规的处罚，比如禁赛、罚款、取消成绩、取消奖牌等。这些规则应该在签约方的反兴奋剂规则中明确说明，而且应该和反兴奋剂组织的反兴奋剂规则和标准保持一致，否则可能会造成混乱、不公，或者争议。

五、我国反兴奋剂立法

为了防止兴奋剂在体育领域的滥用，保护运动员的身心健康并维护竞赛公平，我国很早就对此进行了立法。这不仅包括立法机关制定的法律、行政机关出台的行政法规、部门规章等规范性文件，还包括司法机关颁布

---

① See CAS 2019/A/6089 (21. 8. 2019) Stefan Luitz v. Fédération Internationale de Ski (FIS), no. 69etseq.

的司法解释以及体育组织制定的纪律法则。

首先,关于反兴奋剂的法律,我国在 1995 年颁布实施的《体育法》中,首次明确规定了体育运动中严禁使用禁用药物和方法等相关条款。2020 年 12 月 26 日,通过了《刑法修正案(十一)》,新增第 355 条之一,明确禁止一些帮助或者加功于兴奋剂违规的行为。最高人民法院、最高人民检察院《关于执行〈中华人民共和国刑法〉确定罪名的补充规定(七)》将其确定为妨害兴奋剂管理罪,主要对引诱、教唆、欺骗、组织、强迫运动员使用兴奋剂以及向运动员提供兴奋剂的行为作入罪化处理。2022 年 6 月 24 日,修订通过了《体育法》,专门新增了反兴奋剂一章。根据《体育法》以及《体育法(修订草案)》,可以看到这次修订更好地实现了《体育法》与刑法修正案以及《反兴奋剂条例》等体育领域法律法规的衔接,包括了禁止使用兴奋剂的原则、国家建立健全反兴奋剂制度、体育行政部门和相关部门的反兴奋剂职责、反兴奋剂机构的设立、反兴奋剂科学技术的研发以及反兴奋剂国际合作等内容。但这主要是在宏观层面上进行了原则性规定,仍然需要相关部门在执行的过程中出台实施细则,将法律的要求落到实处。

其次,关于反兴奋剂的行政法规、部门规章等规范性文件,最重要的是国务院制定的《反兴奋剂条例》。2004 年,国务院颁布了《反兴奋剂条例》,对兴奋剂目录所列禁用物质的生产、销售、进出口等环节实行了严格管理。为了贯彻 2022 年新修订的《体育法》,推动反兴奋剂工作高质量发展,加快推进中国特色反兴奋剂治理体系和治理能力现代化建设,体育总局于 2023 年 5 月起草了《反兴奋剂条例(修订草案)》。本次修订主要为了应对我国反兴奋剂工作中面临的新挑战,如兴奋剂从高水平专业运动员向青少年和业余运动员扩散、从竞技体育向学校体育和社会体育扩散、从体育竞赛向学校招生考试扩散的风险;科学技术的进步导致兴奋剂更加易于获取,同时也增加了管理难度;反兴奋剂管理旨在维护的公共利益与运动员的个人权利之间存在冲突以及反兴奋剂工作缺乏有效的监督机制。因此,为了解决当前存在的各种问题,保证运动员拿到道德的金牌、风格的金牌、干净的金牌,实现兴奋剂“零出现”“零容忍”,《反兴奋剂条例》的修订具有必要性和紧迫性。除了《反兴奋剂条例》,体育总局等部门还陆续制定了《关于严格禁止在体育运动中使用兴奋剂行为的规定(暂行)》(1998)、《反兴奋剂规则》(2020)、《反兴奋剂管理办法》(2021)、《国家体育总局兴奋剂违规责任追究办法》(2021)、《运动员行踪信息管理实施细则》(2021)、《兴奋剂违规听证实施细则》(2021)、《治疗用药豁免实施细则》(2022)、

《兴奋剂检查人员管理办法》(2023)等一系列关于兴奋剂违规与处罚的规范性文件,构建了我国反兴奋剂的规则体系,对于依法依规、高质量开展反兴奋剂工作具有重要意义。

最后,关于反兴奋剂的司法解释,最高人民法院于2019年11月12日通过了《关于审理走私、非法经营、非法使用兴奋剂刑事案件适用法律若干问题的解释》(以下简称《兴奋剂解释》),主要从三个方面对兴奋剂犯罪的定罪量刑作出了规定:一是违反国家规定,私自进口、经营兴奋剂的,可以构成走私国家禁止进出口的货物、物品罪,走私普通货物、物品罪等走私犯罪或者是非法经营罪;二是非法使用兴奋剂的,可构成虐待被监护、看护人罪,组织考试作弊罪,生产、销售不符合安全标准的食品罪或者是生产、销售有毒、有害食品罪;三是行使兴奋剂管理职权的工作人员,在从事反兴奋剂工作时滥用职权或者玩忽职守的,可构成滥用职权罪或者是玩忽职守罪。根据司法解释,兴奋剂违规行为触犯刑法禁止的,行为人应当承担刑事责任,这极大地增加了对兴奋剂违规行为的惩戒力度,有利于遏制兴奋剂在体育竞赛中的蔓延。

综上所述,根据我国反兴奋剂立法,运动员禁止使用被列入《禁用清单》中的禁用物质或者禁用方法,否则将面临各种纪律处罚。同时,兴奋剂的生产、进口以及销售等各个环节也受到法律的严格监管,违法者将会受到行政处罚,甚至要承担刑事责任。我国较为完备的反兴奋剂立法,有效地减少了兴奋剂在体育领域的滥用现象,保护了运动员的身心健康和体育竞赛的公平性。然而,由于兴奋剂使用范围的扩大、科学技术不断发展等因素,给反兴奋剂工作带来了极大的挑战。因此,我国需要继续加强反兴奋剂立法工作,为更加高效地应对兴奋剂违规与处罚问题提供规范指引。需要注意的是,除了刑事立法会受到当前刑法体系的限制,其他的立法与《世界反兴奋剂条例》的规定基本相同,即其既是WADC的规定,也是我国应尽的国际义务。

第三节　反兴奋剂运动的目的及适用范围

一般来说,立法目的反映该法所追求的终极价值,其既是解决规则冲突、弥补法律漏洞和指导自由裁量权的基本根据,也是解释法条语义,限制其适用范围的标准。《世界反兴奋剂条例》在一开始就指出,其宗旨(目的),概括起来主要有两个:(1)保障运动员参加无药比赛权;(2)发现和惩罚兴奋剂违规行为。

一、保障运动员参加无药比赛权

反兴奋剂规则体系首先旨在保障运动员参加无兴奋剂体育运动的权利，增进运动员的健康、公平和平等。这种保障参加无药比赛权通常简称为保障参赛权。这种权利其实也反对将打击使用兴奋剂的行为视为是WADC的目的。一般认为，保障参赛权包含着三个诉求：

第一，《世界反兴奋剂条例》规定，对于体内有兴奋剂的运动员，要剥夺其当前比赛的资格，或者取消其受兴奋剂影响的比赛成绩。这种剥夺并不是为了惩罚运动员，而是为了保护那些体内没有兴奋剂的运动员的公平竞争权，即为了救济无药运动员的比赛权。由于体内有无兴奋剂的运动员都是平等的主体，所以这种剥夺并不涉及受益者和被剥夺者之间的管理权问题，也不存在权力滥用的问题。因此，这种处罚属于民法的范畴，完全可以适用严格责任，这并不会危及公平原则。相反，如果不适用严格责任，就会导致不公平。原因是，如果不适用严格责任，那么体内（无意中）有兴奋剂的运动员仍然可以参加比赛，这显然对其他体内没有兴奋剂的运动员不公平。也就是说，WADC适用严格责任的规定，反映了反兴奋剂立法的目的不是打击使用兴奋剂的行为，而是保护公平竞争的原则，否则就违背了责任主义的原则。

比如，假设有两名运动员A和B参加了一项比赛，由于第三人的陷害，A在比赛前错误地服用了一种含有兴奋剂的药物。B没有服用任何药物，他是一个干净的运动员。在比赛中，A的表现比B好，他获得了第一名，而B获得了第二名。但是，在比赛后，A的尿检结果显示他体内有兴奋剂。根据WADC的规定，A的比赛资格应该被剥夺，他的第一名成绩应该被取消，而B应该被提升为第一名。这样做并不是为了惩罚A，而是为了保护B的公平竞争权，因为A的体内有兴奋剂，可能会影响他的比赛表现，给B造成不公平的竞争条件。如果不适用严格责任，那么A的比赛资格和成绩就不会被剥夺，他仍然可以保持第一名，而B只能接受第二名的结果。这显然对B不公平，也是对公平竞争原则的破坏。

第二，反兴奋剂机构不得无故阻止没有使用兴奋剂的运动员参加比赛。①《世界反兴奋剂条例》规定，反兴奋剂机构应当尊重没有使用兴奋剂的运动员的参赛权。只有当运动员体内有兴奋剂，才能限制其参加比赛，

① See Klaus Vieweg, *The Definition of Doping and the Proof of a Doping Offense (An Anti-Doping Rule Violation) under Special Consideration of the German Legal Position*, Marquette Sports Law Review, Vol. 15, p. 37 – 48 (2004).

以保护其他运动员的公平竞争权。如果运动员体内没有兴奋剂,那么他们是否有权参加比赛,是一个法律问题(而不是一个事实问题),与其他运动员无关。因此,如果反兴奋剂机构或者体育组织要剥夺这些运动员的比赛资格,必须有其他正当的理由,否则就是侵犯运动员的合法权益。这种剥夺反映了反兴奋剂机构或者体育组织与运动员之间的权利义务关系。假设有两名运动员 A 和 B 参加了一项比赛,A 和 B 都没有使用兴奋剂,他们都是干净的运动员。但是,反兴奋剂机构却以 A 的尿检结果不合格为由,禁止 A 参加比赛,而让 B 参加比赛。这种做法是不合理的,因为 A 的尿检结果不合格,并不意味着他体内有兴奋剂,可能是由于其他原因,比如尿检仪器的故障,或者尿样的污染。如果反兴奋剂机构没有其他正当的理由,就不能剥夺 A 的比赛资格,否则是对 A 的不公平对待,对 B 而言,也是一种不公平竞争。也就是说,WADC 要求反兴奋剂机构在限制运动员参加比赛时,必须有充分的证据和理由,不能随意或者武断地做出决定。

第三,打击故意或者过失使用兴奋剂的行为。WADC 规定,要惩罚故意或者过失使用兴奋剂的行为,以保护运动员的比赛权。从公共政策的角度看,这样做有三个原因:(1)为了特殊预防,即防止体内有兴奋剂的运动员再次使用兴奋剂,从而破坏比赛的公平性;(2)为了一般预防,即警告或者威慑其他运动员,不要使用兴奋剂参与体育竞争。显然,如果运动员是因为意外原因而使用了兴奋剂,那么惩罚他们并不能实现上述公共政策的目的,所以被惩罚的运动员必须对自己体内的兴奋剂有主观的过错。这也就意味着,如果运动员体内虽然有违禁物质,但是主观上没有任何过错,那么就不应该惩罚他们,也不应该剥夺他们未来的比赛资格,这就是 WADC 对严格责任的限制。(3)为了体系预防,即威慑各个体育组织,促使他们要求其管辖的运动员遵守反兴奋剂的规则。

总之,惩罚故意或者过失使用兴奋剂的行为,是为了实现 WADC 规定的保护运动员参加无兴奋剂比赛权的需要。但是,这种处罚权必须受到应有的限制,否则,这种权力一旦被滥用,其不仅不能保障运动员的参赛权,反而会危及运动员的参赛权,甚至动摇兴奋剂处罚权的正当性。

事实上,2003 版 WADC 和 2009 版 WADC 生效后,虽然得到了很多国家、世界组织甚至是一些运动员的拥护,但其同时也受到很多人,特别是法律界的质疑。比如,对于 2009 版 WADC,欧盟为此曾成立了一个专门的工作小组,就 WADC 与欧洲法的冲突问题提供专家意见。该小组先后提交了两份报告,都声称该 WADC 与欧洲法存在严重的冲突,这给世界反兴奋剂机构带来了很大的压力。于是,他们从 2011 年 11 月就开始进行调研,准备着手修改原来的 WADC。经过三易其稿，最终形成了 2015 版 WADC。2015 版 WADC 与 2021 版的 WADC 对 2009 版 WADC 的修改很多，其中增加了故意责任的规定，以此表明其着重打击的对象是“真正欺骗者”，回应人们对兴奋剂处罚正当性的质疑。其实，这也间接否定了打击使用兴奋剂的行为为其“立法目的”。当然，这种规定也产生了三个问题：(1) WADC 中的主观要素的规定能否起到世界反兴奋剂机构所预期的作用，即能否证成兴奋剂处罚的正当性？(2) WADC 的目的能否容忍这种规定？(3) 如果这种责任的规定与 WADC 的目的发生冲突，应当如何协调二者的关系？对于这些问题，我们将在后面分别予以解决。

不过，一旦将反兴奋剂立法目的确定为保护或者保障运动员参加无药比赛的权利，那么将会直接影响对反兴奋剂立法条款的解读，这一点将在故意与过失的解释、空白条款的补正以及证明负担的分配等方面加以讨论。

二、发现和惩罚兴奋剂违规行为

从形式上看，《世界反兴奋剂条例》规定，反兴奋剂运动的目的有两个：一是保障运动员参加无药比赛的权利；二是打击使用兴奋剂的行为，以减少或者消除这种违规行为的发生。WADC 打击使用兴奋剂的行为是为了确保在发现、制止和预防使用兴奋剂的行为时，在国际、国家或者地区的层面上，形成协调一致的反兴奋剂规则体系。严格地说，将惩罚作为反兴奋剂运动的目的，在伦理上是不合理的，但是，既然 WADC 已经明确了这一点，那么基于实质理性原则，这也应当被视为反兴奋剂运动的目的之一。不过，相对于保障运动员参加无药比赛权而言，打击使用兴奋剂的行为的目的只是一种从属的或者手段性的目的。或者说，这种目的的正当性是建立在第一个目的的基础上的，即这两个目的在形式上虽然是独立的，甚至有时还会发生冲突，但实质密切相关。如果两者发生冲突，第一个目的更为重要，所以，从这个角度看，反兴奋剂立法的目的实际上只有一个。也就是说，上述两个目的，只是一个问题的两个方面，在原则上是相互一致的，主要理由有：

首先，《世界反兴奋剂条例》规定，反兴奋剂运动的最终目的是保障运动员参加无兴奋剂体育运动的权利。为了实现这一目的，反兴奋剂运动的手段是打击使用兴奋剂的行为，以减少或者消除这种违规行为的发生。这样，保障运动员参加无兴奋剂体育运动与打击使用兴奋剂的行为之间，就是目的与手段的关系。前者是目的，也是后者正当化的依据；后者是手段，其存在的意义就在于实现前者,即具有从属性。比如,假设有两名运动员A和B参加了一项比赛,A故意使用了兴奋剂,以提高自己的比赛表现,而B没有使用任何兴奋剂,他是一个干净的运动员。在比赛中,A的表现比B好,他获得了第一名,而B获得了第二名。但是,在比赛后,A的尿检结果显示他体内有兴奋剂。根据WADC的规定,A的比赛资格和成绩应该被取消,他还应该受到一定的处罚,比如禁赛一段时间,或者罚款等。这样做是为了实现反兴奋剂运动的目的和手段:目的是保障B参加无兴奋剂体育运动的权利;手段是打击A使用兴奋剂的行为,以减少或者消除这种违规行为的发生。

其次,不制定WADC或许更有利于打击使用兴奋剂的行为。比如,体育组织通过与运动员签订合同,打击使用兴奋剂的行为。这样体育组织在发现、处罚甚至遏制使用兴奋剂的行为时,就不会受到WADC的掣肘,从而可以随心所欲地制裁使用兴奋剂的运动员。WADC颁布后,体育组织不仅应当按照规定的程序发现和认定使用兴奋剂的行为,而且必须按照既定的标准,认定违规行为和处罚运动员,即WADC会构成对打击使用兴奋剂的行为的限制。如果将打击使用兴奋剂的行为视为WADC的目的,WADC就没有存在的必要了,而事实并非如此。

最后,从语义学的角度来看,世界反兴奋剂机构的宗旨是"为了保障运动员参加无兴奋剂比赛的权利,打击使用兴奋剂的行为"。这里的"为了"表明了反兴奋剂运动的目的是保障运动员的权利,而打击使用兴奋剂的行为是实现这一目的的手段。这种语义结构在法律领域并不少见。例如,我国《刑法》第1条,规定该法是"为了惩罚犯罪,保护人民"。这里的"为了"表明了刑法的目的是保护人民,而惩罚犯罪是实现这一目的的手段。学界认为,这样的语义结构符合法治原则,因为它强调了法律的价值和功能,而不是法律的权力和强制。

三、适用范围

根据当前的反兴奋剂规则,兴奋剂违规的主体有两类:自然人与社会组织。

(一)自然人

与传统的刑法类似,《世界反兴奋剂条例》的主要适用对象是个人,而不是单位。一般而言,单位不会构成兴奋剂违规的主体。WADC约束个人的理由有两个:第一,WADC规定了个人的义务,即只约束自然人,而不是集体。例如,足球运动员使用兴奋剂,通常不会影响整个球队的成绩,除非大部分运动员都使用了兴奋剂。第二，反兴奋剂规则的效力，建立在运动员同意的基础上，即个人必须同意受WADC的管辖。在大多数情况下，这种同意是运动员参加比赛的前提条件，因此，反兴奋剂规则实质上具有强制性，但在形式上，同意是通过合同的方式作出的，因此仍然可以认为这是运动员意思自治的结果。①

虽然《世界反兴奋剂条例》没有要求运动员必须用书面的方式表达他们同意受WADC的约束，但为了方便以后出现争议时能够证明运动员的同意，反兴奋剂组织通常建议运动员在一些正式的文件中明确表达他们的承诺。例如，如果一个运动员想要参加一个赛季或者几个赛季的比赛，他在签订许可协议的时候，通常会注明“我同意遵守《世界反兴奋剂条例》的规定，并接受其管辖和处罚”。这样，如果运动员以后被发现使用了兴奋剂，就不能否认他已经同意了WADC的约束。由于没有明确的强制性要求，这种承诺协议也可以采用默示的方式。② 即从具体的事实出发，可以推导出一个人想使自己与反兴奋剂组织都受合同约束。根据CAS的判决，只是因为一个人成为某个俱乐部的队医、成为职业运动员或者自称为运动员，并不能说明他已经同意受《世界反兴奋剂条例》的约束。如果只是因为一个人是一名体育医生，就认为他已经同意遵守世界上所有的反兴奋剂规定，这是没有法律依据的，而且违反了合同法的基本原则，因为合同的有效性要求当事人知道自己是合同的一方，有相应的权利和义务。③ 队医或者运动员如何才会受到WADC的约束呢？根据CAS的裁决，队医必须有具体的行为表明他们同意遵守WADC的规定，并接受其管辖和处罚。这种行为既可以是签署一个书面的协议，也可以是参与一些与反兴奋剂相关的活动，比如进行兴奋剂检测、提供兴奋剂信息、接受反兴奋剂教育等。这些行为可以证明队医或者运动员有意与反兴奋剂组织建立合同关系，从而使WADC对他们产生效力。如果他们没有这样的行为，就不能认为他们已经同意受WADC的约束。

（二）社会组织

根据WADC的规定，兴奋剂违规的主体不仅包括自然人，还包括社会

---

① See Sullivan, *The World-Anti Doping Code and Contract Law*, Doping in Sport and the Law, p. 70 (2016); CAS 2018/A/5853 (2. 7. 2019) FIFA v. Tribunal Nacional Disciplinario Antidopaje & Damián Marcelo Musto, no. 96etseq.

② See Sullivan, *The World-Anti Doping Code and Contract Law*, Doping in Sport and the Law, p. 68seq (2016).

③ See CAS 2016/A/4697 (3. 2. 2017) Elena Dorofeyeva v. International Tennis Federation, no. 87.

组织。社会组织是指参与或管理体育运动的组织,比如国际奥委会、国际残奥委会、各国际单项体育联合会、各国家反兴奋剂组织、各国奥委会(National Olympic Committees,NOCs)、各国残奥委会等。这些社会组织都有遵守《世界反兴奋剂条例》的义务,也有执行和监督《世界反兴奋剂条例》的权利和责任。如果这些社会组织违反了《世界反兴奋剂条例》的规定,比如不执行反兴奋剂计划、不进行兴奋剂检测、不配合兴奋剂调查、不实施兴奋剂处罚等,那么他们就可能被视为兴奋剂违规的主体,受到反兴奋剂组织或国际体育仲裁法庭的处罚或制裁。比如,根据2021版WADC第20条与第24条的规定,如果这些组织不执行反兴奋剂计划或者检查,基于其违规的性质、程度、频率和影响等因素,可能给予以下的处罚:①要求改正违规行为,限期完成反兴奋剂计划或检查;②暂停或取消对该组织的资金支持,要求该组织自费完成反兴奋剂计划或检查;③暂停或取消该组织的会员资格,禁止该组织参与或组织任何国际或国家级的比赛或活动;④暂停或取消该组织的所有或部分运动员和附随人员的比赛资格,禁止他们参加任何国际或国家级的比赛或活动;⑤罚款或赔偿,要求该组织支付一定的金额,以弥补反兴奋剂运动的损失或损害;⑥其他适当的处罚或制裁,根据具体的情况和需要,采取其他的措施,以保障反兴奋剂运动的公平和清廉。

此外,根据联合国教科文组织的《反对在体育运动中使用兴奋剂国际公约》和WADA的《世界反兴奋剂条例》的规定,各成员国和各反兴奋剂组织(体育组织)都有一项义务,不仅要主动签订相应的合同,还要制定相应的规则:对于自己组织或参加的比赛,反兴奋剂规则要以体育规则或参赛条件的方式,事先规定。这种规定可以存在于国家反兴奋剂组织的规范文件中,也可以存在于国际单项体育联合会的比赛规则、章程或条例中。运动员、附随人员和他人(包括理事会成员、官员、具体的自愿签约方及其雇员,以及第三方或者雇员的委托人)要参加比赛,必须接受反兴奋剂规则的约束。在形式上,这些规则是各体育联合会或国家反兴奋剂组织自己的规定,但在实质上,都是为了执行WADC的规定。

根据WADC的规定,各个体育组织都有义务制定相应的规则和程序,以确保其所管辖的运动员、运动员附随人员或者签约方及其成员,了解并同意遵守相关反兴奋剂组织现行的反兴奋剂规则。《世界反兴奋剂条例》不仅约束运动员和附随人员(如教练、队医、管理人员等),还约束一些与反兴奋剂运动相关的其他人。这些人可能没有直接参与比赛,也没有直接参与兴奋剂的使用,但是,如果他们参与反兴奋剂运动,就会受到反兴奋剂规则的约束。比如,负责采集、运输或分析运动员的血液或尿液样本的工作人员,检测是否有兴奋剂的痕迹的专家,这些人可能是反兴奋剂组织的工作人员,也可能是反兴奋剂组织委托的人员,甚至可能是一般的公民。无论他们是谁,只要他们涉及反兴奋剂运动,他们就有遵守相应反兴奋剂规则的义务。这些规则可能包括保密、诚信、合作、不干扰、不串通等。如果违反了这些规则,他们可能会受到反兴奋剂组织的处罚或者法律的追究。

其实,根据2021版WADC,所有可能违反第2.5条(篡改兴奋剂管理过程)、第2.7条(买卖兴奋剂)、第2.9条(共谋)、第2.10条(禁止合作)、第2.11条(报复)规定的人,都会构成兴奋剂违规。根据第20.1.7条、第20.2.7条、第20.3.4条、第20.4.8条、第20.5.10条、第20.6.5条的规定,签约方的义务(反兴奋剂义务)扩张到理事会成员、管理人员以及其他雇员等身上。不过,需要指出的是,对于地区反兴奋剂组织的作用、责任和义务,第21.4条并没有作出明确的规定,不过,原则上可以通过法律类推的方式,补充这一空白。然而,这些体育组织的工作人员(包括理事会成员、管理人员、雇员或志愿者)虽然有遵守WADC的义务,但是如果违反了WADC,是否能够按照WADC对其进行处罚,以及如何处罚则很难回答,毕竟WADC规定的处罚措施比如禁赛、取消比赛成绩、剥夺奖金、奖牌等,不适用于这些人。① 除了运动员和附随人员,《世界反兴奋剂条例》没有明确规定其他人的责任和处罚,这是因为当时很多人担心,这样的规定可能会与国内法,特别是劳动法发生冲突,难以执行。虽然从瑞士法的角度看,这些人的确应当受WADC的约束,但是,要实施对他们的处罚,往往需要当地法院的协助。这与运动员和附随人员的情况明显不同,运动员和附随人员如果违反了WADC,通常会受到比如禁赛、罚款或取消成绩的处罚,这些惩罚不需要国内法院或其他机构的帮助,就可以执行。这也是WADC主要针对运动员和附随人员的原因。不过,需要注意的是,根据过去的做法,WADC对不同运动员的态度并不完全一样。比如,WADC历史上的各个不同版本,对成员国层面上的运动员与国际运动员,就科处不同的义务;对职业运动员和业余运动员的态度也不相同,即使他们实施了相同的违规行为,处罚程度很可能也不一样。再如,申请治疗用药豁免许可的条件、进行赛外检查的条件,甚至是否进行赛内检查,往往也存在很大的区别。2015版WADC与2021版WADC规定,国内或国际级别的运动员

---

① See Cf. 2021 Code Revision-Fifth Draft, p. 27seq.

以外的业余运动员，是否也有遵守其规定的义务，由各国国家反兴奋剂组织自由决定。如果成员国的反兴奋剂组织规定其管辖的运动员有遵守反兴奋剂规则的义务，那么，WADC 不再承认此成员国的国家反兴奋剂组织有这方面的自由裁量权，即成绩排名较低的运动员也应当遵守 WADC 的规定。

2015 版《世界反兴奋剂条例》第 5.2 条规定，反兴奋剂组织可以对非国际级和非国家级的运动员，适用反兴奋剂规则，把他们视为“运动员”。这意味着，对于这些运动员，反兴奋剂组织可以自行决定是否执行反兴奋剂规则，以及执行的程度和方式。比如，反兴奋剂组织既可以选择对他们进行有限的或不进行兴奋剂检测，也可以选择对他们的样本进行全面的或部分的违禁物质分析，要求他们提供完整的或部分的行踪信息，以及要求他们事先或无须事先申请治疗用药豁免。

与 2015 版 WADC 不同，2021 版 WADC 第 10 条引入了“娱乐运动员”的概念。比如，某业余羽毛球爱好者，从未参加过任何国际级或国家级的比赛，只是为了锻炼身体和享受运动的乐趣而从事这项运动。如果其想参加世界羽毛球联合会（Badminton World Federation，BWF，以下简称世界羽联）组织的一场羽毛球比赛，就可能被视为“娱乐运动员”。这种运动员只参加低级别的比赛，不属于国际级或国家级运动员。2021 版 WADC 为“娱乐运动员”设定了明确的标准（见其附件 1 定义部分），以防止这一概念被滥用。考虑到“娱乐运动员”通常缺乏反兴奋剂教育，2021 版 WADC 规定对违反第 2.1～2.3 条或第 2.6 条的“娱乐运动员”，可以给予较轻的处罚，根据就是“娱乐运动员”缺乏反兴奋剂知识和条件，对其故意的认定困难。

四、《世界反兴奋剂条例》的效力

《世界反兴奋剂条例》是一部由世界反兴奋剂机构制定的国际性的反兴奋剂规则，它规定了反兴奋剂的原则、义务、违规和处罚等内容，目的是保障运动员参加无兴奋剂比赛的权利，打击使用兴奋剂的行为，维护体育的公平和清廉。就 WADC 的效力而言，包括时间效力、空间效力和对人的效力等。

（一）时间效力

时间效力是指《世界反兴奋剂条例》的规定从何时开始生效，对何时发生的行为适用。《世界反兴奋剂条例》的时间效力有以下几个特点：

第一，《世界反兴奋剂条例》是一个动态的规则，它每隔 6 年就会修订一次，以适应反兴奋剂运动的发展和变化。每个版本的《世界反兴奋剂条例》都会明确规定自己的生效日期。例如，2021 版的《世界反兴奋剂条例》是在 2019 年 11 月修订的，2021 年 1 月 1 日生效。

第二，《世界反兴奋剂条例》的规定适用于在其生效期间发生的行为，不适用于在其生效之前发生的行为。这是为了避免违反法律上的非追溯性原则，即法律不能对过去的事实产生不利的影响。例如，如果一个运动员在 2020 年使用了兴奋剂，但是在 2021 年才被发现，那么对他的处罚应该按照 2020 版《世界反兴奋剂条例》的规定，而不是按 2021 版的规定。不过，如果 2021 版 WADC 的规定对运动员有利则除外。比如孙杨案的处理就是典型的例证。

第三，《世界反兴奋剂条例》的规定也适用于在其生效之后才被发现的违规行为，即使这些行为发生在其生效之前。这是为了避免兴奋剂违规者逃避惩罚，因为有些兴奋剂的检测技术是随着时间的推移才发展出来的。例如，一个运动员在 2010 年使用了兴奋剂，但是在 2021 年通过新开发的技术，才被发现，那么对他的处罚应该按照 2021 版的《世界反兴奋剂条例》进行，而不是 2010 版的。

（二）空间效力

空间效力是指《世界反兴奋剂条例》的规定在何地适用，对何地发生的行为适用。《世界反兴奋剂条例》的空间效力有以下几个特点：

第一，《世界反兴奋剂条例》的规定适用于全世界的所有国家和地区，不受国界的限制。这是因为反兴奋剂运动是一个国际性的运动，需要各国的合作和协调，以保证体育的公平和清廉。《世界反兴奋剂条例》是由 WADA 制定的，WADA 是一个由国际奥委会、国际残奥委会、各国际单项体育联合会、各国家反兴奋剂组织、各国奥委会、各国残奥委会等组成的国际非政府组织，它代表全世界的反兴奋剂利益和意愿。

第二，《世界反兴奋剂条例》的规定也受到联合国教科文组织的《反对在体育运动中使用兴奋剂国际公约》的支持和保障。这是一个具有普遍性的、反对在体育领域内使用兴奋剂的国际公约，它要求各缔约国在国内法中实施和执行《世界反兴奋剂条例》的规定，以及与反兴奋剂组织进行合作和协调。目前，已经有 191 个国家和地区签署了这个公约，这使得《世界反兴奋剂条例》的规定具有了更强的法律效力和执行力。

第三，《世界反兴奋剂条例》的规定适用于在任何地方发生的行为，不论是在比赛场地、训练场地、住宿场所、公共场所、私人场所，还是在网络空间。这是因为兴奋剂的使用和交易可能发生在任何地方，而且可能对运动员的身体和心理产生不良的影响。因此,反兴奋剂组织有权在任何地方对运动员和附随人员进行兴奋剂检测、调查、教育等活动,以防止和打击兴奋剂的使用和交易。

(三)对人的效力

对人的效力是指《世界反兴奋剂条例》的规定对何人适用,对何人发生的行为适用。《世界反兴奋剂条例》对人的效力有以下几个特点:

第一,《世界反兴奋剂条例》的规定适用于所有的国际级和国家级的运动员和附随人员,以及一些与反兴奋剂运动相关的其他人。运动员是指参加国际级或国家级的比赛的人,或者被反兴奋剂组织视为“运动员”的人。附随人员是指与运动员有直接或间接联系的人,比如教练、队医、管理人员、代理人、家属等。其他人是指在反兴奋剂运动中有一定作用的人,比如反兴奋剂组织的工作人员、委托人员或一般公民等。

第二,根据不同的角色和地位,《世界反兴奋剂条例》对运动员和附随人员规定了不同的要求和责任。运动员有遵守反兴奋剂规则的义务,也有享受反兴奋剂规则保护的权利。他们必须避免使用任何违禁物质或方法,必须接受反兴奋剂组织的兴奋剂检测、调查、教育等活动,必须提供自己的行踪信息,必须事先申请治疗用药豁免等。附随人员有支持和促进反兴奋剂运动的义务,也有保护运动员的权利和责任。他们必须避免参与或协助任何兴奋剂违规行为;必须配合反兴奋剂组织的兴奋剂检测、调查、教育等活动;必须向反兴奋剂组织提供相关的信息;必须向运动员提供正确的指导和建议等。其他人有尊重和遵守反兴奋剂规则的义务,也有维护体育公平和清廉的责任。

第四节　《世界反兴奋剂条例》效力的限制

为了更有效地打击兴奋剂的滥用,2021 版 WADC 尤其强调兴奋剂监管与处罚的统一性,再加上由联合国教科文组织的《反对在体育运动中使用兴奋剂国际公约》的支持和保障,这使得 WADC 的适用更具有普遍性。《世界反兴奋剂条例》要求各缔约国在国内法中实施和执行它的规定,以及与反兴奋剂组织进行合作和协调。于是,WADC 的适用范围几乎涵盖了所有的运动员、附随人员、其他人和反兴奋剂组织,以及各缔约国,它是反兴奋剂运动的最高准则和最强力的武器。然而,2021 版 WADC 的适用范围也受到质疑和批评,主要有以下几个方面:

第一,2021 版 WADC 的适用范围过于宽泛,以至于没有充分考虑不同体育项目、运动员和国家的特点和差异，造成了一些不合理和不公平的结果。比如，有些体育项目的比赛场次多，有些少；有些体育项目的运动员的运动寿命长，有些短；有些国家的反兴奋剂教育和检测水平高，有些低，这些都会影响运动员使用兴奋剂的动机和后果。如果对所有的体育项目、运动员和国家都采用相同的反兴奋剂规则和处罚，可能会造成项目间、运动员间和国家间的处罚不均衡，不符合实质公平的原则。

第二，2021 版 WADC 的适用范围过于严格，没有充分尊重运动员的人权和自由，导致了一些不必要和不合理的干预和限制。比如，有些运动员可能因为一些合理和正当的原因，比如治疗疾病、恢复伤势、改善健康等，需要使用一些违禁物质或方法，但是这版 WADC 要求他们事先申请治疗用药豁免，而且豁免的条件和流程都很复杂和严苛，这会给运动员带来很多困难和麻烦。另外，这版 WADC 要求运动员提供自己的行踪信息，以便反兴奋剂组织随时对他们进行兴奋剂检测，这可能会侵犯运动员的隐私和自由，也可能会影响运动员的训练和生活。

第三，2021 版 WADC 的适用范围过于僵化，没有充分适应反兴奋剂运动的发展和变化，规则和措施滞后。比如，有些运动员可能使用一些新型的或未知的兴奋剂，比如基因兴奋剂、纳米兴奋剂、生物兴奋剂等，这些兴奋剂可能难以被检测出来，或者没有被列入违禁物质清单，这可能会让运动员逃避反兴奋剂规则的约束，也可能会对运动员的身体和心理造成更大的危害。另外，有些运动员可能使用一些合法的或未禁止的物质或方法，比如营养补剂、氧气帐篷、高原训练等，这些物质或方法也会给运动员提供明显不公平的竞争优势，但是，WADC 没有对这些物质或方法进行规范和限制，这可能会造成运动员之间的不公平竞争，也可能会对运动员的身体和心理造成一定的影响。

一、美国国家橄榄球联盟的反兴奋剂政策

目前美国国家橄榄球联盟（National Football League，NFL）一直不执行 WADC 的规定，他们提出的理由是 WADC 的处罚过重。比如，其指出纽约大学曾经做过一个调研，发现体育项目不同，运动员的平均运动寿命是不一样的，例如橄榄球运动员的平均运动寿命大约为 3.1 年，棒球运动员约 5.5 年，篮球运动员 5.6 ~ 5.7 年。按照 WADC 的标准，对过失甚至无过失使用兴奋剂的行为，施以剥夺 2 年比赛资格的处罚，对很多运动员而言，一旦发现其体内含有禁用物质，这无疑是迫使其改行。考虑到运动员的运动寿命和行业竞争情况，该联盟对违规运动员选择了较轻的处罚，

当然,这并不代表该联盟不重视兴奋剂问题,恰恰相反,该联盟非常重视反兴奋剂工作,不过其药品政策并不像 WADC 那样简单,而是有以下几个特点:

(一)对涉及药品的违规行为,坚持严格责任的立场

美国国家橄榄球联盟和职业棒球大联盟对于违禁物质是如何进入身体的,均持严格责任的立场。对于类固醇等违禁物质,兴奋剂违规构成中不包括“故意”或者“过失”等主观要素。NFL 的反兴奋剂政策规定,运动员对自己的身体负责,如果检查呈阳性,即使其不知道这种违禁物质是如何进入其身体的,也不会被原谅。

(二)处罚相对轻缓

与 WADC 不同,美国国家橄榄球联盟的药品政策严格控制处罚的上限,由此降低因严格责任而可能产生的不公平现象,即缓解归责标准与处罚之间的紧张关系。比如,NFL 规定,对于违规者,仅仅剥夺一定场次的比赛资格,至于运动员通过比赛而获得的奖金、荣誉和团队成绩或者积分,并不会因此而自动剥夺。该联盟的药品政策所规定的兴奋剂处罚之所以要比 WADC 轻缓得多,主要理由有:

第一,在不能彻底摈弃兴奋剂处罚的惩罚性的情况下,只有选择较轻的处罚,才能调和兴奋剂处罚与严格责任之间的紧张关系,防止两者发生严重冲突,为当前的法律所不允。

第二,只有处罚较轻,才不会过分侵犯“无辜”运动员的权利,平衡这些运动员和其他运动员之间的关系。道理很简单,任何处罚都有错误成本问题。如果处罚过重,在缺乏严格正当程序保护的前提下,很容易出现错误追究的问题。处罚较轻,则会平衡处罚与程序之间的关系。

第三,轻缓些的兴奋剂处罚还有利于非故意使用违禁物质的运动员。不至于因 2 年停赛的处罚而放弃体育比赛,改行从事其他职业。特别是,就绝大多数运动员而言,对于违禁物质是如何进入其身体的,他们通常缺乏资金或者能力进行澄清,尽管自己可能对此完全没有过错,也要面对重新择业的风险。这是绝对不公平的,也违背了反兴奋剂运动的宗旨,NFL 的药品政策避免了这些问题。比如,2009 年 10 月,美国橄榄球德州人队的运动员库欣(Brian Cushing),被查出其尿样中含有违禁物质——人绒毛膜促性腺激素(Human Chorionic Gonadotropin, HCG)。如果按照当时 WADC 的规定,其至少应当受到 2 年禁赛的处罚。而该联盟根据自己的药品政策,决定只对其施以停赛 4 场、没收 2010 年赛季的前 4 场比赛奖金的处罚。由于处罚较轻,很少有人认为这是不公平的,因此,该运动员与反

兴奋剂组织都没有提起仲裁申请。①

（三）据体育项目的特点和实际情况配置兴奋剂处罚方式

NFL 就根据橄榄球项目的特点，规定了不同的处罚方式，即首次违规停赛 4 场，第二次违规停赛 8 场，第三次违规停赛 12 场，而不是按照《世界反兴奋剂条例》的规定，剥夺固定期限的比赛资格。这是因为橄榄球项目的比赛场次较多，运动员的运动寿命较短，如果采用固定期限的处罚，可能给运动员造成过重的影响。有些项目的比赛场次较少，比如自行车和游泳，他们没有联赛的概念，如果采用固定场次的处罚，可能无法对运动员产生有效威慑。因此，有人建议，对于每年比赛场次较多的项目，可以剥夺首次违规者本赛季 1/4 场次的比赛；对于比赛场次较少的项目，可以禁止其参加 1 个或 2 个场次的比赛。也有人建议，对于每年比赛场次低于 10 场的项目，首次违规者禁止比赛的时间不得超过 6 个月。当然，具体的选择还需要有关的体育联合会进行综合考量，主要的标准有两个：一是运动员因为使用兴奋剂而可能获得的最大收益，二是确保不同比赛项目的兴奋剂处罚大致相当，实现实质公平。

（四）重视监管

对于兴奋剂违规处罚较轻的问题，为了防止别人的诟病，美国国家橄榄球联盟通过加强监管的方式，防止使用兴奋剂行为的放纵。所以，美国国家橄榄球联盟被视为美国对药品监管最为严厉的协会。该协会早在 1987 年就制定了反药品政策，是美国第一个对运动员进行类固醇检查的协会，也是在美国食品和药物管理局作出规定之前，就开始禁止使用麻黄素的协会。只是美国国家橄榄球联盟的反兴奋剂工作不同于 WADC，并不过分依赖对违规者的处罚，而主要重视运动员的日常监管。该联盟除随着药品的发展而每年扩张违禁物质的清单外，更重视对运动员的随机检查。最突出的表现是，除了常规检查，在赛季前或者训练期间，其还会对每个运动员进行随机检查，每人每年最少 6 次。该联盟的运动员大约有 1800 多人，仅就随机的检查而言，每年就有 10,000 多次。这样，一方面，通过增加随机检查的次数，提高运动员使用兴奋剂被发现的概率；另一方面，又通过减轻处罚，降低无辜运动员因"客观归罪"所带来的严重后果的风险，维护了反兴奋剂工作的正当性。

---

① See AP Source, *Texans' Cushing Tested Positive for HCG*, San Diego Union-Tribune (May. 11, 2010), https://www.sandiegouniontribune.com/sdut-ap-source-texans-cushing-tested-positive-for-hcg-2010may11-story.html.

二、WADA 对美国国家橄榄球联盟反兴奋剂政策的态度

在学界,有很多学者建议当前的 WADC 应当学习美国国家橄榄球联盟的做法,但是,世界反兴奋剂机构对美国国家橄榄球联盟的药品政策,一直有不同的看法,因此,对于这种改革方案持抵制态度。

首先,世界反兴奋剂机构对 NFL 的做法的批评,主要集中在 NFL 降低对初次违规者的停赛处罚上(降低基本罚)。世界反兴奋剂机构认为,低于 2 年的处罚,会使很多运动员铤而走险,为了提高比赛成绩而使用违禁物质。仅仅剥夺未来的某几场比赛资格,不仅对违规人员很难起到应有的警示效果,而且无法威慑其他运动员。

WADA 的批评的缺陷非常明显:其一,国际反兴奋剂机构的上述观点并没有实证根据,也就是说,即使对运动员施加终身处罚,也无法避免有些运动员铤而走险,威慑效果是很难证明的。其二,就像有学者指出的那样,药品的发展速度极快,WADC 的规定更新和检查技术的发展,并不一定能让使用兴奋剂的运动员的数量降低。如果这种观点成立的话,那么,WADC 规定的 2 年禁赛处罚,也不一定能有效地阻止运动员使用兴奋剂。按照这样的逻辑,只要兴奋剂的问题解决不了,兴奋剂处罚的年限就会一直增加下去,这样显然是有问题的。其三,除了比赛资格的剥夺,还存在其他的处罚方式,也能阻止运动员使用兴奋剂。特别是美国国家橄榄球联盟的反药品实践表明,用剥夺未来特定场次的比赛资格取代 2 年的禁赛处罚,仍然可以对使用兴奋剂的运动员形成有效威慑,事实上,并没有因为 NFL 对兴奋剂处罚较轻而造成兴奋剂的泛滥。其四,兴奋剂处罚所具有的污名化效果,也会促使运动员远离违禁物质。

其次,世界反兴奋剂机构认为,为了保护因为意外而使用违禁物质的少数运动员,NFL 大幅降低对故意使用兴奋剂的运动员的处罚,也是不可取的。WADA 的此观点也存在缺陷,理由有三:

第一,NFL 的这种处罚仍然是严厉的,不会放纵故意使用兴奋剂的行为。因为运动员的平均运动寿命和体育领域内的竞争情况,使得任何形式的停赛或罚款,都会对运动员的职业生涯和收入造成重大的影响。

第二,NFL 的这种处罚仍然具有可惩罚性,不会降低社会和同行对兴奋剂违规者的厌恶和排斥。因为运动员的荣誉和信誉,是他们最宝贵的资产,而使用兴奋剂,无论是多长时间,都会让他们失去这些资产,也会让他们在重返赛场后,面对人们的怀疑和不信任,难以再有优秀的表现。

第三,WADC 规定的处罚虽然非常严厉,仍然强调保护性,如前所述,

惩罚具有手段性,故不应忽视对因意外而使用违禁物质的运动员的关怀和支持。毕竟保护运动员的人权和尊严,是反兴奋剂运动的目的,而不是工具。另外,对于来自发展中国家的运动员,由于环境污染和食品安全等原因,他们可能无法避免违禁物质的意外摄入,也可能由于经济条件的限制,无法证明自己的无辜,WADC 也给予了充分的考虑。在给这些运动员以充分的理解的同时,还要考虑其他干净运动员的无药比赛权问题。

所以,WADA 反对 NFL 的反兴奋剂政策,认为这既不符合反兴奋剂运动的原则和目的,也不利于反兴奋剂运动的效果和发展的做法很难站得住脚。

NFL 认为,轻缓些的兴奋剂处罚机制,可以为刑法控制使用兴奋剂的行为留下足够的空间。也就是说,对于涉嫌故意使用兴奋剂的行为,应当启动刑事调查机制,追究运动员的刑事责任。比如,2016 年 10 月,国际奥委会、世界反兴奋剂机构以及主要体育大国的奥委会负责人,在洛桑召开了国际奥委会峰会,会议的主要议题之一就是推动追究故意使用兴奋剂的运动员以及有关的教练员和医生的刑事责任。如果存在相应的刑事处罚机制(其实各国基本上都有诈骗罪的规定,这种处罚机制的实施,并没有太大的法律障碍),兴奋剂处罚针对的对象就是过失或者意外使用兴奋剂的行为,则处罚当然应当降低。不过,如后所述,运动员使用兴奋剂入罪,存在很多的障碍,即使将此行为入罪的国家,比如德国与法国,也很难给运动员定罪处罚。英国将兴奋剂违规入罪失败的事实,已经足以证明这一点了。

其实,WADC 本身的确存在因为适用严格责任而造成的不公平的问题,即使引进了故意与过失的概念,这种不公平也没有得到有效解决,主要原因乃在于故意与过失的概念,所解决的是"加重处罚"的问题,而不是违规的基本处罚问题,具言之,即使运动员对进入自己体内的禁用物质,没有故意和过失,也尽了必要的注意义务,行为人仍然会受到禁赛 1 年的处罚。基于此,很多人认为,世界反兴奋剂机构应当借鉴美国国家橄榄球联盟的药品政策,修改 WADC,采用一种轻缓的处罚机制,使很多违规运动员就像库欣那样,仍能在赛场上继续发光。

然而,目前,越来越多的人认为,今天的比赛成绩更多依赖药品而不是运动员的努力与技术,所以,对于滥用药品的行为,绝不能手软。不过,这种看法也绝不能成为世界体育法扭曲基本公正原则的理由。由于严格责任会将无辜的人与有罪的人同样对待,世界反兴奋剂机构应当有所担当,而不是用所谓的"乱世用重典"的简单思维,忽视当前的法律理念,让意外使用兴奋剂的人与那些真正的骗子一起受到严厉的处罚。非常遗憾的是，当时2015版WADC,并没有采纳这种思想。不过,2021版WADC却与之不同,尽管没有改变基准罚的标准,但是,却多次将违规行为的处罚标准,由原来固定的,变成有弹性且更为轻缓的,这一点,后面还要详加探讨。但是,如前所述,2021版WADC相较于前面的版本,更强调反兴奋剂规则内容的统一性。

我们认为,尽管如此,根据我国的实际情况,坚持兴奋剂处罚的轻缓性,对我国是有利的,具体理由有:

其一,我国运动员的运动寿命相对较低,处罚越重对他们越不公平。因为我国的体育体制和文化,使得我国的运动员往往在很小的年龄就开始训练,而且训练强度很大,这会导致他们的身体和心理都很容易受到损伤,从而缩短他们的运动寿命。如果对他们施以长期的停赛或终身禁赛的处罚,可能会让他们失去继续从事体育运动的机会,也会让他们失去改善自己和家庭生活的机会。

其二,我国为发展中国家,环境污染和食品卫生还存在很多的问题有待解决,我国运动员被违禁物质污染的风险更大。限于我国的经济发展水平,我国的环境、食品的质量和安全很难得到有效保障,这使得一些违禁物质如类固醇、激素、重金属,极易进入我国运动员的身体。

其三,我国运动员的个人经济能力较低,他们很难获得高水平的法律服务和技术咨询服务,一旦尿样或者血样被检查出阳性,往往只能等待处罚,无法证明自己的无辜。再者即使有经济能力,也很难找到专业的律师和技术人员,来帮助他们进行兴奋剂检测的复核、申诉和辩护,维护他们的合法权益。于是,面对兴奋剂违规指控,他们往往只能选择保持沉默或者不起诉,这样一来,他们很容易被科处过重的处罚,被贴上“骗子”的标签,影响他们的声誉和未来。

其四,如果处罚过于严厉,必然会加重兴奋剂处罚的污名效果。在我国目前的体育体制下,运动员通常会与国家绑在一起。这样,我国运动员一旦受到兴奋剂处罚,很有可能会影响我国的国际声誉。因此,尽管国际反兴奋剂趋势越来越严厉,但是我国应当通过自己的自由裁量权,制定更符合我国国情的反兴奋剂政策。

总之,对《世界反兴奋剂条例》的适用范围过宽的质疑,主要来自对这个条例的合理性、公平性、人权性和有效性的质疑,这反映了反兴奋剂运动的复杂性和多样性,也促进了反兴奋剂运动的改进和发展。

第五节　反兴奋剂制度组织体系

在体育运动中,使用兴奋剂是一种严重的违规行为,因为这种行为不仅会危及运动员自身的健康,而且是一种严重的体育欺诈行为,危及比赛的公平与体育本身所追求的诚信精神。从定义上看,故意使用兴奋剂的行为实际上是体育赛场上的欺诈行为,即运动员为了战胜对手,采用欺骗的手段,获得原本属于他人的名誉或者财产利益。也正因如此,德国在未制定《反兴奋剂法》(该法于2015年12月18日生效)之前,通常将兴奋剂违规作为诈骗罪进行处罚。就一般的欺诈或者诈骗而言,至少要暴露在被害人或者第三人面前,这给被害人或者第三人发现欺诈提供了机会。比如,足球运动员为了获得不公平的竞争优势,在球场上进行假摔,竞争对手和裁判甚至观众都有发现的机会,因此其成功的概率相对较低。然而,兴奋剂违规与之不同,其有私密性的特点,光靠肉眼根本无法发现谁使用了兴奋剂。因此,发现、指控和证明兴奋剂违规行为非常困难,所以国际社会建立了一套完整的反兴奋剂制度体系。

一、立法机关:WADA

WADA于1999年11月10日,根据瑞士法在瑞士洛桑成立,其受瑞士法律管辖,性质为国际奥委会下设的一个独立部门,为民间组织。WADA总部位于加拿大蒙特利尔,任务是负责开展、管理和执行国际反兴奋剂活动,比如,负责审定、调整禁用物质的名单,认证相应的实验室以及从事反兴奋剂方面的研究、教育和预防工作等。该机构由10~35名成员组成,理事会的成员每届任期3年,最多连任两届。在现实中,国际反兴奋剂活动是在三个层面上开展的:

其一,制定反兴奋剂法典,即WADC。WADC构成国际社会在体育领域开展反兴奋剂活动的基本根据,其详细规定了具体的反兴奋剂的规则,不仅对使用兴奋剂的行为进行了界定,而且还对举证负担、禁用物质或者方法、检查标准、样品分析、处罚、上诉、保密、报告、法律限制等做了明确的规定。同时,WADC还规定,国际反兴奋剂机构对其执行具有监管权。修改后的《奥林匹克宪章》,要求奥林匹克运动的所有成员在奥运会期间,必须接受和实施WADC。此外,2005年,在联合国教育、科学及文化组织的全体大会上,WADC也获得了《反对在体育运动中使用兴奋剂国际公约》的认可。这在一定程度避免了之前存在的禁用物质或者方法、检查标准等在各个体育联合会和成员国规定不统一的现象。

其二，统一国际标准，即对所有的体育项目和国家适用同一反兴奋剂标准。尽管遵守 WADC 和国际标准是强制性的，但国际反兴奋剂机构还制定了一个建议性的《反对在体育运动中使用兴奋剂国际公约的最佳实践及其指南》，对利害关系人遵守 WADC 的规定提供指导。从形式上看，该指南没有法律效力，仅仅是个建议，实质并非如此。如前所述，就故意与过失概念的引入，指南有可能以社会规范或者社会基础规范的方式，通过影响对故意与过失的判断，从而影响对违规行为人的处罚。

根据这些国际标准，运动员不管在比赛期间还是比赛前后，体育组织或者反兴奋剂组织都可以对运动员进行常规或者随机检测。如果在运动员体内发现违禁药品、其代谢物或者特征，该运动员就违反了反兴奋剂的相关规定，构成兴奋剂违规，反兴奋剂组织无须证明其对此使用存在故意、过失，即可追究其违反反兴奋剂规定的责任。即使该运动员是因为标签贴错或者医疗机构的不当建议等误服禁用物质，也要追究其责任，当然，考虑到这些因素可能会减轻对该运动员的处罚。此外，运动员如果曾经用过、尝试使用、持有违禁药品或者技术，拒绝或者不提交人体样本进行检测，对反兴奋剂的控制进行干扰，不提供违禁药品的信息或者技术、管理或者运输违禁药品，同样会触犯反兴奋剂的相关规定。

其三，世界反兴奋剂机构在形式上领导、负责并监督 WADC 的实施。比如，当发现特定的反兴奋剂组织对运动员的处罚存在问题时，可以以自己的名义向国际体育仲裁法庭提起诉讼。

二、执行机构

反兴奋剂工作的执行机构分为两种：国际单项体育联合会和国家反兴奋剂中心（National Anti-Doping Organizations，NADOs）。

《世界反兴奋剂条例》要求所有的国际单项体育联合会和管理机构，不仅遵守 WADC，而且制定自己的反兴奋剂规则，保证他们管辖的运动员和其他人员不使用兴奋剂。这些体育组织可以自己执行这些规则，也可以委托国家反兴奋剂组织或者其他的公司或社会组织来协助执行。这些国内的机构负责监督注册的运动员和其他人员，对他们进行日常的检测、处罚和指控。这样，各国国家反兴奋剂组织就有权对本国的运动员进行常规检测或者飞行检测，这基于本国政府的承诺，也基于国际体育组织的委托。

反兴奋剂组织通常会定期或不定期地要求运动员提供血样和尿样，然后送到国际反兴奋剂机构认证的实验室进行分析。如果实验室发现运动员的样本中有违禁物质或方法的迹象,就会报告给国家反兴奋剂组织,由该组织进行初步调查,看看运动员是否有治疗用药豁免许可,或者实验室是否有违反程序的嫌疑。如果没有这些情况,国家反兴奋剂组织就会通知运动员,告诉他们检测结果、是否违反了反兴奋剂规则,以及是否应受处罚。如果运动员或者世界反兴奋剂机构对处罚不满意,他们可以根据《世界反兴奋剂条例》的规定,向国际体育仲裁法庭提起上诉,寻求最终的裁决。

三、司法机构:国际体育仲裁法庭

国际体育仲裁法庭是一个专门处理国际体育争议的机构,它由国际奥委会在 20 世纪 80 年代成立,目的是避免体育比赛中的纠纷交由国内的司法机构处理造成高昂的成本和不必要的争议。它由来自各个国家和地区的法律专家和体育专家组成,对奥林匹克运动的所有成员之间的争议,享有独立的、排他的管辖权。根据 1995 年的《奥林匹克宪章》的规定,任何与奥运会有关的争议,都应当提交国际体育仲裁法庭解决。

不过,需要注意的是,CAS 对体育纠纷的管辖权并非源于上述规定,而是由仲裁双方的协议所决定的。也就是说,作为参加奥运会的必要条件之一,运动员在获得参赛资格之前,必须签署一份体育仲裁的弃权书,即放弃按照本国的法律和程序解决争议的权利,而选择由 CAS 来处理可能发生的纠纷。此外,CAS 的仲裁条款也被纳入各个体育联合会、体育机构的章程中,运动员必须同意接受 CAS 的仲裁。这意味着,运动员如果想参加奥运会或者其他的国际比赛,就必须遵守该仲裁条款的约束,否则将失去参赛资格。因此,从表面上看,国际体育仲裁法庭的仲裁权是运动员自愿选择的,但实际上具有强制性。

对于因使用兴奋剂而被取消参赛资格或者禁赛的争议,运动员有两种选择:一是在 CAS 的国内分部进行一审仲裁,二是直接向国际体育仲裁法庭申请仲裁。如果选择国内分部仲裁,运动员和指控方在仲裁结果出来后的 21 天内,都可以向国际体育仲裁法庭提起上诉。国际体育仲裁法庭由 3 名仲裁员组成,运动员和被告方各自在上诉书中指定 1 名仲裁员,上诉部主任指定第 3 名仲裁员,作为仲裁庭的主席。CAS 会对事实和法律进行重新审查,并举行听证会,当事人、证人和必要的专家都应出席。如果仲裁员无法达成一致意见,仲裁庭主席将单独作出裁决。一审仲裁结果通常是保密的,但上诉仲裁结果则是公开的,国际体育仲裁法庭会将其公开,除非当事人另有约定。

国际体育仲裁法庭的总部位于瑞士洛桑,其仲裁裁决都视为在瑞士作出,因此受瑞士仲裁法的管辖,其他国家的法院对 CAS 的仲裁裁决没有审查权,运动员也不能寻求其他的司法救济。过去,如果有特殊理由,当事人可以向瑞士联邦最高法院提起上诉,但这一规定已于 2021 年被废止,以强化仲裁裁决的终局性和约束力。不过,如果仲裁裁决存在以下情形,瑞士的法院仍可以拒绝承认或执行:当事人一方无行为能力、仲裁协议无效、仲裁程序违反正当程序、仲裁裁决超出协议范围、仲裁程序与当事人约定不符、仲裁裁决违反公共政策。例如,在孙杨案中,由于第一次仲裁庭的主席在推特上发表了侮辱亚洲人的言论,瑞士联邦最高法院就撤销了其仲裁裁决。

根据《国际体育仲裁程序守则》(以下简称《CAS 法典》),当事人可以在仲裁协议中约定适用的法律,从而使其他国家的法院对兴奋剂处罚有管辖权。但这只是理论上的可能,因为国际体育比赛通常采用的是格式合同,运动员很难有这样的选择。即使其他国家的法院根据其他的国际条约或者公约(比如《承认及执行外国仲裁裁决纽约公约》(以下简称《纽约公约》)强行介入,也不一定能得到国际体育组织的尊重和执行。例如,国际田径联合会(International Association of Athletics Federations,IAAF,以下简称国际田联)不是美国的法人,但美国的法院曾多次试图处理与 IAAF 有关的体育纠纷,并作出了裁决,这些裁决都被 IAAF 拒绝了。因此,美国法院的判决对 IAAF 来说,原则上没有约束力。

国际体育仲裁法庭是一个专门处理体育纠纷的仲裁机构,其仲裁员通常需要得到国际奥委会、国际单项体育联合会和各国奥委会的提名或推荐,然后由 CAS 进行选择,组成仲裁小组,负责具体案件的审理。为了保护运动员的合法权益,CAS 也会提供一个仲裁员名单,供当事人从中挑选。尽管 CAS 要求所有的仲裁员都应当进行客观和独立的仲裁,但是,这一要求可能存在以下挑战:一是,国际体育仲裁员都是兼职的,有时会在不同的案件中扮演不同的角色,比如在一个案件中作为仲裁员,而在另一个案件中作为当事人的代理人,这可能导致利益冲突或默契。二是,国际体育仲裁员通常享有较大的自由裁量权,其处理案件的权力远超国内法官,这可能导致权力滥用或偏袒。虽然法律要求仲裁员对可能影响仲裁独立性的情形进行披露,但是,由于国际体育仲裁员在日常还从事体育行业内的代理和咨询服务,这种利益冲突难以避免,因此可能影响裁决的中立性和公正性。

第二章　基本原则

所谓基本原则,是法规范的价值趋向或者选择基础,或者说,是大多数法规范或者所有的法律规则所应遵守的原则,也是立法目的的进一步具体化。为了实现反兴奋剂运动的目的,制定和执行 WADC 也需要遵循一些基本原则,这些原则是反兴奋剂运动的价值选择和立法目的的具体化,也是反兴奋剂运动的法律逻辑和理性的体现。然而,WADC 在导言部分主要对“体育精神”进行了定义,强调了体育运动的多种价值,如“道德、公平比赛与诚实”“健康”“优秀的竞技能力”“人格与教育”“趣味与快乐”“团结协作”“奉献与承诺”“尊重规则与法律”“尊重自己以及其他参赛者”“勇气”“共享与团结”等。然而,这些价值虽然与反兴奋剂立法有关,但并不足以构成其基本原则,因为它们难以规则化,也就是说,难以转化为具体的行为规范和裁判标准。因此,CAS 在仲裁中很少提及这些价值,除非用来修饰“公平”或“诚实”等概念。但这并不意味着 WADC 缺乏基本原则。事实上,通过 WADC 的实施和 CAS 的裁决,可以看出反兴奋剂运动遵循许多原则,如公平原则、平等原则、基本正义原则、正当程序原则等。在实践中,反兴奋剂运动的三个主要原则是比例原则、责任主义原则和体育例外原则(孤岛原则)。

第一节　比例原则

比例原则是 WADC 的基本原则之一,该原则不仅体现在对诸如“行踪规则”和《治疗用药豁免规则》的限制上,而且体现在具体的法律实践中,特别是在 CAS 仲裁中,比例原则实际上具有非常重要的地位,几乎限制所有规则的适用,这在俄罗斯兴奋剂丑闻引发的仲裁案件中尤为突出。比如,俄罗斯兴奋剂丑闻总共涉及 18 个案件,几乎每个案件都讨论了如何适用比例原则的问题,尽管这些案件的处理根据并非 WADC,而是国际奥委会的特别决定或者各个体育联合会的具体规定。

一、产生

比例原则最早出现在《德国警察法》中,是为了在权威法律制度中保障个人权利。该原则要求政府在规制个人行为时,应当选择对个人权利损害最小的措施或手段,从而对警察权进行了形式限制。① 比例原则的法律意义在于,它使德国的教义法,如警察法中融入公民权利的理念。比例原则的历史渊源可以追溯到18世纪和19世纪的普鲁士法。从18世纪后期开始,普鲁士由一个专制的、以德国皇帝为最高首领和权力源泉的封建国家,逐渐转变为一个法治国。与此同时,普鲁士的军事和经济仍然掌握在腓特烈大帝的手中。腓特烈大帝受到自由主义、社会契约论和理性主义的影响,倡导开明的专制主义。他认为国王是国家的第一公仆,其权力不是无限的。因此,他依据理性主义、宗教容忍(宽容主义)和个人自由等原则,建立了普鲁士的法律体系。他的继承者威廉三世制定了普鲁士法典。1794年《普鲁士联邦普通法》第10条第2款规定了政府为了维护公共和平而行使警察权的权力和限制。该条明确表述了比例原则,即为了维护公共和平、安全和秩序,公权力的行使应当遵守比例原则。这一规定从法条用语和逻辑上都推翻了一个默认规则,即德国公法所实施的行为都是合法的。也就是说,在过去,德国通常认为国家行为都是合法有效的,即使没有明确的法律依据也是如此。该法制定后,国家行为的有效性不再是天然的,而是需要法律的明确授权。这就是今天德国公法中法治国原则的核心内容。

由此可见,比例原则是限制公权力(主要是警察权)的根据,当时主要强调警察权目的的正当性,即其必须出于保护法益的需要,才能限制或者剥夺公民的一些权利。同时,比例原则将法益的理念局限于国家排除危害上,即政府不能为了追求某种幸福观念或者避免抽象的危险,而限制或者剥夺公民的权利。

二、在体育领域内的应用

然而,比例原则所追求的是手段与目的之间的合理性,德国的形式主义法学如何才能容忍其存在或者如何包容这一原则呢?需要注意的是,普鲁士法院当时并未将比例原则的规定解构为三种标准(适当性原则、必要性原则和均衡性原则)。在当前的德国公法中,仍然坚持这一习惯。不过,他们认为就比例原则而言,其指导案件裁判的主要表现形式是,坚持形式上的手段与形式上的目的分析(理性联系以及极端性较小的手段)相结

① See Carlyle Thomas, *History of Fried rich Ⅱ, of Prussia, Called Frederick the Great*, Chapman and Hall, Vol. 22, p. 573 – 577(1974).

合,而不是进行实质(平衡)审查,这与当前对比例原则的理解是不相同的。①

体育是人类社会的重要组成部分,它不仅涉及人的身体健康和精神文明,也关系到国家的发展和安全,以及国际的交流和合作。因此,体育活动必须遵守比例原则,以便于在体育活动中根据不同的情况和目的,合理地分配和平衡各种利益和义务,使体育活动达到最佳的效果和效率。

首先,比例原则要求在体育政策制定和实施过程中,根据国家的实际情况和发展需求,合理地确定体育的优先级和重点,平衡体育的社会效益和经济效益,协调体育的发展和安全,考虑体育的现状和未来,兼顾体育的普及和提高,促进体育的均衡和协调发展。比例原则的重要性在于,它能够使体育政策更加科学、合理、有效,使体育事业得到更好的发展。同时,比例原则还要求平衡体育的社会效益和经济效益,促进体育的均衡和协调发展,使体育事业更好地服务于国家和人民的发展需求。因此,比例原则是体育政策制订和实施过程中必须坚持的原则之一。

其次,体育活动是体育政策的具体实施,它包括各种形式的体育训练、竞赛、表演、教育、科研等。在组织体育活动时,也应当遵循比例原则,即根据体育活动的性质和目的,合理地安排和分配体育活动的时间、空间、人员、设备、规则等,平衡体育活动的难易程度和强度,协调体育活动的内部关系和外部关系,考虑体育活动的效果和后果,兼顾体育活动的多样性和统一性,促进体育活动有效有序进行。例如,学校应当根据学生的年龄和身体状况,合理地安排和分配体育课和课外体育活动的时间和内容,平衡体育教育的知识和技能,协调体育教育的教学和评价,考虑体育教育的目标和实效,兼顾体育教育的普及和提高,促进学生的全面发展。体育竞赛的组织者应当根据竞赛的级别和规模,合理地安排和分配竞赛的时间和地点,平衡竞赛的公平和激励,协调竞赛的规则和裁判,考虑竞赛的影响和后果,兼顾竞赛的传统和创新,促进竞赛的水平和质量。

再次,对于体育活动的参与者,如运动员、教练员、裁判员、观众、赞助商等,也应当遵循比例原则,即根据自己的身份和角色,合理地享受自己的权利和履行义务,平衡自己的利益和责任,协调个人关系和集体关系,考虑自己的行为和影响,兼顾自己的需求和期望,促进体育活动的和谐发展。例如,运动员应当根据自己的能力和水平,合理地选择和参加体育活动,平衡自己的训练和竞赛,协调个人利益和团队利益,考虑自己的健康和安全,

---

① See Jurgen Schwarze, *European Administrative Law*, Sweet & Maxwell, 2006, p. 1065 – 1126.

兼顾自己的荣誉和发展,促进自己的进步和成就。裁判员应当根据自己的技术和职责,合理地执行和监督体育活动的规则,平衡自己的权威和公正,协调自己的专业和人文关怀,考虑自己的影响,兼顾自己的尊严和信誉,促进体育活动的公平和秩序。

最后,在体育评价中也应当遵守比例原则。对体育活动的评价是对体育活动的过程和结果进行分析和判断,它涉及体育活动的质量、效果、价值、意义等多个方面。在评价体育活动时,应当遵循比例原则,即根据体育活动的特点和目标,合理地确定和运用评价的标准和方法,平衡评价的客观性和主观性,协调评价的形式和内容,考虑评价的依据,兼顾评价的正面和负面,促进体育活动的改进和完善。例如,对于体育教育的评价,应当根据体育教育的目的和任务,合理地确定和运用体育知识、技能、体质、态度等多方面的评价指标,平衡评价的过程和结果,协调评价的定性和定量,考虑评价的数据和证据,兼顾评价的激励和反馈,促进体育教育的效果和质量。对于体育竞赛的评价,应当根据体育竞赛的性质和水平,合理地确定体育成绩、表现、排名等。

在司法实践中,公法中的比例原则得到体育法认可的主要表现为体育法对上位法的突破。比如,在博斯曼(Bosman)案的判决中,欧洲法院指出,体育组织制定的规章制度应当遵守欧洲法的规定。但在判决时,法院并没有简单地适用"上位法优先于下位法"原则,而是从欧足联限制球员转会规则的正当性入手,对发生冲突的两部法律进行价值上的评估,即按照比例原则做出选择。① 这意味着,如果限制球员转会的规则有足够的正当性,那么其可以突破欧洲法的限制而独立存在。尽管在该案中,这种假设并不成立,但在现实中却不乏这样的判例,比如,怀特·菲尔德诉医学总会案(White Field v. General Medical Council)。② 在该案中,原告是医生,由于患有严重的抑郁症而经常酗酒,但当地医学总会规定,注册的医生不得饮酒或者吸毒。原告对该规定提出质疑,认为医学总会为了实施该规定,对医生进行随机的血检和尿检,侵犯了《欧洲人权公约》第 8 条规定的私生活和家庭生活应当受到尊重的权利。因此应对这种规定给予一定的限制,即其只适用于工作期间。否则,即剥夺了医生在家庭聚会时饮酒的权利,构成对私生活的侵犯。法院在审判时,援引了欧洲人权法院对布鲁格曼和尹腾诉德国(Bruggemann and Scheuten v. Federal Republic of

---

① See Samuel W. Buell, *Novel Criminal Fraud*, New York University Law Review, Vol. 81, p. 1991 - 2043(2006).

② See White#Field v. General Medical Council IRLR39 Privy Council[2003].

Germany)的判决。[①] 欧洲人权法院认为，私生活的被尊重权既受制于私生活与公共生活的联系程度，也受制于他人受保护的利益。基于此，该法院认为，对饮酒的绝对禁止源自对病人健康的考虑，故这种禁止是有必要的。换言之，在该案中，“下位法”基于其正当性，突破了“上位法”的约束。该段话的主要内容是比例原则在体育政策制订和实施过程中的重要性，以及比例原则在司法实践中的应用。

那么，下位法突破上位法(欧洲法)的条件是什么呢？一般认为，德福雷塔案的判决提供了具体标准。[②] 在该案中，原告人是农业部的公务员，其公开张贴传单并参加游行示威活动，指责该部的部长反贪不力。农业部根据当地《公务员条例》第 10 条(公务员应当保持中立，不得对国内外有争议的政治事件发表自己的观点)的规定，给予其处罚。但是，原告认为该规定违反了当地《宪法》第 12 条(公民有言论自由)的规定。面对这种冲突，一审法院判决认为农业部的处罚有效，因为这是公务员履行职责的需要。原告不服，提起上诉。上诉法院认为，对于冲突的法律，不能单纯地适用“上位法优于下位法原则”，而是应当结合案件的具体情况，考察哪个法律条文体现的权利(力)更有必要。具言之，面对冲突的法律，在选择适用何者时应当考虑如下三个方面的因素：其一，下位法立法目的的重要性是否能证明其对基本权利(上位法的规定)的限制是正当的；其二，下位法为达到该目的而规定的措施，是否与该目的的实现存在切实的联系；其三，限制上位法规定的基本权利或者自由，是否与下位法的目的实现价值相当，这就是所谓的比例原则。法院通过考察这三个因素，认为对原告的言论自由进行限制符合前两个标准，但不符合第三个标准。理由是，该地的《公务员条例》第 10 条采用概括的方式限制公务员的言论自由，这也就意味着，很多级别不同的公务员实际上接受相同的限制。既然公务员分成很多的级别，对他们言论表达自由的限制也应当有所区别。如果不对此进行细化，这种条款的效力是很难被认定的。法院结合本案的具体情况，认为对上诉人的言论自由进行限制是没有必要性的，或者限制上诉人的言论自由对于上诉人职务的履行没有多大价值，所以，上诉人的请求应当得到法院的支持。

---

① See Bruggemann and Scheuten v. Federal Republic of Germany (Application No 6959/75) European Commission of Human Rights(1981) 3, Ehrr 24412 July(1977).

② See Elloy de Freitas Appellant v. The Permanent Secretary of Ministry of Agriculture, Fisheries, Lands and Housing(2) The Public Service Commission and etc. Privy Council Appeal No. 42 (1997).

三、比例原则对反兴奋剂规则的应用

反兴奋剂规则的制订和实施也需要遵循比例原则，即在制订和实施反兴奋剂规则时，需要根据国家的实际情况和发展需求，合理地确定反兴奋剂的优先级和重点，平衡反兴奋剂的社会效益和经济效益，协调反兴奋剂的发展和安全，考虑反兴奋剂的现状和未来，兼顾反兴奋剂活动的普及和提高，促进反兴奋剂斗争的均衡和协调发展。比例原则的重要性在于，它能够使反兴奋剂规则更加科学、合理、有效，使反兴奋剂事业得到更好的发展。同时，比例原则还能够平衡反兴奋剂的社会效益和经济效益，促进反兴奋剂的均衡和协调发展，使反兴奋剂事业更好地服务于国家和人民的发展需求。在反兴奋剂规则中，比例原则的适用主要表现在以下几个方面：

首先，合理确定反兴奋剂的优先级和重点。在制订反兴奋剂规则时，需要根据国家的实际情况和发展需求，合理地确定反兴奋剂的优先级和重点。比如，在一些国家，反兴奋剂工作的重点可能是针对某些特定的运动员或运动项目，而在另一些国家，反兴奋剂工作的重点可能是针对所有运动员和所有运动项目。比例原则要求在体育活动中，合理地分配和平衡各种利益和义务，使之达到最佳的效果和效率。作为重要的反兴奋剂的手段，赛外检查对运动员的私生活有一定的干扰，因此，就会受制于比例原则，这表现为赛外检查只对精英运动员进行，而通常不关注一般运动员。这是因为精英运动员在比赛中的表现不仅对自己的收益有影响，也对体育事业的发展和推广有重要意义，而一般运动员的表现则相对次要。另外，精英运动员在体育运动中的收益较大，可以弥补赛外检查对其私生活造成的负面价值。因此，赛外检查的目的和手段之间是相称的，符合比例原则。

其次，平衡反兴奋剂的社会效益和经济效益。反兴奋剂规则是为了防止和打击体育运动中的兴奋剂违规行为，维护体育的公平、健康和发展，保护运动员的合法权益，弘扬体育精神和社会主义核心价值观。制订和实施反兴奋剂规则，不仅要考虑反兴奋剂的社会效益，也要考虑反兴奋剂的经济效益，两者之间应当达到合理的平衡，以实现反兴奋剂工作的最优化。

反兴奋剂的社会效益，主要体现在提高体育运动的公信力和影响力，促进体育文化的传承和创新，提升人民的健康和幸福，维护社会的和谐和稳定，增强国家的荣誉和形象等方面。反兴奋剂的经济效益，主要体现在节约体育资源的投入和消耗，降低体育风险，增加体育产业的收入和利润，促进体育市场的发展和繁荣等方面。这两个方面显然具有一定的冲突性，平衡两者关系的根据就是比例原则。

最后,协调反兴奋剂的发展和安全。在制订反兴奋剂规则时,不仅需要考虑反兴奋剂的发展和安全之间的协调,以达到最大的社会效益和经济效益,还要兼顾反兴奋剂的普及和提高。这是因为反兴奋剂措施是一个需要多种措施和集体努力的系统。这些措施的实施需要在全球范围内进行协调,以确保公平、公正和公开的反兴奋剂工作,并为全球范围内的运动员提供平等的机会。因此,规则需要允许足够的灵活性,以考虑每个案件的个人方面,同时通过规则确保全球协调。

四、比例原则的构成及适用

既然就像其他的制度那样,反兴奋剂运动也面对很多的利益或者法律冲突,那么,比例原则项下的子原则,即适当性原则、必要性原则和利益衡量原则,就构成如何分配资源或者权力(利)的主要根据或者标准。

(一)适当性原则

在体育领域内,适当性原则的内容是指国家或者体育组织所采取的反兴奋剂措施必须有助于达成目的,即保护运动员的无药比赛权,预防兴奋剂违规行为的发生。如果措施的采取不是为了达到这样的目的,或者达不到法定目的,则违反了适当性原则,从而违反了比例原则。比如2021版《世界反兴奋剂条例》第3.2.2条与第3.2.3条规定,样本的管理即使违反了《实验室国际标准》,也不影响分析结果的证明价值,除非当事人能证明这种违规有可能导致阳性检查结果。世界反兴奋剂机构之所以做出这样的规定,主要原因是,《实验室国际标准》与《检查和调查国际标准》几乎都是程序规则,很少直接涉及当事人的权利。违反这种规则所收集的证据,通常属于技术性违规证据,除非关系到当事人的权利,比如检查结果失真或者样本被污染等,通常不存在非法证据排除的问题。比如在美国的兰蒂斯(Landis)案中,运动员因尿检呈阳性而受到指控。申请人辩护说,A瓶上有不明身份之人留下的标志,而且,瓶盖好像还有被动过的痕迹,因此,样本存在被篡改或者被污染的可能,所以认为检查结果无效。[①] 然而,CAS认为,要推翻指控,不仅应证明存在诸如程序违法、结果不可靠、保管链条有缺陷、实验室成员无资质等事实,而且要证明这种违规已达到严重影响检测结果准确性的程度,否则,即使保管过程违法,也不能推翻样本具有完整性的假设。尽管仲裁庭承认本案中法国实验室的确存在违反国际

---

① See http://www.usada.org/files/active/arbitration-rulings/Landis%2Final%20(20-09-07)%20(3).pdf; see Arbitration CAS 2007/A/1394, Landis v. USADA, award of 30 June 2008.

标准的现象,也给予其警告处分,但仍然认定运动员违规成立,也就是说,“非重大程序瑕疵”本身不足以推翻实验室的分析结果,即取证行为单纯地违反技术规范,不会影响证据的证明价值,除非造成证据失去真实性。① 这样,技术性违规证据通常不能适用排除规则。仲裁庭之所以未否定这种违法证据,主要原因是这种技术违规,不会危及运动员的正当利益,即比赛权,相反,如果技术违规导致检查结果呈阳性,则构成例外。易言之,仲裁庭其实是根据比例原则而否定了运动员的请求的。

(二)必要性原则

在反兴奋剂领域内,必要性原则的应用是指,反兴奋剂组织在若干能够实现法律目的的方式中,必须选择使用对相关当事人和公共利益造成损失最小的方式,即行为方式必须具有必要性。这意味着,为了达到法定的目的,该项措施是给人民造成最小侵害的措施。在反兴奋剂处罚中,必要性原则的应用是指,对于违规行为的处罚应当符合违规行为的性质和情节,且必须是最小限度的,在达到制裁目的的前提下,尽可能地减少对运动员的不良影响。因此,必要性原则是确保反兴奋剂工作合理、公正、公开的重要原则之一。

在反兴奋剂领域内,就必要性原则而言,争议最大的是行踪规则问题。行踪规则的实施,会侵犯运动员的隐私权、休息权和个人数据权,构成对运动员私生活的严重干扰,因此,行踪规则受到体育界以及一些运动员的严重质疑。然而,反兴奋剂机构认为,滥用禁药的行为具有隐蔽性,很难发现,必须进行随机的飞行药检,而这些离不开行踪规则,否则很难找到需要检查的运动员。也就是说,这项规定正当化的基础,就是比例原则项下的必要性原则。

比如,土耳其当局通过监控西瓦斯波足球俱乐部的通信,发现了其操纵比赛、打假球的证据。欧足联对此进行了处罚,俱乐部不服上诉到 CAS,理由是,这些信息源于当局的非法监控,构成对公民通信自由的不法侵犯,应予排除。仲裁庭指出,假球事件涉及公众利益,且体育组织获得相关证据的手段非常有限,因此,尽管有些证据取得方式有问题,只要未违反必要性原则,就不影响这些证据的可采信性。也就是说,如果存在其他救济途径或者可替代性证据,则应当否定这种证据的可使用性。② 因此,如果否

---

① See CAS 2011/A/2433, Diakite v. FIFA, para. 28; CAS 2010/A/2267 et al., Football Club “Metalist” et al. v. FFU.

② Kodek Georg, Die Verwertung rechtswidriger Tonbandaufnahmen und Abhörergebnisse im Zivilverfahren, ÖJZ (2001), S. 334.

定违法获得的证据会导致当事人的合法诉求落空,则违法获得的证据有可能具有可采信性。①事实上,当秘密录音录像成为防止欺诈仲裁庭的唯一根据时,通常不予排除,否则,无异于否定当事人的正当诉求。② 也就是说,反兴奋剂措施或者手段,只有符合必要性原则,才有可能因为比例原则而获得正当性。

(三)利益衡量原则

在反兴奋剂领域内,利益衡量原则的应用,是指反兴奋剂组织在制订反兴奋剂规则时,必须权衡运动员的利益和公共利益,以达到最大的社会效益和经济效益。在反兴奋剂处罚中,利益衡量原则的应用,是指对于违规行为的处罚应当符合违规行为的性质和情节,且必须是最小限度的,在达到制裁目的的前提下,尽可能地减少对运动员的不良影响。因此,利益衡量原则是确保反兴奋剂工作合理、公正、公开的重要原则之一。

比如,在富斯马洛希(Fusimalohi)案中,记者冒充行贿人与国际足联的官员联系,事后将暗访获得的信息曝光。国际足联借此严厉处罚了该官员,后者向 CAS 提出仲裁申请,理由是该记者未经允许而偷偷录音录像,侵犯了其隐私权。仲裁庭认为,体育腐败与欺诈相似,涉及公共利益,记者将秘密录音录像进行曝光,即使缺乏法律根据,也是正当的。理由是:国际足联对 2018 年和 2022 年世界杯举办地是否以公平、公正和客观的方式确定的,不仅关系公众,特别是球迷和落选国家人民的利益,而且涉及所有曾经举办过或者试图举办世界杯的国家或者协会的利益。这种案件真实的价值特别大,所以,其对非法证据的容忍度也较高。③ 由此可以看出,本案案件真实的利益高于取证行为所侵犯的利益,仲裁庭经过利益权衡而接受这种证据,其背后的根据其实就是比例原则。

另外一个典型判例是钱伯斯诉英国奥委会和英国田径协会案(Chambers v. British Olympic Association and UK Athletics)。该案的起因是英国短跑运动员钱伯斯(Dwain Chambers),在 2003 年被发现使用了一种被禁止的类固醇药物,名为四氢孕三烯酮(Tetrahydrogestrinone, THG)。这种药物是由美国巴尔科实验室非法制造和提供的,可以增强运动员的肌肉力量和耐力,但也会给身体造成严重的损害。钱伯斯因此被国际田联禁赛 2 年,并被剥夺在 2002 年欧洲锦标赛上获得的金牌和接力银牌。

---

① OGH 20. 6. 2000, 3 Ob 131/00m.

② Rechberger Walter/Simotta Daphne-Ariane, Zivilprozessrecht-Erkenntnisverfahren, 9. Auflage, 2017, S. 460 ff; OGH 19. 10. 1999, 4 Ob 247/99y.

③ See CAS 2011/A/2425 Ahongalu Fusimalohi v. FIFA.

根据当时英国奥委会的规定，任何被禁赛超过6个月的英国运动员，都将被终身禁止参加奥运会，目的是保护英国奥林匹克运动的清白和声誉，鼓励运动员遵守反兴奋剂规则。钱伯斯在2005年禁赛期到期后，试图重返赛场，但发现自己无法参加奥运会。他认为这一规定是不公平和不合理的，因为这相当于对一次违规行为，处罚了两次，违反了禁止双重评价原则，构成了对其人权和自由的侵犯。该运动员向伦敦高等法院提起诉讼，要求法院宣布英国奥委会的上述规定，缺乏可执行性，并允许其参加北京奥运会的选拔赛，理由如下：其一，英国奥委会的这种规定，是不合理的，违反了比例原则；其二，鉴于周围的环境，该规定本质上是不公平和不合理的；其三，这项规定与国际田联和国际奥委会的规定，存在矛盾，IAAF和IOC都允许运动员在禁赛期满后参加奥运会，故英国奥委会的规定构成歧视，剥夺了英国运动员的机会和权利。

英国奥委会在法庭上辩称，其规定是合法和合理的，因为其规定是基于英国奥委会的自主权和《奥林匹克宪章》的规定制定的，这是为了维护英国奥林匹克运动的价值和信誉，以及保护那些遵守规则的运动员的利益。此外，这也是一种有效的威慑手段，可以阻止运动员使用兴奋剂。他们还指出，钱伯斯属于故意违规，并非误服了禁药，而且他没有表现出真诚的悔改态度，他提起诉讼是一种自私和贪婪的行为，是对英国奥林匹克运动的侮辱和威胁。

法院在2008年4月18日作出判决，支持了钱伯斯的诉求，认定英国奥委会的规定是一种不合理的限制，没有考虑到个别情况的差异性，而且对运动员的惩罚过于严厉，严重违反比例原则。法院还认为，英国奥委会的这项规定与IAAF和IOC的规则相冲突，而且，这种禁止还无法实现其所声称的目的，即保护英国奥林匹克运动的清白和声誉。法院指出，钱伯斯已经接受了国际田联的处罚，而且，在处罚期满后，并没有再实施违规行为，即使用兴奋剂。钱伯斯有权追求自己的职业生涯，有权证明自己的能力和价值。法院因此撤销了英国奥委会的规定，允许钱伯斯参加北京奥运会的选拔赛。钱伯斯在英国田径选拔赛上获得了100米的第一名，从而获得了北京奥运会的资格。然而，他在奥运会上的表现并不理想，在预赛中被淘汰，没有进入决赛。

第二节　责任主义原则

责任主义原则最早来自罗马法，目前已经成为现代法律的一项重要原则。其要求只有运动员对自己行为造成的消极后果负有道德上的或者法律上的可谴责性时,才能追究他们的责任或者给予其处罚,因此其构成要素有:

其一,行为人的行为造成了消极事件。对此有两种解释:一种是行为人侵犯他人的权利或者法益,这种解释被称为结果无价值论;另一种是行为人背离了法规范,这被解释为行为无价值论。其实,如果将规范视为是保护法益的工具,在具体危险犯的情况下,两者是能够统一的,只是在抽象危险犯的情况下,两者的判断会发生背离。比如,运动员在未获得治疗用药许可的前提下,为了治疗伤病而在赛外使用 β - 阻断剂(Beta-Blockers),这对未来半年后的比赛是很难产生功效的。但是,如果通过飞行药检发现该运动员使用了该物质,由于该物质在赛外也禁止使用,故运动员仍然构成兴奋剂违规,尽管这种违规行为并没有"被害人"。所以,WADC 在这里坚持的是行为无价值论,而非结果无价值论,但是,在一般情况下,WADC 往往采取折中的立场,同时采用这两种价值论进行判断。

其二,行为人对此存在故意或者过失,既不能实行客观归罪,也不能承认集体责任,只能追究个人的责任。在反兴奋剂制度下,运动员体内发现禁用物质,通常会类推行为人实施了兴奋剂违规行为,行为人应该对自己的行为负责,在这里适用的是结果责任。然而,如果行为人对此存在故意或者过失,则会加重处罚,那么,这里其承担的却是行为责任。对于后者,对行为人不能实行客观归罪,也不能承认集体责任,只能追究个人的责任。

其三,对于行为人,行为及其后果具有可控制性。当行为及其后果不具有可控制性时,则反映行为并非行为人自由意志的表达,所以,行为人的行为不能反映其对法秩序的蔑视。反兴奋剂制度的目的是保护运动员的健康和体育的公平性,因此,运动员在参加比赛前必须接受兴奋剂检测,以确保他们没有使用禁用物质。如果运动员使用禁用物质,他们的行为将被视为违反规则,因为他们的行为不符合反兴奋剂制度的规定。如果他们完全由于不可控制的因素而使用了禁用物质或者禁用方法,虽然通常会失去比赛的资格,但不会受到反兴奋剂制度的惩罚。

其四,行为人的行为没有正当化事由或者免责事由。如果存在正当化事由或者免责事由,则会阻却责任。此时,行为人最多承担救济性的民事处罚,而不会被进行纪律处罚。

如果缺乏了以上任何要素,而追究或者处罚行为人,都违反责任主义原则。[1] 比如,行踪规则的适用就受到责任主义原则的限制。责任主义表达方式很多,除了借助故意与过失等概念之外,还可以借助公共政策,比如,《瑞士联邦国际私法》规定,瑞士联邦最高法院有权对国际体育仲裁法庭的裁决进行司法审查,当仲裁裁决违背瑞士的公共政策时,法院可以宣告仲裁裁决无效。[2] 瑞士联邦最高法院解释说,要想基于公共政策否定CAS 仲裁裁决的效力,必须符合两个条件:其一,否定的根据必须是具有普适性的规则或者原则,不能是某一国家的规定;其二,运动员要证明体育处罚或者仲裁裁决与国际社会所公认的法律原则或者道德原则相悖。[3] 也就是说,当国际体育仲裁法庭的裁决违反责任主义原则时,有时会以违反公共政策的方式,而被瑞士联邦法院否定。

一般认为,2003 版和 2009 版的 WADC 对兴奋剂违规行为都采用了“严格责任”原则,但这一原则的正当性遭到学界质疑。其主要原因是,这一原则不仅与 WADC 的目的有一定的冲突,而且还严重违背了责任主义的理念。为了协调反兴奋剂的现实需求和责任主义的原则,2015 版 WADC 将体育领域内使用兴奋剂的欺骗行为作为打击的重点(第 10.5 条),而非其他的加害行为。欺骗行为的特点是,行为人通常会故意隐瞒事实真相,以免被发现。这就导致欺骗行为的发现率很低,行为人也很容易逃避法律的制裁。因此,只有提高处罚的上限,才能增强反兴奋剂制度的威慑力。

如果用民法规制这种行为,即将其定性为民法上的欺诈,优点是:由于民法的证明标准较低(采用优势证据规则),绝大多数欺骗行为都会受到法律的追究;缺点是:民事责任遵守“填平”原则,其处罚的上限受制于行为人造成的损害大小。这就意味着,即使用民法处罚了欺骗行为,行为人仍有利可图,毕竟有一部分行为因为证据或者其他的原因(比如被害人放弃权利或者没有发现)而无法被追究,行为人可以保留这一部分违法收益。行为人很可能将由此承担的责任视为欺骗的低成本,继续从事欺骗行为,所以民法无法有效制止使用兴奋剂的欺骗行为的发生。如果用刑法规制欺骗行为,即追究行为人诈骗罪的刑事责任,优点是可以提高处罚的上限,进而抵消行为人由此获得的不法收益;缺点是刑法的证明标准(排除合理怀疑)过高,特别是欺诈的故意通常作为犯罪构成要件,而证明很难达到排

---

① See Sheppard B. H. ,Lewicki R. J. & Minton J. W. ,*Issues in Organization and Management Series. Organizational Justice: The Search for Fairness in the Workplace*,Macmillan Pub. Co. ,1992,p. 59.

② Canas v. ATP Tour,4P. 172/2006(2007)(Switz.),ATF 133 Ⅲ 235.

③ See N. ,J. ,Y. & W. v. FINA,5P. 83/1999(2d Civil Court,Mar. 31,1999) at 779.

除合理怀疑的标准,这会使很多使用兴奋剂的欺骗行为都无法受到法律的追究,即“漏罚”现象极为严重。因此,行为人会有利可图,而刑法同样无法有效制止使用兴奋剂的欺骗行为。① 面对这种情况,就产生了“惩罚性处罚”(体育领域内的纪律处罚),其一方面在证明标准上适用“优势证据”规则,另一方面又提高处罚的上限。这种制度在一定程度上可以弥补民法与刑法在控制欺骗行为方面所存在的不足。然而,由于这种处罚在实体上属于刑罚(具有惩罚性),而适用的又是民事诉讼程序,这显然违反了正当程序原则。因此,这种做法遭到德国法的坚决反对。

为了调和惩罚性处罚制度与正当程序原则之间的矛盾,在现实中,一方面提高证明标准,即将证明标准提高到绝对优势证据证明标准的程度,②另一方面通过限制惩罚性处罚的上限,使得该处罚仍然可以勉强处在民法的范畴之内,以此缓和惩罚性处罚和正当程序的冲突,使之在一定程度上符合比例原则。③

运动员通过使用兴奋剂来获得竞争优势,构成欺诈,如果完全照搬惩罚性处罚制度,其归责原则应当是:其一,当剥夺运动员当前比赛资格或者宣告受兴奋剂影响的奖牌、成绩、积分作废时,应当适用严格责任,因为这实际上相当于惩罚性处罚制度中的损害赔偿,即其属于民法的范畴,这无须遵守责任主义原则;其二,当剥夺运动员未来一定期限或场次的比赛资格时,至少应当适用过失责任。需要注意的是:(1)这种处罚的上限应受制于运动员兴奋剂违规可能获得的收益;(2)由于这种处罚的证明标准低,很多过失使用兴奋剂的行为,也会被规范地作为欺诈行为进行处罚,即这里使用兴奋剂的行为其实既包含故意使用兴奋剂的行为,也包含过失使用兴奋剂的行为。④

故意使用兴奋剂以提高比赛成绩的行为与一般的欺骗行为又存在一些不同:其一,一般的欺骗行为通常是针对被害人实施的,会留下一定的痕

① 发现率是发现并证明行为人实施了违法行为的概率,其直接影响法律打击行为的效果和行为人基于违法行为而获得的收益。参见杨春然:《刑法的边界研究》,中国人民公安大学出版社2013年版,第183页。

② 参见《世界反兴奋剂条例》第3条规定的“清楚而有说服力”的证明标准。

③ See Samuel W. Buell, *Novel Criminal Fraud*, New York University Law Review, Vol. 81, p. 1991 - 2043(2006).

④ 其实,故意与过失是社会赋予特定举止的意义,并非行为人的主观心理现实。这样,故意与过失本身就没有任何价值了,所以,源自笛卡尔哲学上的“身”“心”二分法,早已被现代哲学所抛弃,故应当从规范的角度,解释故意与过失的含义。See Kevin Jon Heller, *The Cognitive Psychology of Mensrea*, Journal of Criminal Law and Criminology, Vol. 99:2, p. 317 - 379(2009).

迹，法官可以由此推演行为的原因，判断行为人的主观态度；但使用兴奋剂的行为则更具有隐蔽性，其并不会展示给第三人，往往缺乏现场见证人。其二，当前，故意使用兴奋剂往往是医生、教练员和运动员协作的结果。由于存在一个“违法”共同体，反兴奋剂机构更难以判断运动员体内的违禁物质是其有意而为还是无意使用的。这种情况下，如果单纯地照搬惩罚性处罚制度，会使很多故意使用兴奋剂的行为逃避应有的处罚，有可能导致兴奋剂的泛滥。其三，反兴奋剂机构毕竟不同于警察，他们的侦查权并没有获得各国法律的认可，这更增加了他们认定故意和过失的难度。这三个特点造成反兴奋剂机构很难查明运动员使用兴奋剂的心理状态，再加上兴奋剂处罚有着严格的时间限制，所以，兴奋剂处罚应当进行如下的改革：第一，兴奋剂违规不能建构在运动员的心理状态之上，也不应适用“严格责任”的立场。第二，兴奋剂处罚既然不依赖运动员心理态度，而是建立在体育组织对运动员的一般要求之上，则处罚不能过重。理由有三个：(1)这种证明标准无法支撑过重的处罚；(2)很多无辜的运动员也将会因此受到处罚，处罚过重，其则会与责任主义发生严重的冲突；(3)这种处罚在性质上应当介于民事处罚与刑罚之间，否则这种处罚将会严重失去程序上的正当性，因此，还必须受刑事处罚的限制。第三，一旦发现高水平运动员或者精英运动员涉嫌故意违规，可以启动刑事调查机制，以运动员涉嫌刑事责任，收集相关的证据。比如，德国在未将运动员使用兴奋剂行为入罪之前，通常以涉嫌诈骗罪，对运动员进行调查。

由以上可以看出，民事处罚是不适用责任主义原则的，或者说责任主义原则只适用于公法责任。如后所述，在一般情况下，兴奋剂处罚属于公法责任的范畴，尽管从形式上看其好像是私法责任。所以，兴奋剂处罚通常受责任原则的限制。

第三节 体育例外原则

这种思想最早源于1974年荷兰自行车选手沃雷伟(Walrave)和科克(Koch)诉国际自行车联盟(Union Cycliste Internationale, UCI)案的判决。① 这个案件涉及体育规则是否受欧洲法律约束，运动员是否有转会和自由提供服务的权利。该案的原告是两名荷兰的自行车选手，职业是在中

① See Walrave and Koch v. Association Union Cycliste Internationale, C－36/74, R－36/74, [1974]EUECJR－36/74, ECR1405 [1974].

程自行车比赛中,骑着摩托车为所谓的“顽强者”(在摩托车后面骑行的选手)做领跑者。他们根据与顽强者、自行车协会、赞助商的协议提供这种服务。然而,国际自行车联盟规定,“从 1973 年开始,领跑者必须和顽强者同一国籍”。原告认为这一规定与《欧洲经济共同体条约》不相容,因为它阻止了一个成员国的领跑者为另一个成员国的顽强者提供服务的可能,并提起诉讼,要求宣告 UCI 的该规则无效,并请求法院命令被告允许由原告和非荷兰籍的顽强者组成的队伍参加世界锦标赛,只要这些顽强者是另一个成员国的国民即可。被告人除国际自行车联盟之外,还有荷兰自行车协会(Koninklijke Nederlandsche Wielren Unie, KNWU)和荷兰体育联合会(Nederlandse Sport Federatie,NSF)。KNWU 和 NSF 是国际自行车联盟的下属组织,负责管理和监督荷兰的自行车运动。

乌得勒支地区法院审理了该案,最终判决支持原告的诉讼请求。法院指出,国际自行车联盟和荷兰自行车协会的禁赛决定是一种不合理的限制,侵犯了原告自由选择比赛的权利,也损害了他们的经济利益。法院认为,KNWU 等体育组织没有足够的理由证明他们的禁赛决定是必要的,忽视了原告的合法利益。因此,法院撤销了禁赛的决定,并判令国际自行车联盟和荷兰自行车协会赔偿原告的损失。

国际自行车联盟和荷兰自行车协会不服一审判决,向阿姆斯特丹上诉法院提起上诉。上诉法院在 1975 年作出判决,推翻了地区法院的判决,驳回了原告的诉讼请求。上诉法院认为,体育规则不是一种经济规则,而是一种娱乐规则,其目的是保证比赛的公平性和公正性,而不是限制竞争或影响市场。因此,体育规则不受《欧洲经济共同体条约》的约束,也不受欧洲法院的管辖。上诉法院还认为,被告的禁赛决定是一种合理的体育制裁,其目的是维护体育纪律和秩序,而不是侵犯原告的权利或利益。因此,上诉法院维持了禁赛的决定,并驳回了原告的赔偿请求。

原告不服,向荷兰最高法院提起上诉。最高法院在 1976 年作出判决,维持了上诉法院的判决,否定了原告的上诉请求。最高法院认为,体育规则是一种特殊的规则,其不受《欧洲经济共同体条约》的约束,也不受欧洲法院的管辖。最高法院还认为,国际自行车联盟和荷兰自行车协会的禁赛决定,是一种合法的体育制裁,其不构成对原告的歧视或限制,也不违反荷兰法的任何规定。因此,最高法院确认了禁赛的处罚,并驳回了原告的赔偿请求。

这个案件是欧洲法律史上的一个里程碑,它引发了关于体育规则是否受欧洲法律约束的争论,也影响了后来的一些类似的案件。这个案件的判决体现了一种“体育例外”或“体育孤岛”的思想,即体育是一种独立的社会活动,其不受一般法律的管辖,而是由体育组织自主制定和执行的规则规制。这种思想在一定程度上保护了体育的自主性和纯洁性,但也导致了体育规则的不透明和不公平,以及体育选手的权利和利益缺乏司法可救济性的缺陷。

总之,孤岛原则认为,体育活动是一种特殊的活动,有自己的目的、价值和规范,不同于其他的经济活动,所以,相应的规则或者要求完全由当事人自主决定,体育成了一个“独立王国”或者“孤岛”。这一原则也适用于兴奋剂问题。反兴奋剂规则应该由体育组织按照体育的本质和特点制定和执行,不受外部法律的干涉。

自从沃雷伟和科克案之后,这一原则不仅被欧洲法院和其他国家的法院多次采纳和确认,形成了一种司法惯例,而且被欧洲的体育组织和政府部门所接受和尊重,成为体育领域的一种普遍规范。这样,欧洲法院和其他国家的法院通常不会对体育组织制定的反兴奋剂规则进行审查,而是认为这是体育组织的内部事务,只要不违反公序良俗和人权保护原则,就应该尊重其自主性。

在英国的爱德华兹(Edwards)案中,法院依据“体育例外”原则,驳回了运动员对反兴奋剂组织规定进行司法审查的要求。① 2008 年,爱德华兹尿检呈阳性,反兴奋剂组织根据国际田联的规定,剥夺其 4 年的比赛资格。该运动员认为这种处罚是违法的,要求根据《欧洲联盟条约》第 59 条的规定,取消后面 2 年的处罚,因为这剥夺了其在欧盟内的生活来源。这种请求被法院驳回。法院认为《欧洲联盟条约》第 59 条不适用于体育领域内的药品控制规则,理由是,对这种违规者进行惩罚,目的是预防欺骗。尽管惩罚可能会对运动员产生严重的经济后果,但这种结果具有附随性,是一种无法避免的意外结果;另外,体育比赛不属于经济活动,不需要遵守欧洲法的规定,所以 4 年的处罚并无不当之处。这又一次捍卫了“体育例外”原则。

然而,当前“体育例外”原则已经面临一些案件的挑战,最明显的例子是人们对行踪规则合法性的质疑。行踪规则与隐私权、个人信息权,尤其是劳动法中的休息权存在显著的冲突。行踪规则仅基于“体育例外”原则才得以合法化,这意味着,如果“体育例外”原则被推翻,行踪规则的合法性将受到威胁。这种担忧并非多余,实际上,已有否定该原则的判例,最典

① See Edwards v. British Athletic Federation,94(30) LSG29 (1997).

型的是博斯曼案的判决。

在博斯曼法案之前,足球运动员在合同期满后并不能自由转会,这在一般的劳动法规中是不被允许的。博斯曼法案的出台,使得足球运动员在合同期满后能够自由转会,这实际上是对体育例外原则的否定。该法案认为,有欧洲联盟公民资格的足球运动员,在与俱乐部签订的合同期满之后,有权在不支付任何转会费的情况下到欧盟另外任何国家踢球。这项法案的出台,使得欧盟范围内的球员开始加速流动,有效地保护了球员的切身利益。不过,也必须注意到,这个法案由于突破体育例外原则而产生的危害:(1)规模较小的球队通常依赖"出售"主力球员来维持运营,而博斯曼法案使得他们在球员合同到期后无法获得转会费,这导致他们的收入大幅减少,进一步加剧了大球队与小球队之间的贫富悬殊。(2)对于以青训见长的球队,如阿贾克斯足球俱乐部,博斯曼法案带来的打击是毁灭性的。他们无法通过转会费获得收入,也无法保留自家的优秀球员。(3)由于欧盟各地的联赛取消了外援限制,本土球员和年轻球员的发展机会大大减少,这也是一些国家队出现人才断层甚至青黄不接的主要原因。(4)博斯曼法案将转会决定权从球队转移到球员手上,这使得代表球员与球队洽谈的经纪人的权利和影响力极大增强,有些甚至凌驾于球队之上。面对博斯曼法案带来的这些弊端,至今还没有一个完美的解决方案。这也是足球世界面临的一个重要挑战。

此外,迈克(Meca)、麦迪娜(Medina)案的判决,重述了这一立场。①2001年,国际游泳联合会(Fédération Internationale de Natation Amateur,FINA,以下简称国际泳联)发现两个游泳运动员(迈克和麦迪娜)尿检呈阳性,对他们科处了禁赛的处罚。运动员不服提起仲裁申请,国际体育仲裁法庭支持该处罚。这两个运动员并没有选择向瑞士联邦法院上诉,而是以反兴奋剂规则违反欧洲法为由,将国际泳联和国际奥委会起诉到欧盟委员会,认为国际泳联的反兴奋剂规则违反了《欧洲联盟条约》第49条、第81条和第82条。欧盟委员会认为,反兴奋剂规则是体育规则,剥夺比赛资格不是职业禁止,所以,不能认为这种规则与欧盟法中的竞争规则有冲突,即坚持"体育例外"原则。这两个运动员不服欧盟委员会的主张,又将该案上诉到欧洲法院。该法院不同意欧盟委员会的看法,而是认为,这两名游泳运动员都是职业运动员,其会因提供服务而获得报酬。既然这种规则禁止他们从事职业性的游泳,他们的经济利益必然会受到伤害,因此,他们有

---

① See Meca, Medina v. Comm'n of the Eur. Cmtys, 5C. M. L. R. 18, 33 – 34(2006).

权获得《欧洲联盟条约》第49条、第81条和第82条的保护。

这两个案件表明，法院有可能不承认“体育例外”原则，此时体育比赛的“非营利性”或者“业余性”，已很难成为体育规则免于法律约束的避风港了。[①] 在这里，运动员就可以像其他职业者一样主张其“劳动权”“休息权”等公民权了。然而，当前的WADC却反复强调体育活动的独立性，除了瑞士法在一定的条件下对反兴奋剂案件享有一定的管辖权，不承认其他成员国的法律也有相应的权力。

第四节 统一性原则

体育组织通常具有民间性和自治性，这符合体育的特性，不过，这也导致在全球范围内反兴奋剂工作的执行缺乏统一性。反兴奋剂运动的早期，尤为明显，这表现为有的国家禁止使用兴奋剂，而有的国家则对此持开放态度。即使世界反兴奋剂机构成立后，这种情况仍然存在。例如，国际泳联、国际田径等体育联合会与WADA之间在反兴奋剂立法和实施方面存在许多不一致之处，甚至出现矛盾冲突。这不仅体现在对兴奋剂违规的定义和标准上，也体现在对兴奋剂违规处罚的标准和力度上。具体来说，国际田联、自行车联合会和国际举重联合会（以下简称国际举联）的反兴奋剂规则的不同主要表现在以下方面：首先，在《禁用清单》方面，他们都有自己的禁用物质清单，但并不完全相同。比如，国际田联的《禁用清单》与自行车联合会、国际举联的清单，就不相同，一些独立的兴奋剂物质的使用限制条件也不一样。其次，在药物使用许可方面，他们对治疗用药许可的条件并不完全一样，而且，不同体育组织对允许使用的药物和审批流程有不同的规定。最后，在兴奋剂检测标准和频率方面，兴奋剂检测的具体方法、检测的频率等方面也存在差异。这些不同导致不同体育组织对兴奋剂违规行为的认定标准存在很大的差异。

目前尽管WADA已经统一了《禁用清单》和认定标准，但这并不能保证所有体育联合会都会采用统一标准。例如，对于同一种兴奋剂物质的使用量限制，不同组织采用不同的阈值，导致同一样本在一个组织中可能被认定为违规，而在另一个组织中可能被认定为合规。此外，如后所述，行踪规则颁布后，国际足联甚至一直抵制这种制度。

---

① See James Halt, *Where is the Privacy in WADA's "Whereabouts" Rule?*, Marquette Sports Law Review, p. 267 - 289 (2009).

为了加强反兴奋剂工作，必须统一反兴奋剂制度。因此，2021 版 WADC 第 23. 2. 2 条明确规定：签约方不得在其规则中增加任何改变本条款所列举条款效力的补充规定。这完全统一了各个体育项目的反兴奋剂规则，不允许各个体育联合会、国家或者地区在其制定的反兴奋剂制度中做任何变更，除非法律另有规定，由此形成了统一性原则。

统一性原则主要有四项内容：其一，统一《禁用清单》。各个体育组织应该共同遵循由世界反兴奋剂机构制定的《禁用清单》，确保对禁用物质的认定标准一致。其二，统一违规行为的认定标准。各个体育组织应该在违规行为的认定标准上达成一致，比如兴奋剂物质的使用量限制、禁用物质的检测结果等方面的标准应该统一。其三，统一处罚措施。对于违规行为，各个体育组织应该采取统一的处罚措施，避免因体育项目的不同而导致处罚的不一致。其四，统一兴奋剂检测标准和频率。各个体育组织应该采用统一的兴奋剂检测标准和频率，确保在各项体育赛事中都有公平的检测机制。

实行统一性原则意味着在反兴奋剂工作中，各个体育领域内的反兴奋剂规则应该在必要的范围内进行统一，以确保在不同的体育项目和组织中对违规行为的认定标准、处罚措施等方面更加一致和公正；确保全球范围内的运动员都面临相同的反兴奋剂规则和标准，维护体育竞赛的公平性并促进其健康发展。此外，实行统一性原则还可以加强不同体育组织之间的合作与协调，共同推动反兴奋剂事业的进展。

第三章　兴奋剂违规行为

法律主要是对行为进行规制。在兴奋剂违规行为方面，WADC 在第 1 条和第 2 条中对兴奋剂违规进行了明确的定义和解释。2015 版 WADC 列举了 10 种兴奋剂违规行为，包括但不限于运动员使用兴奋剂、逃避检测、拒绝提供样本、未提供样本、违反行踪信息规定、妨碍兴奋剂管理、篡改样本、预谋违规行为、禁止合作等。2021 版 WADC 增设打击报复吹哨人的行为。

值得注意的是，为了避免重复，WADC 采取了一种特殊的结构安排。为此，本书在这一章中，详细阐述兴奋剂违规行为的类型及其内容，而在下一章中，则从反面角度展示相应条款的适用。

第一节　运动员使用兴奋剂的行为

根据不同的标准，兴奋剂违规行为可以分成不同的种类。2021 版 WADC 第 1 条规定，使用兴奋剂的行为是指第 2 条规定的 11 种行为。然而，从第 2 条的规定看，根据行为方式，兴奋剂违规行为主要分为：运动员使用兴奋剂的行为，妨碍兴奋剂检查的行为，使用兴奋剂的辅助行为，帮助、教唆他人使用兴奋剂的行为，以及新增设的打击报复吹哨人的违规行为。在这些行为中，运动员为了提高比赛成绩而使用兴奋剂的行为是兴奋剂违规的中心，即其构成所谓的“实行行为”，其他行为的“违法性”都是由此获取的。因此，对兴奋剂违规的评价和处罚，都离不开使用兴奋剂的行为，否则必须有独立的理由。比如，对兴奋剂违规行为是否应当入罪，其起点就应当是“实行行为”，如果实行行为入罪没有问题，其他行为也就很容易入罪了；当实行行为不应当入罪，将其他行为入罪需要其他理由进行证成。

既然兴奋剂违规的主行为是使用兴奋剂，因此，兴奋剂检测就非常重要。然而，检测判断运动员体内是否有禁用物质，却是一项技术难度极高且责任重大的工作，因为检测结果不仅关系运动员自身，还会对一个国家的体育事业和国际声誉产生影响。兴奋剂检测的难度主要表现在以下几个方面：(1)新的兴奋剂物质不断出现，检测方法也在不断进化，一些兴奋剂难以被成功检测出来。(2)一些兴奋剂可能具有较短的检测时间窗口，难以被标准检测方法所发现。(3)设计型药物和掩盖剂的使用,使得识别变得更加复杂。(4)先进的兴奋剂检测方法需要专业设备和人员,且成本高昂。(5)兴奋剂检测需要确保样本的准确性和安全性。(6)兴奋剂检测在确保公平竞争的同时,也需要考虑保护运动员的隐私和权利。上述问题需要在实施兴奋剂检测时予以充分考虑。

目前,国际上使用的兴奋剂检测技术主要有:(1)尿液分析(urinalysis)。尿液分析是分析尿液样本,以检测禁用物质或其代谢物是否存在。这是最常见和传统的兴奋剂检测方法之一。(2)血液测试(blood testing)。血液测试是另一种在反兴奋剂工作中使用的重要方法。它可以检测到尿液中无法检测到的物质,例如某些红细胞生成素等。(3)质谱法(mass spectrometry)。质谱法是一种强大的分析技术,用于在样本中识别和量化物质。通常与气相或液相色谱结合,以进行全面的分析。(4)气相色谱法(gas chromatography)和液相色谱法(liquid chromatography)。色谱法技术用于分离和识别样本中的不同化合物。通常与质谱法结合,以获得更准确的结果。(5)同位素比质谱法(Isotope Ratio Mass Spectrometry, IRMS)。IRMS用于检测外源性(来自体外)物质的存在,例如合成类固醇。它测量样本中元素的同位素组成。(6)免疫分析法(immunoassay method)。利用抗原和抗体特异性结合反应实现对禁用药物的检测,主要用于类固醇和激素类兴奋剂的检测,例如利用等电聚焦—免疫双印迹化学发光法检测促红细胞生成素兴奋剂,解决了尿样中该类物质浓度低,难被检测到的问题。(7)类固醇谱分析(Steroid Profiling Methods, SPM)。类固醇谱分析随时间监测运动员的类固醇水平,检测是否有异常变化,进而判断是否使用兴奋剂。(8)生物学护照(biological passport)。生物学护照是运动员生物标志物(包括血液和尿液参数)的个性化资料。超出运动员已建立的基准线的变化可能表明兴奋剂使用。(9)多肽激素和生长因子测试(peptide hormone and growth factor testing)。包括检测合成多肽激素和生长因子的测试,因为此类物质可以用于增强运动表现和恢复体力。(10)基因兴奋剂检测(genetic doping testing)。基因兴奋剂使用基因材料来增强运动表现。基因兴奋剂检测针对特定基因序列或基因表达模式。(11)代谢组学(metabonomics)。代谢组学研究生物样本中的代谢产物,以识别潜在的兴奋剂标记物。(12)蛋白质组学(proteomics)。蛋白质组学分析样本中的蛋白质,以检测潜在的兴奋剂标记物。(13)激素谱分析(hormone profiling)。激素谱分析检查激素水平和比率,以识别潜在的兴奋剂使用行为。

当然，这些技术并非都适用于每种禁用物质或方法的检查。实验室和反兴奋剂组织往往基于其预期检测的特定物质、所涉及的体育项目的性质，选择最合适的检测技术。此外，反兴奋剂检测技术也在不断发展，因为新的物质和方法不断涌现，这推动了对在体育运动中检测兴奋剂的持续研究和创新的需求。在2020年冬奥会首次使用的、我国参与研发的干血点检查检测技术，与传统血检相比，不仅对运动员伤害较小，而且样本更易运输和存储，更好地保持样本的稳定性，具有便捷经济的突出优点，有望在今后的兴奋剂检测中得到广泛利用。就兴奋剂违规行为的性质，目前存在以下三种不同的做法：

一、私法上的违约责任

从形式上看，使用兴奋剂的行为应当是指运动员为了获得不公平的竞争优势，而在赛外或者赛内使用禁用物质或者方法的行为，然而，《世界反兴奋剂条例》并未作出这样的规定。根据WADC第2.1条，在运动员的样本中，发现禁用物质、其代谢物或者标志的，即构成兴奋剂违规。这种做法类似于传统刑法中的“醉驾罪”（危险驾驶罪），在开车人（驾驶人）体内发现一定量的酒精，即视为醉驾。这种规定设定的处罚并非基于行为人的行为，而是基于结果，因此，WADC并非仅禁止运动员为了比赛成绩而使用禁用物质或者方法，而是给每个运动员科处了一项注意义务，即防止禁用物质进入自己身体。一旦发现运动员未履行该义务，运动员就构成兴奋剂违规，即通常不考虑运动员的过错问题，除非在特殊情况下。换言之，运动员有义务给所有的禁用物质设置一道屏障。一旦发现运动员样本中存在禁用物质或者其标志物、代谢物，就类推运动员是故意或者过失地使用了该禁用物质或者禁用方法，即运动员存在着兴奋剂违规的“实行行为”。

对于实行行为，即运动员使用兴奋剂的行为，如何进行法律规制？或者说，如何对其定性？学界存在截然不同的认识，因此，各国的规定也不一样。除了欧洲，世界上绝大多数国家都是用民法控制运动员使用兴奋剂的行为，其典型的代表是美国和日本。他们认为，体育领域内的兴奋剂问题属于私法的范畴，即属于违约行为，不涉及犯罪，主要根据有三点：

其一，包括国际奥委会在内的体育组织，在法律上的性质为民间组织，是在瑞士等国家注册的民营自治组织，并非公法机关，他们不享有公权力。既然体育工作属于这些组织自治的范畴，反兴奋剂工作是其内容之一，则对于运动员使用兴奋剂的行为，民间组织当然不能以公法方式干预。

其二，体育部门所拥有的兴奋剂处罚权，源自其与运动员签订的协议。

也就是说,处罚权的渊源是私人授权,是意思自治的结果。运动员违反合同约定而受到体育组织的处罚,属于违约。这属于公民或者社会自治权的范畴,不涉及第三人,所以国家无权干预。

其三,体育属于“娱乐休闲法”的范畴。或者说,对一般公民而言,其不一定要从事体育活动,这不同于正常的职业行为,其没有必要性。故这种行为通常完全代表行为人的意思,传统的法律不予干预,即意思自治,这也是实行所谓的“体育例外原则”的根据,①因此国家无权干预体育管理活动。如前所述,在钱伯斯诉英国奥委会案中,初审法院之所以驳回原告的请求,原因就是其认为奥运会具有业余性,运动规则不受法律约束,国家没有干预的权力。② 既然国家无权干预,当然也就无权将其犯罪化。

二、刑事犯罪

以西班牙、意大利、比利时、法国、奥地利、德国和卡塔尔为代表的国家,主张用刑法打击兴奋剂违规行为,即将兴奋剂违规行为视为刑事犯罪。不过,上述各国虽然都主张将兴奋剂违规入罪,但是,对于运动员为了获得比赛优势而使用兴奋剂的行为,是否应当入罪,做法却不统一:

第一,绝对犯罪化。运动员故意使用兴奋剂或者对进入其体内的禁药存在重大过失的,都会受到刑事追究,即采用绝对犯罪化的模式。采用这种模式的国家规定,运动员为了提高成绩而使用兴奋剂的,都应当受到刑事处罚,即构成所谓的使用兴奋剂罪。比如,《意大利体育领域反兴奋剂法》第 9 条规定,运动员使用禁用物质的,可以科处 3 个月以上 3 年以下的监禁,并处以 2500 ~ 5000 欧元的罚金。2001 年,意大利警方在环意大利自行车比赛期间,突袭了自行车运动员居住的酒店,查获了很多的激素、胰岛素和可的松等禁用物质,还有很多药品注射器。于是警方将涉嫌的运动员(还有队医和教练员)全部逮捕。最后,有 5 名运动员因此受到刑事处罚。③ 再比如,《奥地利刑法典》第 147 条规定,运动员通过使用《欧洲反兴奋剂公约》所禁止的物质或者方法进行欺诈的,处以最高 3 年的监禁。

第二,形式犯罪化。这种立法模式以法国为代表,其认为,体育领域内

① 该原则源自 1974 年的荷兰自行车选手沃雷伟和科克诉国际自行车联盟案的判决,法院认为,体育是一种业余活动,不是经济活动,所以,体育规则不受法律或者国家的约束。See Walrave and Koch v. Association Union Cycliste Internationale, C – 36/74, R – 36/74, [1974] EUECJR – 36/74, ECR1405 [1974].

② See Edwards v. British Athletic Federation, 94(30) LSG29 (1997).

③ Christopher McKenzie, *The Use of Criminal Justice Mechanisms to Combat Doping in Sport*, Sports Law Journal, p. 1 – 9(2007).

使用兴奋剂的行为虽然应当犯罪化,但不应忽视反兴奋剂组织或者体育部门等机构的权力。为此,法国2006年4月制定的《反兴奋剂法》规定,使用禁用物质或者通过人为的方法改变运动员能力的,构成犯罪;向运动员提供违禁物质、帮助或者鼓励运动员使用违法药品的行为,也构成犯罪;对拒绝兴奋剂检查或者不遵守法国反兴奋剂组织科处的其他义务的运动员,可以判处最高6个月的监禁并处7500欧元的罚金(第232.9条、第232.10条和第232.25条)。但在现实中,运动员自己使用兴奋剂的,只会受到国家体育组织的行政处罚,不会受到刑事处罚,即运动员自己使用兴奋剂的,不构成犯罪。

第三,区别对待模式。德国2014年制定并于2015年12月18日生效的《反兴奋剂法》采用区别对待的立场。该法将运动员分成一般运动员、精英运动员和高水平运动员三种。一般运动员为了提高比赛成绩而使用兴奋剂的,构成刑事违法,但不给予刑事处罚,仅由体育组织进行纪律处罚;后两者使用兴奋剂的,处以最高3年的监禁并判处罚金。

三、行政法模式

我国采用了这种模式。很多国家都有行政法,但是相较我国而言,其他国家对违反行政法的行为,没有像我国这样有一套独立的行政处罚体系进行规制。例如,根据德国的行政法,除禁令外,行政违法行为主要由民法和刑法进行规制。在德国的法律体系中,行政法、民法和刑法是相互关联的。行政法主要规定了公共行政机关的职责和权力,以及公民和企业应遵守的行政规定。如果违反了这些规定,可能会受到行政处罚,如罚款或禁令。根据《德国违反秩序行为处罚法》的规定,行政处罚的基本处罚形式是罚款。例如,交通违章行为——超速、违章停车等,都可能会被处以罚款。此外,如果未经许可而活动或拒不执行命令,主管部门也可以对责任人处以最高5万欧元的行政罚款。这些罚款主要是为了提醒违法者履行义务,以及执行危险预防标准。不过,根据《德国刑法》第12条的规定,这些被处罚的行为应当被视为犯罪(轻罪),而不是独立的行政处罚。这意味着根据德国的行政法,除了禁令,行政违法行为主要由民法和刑法的惩罚方式进行规制。

在我国,反兴奋剂立法的主要渊源是国务院的《反兴奋剂条例》(2018年修订)和国家体育总局于2021年7月20日公布的《反兴奋剂管理办法》。这个《反兴奋剂管理办法》在原有的《反兴奋剂条例》的基础上进行了一些更新和改进,以适应反兴奋剂工作的新需求和挑战。在我国的法律体系中,由于《反兴奋剂条例》属于行政规章的范畴,所以,运动员违反了该条例的规定,属于行政违法行为。

在中国,兴奋剂违规行为被定性为行政违法行为,而国际反兴奋剂组织或者体育组织进行的处罚属于民事处罚。从形式上看,两者并不相同。然而,从内容上看,两种处罚实质上是相同的,即主要是剥夺比赛资格。因此,如果国际反兴奋剂组织或体育组织已经对违规运动员进行了民事处罚,而行政机关再进行行政处罚,显然有悖于"禁止双重危险原则"。此外,由于兴奋剂违规的性质和情节各不相同,因此兴奋剂处罚的性质很难界定。例如,某中国运动员因为体内被发现兴奋剂而受到国际体育组织的处罚,国内行政机关是否仍对该运动员享有处罚权呢?这个问题很难回答,因为它涉及多个方面的法律和政策。

其实,根据2021版WADC第3.1条的规定,兴奋剂违规行为应当处于侵权与犯罪之间,也就是说,处于民法与刑法之间,这也是以上不同的国家或用民法规制,或用刑法规制的主要原因。这也是本课题论证兴奋剂违规行为的出发点,特此说明。具体情况,可以参见CAS对严格责任的态度。

第二节　违反行踪规则的行为

WADC列举的妨碍兴奋剂检查的行为有很多,比如,逃避、拒绝或者未完成样本采集的行为,篡改或者企图篡改兴奋剂管制过程中的任何环节的行为等。这些行为与传统法律中的妨碍公务的行为很相似,故我们不对其进行深入的研究,这里只探讨违反行踪规则的行为。WADC第2.4条规定,在注册检查库中登记的运动员,在12个月内出现3次检查失败或者误填行踪信息的,构成兴奋剂违规,会受到相应的兴奋剂处罚。该制度存在的价值在于确保飞行药检制度的实施。

一、行踪规则的流变

由于兴奋剂检查通常落后于兴奋剂使用的现实,特别是由于兴奋剂作弊手段的多样性和便捷性,使得赛外突然进行而不事前通知的检查(飞行药检),对兴奋剂的控制越来越重要。但是,这种检查制度的实施有一个前提条件,即运动员必须事前报告其行踪信息。为了确保运动员能及时提供准确的行踪信息,反兴奋剂组织不仅在WADC中规定了运动员有报告行踪信息的义务,而且,还在相应的《国际检测标准》中作了具体的规定。这

两部分内容合并在一起,统称为行踪规则。行踪规则的演变大致经历了以下几个阶段:

(一)2003 年行踪规则

行踪规则是飞行药检制度发展的必然产物,最早见于国际单项体育联合会的规则,后来被世界反兴奋剂机构所承认并规定在 2003 版 WADC 中。① 该 WADC 第 2.4 条规定,运动员有接受随机的赛外检查的义务和提供准确的行踪信息的义务,两者构成飞行药检制度的主要内容。② 当时,由于社会对反兴奋剂工作艰巨性的认识并不统一,再加上行踪信息检查的失败与使用兴奋剂不是一回事,为了使 WADC 能获得更多国家和国际机构的认可,世界反兴奋剂机构对行踪规则的规定并不严格,弹性很大。比如,对于如何提交信息、提交信息的具体时间范围等,WADA 都没有作出具体规定,而是将其授权给各国际单项体育联合会和各国的反兴奋剂机构,由他们结合各自的具体情况,制定详细的行踪报告制度。所以,各具体的反兴奋剂机构对该规则的适用,有很大的自由裁量权。③ 由于缺乏刚性的统一规定,行踪规则并没有引起人们过多的注意,直到英国的一个案件的裁判作出后,这种情况才有所改变。

克里斯廷·奥胡鲁古(Christine Ohuruogu)是英国的一名田径运动员,是当时奥运会 400 米赛冠军的有力争夺者。然而,国际田联规定,运动员应提前 3 个月报告其每个小时的位置信息,每周 5 天,每天 5:00 ~ 23:00。运动员以小时为单位必须出现在指定的地点。如果运动员未出现在该地点,或者提供的行踪信息不准确,都构成违规。④ 英国田联按照上述规定要求奥胡鲁古填报个人行踪信息。信息填报后,该运动员的行踪计划发生变化,但其却没有将这种情况告知相关的机构,这造成反兴奋剂机构在指定的地点没有找到奥胡鲁古。这种检查失败在 18 个月内连续出现了 3 次。⑤ 2006 年 8 月 6 日,英国田联给予其停赛 1 年的处罚。奥胡鲁古不服该处罚,向国际体育仲裁法庭提出仲裁申请,理由有两个:其一,根据有利

---

① See Matthew Mitten et al. , *Sports Law And Regulation*: *Cases*, *Materials*, *And Problems*, Wolters Kluwer Law & Business, Aspen Opco Llc, 2013, p. 346.

② See Paul David, *A Guide to the World Anti-Doping Code*: *A Fight for the Spirit of Sport*, Cambridge University Press, 2013, p. 147.

③ See Paul David, *A Guide to the World Anti-Doping Code*: *A Fight for the Spirit of Sport*, Cambridge University Press, 2013, p. 147.

④ Matt Slater, *Anger Grows over Anti-Doping Code*, BBC Sport Online (Feb. 4, 2009), http://news.bbc.co.uk/sport2/hi/frontpage/7870729.stm.

⑤ See David, supra note 3, p. 121; Ohuruogu v. UK Athletics Limited, CAS 2006/All165 at 3.

于运动员原则，对国际田联的行踪规则应当进行限制性解释，即只有运动员接到全部3次违规的评价结论之后，再出现违规的，才能被评价为兴奋剂违法。其二，对其科处1年禁赛的处罚太重，违反了比例原则。奥胡鲁古的请求被国际体育仲裁法庭驳回。国际体育仲裁法庭指出，(1)赛外检查是反兴奋剂运动的基石，而行踪规则是赛外检查有效实施的关键；(2)根据国际田联的规定，不提供准确的行踪信息，造成18个月内累计3次检查失败的，必须进行处罚；(3)反兴奋剂机构对其科处禁赛1年的处罚是合理的，不违反比例原则，因为这处在反兴奋剂机构法定的处罚权范围之内。奥胡鲁古案的裁决对所有的运动员而言都是一个警告，即不提交准确的个人信息，在一定情况下等同于使用了兴奋剂。

(二)2009年的行踪规则

为了结束各国际单项体育联合会、各国反兴奋剂机构在行踪制度方面存在的矛盾，协调飞行药检程序和处罚标准，世界反兴奋剂机构对2003版WADC进行了修改，形成了2009版WADC及其附随的《国际检测标准》。相对于原来的规定，2009年的行踪规则具有以下特点：其一，对于国际单项体育联合会以及国家反兴奋剂机构而言，行踪规则具有强制性，其剥夺各国际单项体育联合会以及国家反兴奋剂机构在行踪制度方面曾经拥有的广泛的自由裁量权。其二，《国际检测标准》第11条直接被命名为"运动员行踪规定"，其对该制度的规定更加具体，明确了运动员报告"行踪"信息义务的详细内容。① 其三，运动员报告其每个季度的"行踪"，应以小时为单位提供其地址信息。比如，原来国际田联只要求运动员提供每周5天的行踪信息，即5:00～23:00的具体地址，②而2009年的行踪规则统一规定为：所有在检查库登记的运动员，必须提供每年365天或366天、每周7天，每天6:00～23:00的地址信息。运动员应在这个时间段出现在指定的地点，否则可能承担错过检查的责任。如果环境变化，致使运动员出现在不同的地点，该运动员必须事前更新其提交的信息，及时告知其地点的变更。其四，根据《国际检测标准》，国际单项体育联合会和国家反兴奋剂机构应当建立安全有效的系统，以方便运动员进入并更新自己的"行踪"信息，即反兴奋剂机构应当使用在线系统登记信息，确保运动员至少能通过传真、邮件或者短信等手段，登记或者更新自己的行踪信息。运动员没

---

① See International Standard for Testing, §11.1.1, available at http://www.wada-ama.org/rtecontent/document/ISTEn_2009.pdf.

② See Matt Slater, *Anger Grows over Anti-Doping Code*, BBC Sport Online (Feb. 4, 2009), http://news.bbc.co.uk/sport2/hi/frontpage/7870729.stm.

有提供完整准确的行踪信息，或者在60分钟内没有出现在指定的地点的，都构成“行踪失败”。

（三）2015年与2021年的行踪规则

对于2009年行踪规则，反映最为激烈的首推国际足联和欧足联，国际足联前主席布拉特说，行踪制度其实为“猎巫”行动，它把所有的运动员都看作“犯罪嫌疑人”，是一种赤裸裸的“歧视”，侵犯了运动员的人权。这种规则其实早就引起了欧盟委员会的注意。该委员会专门成立了一个独立咨询机构，负责对行踪规则与欧洲法的关系提供专家意见。该咨询机构先后提交了两份意见书，均认为行踪规则与欧洲法存在冲突。这给世界反兴奋剂机构带来很大的法律压力。为此，世界反兴奋剂机构一方面加强与欧盟及国际足联的对话，另一方面对2009年行踪规则进行修改，以推进反兴奋剂工作的开展，最后形成了2015年行踪规则。相对于2009版WADC和《国际检测标准》，2015版与2021版的WADC及其《国际检测标准》中的行踪规则主要有两个方面的变化：

其一，违规的构成发生变化。根据2009版的WADC，自第一次行踪检查失败或者错过检查之日起，18个月累计检查失败3次的，构成一次兴奋剂违规；2015版与2021版的WADC将18个月变成了12月，即缩短了6个月。之所以发生这种变化，原因主要有两个：一是反兴奋剂工作变得越发艰巨，运动员、教练员和医生联合作案的情况逐渐增多；二是2015版WADC更注重行踪规则对真正“欺骗者”的发现，对检查的对象进行限制，即只有精英运动员才会受到行踪规则的约束。

其二，强调国际单项体育联合会与国家反兴奋剂机构之间的合作，并设立合作机制。当然，2009版WADC也鼓励两个反兴奋剂机构进行合作，但并没有相应的组织保障。于是，其在实施过程中出现了一系列的问题，比如，对于行踪检查失败问题，国家反兴奋剂机构与国际单项体育联合会的认定标准就不统一，而且，他们之间也缺乏信息沟通协调机制，这造成对于同一个行为，两者的评价结果可能不同。① 为了解决这个问题，2015版与2021版的WADC要求国际单项体育联合会和国家反兴奋剂机构在行踪信息登记方面加强合作，具体的途径有三个：（1）世界反兴奋剂机构分别设置了国家反兴奋剂机构工作组和国际单项体育联合会工作组，这两个工作组将现实中出现的问题记录在案，随后提交给两个机构的联合办公

① See A. Duval, H. Ram et al., *The World Anti-Doping Code* 2015: *ASSER International Sports Law Blog Symposium*, The International Sports Law Journal, Vol. 16:1, p. 99 - 117(2016).

会议,由联合办公会议统一解决;(2)对于有可能被评价为行踪失败(信息报告失败或者错过检查)的情况,由国际单项体育联合会或者国家反兴奋剂机构负责处理,但对于这种处理结果必须通过兴奋剂管制信息数据库,例如反兴奋剂运行管理系统(Anti-Doping Administration & Management System,ADAMS)或者世界反兴奋剂机构认可的其他系统,提交给世界反兴奋剂机构(2021 版 WADC 第 7. 1. 6 条);(3)成立信息交流中心,促进国家反兴奋剂机构与国际单项体育联合会之间的信息沟通(2021 版 WADC 第 14. 1. 2 条)和知识、资料的共享。

总之,行踪规则的演变:由最初的突出反兴奋剂机构的自由裁量权,到更强调运动员的义务,再到强化反兴奋剂机构的义务。比如,2012 年的《国际检测标准》规定,对赛外检查而言,反兴奋剂机构的工作人员有权决定是否事前与被检查的运动员取得联系;2015 年检测标准则要求工作人员在进行赛外检查前,不得通过电话等之类的方式事前与运动员联系。① 这就产生了一个问题,即行踪规则的上述变化,除社会现实方面的考量外,有没有法律上的原因呢?

二、行踪规则与法律的冲突与形式超越

(一)行踪规则与隐私权的冲突与超越

行踪制度设立后,一直受到很多人的批评,那么行踪规则真的会侵犯运动员的权利吗?由于国际奥委会和世界反兴奋剂机构是在瑞士洛桑成立的,而瑞士又是欧盟的成员国,所以要回答这个问题,只能从欧洲法、瑞士法或者国际公约中寻找答案。瑞士联邦法院公开指出,行踪规则并不违反瑞士的法律。② 其实,人们对行踪规则的指责,主要根据是欧洲法的规定。《欧洲人权公约》第 8 条规定,个人私生活和家庭生活、通信有受尊重的权利,他人不得干涉。《欧盟基本权利宪章》第 7 条、《欧洲联盟条约》第 6 条也有相似的规定。因此,不得干涉私生活是欧洲法的要求,其构成隐私权的重要内容。批评者认为行踪规则迫使运动员提供其生活、训练、劳动、上学或者比赛的具体地址信息,且有义务随时随地接受无通知的药品检查,这意味着运动员会一直处在反兴奋剂组织的监控之下,其家庭生活方面的隐私也就失去了存在的空间;另外,行踪信息会将运动员的日常活动、个人爱好或者宗教活动等暴露无遗,这等于让运动员赤身裸体地站在

---

① See Drug Free Sport New Zealand v. Kris Gemmell,CAS 2014/A/2.

② See James Halt, *Where is the Privacy in WADA's "Whereabouts" Rule?*, Marquette Sports Law Review, p. 267 – 289(2009).

体育组织面前。所以,行踪规则侵犯了运动员的隐私权。反兴奋剂组织的辩护理由有:其一,侵犯隐私权的主张存在公法上的障碍。反兴奋剂组织认为,“不得干涉私生活”的根据是《欧洲人权公约》《欧盟基本权利宪章》和《欧洲联盟条约》,但是,这些规范性文件都属于公法的范畴,其调整的仅是公权力机关(比如政府机关)之间或者公权力机关与公民之间的关系,其无法适用于调整个人之间或者个人与民间组织之间的关系。根据国际奥委会、各个国际单项体育联合会以及世界反兴奋剂机构的章程,他们都属于民间组织,其与运动员之间是私法关系,不是公法关系。所以,行踪规则不受《欧洲人权公约》等公法的约束,以这些公法质疑行踪规则的正当性,是有问题的。其二,侵犯隐私权的主张存在合同法上的障碍。反兴奋剂组织认为,其与运动员之间是平等的合同关系。运动员提供准确的行踪信息,以及在指定的时间出现在指定的地点,并接受兴奋剂检查等义务,都源自他们之间的合同规定,而不是反兴奋剂组织一方的强制,即“被害人同意”是行踪规则正当化的根据。比如,在曼督诉英国运动员联盟案(Modahl v. British Athletic Federation Limited)中,法院认为,运动员与其所在的国家体育联合会之间是合同关系,国家体育联合会和相应的国际体育组织制定的规则,都构成该合同的内容,即遵守行踪规则是合同法的要求。

(二)行踪规则与个人信息权的冲突与超越

欧洲法不仅对个人的隐私提供保护,而且,这种保护还扩张到个人数据(信息)上。行踪规则与欧洲法有关保护个人信息的规定之间,也存在着冲突:

首先,《欧盟关于在处理个人数据时保护个人以及个人数据自由流动的第95/46/EC号指令》(以下简称《数据保护指令》)规定,个人数据应当得到保护,人人享有个人信息权。欧洲法院认为,根据《欧盟基本权利宪章》《欧洲联盟条约》和《欧洲人权公约》的规定,欧盟成员国的法律不得违背《欧洲人权公约》的规定。这样,《数据保护指令》的第6条与第7条规定的权利,构成《欧洲人权公约》第8条规定内容,即个人数据(信息)权是《欧洲人权公约》所保护的权利之一。作为瑞士社团法人的世界反兴奋剂机构或者国际奥委会,都有遵守的义务。这样,未经许可而收集或者公开个人信息的,违反《欧洲人权公约》的规定,构成对他人信息权的侵犯。行踪规则赋予反兴奋剂组织收集和留存运动员行踪信息的权利,显然与《数据保护指令》的规定相悖,因为其直接剥夺了运动员的个人信息权。

其次,《欧盟关于电子通信行业个人数据处理与个人隐私保护的第

2002/58/EC 号指令》的第 30 条规定，不得因监控或者管理的需要而收集、储存个人的邮件、上网和位置信息等，除非以下两种情况：第一，经过授权，即获得劳动者的同意。这里的授权是其真实的意思表示，而不能是受欺诈、胁迫的结果。反兴奋剂组织向运动员收集其行踪信息，显然不符合这一条件，因为如果运动员拒绝提供行踪数据，则会被取消参加体育比赛的资格。这样，即使运动员签订了合同，其也应属于受"胁迫"的民事行为的范畴，不能成为行踪规则侵犯个人信息权正当化的根据。第二，不得已的情况。其包括三种情况：(1)出于履行合同义务的需要；(2)出于健康和安全方面的需要；(3)出于法律规定。反兴奋剂组织收集运动员的行踪信息并进行处理，主要目的是进行赛外检查，避免体育领域内出现的不公平竞争，即为了抓到"真正的骗子"，而并非完全出于保护运动员的健康和安全的需要的考量，因此行踪规则不符合这种情况。所以行踪规则违反了欧洲法的规定。

再次，行踪规则与欧洲人权法院的解释相悖。在科普兰(Copland)案中，斯特拉斯堡法院认为，政府部门对劳动者的电话、邮件、网络使用情况和地址进行监控，构成对他人私生活权和通信自由的侵犯，违反了《欧洲人权公约》第 8 条的规定，至于这种数据是否被公开或者是否被用作处罚工人的根据，并不影响这种行为的违法性。① 在该案中，英国政府认为，政府部门执行职务时，可以基于必要和方便而获得公民的信息，这构成《欧洲人权公约》第 8.1 条的例外。但欧洲人权法院认为，私生活、家庭生活受尊重权和通信自由，都是被认可的权利，如果政府部门想根据第 8.2 条的规定干涉他人的私生活，必须有充分的法律根据。既然被告没有具体的国内法支撑其监控行为，则对科普兰私生活的干涉不符合《欧洲人权公约》第 8.2 条的规定，构成违法。欧洲人权法院还补充说，要想合法收集他人的行踪数据，不仅应有国内法的根据，而且这种国内法还须在形式上符合以下要求：对收集数据的措施的性质、范围和期限作出规定；收集个人数据有正当的根据，且由特定主管部门实施；设置允许实施收集个人数据的法定条件以及相应的监管部门；劳动者有明确的救济措施。如果根据欧洲人权法院的上述解释，行踪规则则违反了《欧洲人权公约》第 8 条的规定。②

最后，行踪信息的留存与传输存在法律问题。根据 WADC 及其检测标准，作为存储运动员行踪信息的反兴奋剂运行管理系统，其地址为加拿

---

① See Copland v. United Kingdom (App. no. 62617_00), ECHR 3 April 2007.

② See Oskar MacGregor, Richard Grithetc et al., *Anti-doping, Purported Rights to Privacy and WADA's Whereabouts Requirements: A Legal Analysis*, Fair Play, Vol. 1:2, p. 13 – 38 (2013).

大的魁北克。这意味着涉及该系统所产生的纠纷，应当适用加拿大法，而不是瑞士法或者欧洲法。但是，加拿大却没有相应的法律给运动员的行踪数据提供保护。此外，对于运动员提供的个人数据，全世界的反兴奋剂组织都能分享，该数据会传递到第三国。那么，如果第三国缺乏相应的法律规定，运动员的隐私同样存在被侵犯的风险。

面对行踪规则与个人信息权如此多的矛盾，反兴奋剂组织通常以下面两个理由为行踪规则进行辩护：其一，其收集和留存运动员个人数据的权利，来自运动员的合同授权。其二，运动员遵守 WADC 的义务和运动员的自愿，可以使行踪规则构成《欧洲人权公约》第 8.1 条的例外，属于第 8.2 条的内容。他们认为，行踪规则在这里相当于“国内法”，因为行踪规则符合欧洲人权法院对“国内法”提出的形式要求。

（三）行踪规则与休息权的冲突与超越

2003 年，《欧盟关于工作时间安排方面的第 2003/88/EC 号指令》（以下简称《工作时间指令》）第 5 条规定，工人有权享有每周最低连续 24 小时不受打扰的休息权；第 7 条规定，每个工人有权带薪休年假，每年至少不低于四周。《工作时间指令》适用的对象既包括公权力机关，也包括私人组织，所以反兴奋剂组织有遵守的义务。然而，行踪规则却与《工作时间指令》存在明显的冲突，主要表现有：

其一，行踪规则规定运动员为了履行飞行药检的义务，须提供每天 6：00～23：00 每隔 60 分钟时间段的位置信息。如果位置改变，则应及时向反兴奋剂组织更新自己的行踪信息，这意味着运动员每天、每时都有携带手机的义务。这实际上是对运动员每周最低连续 24 小时不受打扰的休息权的否定。

其二，行踪规则要求运动员提供全年每一天的行踪信息，还否定了运动员每年的休假权。假期通常意味着运动员有按照自己的喜好而进行各种活动的自由，没有任何工作上的负担可以构成对其行为的约束。根据行踪规则，运动员全年都会被定位在某一事先安排好的地点上，不能根据自己的意志选择自己的行为，或者说不能按照自己的喜好而随便出入某地，否则需要立即更新自己的计划安排表，以便随时接受药品检测。即使在假期也不例外。这就是说，运动员每时每刻都有某种负担，《工作时间指令》第 7 条规定的四周的休假权实际上被否定了。

行踪规则与《工作时间指令》存在冲突，且这种冲突很难以合同法或者公法适用对象的特殊性进行辩护，但国际体育组织却以奥运会等国际比赛是业余的为由，排除劳动法对行踪规则的限制，即参加奥运会并非劳动，因为运动员并不会因此而直接获得奖金,只有前三名才有可能获得奖牌。所以,运动员不应获得《工作时间指令》所规定的劳动保护,行踪规则也就不需要遵守劳动法了。① 总之,反兴奋剂组织通过强调体育的特殊性,而使行踪规则逃避欧洲法的约束。其实,这种思想最早源于1974年的荷兰自行车选手沃雷伟和科克诉国际自行车联盟案的判决。② 所谓的"体育例外"原则由于被司法实践反复肯定,最终使体育成为一个"独立王国"。即使对于兴奋剂问题,也不例外。③

三、行踪规则正当化的实体法根据

(一)"体育例外"原则的突破

由以上可以看出,首先,行踪规则与隐私权、个人信息权,特别是劳动法上的休息权,存在明显的冲突,而"体育例外"原则并不能从实体法上解决行踪规则的正当性问题,这也就意味着,"体育例外"原则存在被突破的可能。

其次,世界反兴奋剂机构通常以其为"民间组织"为由,否定其制定的行踪规则有遵守欧洲法的义务。这种观点也是有问题的。其实,对于运动员,反兴奋剂组织就是"准公权力机构"。理由有:其一,从运动员与反兴奋剂组织的关系看,反兴奋剂组织对运动员享有单方面的管理权,且这种管理权具有垄断性,因此他们之间并非平等的合同关系,而是不平等的管理关系。所以世界反兴奋剂机构实施行踪规则的行为,应被评价为公权力机关的执法行为。其二,世界反兴奋剂机构固然在瑞士注册时,登记为"民间组织",但其执行机构却是各国政府的体育组织。运动员所直接面对的往往是本国政府体育组织,不过,这种体育组织执行的并不是本国代议机关的决议,而是世界反兴奋剂机构的规定。④ 因此,反兴奋剂机构主张其是"民间组织"的观点不成立。既然反兴奋剂组织实施行踪规则的行为构成"公法行为",当然应当受到《欧洲人权公约》第8条以及其他公认的法律原则的约束。

最后,基于合同法而否定欧洲法对行踪规则的限制也是不成立的。理

① See J. Mcgarry & A. Pendlebury, *Location, Location, Location: The Whereabouts Rule and the Right to Privacy*, Cambrian L. Rev., p. 63 – 75 (2009).

② See Walrave and Koch v. Association Union Cycliste Internationale, C – 36/74, R – 36/74, [1974] EUECJR – 36/74, ECR1405.

③ See Edwards v. British Athletic Federation, 94 (30) LSG29 (1997).

④ See Casini L., *Global Hybrid Public-Private Bodies: the World Anti-Doping Agency (WADA)*, International Organizations Law Review, Vol. 6:2, p. 421 – 446 (2009).

由有：其一，如前所述，这种合同本身具有“胁迫”的性质，其很难证明行踪规则的正当性；其二，运动员违反行踪规则，所受到的处罚通常是一定期限的比赛资格的剥夺，这显然属于“职业禁止”的范畴，具有惩罚性。然而民事责任坚持“填平”原则，根本无法容忍惩罚性处罚的存在，否则，违反“刑法旨在惩罚，而民法旨在定价”的原则。[①] 合同法无法容忍行踪规则的违规后果，所以，合同法无法成为行踪规则正当化的根据。

（二）行踪规则正当化的实体法根据

其实，法律甚至宪法所设置的各种权利，并非绝对的，它们有可能对公共利益或者他人的权益做出一定的让步，但这种让步必须符合比例原则的规定。[②] 这样，行踪规则只要符合比例原则的三个子原则，即使其之实施剥夺了运动员的一些权利，也是正当的。

首先，行踪规则符合适当性原则。行踪规则的目的是确保飞行药检制度的实施，而飞行药检制度又被认为是当前维护体育诚信，实现比赛公平，保障运动员参加无药体育比赛权利的重要手段。因此，这表明行踪规则的目的是正当的，且其与该目的的实现有关联，所以，行踪规则符合适当性原则。

其次，行踪规则符合必要性原则。在当前，由于使用兴奋剂的技术非常发达，大部分违规无法通过赛内检查进行控制，再加上兴奋剂作弊非常容易，几分钟就能完成，因此，无事前通知的检查对控制兴奋剂的使用与对维护体育诚信具有必要性。如果没有行踪制度，飞行药检就无法进行，运动员、教练员与医生联手利用药品提高比赛成绩的现象就很难制止。这就会使奥运会变成“药运会”，体育的价值不复存在，参不参加比赛，也就没有了区别。故为了一个“干净”的体育环境，牺牲运动员的一些基本权利，在一定范围内是有正当性的。

最后，比例原则还须符合权衡性原则，即要求行踪规则剥夺的权利与其所达到的目的价值相当。但是，行踪规则所剥夺的并非违规运动员的权利，这不仅有悖于“无罪推定原则”，还违反了自然正义原则。为了解决行踪规则与权衡性原则的冲突，世界反兴奋剂机构采取了以下两个措施：其一，要求反兴奋剂组织将运动员分成一般运动员和精英运动员两种，理由是精英运动员往往会在比赛中获得巨大的收益，即使行踪规则剥夺了其一些合法权益，也是完全可以理解的。而对于一般运动员，行踪规则缺乏可

① See Kenneth Mann, *Punitive Civil Sanctions: The Middleground between Criminal and Civil Law*, Yale Law Journal, Vol. 101, p. 1901 – 1908(1992).

② 参见郑晓剑：《比例原则在民法上的适用及展开》，载《中国法学》2016 年第 2 期。

适用性。其二,《国际检测标准》规定,反兴奋剂组织应当根据每个体育项目的性质,建立相应的客观风险评估机制,确定高风险运动员的范围。只有高风险的运动员才会受到行踪规则的约束,进一步缩小受行踪规则影响的运动员的范围。这样,上述措施就缓解了行踪规则与运动员正当权利的冲突。

四、行踪规则适用的实体法限制

如前所述,行踪规则本身具有侵权性,其之实施一旦违反了责任主义原则,法院有可能为运动员提供救济。责任主义原则之所以构成行踪规则适用的实体法限制,是因为《瑞士联邦国际私法》规定,瑞士联邦最高法院有权对国际体育仲裁法庭的裁决进行司法审查,当仲裁裁决违背了瑞士的公共政策时,法院可以宣告仲裁裁决无效。

瑞士联邦最高法院解释①说,要想基于公共政策否定 CAS 仲裁裁决的效力,必须符合两个条件:其一,否定 CAS 裁决的根据必须是具有普适性的规则或者原则,不能是某一国家的规定;其二,运动员要证明体育处罚或者仲裁裁决与国际社会所公认的法律原则或者道德原则相悖。② 显然,责任主义原则完全符合这两个条件。这样,责任主义原则限制行踪规则适用的条件有以下几个方面:

(一)行踪规则的适用侵犯了运动员的权利

根据欧洲法,行踪规则的正当性是建立在比例原则的基础之上的,然而,从司法主权的角度看,其他国家或者地区的运动员并没有遵守欧洲法的义务,当然也就不享有欧洲法规定的权利。这就产生了一个问题,即对其他国家或者地区的运动员而言,行踪规则的正当性是否也建立在比例原则的基础之上?如果答案是否定的,其有可能适用 WADC 第 2. 1. 1 条规定的严格责任,那么,责任主义原则无法限制行踪规则的适用。下面以我国运动员为例加以论证。

从国内法的角度看,我国运动员很难证明其享有可以对抗行踪规则的隐私权和休息权,主要理由有:其一,从实体法的角度看,行踪规则与我国法律的冲突不是很明显。对于隐私权,《未成年人保护法》第 4 条进行了规定。我国《民法典》第 1032 条、第 1033 条、第 1034 条虽然有明确的规定,但根据第 1033 条,如果存在权利人的明确同意,则会阻却侵权责任。这造

---

① See Canas v. ATP Tour,4P. 172/2006 (2007) (Switz.),ATF 133 Ⅲ 235.

② See N. ,J. ,Y. ,W. v. FINA,5P. 83/1999 (2d Civil Court,Mar. 31,1999).

成我国法律中的隐私权的规定很难否定行踪规则。我国的劳动法同样未具体规定休息权。尽管劳动和社会保障部发布的行政规章中,对休息权作了较为明确的规定,但是,由于其法律位阶太低,很难被仲裁庭认可,因为国际体育仲裁法庭仅承认其所在国的法律。[①] 这样,行踪规则与我国法律的冲突不是很明显。其二,根据当前 WADC 第 13 条的规定,国际级运动员对兴奋剂处罚不服的,应当向 CAS 提起仲裁。《国际体育仲裁规则》第59 条规定,仲裁庭的裁决具有终局性,对双方当事人都有约束力。所以,对于行踪规则的实施,我国法院是没有管辖权的,即我国的公共政策或者法律缺乏适用的可能性。其三,在国际体育领域内,面对国际体育规则与国内法的冲突,学界存在国内法优先说和国际体育法优先说之争。[②] 然而,就目前而言,国际体育法优先说处于主导的地位,即运动员所在国的法律,对国际体育领域内的纠纷缺乏可适用性。[③]

然而,从国际体育法的角度看,我国运动员面对 WADA,完全可以援引欧洲法甚至瑞士法的规定,主张上述权利。这是因为《世界反兴奋剂条例》《国际体育仲裁规则》《欧洲人权公约》等规范性文件的存在,使欧洲法或者瑞士法获得一种"域外效力",具体理由有:首先,从冲突规范的角度看,《国际体育仲裁规则》规定,对于体育纠纷的仲裁,既可以适用《奥林匹克宪章》、法律的一般原则和法治原则,也可以适用联合会、协会或者有关的体育组织所在地的法律。[④] 由于国际奥委会、世界反兴奋剂机构和绝大多数国际单项体育联合会的住所都在瑞士,因此,国际体育仲裁可以适用瑞士法。[⑤] 其次,从国际公约或者条约的角度看,只有瑞士法、欧洲法以及国际公约才具有限制国际体育仲裁的效力。就国际体育纠纷而言,仲裁地并不一定都在瑞士,也有可能在其他国家。由于 CAS 的仲裁员都是在瑞士洛桑指定的,所以,国际体育仲裁几乎全都被视为瑞士的裁决。不过,这种仲裁要想得到其他国家法院的认可,并获得法律强制执行力,根据《纽约

---

① See Frank Oschütz, *Harmonization of Anti-Doping Code Through Arbitration: The Case Law of the Court of Arbitration for Sport*, Marquette Sports Law Review, Vol. 12, p. 675 – 702(2002).

② See Braham Dabscheck, *The Glob Eat Their Feet: FIFA's New Employment Rules – I*, Sport in Society, Vol. 7, p. 69 – 94(2004).

③ See Matthew J. Mitten & Hayden Opie, "*Sports Law*": *Implications for the Development of International, Comparative, and National Law and Global Dispute Resolution*, Tulane Law Review, Vol. 85, p. 173 – 222(2010).

④ Court of Arbitration for Sport, Arbitration Rules for the Olympic Games, Art. 17 available at http://www. tascas. org/adhoc-rules.

⑤ See Arbitration CAS 2004/A/704, Yang Tae Young v. International Gymnastics Federation, award of 21 October 2004.

公约》第5.2.2条的规定，其不得违反该国的公共政策，否则该国法院可以拒绝承认和执行该仲裁裁决。根据这项规定，运动员所在国的法律似乎也可以适用于国际体育纠纷，但实际上并非如此。比如，在加特林（Gatlin）案中，美国联邦地区法院认为，由于原告在第一次兴奋剂违规时缺乏主观可责性，将其作为加重处罚事由，有悖《美国残疾人法案》，因此违反了《纽约公约》中的公共政策的规定。① 该法院指出，尽管如此，原告只能诉诸瑞士法院寻求保护。② 这就意味着，对于国际体育纠纷，瑞士之外的其他国家的法律很难有适用的机会。当然，这不包括欧洲法。欧洲法院在判例中公开指出，自己不仅对CAS的仲裁享有管辖权，而且有权将欧洲法作为处理体育案件的准据法，其根据并不是《纽约公约》，而是《欧洲经济共同体条约》和《欧洲人权公约》等规范性文件。③ 因此，对于国际体育纠纷，欧洲法也是处理案件的准据法。最后，从WADC的规定看，世界反兴奋剂机构以及国际奥委会等国际体育组织，在制订体育规则时，有遵守欧洲法与瑞士法的义务。世界反兴奋剂机构和各个国际单项体育联合会负责反兴奋剂条例的实施。在现实中，他们通常通过合同的方式，将这些职权转委托给各国的国家反兴奋剂组织。本国的反兴奋剂组织对本国的运动员有管辖权，负责本国运动员的检查和飞行药检。④ 这就意味着，国家反兴奋剂组织行使的其实是世界反兴奋剂机构和国际奥委会的职权。换言之，在行踪规则实施过程中，当事人实际上是世界反兴奋剂机构、国际奥委会和运动员。然而，世界反兴奋剂机构和国际奥委会是瑞士的民间组织，其制定的规则不得违反所在国的法律。⑤ 因此，在国际体育法中，即使我国对隐私权、个人信息权和休息权作出了明确规定，也没有适用力，仍然要适用瑞士法和欧洲法的规定。

其实，就反兴奋剂工作而言，世界反兴奋剂机构与运动员之间，是一种

① See Gatlin v. U. S. Anti-Doping Agency, Inc, 2008WL2567657(N. D. Fla. 2008).

② See Matthew J. Mitten & Timothy Davis, *Athlete Eligibility Requirements and Legal Protection of Sports Participation Opportunities*, Va. Sports & Ent. L. J., Vol. 8, p. 71(2009).

③ See Matthew J. Mitten, *Judicial Review of Olympic and International Sports Arbitration Awards*, Pepperdine Dispute Resolution L. J., Vol. 10:10, p. 64 – 67(2009).

④ See Mary K. Fitzgerald, *The Court of Arbitration for Sport: Dealing with Doping and Due Process During the Olympics*, Sports Law Journal, Vol. 7, p. 236(2000).

⑤ See Michael H. Posner & Candy Whittome, *The Status of Human Rights NGOs*, Colum. Hum. Rts. L. Rev., Vol. 25, p. 276(1994).

管理和被管理的关系，世界反兴奋剂机构对运动员享有管理权。① 在管理关系中，由于被管理者的权利往往构成对管理者权力的限制，所以，欧洲法对行踪规则的限制，所反映的其实就是运动员的权利。面对世界反兴奋剂机构，我国运动员也应当平等享有欧洲运动员享有的权利。理由有：其一，他们面对的是同一个管理者；其二，他们在同一个赛场上竞争；其三，他们都适用同一个规则，即 WADC；其四，更为重要的是，WADC 在序言中明确规定，反兴奋剂运动是为了保护"体育精神"和建立"公平竞争的环境"，因此在行踪规则面前，全世界所有运动员享有同等的地位，我国运动员当然也不例外。这样，对我国运动员（以及其他国家或者地区的运动员）而言，行踪规则的正当性也是建立在比例原则的基础之上的。

（二）行踪规则的适用违反了责任主义原则

正是由于行踪规则的正当性建立在比例原则的基础之上，所以，其之实施必须遵守责任主义原则，否则，就有可能违背权衡性原则，此时运动员有权向法院主张权利。具言之，如果出现以下情况，运动员可以基于责任主义原则，主张反兴奋剂组织适用行踪规则的行为构成侵权。第一，运动员及时提交了行踪信息，但是，由于体育管理部门或者第三人的过错，而导致检查失败。比如，信息传递过程出现了错误，导致体育管理部门没有收到相应的信息，或者体育管理部门已经收到行踪信息，但是没有进行登记或者未及时分析信息，造成的飞行药检失败。第二，因为客观情况复杂而造成的检查失败。比如，反兴奋剂组织的工作人员在规定的时间到达行踪信息指定的地点，但是，由于不认识该运动员或者由于识别的障碍物太多，从而无法确认该运动员的身份，导致的检查失败。第三，由于意外事件导致的检查失败。比如，运动员由于睡觉未醒或者忘记及时去训练基地训练的，或者由于所在球队或者车队的原因，造成的检查失败。

对于上述情况，体育机构通常会以新闻的方式，公开错过检查的运动员名单。从形式上看，这些运动员似乎是在故意躲避赛外兴奋剂检查，如果因此处罚运动员，法院完全可以基于公共政策进行干预，主要理由有：（1）在上述情况中，运动员对规则的"违反"，根本没有任何的过错，以此类推运动员使用了兴奋剂，严重违背责任主义原则。② （2）行踪规则的制定

① See Jason Gubi, *The Olympic Binding Arbitration Clause and the Court of Arbitration for Sport: An Analysis of Due Process Concerns*, Fordham Intell. Prop. Media & Ent. L. J., Vol. 18, p. 1006 (2008).

② Nils Jareborg, *Criminalization as Last Resort (Ultima Ratio)*, Ohio State Journal of Criminal Law, Vol. 2, p. 521 – 534 (2004).

者是世界反兴奋剂机构，而不是国家的代议机关，法院基于权衡性原则否定其之效力，没有任何的政治风险和宪法障碍。①

（三）行踪规则的适用给运动员造成了现实损害

根据当前的法律，对于侵犯他人权利的行为，法律通常不干预，只有造成一定的现实损害时，才会给被害人以救济。比如，由于广告印刷错误，致使很多人误认为被害人家庭电话为色情热线，于是被害人不停地受到骚扰，此构成对隐私权的侵犯。此时，法律通常很难对此提供救济。② 相反，被害人没有因此受到骚扰，或者很少有人打此电话，则不应视为对其隐私权的侵犯。对于行踪规则，从事前的角度看，由于其会产生恐吓性和持续的纠缠性，故其会给运动员私生活带来很大的干扰，甚至会造成运动员身体或者心理上的现实损害，这似乎应当评价为侵权。但是，由于这种损害无法用证据证明或者用金钱估量，所以很难被评价为现实损失，法律无法提供救济。

所谓的现实损害，是指实际发生的、可以获得赔偿的损失，比如，加害行为造成的受害人收入的减少、医疗费用、恢复原状的成本，加害行为导致失业而造成的工资损失等。在司法实践中，实际损害的判断标准有三个：其一，被告人的行为给受害人的人身或者财产带来不利的后果；其二，这种后果在法律上具有救济的必要性；其三，损害后果应当具有真实性和确定性，③即运动员必须用证据证明损害存在，否则有可能构成所谓的“名义损害”，也就是没有现实的损失或者损害很小而可以忽略不计。对于名义损害，受害人通常很难获得司法救济，除非能证明加害行为明显出于不正当的目的。④ 然而，如前所述，行踪规则适用的对象是在反兴奋剂机构登记库注册的运动员，即他们与反兴奋剂组织之间存在着合同关系，接受飞行药检是其“自愿”的选择。因此，在没有现实损害的情况下，很难基于“名义损害”而否定行踪规则实施的正当性。这样，尽管行踪规则给运动员科处了一定的负担，但此负担并不等同于现实损害，所以，运动员很难就此提起侵权之诉。⑤ 也就是说，对于行踪规则的实施，法律通常不给运动员提供保护。只有当其给运动员造成现实的损害时，法律才会将其评价为侵

① See Moshe Cohen-Eliya & Iddo Porat, *American Balancing and German Proportionality: The Historical Origins*, Intj Const Law, Vol. 8, p. 263 – 286 (2010).

② See Pell v. Walker (t/a The Media Group) (Bow County Court, 3 Dec.) [1997].

③ 参见张新宝：《侵权责任法原理》，中国人民大学出版社 2005 年版，第 54 页。

④ See US Football League v. National Football League, 644F. Supp. 1040 (S. D. N. Y. 1986).

⑤ See Sewell v. Harlow DC EHLR 122 [2000].

权,并提供相应的救济。但是,当体育部门或者仲裁机构违反责任主义原则,而给行踪检查失败的运动员科处纪律处罚时,这必然会给运动员带来具体的财产损失,运动员当然可以在瑞士法院寻求司法救济,推翻这种处罚。正是由于行踪规则的正当性建立在比例原则的基础之上,所以,行踪检查失败不能像其他的兴奋剂违规那样适用严格责任,故责任主义原则构成行踪规则实施的实体法上的障碍。

第三节 阻止举报与打击报复吹哨人的行为

如前所述,在体育领域内,兴奋剂违规与传统的腐败和欺诈非常相似,也比较隐蔽,很难为外界所察觉,目前反兴奋剂制度对其控制作用非常有限,特别是对体育组织进行的系统性作弊,尤其无能为力,因此,系统内部知情人向有关部门揭发检举,就成了防止违规行为发生的重要举措。比如,美国阿姆斯特朗事件、巴尔克丑闻和俄罗斯危机等,就是典型的例证。① 不过,2003 版、2009 版与 2015 版的 WADC 及其附件,对能否以及如何举报违规行为,均未作出明确规定。俄罗斯国家田径队的队员斯捷帕诺娃(Yuliya Stepanova)及其丈夫(时为国家反兴奋剂中心的首席专家)发现当局组织运动员系统使用兴奋剂时,给 WADA 去信反映问题,结果石沉大海;他们又通过电子邮件进行举报,也没有得到任何反馈;最后他们通过电话直接联系 WADA 的工作人员,工作人员以自己不负责,也不知谁有权处理等理由推诿。在这种情况下,斯捷帕诺娃夫妇才联系了德国一家电视台,电视台以他们提供的材料拍摄了一部纪录片。该片在媒体播放后,这起丑闻才昭然于天下。

一、举报权的行使

俄罗斯兴奋剂丑闻曝光后,迫于舆论压力,WADA 派人进行调查,最后形成了麦克拉伦报告,国际奥委会借此暂停了俄罗斯奥委会参加奥运会的资格。另外,WADA 参照 2019 年 10 月 23 日《关于保护举报违反欧盟法律者的第 2019/1937 号指令》(Directive (EU) 2019/1937 of the European Parliament and of the Council of 23 October 2019)的规定,建立了举报制度,解决举报人“投诉无门”的问题:

---

① See Kambhampati A. & Star S., *Playing True? A Critique of the* 2021 *WADA Code*, The International Sports Law Journal, Vol. 21:4, p. 223 – 242(2021).

其一，WADA 制定专门的附属性法律文件，即《体育领域反兴奋剂斗争举报人的保护建议》(Recommendation on the Protection of Whistleblowers in the Context of the Fight Against Doping in Sport)，明确规定了举报权的构成，其包括提供信息权、保密权、与第三方共享信息知情权、举报撤回权、获得援助权、免受报复权以及物质奖励权，等等。

其二，2021 版 WADC 中增设第 2.11 条，明确禁止阻碍和打击报复举报人的行为。违反该规定，根据第 10.6 条，可以给予 2 年以上的处罚，直至终身禁赛。WADC 同时保留了原来的"奖励"制度，即违规运动员举报其他运动员违规的，如查证属实，可以减轻甚至暂缓处罚。

其三，为了方便举报，WADA 投入大量的资源，筹建举报系统。比如，2016 年建立了举报程序，2017 年设置了"说出来!"平台，同时，还提供了专门的举报热线。与之相适应，很多成员国也建立了相应的制度，比如，美国与中国等国家反兴奋剂中心都建立了自己的举报制度，公布了举报电话、邮件和系统。这不仅方便运动员或者其他人员举报，WADA 也可以通过上述平台或者系统，绕开项目或者国家的限制，直接获得举报人提供的信息。

二、阻止举报、打击报复举报人的违规构成

根据 2021 版的《世界反兴奋剂条例》的规定，当事人阻止向有关部门举报或报复举报人，构成一种新型的兴奋剂违规，不构成篡改或企图篡改兴奋剂管制环节型的违规。这条规范的保护目的是：防止在体育运动中使用兴奋剂，保护体育运动参与者的身心健康，维护体育竞赛的公平，维护国家荣誉和形象，弘扬体育精神。其具体构成有：

第一，威胁或企图恐吓他人，以阻止他人向世界反兴奋剂机构、其他反兴奋剂组织、执法或监管部门、职业纪律或听证机构、调查人员等善意举报与涉嫌兴奋剂违规或不遵守 WADC 有关的信息。

第二，对向上述组织和人员善意提供与涉嫌兴奋剂违规或不遵守 WADC 有关的证据或信息的人员进行打击报复。

第三，这里所说的威胁、恐吓和报复，包括对举报人做出的缺乏善意的行为或严重不恰当的反应。

就我国而言，对于严重的违规行为，可以根据我国《刑法》规定的打击报复类罪行，追究行为人的刑事责任。此外，《劳动法》等法律法规对阻止举报或打击报复举报人的行为进行了规定。

第四节 禁用方法

兴奋剂是一类能够提高人体机能和精神状态的药物,即禁用物质。运动员体内一旦被发现一定量的禁用物质,根据2021版WADC第10.2条推定为故意违规或者过失违规。如果发现运动员使用禁用方法,根据WADC第2条的规定,同样构成兴奋剂违规。对于禁用方法,有的是为了掩盖使用了禁用物质的事实,有的则是为了直接提高比赛成绩。常见的禁用方法有:

一、尿液稀释法

尿液稀释法是一种想要蒙混过关的运动员常用的伎俩,就是通过各种方法,将尿液中的兴奋剂含量稀释至检测不出来的程度。尿液稀释法的常见方式有以下几种:

第一,大量饮水法。这是运动员为了逃避兴奋剂检查而采取的一种手段,目的是通过增加尿量,快速排除体内水分,从而稀释体内兴奋剂及其代谢物,使药检呈假阴性,规避兴奋剂违规处罚。

大量饮水法虽然可能有一定的效果,但也有很多的风险和副作用。首先,大量饮水法并不能完全消除兴奋剂的痕迹,只能暂时降低其浓度,如果检测方法足够敏感,仍然可以检测出来。其次,大量饮水法会导致体内的电解质平衡失调,引起低钠血症、水中毒、心律失常等严重的健康问题,甚至危及生命。最后,大量饮水法也会被药检人员发现,如果尿液的比重、颜色、渗透压等指标异常,就会被怀疑使用了大量饮水法,从而被视为拒绝或阻碍兴奋剂检查,触犯WADC第2.3条的规定,构成拒绝或阻碍兴奋剂检查型的违规,也会受到处罚。

第二,口服利尿剂。利尿剂是一类能够让人尿得更多更快的药物,故有稀释尿液,降低兴奋剂浓度的功能,因此,利尿剂本身具有掩盖兴奋剂的作用,故也是违禁品,一旦发现运动员体内有这种物质,即刻认定其构成兴奋剂违规。比如,摩洛哥的中长跑运动员塞尔苏利(Mariem Alaoui Selsouli),在2012年7月6日的1500米比赛中跑出了3分56.15秒的成绩,打破了非洲纪录,并成为奥运会的夺牌热门。然而,在赛后的尿检中被检测出服用了利尿剂,目的是掩盖其他的禁药。国际田联随即对其进行了暂时禁赛,并取消了参加伦敦奥运会的资格。塞尔苏利没有要求对B瓶样本进行分析,也没有要求举行听证会,而是直接向国际体育仲裁法庭提出了上诉,要求撤销国际田联的决定,并恢复她的参赛资格。她的上诉理由是她在比赛前服用了一种治疗腹泻的药物,而这种药物中含有利尿的成分,自己并不知情。她提供的证据包括医生的证明,以及在比赛前的血液检测结果,显示她没有服用其他兴奋剂。CAS 认为塞尔苏利没有提供足够的证据来证明她是无意服用了利尿剂,也没有证明她在比赛前的血液检测结果是可靠的。CAS 还指出,塞尔苏利作为一名职业运动员,应该对她服用的任何药物进行仔细的检查,以避免违反反兴奋剂规则。因此,驳回了塞尔苏利的上诉,维持了国际田联的决定。①

第三,注射生理盐水。生理盐水本身不具有提高比赛成绩的功能,但由于其是一种跟人血液差不多的物质,通过针管直接注射进人体后,人体的水分和血液会随之增多,从而使尿液变得更稀。生理盐水的注射需要专业的医生和设备,而且有一定的危险,比如感染、水肿等。这种方法与大量喝水相似,这同样构成拒绝或阻碍兴奋剂检查的行为,违反 WADC 第 2. 3 条的规定。

不过,尿液稀释法的效果因人而异,这取决于运动员的体型、吃了多少兴奋剂、喝了多少水、尿检的时间等因素。尿液稀释法非常危险,因为它会让运动员身体和心理都受到伤害,而且很容易被识破。WADA 认证的反兴奋剂实验室,会对尿液的密度、酸碱度、肌酐等指标进行检查。如果发现异常,会对尿液进行更深入的分析,或者要求运动员再提供尿样。如果运动员被证实使用了尿液稀释法,会被视为违反反兴奋剂规则,受到相应的惩罚。

二、血液输注法

血液输注法是一种通过输注自己或他人的血液,来提高比赛成绩或掩盖使用了禁用物质的方法。血液输注法的常见方式有以下几种:

第一,自体血液输注。运动员在训练期间,从自己体内抽取一定量的血液,在冷藏的条件下进行保存,然后在比赛前或比赛中,将血液重新输回体内。这种方法听起来很高科技,但其实就是把自己当成一个活体冰箱,把血液当成一个可乐罐,随时拿出来喝一口。这种方法主要用于提高运动员的红细胞含量,从而增加氧气的输送和利用,提高有氧运动的能力。自体血液输注不仅可以提高比赛成绩,而且可以用于掩盖兴奋剂的使用,因为输

① See Mariem Alaoui Selsouli v. International Association of Athletics Federations, CAS 2012/A/2802.

回的血液中可能含有之前服用的兴奋剂,从而干扰尿液或血液的检测。这就相当于给自己的血液做了一个美容,让它看起来更加年轻和健康。

奥佩拉行动(Operation Puerto)是一项由西班牙警方在2006年发起的反兴奋剂调查,揭露了多名自行车运动员和其他运动员与一名名为埃乌菲米亚诺·费恩特斯(Eufemiano Fuentes)的医生合作,使用了违禁的输血和药物。这些运动员使用了一种称为自体血液输注的方法,即在训练期间,从自己的体内抽取一定量的血液,在冷藏的条件下进行保存,然后在比赛前或比赛中,将血液重新输回体内。这样可以增加血液中的红细胞数量和携氧能力,从而提高运动表现。

然而,这种方法是一种严重违反体育道德和规则的行为,也是一种对自己和他人的不负责任的行为。它会导致血液黏稠度增加,引起血栓、心脏负担增加、血压升高等严重的健康问题,甚至危及生命。一般来说,药检人员如果发现,血液中的血红蛋白、血细胞比容、血清铁蛋白等指标异常,就会怀疑运动员使用了自体血液输注法,从而认为运动员拒绝或阻碍兴奋剂检查。在这些运动员中,影响最大的是西班牙自行车手阿莱杭德罗·巴尔韦德(Alejandro Valverde),他被怀疑是费恩特斯的客户之一,因为其血液样本与费恩特斯的冰箱中发现的一袋血液相匹配。这袋血液的标注的是18号瓦伦·皮蒂(Valv. Piti),其中瓦伦(Valv)是巴尔韦德的昵称,皮蒂(Piti)是他的狗的名字。巴尔韦德一直否认与费恩特斯有任何联系,但他的血液样本被用作证据,导致他在2009年被国际体育仲裁法庭禁赛两年,并被剥夺他在2007年世界锦标赛和2008年环西班牙自行车赛的冠军头衔。①

对于自体输注,目前不存在直接检测方法,而是使用间接方法,即比较运动员检查时的血液数据与先前采集的血样,两者之间的显著差异表明可能存在自体输注。这种方法称为“运动员护照”,是已经得到世界反兴奋剂机构认可的检测方法。

第二,异体血液输注。运动员从他人的体内获取相同血型的血液,然后在比赛前或比赛中,将血液输入自己体内。这种方法的目的和效果与自体血液输注类似,但是风险更大,因为异体血液可能带有病毒、细菌或其他异物,有可能引起免疫反应或感染。这就好比把别人的血液当成一杯鸡尾酒,不管里面有什么成分,只要能让自己兴奋就行。但是,这样做可能会让

① See Vandeweghe H. ,*Doping in Cycling: Past and Present*, in Van Reeth D. and Larson D. J. eds. , The Economics of Professional Road Cycling, Springer International Publishing, 2015, p. 285 – 311.

自己的身体出现各种不良反应,比如头痛、发烧、呕吐等。

运动员通过这种方法违规的非常多。2007 年 7 月,哈萨克斯坦自行车运动员亚历山大·维诺库罗夫(Alexander Vinokourov)在环法自行车赛(Tour de France)的第 13 赛段中,以惊人的速度赢得了个人计时赛的冠军。然而,他的胜利很快遭到怀疑,因为他的兴奋剂检测结果显示,他的血液中含有另一个人的红细胞,这是一种违禁的同种输血(homologous blood doping)的证据。维诺库罗夫被迫退出比赛,并被国际自行车联盟暂时禁赛。他的队友,同样来自哈萨克斯坦的安德烈·卡舍钦(Andrej Kashechkin),也在 8 月被查出使用了同种输血,也被禁赛。两人都否认使用兴奋剂的指控,并称他们的检测结果是由于实验室的错误或者是被人陷害。他们还试图通过法律途径,挑战兴奋剂检测的合法性和科学性,但都没有成功。①

第三,促红细胞生成素(Erythropoietin,EPO)注射。EPO 是由肾脏产生的激素,调节机体的红细胞生成。在医学实践中,EPO 注射用于刺激红细胞的生成。运动员使用 EPO 产生高于正常水平的红细胞,以提高表现。如后所述,这方面的例证很多,这里就不赘述了。

第四,合成氧气携带剂。这些是具有携带氧气能力的化学物质,例如基于血红蛋白的氧气携带剂(Hemoglobin-Based Oxygen Carriers,HBOCs)和全氟碳化物(Perfluorochemicals,PFCs)。合成氧气携带剂在紧急情况下具有合法的医学用途,当患者需要输血但血液不可用、存在高风险的血液感染,或没有足够时间找到合适的血型匹配时,可以使用这种物质临时替代。但运动员使用合成氧气携带剂来增加血液中的氧气,进而为肌肉供能,属于兴奋剂违规行为。

国际社会之所以禁止使用血液输注法提高比赛成绩,主要原因是血液输注法通常会严重危及运动员的健康,其极有可能引起如血栓、心脏负荷过大、感染、过敏等症状。这种违规目前极易被发现,WADA 认证的反兴奋剂实验室,通常会对特定国际运动员的血液,建立生物护照并不定期监测,分析血液中的红细胞、血红蛋白、血细胞比容等指标。如果发现异常,会对运动员进行进一步的调查,或者要求运动员提供更多的血样。如果运动员被证实使用了血液输注法,那么他会被视为违反了反兴奋剂规则。

---

① See Lippi G. & Banfi G., *Blood Transfusions in Athletes. Old Dogmas, New Tricks*, Clinical Chemistry and Laboratory Medicine (CCLM), Vol. 44:12, p. 1395 – 1402(2006).

三、基因操纵法

为了在比赛中赢得更多的金牌和荣誉，有些运动员试图通过改变基因，获得不公平的竞争优势。基因兴奋剂就是把一些能够让人变得更强壮、更快速、更有耐力的基因，用针头或者细胞的方式，塞进运动员身体里。这样，他们就可以像超人一样，在赛场上飞奔、跳跃、扔掷，让其他运动员望尘莫及。基因兴奋剂听起来很酷，其实很危险，也很不公平，因为目前还没有证据证明这是安全的，它有可能会造成一些严重的副作用，比如心脏病、中风或者血栓。而且，使用它们也违反了体育精神，破坏了比赛的公平性，让其他运动员失去了竞争的机会。所以，世界反兴奋剂机构和国际奥委会等组织，都禁止使用基因兴奋剂，并且开始研究如何检测和惩罚使用基因兴奋剂的运动员。

基因开始被体育界重视，源于制造“超级老鼠”的实验，即通过给老鼠注射一种携带胰岛素生长因子的基因病毒，使老鼠更强壮。这个实验室本来是在寻找治疗肌肉萎缩病的方法，但当研究成果公之于众后，引起了很多教练和运动员的注意和尝试。2001 年 6 月，基因专家西奥多・弗里德曼（Theodore Friedmann）和速度滑冰的奥运金牌得主约翰・奥拉夫・科斯（johann olav koss）发表了一篇论文，公开警告基因兴奋剂的问题。随后，国际奥委会医疗委员会召集了一个基因治疗组，开始建立程序和识别方法，防止运动员滥用这种技术。2004 年，世界反兴奋剂机构开始资助检测基因兴奋剂的研究，并组建了一个专家小组，提供风险方面的建议，并指导资金的使用。

基因操纵法是一种改变运动员身体里的遗传密码，让他们变得更强或者更难被查出用药的方法。基因操纵法的常见方式有以下几种：

第一，基因治疗法。这是一种把所谓的“好”的基因，植入运动员的身体，让他们的身体更健康或更强壮的方法。基因治疗本来是用来治病的，但是有些运动员会用它来提高自己的比赛成绩。比如，有些运动员会用基因治疗，让自己的肌肉里多出一种叫肌红蛋白的东西，这样他们的肌肉就会更有力量和耐力。或者，有些运动员会用基因治疗，让自己的骨髓里多出一种叫促红细胞生成素的东西，这样他们的血液就会造出很多红细胞，由于红细胞可以帮助身体运输氧气，从而让他们跑得更快和跑得更久。

第二，基因掺杂法。这是一种把别的生物基因或者药物基因，植入运动员的身体，使其身体获得一些特殊的功能的方法。这种基因掺杂不是为了治病，而是为了让运动员变得更强或者更难被查出用药。比如，有些运动员会用基因掺杂法,把动物的基因植入自己的身体,这样他们就会有动物的特点,比如速度更快、力量更大、敏捷性更高等。有些运动员会用基因掺杂法,把药物的基因植入自己的身体,这样他们就会自己产生相应的药物,而不用吃药或打针,这样他们就更难被查出用药。

基因操纵法是一种非常先进和隐蔽的方法,因为它可以直接改变运动员的基因,从而影响运动员的表现和检测。但是,基因操纵法也是一种非常危险和不道德的方法,因为它会给运动员带来未知的副作用和风险,如基因突变、免疫失调、癌症等。而且,基因操纵法也违反了体育运动的精神和价值,破坏了体育运动的公平性和尊严。WADA 正在努力开发基因操纵法的检测方法,如果运动员被证实使用了基因操纵法,会被视为违反反兴奋剂规则,给予其更严厉的处罚。

四、技术兴奋剂

如果市场上有一款能让人跑得更快、跳得更高的衣服;有一副能让人看得更清、听得更准、反应更快的眼镜;有一种能让人心跳更稳、血压更平、呼吸更顺的芯片,肯定会成为运动员追逐的对象。然而,如果这么做,很可能构成技术兴奋剂违规,即其有可能属于体育领域内的黑科技。

技术兴奋剂是指一些利用科学技术来提高运动员的身体能力或者影响比赛结果的方法或者装置。不同于药物兴奋剂,技术兴奋剂不是通过服用或者注射某些物质来改变运动员的生理状态,而是通过使用一些特殊的设备或者手段来增加运动员的优势或者降低对手的竞争力。使用技术兴奋剂的例子有很多,比如,使用非法的泳衣或者泳帽来减少水的阻力,提高游泳的速度;使用非法的自行车或者轮胎来降低空气的阻力,提高骑行的速度;使用非法的跑鞋或者跳鞋来增加弹性,提高跑步或者跳高的效果;使用非法的滑雪板或者滑雪服来增加滑行的平稳性,提高滑雪的速度;使用非法的拳套或者手套来增加打击的力量,提高拳击或者摔跤的效果;使用非法的耳机或者耳塞来屏蔽噪声,提高射击或者射箭的准确性;使用非法的信号或者通信来传递信息,提高团队运动的协调性,等等。技术兴奋剂的使用违反了体育道德和公平竞争的原则,也是对其他运动员的不尊重和不公平。技术兴奋剂的使用也可能会对运动员的身体或者心理造成伤害,比如引起皮肤过敏、肌肉损伤、心理压力等。技术兴奋剂的使用也可能会对运动项目的发展和观赏性造成负面的影响,比如降低了运动的难度、创新性和趣味性。因此,技术兴奋剂的使用是应该被严厉禁止和打击的。接下来介绍几个典型的例证,反映技术兴奋剂的现状:

（一）Vaporfly 跑鞋

耐克公司生产的 Vaporfly 跑鞋，在 2019 年的一年里，创造了很多奇迹，打破了很多纪录，震惊世人！比如，在柏林马拉松比赛中，一位叫伊利乌德·基普乔格（Eliud Kipchoge）的肯尼亚跑步高手，穿着一双由耐克公司特别为他制作的 Vaporfly 跑鞋，跑出了一个惊人的成绩，即全程 42.195 公里，他用时只有 1 小时 59 分 40 秒，这是人类历史上第一次跑完如此长的马拉松却用时不到两个小时，这是一个了不起的壮举，也是一个不可思议的奇迹。不过，这个奇迹也有一些争议，因为这个比赛不是一个正式的比赛，而是一个特别的活动，它有很多特殊的安排，比如路线、天气、饮水等，都是为了让基普乔格跑得更快，而且，他穿的那双跑鞋，也不是一般的 Vaporfly 跑鞋，而是一双叫作 Alphafly 的跑鞋，鞋底里有三层碳纤维板，它们像弹簧一样，给跑步者提供弹力，使其跑得更快；鞋底不仅有两个气囊，可以提供更多的弹力，而且有一层叫作 ZoomX 的泡沫，它可以像海绵一样，给跑步者提供缓冲，让跑步者跑得更轻松；鞋面也有一些特殊的设计，其中，有一层像薄纱一样的叫作 Vaporweave 的面料，可以减少空气的阻力，让跑步者跑得更省力。总之，这双跑鞋就是为了让基普乔格跑得更快而专门制作的，它就像是一双火箭鞋。①

（二）Speedo LZR 泳装

在 2008 年的北京奥运会上，大多数游泳运动员都穿着一款名叫 Speedo LZR 的泳装，他们就像是一群穿着黑色紧身衣的超人，在水里飞来飞去，快得惊人。在 25 项打破世界纪录的项目中，有大约 23 项都受到了这件泳装的帮助，这又是一个不可思议的奇迹！

这款泳装非常特殊，从肩膀到小腿几乎包住了运动员的整个身体，就像是一件紧身衣，或者说是一件皮套。这泳装可以让身体更加紧实，更加符合水中的流体力学特征，从而降低水的阻力，减少水流进入的空间，就像是一层防水膜。另外，它还可以更好地使氧气流向肌肉，也会困住空气以增加浮力，提高游泳者在水中的流线型和速度。这样，它让游泳者游得更快、更顺畅、更省力。

在这次奥运会上，日本游泳队根据原来的赞助合同，原本要穿阿迪达斯的泳装参加比赛。然而，当他们看到了 Speedo LZR 泳装的神奇效果后，改变了主意，决定要更换泳装，放弃了阿迪达斯，违反了合同。尽管违约给

---

① See Santosh Vikram Singh, *Technological Doping: A Threat To Equity In Sports*, Fox Mandal (Apr. 17, 2021), https://www.foxmandal.in/technological-doping-a-threat-to-equity-in-sports/.

他们造成了很大的经济损失,承担了很多风险,但他们觉得这都是值得的,因为他们认为只有穿 Speedo LZR 泳装,才能在奥运会上有所作为。

不过,这款泳装让很多人觉得不公平,不合理,不正常。他们觉得这款泳装给穿着它的人带来了太大的优势,比不穿的人快了很多,这不是一款普通的泳装,而算作技术兴奋剂,后来,国际泳联禁止使用这款超级泳衣,恢复了游泳运动的纯粹性。

(三)机械假肢

南非运动员奥斯卡·皮斯托瑞斯(Oscar Pistorius)出生时,患有一种先天性的疾病,叫作纤维性发育不全症,导致其双脚没有脚踝和脚掌,只有脚趾,无法正常地行走。在11个月大的时候,其父母决定给他做双腿截肢的手术,即将膝盖以下切除,以便戴上假肢走路。奥斯卡·皮斯托瑞斯没有被这些打倒,他不甘于命运的安排,凭借着坚强的意志和不懈的努力,成了一名优秀的短跑运动员,他不仅在残奥会上创造了辉煌,还在奥运会上与健全的运动员同台竞技,成了第一个在奥运会上参赛的双腿截肢者。

他的双腿是由碳纤维刀片组成的高科技假肢,能够像弹簧一样在受力时压缩和伸展,这让他在赛场上飞驰如风,曾被称为“刀锋战士”,意思是说他就像是一把锋利的刀,破除了所有障碍,击败了所有对手,打破了所有的纪录。他曾经梦想参加北京、伦敦、里约等奥运会和残奥会。然而,这些梦想在2013年的情人节那天,被一声枪响彻底打碎。在家中,他开枪杀死了女友,由此身陷囹圄,失去了自由和荣誉。他辩护说,这是自卫,是误杀,但是,法庭不相信他的话,因为在开枪之前,他和女友发生了争吵,这是谋杀罪。

事实上,在这之前,他曾经历了另外一场官司,因为国际田联认为,他用的机械假肢会使其获得一种不公平的竞争优势,机械假肢让他在速度、能量和惯性方面,超过了正常的运动员,因此,禁止他与健全的运动员同场竞技。奥斯卡·皮斯托瑞斯不服国际田联的处罚,向 CAS 提出上诉,理由是其委托的专家认为,这种假肢与正常人的腿在结构和功能上虽然不同,但在生理特征方面并没有本质的区别,不会给其带来不公平的竞争优势。国际体育仲裁法庭支持了他的请求,认为这并不违反国际田联的技术规则,因为人类的腿本身也具有弹簧的功能,因此,允许他参加正常人的比赛。尽管存在这样的裁决,但是,很多人质疑他的机械假肢是否给他带来了不公平的竞争优势,这是否属于技术兴奋剂?这个问题至今没有一个明确的答案,因为机械假肢的影响很难量化,而且每个人的情况不同。

然而,德国运动员马库斯·雷姆(Markus Rehm),演绎的却是另外一个不幸且结局非常遗憾的故事。他是一个因为摩托车事故而失去双腿的截肢跳远运动员,他用一条碳纤维刀片假肢代替了他的右腿,这让他在赛场上跳得像鹰一样高,最后在残奥会上夺得金牌;在欧洲锦标赛上击败正常人,成了一个跳远奇才!但是,他却因这条刀片假肢,陷入一场官司。国际田联认为刀片假肢给其带来不公平的技术优势,使他在弹力、速度和能量方面,超过了正常的运动员,因此,禁止其与健全的运动员同场竞技。后来,德国科隆体育大学的专家经过分析认为,运动员使用该装备并不会获得明显的竞争优势,这种装备很难被评价为是优质的,因为他的刀片假肢在着地时会让他失去更多的能量和稳定性,因此,应该允许其参加正常的奥运项目。不过,马库斯·雷姆没有上诉到CAS,而是选择了沉默,接受了国际田联的决定。①

(四)人工智能技术

人工智能技术是指利用计算机和其他设备模拟人类的智能行为的技术,它可以处理大量的数据,进行学习、分析、推理、决策等。人工智能技术在体育领域内的应用,是一种将科技与运动相结合的创新,它既可以为运动员、教练、裁判、观众等提供更多的便利和价值,也可以为体育的发展和进步带来更多的可能性和挑战。就目前而言,其在体育领域的主要应用有:(1)帮助运动员提高训练和比赛的效果。人工智能技术可以通过各种传感器、摄像头、智能手表等设备,收集和分析运动员的身体数据,如心率、血压、血氧、肌肉力量、运动姿态等,从而为运动员提供个性化的训练计划、营养建议、伤病预防等。此外,人工智能技术既可以通过虚拟现实、增强现实等技术,为运动员提供模拟的比赛环境,让运动员在不同的场地、天气、对手等条件下进行训练,提高运动员的适应能力和竞争力,还可以通过人脸识别、语音识别、情感分析等技术,了解运动员的心理状态,为运动员提供心理辅导、情绪调节、压力释放等。(2)帮助教练提高指导和管理的效率。人工智能技术可以通过云计算、大数据、机器学习等技术,为教练提供全面的数据分析和智能决策,让教练更好地了解运动员的优势和劣势,制定更合理的战术和策略;可以通过图像识别、视频分析、语义理解等技术,为教练提供更丰富的信息来源和反馈方式,更方便地观察和评估运动员的表现,给运动员提供更及时和有效的指导和建议;通过智能机器人、智能助理、智能对话等技术,为教练提供更多的协作和沟通的工具,让教练可以更

① See Santosh Vikram Singh, *Technological Doping: A Threat To Equity In Sports*, Fox Mandal (Apr. 17, 2021), https://www.foxmandal.in/technological-doping-a-threat-to-equity-in-sports/.

轻松地管理和协调运动员的训练和比赛。(3)帮助裁判提高判罚的公正性和准确性。人工智能技术可以通过高速摄像、雷达、GPS以及跟踪等技术,为裁判提供更清晰和全面的视角和数据,让裁判更快和更准确地判断运动员的动作、位置、得分等;通过人工神经网络、深度学习、自然语言处理等技术,为裁判提供更智能和更灵活的判罚规则和方法,让裁判更公平和更合理地处理运动员的争议、抗议、申诉等;通过区块链、数字签名、加密算法等技术,提供更安全和更可信的判罚记录和证据,让裁判可以更透明和更可靠地向运动员、教练、观众等公布和解释判罚结果。总之,人工智能技术在体育领域内的应用,体现了科技与运动相互促进和相互融合,为体育的各个方面带来更多的优势和价值。我们应该积极地拥抱人工智能技术在体育领域内的应用。

然而,新技术在体育领域的应用是一把双刃剑。一方面,它为运动员提供更好的训练和比赛条件,也为观众带来更多的视觉享受和信息;另一方面,新技术,尤其是人工智能技术,可能会对体育的本质和价值造成冲击和破坏,比如导致技术取代人的作用,或者造成技术不公平的竞争。因此,新技术应用于体育必须遵循一些原则和条件,以保证体育的公平、健康和发展。

首先,新技术不能明显地提高比赛成绩,否则,会否定体育中人的要素。体育的本质是人与人之间的竞争和合作,是人的体力、技能、智力和意志的综合体现。新技术应该是为人服务的,是为了提高人的训练效率和比赛水平的,而不是替代人的作用和价值。如果新技术使得比赛成绩主要依赖于技术的优劣,而不是运动员的素质和能力,那么体育就失去了它的意义和魅力。比如,运动员使用智能手表,根据心率、距离和速度,通过声音或者震动实时提供反馈和指示,从而计算出最佳的节奏和策略,提高比赛成绩;游泳运动员使用智能泳衣,根据水流和温度,调整自己的姿势和速度,减少阻力和摩擦;自行车运动员使用智能头盔,检测风的方向和速度,借此调节通风;滑雪运动员使用智能滑雪板,分析雪的状况和坡度角,改变刚度和曲率;射击运动员使用智能枪,由其识别目标和距离,并纠正瞄准和扳机;射箭运动员使用智能弓,通过测量风的速度和方向,调节张力和角度;拳击手使用智能手套,通过感知对手的动作和力量,增加冲击和速度;摔跤运动员使用智能服装,通过监测对手的压力和位置,提高力量和平衡;足球运动员使用智能球,通过跟踪轨迹、速度和旋转,帮助其选择位置;网球运动员使用智能球拍,通过检测球的旋转和方向,帮助其判断,等等,这都会使运动员获得很明显的竞争优势,不仅危及比赛的公平,还大大降低了体育中人的价值。

其次,新技术必须符合市场可得性,即其他运动员也能获得这种技术的支持,防止出现不公平的竞争。体育的价值是追求公平,要求所有的参与者在同等的条件下进行比赛,因此,新技术应该平等地为所有的运动员提供更好的条件和机会,而不是为少数的运动员提供特权和优势。如果新技术使得某些运动员因为拥有更先进的设备或者手段,而占据了不可逾越的优势,那么体育就失去了它的公平性和竞争性。比如,一些运动员使用了非法的高科技泳衣或者跑鞋,来减少水或者空气的阻力,从而提高自己的速度,这就是体育的一种不公平,属于不正当的竞争。

实际上,国际自行车联盟的《自行车规则》第 1. 3. 007 条、国际奥委会的《运动员服装规则》第 50 条、国际足联的《足球规则》第 4 条、国际网球联合会(International Tennis Federation,ITF,以下简称国际网联)的《网球拍规则》第 4. e 条等,都规定了这项原则。如前所述,肯尼亚运动员伊利乌德·基普乔格与其队友,穿着耐克公司生产的、处于实验阶段的一款名叫 Vaporfly 的跑鞋,连续打破马拉松世界纪录后,国际田联在 2019 年 11 月 15 日,就修改了原来的跑鞋规则,要求运动员在比赛时使用的跑鞋,须在市场上销售时间为 4 个月以上,即禁止使用未正式上市的鞋子(原型鞋),即将市场可得原则具体化。

最后,新技术必须经过批准,即必须符合相关的法律、规则和标准,才能在体育领域公开使用。体育活动必须遵守法治原则,要求所有的参与者都受到一定规则的限制或者约束。新技术应该是为了促进体育的发展和进步,而不是为了破坏体育的秩序和规则。如果新技术使得某些运动员因为违反了法律或者规则,而获得了不正当的利益或者影响了比赛的结果,那么体育就失去了法治性和公信力。比如,一些运动员使用非法的信号来传递信息或者干扰对手,从而影响了比赛的公正性和真实性,这实际上是对体育的一种欺诈和破坏。

然而,如果运动员未经允许而使用明显提高比赛成绩的人工智能技术,例如,使用人工智能分析对手的弱点,使用人工智能控制自己的身体或器材,或者使用人工智能伪造或隐匿自己的兴奋剂检测结果等,那么就可以构成兴奋剂违规。这些行为都是利用人工智能技术来获取不公平的竞争优势,破坏比赛的公平和干净,损害体育的形象和声誉,是不道德和不合法的。因此,人工智能技术本身并不属于兴奋剂,但是如果运动员未经允许而使用能明显提高比赛成绩的人工智能技术,就可以构成兴奋剂违规。这就要求运动员和其他相关人员遵守反兴奋剂规则,诚实竞赛,拒绝作弊。

同时,也要求反兴奋剂机构和体育组织加强监督和管理,及时更新和完善反兴奋剂规则,防范和打击人工智能技术的滥用和误用,维护体育的公正和纯洁。

第五节　兴奋剂违规行为性质的认定机制

不同于运动员直接使用兴奋剂的行为,包括运动员在内的其他人,也可以实施其他类型的兴奋剂违规行为,比如,WADC 第 2. 3 条规定的拒检、逃避或者不提供样本的行为,第 2. 4 条规定的赛外检查失败,第 2. 5 条规定的篡改兴奋剂管理过程的行为,第 2. 6 条规定的持有兴奋剂的行为以及随后的禁止合作、禁止共谋等类型的违规。这些违规的认定,需要借助故意或者过失的概念进行。因此,本书结合瑞士法上的故意概念的适用机制,揭示兴奋剂违规行为的认定路径或者方法。然而,众所周知瑞士在实体法上效仿的是德国法,因此,这种探讨又离不开德国法关于故意的理论。

与 2009 版 WADC 不同,2015 版与 2021 版的 WADC 第 2. 1 ~ 2. 5 条、第 4. 4 条、第 10. 2 条、第 10. 3 条、第 10. 5 ~ 10. 10 条规定,兴奋剂处罚可以用以下的公式表达:S(处罚) = X(符合第 2 条规定的行为) - J(正当化事由,比如符合第 4. 4 条的行为) - E(免责事由,如第 10 条规定的无过失)。其中,“X - J”属于违规判断,是客观判断。所以,运动员误认为有正当理由(J)而实施的违规行为,即使是善意的,也不会影响违规判断,但这并不能否定正当理由(J)在责任判断(E)中的意义。当运动员或者其他人实施了兴奋剂违规行为时,应当如何确定这种违规行为的性质呢? 这是一个不容回避的问题。道理很简单,行为人实施的违规行为在外观上是一种事实,而其上述规定是以命题的方式而存在的,两者缺乏连接的机会,只有将行为人实施的违规行为者也翻译成为命题,才有可能确定行为违规的性质。事实上,在完成该任务时,往往是借助上述公式 X 中的故意的记述的要素实现的,而 E 中的故意为规范的要素,虽然也在一定的程度上影响行为的性质之判断,但是前者更为重要。需要注意,故意的记述的要素为 X 的要件,而其规范的要素则属于 E 的范畴。下文,我们将通过孙杨案揭示违规行为性质的认定机制。

2018 年 9 月 4 日,国际兴奋剂检查管理公司(International Doping Tests and Management,IDTM)的样本采集组,根据行踪信息,到孙杨的公寓进行无事前通知的药检。到达现场后,主检官[1]出具了由 IDTM 签发的工作证和国际泳联委托 IDTM 的授权函,尿检官和血检官也分别提供了身份证与《初级护士专业技术资格证》。尽管孙杨当时对这些文件的充分性存有异议,但仍提供了血样,并在《兴奋剂检查表》上签了字。然而,在随后的检查中,孙杨发现尿检官私自用手机对自己拍照和录像,于是发生了冲突。孙杨要求重新审查其资质。由于尿检官只有身份证,不能证明其与 IDTM 的关系,孙杨向主检官提出了回避申请,这直接导致尿样采集失败。而且,这种怀疑还进一步扩展到主检官和血检官身上。孙杨认为,由于他们提供的身份证明同样不充分,该采集组无权检查,因此已采集的血样应当交回。主检官不同意这种看法,发生争执。最后,主检官将存放血样的玻璃容器从储存箱中拿出,交给运动员。由于 IDTM 的材料不能留下,孙杨的保安打碎玻璃容器将血样取出,撕毁已签字的《兴奋剂检查表》。队医将盛有血样的管子存放起来,并用一张纸简要地记述了当时的情况,分别由自己、孙杨以及采集组的成员签名。事后,国际泳联兴奋剂委员会认为,该检查存在重大的程序瑕疵,孙杨的行为不构成违规。尽管如此,国际泳联仍给予孙杨警告处分。然而,WADA 认为孙杨的行为违反了国际泳联的反兴奋剂规则,由于这已经是第二次违规,要么根据第 2. 3 条规定禁赛 4 年,要么根据第 2. 5 条规定禁赛 8 年。该案处理的根据是国际泳联兴奋剂控制规则。由于该规则是为了贯彻实施 WADC 的规定,二者的内容几乎完全相同,为了表述的方便,本书用 WADC 指代《国际泳联反兴奋剂规则》。

首先,运动员辩护说,主检官只向其出具了一份委托函,而该委托函没有提到主检官、尿检官和血检官的名字,即无法证明他们有采集样本的权利。根据《样本采集指南》与国家反兴奋剂组织的培训材料,检查官不仅应当提供检查当局(国际泳联)向样本采集机构出具的一般性授权函,还应当提供采集机构向样本采集组(主检官、血检官和尿检官)出具的在特定时间范围内,执行任务的凭证。因此,样本采集组未严格遵守《检验和调查国际标准》第 5. 3. 3 条和第 5. 4 条的规定,通知程序存在瑕疵,即这次检查失败是由采集组的过错造成的,运动员不应对此承担责任,即被指控的行为不违反 2021 版 WADC 第 2. 5 条或第 2. 3 条的规定。

世界反兴奋剂机构认为,《样本采集指南》的引言部分和 WADC 第 12

---

① 根据《检查和调查国际标准》,主检官是指对整个药检负有责任的工作人员,因而其具有工作证和授权函,而尿检官作为辅助人员配合主检官的工作。

条明确指出，[1]《样本采集指南》旨在促进良好习惯的形成，没有强制性，所以采集组没有遵守的义务，至于通知程序是否有瑕疵，应当根据《检查和调查国际标准》进行判断。《检查和调查国际标准》第5.4.1条规定，在接触运动员时，样本采集机构指派的主检官以及陪同人员，应向运动员或者第三人出示自己的身份凭证；第5.3.3条、第5.3.8条、第5.4.2条规定，主检官以及陪同人员提供所属机构和检查当局的官方文件以及附有主检官个人详细情况（含有名字、照片以及有效期）的证明文件，比如身份证、驾照、健康卡、护照或者其他有效的身份证明，就可以采集样本。仲裁庭根据《检查和调查国际标准》的上述规定，认为本案涉及的通知程序无瑕疵，孙杨之所以误认为对方无权采集样本，很可能将IDTM的检查与国家反兴奋剂组织进行的检查混淆了。

其次，运动员认为，尿检官未经允许偷偷给其拍照和录像，使其有权收回已采集的样本。WADA认为，尿检与血检是两回事，即使尿检官实施了不当行为，也不能成为运动员阻止主检官带走血样和撕毁已经签字的《兴奋剂检查表》的根据。主要理由有：一则，反映当时情况的异议声明以及《兴奋剂检查表》没有记录这一事实，故运动员的辩护理由构成回溯性的理由，[2]即其并非当时运动员实施被指控行为的原因；二则，根据CAS的传统观点，只要身体、卫生和道德允许，运动员应尽可能地提供样本。如对采集样本团队成员的行为有不同看法，只能通过提出异议的方式解决，不能拒绝检查。[3]

最后，运动员辩护说，血样是主检官主动返还的，尽管其完全有权索回，但并没有这样做。简要的情况说明是队医起草的、并有主检官、尿检官和血检官签名的《兴奋剂检查表》。WADA指出，这是运动员强制的结果。仲裁庭认为，由于尿检官被排除在检查队伍之外，导致尿检程序无法继续进行而被迫终止，应视为是主检官的积极选择。血检与此不同，主检官交还血样应视为是被强制的结果，根据有：（1）当地反兴奋剂管理中心的官员和队医承认，他们当时不允许主检官带走血样，而运动员很可能接受了这种建议；（2）《兴奋剂检查表》虽有检查官的签名，但这并不等于他们认

① 2014年，《尿样采集指南》与《血样采集指南》是分开的，2021年将两者合并，即《样本采集指南》。

② 所谓回溯性的理由，指的是在案件发生之时没有提出，而当事人在事后提出的实施某一行为的原因，称之为回溯性的理由。

③ 在该案中，运动员怀疑自己过去样本可能被调换，故向法院起诉。反兴奋剂组织再向其采集样本，运动员不得以该案尚未审结为由，拒绝提供样本。参见Azevedo，CAS 2005/A/925；Ivan Mauricio Casas Buitrago，CAS 2013/A/3077。

可该表所作的解释,因为《检查和调查国际标准》第4.4.6条要求他们这样做;(3)运动员在仲裁过程中表现出来的强势性格也支持这一判断。尽管运动员与主检官之间有可能发生了误解,但运动员命令保安毁掉装有血样的玻璃容器并撕毁《兴奋剂检查表》,这一事实就足以证明运动员实施了妨碍主检官将已采集的血样送交实验室化验的行为,属于故意违规,触犯了2015版WADC第2.5条的规定。根据第10.3.1条与第10.7.1(c)条的规定,应处以8年的禁赛。

仲裁庭承认孙杨并没有使用兴奋剂,而8年的禁赛无异于彻底终结了孙杨的职业生涯,这种处罚过于严厉了!为了"证成"这种处罚的正当性:一则,仲裁庭使用情绪性的(而非理性的)表述,比如"运动员似乎个性强势并期望其观点能占上风""丝毫没有对他的行为表达任何遗憾""固执己见""企图将此期间明显的过错归咎于他人""这位超级的玩家"等,由此好像在说孙杨极不遵守反兴奋剂法秩序,从而证明处罚是正当的。然而,根据WADC第10条的规定,处罚的对象是违规行为而非事后的态度,否则即意味着运动员违规后只能跪地求饶,这实际上否定了运动员的自我辩护权,当然不成立。二则,仲裁庭未按照2015版WADC第10.8条的规定剥夺孙杨"违规"后所得的奖牌,以尽可能降低这种裁决对孙杨产生的消极后果。而这显然又忽视了WADC的"私法性",因为如果孙杨的竞争对手基于该裁决和WADC第10.8条的规定,向孙杨追索奖牌或者奖金,仲裁庭很难拒绝,因为其绝没有用他人的利益(奖牌或者奖金)而原谅孙杨的权利!即其错误地将WADC规定的处罚均视为"惩罚手段"而非"私法救济措施"。① 三则,仲裁庭直接建议孙杨可以根据2021版的WADC寻求救济,这意味着仲裁庭认为2015版的WADC存在缺陷,只有通过2021版WADC才能做到"情与法的统一"。

孙杨对该仲裁裁决不服,上诉到瑞士联邦法院,法院驳回了该仲裁裁决。WADA另行提出仲裁申请,CAS组成新的仲裁庭对案件重新审理。第二次裁决认为,孙杨拒绝检查官携带样本离开自己住所的行为,触犯2015版WADC第2.3条与第2.5条,构成鲁莽型违规。2021版WADC第10.9.1.1条规定,对于运动员或其他当事人的第二次兴奋剂违规的情况,禁赛期应当是以下两项中时间较长的一项:(a)6个月;(b)禁赛期在以

① WADC规定的处罚既有惩罚性的,也有救济性的,前者如禁赛,后者如剥夺奖牌或者奖金等。See Maureen A. Weston, *Doping Control, Mandatory Arbitration and Process Dangers for Accused Athletes in International Sports*, Pepperdine Dispute Resolution Law Journal, Vol. 10, p. 5 – 46(2010).

下范围内：

其一，第一次违规的禁赛期加上将第二次违规视为第一次发生的情形下原本适用的禁赛期的总和；

其二，将第二次违规视为第一次发生的情形下原本适用的禁赛期的2倍。

该范围内的禁赛期应根据整个情况以及运动员或其他人对第二次违规的过错程度来确定。最终，CAS基于此和孙杨上次违规的事实（被处罚3个月），给予孙杨4年零3个月的处罚。①

一、类型判断的机制

不管民法法系还是普通法系，基本上都主张违法与责任的区分，《德国刑法典》存在阻却违法的紧急避险与阻却责任的紧急避险，就是典型的例证。② 易言之，对于故意违规，不仅应有构成要件要素的故意，而且应有责任的故意。前者主要反映行为的性质，后者主要反映行为人对社会的态度。③ 在一般情况下，行为具有构成要件的故意，通常就有责任的故意，反之亦然。然而，在特殊情况下，两者有可能发生分离，即行为有构成要件的故意，但缺乏责任的故意。由于行为人并非敌视法秩序，故可作为过失甚至意外事件进行处理。这方面最极端的例子是美国的波拉德（Pollard）案。该案的被告人是一名警察，其在抢劫时被抓获。④ 被告人当时供述自己曾经结过一次婚，后来因经济原因而失败，其向第二个妻子允诺要给她一定的经济保障，于是决定抢银行。在庭审过程中，三位精神科医生认为，被告人之所以这样做，并非要获得银行的财物，而是无意识地渴望自己能得到惩罚，因为在案发前不久，被告人的妻子和女儿被醉酒的邻居残忍杀害。被告人在无意识的层面上一直自责，认为当时如果自己在家，这种不幸完全可以避免。由于这种自责一直以无意识的方式存在，除非心理分析师唤醒，行为人对这种潜在的欲望通常并不知情，但其最后将这种无意识“通过新的和迂回的渠道”表达出来，从而产生非理性的行为。行为人不应该为

① 2015版WADC对第二次违规采用固定处罚制，即第二次违规基本罚的二倍；2021版WADC实行的是相对处罚制，对于两次违规的，仲裁庭根据行为人的过错程度，在两次违规基本罚之和与第二次违规基本罚的二倍之间，决定应判处的处罚。

② 参见《德国刑法典》第34条与第35条。

③ 参见杨春然：《正当化事由与免责事由——兼论行为规范与裁判规范的解构》，载《中国刑事法杂志》2015年第2期。

④ See Pollard v. United States. Many of Freud's assertions have come under fire from cognitive and psychological theorists. See id. at 297－302.

被压抑的情绪所导致的行为负责,因为其行为源于无意识的力量。根据专家意见,第六巡回法庭驳回了下级法院的有罪判决,免除了被告抢劫罪的刑事责任。① 易言之,法院一方面认定被告人的行为构成抢劫罪,即有抢劫的故意;另一方面,又认为这源于被告人异常的心理,这与被告人受胁迫相似,其行为并非自由意志的结果。由此可以看出,该案的被告人触犯了抢劫禁止,因此,行为存在违法的故意或者构成要件故意,但其并非不尊重法秩序,即缺乏责任的故意(故意的规范的要素),所以,行为人的行为不能被评价为故意。② 其实,美国的布朗案和英国的杜德利、斯蒂芬案的处理,也是这方面的例证。不同于构成要件的故意,影响责任的故意的因素很多,甚至被告人都不一定清楚,因此,回溯性的理由当然不能被排除在外。

既然 WADC 第 2 条和第 10 条采用了违规与责任分立的立场,这意味着故意也存在构成要件的故意(故意的记述要素)与责任的故意(故意的规范要素)之分,不能用违规取代责任。③ 比如在威廉案中,仲裁庭认为运动员的行为构成"拒检",根据官方的解释,这属于故意违规行为。随后,仲裁庭又将其评价成过失,于是运动员的行为最终被评价为"未提供样本"型的违规。④ 这样,行为人的行为即使在违法阶段被认定为故意,也可能基于运动员的特殊情况,在责任阶段被评价为过失,从而使适用的法条或者处罚标准改变。也就是说,违规类型判断的机制是通过故意的概念实现的,即对同一行为,如果是出于逃避样本检查的,则触犯 WADC 第 2. 3 条的规定;如果为了破坏样本,则触犯 WADC 第 2. 5 条的规定。

基于对不良行为的认知和情感,立法者,比如 WADA,借助概念和规则虚设了一个由命题组成的法律世界,借此表达各种理念。这种规范世界与现实世界之间其实存在一堵很厚的"隔音墙",因为法律通过文字符号建构的规范世界,仅是对现实经验生活的抽象表达,两者之间存在一定的缝隙。具有普适性的法律,在适用于现实时,并不总能得出符合道德直觉的结论。这样,当抽象的规范适用于具体的案件时,需要借助故意的概念对规范与事实的关系进行微调,只有这样才能确保法律适用结

① See United States v. Pollard, 171 F. Supp. 474 (E. D. Mich. 1959), rev * dt 282 F. 2d 450, mandate clarified, 285 F. 2d 81 (6th Cir. 1960).

② See Ralph Reisner & Christopher Slobogin, *Law and the Mental Health System*, West Pub. Co., 1990, p. 1087 ; Michael S. Moore, *Responsibility and the Unconscious*, S. Cal. L. Rev., Vol. 53, p. 1563, 1639(1980).

③ 参见杨春然:《论故意在三阶层犯罪论体系中的位置》,载《中外法学》2011 年第 4 期。

④ See CAS 2016/A/4631.

果的合理性。不过,这种微调须受外行人平行评价标准的限制。①

(一)外行人评价的标准:社会基础规范而非法律

行为人的行为原本是一种自然现象,或者直白的客观事实,而以命题为存在形式的法律无法直接对其评价,只有将行为事实也翻译成为命题(成为小前提),才能与作为大前提的法律进行对比。所以,对行为事实进行赋义,使之成为命题,构成法律评价行为的前提条件,而这种赋义或者命名本身就是通过故意的概念(主要是故意的记述要素)实现的。②

首先,人们基于自己的生活经验和习惯为特定行为命名,往往蕴含了一定的评价,而评价的标准为社会基础规范,并非法律。恩吉施(Engisch)解释说,经过长期的社会发展,社会形成很多的行为标准,它们既是人们之间相互协作的条件,也是行为人理解自己行为的意义以及社会对行为人的行为产生期待的根据,故构成社会基础规范。③ 事实上,人们从幼童时期开始,便会与父母、朋友和老师等发生各种各样的关系。在此过程中,人们不仅熟悉了很多的生活现象和禁忌,学会了很多以句子为载体的思想、语言符号,以及掌握了将思想、语言符号等与经验中的事实连接起来的能力,而且,尤其重要的是,这形成特定的规范意识和行为模式,即形成相应的社会基础规范。

社会基础规范既然体现了社会对行为人的基本要求,因此,对该规范的明知应构成理性人假设的主要内容,也是法律为公民设置一般注意义务的根据。行为人是否知法并不重要,但应清楚这种基础规范,否则表明行为人社会化程度不足,其不应参与社会生活,其参与社会生活有可能动摇生活共同体的根基。因此,当局通过剥夺或者限制行为人自由的方式,将触犯社会基础规范的行为人与社会隔离,从保护社会的角度看,具有正当性。比如,顾客抹掉服务员在啤酒垫上记录的啤酒消费数量的标志,其是否知道这个"啤酒垫"构成法律上的"文件",以及是否知道该行为的法律意义等,并不重要。只要外行人(一般人)知道这些标志的功能,行为人的行为就可以在外行人领域内被评价为"操纵"、"涂改"或者"欺骗"等。如果顾客的确没有意识到这些标志的功能,则表明其违反了一般公民参与社

① See A. Kaufmann, Die Parallelwertung in der Laiensphäre. Ein sprachphilosophischer Beitrag zur allgemeinen Verbrechenslehre, 1982; W. Schild, Derstrafrechtliche Vorsatz zwischen psychischem Sachverhalt und normativem Konstrukt, in R. Jakob et al. eds., Psyche, Recht, Gesellschaft, 1995, S. 119 - 140.

② See Jong F. D., *Theorizing Criminal Intent: A Methodological Account*, Utrecht Law Review, Vol. 7:1, p. 1 - 33 (2011).

③ Karl Engisch, Einführung in das Juristische Denken, 8. Aufl., 1983, S. 23 - 46 ff.

会生活共同体所应有的注意义务。当行为人出现这种注意义务的违反,与法官根据法律概念所想象的行为模式(伪造文件)重叠或者相似时,就会给行为人贴上一个故意伪造文件的标签。

其次,社会基础规范评价的对象只能是行为或者行为对象,不能是行为人的心理。对行为人的心理或者主观感受进行命名,很难做到,并且,即使可以做到,也没有社会意义,因为这种命名无法独立于其所指代的对象而存在。比如,我说"我的牙很痛!"而"痛"有很多种,且只有"我"本人才知道其具体的含义。故这个命名与"我"紧密地联系在一起,即使传播出去,别人也很难具体地了解其指代的对象,因此这个命名会一直处在"私人语言"的范畴中,很难发展成社会观念而被作为公共话语的法律所接受。因此,社会基础规范评价或者命名的对象只能是具有客观可感知性的行为或者行为对象,而不能是心理或者主观感受。这样,即使行为的意义或者故意,通常与行为人实施该行为的主观原因相一致,但故意往往由行为和行为对象所决定,即行为的命名权并非单纯是行为人的"专利"。

其实,当某种类型化的行为事实最初出现时,人们往往会结合自己的生活经验、习惯以及行为标准,借助日常用语描述其存在,给其确定一个或者多个具体的名称,即为其贴上既定的命题标签,将其观念化。① 所以,经过长期的信息交流和社会实践,一些能反映社会基础规范的名称或者概念就会被保留下来,于是这种名称与该类型化的行为之间便建立起稳固的联系,后者也就成了该名称或者语言符号的"平均意义"。人们提到前者,便想起了后者,反之亦然。比如,公路上出现两车相撞,人们很容易想到"交通事故";一旦提及"抢劫",人们会想到某人的财物被另外一个人强行夺走了。这样,这种语言符号也就不再依赖该事实获得独立性,而可以以思想或者观念的方式在社会上流通和传播。② 也就是说,社会生活实践还培养了人们基于社会基础规范,为各种各样的行为命名或者赋义的能力。当人们对这种命名或者符号的含义产生分歧时,则可以借助其他的语言进行解释;如果含义还不清楚,则需要一种更基础的语言阐明,甚至通过展示图像或者实物的方式,确定这种语言符号的边界。

最后,社会基础规范与法律存在密切的联系。迈耶将社会基础规范

① 维特根斯坦指出,就某一具体的物体而言,对应的是名称,但当若干个物体发生联系时,对应的则是命题。参见[奥]维特根斯坦:《逻辑哲学论》,贺绍甲译,商务印书馆 1996 年版,第 30~33页。

② 命名本身就是一种创造活动。Siehe auch Winfried Hassemer, Tatbestand und Typus: Untersuchungen zur strafrechtlichen Hermeneutik, 1968, S. 76 ff.

称为文化规范,其表现形式有风俗、习惯、宗教、生活禁忌或者职业要求,等等。① 人的社会化就是学习这种规范,并将其演变成自己生活习惯的过程,故行为人不得以不知这种规范存在为由而进行辩护。适用法律的主体主要是法官,故法律为"裁判规范"。只有文化规范才直接适用于行为人,故文化规范为"行为规范"。这样,行为人基于文化规范而实施的行为,即使触犯了法律,也不得评价为故意。不过,由于法律所表达的理念或者事前进行的警示,通常反映的是社会共同体的基本秩序或诉求。因此,法律与社会基础规范(也有人将其称为社会命令)之间其实存在密切的联系,两者并没有明显的边界,不同之处在于前者主要适用于国家机关,后者主要适用于一般公民而已。所以,在绝大多数情况下,触犯了法律就触犯了这种基础规范。② 当某一法律规范背后根本没有文化规范,或者与现存的文化规范存在冲突时,这虽然不影响法律的效力,但是,由于法律的实施必须以行为人知道相应的文化规范存在为前提。所以,这种法律很难长期存在,因为若借助司法民主游戏规则强制实施这种规定,便存在多数人暴政的嫌疑。

总之,外行人评价其实是社会基础规范对行为的评价,行为人对行为进行的异常赋义通常没有意义,原因是其不符合社会基础规范。不过,这并不会使行为人边缘化,因为这种评价不仅建立在作为社会生活共同体成员的一般注意义务的基础之上,还立足于行为时的环境和行为人的叙事身份,故这种评价能反映行为人自身的特殊性,从而使判断结论不会过分偏离责任主义原则。

(二)平行评价的障碍及其突破:从设置非职业法官到普法

不同于外行人评价,法官的评价是依据法律进行的。也就是说,外行人根据社会基础规范,以日常用语的方式对行为进行的评价,法官再基于法律或者判例,以法律技术语言的形式对行为重新评价。只有当两种评价或者图像相同或者相似时,法官才能给行为打上相应的犯罪标签,从而认定某种故意(或者过失)的存在。③ 这样,对故意的认定(或者犯罪归因)通常需要行为人与法官进行沟通或者"对话",当然,这并非说行为是否构成

---

① Max Ernst Mayer, Rechtsnormen und kulturnormen, 1903, S. 1 – 22 ff.

② Schmidhauser, Von den zwei Rechtsordnungen im staatlichen Gemeinwesen, 1964, S. 12 ff. Zu dieser Unterscheidung der beiden Rechtsordnungen schon, Radbruch, Rechtsidee und Rechtsstoff, ARWP 17 (1923/24), S. 350.

③ Vgl. v. Liszt-Schmidt, Lehrbuch des deutschen Strafrechts, Bd. 1, Allg. T, 26. Aufl., 1932, S. 259 ff.

犯罪取决于行为人与法官谈判的结果。① 然而，在当前的法律框架下，外行人与法官很难进行沟通，主要理由有：

首先，法律技术语言与日常用语的分离，造成平行评价很难进行。基于法治原则，法律不仅须明确具体，而且还应通俗易懂。即法律须提供充足的信息告诉行为人，哪些行为不得实施或者必须实施，从而形成有效的事前威慑，所以法律不应远离日常生活。然而，事实并非如此。第一，法律不仅追求“行为控”，而且追求“权力控”，即限制处罚权，绑住“公权力”的手脚。后者要求法律在语言形式上不仅要明确、客观，更重要的是，还要尽可能避免有“猜测性”或者“恣意性”的成分，由此便造成法律技术语言与日常用语开始分离。第二，为了证成司法判决的正当性，法律判断坚持司法保守主义，即非常重视先例和公开的标准。这必然导致法律技术语言不仅强调体系性，而且尤其重视其形式价值，这与过分追求实质内容的日常用语进一步拉开距离。第三，随着法律专业化程度不断提高，再加上一般人对法律通常不感兴趣，没有动力了解规范世界，这造成法律重视“权力控”而非“行为控”的倾向越来越明显，这也是德国学界有人将法律视为“裁判规范”而非“行为规范”的主要原因。法律技术语言与日常用语的分离，极易造成法官与被告人各说各话的现象，两者很难统一，故构成平行评价的障碍。

其次，无罪推定原则加剧了这一问题的复杂性。平行评价是通过法官与外行人的沟通实现的，不过，由于被告人与平行评价结论通常存在利益冲突，因此，在交流过程中，被告人通常只提供对自己有利的信息。法官对不利于被告人的信息更为敏感，对于有利于被告人的信息，不仅不予重视，甚至有时很可能由此得出相反的结论。比如，对于孙杨本人的辩护，仲裁庭不但不接受，而且，还得出孙杨“没有悔意”“推卸责任”的判断。这样，基于无罪推定原则，被告人一般不愿意与法官就自己的“犯罪”进行真正的对话，因为在辩护律师的帮助下，默默地等待法官审判，或许对自己更有利。这样，原本由外行人与法官共同决定的故意，通常成了法官单方面的“作品”。

最后，法官更熟悉的是法律，很难从外行人（一般人）的角度解读被告人的行为，再加上受“不知法者不免责”原则的影响，法官很容易用法律取代社会基础规范，给行为人科处更高的注意义务。比如，偏远山区的家长

① Sache Herberger, Die deskriptiven und normativen Tatbestandsmerkmale im Strafrecht, in Koch [Hrsg.], Juristische Methodenlehre und analytische Philosophie, Atenäum Verlag GmbH, 1976, S. 153.

因经济原因将未成年的子女“卖给”生活在大城市的人，让孩子能生活得更好些。当法官特别重视“亲情”的价值时，很容易认为中间人提供的有偿服务，如介绍和帮助运送儿童的行为，符合拐卖儿童罪。从外行人的角度看，如果未成年人的父母极端贫困，此时或许更应当将中间人的行为看作帮助他人送养或者收养儿童的行为，因为“亲情”的价值，很容易被现实的经济状况所稀释。至于中间人从中收取的费用，从法律的角度看，并没有多大的意义，毕竟刑法是为了保护法益，而不是为了打击获利行为。再比如，在孙杨案中，仲裁庭对毁坏玻璃容器和撕毁《兴奋剂检查表》的行为表示不解，因为他们认为这样做是不值得的，原因是这种行为的法律风险太大。然而，这显然忽视了作为一般公民，一旦抓到对方的把柄，极易实施一些夸张行为的倾向。正是由于平行评价存在上述障碍，学界提出了以下的救济路径：

其一，借助法律技术语言中的模拟维度，通过将法律翻译成为日常用语的方式，进行平行评价，进而认定故意的存在。语言通常由理性维度和意图维度组成。理性维度要求语言根据统一的规则，无异议地记述事实，即强调语言的准确性、明确性和可复制性，其典型的代表是人工语言或者数字语言。① 从“权力控”的角度看，若法律技术语言由纯粹理性维度组成似乎更佳，这样不仅明确、具体，而且，还可以提高法律的可预测性，防止公权力的滥用。不过，会造成法律技术语言很难与日常用语连接，使法律变成了机器，无法适应社会的发展变化。而以模拟语言为典型的意图维度与理性维度不同，其通常强调语言的灵活性和现实性。一般来说，意图维度越多，法律越容易与日常用语连接。因为日常用语解释的根据为现实生活经验或者社会生活共同体的需要，所以，意图维度与日常用语连接，可以使法律及时汲取生活的养分，从而获得生命力。但是，这种成分不能太多，因为这会导致法律的边界模糊不清，直接影响法律可预测性，所以意图维度应受到限制。

所谓的连接，其实就是将法律技术语言翻译成日常用语，这样，法官就可以结合外行人对行为的理解，判断行为是否符合法律禁止的语义，即进行平行评价。② 比如，行为人可能不知道“淫秽物品”的含义，但法官可以借助“淫秽”的意图维度，将其翻译成“黄色的”“少儿不宜的”等语言。如

---

① Kaufmann A, Die Parallelwertung in der Laiensphäre: Ein sprachphilosophischer Beitrag zur allgemeinen Verbrechenslehre, 1982, S. 2 – 41 ff.

② See Gunther Arzt, *The Problem of Mistake of Law*, BYU L. Rev., Vol. 1986: 3, p. 711 – 732 (1986).

果外行人认为行为人出售的属于这种物品，就可以认定被告人实施了"贩卖淫秽物品"的故意行为。这样，即使被告人不与法官交流，也不影响对故意的认定。然而，这种救济措施的作用非常有限，一则，如果这两个世界距离太远，由于根本没有日常用语与之对应，法律技术语言则无法翻译成为日常用语；二则，即使两个世界的距离不是很远，如果由职业法官单独进行审判，则意味着其既充当外行人角色对行为进行评价，也进行专业评价，即同时扮演两个角色，由此很容易出现角色混乱，限制该救济措施的适用。

其二，加强普法教育，打破消除两个世界的隔音墙。现实世界与规范世界的分离，导致一般人很难了解规范世界的各种要求，因此，为了使法律能得到广泛而有效的实施，当局或者国家通常有普法的义务。即通过媒体、学校、专业培训等的普法宣传，帮助人们了解法律，降低这种隔音墙的隔音效果，提高法律的普遍约束力。比如，出于噪声控制目的而禁止鸣笛或者限制车速的，须在明显处设置提醒标志，才能将司机制造噪声的行为定性为违法行为或者违规行为。即使司机可能没有看到这种标志，通常也不影响这种判断。如果当局未履行或者未充分履行告知义务，行为人的鸣笛行为，很难被评价或者翻译为违规，即故意。再比如，在体育领域内，"娱乐运动员"实施了兴奋剂违规行为，比如触犯了 WADC 第 2.1 ~ 2.3 条或第 2.6 条的规定，WADC 允许从轻处罚，原因就是"娱乐运动员"通常没有接受高水平反兴奋剂培训，即普法义务的履行情况会直接影响法律的效力。①

其三，设置外行人法官制度，由其与职业法官共同审理案件。在普通法中，职业评价与外行人评价通常由法官与陪审团分别完成，而在大陆法系国家，比如德国、瑞士等，这则是由职业法官独立完成，这样做的主要理由有：一则，既然法规范保护目的通常都是正当的，或者说反映的是社会生活共同体存在的必要条件，而法官既是法律从业者，也是一般公民，因此，他们完全有能力理解行为人，故其可以替代外行人作出评价；二则，行为人行为蕴含的反社会或者反伦理意识，也能帮助法官对违法行为背后的心理原因进行价值分析，毕竟"他们的内心约束是相同的"，法官可以以自己的社会良知为支点，对行为的主观原因进行价值判断（而非事实认定）。总之，由于职业法官既有一定的法律知识，也有相应的日常生活经验，故其有能力协调行为人的日常用语与法律技术语言之间的关系。然而，事实并非如此，法官往往基于法律只对行为作一个统一的判断，特别是，法官极易因

---

① See Rigozzi A., Haas U. et al., *Breaking Down the Process for Determining a Basic Sanction under the* 2015 *World Anti-Doping Code*, Int. Sports Law J., Vol. 15, p. 3, 14(2015).

强调法律的普适性而忽视外行人的认知水平,对行为人提出过高要求。由于社会基础规范没有发挥作用的机会,所以,目前规范世界存在扭曲现实世界的巨大风险,这也是德国学界有人呼吁设立外行法官与职业法官平行审判制度的主要原因。

当存在外行法官或者业余法官时,外行法官可以起到协调外行人与职业法官关系的作用。这样,一方面外行法官充当职业法官与被告人之间的翻译人,帮助职业法官理解行为;另一方面,职业法官帮助外行法官理解法律,借此平衡两个层面上的评价。在体育领域内,为了解决仲裁庭与外行人(运动员)评价的差别,提高对运动员的程序保护,学界也早就提出了设置运动员仲裁员的建议,即在仲裁庭的成员组成中,存在运动员仲裁员,由他们代表作为外行人的运动员对行为作出评价,否则,仲裁庭很容易因强调法律而忽视运动员的现实情况。①

总之,社会基础规范会以注意义务的方式要求行为人遵守,行为人严重违反这种义务的,将评价为故意;行为人违反这种义务较轻的,将评价为过失。也就是说,故意的判断通常并不是建立在法律规定的基础之上,当然这并不意味着故意不受法律约束。

(三)法律对故意概念的限制:从定性到拟制

基于司法三段论,规范世界以命题的形式描绘了很多的违规图像,当社会基础规范对特定行为事实评价后形成的图像,与事前既定的违法图像相同或者相似时,即认为小命题与大命题相符,由此得出行为人违法的结论。也就是说,尽管《德国刑法典》第16条、第17条规定,不可避免的法律错误阻却责任而不阻却故意,但是,由于违法的认定是"按图索骥"的结果,法规范当然对故意有一定的限制作用,主要表现有:

首先,故意的存在与否受制于法律。传统的观点认为,故意不包含法律的要素,这种思想最早可以追溯至亚里士多德。他指出,法律要获得普适性,必须事前假定"人人都知法",否则会得出法律只约束法律专家的荒唐结论。这种思想后来得到以西塞罗为代表的罗马法学家的认可,并提出了"公民、奴隶,甚至新来居民,心中都装着自然法"的主张。行为人宣称自己不知法本身就违法,因为这会动摇帝国的正当性(罗马帝国宣称自己建立在自然法基础之上),且不知法本身表明行为人蔑视社会的基本准则,故这还构成承担责任的根据。在中世纪之前,社会关系比较简单,这种假

① 参见杨春然、王学栋:《论反兴奋剂国际体育仲裁中的运动员程序保护》,载《北京体育大学学报》2018年第11期。

设问题不是很大，但工业革命后，科学技术与经济的发展使得社会分工越来越复杂，尤其是商业、财政、环境、税收、卫生、运输、体育和建筑等方面的立法，基本上都需要刑法支持。这些立法专业化程度很高，很难说这些规定“都写在人们心上”，而且，人们通常也没有精力或者条件了解这种法律，因此，行为人在不知法的情况下，实施了违法行为，很难被评价为故意。正是出于这种原因，德国首先在 1917 年的《战争经济法》中正式承认了“法律本身是犯罪的构成要件要素”，随后 1919 年的《帝国税法》以及大量的法律沿袭了这种做法。这意味着故意指向的并非全都是事实，还可能包含法律。

事实上，对于传统的立法，如果行为本身没有法律意义，即使其出于卑劣的恶意，法律也不承认所谓的故意。最典型的例证便是刑法上的迷信犯，如行为人意图通过针扎小纸人的方式，杀死仇人。固然其杀人的“恶意”已经被物化为具体的举动，但由于这种行为不能被评价为“杀人”，故其“恶意”也不能被评价为法律上的故意。同理，足球运动员为了获得不公平的竞争优势而到高海拔的地区进行训练，游泳运动员使用“特制的流线型的泳衣”，短跑运动员使用特制的跑步鞋，等等。由于目前《禁用清单》未将其列为“禁用方法”，所以，对这些不公平竞争的行为，即使行为人误认为是禁止的，也不能将其评价为 WADC 层面上的故意。

其次，法律可以直接改变故意的性质，即拟制故意。法律在给前规范的“意向”打上“故意”的标签时，通常尊重这种“意向”的含义，但是，这并不妨碍法律存在变更它的可能。比如，行为人在“抢夺”时未向被害人展示其随身携带的“凶器”，从社会和行为人的角度看，行为人仅有“抢夺故意”。但由于法律已将其拟制为“抢劫行为”，故这种“抢夺”的意向会被评价为“抢劫故意”，而非“抢夺故意”。也就是说，故意的内容或者主观归因受制于法律对行为的具体评价，即当法律为特定的行为贴上某种犯罪的标签时，就认为行为人存在该种故意，而不是先认定故意，再认定犯罪。

对故意和过失的认定，其实是法官或者仲裁员根据环境，赋予特定行为某种社会意义的过程。这种过程完全不同于科学实验，其更像是在评价一本书或者一件艺术作品。① 由此得出的结论往往蕴含着“常识”，或是“文明社会的需要”，即其通常包含丰富的价值判断内容，而非纯粹的事实

① See George P. Fletcher, *The Grammar of Criminal Law: American, Comparative and International*, Oxford University Press, 2007, p. 226 – 227.

判断,这种结论是特定行为在特定的结果和环境中所拥有的社会意义。① 所以,故意与过失的认定,不是"证明"的结果,而是规范判断的结论,其核心旨在表达不同程度的过错。② 因此,法律上的故意可能(但非必须)与其所关注的行为前规范的含义重叠,因为故意通常并不要求被告知道其行为的法律性质,只要求被告意识到其行为特定的社会意义即可。用弗兰兹和李斯特的话说,行为人具有危害社会的意识,就有可能被评价为故意。③ 这就是说,虽然故意寄生在行为(包括不作为)上,但其还会受到法律的制约,尤其体现在行为人对法律产生认识错误的场合。比如,运动员误认为其行为触犯了 WADC 第 2.10 条,实际上触犯了第 2.9 条,那么,行为人仅有违反"禁止合作"的故意,而没有"共谋"的故意,根据就是"罪刑"是"法"定的,而不是行为人自己定的。

最后,出于捍卫法律的权威性与保持法律生命力的需要,法律也会限制故意的概念。基于由概念或者规则构成的法律所进行的判决,目前并没有一个外部或"更高层次"的标准,来证明其正当性。所以,法官在判决时总有一种"良心不安"的感觉,而这往往通过坚守过去的做法(以往的判例)和法律公开的标准进行缓解,因为这不仅符合司法保守主义的趣旨,而且,还迎合了责任主义原则的要求:既然行为人在行为前知道或者应当知道其行为的性质及后果,而行为人仍然决意实施这种行为,则表明其自愿承担这种处罚的风险,故对其进行处罚是正当的。也正是基于上述原因,故意在连接现实世界与规范世界时,不仅应当遵守责任主义原则,更要受制于罪刑法定原则。于是,故意的认定就不再是纯粹的证明问题,而是含有法解释的成分,这就是规范主义。

总之,为了使法律获得与时俱进的生命力,记述违法行为的法律技术语言需要有一定的意图维度,即法律技术语言除了要具备一些刚性的内容,还须有模糊性的规定,从而使法律具有展望未来的能力。即对一些与原设想略有出入的行为,在不修改法律的情况下,仍可以进行规制。法律将这类行为纳入其管辖的范围之内,在形式上借助的是法律的意图维度,实际上是通过故意的概念实现的,即将这种事实翻译成为该法律所规制的

① See H. L. A. Hart, *Negligence, Mens Rea and Criminal Responsibility, in Punishment and Responsibility*, The University of Toronto Law Journal, Vol. 19, p. 642 – 653 (1969).

② See Klaus Vieweg, *The Definition of Doping and the Proof of a Doping Offense (An Anti-Doping Rule Violation) under Special Consideration of the German Legal Position*, Marquette Sports Law Review, Vol. 15, p. 37 – 48 (2004).

③ Vgl. v. Liszt-Schmidt, Lehrbuch des deutschen Strafrechts, Bd. 1, Allg. T, 26. Aufl. 1932, S. 259 ff.

行为。这样,既捍卫了法律的自治性和权威性,也捍卫了法治原则。所以,故意的概念成了调节事实与法律之间关系的润滑剂,即故意的概念不仅构成处罚的道德基础,而且还有沟通现实世界与规范世界关系的作用。当然,这要求法律记述的世界与现实生活距离不能太远。不过,需要指出的是,当通过故意的概念协调这两个世界的冲突时,极易出现“事实”与“法”相互纠缠,或者自我援引、循环解释的现象。然而,由于目前找不到一个“更高的位置”重构故意的概念,为了使其能适用于不同的案件,只能通过外行人平行评价机制处理这个问题。

二、行为性质认定的标准

由于法律是为外行人制定的,法官不顾外行人的认识而对行为赋义,在一定程度上其与违法裁判的后果一样,有损法律的公信力。因此,法官的裁判既要遵守法律,也要尊重一般人(外行人)的看法,只有这样,才能确保法律的权威性和立法目的得到实现。

(一)社会基础规范障碍

对于孙杨是否有篡改兴奋剂管理过程的故意,至少要经受住外行人评价与法律评价两个标准的考验。不过,如前所述,不同于客观不法,外行人评价坚持个别化的政策,因此行为时的环境和行为人的叙事身份构成故意评价不可或缺的因素。故评价的材料并不局限于兴奋剂检查表上所记载的事实。从外行人的角度看,将孙杨的行为视为故意违规,存在着以下的障碍:

首先,从社会基础规范的角度看,由于检查工作具有统一性,在尿检未完成的情况下,可以认为整个检查没有结束。即孙杨索要的血样尚未进入兴奋剂管制过程,主要理由有:其一,血检官与尿检官使用的是同一个授权函(主检官向孙杨提供的、由国际泳联向国际兴奋剂检查管理公司出具的委托书),他们获得检查权的凭证是统一的,或者说,两者采集样本的权利根据在形式上并不能分开;其二,他们在一个主检官带领下,一同来到运动员的住处进行检查,只是内部分工不同而已;其三,他们在整体上是作为一次飞行药检而存在,并非两次。比如,根据2021版WADC第2.4条的规定,如果这次药检不成功,只能作为一次失败。其实,WADA也将尿检与血检作为一个整体看待,因为其实际上的仲裁诉求有两个:基于第2.5条,禁赛8年;基于第2.3条,禁赛4年。如果这是两个不相关的兴奋剂检查行为,则意味着孙杨至少涉嫌两个违规,即未完成样本采集或者拒检(尿样)以及篡改兴奋剂管理过程(血样),那么WADA应当有禁赛12年甚至

16 年的诉求。[1] 事实上,WADA 并没有提出这样的请求,这说明其也认为这是一次兴奋剂检查,而不是两次。

这样,如果血检与尿检是一起作为整个检查而存在的,那么,在尿检程序未完成前,可以认为这次检查尚未完结。于是,从运动员身体上采集的血样,只能是临时地保存在样本采集组手里。再加上,该血样一直没有离开运动员的视线,仍在其家中,故孙杨索要血样的行为与在实验室或者运输阶段将样本拿走的性质是不同的。因此,将孙杨的行为翻译为篡改兴奋剂管理过程,是不妥的。

其次,当孙杨对检查官的身份产生怀疑时,索还血样可能成了其救济自己权利的主要方法。如果让“检查官”带走,当“检查官”的身份确有问题时,产生的损失很可能无法挽回。仲裁庭认为,即使证明文件存在一定程度的瑕疵,也不能构成运动员阻止检查官带走血样的充分理由,其应当允许主检官携带样本离开,然后以异议的方式向反兴奋剂组织投诉。如果这种观点成立,那么,这意味着冒充反兴奋剂组织的人采集血样,运动员也应当配合,这显然是荒唐的!因为在这种情况下,提出异议的方式根本不能消除或者减少自己生物信息被泄露的风险。固然,如果运动员产生认识错误,这的确存在很大的法律风险,但这并不能否定运动员有怀疑的权利,关键在于运动员的认识或者怀疑是否有根据。当运动员有充分理由怀疑检查官的身份而拒绝检查时,当然应当阻却违规;当运动员理由不充分时,有可能构成过失;如果运动员没有任何根据,才有可能被评价为故意。仲裁庭的上述主张显然否定了运动员的上述质疑权。

最后,仲裁庭认为,尿检官失去检查资格实质上源于其不当行为。但孙杨认为,这源于其证明文件的“不充分性”,并且孙杨也正是基于这种“理由”而索要血样的。因此,如果要谴责孙杨的话,只能是谴责其没有划清尿检与血检的边界。然而,孙杨是外行人而非法律专家,尽管其受过一定的相关培训,但法律不能强制其清楚尿检与血检的不同,也不能要求其知道强制性规范(例如 ISTI)与倡导性规范,例如《样本采集指南》的区别。作为外行人,看到对方实施了不当行为,很容易夸大自己的权利范围。在这种情况下,法律通常是给予原谅的,比如,《瑞士联邦刑法典》第 33 条第 2 款规定,基于惶惑、恐惧等进行的防卫过当,免除责任。也就是说,虽然防卫过当本身是违法的,但是,由于这种错误行使权利的行为源于被害人的惶惑、恐惧,所以,对这种违法行为应当给予宽恕或者原谅。同理,在孙

---

① 参见孙杨仲裁书第 128 段,第 8 部分与第 9 部分。

杨案中，尿检官的不当行为是造成这次检查失败的直接原因，否则，孙杨也不会重新检查血检官的身份并将血样要回。因此，如果孙杨的行为构成违法，这也是尿检官冒犯的结果。而且，由于主检官对尿检官有监督、管理以及培训的义务，因此，其对尿检官的不当行为也有一定责任。

总之，运动员依据《样本采集指南》的规定，认为血检官与尿检官一样，未提供适当的身份证明，其将血样要回与不接受尿检的法律性质完全相同。尽管这种认识有可能是错误的，但是，运动员最初按照通知接受检查，并在兴奋剂检查表上签字，表明其并非不尊重反兴奋剂工作。而且，从事故发生一直到仲裁庭开庭期间，孙杨都认为自己没有做错，这也间接表明其缺乏"违法性认识"。因此，如果孙杨的行为构成违规，最多评价为其具有过失。

（二）职业评价的意义

除外行人根据社会基础规范进行的外行评价外，还需要法官或者仲裁员根据法律进行职业评价。基于仲裁庭认定的事实，孙杨的行为构成故意违规，至少存在以下的法律障碍难以突破：

首先，孙杨没有欺诈的意图。根据 2015 版 WADC 第 10.2.3 条的规定，故意含有"欺诈"的成分，或者说，为了作弊而违规，才能被评价为故意。WADC 之所以对故意进行这样的限制，主要目的是协调故意型违规处罚之严厉性与比例原则之间的关系。[①] 正如 CAS 在 A. C. v. FINA 案中所言，运动员体内发现禁用物质，即使其不能说明该物质是如何进入其身体的，也不能单纯地因为他违反了规则而给他贴上一个"骗子"的标签，将其行为作为故意型违规处罚。[②] 2021 版 WADC 虽然删除了这一规定，但是，2015 版 WADC 有这种限制，即"欺诈"构成故意概念的必要要素之一。也就是说，从法律的角度看，孙杨即使构成违规，如果其能证明"篡改兴奋剂管理过程"的行为不存在"欺诈"，也不能将其评价为故意型的违规。CAS 在 2016 年的维拉纽瓦案中指出，运动员即使不能证明自己体内的禁用物质的来源，也可以通过自己的行为、品行和自己的历史否定故意。[③] 在孙杨案中，一则，在这次飞行药检前后，即在 2018 年 8 月 15 日、19 日、20 日、21 日、24 日，9 月 28 日以至光州锦标赛期间，均未从孙杨身上查出禁用物质。二则，国际泳联未因这次违规而对该运动员进行停赛处罚，

---

① 参见杨春然：《论兴奋剂处罚的归责原则与 WADC 目的的冲突及协调》，载《武汉体育学院学报》2017 年第 3 期。

② See A. C. v. Fédération Internationale de Natation Amateur (FINA), CAS 96/149.

③ See Fiol Villanueva v. FINA, CAS 2016/A/4534.

仲裁庭也未剥夺孙杨在光州赛场上获得的所有奖牌。这些事实足以表明国际泳联以及仲裁庭都认为,孙杨当时要求主检官返还血样,并非担心血样中有禁用物质,或者通过这种方式进行“欺诈”或“作弊”。三则,仲裁书反复提到孙杨行为的非理性,由此也表明仲裁庭认为,孙杨当时并没有意识到其行为存在违规的可能,也就是说,即使根据 2021 版 WADC,孙杨的行为也不构成故意违规。

其次,CAS 在判例中指出,除非有“正当的理由”,在身体、卫生和伦理允许的情况下,运动员应当尽可能提供样本。① 这意味着,即使运动员实施了 WADC 第 2 条规定的禁止的行为,当存在“正当理由”时,也可以阻却违规。这里的“正当理由”是一种客观存在,也就是说,如果这种“正当理由”不存在,即使运动员的行为出于“善意”,即误认为存在这样的理由,也不能阻却违规。② “善意”虽然不会影响违规判断,但是其却能影响责任的判断,且 WADC 对违规和责任采用了区分的立场。比如,《瑞士联邦刑法典》第 33 条规定的防卫过当,不阻却违法,只阻却责任,就是实例。再比如,在威廉案中,仲裁庭认为,该运动员的行为构成拒检型的违规(属于故意违规),但由于其患有多种疾病,如焦虑症、抑郁症,特别是打针恐惧症。而且,在上述病症发作时,其意志无法控制身体,故其拒绝提供样本源于本能或者一时的冲动,并非有“作弊”或者“欺诈”的目的。因此,该运动员不符合 WADC 第 10.2.3 条规定的故意,即这种行为应当被认定为无重大过失,故可以减轻处罚。也就是说,“善意”虽然不阻却违规,却有可能阻却责任。

孙杨拒绝配合检查至少构成“正当化理由”认识错误,属于“允许的构成要件错误”,而非“允许的错误”。主要理由有:仲裁庭指出,“如果通知或者兴奋剂管制程序出现严重缺陷,要求运动员听从检查或者继续进行样本采集,是不适当的;如果可以使样本采集程序在整体上无效,则运动员的行为不应当被视为篡改兴奋剂管理过程或者未遵守样本收集程序”。易言之,仲裁庭认为,如果孙杨的认识是正确的,其拒绝检查就成了正常行使权利的行为。或者说,如果血检官没有相应的资质,就没有权利采集血样,孙杨收回血样是正当的。这种观点是有道理的。但是,仲裁庭还认为,这种错误与英国反兴奋剂仲裁庭第 SR/NADP/782/2017 号案中的运动员出现的错误相似,或者说两者“没有根本不同”,这是有问题的。在英国上述案

---

① See CAS 2005/A/925.

② See CAS 2013/A/3279.

例中,运动员误认为退休就可以撤回已经提供的尿样,即使这种认识是正确的,也明显违反 WADC 第 5.6 条的规定。但孙杨的认识如果正确,则会使行为完全变成合规的行为。因此,仲裁庭认为两者相同,与事实不符,混淆了“允许的错误”与“允许的构成要件错误”,忽略了两者之间的不同。因为“允许的错误”为法律错误,通常不影响故意的判断,但是,“允许的构成要件错误”类似于“假想的防卫”或者“假想的紧急避险”,是可以阻却“责任层面的故意”(故意的规范要素),从而否定故意的存在。如前所述,当责任的故意不成立时,则会反过来影响构成要件中故意的成立,进而影响行为性质的认定,或者影响规制行为的法条选择。

最后,孙杨认为自己说服了主检官,让其自愿返还刚刚采集的血样,并未强迫主检官。仲裁庭通过援引先前判例的逻辑,否定这种主张的合理性。然而,不管在特罗基(Trocki)案中,还是在威廉兄弟(William Brothers)案中,①运动员要么以身体不适为由,要么以打针恐惧症为由,拒绝提供样本。在上述案件中,采集组都没有任何的过错,是运动员单方面地认为检查官同意自己不进行血检的主张。孙杨案与这些案件明显不同,样本采集组的成员“犯错”在先,导致运动员认为其行为是自己在行使权利。或者说,是主检官认可了自己的权利诉求,并不是对自己的同情或者怜悯,两者存在明显的不同。正是基于这个原因,孙杨认为主检官自动交还了血样,而非自己强制其归还血样。总之,不管从外行人的角度看,还是从法官的角度看,认定孙杨故意违规既有事实障碍,也有法律障碍。

需要指出的是,样本采集组根据行踪规则,于 2018 年 9 月 4 日晚到运动员的住所进行事前无通知的样本采集,这本身就有侵犯运动员的休息权和隐私权的嫌疑。2009 版 WADC 制定行踪规则后,欧盟曾发布两个法律评估报告,公开指出飞行药检制度违反了《欧洲人权公约》第 8 条的规定,构成对运动员休息权、隐私权和个人数据权的侵犯。② 不仅如此,由于该制度实行“有罪推定”,其之实施还在一定程度上剥夺了运动员“免于恐惧的自由”,触犯了《公民权利和政治权利国际公约》。虽然这两个公约对我国没有效力,但是,由于我国运动员与欧盟运动员在同一个赛场上竞争,根据平等原则,应和他们享有相同的权利。因此,行踪规则的实施当然也侵犯了我国运动员的人权,只不过基于比例原则,其才获得正当性。所以,飞

① See Arbitration CAS 2016/A/4631 William Brothers v. Fédération Internationale de Natation (FINA), award of 21 March 2017.

② 参见杨春然、张梅:《世界反兴奋剂机构的行踪规则与法律的冲突及限制》,载《成都体育学院学报》2018 年第 1 期。

行药检制度的实施应当受到严格的程序限制，而CAS对孙杨案的裁决显然忽视了这一点。

通过以上论述可以看出，即使孙杨的认识是错误的，但也是合理的，并非无端猜测的结果。如果这种行为构成违规，这很可能触犯WADC第2.4条的规定，而不是第2.5条，构成“违反行踪信息管理规定”型的违规。

首先，孙杨的行为不构成“篡改兴奋剂管理过程”型的违规，主要理由有：一则，如前所述，从外行人的角度看，这次检查失败发生在赛外检查时，而且这些血样刚从运动员的身上提取，并非处在运输或者分析过程中，因此，孙杨索回血样的行为很难翻译成为“篡改兴奋剂管理过程”；二则，根据WADC的官方解释，篡改型的违规以故意为要件，如上所述，孙杨的行为最多评价为过失，因此，这不符合WADC第2.5条的规定；三则，在主观层面上，孙杨要回血样与拒绝尿检性质相同，毕竟二者发生在同一次兴奋剂检查中，既然后者是正当的，即使前者构成违规，也应当认为其触犯了WADC第2.3条或者第2.4条而不是第2.5条的规定。因为基于《瑞士联邦刑法典》第19条第1款和《德国刑法典》第16条第2款的规定，行为人误认为行为符合较轻法定构成要件的，只能按照处罚较轻的规定处罚。根据WADC第10.3.1条，第2.5条比第2.3条与第2.4条规定的处罚较重，故行为不构成第2.5条规定的违规。

其次，孙杨的行为其实也不构成“未完成样本采集”型的违规。一则，在维克托·特洛伊基（Viktor Troicki）案中，运动员接到反兴奋剂组织的检查通知时，以自己身体不适、患有打针恐惧症为由，只提供尿样而不提供血样，国际网联认为这构成拒绝样本检查，对运动员禁赛18个月。① CAS认为，虽然这构成拒绝提供样本的行为，但由于不能认定运动员使用了兴奋剂，对该事件的发生应当评价为过失，将禁赛期减至12个月。在维克托·特洛伊基案中，检查官没有出现任何过错，CAS给运动员科处12个月的禁赛期。如果认定孙杨的行为构成“未完成样本采集”型的违规，其基准罚不低于12个月，这不仅违反平等原则，而且有悖于比例原则。因为以此处罚孙杨，并没有反映出尿检官在这一过程中的不当行为。二则，作为外行人的孙杨，认为这次检查失败是由通知程序瑕疵造成的，并非由适格的检查官进行的检查，即其面对的不是反兴奋剂组织。因此，不应当将其翻译成“未完成样本采集”型的违规。三则，孙杨即使受过专门的反兴奋剂方

---

① See Arbitration CAS 2013/A/3279 Viktor Troicki v. International Tennis Federation (ITF), award of 5 November 2013; CAS 2016/A/4631 William Brothers v. Federation Internationale de Natation (FINA).

面的培训,也不能要求其全面系统地理解反兴奋剂规则。因为作为外行人的运动员,对法律的理解通常有断章取义的特点,要求其将《样本采集指南》序言、WADC以及其他的相关规定结合在一起综合运用,是不现实的。也就是说,运动员看到《样本采集指南》对通知程序的要求,很容易结合朴素的权利观,相信其有法律约束力。

最后,从外行人的角度看,如检查官原本计划在某地进行样本采集,但由于运动员醉酒不识路等导致检查失败,与孙杨事件的性质一样,应评价为错过检查。这种处理不仅符合比例原则,还迎合了仲裁书中的另外一个结论:在这次检查前后以及光州锦标赛前,孙杨身上均没有发现禁用物质。因此,仲裁庭才没有剥夺孙杨在此期间所获的奖牌,即孙杨的成绩并非不公平竞争的结果。根据2021版WADC第2.4条处理孙杨,不仅能避免情与法的冲突,也能对抗第三人的权利主张。也就是说,包括这次事件在内,如果孙杨在12个月内连续出现三次检查失败,就构成一次违规,即他可能面对4年的禁赛处罚。

瑞士联邦法院在早先的判例中指出,纪律处罚不受刑事法原则的限制。① 然而,2015版WADC援引了刑法上的故意和过失的概念,在孙杨案的第二个裁决中,仲裁庭甚至指出运动员未就犯罪意图(mens rea)为自己辩护。在这种背景下,瑞士联邦法院的上述观点是否还成立,就成了疑问。由于WADC采用违规与责任区分的立场,这样,故意违规行为不仅在客观上触犯WADC的规范,而且在主观上还触犯社会基础规范,即在外行人领域内也应当评价为故意违规。只有这样才能发挥故意对法律与事实的协调作用,避免"情与法不统一"。CAS对孙杨案的第二次裁决,与第一次裁决一样,显然忽视了这一点。特别是,第二次裁决认定孙杨构成鲁莽型违规,明显有不尊重WADC的嫌疑。从外行人平行评价的角度看,孙杨的行为触犯了WADC第2.3条或者第2.4条,并没有触犯第2.5条。当然,两个仲裁裁决之所以没有专门讨论故意与过失,与当事人未专门提及这个问题有关,毕竟不同于法院审判,仲裁庭的权利更受制于当事人间的协议与仲裁诉求。

除使用兴奋剂的行为之外,其他类型的违规都需要借助故意或者过失的概念进行认定,也就是说,只有行为人对特定的行为之性质应知时,才能认定行为人存在相应的故意。比如,最近在上海发生的某居民对在公共绿

---

① See Swiss Federal Judgement of 11 June 2001, Abel Xavier v. UEFA, consid. 2 d, reproduced in Bull. ASA, 2001, p. 566.

地种植的一棵价值较高的香樟树,结合该树的特点进行修剪,结果被当地主管部门认定为滥伐林木,对其科处高额的罚款。很多人表示不解。我们认为,主管部门的处理不当,即其将法律判断等同于外行人的判断,或者说主管部门要求所有公民都知道这样的立法,这显然是不现实的。除非该主管部门曾经向该居民或者所在社区进行了普法或者进行了相应的法律宣传,否则,这种行为最多评价为“过失”滥伐林木,而无法评价为法律层面上的“滥伐林木”(要求故意)的行为。

第四章　阻却违规事由

根据当前的反兴奋剂制度，一旦发现运动员体内存在禁用物质，或者其他人实施了 WADC 第 2 条规定的行为，通常就推定运动员或者其他人存在兴奋剂违规行为。当然也存在例外情况，即运动员或者其他人有正当的理由，则可以阻却行为的违规性。① 从 CAS 的仲裁实践来看，存在多种阻却违规事由。比如，对于飞行药检，当运动员具有卫生、健康以及伦理上的理由时，可以拒绝检查官的检查。这种行为虽然在形式上触犯了 WADC 第 2.3 条的规定，但是，却不构成拒检、逃避检查或者未提供样本型的违规。另外，在孙杨案中，CAS 的两个裁决都认为，如果检查官实施的行为侵犯了运动员的权利，运动员也有拒绝检查的权利。然而，上述正当化事由主要以惯例的形式存在，并没有具体的"法律形式"。从规范的角度看，WADC 规定的法定阻却违规事由只有两个，即治疗用药豁免制度，或者发现运动员体内的禁用物质是内源性的，而不是外部使用的结果。根据前者，如果运动员在事前申请了治疗用药豁免，且获得批准的情况下，即使体内发现了其申请的禁用物质，运动员也不构成兴奋剂违规。本章着重探讨这种制度的内容以及在现实中存在的问题。

第一节　概　　述

WADA 制定的《禁用清单》上的很多禁用物质和方法都属于药品或者医疗的范畴，这些物质和方法的产生和发展旨在治疗疾病，不具有违法性。然而，这些物质在体育领域被禁止使用，主要是为了防止滥用，以维护运动员的健康和体育诚信。因此，如果运动员出于治疗伤病之目的而使用这些物质或方法的，不应迫使其放弃体育运动或者进行其他的处罚，这正是 WADC 设置治疗用药豁免制度的初衷。不过，由于这种制度设置具有强烈目的性，导致该规范所记述的事实难以完全客观化，使用药豁免制度极易被滥用。在俄罗斯兴奋剂丑闻的处理过程中，曾经发生"奇异熊"黑客

---

① See J. Soek, *The Strict Liability Principle and the Human Rights of Athletes in Doping Cases*, T. M. C. Asser Press, 2006, p. 237 – 284.

事件，导致 WADA 的数据库被公开披露，以小威廉姆斯为代表的很多著名运动员的申请治疗用药豁免的材料被曝光，使国际社会开始重新审视当前的治疗用药豁免制度。事实上，2021 版 WADC 与 2015 版 WADC 目前仍未能解决这些缺陷。

WADC 的有效实施离不开附件的支持。治疗用药豁免制度也不例外，其实施不仅依赖于《禁用清单》，还依赖于《治疗用药豁免国际标准》（International Standard for Therapeutic Use Exemptions，ISTUE）。

WADA 制定的《禁用清单》是一个动态的文件，其中规定的禁用物质或者禁用方法每年都会更新。当世界反兴奋剂机构发现某种物质被运动员使用，并且符合以下三个标准中的两个，即将其列入《禁用清单》之中：

第一，具有明显提高比赛成绩的能力；

第二，存在现实的或者潜在的健康风险；

第三，使用这种物质或者方法有悖于世界反兴奋剂机构所倡导的体育精神。

由此可见，并非所有的禁用物质，都有提高比赛成绩的能力或者存在害于健康的风险。以大麻为例，尽管其不会提高比赛成绩，但有害于健康，且违反体育精神，因此被列为禁用物质。有的禁用物质则是由于其具有提高比赛成绩的功效，且可能对人身健康产生危害而被禁止使用。因此，治疗用药许可具有正当性的根据是，运动员使用被禁物质是为了恢复健康，而不是为了提高比赛成绩。为获得此种许可，运动员通常需要证明：其一，其患有相应疾病，若不予治疗将有害健康；其二，该禁用物质对治疗该病症具有必要性；其三，使用这种物质主要是为了恢复健康；其四，使用该物质不会提高比赛成绩或者获得不公平的竞争优势。然而，与这种合法的目的不同，当病症的危害被夸大时，或者该病症尚未被确诊时，可能会得出使用这种禁用物质会极大提高比赛成绩，而不是单纯地恢复健康的结论。

由于禁用物质绝大多数都是药品，其研发初衷是治病救人。运动员同属人类，也面临生病或者受伤的可能。事实上，由于长期紧张的训练和比赛，大多数运动员通常饱受慢性伤病的困扰。一旦某种药品被列入《禁用清单》之中，运动员即刻失去了使用这些药品治疗伤病的权利。或者说，这就变相地压缩了运动员行使一般公民权的范围，而治疗用药豁免制度的设立恰恰就是为了解决这个问题。

阻却兴奋剂违规通常指在体育竞技中，运动员或参与者虽然使用了禁用的兴奋剂，但因为存在特定的理由，因而不构成兴奋剂违规。根据当前的判例，阻却兴奋剂违规的原因主要包括以下几种情况：

第一,治疗用药豁免许可权:在一些情况下,运动员可能因为身体健康问题需要使用某些药物进行治疗,而这些药物中可能包含被列为禁用物质的成分。为了避免对运动员的不公平处罚,国际体育组织才公开承认了治疗用药豁免许可权。如果运动员申请治疗用药豁免并获得批准,就可以合法地使用禁用物质来治疗疾病,而不被视为违规。

第二,内源性的禁用物质:有些兴奋剂物质可能是由人体自身产生的,而不是通过外部补充获得的。这些内源性的禁用物质可能是由于个体体质或其他原因导致的异常情况,并非有意违规。国际体育组织在反兴奋剂规定中会考虑这些情况,并可能给予特殊处理。

第二节　治疗用药豁免制度

一、概述

反兴奋剂治理机制先后经历了多元化和二元化两个阶段。实际上,治疗用药豁免制度,也同样经历了这样两个阶段,即目前的治疗用药豁免实行的是二元化的制度。在早期的多元化治理机制框架下,反兴奋剂工作通常被定性为仅具有象征意义。① 由于在处罚、检查制度、《禁用清单》的内容等方面,不同的国家以及体育联合会,规定极不统一,特别是,只有少数机构或者国家存在治疗用药豁免方面的规定。② 这就给该制度的实施,带来了很大的麻烦,因为有的运动员在一个国家获得了用药许可证,但是,检查却发生在另外一个国家。由于不同国家适用不同的规则,有可能导致这些运动员受到兴奋剂违规的指控,从而被排除在比赛之外,这使得治疗用药豁免制度在一定程度上被虚置。

1999 年世界反兴奋剂机构成立后,通过《世界反兴奋剂条例》基本上统一了这种制度,消除了"立法"上的多元化现象,即各个成员和各国际单项体育联合会统一适用《治疗用药豁免国际标准》。该标准产生于 2005 年,后续进行了修改,并由《治疗用药豁免医学指南》辅助其实施。该指南具体规定了各种治疗的条件,其构成治疗用药豁免委员会判断的根据,这也进一步促使该制度日趋标准化、规范化和统一化。然而,这个指南并不具有强制性,仅仅是作为建议性的惯例而存在。其中,WADA 制定的《治

① Dimeo,2007; Houlihan,2002.

② Fraser,2004.

疗用药豁免医学指南》,对指导治疗用药豁免委员会判断哪些医学症状,可以获得用药许可,起着关键的作用。比如,WADA 针对很多耐力运动员、射击滑雪运动员和游泳运动员,曾经制定了《有关哮喘病用药指南》。其中就包含以下的内容:其一,具体的医疗症状;其二,证明诊断标准以及所需的材料,比如,哮喘病患者通常要提供其治疗历史记录;其三,由医生或者治疗团队实施的检查以及作出的相关症状的诊断;其四,如果这种治疗被允许,还必须注明所使用的禁用物质的名称、路径、频率、疗程、替代性治疗措施和结果等。该指南对于在全世界范围内统一贯彻实施治疗用药豁免制度,具有非常重要的意义。

二、回溯性的治疗用药豁免制度

正是出于保护运动员的健康权,反兴奋剂政策在制定之时就引入了豁免制度。这一制度设立的目的有:一方面,防止运动员利用药品获得不正当的竞争优势;另一方面,一旦运动员患有特定的伤病,确保其有治疗的权利。为了平衡二者的关系,世界反兴奋剂机构指出,如果运动员能根据概率权衡标准(优势证据标准),证明其符合以下的条件,则可以获得治疗用药豁免许可:

其一,需要该禁用物质或者方法,治疗其急性或者慢性疾病,同时,如果禁止使用,将对其健康造成巨大的损害;

其二,使用这种禁用物质或者方法除恢复健康、治疗疾病外,不可能提高比赛成绩;

其三,除使用这种禁用物质或者方法外,没有其他合理的医疗替代措施(具有必要性);

其四,使用禁用物质或者方法的必要性,在整体或者部分上,并非先前(未取得治疗用药豁免许可的情况下)使用了当时的禁用物质或者方法的结果。也就是说,治疗的必要性不是运动员先前的兴奋剂违规行为造成的。

一旦获得用药许可,对于 WADA《禁用清单》中列举的、特定的禁用物质或者方法,运动员就获得相应的使用权。

除了以上实质要件,还存在程序要件。需要注意回溯性的治疗用药豁免制度,其在一定程度上偏离了该程序要件,但也有自身的程序和实质条件。所谓回溯性的治疗用药豁免制度,是指出于“公平”的原因,允许治疗用药豁免制度具有溯及力。其实,这种治疗用药豁免制度存在的根据可以概括为两种:一种是无过错的行为造成的;另一种则是由紧急避险行为造成的。回溯性的治疗用药豁免制度适用的情况有：

其一，运动员因治疗原因在赛外使用了仅在赛内禁用的某种禁用物质，且运动员对此没有任何过错，因此，可以通过一定的程序予以免责。

其二，非国际级或非国家级运动员接受兴奋剂检查时因治疗原因正在使用某种禁用物质或禁用方法，或者由于缺乏足够的时间、机会或其他特殊情况，运动员无法在样本采集前提交治疗用药豁免申请，或治疗用药豁免委员会无法受理治疗用药豁免申请，或者急救或紧急治疗必须使用，或者某些运动项目在国家层面的优先考虑，运动员所属国家反兴奋剂组织不允许或不要求运动员在有明确医疗需求前申请前瞻性的治疗用药豁免。

其三，对于上述情况，运动员可以追补申请治疗用药豁免。不过需要注意的是，每个治疗用药豁免批准书都有其特定期限，期满后自动失效。如果运动员需要继续使用该批准书中的禁用物质或禁用方法，有义务在到期日之前提交新的治疗用药申请，以便在当前许可到期前给委员会留出足够的时间作出审核。

通过这种制度，使运动员获得的治疗用药豁免许可具有溯及力，但其主要涉及低水平的运动员，同时根据 WADC，他们也有遵守反兴奋剂规则的义务，即使在紧急情况下也是如此（ISTUE 第 4.3 条）。2016 年的《治疗用药豁免国际标准》规定，如果 WADA 和相应的国家反兴奋剂组织认为，出于“公平”的需要，可以赋予治疗用药豁免权溯及力。然而，这种新例外的适用范围，目前仍不明确。不过，随后 CAS 通过一个裁决否定了一个年轻运动员类似的主张，即该运动员基于不了解该制度，而没有“每次”申请治疗用药豁免许可，其仍然构成兴奋剂违规。因此，人们可能会怀疑，与公平有关的理由是否能成为解决以下问题的根据：当运动员获得国家反兴奋剂组织的同意，允许其使用特定的物质或者方法时，运动员因此合理地认为其有权这样做，在这种情况下，当参加国际比赛兴奋剂检查结果呈阳性时，是否能阻却兴奋剂违规？换言之，国际单项体育联合会是否应当“自动”承认国家反兴奋剂组织批准的治疗用药豁免？这个问题目前仍然没有明确的答案。

三、治疗用药豁免制度的机制

这里需要注意的是，与 2009 版 WADC 完全相同，2015 版 WADC 与 2021 版 WADC 对治疗用药豁免制度仍然保持“二元化的模式”，即在治疗用药豁免许可的申请上，仍然坚持国家与国际区分的立场。其基本的内容是，国际层面上的治疗用药豁免制度的审批权为国际单项体育联合会所拥有,而国家层面的审批权为国家反兴奋剂组织所拥有。在 2015 版 WADC 制定过程中,有学者提出了成立国际独立治疗用药豁免委员会(International Independent TUE Committee)的主张,由其按照统一的方式和标准,集中办理治疗用药豁免许可,但这种主张最终没有被采纳。然而,对那些要获得多种治疗用药豁免许可、近期有比赛任务的运动员而言,2015 版 WADC 与 2021 版 WADC 的新规定,降低了运动员的程序负担。比如,自动认证制度,对那些从国内水平比赛到国际水平比赛的运动员而言,在国内获得了治疗用药许可,如果也符合国际标准,国际体育组织会自动予以承认。这是一个很大的变化,当然,新规定还附加了一项义务,即须提高治疗用药豁免许可的透明性。这尤其体现在 2015 版 WADC 和 2016 年《治疗用药豁免国际标准》(2016 年 ISTUE)的规定上。这种治疗用药豁免制度具有以下的特点:

第一,简化了运动员寻求国内治疗用药豁免许可和国际认证的程序。换言之,如果运动员已经获得了国家反兴奋剂组织的治疗用药豁免许可,无须再通过一个全新的申请程序,即可获得国际单项体育联合会的“认证”。即对于符合 ISTUE 的,国际单项体育联合会必须予以承认。

第二,鼓励自动承认治疗用药豁免许可。ISTUE 第 7. 1 条鼓励国际单项体育联合会和主要的赛事组织者,自动认可国家反兴奋剂组织批准的治疗用药豁免许可,这意味着对于特定的禁用物质,应当尽量采用自动认可的方式。

第三,2015 版 WADC 与 2021 版 WADC 的修改还存在一个程序变化,即延长了申请资料存放的时间,即从最初的 8 年延长到 10 年(WADC 第 17 条)。在申请治疗用药豁免过程中,申请人必须提交诊断书和相应的支撑性证据。也就是说,对于涉及运动员隐私的、敏感的医疗数据,根据 WADC,从批准之日起,将要保存 10 年。所有其他的治疗信息,从治疗用药豁免许可终止之日起,要保存 18 个月。

根据前述两项变化,国家反兴奋剂组织批准的治疗用药豁免许可是否一定会得到国际单项体育联合会的“自动认可”? 这很难作出明确的判断。因此,在正常情况下,运动员在使用禁用物质或者方法前,应当获得治疗用药豁免许可(ISTUE 第 4. 2 条)。简而言之,除了回溯性的治疗用药豁免外,运动员必须在使用禁用物质之前,向有关的反兴奋剂组织申请治疗用药豁免,获得批准后方可合法使用。易言之,运动员若欲通过使用禁用物质或者方法进行治疗且不影响比赛资格,必须向有权的反兴奋剂组织申请治疗用药豁免许可。

第三节　治疗用药豁免许可制度的现实适用

在现实中,很多运动员都受益于治疗用药豁免许可制度,但是,由此形成的纠纷却非常少,主要原因如下:其一,这种制度具有管理的特点,即运动员向反兴奋剂组织提出申请,后者对申请进行审查,然后决定是否批准,双方没有利益冲突,故很难形成纠纷。其二,在申请程序中,即使违反该规则,也不会直接产生纪律处罚。换言之,运动员申请治疗用药豁免,当不符合规定的条件时,反兴奋剂组织将申请驳回即可,不会产生其他的不利后果,易言之,这实际是一种赋权行为或者许可行为。其三,尤为重要的是,负责治疗用药豁免审批的反兴奋剂组织,在反兴奋剂工作的第一线,极易对运动员产生同情,对运动员治疗用药豁免申请,只要符合基本的要求,通常都会予以批准,这导致他们很难形成纠纷。因此,一旦驳回申请,运动员通过仲裁或者申诉的方式,使自己的请求获得国际体育组织的认可,将面临极大的困难。

不过也有例外,这就是引起体育领域广泛关注的国际射击运动联合会(International Shooting Sport Federation,ISSF,以下简称国际射联)诉世界反兴奋剂机构案。在该案中,某年轻女射击运动员(公布的裁决书将涉及该运动员个人的具体信息,包括名字、国籍甚至所在团队的名称,全都涂黑以保护个人隐私)患有紊乱性的遗传病,存在心脏骤停的致命危险。为降低风险,医生为其开了一种名为阿替洛尔的药。因其属于 β – 阻断剂,WADA 公布的《禁用清单》明确禁止运动员使用该药品。为此,该运动员向所在国的国家反兴奋剂组织申请治疗用药豁免,获得了每天使用 200 毫克的许可。后来,该运动员参加国际射联主办的国际比赛。在兴奋剂检查时,发现其提交的样本因含有 β – 阻断剂而呈阳性。由于该运动员在国际层面上未获得治疗用药豁免许可,这构成兴奋剂违规,ISSF 根据自己的反兴奋剂规则对其禁赛 3 个月。处罚期满后,该运动员向 ISSF 申请新的治疗用药豁免许可,请求允许其每天使用 35 毫克的阿替洛尔。ISSF 的治疗用药豁免许可委员会拒绝了该申请,理由是申请人无法证明其符合治疗用药豁免许可的第二个和第三个条件,即使用该禁用物质除有助于其恢复健康外,不会提高比赛成绩;缺乏其他合理的、替代性的治疗方案。该运动员不服该处理决定,向 WADA 提出异议。WADA 通过审查,最后认为 ISSF 的决定是无效的,主要理由是,对于 ISTUE 第 4.1 条的治疗用药豁免许可条件,应当进行个案分析,不能进行抽象判断。因此撤销了 ISSF 的决定,批准了该运动员的申请。ISSF 不服 WADA 的处理决定,向 CAS 提出仲裁,要求驳回 WADA 的上述决定。

一、世界反兴奋剂机构的主张及其根据

就该案而言,CAS 首先面临的是程序问题,CAS 受理该案后向该运动员发函邀请其参加仲裁,该运动员最初表示同意,事后反悔,以自己是学生承担不起相应的费用为由拒绝出庭。WADA 认为,如果该运动员不以被申请人的身份出庭,CAS 不应当继续审理该案,理由是,当推翻其做出的决定时,必然会损害该运动员的利益。CAS 拒绝了 WADA 的主张,理由是,本案审查的是 WADA 对 ISSF 决定的处理是否符合相关的规定,虽然处理决定会涉及该运动员的利益。但是,其已经给该运动员提供了行使权利的机会,而该运动员主动放弃了。

在这种情况下,就实体部分,WADA 对其决定作出了以下的解释:

(一)手段的适当性

首先,该运动员的心电图和基因检测结论表明,其 KCNQ1 基因发生了变异,即患有先天性的心律失常综合征。如果不允许他使用该禁用物质,他随时有可能出现心脏骤停,严重危及其生命安全。目前,对于像该运动员这样的未成年人,因患有这种疾病而死亡的概率约为 12% 。而 β - 阻断剂是治疗该病的有效药物,被很多医生所选择,即使用该禁用物质具有恢复该运动员的健康,减少其生命危险的功能。

(二)不会提高比赛成绩

WADA 指出,ISSF 认为该运动员使用这种药品,必然会提高其比赛成绩,从而违反了 ISTUE 的第 2 条,这种结论是类推的结果,ISSF 并没有相应的证据加以证明,故其是不成立的。

首先,目前有大量的文献和科学证据证明对于射击之类的精密体育运动,不同的 β - 阻断剂在提高比赛成绩方面的功效存在差异,有些情况下可能不存在提高比赛成绩的功效。每位运动员使用 β - 阻断剂后的效果也存在差异,即有些运动员可能因此而提高比赛成绩,而另一些运动员可能并未提高比赛成绩。因此,ISSF 若欲基于 ISTUE 第 2 条否定该运动员的治疗用药豁免申请,必须提供相应证据证明这种禁药会提高其比赛成绩,然而,ISSF 并未提供相应证据。

其次,即使该运动员在使用该禁用物质后,成绩有所提高,也难以证明这是禁用物质的功效。这主要基于目前在射击领域存在的一般共识,即成为一名优秀的射击选手需要满足多方面的条件,包括但不限于:注意力集

中、全神贯注于靶子、射击时肌肉需要适当松弛（步枪除外）、运动员身材适中、女性运动员应具备较小的胸部与丰满的臀部、开始学习射击的最佳年龄为 14～15 岁、参加青年比赛的最佳年龄为 19～20 岁、适当的比赛经验和心理素质、优质的枪械、高水平的教练、情绪稳定、适度的紧张感与适当的运气等。换言之，上述要素都会对比赛成绩产生影响，即使该运动员使用了该禁用物质后成绩有所提高，ISSF 又该如何排除上述因素对运动员成绩的影响呢？

最后，该运动员之所以从 2010 年之后（使用了阿替洛尔）成绩有所提升，这与其进入一个高水平的体育学校、聘请了一个高水平的教练、获得了一套优质装配以及与其年龄和比赛经验逐渐成熟有关。因此，很难确定这一提升是否仅仅是由于其使用了该禁用物质。

（三）必要性

对于该运动员的病症，这种治疗措施具有必要性，目前还没有其他的合理治疗措施。现实中主要有三种治疗方案能够降低心脏骤停的风险，除使用 β－阻断剂外，还有进行左心交感神经切除（Left Cardiac Sympathetic Denervation，LCSD）手术和植入型心律转复除颤器（Implantable Cardioverter Defibrillator，ICD）。一般而言，对于平时无症状且没有心脏病史的病人，最常规的治疗方法就是使用 β－阻断剂，而 LCSD 主要适用于伴有昏迷的年轻病人，在全世界范围内，医院通常不使用这种治疗方法；ICD 适用于 QTc 的间隔超过 0.50 秒的人，因为这种人的心脏骤停风险更大，对于 QTc 间隔比值不是很高的人，是不能使用 ICD 治疗方式的。该运动员显然不适合通过 LCSD 和 ICD 进行治疗，因此，阿替洛尔药物对治疗该病具有必要性。

（四）运动员无过错

使用该禁用物质或者方法的必要性，与该运动员在未获得治疗用药许可的情况下使用其他禁用物质或者方法无关。一则，没有证据证明其曾经使用了其他禁用物质或者方法；二则，这种疾病是先天的，其父亲也有相同情况。总之，该运动员使用 β－阻断剂的申请符合 ISTUE 第 4 条规定的条件。所以，ISSF 否定该运动员治疗用药豁免申请的决定无效，该运动员可以使用阿替洛尔，剂量是每天两次，每次为 35 毫克，有效期为 4 年。

二、国际射联的主张及其根据

ISSF 认为 WADA 判定该运动员符合 ISTUE 第 4.1 条规定的治疗用药豁免的条件，是错误的。WADA 仅对第一个条件进行了说明但没有提

供任何的证据。ISSF 认为,仅就第二个条件和第三个条件而言,该运动员完全不符合,主要理由有:

(一)规范根据

首先,WADA 的上述判断暗含着一个前提,即该禁用物质“通常”不具有提高比赛成绩的功效。这与其将该物质列在《禁用清单》中的做法相悖,也违反了 WADC 第 4.3.3 条、ISSF《反兴奋剂规则》第 4.3.1 条的规定。更重要的是,其还有悖于 CAS 的判例法,因为 CAS 曾在仲裁中指出,治疗用药豁免程序是运动员做出有悖于禁用原则行为的唯一正当理由。这种例外是建立在个人的、具体的数据和动机之上的,而 WADA 的处理没有提及或者考虑该运动员的个人或者具体的数据,这明显违反 ISTUE 第 4.1.b 条的规定。如果这种结论成立,很容易得出一个概括性的命题,即 β－阻断剂不会提高射击项目的比赛成绩。然而,这种结论背离了《禁用清单》的法律意义,因为该清单有类推性的规定,即该清单上的物质都具有提高比赛成绩的功效。

其次,WADA 的判断也与现实不符,在现实中,很多运动员因使用 β－阻断剂而触犯 WADC,有的甚至因此而被禁赛 2 年。然而,在这些案件中,反兴奋剂组织作出处罚时,既没有证明该物质具有提高比赛成绩的功效,也没有赋予运动员反证权,即证明该禁用物质不具有提高比赛成绩的功能从而推翻处罚的权利。尽管如此,反兴奋剂组织仍然会认为运动员因此获得了不公平的竞争优势,构成兴奋剂违规。因此,WADA 这种结论与反兴奋剂实践不符。

最后,WADA 的这种判断还与治疗用药豁免许可制度本身存在矛盾。有的运动员基于治疗用药豁免委员会的单方决定而被允许使用药品,如果其不具有提高比赛成绩的功效,为什么只有在运动员提出申请时,才能赋予其使用的权利呢?这是无法解释的。总之,WADA 的决定与 WADC 第 4.3.3 条和 ISSF《反兴奋剂规则》第 4.3.1 条的规定不符,更不用说反兴奋剂斗争的基本理论了。

(二)事实根据

国际射联指出,阿替洛尔除有助于恢复健康之外,是否也有助于比赛成绩的提高,治疗用药豁免委员会没有进行进一步的审查与核实。因此,治疗用药豁免委员会认为,该运动员符合 ISTUE 第 4.1.b 条的规定,这是存在疑问的。

三位专家证实,阿替洛尔可以提高运动员的体力和心理承受力,其功效有:协调运动员扣动扳机的动作与心跳之间的关系;减轻比赛的压力和紧张程度;降血压和消除焦虑感;使肌肉能够获得更多的氧气,同时具有放松肌肉,控制手抖。因此,使用 β－阻断剂可以提高射击比赛的成绩。

事实上,WADA 提供的该运动员使用该禁用物质前后一年的成绩曲线图清晰地显示,该运动员的成绩因使用该物质而显著提高,呈现明显的大幅度的变化。如果将该运动员的统计数据与其他运动员进行比较,很难认为这种治疗用药豁免具有正当性。总之,这种禁用物质不仅有助于治疗伤病,还会额外地提高比赛成绩,因为 β－阻断剂具有扩张心血管的功能。

(三)证明负担

国际射联进一步指出,对于治疗用药豁免许可的第二个条件,即申请被许可使用的禁用物质不会提高比赛成绩,运动员或者治疗用药豁免许可的申请人负有证明义务。在该案中,既然 WADA 支持该运动员的申请,故其应当证明该运动员符合该条件,但是,WADA 的治疗用药豁免委员会在 β－阻断剂是否具有提高射击比赛成绩这一方面未予提及,国际射联提到支持 β－阻断剂不会提高比赛成绩的文献早已过时,并非最新的文献,因此 WADA 并没有履行证明义务。

首先,ISSF 指出,根据《禁用清单》第 p2 类和 WADC 第 4. 3. 3 条的规定,ISSF 原本没有义务证明 β－阻断剂具有提高射击比赛成绩的功效,但是,ISSF 仍然提供了大量的证据,证明其具有提高比赛成绩的功能。这些证据主要是最近有关的科学和医学文献、证人以及运动员使用该禁用物质前后的成绩表。ISSF 治疗用药豁免委员会的主任拉里,早就指出 β－阻断剂具有提高比赛成绩的功效,这在学界是无争议的,因为 β－阻断剂不仅有助于提高运动员的心脏功能,而且会降低心率。特别是 β－阻断剂能够减少运动员手的抖动,消除紧张、防止焦虑,对射击选手而言,这非常重要,这也是《禁用清单》将其列入其中的原因。

其次,WADA 治疗用药豁免委员会认为 ISSF 治疗用药豁免委员会的决定不符合 ISTUE 第 4. 3 条的规定,理由是:使用 β－阻断剂是否有助于提高射击的成绩,学界尚存争议。固然该药品可以降低心率和血压,甚至有助于消除焦虑,但是对于比赛的成绩,这种作用是次要的,并不起关键作用。至于 β－阻断剂起到怎样的作用,该运动员不负举证义务,即 ISSF 应当证明该运动员使用 β－阻断剂,除有助于恢复身体健康、防止意外风险外,不会额外地提高比赛成绩。这种观点显然是有问题的。

作为证明义务人的运动员对这四个实质条件的证明标准是什么,ISTUE 并没有作出明确的规定。ISSF 主张应适用绝对优势证据(清楚而有说服力)证明标准。理由是,考虑到运动员的竞争对手,对于使用禁用物质的行为,要进行严厉处罚和控制。但由于其目的是预防,而不是惩罚,所以,应当适用更高的证明标准。但是,WADA 主张概率权衡原则或者优势证据标准,理由是 2015 版 WADC 第 3.1 条规定:受到兴奋剂违规指控的运动员或者其他人,对于反驳类推、认定的事实或者情节,证明标准为概率权衡原则。不过,ISSF 认为,2015 版 WADC 第 10.4 条和第 10.6 条规定的情形除外。前者规定:当运动员或其他当事人能证明自己对特定的违规行为无任何过错时,则免除其禁赛处罚;后者主要是运动员"立功"的规定。这两条规定都是抵消体内有禁用物质的事实之违规性或者其程度的情形,其适用的都是绝对优势证据证明标准。治疗用药豁免的情形与之性质相同,故也应当适用该证明标准。但是,WADA 认为,上述规定并不能直接适用于治疗用药豁免制度,因为前两种情形是以违规行为的存在为前提的,但是,治疗用药豁免许可却没有这一前提,即治疗用药豁免许可的申请人并不能构成兴奋剂违规,所以,这种类比推理不成立。

(四)CAS 的裁决及其根据

对于治疗用药豁免制度,由于没有案件涉及证明标准问题,CAS 考察了仲裁庭曾经作出的,有关射击选手使用 β - 阻断剂的案件的裁决,即 CAS2007/A/1395(77),CAS2009/A/1948(118)。但是,仲裁庭对 ISTUE 第 4.1.b 条规定的事实,并没有提及其证明标准的问题。尽管如此,CAS 认为,从证据分析的角度看,仲裁庭无须解决这个问题,但是,其却建议 WADA 在修改 ISTUE 时,要对证明标准问题做出具体规定。

CAS 认为,在该案中,存在两个利益或者权利冲突:被诊断为心脏病且面临较高生命风险的运动员,希望参加最高水平的体育比赛,是该运动员的参赛权;另外一个是其他运动员参加无药比赛的权利。面对这种权利冲突,需要平衡相关权利才能做出选择。

WADC 第 2.1 条的规定与 ISSF 的《反兴奋剂规则》是完全相同的,一旦发现运动员体内有诸如 β - 阻断剂之类的禁用物质,即构成兴奋剂违规。然而,WADC 第 4.4 条规定,如果发现的禁用物质与运动员按照《治疗用药豁免国际标准》申请服用的物质相符,这将构成违规的例外,即阻却违规。其实,ISSF《反兴奋剂规则》第 4.4.1 条也有相同的规定。这就是说,ISTUE 与 WADC 都允许运动员出于治疗之目的,通过既定的程序,而使用禁止的物质或者方法。但是,运动员要获得治疗用药豁免许可,必须同时符合规定中的四个条件。这是获得治疗用药豁免许可的前提,也是"严格遵守"的必然结论。

在仲裁过程中,ISSF 指出,仲裁庭审查 WADA 提供的证据范围,仅仅局限于其作出决定(撤销其处理决定)之前所存在的证据,因为这种证据是支撑其作出上述决定的基础。当时不存在的证据,即使再有说服力,仲裁庭也不应当考虑,这就像《兴奋剂检查表》未记载的理由,构成回溯性的理由一样,不应当成为解释检查时所发生的现象的原因。但是,仲裁庭认为,其听证的范围并不受此限制,即仲裁庭会考虑所有的证据,只要能证明赋予治疗用药豁免许可的决定正确或者错误即可。至于运动员在过去是否曾把这种证据提供给 WADA 的治疗用药豁免委员会,并不重要。换言之,ISSF 要求仲裁庭仅仅审查 WADA 在做出撤销处理决定之前的证据,是不成立的。基于此,CAS 全面审查 WADA 提出的两个辩护理由:其一,在一般的层面上,没有科学证据证明阿替洛尔具有提高比赛成绩的功效;其二,在具体的层面上,没有证据证明该药物确实提高了该运动员的比赛成绩。

仲裁庭认为,当 WADC 中适用"通常(或者一般)"的表述时,应当解读为"总是这样,或者对所有的运动员而言,会这样",即该表述有推定机能。否则,这句话完全没有意义,再结合本案当事人提供的证据,可以得出以下的结论:

其一,β-阻断剂作为一种药物,对每个人产生的效果并不完全相同;

其二,科学文献表明阿替洛尔一定能提高射击选手的比赛成绩。

当事人双方提供的专家证言都不认为在所有的情况下,该药物会提高所有射击选手的成绩:有的运动员会从中受益,有的不会受益,甚至有的运动员的成绩会因此受到负面的影响。双方的专家都认为,β-阻断剂的功效可能因人而异,但就阿替洛尔控制手的抖动或者减轻焦虑等方面的功效而言,双方并无争议,即该药物不同于其他的 β-阻断剂。然而,根据《禁用清单》,既然所有的而不是其中一部分的 β-阻断剂都是禁用物质,运动员赛外和赛内都不能使用,且目前 WADC 还没有将 β-阻断剂从《禁用清单》上废除的打算。因此,对于射击运动员,其在赛内和赛外,都应禁止使用 β-阻断剂,如果运动员想获得治疗用药豁免,必须证明其符合 ISTUE 第 4.1.b 条规定的条件。显然这很难做到,原因在于《禁用清单》存在这样一个假设,即上面的禁用物质通常都有提高比赛成绩的功效,运动员要想获得治疗用药豁免,必须证明其使用该禁用物质不会提高比赛成绩。

为实现这一目的,WADA 采用了对比方法,即提供了该运动员与另外一个运动员的比赛成绩记录,通过对比得出该物质不会提高该运动员比赛成绩的结论。不过,CAS 认为,这种努力是没有意义的,因为上述比较并没有证明该运动员(治疗用药豁免许可申请者)与所对比的运动员在客观上极为相似。不能单纯地因为两者都是女性,都属于精英运动员且年龄相仿,就能得出某一结论,因为很难否定她们个体的特殊性,所以将上述对比结论作为证据是不充分的。WADA 至少应当提供在同一比赛中,环境相似的一批参赛者的比赛记录,相对而言,这样才能得出较为合理的结论。

正如当事人所言,身体、心理、装备、教练、训练和比赛经验,甚至幸运与否,都会影响比赛成绩。在这种情况下,如果该运动员的成绩提高了,如何确定是某种因素促进了其成绩的提高,某种因素没有促进?这是特别困难的。即在上述案例中,无法确认或者否定 β – 阻断剂的功效。事实上,将该运动员使用阿替洛尔前一年与后一年进行对比,其成绩的快速提升既可以归因于身体的成熟、装备以及训练质量的提高,也可以归因于其使用了该禁用物质。仲裁庭认为,从运动员的角度看,WADA 提交该运动员的比赛成绩表,并不是运动员全部的数据,仅体现该运动员使用阿替洛尔前后其近三年的锦标赛的比赛成绩。这些数据的确有可能支持 WADA 的主张,即表明在这些比赛中,该运动员成绩并没有提高。毕竟这些数据产生的时间间隔太短了。如果对该运动员所有的成绩进行考察,则会发现,在使用阿替洛尔治疗后,该运动员的平均分数有明显的提高。这种提高固然可以从年龄成熟、良好的训练以及其他有利因素方面进行解释,但阿替洛尔的影响是不能忽视的。特别是近几年来,该运动员成绩每年进步极大,展现了一个很有前途的年轻运动员的形象。然而,如果对其成绩进行纵向对比,不难发现,使用阿替洛尔后的成绩是最好的,无论对比平均成绩、最低成绩、最高成绩还是有关的其他科目,基本上都是如此,仅出现了一个例外。即使对该运动员 2011 年的一些比赛成绩进行对比,治疗后的成绩也明显好于治疗前的成绩。

目前的问题是,这种进步以及优异比赛成绩的取得,是因为其身体发育、良好的训练、优良的装备,还是因为使用了阿替洛尔呢?CAS 指出,对于治疗用药豁免许可的四个条件,证明义务人是运动员。仲裁庭认为,运动员和 WADA 提供的数据并无法支持其主张的成立,即不能证明该运动员在使用禁用物质后,没有提高比赛成绩。WADA 提供的运动员的成绩的原始统计数据,虽然未被改变,但是经过了过滤,故这种证据的证明力是可以被推翻的。

(五)尚待解决的问题

基于上述理由,仲裁庭做出了支持 ISSF 的请求、否定 WADA 决定的裁决。然而,该运动员还能采取何种措施以获得治疗用药豁免许可呢?或者说,对于诸如该运动员这样患有心脏病的人,其如何能参加自己选择的最高水平的比赛呢？CAS 的这种裁决意味着，像该运动员这样的人，可能会永远被排斥在高水平的体育比赛之外。但是，所有的人权理论都承认生命权，没有一个理论认为体育比赛权可以与之匹敌，当两者发生冲突时，为什么要使体育比赛权优于生命权呢？这可能是一个难以解决的问题。

1. 关于不会提高比赛成绩的标准

众所周知，禁用物质或者方法可能会间接地提高比赛成绩，正如有些学者指出的那样，即使像急支糖浆这样的常用药品，虽然用于治疗咳嗽，但是也有提高比赛成绩的功能。如果按此理解，必然会架空治疗用药豁免制度。为此，CAS 指出，这里的“不会提高比赛成绩”是指禁用物质或者方法仅仅有治疗伤病的功能，其不会额外地提高成绩，即这不包括由于治愈伤病，运动员身体健康恢复后提高成绩的情况，这一点被 2016 年的 ISTUE 所接受。根据人权理论个人生命健康权优于体育权。然而根据上述规定，当两者发生冲突时，保护前者并不能成为剥夺后者的理由，毕竟这还涉及其他运动员公平比赛权的问题。

尽管 WADA 禁止使用 β－阻断剂这种禁用物质，且目前没有将其从《禁用清单》中去除的打算，但 WADA 并没有科学证据证明这种物质具有提高比赛成绩的功能。在此背景下，让申请人（运动员）证明这种物质不会提高比赛成绩，显然是强人所难，甚至可以说是根本不可能完成的。事实上，并非所有的禁用物质都必然符合“提高比赛成绩”的标准，而 WADC 第 4.3.3 条却规定了一个除外条款，即列入《禁用清单》中的物质和方法以及分类，具有终极性，运动员及其他当事人不得以该物质或方法不具有提高比赛成绩的功效、不具有损害健康的危险，或者不违背体育精神为由质疑。

尽管 WADA 免除了自己必须证明禁用物质或者方法具有提高比赛成绩效果的义务，即在兴奋剂违规指控中，运动员不得以禁用物质或方法没有提高比赛成绩的效果而进行抗辩。但是，面对治疗用药豁免制度，运动员却需要证明：当其申请治疗用药豁免许可时，对其而言，这种禁用物质或者方法是没有提高比赛成绩的功能的，即上述“终极性”的条款无效。主要原因在于：对于兴奋剂违规，一般认为，使用禁用物质或者方法与比赛成绩之间的关系的联系非常脆弱，极易被推翻，故 WADC 通常类推禁用物质具有提高比赛成绩的功效。然而，CAS 在该案的裁决中，并没有讨论 ISSF 指控的治疗用药豁免委员会的决定本身所蕴含的矛盾。即为什么治疗用药豁免委员会认为在一般层面上，对于射击项目,缺乏证据表明这种禁用物质能够提高比赛成绩,而又仍然将其放在被禁止的物质序列中。

既然不可能寄希望通过科学证据证明,《禁用清单》上的物质通常具有提高比赛成绩的效果,那么要求运动员提供相反的证据(证明某禁用物质或方法不具有提高比赛成绩的功能)显然存在问题。对于这种情况,在国际自行车联盟诉阿尔贝托·康塔多案的裁决中,引入了紧急证明原则,即运动员只要提供形式上的具有可采性的证据,证明没有理由怀疑其会影响比赛成绩即可,反兴奋剂组织一方则有一项程序义务,即对于其能证明某物质具有提高比赛成绩功能的申请,可以拒绝批准。否则,有批准的义务。在上述案件中,WADA 并没有提出上述做法,即其并没有为了保护运动员的利益而采取如此严格的措施。

在该案的裁决中,仲裁庭并未深入探讨这个问题,CAS 的裁决所依赖的事实,仅仅是该物质被列在《禁用清单》上,且目前尚未被去除。然而,如果由此得出该物质有提高比赛成绩的结论,对该运动员而言,将因为这种推理不可避免地陷入困境之中。事实上,用以治疗伤病的禁用物质和禁用方法不会直接影响运动员的成绩,或者说这些禁用物质或者方法对提高体育运动员比赛成绩的可能性很小,是否有必要将这种禁用物质或者方法列举在《禁用清单》中呢? 答案当然是否定的。相反,如果该物质或者方法已经实际上被列举在《禁用清单》中就意味着其本身具有提高比赛成绩的功能,那么任何运动员几乎都不可能获得这种许可权,这等同于虚置了治疗用药豁免许可制度。如果答案是否定的,只有一种可能,即该禁用物质对体育项目 A 而言,具有提高比赛成绩的功效,而对体育项目 B 没有这方面的功效,参与项目 B 的运动员才能获得治疗用药豁免许可。这样的话,治疗用药豁免许可制度的前提就不存在了,即该制度是为了调和运动员的健康权乃至生命权与运动员的比赛权之间的矛盾。对上述情况而言,根本不存在这种矛盾的调和。

实际上,WADA 承认,ISTUE 第 4.1 条规定的条件很难适用于现实案件,因为其规定禁用物质只能用来减轻或者治疗病症,这在现实中几乎是不可能的。所以,WADA 同意对这种规定作“限制性”的解释,即只要该运动员的病症对其健康产生消极的影响,而所选择的药品又具有治疗这种病症的功效,并且运动员能根据优势证据规则证明该禁用物质不会帮助其提高比赛成绩即可。换言之,后一个条件具有附属性,很大程度上依赖于前者,即治疗伤病。

2. 必要性的标准

根据 ISTUE 第 4. 1. c 条的规定，如果存在“合理的替代性治疗方案”，则不得使用禁用物质或者方法，即其须有必要性。然而，这一标准的适用同样存在很多问题：

其一，任何治疗方案都伴随独特的成本。为了参加体育比赛而放弃一些常规的治疗方式，医生出于其自身的职业道德（如治病救人而非赢得体育比赛），很可能不建议甚至反对运动员这样做。其实，站在理性人的角度，为参加体育比赛而改变常规的治疗方案，也涉及成本与收益的平衡问题，由此得出的结论可能因人而异。

其二，替代性治疗与原治疗方案（使用禁用物质或者方法）相比，不仅在治疗效果及副作用方面存在差异，而且治愈的成功率也会因人而异，这导致很难从一般人的角度得出何种治疗方案更为合适的结论，即无法进行规范判断，这无疑给第三人对特定治疗方案的评价带来了困难。

其三，对于一些特殊情况，例如，即使使用禁用物质或方法的风险和成本与手术相当，甚至后者的风险远远低于前者，也不能期待运动员将后者作为第一选择。因为所有的人权理论都认为体育权不能与健康权、身体完整权，甚至是生命权相提并论。在本案中，长 QT 综合征（Long QT Syndrome，LQTS）存在三种治疗方式，即心室纤颤 β－阻断剂、左心交感神经切除和植入型心律转复除颤器。虽然有两种可替代性的治疗方案，但问题在于他们对治愈该运动员的病症，是否具有合理性？这很难作出肯定或者否定的回答。对于第三个条件，ISSF 认为存在合理的替代性治疗方案。如果担心 β－阻断剂不能提供完全的保护，可以采取割除或者植入除颤器，或者在比赛时佩戴动态心电图监护仪以实现自我保护。仲裁庭认为，该运动员为了能进行比赛，会试图寻求获得使用禁用物质的权利。但是，通常情况下，运动员不太可能因为治疗风险而选择医生建议的替代性治疗方案，特别是，当替代性治疗方案存在更大的风险且成功概率非常低时。在治疗用药豁免的申请材料中，医生指出，从病人的角度看，该运动员选择 β－阻断剂作为治疗措施是合理的，因为其他的药物或者治疗措施效果并不理想。在形式上，这种观点与 ISTUE 第 8. 11 条的规定不相符，但从仲裁庭的实质观点来看，却显得非常重要。此外，仲裁庭指出，对该运动员而言，特别是考虑到手术的风险，医生通常不会将其他的治疗方案作为第一选择。

3. 比赛权的性质

对于比赛权与人权的关系，这种裁决在法学界引起了广泛的争议，受到很多人的批评，主要理由有：

首先，在人权的范畴中并不存在比赛权这项权能。易言之，参加体育比赛的权利，并不包含在传统的人权清单中，事实上，绝大多数人可能一生都不会参加体育比赛。如果 CAS 真的承认人权有这项权能，可能仅是出于对个别运动员的同情，由于缺乏详细的论证，由此得出的结论过于简单、武断，严重脱离话语的环境。

其次，不管是 WADC 还是相关的标准，如前所述，在性质上属于私法的范畴。因此，其所规定的权利或者衍生的权利，仅仅建立在民间体育联合会自治权的基础之上，并不涉及公法的问题。而人权理论是公法中的概念，私法上很难容忍其存在，并为其提供特殊的保护。道理很简单，因为在这里还存在其他或者平等主体的"人权"。

最后，尤其重要的是，CAS 并没有评估瑞士法对这种情况的态度，即其还存在脱离具体的法规范的问题。根据瑞士法，一般认为，运动员的人权(《瑞士联邦民法典》第 28 条)包括参加体育活动的自由，以及在相似的水平上与对手比赛的自由。瑞士联邦最高法院认为，人权保护的利益有：健康权、身体完整权、职业选择权、体育活动权、经济发展权和自我实现权等。在特定的问题上，当这种权利与第三人的权利发生冲突(《瑞士联邦民法典》第 28 条第 2 款)时，首先应当对冲突的利益进行平衡，然后再根据比例原则作出判断。该仲裁庭起初的声明也反映了这一点，即该案争议的焦点可以概括为：当伤病运动员与其他竞争对手之间，出现利益冲突，应当如何处理？否定该运动员的参赛权，事实上等同于自动赋予其竞争对手利益的优先性，而承认该运动员的参赛权，则等于忽视其他运动员参加无药比赛的权利，这两种选择都有悖于 WADC 的目的。

不过，如前所述，既然 WADC 的目的是保护运动员参加无药比赛的权利，而不是打击使用兴奋剂的行为。从这个角度看，CAS 的解释是没有问题的，否则，这对该运动员的其他竞争对手是不公平的。

三、治疗用药豁免制度的缺陷及其改革

由以上可以看出，当前的治疗用药豁免许可制度存在很多的问题，尽管有《治疗用药豁免医学指南》的帮助，但是，主管机关对治疗用药豁免许可制度的实施，享有很大的自由裁量权，很难避免其实施结果的主观恣意性，主要理由有：

其一，国际单项体育联合会和国家反兴奋剂组织在实施《治疗用药豁免国际标准》以及《反对在体育运动中使用兴奋剂国际公约的最佳实践及

其指南》方面,极不统一。① 比如,并非所有的签约国都使用"关于治疗用药豁免的反兴奋剂注册管理系统",很多的签约国仍不遵守 WADC 的一般规定,这极大地破坏了治疗用药豁免制度的统一性。

其二,很多医学工作者不了解反兴奋剂的规定,这也给治疗用药豁免制度的实施带来了很大的困难。② 医生在给运动员开药方时,通常仅仅考虑健康、效率甚至成本方面的问题,很少考虑由此带来的赛场上的不公平竞争的问题。如前所述,《禁用清单》中的药品,当然具有促进健康、治疗伤病和缓解痛苦等方面的功能,对医生而言,这是他们决定是否给运动员用药的主要甚至是唯一目的,至于这是否会导致赛场上的不公平竞争,根本不在医生考虑的范围之内。再加上,某种药品是否有提高赛场表现的功能,医生很可能是不清楚的,因此其他运动员的利益,往往不在医生考虑的范围之内。③

其三,医生对运动员病症的诊断以及治疗,充满了很大的主观性,因此,特定的禁用物质是否应当作为治疗特定伤病的措施,并没有一个客观的判断标准。于是,在医用与作为兴奋剂使用之间存在很大的灰色地带,这为商业利益和政治利益影响该制度的正当实施提供了机会,这也是治疗用药豁免制度极易被质疑的主要原因,而现实恰恰也证明了这一点。

(一)治疗用药豁免制度的适用:从质疑到揭秘

在 2018 年平昌冬奥会上,挪威冰球代表队以 14 金、14 银和 11 铜的成绩,名列奖牌榜首位。然而,在这些奖牌获得者中,有 70% 的运动员以治疗"哮喘"为由使用了禁药,这引起"老邻居"芬兰的不满,其公开抱怨说,这很可能是滥用治疗用药豁免制度的结果。针对挪威的情况,因揭露俄罗斯兴奋剂丑闻而闻名的德国记者斯贝尔(Hajo Seppelt)公开指出,"这很可能是使用禁药的结果"。事实上,他们使用的信必可、沙丁胺醇以及 β-2 激动剂等药物,具有提高肾上腺素,增加肌肉力的功效。④ 另外一个引起社会广泛关注的事件涉及英国自行车运动员布拉德利·维金斯(Bradley Wiggins),他以治疗哮喘为由,长期使用禁用物质皮质类固醇,在 2012 年

---

① See Hanstad, Skille & Loland, 2010; Hanstad, Smith & Waddington, 2008; Wagner, 2011; Wagner & Hanstad, 2011.

② See Backhouse & McKenna, 2011.

③ See Edwards & McNamee, 2006; Heggie, 2011.

④ 参见胡敏娟:《平昌冬奥会挪威队位列金牌榜和奖牌榜首位 七成奖牌为哮喘患者所得引发热议》,载《成都商报》2018 年 2 月 28 日,第 12 版。

奥运会上摘得桂冠之时也是如此。由于获得了治疗用药许可,这种禁药从未给他带来麻烦。① 有人通过匿名邮件,揭发其使用禁药其实是为了提高比赛成绩,而不是为了治病。英国政府经过调查,发现布拉德利·维金斯竟然以预防花粉过敏为由,获得了使用激素的用药许可,最终其借助治疗用药豁免制度而滥用禁药的丑闻曝光。

后来,又有人直接告发布拉德利·维金斯所在的天空车队,指控该车队借助治疗用药豁免制度,打着保护选手健康的旗号,通过使用禁药提高车队的比赛成绩。英国政府对此举办了听证会,结果发现:一则,天空车队官方文件明确要求队医"灵活"利用治疗用药豁免制度,提高车队的竞争力。这至少表明他们为队员申请治疗用药许可,并非单纯出于治疗伤病的需要,很可能将其视为一种提高比赛成绩的手段。二则,2012 年间运动员的整体成绩不是很好,车队要求以布雷斯费德和萨顿为代表的医生,利用医学知识帮助队员改变现状。其中,主要方法就是利用治疗用药豁免制度。不过,英国政府仍将该车队帮助队员获得的治疗用药许可,评价为出于保护运动员健康的需要,即他们申请使用的药品虽有提高比赛成绩的功效,但可以认为是保护运动员健康的一种附随结果。三则,该车队大部分精英运动员以治疗伤病为由,经常使用皮质类固醇和曲安奈德。英国政府认为,这两种药品虽然被 WADA 所禁止,但它们却已在自行车比赛中使用多年,这并没有什么不妥。至于这些运动员的伤病是否严重到需要通过禁药治疗的程度,英国政府在最后的结论中却予以回避。②

在体育领域内,其实早就有运动员结合自己亲身经历,向社会曝光治疗用药豁免制度是如何被滥用的。比如,阿姆斯特朗的前队友汉密尔顿(Tyler Hamilton)退役后,就公开披露自己、阿姆斯特朗以及其他队员是如何利用治疗用药豁免制度而"合法"使用兴奋剂的。他说,在现实中,该制度是运动员的一个重要作弊手段,他们经常以此获得使用可的松(禁用物质)的权利。因为这种方法非常简单,在诊断时,只要医生建议反兴奋剂组织允许运动员使用禁药,通常就能得到反兴奋剂组织的批准,即使这种伤病完全是"虚构"的。如果医生在处方中指出,不预先使用,其右膝或者左膝很可能会受伤,国际自行车联盟一般也会同意治疗用药申请。由于有的运动员根本没有伤病,或者伤病很轻,无须治疗,当碰巧遇到检查时,他们

---

① See Cox L. ,Bloodworth A. & McNamee M. , *Olympic Doping,Transparency,and the Therapeutic Exemption Process*,International Academic Journal on Olympic Studies,Vol. 1,p. 55 – 74(2017).

② See Cox L. ,Bloodworth A. & McNamee M. , *Olympic Doping,Transparency,and the Therapeutic Exemption Process*,International Academic Journal on Olympic Studies,Vol. 1,p. 55 – 74(2017).

甚至不清楚自己使用禁用物质是为了治疗（或者预防）右膝还是左膝。为此，在比赛之前，很多运动员都会找到医生，查看相关的记录，以便有人询问时，使自己的答案与申请记录相统一。①

尽管治疗用药豁免制度存在以上的问题，但学界对其进行的实证研究仍旧非常少，主要原因是：一则，在性质上，治疗用药豁免规则属于“授权”性规范，设置的门槛不具有竞争性，其之滥用通常缺乏直接的受害人；二则，治疗用药豁免制度本身体现的是对伤病运动员的同情，如果可以，反兴奋剂组织通常会批准运动员治疗用药申请，在正常情况下不易形成纠纷，故 CAS 通常很难有裁判的机会；三则，这种制度的实施涉及运动员的隐私，进行实证研究不仅要获得运动员同意，还要得到相应的体育协会、国家队以及科学研究道德委员会的批准，条件极为苛刻，所以，目前学界主要从医学（比如关注该制度在各个体育项目中的适用情况）②和社会学（比如队医的双重作用以及反兴奋剂政策的重构）③的角度探讨该制度。不过，这里需要提及的是，丹麦官方曾向丹麦运动员进行过问卷调查，结果发现，该制度的公信力极低，尤其是有治疗用药许可经历的运动员对该制度更加不信任。④ 不过，这毕竟是一种怀疑，当时并没有引起国际体育当局的重视。

然而，俄罗斯兴奋剂丑闻曝光后，俄罗斯官方以“奇异熊”事件获得的信息为据，公开质疑当前的反兴奋剂制度，理由是很多著名运动员都借助治疗用药豁免制度，在背后“合法地”使用禁药。比如，小威廉姆斯（Serena Williams）的病症与俄罗斯运动员玛利亚·莎拉波娃（Maria Sharapova）很相似，他也使用了相似的药品，结果，玛利亚·莎拉波娃受到了兴奋剂违规处罚，而小威廉姆斯通过该制度，仍然可以继续使用这种禁药，这是不公平的！⑤ 为了从规范的角度解决俄罗斯兴奋剂丑闻，也为了更好地回应社会对治疗用药豁免制度的质疑，国际奥委会主席巴赫向各体育组织以及学界

---

① See Cox L., Bloodworth A. & McNamee M., *Olympic Doping, Transparency, and the Therapeutic Exemption Process*, International Academic Journal on Olympic Studies, Vol. 1, p. 55 – 74 (2017).

② See Tscholl P. M. & Dvorak J., *Abuse of Medication During International Football Competition in 2010 – Lesson not Learned*, British Journal of Sports Medicine, Vol. 46:16, p. 1140 – 1141 (2010).

③ See J. Mazanov & J. Connor, *Rethinking the Management of Drugs in Sport*, International Journal of Sport Policy and Politics, Vol. 2, p. 49 – 63 (2010).

④ See Overbye M. & Wagner U., *Between Medical Treatment and Performance Enhancement: An Investigation of How Elite Athletes Experience Therapeutic Use Exemptions*, International Journal of Drug Policy, Vol. 24:6, p. 579 – 588 (2013).

⑤ See Gandert, *The WADA Code: Optimal on Paper*, Md. J. Int'l L., Vol. 32:1, p. 274 – 336 (2017).

征询意见,其中就包括如何提高治疗用药豁免制度的公信力。[①] 这就产生了以下问题:其一,治疗用药豁免制度为什么会允许运动员使用兴奋剂?其二,治疗用药豁免制度缺乏社会公信力的规范原因是什么?其三,为了控制治疗用药豁免制度的滥用,能否对治疗用药豁免制度实行透明化政策?回答这些问题,不仅有助于探讨何种反兴奋剂改革措施更符合我国实际状况,而且,更为重要的是,能从体系的角度反映反兴奋剂规则的特点和《禁用清单》中的禁用物质的性质,这对揭示当前我国的反兴奋剂制度(主要是最高人民法院《兴奋剂解释》)存在的问题,有重要的意义。

(二)治疗用药豁免制度滥用的规范原因:从实体到程序

如前所述,从内容上看,《禁用清单》中的绝大多数禁用物质基本是药品,其研发与生产,原本是为了治病救人。然而,根据《世界反兴奋剂条例》第 2 条的规定,某种药品一旦被 WADA 列入《禁用清单》,运动员即刻失去使用权。运动员也是人,也有得病或者受伤的可能,尤其是经历长期紧张的训练和比赛,更容易为慢性伤病所困扰。这样,当运动员使用禁用物质不会提高比赛成绩,而有利于健康时,反兴奋剂组织当然无权禁止其使用。当前的反兴奋剂规则存在剥夺过剩的问题,这就是治疗用药豁免制度存在的规范原因。然而,从该制度构成的角度看,治疗用药豁免制度极易被滥用。

1. 滥用的实体法原因:审批权的恣意性

根据 WADC 与《治疗用药豁免国际标准》的规定,获得治疗用药许可必须符合有效性原则、非获利性原则、必要性原则以及无过错原则等,这也构成对治疗用药豁免审批权的限制。然而,除有效性原则外,其他原则的内容极为模糊,这导致很难限制审批权的行使。

首先,从表面上看,非获利性原则非常明确,是指除了治疗伤病和恢复健康外,申请使用的禁用物质或者方法不会额外提高比赛成绩。事实上,该标准很难构成对审批权的有效限制,主要理由有:

第一,在科学的层面上,禁用物质或者方法与比赛成绩的关系非常复杂,即使某种物质被列入《禁用清单》,也很难得出其必然能提高运动员比赛成绩的结论。因为根据 WADC 第 4.3.1 条的规定,某种物质或者方法符合以下三个标准中的两个,即被禁止使用:能提高比赛成绩、对人体健康

---

① See Frequently Asked Questions International Drug Testing, https://www.questdiagnostics.com/dms/Documents/Employer-Solutions/Brochures/International-Drug-Testing-FAQs-final/International%20Drug%20Testing%20FAQs%20final.pdf. 参见杨春然、张晓菲:《论反兴奋剂治理机制的改革:扩张违规主体抑或独立化?》,载《天津体育学院学报》2019 年第 5 期。

有害或者有悖于体育精神。这就意味着很多禁用物质本身并不具有提高比赛成绩的功能，比如大麻。① 然而，至于哪些禁用物质有这种功能，哪些没有？WADC 与《禁用清单》都没有明确规定，所以审批机构对此享有很大的自由裁量权，造成不同的人对同一事实，可能得出不同的结论。比如，在前文提到的 ISSF v. WADA 案中，作为 β－阻断剂的阿替洛尔，是否能提高运动员的比赛成绩？国际射联根据专家证言，认为答案是肯定的；然而，世界反兴奋剂机构根据三篇公开发表的学术论文，对此持否定的态度。这样，一旦学界对具体的禁用物质是否有提高比赛成绩的功能产生争议，审批机构可以任意而为，因为不管批准申请与否，都有文献依据。

第二，即使学界普遍认为某禁用物质或者方法具有提高比赛成绩的功能，这也是针对一般人而言的。至于其是否能提高某具体运动员的比赛成绩，则是不确定的，因为每个人的体质不同，即使使用同一种禁用物质，效果通常也不一样。比如，在上述案件中，申请人获得了治疗用药许可后，其成绩较之以往有了明显的进步，于是国际射联认为，这是使用了禁用物质的结果。因为 β－阻断剂除了能提高运动员体力和心理承受力，还能协调扣动扳机的动作与心跳之间的关系，减轻比赛的压力，降低血压和消除焦虑感，放松肌肉，使肌肉获得更多的氧气等，这都有利于提高比赛成绩。所以，应将该运动员使用该物质后在赛场上的优秀表现，归因于该禁用物质。然而，世界反兴奋剂机构却反驳说，就射击项目而言，运动员比赛时的注意力、肌肉松弛度、情绪、比赛经验、心理素质、装备、教练，甚至运气等，都会影响比赛成绩。因此，即使运动员的成绩提高了，也很难归因于其中某一个要素。事实上，该运动员在成绩提高前，进入一个著名的体育院校，得到了高水平教练的指导与训练并购买了一套优质装备，再加上其当时处于运动黄金年龄，所以，其成绩较之以往有了进步是很正常的，即阿替洛尔并没有使该运动员获得不公平的竞争优势。根据科学法则，很难说这两种观点哪一个更为合理。

第三，在认识论的层面上，“不会（额外）提高比赛成绩”通常发生在未来，本质上属于预测的范畴，其判断本身就有很大的主观性。从内容上看，这一标准包含两个方面：其一，运动员的成绩原本应当降低，由于使用了禁药或禁用方法而未降低。显然，这种判断的前提与结果都是假设，并非现实，因此很难基于科学法则进行证明，这造成这方面的内容实际上没有任

---

① 很多禁用物质本身是没有提高比赛成绩的功能的。我国有学者认为几乎所有的禁用物质都没有此功能，显然忽视了 WADC 第 4.3.1 条的规定。参见李真：《治疗用药豁免（TUE）规则初探——首例 TUE 案分析》，载《天津体育学院学报》2013 年第 3 期。

何规范价值，自然无法限制审批权的行使。其二，运动员使用禁用物质后，其成绩较之以往有了提高。这意味着只有事前使用过该物质的运动员，才能申请治疗用药许可，否则，由于缺乏前后对比性的证据，申请人很难证明使用该禁用物质不会提高比赛成绩。这不仅违反平等原则，而且在一定程度上导致该制度虚置。为此，在实践中不得不放宽限制，至于放宽的程度，完全由审批机构自主决定，这也为该制度的滥用创造了条件。①

其次，必要性原则。是指对于特定的伤病，除使用禁用物质或者方法外，没有其他合理的医疗替代措施；当存在"替代性治疗方案"时，则不得使用禁用物质或者方法。显然，这是对各种治疗方案进行权衡后得出的结论，属于实质判断的范畴。不同于形式判断，实质判断最大的缺陷是其极易受到判断者价值观的影响，即价值观不同的人对同一事实，很可能会得出不同的结论。所以，公法非常重视形式判断，避免实质判断，原因就是前者可以有效地限制权力的滥用。② 反兴奋剂规则在形式上为私法，实质上属于公法的范畴，故理论上也应遵守这种逻辑，而事实并非如此。比如，在上述案件中，对于心脏骤停的风险，目前有三种治疗方案，即除β-阻断剂外，还有左心交感神经切除手术和植入型心律转复除颤器。在医学实践中，对于平时无症状且没有心脏病史的病人，常规的治疗方法就是服用β-阻断剂；症状明显，且经常出现昏迷的年轻病人，使用LCSD治疗；当患者的24小时心电图显示，QTc的间隔超过0.50秒时，使用ICD方法治疗。换言之，类似该运动员这样平时无明显症状且QTc间隔比值不是很高的人，通常是不会使用LCSD和ICD的方法治疗的。所以，WADA以及该运动员所在国的国家反兴奋剂组织认为，其可以服用阿替洛尔进行治疗。理由是，如果运动员不参加比赛，医生通常不会建议其他治疗方案，当替代治疗措施涉及手术，且具有较高的风险时，尤为如此。也就是说，WADA与该国的国家反兴奋剂组织更重视运动员的健康价值，主张选择风险小或者正常的治疗方案。不过，ISSF却认为，应当选择后面的两个治疗方案中的一种，理由是，这毕竟涉及其他运动员的利益，即ISSF更重视公平比赛权。这样，因为审批机构强调的价值不同，对同一事实，很容易得出截然不同的

---

① See Sean Ingle, *Chris Froome Cleared by UCI in Anti-Doping Investigation*, The Guardian, June 15, 2018, at 6.

② See Reimann M., *Nineteenth Century German Legal Science*, BCL Rev., Vol. 31, p. 837-897 (1989); Cohen-Eliya M., *American Balancing and German Proportionality: The Historical Origins*, International Journal of Constitutional Law, Vol. 8:2, p. 263-286 (2010). 参见杨春然：《论法教义学视角下的最后手段原则的规范构成及适用——兼论宪法对犯罪论体系的选择》，载《中国刑事法杂志》2017年第5期。

结论,故该标准的适用结果有很大的不确定性。

最后,无过错原则。是指运动员使用禁用物质或者方法的必要性,在整体或者部分上,并非先前兴奋剂违规(未获得治疗用药许可而使用禁药或者禁用方法)的结果,即申请人对需要治疗的伤病不存在“反兴奋剂规则”上的可责性。然而,在现实中,运动员很容易结合有效性原则(即申请使用的禁用物质或者方法具有治疗特定伤病的功能),创造使用禁药的前提条件。也就是说,通过故意“制造”某种伤病,获得治疗用药许可,从条文的内容上看,就不属于被禁止的范围。比如,在自行车领域内,类固醇一般被视为具有提高比赛成绩的功效。为了能“合法”使用这种药品,有的运动员就故意弄伤自己的膝盖或制造一些疾病,从而让医生开具使用该物质的处方,进而申请获得用药许可。于是,“创造伤病”就成了很多运动员滥用兴奋剂的一个重要方法。① 这样,即使审批机构严格执法,这种情况也很难避免。

总之,治疗用药豁免制度的实质条件,赋予审批机构较大的自由裁量权,且没有现实有效的客观限制存在,这就为该制度的滥用提供了可能。

2. 滥用的程序法原因:利益冲突

与反兴奋剂治理机制一样,治疗用药豁免制度也经历了从多元化到二元化的变迁。在早期多元化治理机制下,由于只有少数国家或者国际体育组织存在这方面的规定,加之他们在申请程序、申请条件和批准机构方面极不统一,造成该制度很难实施。因为经常发生运动员在一个国家获得了用药许可,而兴奋剂检查却发生在另外一个国家的现象。即使两个国家都有该制度,当他们的规则不同时,也会导致获得治疗用药许可的运动员受到兴奋剂违规指控,因此,当时的治疗用药豁免制度仅有象征意义。② WADA 成立后,其通过 WADC 基本上统一了治疗用药豁免制度,即在“立法”的层面上消除了多元化的现象,各个成员和各国际单项体育联合会统一适用 ISTUE。然而,在现实的层面上,ISTUE 及其附件《治疗用药豁免医学指南》(具体规定了各种治疗用药许可的条件)并不具有强制性,仅仅作为建议性的惯例而存在。这造成国际单项体育联合会和各国国家反兴奋剂组织在实施 ISTUE 以及《治疗用药豁免医学指南》时,存在很大的差别,

① See Dimeo P. & Moller V., *Elite Sport: Time to Scrap the Therapeutic Exemption System of Banned Medicines*, The Conversation, Vol. 12, p. 1 – 4(2017).

② See Fraser A. D., *Doping Control from a Global and National Perspective*, Therapeutic Drug Monitoring, Vol. 26:2, p. 171 – 174(2004).

即WADA并没有彻底改变治疗用药豁免制度多元化的现象。① 比如，目前很多签约国都不使用关于治疗用药豁免的反兴奋剂注册管理系统，甚至还有国家不遵守WADC的一般规定，这极大地破坏了治疗用药豁免制度的统一性，也为审批机构滥用职权提供了条件。然而，即使完全统一了治疗用药豁免制度，也很难解决其存在的利益冲突问题，具体理由有：

首先，审批机构通常更愿意批准治疗用药申请而不是拒绝，因为批准治疗用药申请会使得审批机构免于利益冲突。根据治疗用药豁免制度，运动员提出用药申请，反兴奋剂组织负责审查与审批。当审批机构同意治疗用药申请时，由于运动员的诉求得到了满足，其不会对此提出异议，也就是说，这种决定通常不会给审批机构招惹麻烦。相反，当审批机构拒绝申请时，申请人有可能行使异议权，则会导致审批机构须以当事人的身份参加其他组织的审查或者仲裁，这无疑会增加审批机构的管理成本，所以，拒绝治疗用药申请对审批机构来讲有利益冲突。比如，在ISSF v. WADA案中，运动员向ISSF提出治疗用药申请，遭到拒绝后，其向WADA提出复议，WADA否定了ISSF的处理决定，后者向CAS提出仲裁。也就是说，ISSF拒绝申请的决定，给其带来了两场“官司”。如果当初批准该运动员的申请，这些“麻烦”完全可以避免，故从理性人的角度看，审批机构原则上更愿意批准申请，满足运动员使用禁药的要求。这就是治疗用药豁免制度方面的案件非常少的主要原因，所以，很难从CAS判例的角度研究该制度。②

其次，根据WADC的规定，治疗用药豁免申请的审批机构分两个层级。根据比赛的水平，非国际级运动员由国家反兴奋剂组织负责，国际级的运动员由国际单项体育联合会负责。这样，曾经获得治疗用药许可的非国际级运动员，要参加国际比赛，还必须申请新的治疗用药许可。③ 这意味着国家反兴奋剂组织批准的治疗用药许可，有可能被国际反兴奋剂组织（主要是国际单项体育联合会）所否定，这显然有悖于反兴奋剂制度的统

---

① See Waddington, *Surveillance and Control in Sport: A Sociologist Looks at the WADA Whereabouts System*, International Journal of Sport Policy & Politics, Vol. 2:3, p. 255 – 274 (2010). Wagner U. & Hanstad D. V., *Scandinavian Perspectives on Doping: A Comparative Policy Analysis in Relation to the International Process of Institutionalizing Anti-Doping*, International Journal of Sport Policy and Politics, Vol. 3, p. 355 – 372 (2011).

② See The ISSF v. WADA CAS Award: Another Therapeutic Use Exemption Request for Beta Blockers Shot Down. http://wadc-commentary.com/issf-v-wada/.

③ See A. Duval, H. Ram et al., *The World Anti-Doping Code* 2015: *ASSER International Sports Law Blog Symposium*, The International Sports Law Journal, Vol. 16:1, p. 99 – 117 (2016).

一性。故 2015 版 WADC 鼓励实施“自动”认可制，要求国际单项体育联合会对符合 ISTUE 规定的、国家反兴奋剂组织批准的治疗用药许可，自动予以承认。① 固然这种“自动承认”制度具有合理性，但这有可能造成国际单项体育联合会“搭国家反兴奋剂组织的便车”，通过承认国家反兴奋剂组织批准的治疗用药许可，而不再进行常规的审查，以此节省自己的成本，即其兴奋剂检查(复查)可能产生利益冲突。

最后，也是最为重要的一点，治疗用药豁免制度还存在直接的利益冲突。根据当前的反兴奋剂机制，国家反兴奋剂组织除了受 WADA 的领导，还受当地政府的管辖。在国际体育领域内，目前国家本位主义仍极为流行，政府都希望本国运动员在国际比赛中获得更好的成绩，以此向本国国民证明自己的执政能力。因此，他们有放任运动员使用药品的潜在动力，即反兴奋剂工作会与当地政府产生利益冲突。这种利益冲突有可能导致政府借助“自动认可”制度，通过干预国家反兴奋剂组织的执法，包庇甚至怂恿自己的运动员滥用治疗用药豁免制度。俄罗斯、巴西和牙买加等兴奋剂丑闻表明，这种情况完全是有可能的。

其实，在国际的层面上，作为比赛的组织方，国际单项体育联合会有时也关心比赛的观赏性或者比赛成绩，因为这会影响比赛的转播、广告以及门票等收入。比如，在阿姆斯特朗兴奋剂丑闻中，为了不破坏其公众形象，损害项目的社会影响，国际自行车联盟的官员不仅主动掩盖其药检呈阳性的结果，而且放任其通过治疗用药豁免制度使用禁用物质。② 这样，对于审批机构，其在一定程度上有容忍运动员滥用该制度的动力，在这种情况下，人们对其批准的治疗用药许可产生怀疑，就非常正常了。

3. 滥用的规范形式原因：滑坡效应

根据治疗用药豁免制度，运动员向反兴奋剂组织申请用药，即使后者严格执法，该制度依旧有可能出现“滑坡效应”，从而动摇该制度的正当性。

首先，如前所述，不管以原则还是以规则例外的方式，承认治疗用药豁免制度的合法性，都必须要建立执法人员的“主观推测基础”之上，尽管需要执法人员提供一定数量的证据证明这种“推测”的合理性。由于执法人员判断基础是主观因素，自然很难对这种行为进行有效的约束。

---

① 即进行回溯性的承认。See Fitch Ken, *The World Anti-Doping Code: Can You Have Asthma and Still Be an Elite Athlete?*, Breathe, Vol. 12:2, p. 148 – 158 (2016).

② See William Fotheringham, *Lance Armstrong and UCI "Colluded to by pass Doping Accusations"*, The Guardian, March 8, 2015.

其次,治疗用药豁免是运动员和反兴奋剂机构之间的"信息不对称的游戏"。[①] 反兴奋剂机构决定是否赋予运动员治疗用药豁免权,而这种职权的行使,建立在运动员单方面个人信息披露的基础之上。在执法人员与运动员的博弈过程中,双方互不了解,这样运动员单方面提供的信息就非常重要了。由于运动员享有信息选择权,故反兴奋剂机构的工作人员处于被动的地位,其极易受到运动员所选择的信息的误导,从而导致治疗用药豁免制度的滥用。

最后,治疗用药豁免制度的条件(其核心是支持适用治疗用药豁免许可的证据的证明程度)不会得到有效的遵守。起初,治疗用药豁免许可可能作为特殊情况下的特殊方法来使用,随着时间的流逝,其适用门槛会越来越低。[②] 理由有:

第一,承认治疗用药豁免制度的合法性,则必须为该制度的实施设置一个门槛。在理论上,根据适用对象之间关系的不同,门槛或者标准分两种:一种是具有竞争关系的门槛,比如公司招聘员工的门槛。如果竞争程度不发生变化,则这种门槛具有一定的稳定性,因为适用对象之间的竞争关系可以成为维系该门槛的基础。另一种是没有竞争关系的参考性门槛,比如驾照获得条件,这种门槛由于缺乏竞争关系支撑,很容易随时间的流逝而降低。治疗用药豁免的门槛显然属于后者,因为在审批治疗用药申请之时,没有利益冲突方。更糟糕的是,前面突破治疗用药豁免许可门槛而获得用药许可的先例,却能为后面获得该许可创造更好的心理条件,强化治疗用药豁免许可的正当性,即该制度的标准会不断下降。因此,该制度的标准具有不稳定性。

第二,即使治疗用药豁免许可的标准固定下来,随之而来会有很多案件通过这种标准测试,于是这些案件就会成为该标准的范例。但是,审批机构在适用该制度时,所参考的一般是刚好通过测试或者刚刚符合标准的案例(边际案例),不会参考"优秀"的案例。尤其在实践中,该制度的标准一旦出现动摇,低水平的标准很快就会趁机取代原来的标准,从而导致治疗用药许可的门槛越来越低。

第三,时间越长,人们对审批标准越熟悉,再加上技术的不断发展以及对该标准智力投入的增多,符合这些标准所花费的成本将越来越低,人们

---

① See Wantchekon Leonard & Healy Andrew, *The "Game" of Torture*, Journal of Conflict Resolution, Vol. 43, p. 596 – 609 (1999).

② See Sobel Joel, *A Model of Declining Standards*, International Economic Review, Vol. 41:2, p. 295 – 303 (2000).

还会发现有很多的方法可以突破这种标准限制。于是,治疗用药许可的必要性很容易被其"便利性"所取代。这样,在一开始,治疗用药豁免制度或许会作为反兴奋剂规则的例外情况而存在,但随着时间的推移,其逐渐会变成一些精英运动员滥用禁药的常规方法,致使反兴奋剂规则形同虚设,或者其只约束诚实的运动员。①

由以上可以看出,治疗用药豁免制度的实质条件不仅存在虚置的现象,而且该制度赋予审批机构很大的自由裁量权,特别是其程序上的不透明性以及存在的利益冲突,这是治疗用药豁免制度实施很难产生公信力的根本原因。这种缺陷导致反兴奋剂规则具有松弛性的特点,造成建构在这些规则之上的反兴奋剂刑法禁止之适用极易出现问题。并且一旦出现有人突破其最低标准的状况,其他的运动员也会效仿,这必然导致获得治疗用药豁免许可权的运动员人数增多,从而引起反兴奋剂组织的注意,其很容易改正以前的做法。

因此,为了保持治疗用药豁免许可的条件,应当实行透明化,即借助社会监督,防止这种标准被随意突破。

(三)治疗用药豁免制度滥用的控制:从透明化政策到审批机构的独立化

针对以上提到的大量不正当行为,很多媒体、体育组织的工作人员甚至运动员,都建议世界反兴奋剂机构应当采取一定的措施,以预防滥用治疗用药豁免许可制度行为的发生。在英国自行车领域,很多人认为,对于自行车选手滥用该制度的行为,反兴奋剂机构的工作人员是非常清楚的,但出于利益冲突,他们大都对此保持沉默。② 针对这种现象,学界普遍认为,治疗用药豁免制度的透明化,可以有效地控制该制度的滥用,避免"黑箱作业"。主要原因如下:

首先,透明化会给滥用治疗用药豁免制度的运动员带来更大麻烦。比如,提高用药豁免实施的透明度,意味着整个社会都会知道其获得治疗用药豁免的情况,这无疑有利于加强社会监督,促使该制度正常实施。从运动员和医生的角度看,当其认识到治疗用药豁免过程会受到社会广泛的监督时,他们就会非常地谨慎,大概率不会再滥用该制度。

其次,提高透明度才能确保该制度实现其正当目的,即运动员一旦得了严重的疾病,可以使用《禁用清单》中的物质对其进行医学治疗。比如,天空车队的总经理戴夫·布瑞斯福德(Dave Brailsford)指出,提高该制度

① See Sobel Joel, *A Model of Declining Standards*, International Economic Review, Vol. 41:2, p. 295 - 303(2000).

② See Cooke, 2016.

实施的透明度,并不仅是为了促使运动员遵守规定,而是为了防止该制度被滥用的潜在风险,因为公众的知情权可以对抗治疗秘密,公众的知情权有助于防止运动员滥用当前的豁免制度。

最后,提高透明度能确保个人在符合条件的情况下,得到治疗用药豁免许可证,使该制度得到良好的运行。总之,提高该制度运行的透明程度,不仅能防止该制度偏离其存在的目的,还会提升其运行的动力。

总之,"阳光是最好的杀虫剂",治疗用药豁免制度的信息公开,是防止暗箱操作的最佳方法之一。

治疗用药豁免制度源自 WADC 与《禁用清单》之间的规范缝隙,具有独立的价值,目前不能取消,但其又有被滥用的巨大风险,造成比赛的不公平,①那么,如何防止其被滥用呢? 目前主要有三种改革建议,即实行强制性透明化政策、合意性透明化政策以及审批机构的独立化。

1. 强制性透明化政策

"奇异熊"事件发生后,由于无法根据 WADA 数据库里的材料,推断出以小威廉姆斯和维金斯为代表的著名运动员,到底得了什么病,需要用禁药治疗。于是,很多人要求 WADA 公布这些运动员的具体情况,包括病历、症状、使用的禁用物质和方法以及治疗过程,即对治疗用药豁免制度实行透明化政策,意在突出该制度的公开性与无秘密性。然而,WADA 拒绝接受这种建议,认为公开运动员的治疗信息,目前存在很多规范障碍难以突破。②

首先,运动员的隐私权。隐私是一个"集合概念",其通常由信息隐私、获得隐私和表达隐私三项内容构成。③ 运动员的治疗信息,即病症和病历,完全属于个人事务,公开这种信息不仅会侵犯运动员的信息隐私,而且,由于第三人未经授权就能接触到这种信息,故还侵犯了运动员的获得隐私,即运动员失去对自己治疗信息的控制权。所以,透明化政策不可取,否则会产生以下的后果:

第一,剥夺运动员的基本人权。在现代社会,绝大多数人都不愿意公开自己的个人信息,尤其是身体方面的信息,更不允许其他人获得和公开

---

① 有人通过问卷的方式,对挪威运动员进行了调查,大部分运动员不信任当前的治疗用药豁免制度,认为其是滥用兴奋剂的一个重要路径。See Overbye M. & Wagner U., *Between Medical Treatment and Performance Enhancement: An Investigation of How Elite Athletes Experience Therapeutic Use Exemptions*, International Journal of Drug Policy, Vol. 24:6, p. 579 – 588(2013).

② See Fancybear, Bradley Wiggins(2016). Retrieved from https://fancybear.net/pages/2.html.

③ See De Cew Judith Wagner, *In Pursuit of Privacy: Law, Ethics, and Therise of Technology*, Cornell University Press, 1997, p. 77 – 83.

讨论。故个人信息权构成基本人权的内容之一,即使是犯罪人也不例外,更何况是作为一般公民的运动员,故审批机构有为申请者的个人治疗信息保密的义务,而透明化政策显然有悖于此。

第二,有可能否定运动员的人格尊严。一些伤病(如性病)非常敏感,如果被人知晓,有可能给运动员本人带来污名,或者人格上的羞辱,造成其被社会边缘化,乃至连累其家人。① 事实上,对于一些过于敏感的伤病,运动员甚至不愿意告诉自己的家人、朋友甚至职业医生。如果基于透明化政策而将之公布于众,有侵犯运动员人格尊严的嫌疑。

不过,也有人认为,从运动员健康或者福祉的角度出发,披露或者曝光其治疗隐私,可以使其获得更多的医学资源和治疗路径。然而,问题并非如此简单,一则,如果这种观点成立,其他的病人(非运动员)的治疗隐私,医生也没有保密义务,因为这也会给他们提供更多的医学资源。这种观点显然是没有人接受的,当然也就不适用于运动员,毕竟运动员也是病人中的一类。二则,如果披露的价值归因于保护运动员的健康,则意味着运动员对不履行保密义务或者不尊重隐私的做法,享有完全的否定权。即运动员以保护自己健康或者福祉的名义,有权制止他人的披露行为。因为根据尊重自治权原则,运动员才有权决定哪种利益对自己是最好的,而这必然会架空上面提到的透明化政策。总之,公开其隐私,很明显侵犯了运动员的人格尊严。由于这种威胁的严重性,提高用药豁免制度的公开性就失去了正当性。

第三,有可能给运动员造成经济上的损失。透明化政策意味着全社会都有可能知道运动员具体的伤病情况,这不仅会给运动员带来教育上的歧视,增加就业的难度和保险成本,而且有可能造成直接的经济损失,因为有些伤病或者信息会影响运动员所在单位的利益。单位一旦借助透明化政策获得了这种信息,不仅不可能对运动员晋职、加薪,反而有可能降职、减薪甚至直接解除劳动关系等,这会直接影响运动员的收入。这方面最典型的例证是法国足球运动员卢瓦克·雷米,其病历被公开后,由于治疗信息显示其心脏异常,比赛受伤的风险较大,于是很多俱乐部拒绝与其签约,这给其造成很大的损失。②

透明化政策实质上是因为怀疑有人借治疗用药豁免制度获得不公平

---

① 因为有些治疗信息涉及基因密码,一旦公布,与之有血缘关系的家人的隐私,也会受到影响。See McNamee M. J. et al. ,*Genetic Testing and Sports Medicine Ethics*,Sports Med,Vol. 39:5,p. 339 – 344(2009).

② 参见杨春然:《论大数据模式下运动员隐私的保护》,载《体育科学》2018 年第 2 期。

的竞争优势，而剥夺所有获得治疗用药许可的运动员的隐私权却存在“有罪推定”的嫌疑。所以 WADA 认为，不应当要求运动员以披露自己隐私的方式，为自己的治疗用药豁免行为进行公开辩护。

其次，医护人员的职业道德。世界反兴奋剂机构认为，透明化政策有悖于医护人员的职业道德，因为透明化意味着运动员的治疗信息不再属于隐私的范畴，任何人都有权获得。于是，医护人员当然也就不再有保密义务了。不仅如此，透明化政策甚至还要求医护人员向反兴奋剂组织如实披露运动员的病情，否则，有可能将医护人员的行为评价为 WADC 第 2 条规定的“共谋”，构成兴奋剂违规，这显然否定了医护人员保护患者隐私的义务。①

从 WADC 的角度看，反兴奋剂政策已经将兴奋剂违规行为类型化，即兴奋剂违规行为的共犯包括：帮助、鼓励、协助、教唆、共谋、掩盖以及其他的故意共谋而触犯 WADC 的行为。基于这种规定，医生有披露兴奋剂违规行为的义务，那么，对这种信息披露，法律应当如何规制呢？在这里，故意违规是指运动员故意与其他运动员、科学家或者医师（总称为运动员支持团队）合作，共同实施违背反兴奋剂义务的行为。这种条款的核心内容非常清晰，尤其是当局认为存在系统的、有组织的兴奋剂违规行为时。不过，这种条款或者规定直接挑战了体育医药专业人士对兴奋剂违规不得揭发的义务，即这与医生的职业伦理直接发生冲突。具言之，医生一方面向其国家医学会承诺有保密的义务，另一方面 WADC 推翻这种考虑，要求医生违反保密条款，向反兴奋剂当局披露运动员利用治疗用药豁免制度滥用兴奋剂的违规行为，这两种义务何者优先呢？这一点是不清楚的。这个问题早就被提出来了，但是，2015 版 WADC 并未给予解决。在本质上，这个问题涉及体育医学专业的功能和主要义务发生了冲突：前者涉及对运动员的保密义务，即不披露兴奋剂违规；后者涉及对反兴奋剂当局的承诺，即维护体育诚信。

然而，支持透明化政策的人认为，医护人员的反兴奋剂义务应优于其职业道德，主要理由有：其一，透明化政策是体育领域或者反兴奋剂工作的要求，也就是说，当医学与体育发生冲突时，在体育领域内，应当坚持体育优先原则。即医生应当公开患者病情，应当作为特殊情况处理，而不应当适用一般性的规定（保密义务规定）。其二，医生违反职业道德，揭发运动

---

① See McNamee M. & Phillips N., *Confidentiality, Disclosure and Doping in Sports Medicine*, Br J. Sports Med, Vol. 45, p. 174 - 177 (2011).

员利用治疗用药豁免制度滥用兴奋剂的行为,最终的受益人是运动员。理由是,禁止使用兴奋剂的原因在于其有害于运动员的健康,①易言之,这是为了保护运动员的健康而侵犯其隐私。由于健康权通常优于隐私权,所以,这种制度安排并没有什么问题。不过,这种观点存在以下的缺陷:

第一,在体育与医学交叉领域,体育优先原则于法无据。就体育规则与医疗规则的关系而言,各国的态度并不统一。比如,以澳大利亚和英国为代表的国家通常认为,医疗规则优于体育规则。即使是体育组织本身,其通常也没有获得运动员治疗信息的权利。② 比如,英国政府曾针对反兴奋剂制度发布了一个报告,要求国家管理机构尊重运动员的个人隐私。该报告举例说,对于治疗哮喘病的药物信息,即使其有可能影响运动员的个人训练和比赛,负责训练或者组织比赛的部门也不得向运动员收集。但是,"紧急性和必要性的信息除外",而治疗信息不属于这种例外。该报告强调说,体育部门不应忽视医疗服务的独立性,不能以体育规则否定或者干扰治疗规则。③ 既然体育组织没有权利获得运动员的治疗信息,则其更没有将之披露给社会的权利。④ 其实,即使认为体育规则优于治疗规则的国家,也不允许体育组织公开披露运动员的治疗信息。比如,《美国健康保险责任法》(Health Insurance Portability and Accountability Act,HIPAA)规定,职工的病历属于工作的一部分,所在的单位并不专有,也有一定的分享权,这就是说,体育组织可以收集运动员的治疗信息。然而,HIPAA 同时规定,单位有保护职工可识别健康信息的义务,故体育组织绝没有将运动员个人治疗信息披露给社会的权利。因此,上述观点与当前实证法存在冲突。

就目前而言,对于运动员的病情,除队医、教练或者俱乐部的管理人员之外,其他人通常很难获得相应的信息。英国政府最近发布了一个针对运动员的注意义务报告,该报告指出,对于运动员的病症,国家管理机关无权获得"相关""非紧急性"的数据。比如,有的运动员得了哮喘病,这会影响

---

① See Cox L. ,Bloodworth A. & McNamee M. ,*Olympic Doping,Transparency,and the Therapeutic Exemption Process*,International Academic Journal on Olympic Studies,Vol. 1,p. 55 – 74(2017).

② See Johnson R. ,*The Unique Ethics of Sports Medicine*,Clin Sports Med,Vol. 23:2,p. 175 – 182(2004).

③ See Cox L. ,Bloodworth A. & McNamee M. ,*Olympic Doping,Transparency,and the Therapeutic Exemption Process*,International Academic Journal on Olympic Studies,Vol. 1,p. 55 – 74(2017).

④ 对单位或者对其病历享有"教育利益"的除外。See Warren R. Dunn et al. ,*Ethics in Sports Medicine*,Am J. Sports Med,Vol. 35:5,p. 840 – 844(2007);Steven D. Stovitz & David J. Satin,*Professionalism and the Ethics of the Sideline Physician*,Curr Sports Med Reports,Vol. 5:3,p. 120 – 124(2006).

个人的训练和比赛，如果治疗的药物属于禁用物质的范畴，帮助其训练和负责比赛的机构便无知情权，除非其属于“相关的”“紧急性”的数据。这样，运动员披露的义务完全依赖于对“紧急性”和“相关”等短语的解释。这就产生了一个问题，当体育医学专家(包括队医以及其他的医生)发现运动员存在兴奋剂违规行为，或者滥用治疗用药豁免制度时，是否有揭发运动员的义务呢？在当前的法律框架下，一般认为答案是否定的，因为这违反体育医学专家对该运动员的注意义务，当运动员不想让他人知道自己违规的事实时，这还违反保密义务，更违反体育医学专家的职业道德。该报告认为，成立医学机构重新考虑医疗服务的范围问题，明确划分保密义务与揭发兴奋剂违规之间的边界，确保治疗建议独立于反兴奋剂工作，或者不能使后者影响正常的治疗建议。这种医学机构的独立性，不仅有助于更好地明确何种信息与个人或者团队有关联，而且能较为权威地解释这样做的具体理由。不过，这种机构的成立，意味着信息共享一般化，这也引起了很多人的担心。

第二，透明化政策不仅不会保护运动员的健康，反而会对运动员的健康构成威胁。因为该政策会严重破坏运动员与医生之间的信赖关系，使运动员很难获得优质的医疗服务。理由在于，透明化政策出于维护比赛公平的需要，要求医生违反保密义务，甚至直接告发违规行为。这样，运动员在治疗时就会进行自我保护，只提供一些简单的、自认为无害的信息，将可能有害的信息隐藏起来，防止被医生披露出去。此时，运动员考虑更多的是信息的隐私性，而不是治疗价值，再加上自身无法准确评估特定信息的医学意义，这造成其很难获得优质的治疗服务。①

第三，以保护运动员的健康为由而否定其信息隐私的观点，同样不成立。从运动员福祉的角度看，如果强制披露其治疗信息，是将运动员客体化，否定运动员本人对自己事务的自我决定权，这势必陷入家长主义的沼泽：一则，会严重破坏运动员的福祉，因为当其健康与获得比赛成功发生冲突时，只有运动员才知道哪种利益对自己更重要，其他人无权代替本人进行选择。二则，并非所有的兴奋剂都有害于健康，而且，即使有些兴奋剂对运动员的健康构成威胁，这种威胁也往往低于精英运动员正常的训练或者比赛对身体造成的危害。如果这种逻辑成立，一些风险太高的项目或者高强度的训练，也应当予以禁止，显然这是无法被接受的。三则，当禁用物质

---

① See Malcolm D., *Confidentiality in Sports Medicine*, Clin Sports Med, Vol. 35:2, p. 205 – 215 (2016).

有害于健康时，运动员仍然选择使用，这表明其认为这样做“利大于弊”，这是理性选择的结果，医生无权阻止。四则，在医学领域内，存在所谓的“风险协议”。医生为病人做手术时，决不能以对病人有利为由而忽视病人对手术的决定权，即医学领域排斥家长主义，所以以保护运动员健康为由而否定其信息隐私的观点是有问题的。

总之，治疗用药豁免制度的透明化，在体育医学领域内，存在法律冲突的问题。为此，有学者（比如汤普森）主张，应当切断体育部门成立的医学机构与比赛成绩之间的联系，使该医疗机构独立于体育组织和运动员。

最后，关于公平比赛权的考虑。透明化政策有可能使比赛变得不公平，因为根据该政策，申请用药豁免的运动员必须将自己的身体隐私和盘托出，其身体特征就完全暴露在竞争对手面前了，但竞争对手却不会将自己的个人信息公之于众，除非其也获得了治疗用药许可。治疗信息公开后，对方很可能基于这种信息，制订相应的比赛方案，利用该运动员身体的伤病，获得竞争优势。这尤其体现在足球、篮球、网球等对抗性较强的项目上。当比赛变成攻击对手“伤病”的游戏时，实质上是将对方的身体缺陷视为实现自己目的的工具。这不仅有悖于奥林匹克所倡导的“公平公正原则”，而且与《奥林匹克宪章》所追求的“将身、心和精神方面的各种品质均衡地结合起来，并使之得到提高的人生哲学”的目的相冲突。①

其实，从反兴奋剂政策的目的角度看，运动员伤病方面的隐私权并不像上面提到的那么重要，主要理由有：

第一，反兴奋剂政策的目的是保护运动员参加无药比赛的权利，即参加比赛的运动员须具备一个条件：其体内不含有禁用物质。获得治疗用药豁免许可的运动员原则上并不具备这个条件，也就是说，这样的运动员使用禁药是合法的，理由是其获得了反兴奋剂组织的批准。但是，从其竞争对手的角度看却并非如此，毕竟该运动员获得了不正当的竞争优势，至少涉嫌如此。从公平比赛的角度看，对竞争对手而言，这是不公平的，毕竟后者遵守了规定，未使用禁用物质。

第二，运动员身体条件的特殊性，不能成为其使用禁用物质的根据。体育比赛是运动员个人素质与训练水平的竞争，往往以运动员的天赋为前提，而对于这种天赋，身体情况是主要的因素。易言之，运动员身体有伤病，这在一定程度上可归结为其天赋存在缺陷，允许该运动员使用禁药来

① 参见周茗、付甲：《奥林匹克精神与竞技体育的人性复归》，载《成都体育学院学报》2010年第7期。

弥补其天赋的不足,本身就有一定的问题。这就好比要求身体强健的长跑运动员让身体较差的运动员先跑一段距离一样,在形式上是公平的,在实质上却是不公平的。

第三,既然一些运动员因为伤病而不得不缺席特定的比赛,没有任何救济,那么,把身体有伤病的运动员排斥在赛场之外也是没有问题的。正是基于这种考量,对于治疗用药豁免制度,其本身具有一定的违法性,因为其侵犯了其他运动员的公平比赛权。道理其实很简单,比如,运动员甲有病,但是,由于缺乏高水平医生的帮助,无法取得证明其符合 ISTUE 规定的治疗用药豁免条件,而不得不带病比赛。而运动员乙却因为能获得高水平的医生相助,而能证明其符合治疗用药豁免条件,结果可以使用禁用物质进行比赛。这对甲而言显然是不公平的,他们的伤病甚至相同,只是由于个人或者他人的原因,有的获得治疗用药豁免,有的不能获得,这显然是有问题的。

因此,从反兴奋剂政策的目的角度看,申请治疗用药豁免的运动员的隐私权,不能成为治疗用药豁免许可政策透明化的障碍,即为了保护其他运动员参加无药比赛的权利,申请获得用药许可证的运动员,应当公开自己的隐私。

治疗用药豁免许可政策的透明化,不仅侵犯了运动员的隐私权,否定了医护人员的职业道德,也影响奥林匹克奖牌的最终归属,故 WADA 反对这种做法。而且,这也得到了医学界、法律界甚至道德界大部分人的认可。

2. 合意性透明化政策

既然透明化政策可以限制治疗用药豁免制度被滥用,只是由于存在上述障碍而失去正当性,因此,有人提出,完全可以借助运动员同意制度,实行合意性的透明化政策,突破上述障碍。具言之,通过事前征询运动员意见的方式,解决透明化政策的正当性问题。因为这不仅能突破上述障碍,更为重要的是,这还会使运动员建立自己的保密范围,该范围之外的信息失去隐私的地位。因此,这种观点认为,应将透明化政策与运动员同意制度结合在一起,即通过合意性透明化政策,控制治疗用药豁免制度的滥用。

然而,这种建议的基础是申请治疗用药许可的运动员"同意"公开自己的治疗信息,问题是,他们真的同意吗?这种观点认为答案是肯定的,主要理由是,运动员通常有证明自己是"诚实"的潜在动力,不愿意使自己的用药行为蒙上一层阴影,所以,他们有向社会证明自己使用禁药是正当的愿望。当运动员"自愿"公开这种信息时,权利主体的选择就成了透明化政策正当化的根据。所以,其既不侵犯运动员的隐私和公平比赛权,也不会使医护人员陷入道德困境。不过，这种主张存在以下的问题难以解决：

首先，如果将透明化建立在运动员同意的基础之上，就像体育的其他领域那样，根本不会允许运动员做出“不同意”的选择，也就是说，面对治疗信息的公开，运动员只能“同意”，不能“不同意”。在这种情况下，运动员的选择很难视为其自由意志的结果，故无法构成透明化政策正当化的根据。①

其次，这种建议打着“运动员同意”的旗号，实际上实行的是强制性透明化政策，这本身就具有“欺骗性”。以此为手段追求“体育诚信”，无异于南辕北辙，因为手段代表了形成中的理想和目的。

最后，也是最为重要的，该建议的前提是大多数运动员同意公开自己的治疗信息隐私。然而，至少在当前，该前提缺乏实证根据，甚至有人认为恰恰相反，实际上大多数申请治疗用药许可的伤病运动员反对这么做，典型的例证是著名的网球选手皮特·桑普拉斯（Pete Sampras）。在职业生涯中，他患有轻微的地中海贫血症，并借助治疗用药豁免制度使用了禁药。退役后，他才承认有这种疾病，他解释说，当时之所以隐瞒不让外人知道，主要是为了防止竞争对手利用这一点攻击自己或者产生心理上的优势，因此，他坚决反对透明化政策。另外一个例子是荷兰著名足球运动员鲁德·范·尼斯特鲁伊（Ruud van Nistelrooy）。他原本要转会到英超豪门曼联，正是由于担心其治疗信息有可能被披露出去而放弃，由此可以看出运动员对自己的治疗信息的态度。② 因此，即使选择所谓的合意性透明化政策，仍然需要证明透明化的正当性，或者说，如果不能突破上述法律或者伦理障碍，这种主张仍是有问题的。

3. 审批机构的独立化

既然透明化政策存在上述障碍难以克服，也有人提出，国际体育组织应成立独立的体育医学机构，由其专门负责治疗用药豁免制度的实施，即实行一元化审批模式。根据有：一则，这有助于避免当前治疗用药豁免制度出现的利益冲突，防止运动员借此进行不公平的竞争；二则，这种机构的工作人员既有医学背景，也有管理者的身份，他们就不再单纯依赖申请人提供的医生处方，而是利用自己的医学知识，审查治疗用药申请，从而也就解决了反兴奋剂义务与医护人员保密义务的冲突问题；三则，根据这种制

---

① See Halt J. , *Where is the Privacy in WADA's "Whereabouts" Rule*, Marq. Sports L. Rev. , Vol. 20, p. 267 – 289 (2009).

② See Malcolm D. , *Confidentiality in Sports Medicine*, Clin Sports Med, Vol. 35: 2, p. 205 – 215 (2016).

度安排,由医学专家判断申请人是否应当使用某种禁用物质,就无须再将其治疗信息公之于众了,这不仅有助于防止治疗用药豁免制度的滥用,还保护了运动员的隐私。从理论上讲,审批机构的独立化是有道理的,其可能代表治疗用药豁免制度未来的发展方向,但就目前而言,很多问题仍有待解决。

首先,这种建议的实施需要庞大的经费作保证。一则,如果实行一元化审批模式,为了使治疗用药豁免制度摆脱当地的影响,必然实行回避制。如在美国从事审查的工作人员须来自俄罗斯或者法国,不能来自美国;在德国的工作人员须来自英国或者土耳其,而不能是来自德国,等等。再加上,这些工作人员又须有医学和体育法双重背景,这必然大大增加治疗用药豁免制度的实施成本。二则,目前反兴奋剂工作的经费由 WADA 和各成员分担,实际上,治疗用药审批的经费至少有一半来自成员。如果由统一的机构负责审批,则意味着审批机构与成员不再有任何的关系,于是,这势必影响成员向其注资的动力,对发展中国家尤为如此。当治疗用药许可审批经费完全来自 WADA 时,这很可能产生严重的资金不足问题。①

其次,这种建议与当前的反兴奋剂治理机制也存在矛盾。目前反兴奋剂组织既隶属于 WADA,也隶属于成员国或者国际单项体育联合会,即实行二元化治理机制。如果根据上述建议,治疗用药许可由某一机构统一负责且其只隶属于 WADA,即实行一元化审批模式,这必然会维护反兴奋剂工作的统一性。易言之,在反兴奋剂工作实行二元化的背景下,不可能在治疗用药豁免制度方面实行一元化。

最后,审批机构独立化无法解决治疗用药豁免制度出现的"滑坡效应"。即使由统一的体育医学机构专门负责治疗用药申请的审批,但是,由于在审批时缺乏相关的利益冲突方,故该制度仍然存在"滑坡效应"问题。特别是,由于借助该制度可以"合法"地使用兴奋剂,很多体育团队或者俱乐部,有可能投入一定的资金,探寻"合法"使用禁用物质的方法。由于该机构有保护运动员隐私的义务,因此,上述机构投资所获得的成果("合法"使用某种禁用物质的方法)社会很难知晓,这无疑在一定程度上保护了这种投资的收益,故其有鼓励违规行为的嫌疑,这必然导致该制度的门槛不断降低。

总之,在当前反兴奋剂治理机制下,设立独立的审批机构,至少在今天

① 参见杨春然、张晓菲:《论反兴奋剂治理机制的改革:扩张违规主体抑或独立化?》,载《天津体育学院学报》2019 年第 5 期。

缺乏可适用性。相反,透明化政策仅仅在现有制度的基础上,增加相应的要求即可。这无须进行根本性的改革,还有助于保持反兴奋剂制度的稳定性,极易实行。但是上述法律或者道德障碍能够突破吗?

(四)有限透明化政策的规范根据:从家长主义、比例原则、正当程序原则到运动员同意制度

由于透明化政策会剥夺申请人的隐私权,透明化政策与医护人员职业道德的冲突和对伤病运动员公平比赛权的侵犯,其是"剥夺"隐私权的后果,拒绝这种政策的观点似乎是有道理的。然而,这种观点显然忽视了治疗用药豁免制度所蕴含的侵权风险,即使用兴奋剂的行为的他害性。正是这种他害性,使透明化政策在一定范围内具有正当性。实行有限透明化政策的主要根据有:

1. 家长主义

有人认为违反保密义务,有助于运动员自己的健康,即防止运动员自己伤害自己,为了保护运动员自身的利益而披露其隐私,这本身是没有问题的。这种观点显然属于家长主义的范畴。在当前法律体系中,尽管家长主义立法备受诟病,但目前仍然存在很多的立法例。

家长主义在劳动法、合同法甚至行政法(比如强制性的医疗保险)等领域,仅仅得到一定程度的实证法的承认。① 支持者认为,基于现有的立法,如果否定家长主义,目前很多的法律现象无法解释,比如帮助自杀禁止。② 反家长主义者,比如,费因伯格认为,完全能力人基于实质自愿而进行的自害行为,法律不得干预,理由有:其一,家长主义违反了个人决定权;其二,家长主义有可能导致公权力的泛化,使得法律伦理主义借尸还魂。③ 家长主义在解释毒品犯罪、帮助(教唆)自杀犯罪方面,具有独到的优势。但是,德沃金认为,个人权利至上,国家权力的道德根据只能存在于个人权利之中,即刑法必须受到个人自我决定权的限制。④ 行为人如果没有其他的选择,即使给他人造成了损害,也不应当承担责任,除非为了保护或者提

① 参见黄文艺:《作为一种法律干预模式的家长主义》,载《法学研究》2010 年第 5 期;孙笑侠、郭春镇:《法律父爱主义在中国的适用》,载《法制资讯》2008 年第 2 期。

② 在学界,大多数学者认为禁止运动员使用兴奋剂,本身就是刑法禁止,因为其后果是运动员的一定期间内比赛资格被剥夺,即实行所谓的职业禁止,这属于刑法的范畴。参见杨春然、王学栋:《论反兴奋剂国际体育仲裁中的运动员程序保护》,载《北京体育大学学报》2018 年第 11 期。

③ See Joel Feinberg, *Harm to Self*, Oxford Univ. Press, 1984, p. 12; Christopher Berry Grey, *The Philosophy of Law: An Encyclopedia*, Garland Pub. Co., 1999, p. 632 – 635.

④ See R. Dworkin, *Taking Rights Seriously*, Harvard Univ. Press, 1977, p. 180.

高人们的自我决定权,个人的自我决定权是不能被侵犯的。① 然而,家长主义恰恰与此相反,他们认为,国家可以基于善意的理念,干涉人们的自害行为,具言之,反兴奋剂组织可以基于保护运动员的健康,而干涉运动员使用兴奋剂的行为。

家长主义的实质是,牺牲人们当前的个人自由或者自决权(使用禁用物质或者方法的权利)换取未来最大或者较大的利益(生命健康权)。因此,用家长主义证立不允许运动员使用兴奋剂,是以惩罚的方式否定行为人当前的选择权,同时对其自身未来利益构成挑战。如果承认家长主义可以作为不允许运动员使用兴奋剂的理由,则存在以下的缺陷:

其一,“家长主义”本身与个人自决权或者个人自由存在不可调和的矛盾,违反伤害原则和法益保护原则的精神实质。② 不管是普通法系的伤害原则,还是大陆法系的法益保护原则,反映的都是对公权力的怀疑,而家长主义却把政府或者国家比喻为善良的家父,显然,这有悖于这两个原则的精神实质。特别是,家长主义的立法很容易被滥用,或者其之实施很容易背离人们的道德直觉。

其二,“家长主义”显然是一种比喻,即对行为异常的公民而言,国家就像一个慈父那样,有权纠正其“自害”行为,这实质上移植的是民法里的监护权制度。民法的监护制度原本是为了救济未成年人或者其他无行为能力人的权利而存在的,这种制度通常以监护人与被监护人之间的血缘或者姻亲为基础。而家长主义在移植这种制度时,却以政治为基础,其所追求的行为人的长远利益,纯粹是一种主观判断。③ 这就意味着,如果将其视为伤害原则或者法益保护原则的例外,很容易出现滑坡现象,最终吞噬掉伤害原则或者法益保护原则的价值。④

其三,最重要的是,公法责任的本质特征系道德非难性,而不是其他,

---

① See H. L. A. Hart, *Punishment and Responsibility*, Oxford Univ. Press, 1968, p. 28 – 30.

② See Camerer C. et al., *Regulation for Conservatives: Behavioral Economics and the Case for "Asymmetric Paternalism"*, University of Pennsylvania Law Review, Vol. 151:3, p. 1211 – 1254 (2003).

③ See Dixon N., *Boxing, Paternalism, and Legal Moralism*, Social Theory and Practice, Vol. 27:2, p. 323 – 344 (2001); Dworkin G., *Moral Paternalism*, Law and Philosophy, Vol. 24:3, p. 305 – 319 (2005).

④ 规则结果主义(rule-consequentialists)认为,规则或者原则例外的错误成本如果太大,为了保护该规则的范式价值,可以否定该规则的例外的存在。See Gross O., *Are Torture Warrants Warranted? Pragmatic Absolutism and Official Disobedience*, Social Science Electronic Publishing, Vol. 88:6, p. 1481 – 1555 (2004). 这个问题,后面还要专门探讨。

即对违反禁止的人进行道德谴责。[①] 如果在法律上承认“家长主义”的正当性，无异于承认自杀行为、自残行为均具有道德非难性，一般人是很难接受的，因为这种行为通常被解读为一种生活方式或者生活态度。而且，在法律领域内，承认家长主义，很容易否定个人的自我决定权，造成个人的生活由国家或者社会组织安排的局面，从而架空伤害原则或者法益保护原则对刑法的限制。这也与罪刑法定原则所隐藏的对国家的警惕之心不符。

其四，其实，对于原来用家长主义证立的法律禁止，目前大都尝试从其他的角度解释其正当性，比如，公共救济理论和附随结果理论。根据这种理论，禁止不系安全带开车的理由是：如果不系安全带，发生了交通事故。一方面，保险机制或者社会保障机制会将这种责任转移到第三人或者社会身上；另一方面，如有对方当事人，由于不系安全带而在交通事故中被误伤，也会因此痛苦与悔恨。即这种法律禁止可以解释为避免他人受到伤害，并不是所谓的家长主义。[②] 对于毒品犯罪，尽管购买毒品的人是出于自愿，但这不仅会增加未成年人接触毒品的可能性，而且会使得毒品泛滥地区的房价受到影响，[③]更重要的是，吸毒的人并非真实地想伤害自己的身体健康。[④]

不过，以此支撑治疗用药豁免政策的透明化，却存在一些难以突破的伦理障碍，理由就是，使用兴奋剂的行为自身并不一定会对运动员的健康造成重大的伤害；或者相对于一些被允许的风险，其产生的风险甚至可以忽略不计或者根本不应予以考虑。比如，当使用禁用物质对运动员造成的伤害，不超过精英运动员正常的训练或者比赛产生的风险或者损害时，特别是当后者的风险更大时，家长主义失去了正当性。此时的政策应当是尊重运动员的个人意见，而不是反对运动员寻求医学帮助。再就是，放弃保密权的合同，不可能让使用兴奋剂的运动员获得可靠的医学帮助，咨询本身就有很大的风险，其会破坏运动员与医生之间的信任关系，导致作为病人的运动员不可能将自己的真实信息一一告知医生，而选择一些自认为不

① See Bernard E. Harcourt, *Joel Feinberg on Crime and Punishment: Exploring the Relationship between the Moral Limits of the Criminal Law and the Expressive Function of Punishment*, Buffalo Criminal Law Review, Vol. 5, p. 145 – 172(2002).

② See Christopher Berry Grey, The *Philosophy of Law: An Encyclopedia*, Garland Pub. Co., 1999, p. 632 – 635.

③ See Svatikova K., *Economic Criteria for Criminalization: Why Do We Need the Criminal Law?*, SSRN(Mar. 1, 2009), https://ssrn.com/abstract = 1150689 or http://dx.doi.org/10.2139/ssrn.1150689.

④ See Joel Feinberg, *Harmless Wrongdoing*, Oxford Univ. Press, 1988, p. 14 – 16.

重要的信息,让医生知道。这样,医生由于没有全面了解病人的信息,或者说,其得到的是病人经过利益权衡后所选择的信息,必然会影响其治疗方案的针对性和合理性,这有可能侵犯运动员的身体健康或者不利于运动员的健康。

对于治疗用药豁免制度的干预,是对运动员轻微的自害行为的干预,其否定了运动员的人格尊严,所以,家长主义是很难"证成"其存在合理性的。

2. 比例原则

比例原则最初起源于德国的警察法,随后得到欧洲法院的认可,从而成了瑞士法的一项法律原则,即以 WADC 为中心的反兴奋剂制度有遵守该原则的义务。① 该原则由适当性原则、必要性原则和狭义的比例原则三个子原则构成。

首先,有限透明化政策符合适当性原则。2016 年的 ISTUE 规定,运动员申请治疗用药许可,必须根据优势证据规则,证明所申请使用的禁药有减轻相应病症或者痛苦的功效,但其不具有提高比赛成绩的功能。② 这样,从规范的角度看,治疗用药豁免制度的实施不会产生侵权结果,但事实并非如此,主要理由有:第一,从历史的角度看,治疗用药豁免制度反映的是体育组织对伤病运动员的同情。在最初,反兴奋剂规则和《禁用清单》制定后,运动员向体育组织提出用药申请。此时,申请人的确有需要禁药治疗的伤病,即使申请使用的禁药能提高比赛成绩,使用这种禁药也未必真的会伤害他人(侵犯其他运动员的公平比赛权)。理由是,根据民法,侵权通常由三个要件构成:加害行为(申请人违规使用禁药并参加比赛)、损害事实(剥夺了原本属于他人的利益或者荣誉)、加害行为与损害事实之间有因果关系(借助禁药赢得比赛)。③ 然而,由于比赛的赢家凤毛麟角,对绝大多数运动员而言,最后两个条件成就的可能性很小,甚至可忽略不计。所以,在批准治疗用药许可之时,其他运动员的公平比赛权仅仅是一种观念,用药行为对其构成的威胁并不具有紧迫性和现实性。于是,出于人道主义的考量,体育组织接受了这种申请,同意运动员使用禁药。这种

① 参见范继增:《欧洲人权法院适用比例原则的功能与逻辑》,载《欧洲研究》2015 年第 5 期。

② See ISSF v. WADA CAS 2013/A/3437.

③ 当前我国学界通常认为侵权行为由四个要件构成。参见张新宝:《侵权责任法》,中国人民大学出版社 2006 年版,第 47 ~ 77 页。其实,在英美法和大陆法中,过错并非侵权行为的构成要件。参见杨春然:《审计侵权责任的经济分析和重构》,载《东海大学法学研究》第 29 期(2008 年)。

做法随后发展成为当前的治疗用药豁免制度，并被 WADA 规定在 WADC 中，因此，当前的治疗用药豁免制度实际上体现的是反兴奋剂组织对伤病运动员的同情，而对其他运动员的公平比赛权重视不够。第二，从申请和审批的角度看，不管是为申请提供治疗根据的医生，还是负责审批的官员，主要从医学的角度看待禁用物质。医学界一般认为，药品与兴奋剂的区别在于药品之使用有助于减轻病症或者痛苦，即凡是出于治疗伤病之目的而使用禁用物质的，即使其有提高比赛成绩的功能，也是正当的。① 这样，治疗用药豁免制度实施的结果，极易侵犯其他运动员的公平比赛权。② 第三，从规则实施的角度看，WADA 的官员解释说，大多数禁用物质是否能提高比赛成绩，在制定或者修订《禁用清单》时，根本没有进行科学上的证明，因为这很可能是无法证明的。因此，在实践中，也不能要求运动员反证，否则，是强人所难！③ 根据这种解释，“不会提高比赛成绩”并不具有实质意义。很多成员国也坚持这样的看法，比如，天空车队的队医萨顿公开承认，他们帮助运动员申请使用的禁药，几乎都有提高比赛成绩的功能，但英国政府却认为，即使有这种功能，也是这些禁药的副作用。由于其主要目的是减轻伤病带来的痛苦，故这些治疗用药许可并没有什么不妥。④ 因此，治疗用药豁免制度的实施有一定的侵权风险。

在进行治疗用药许可审批之时，由于这种侵权风险通常很小，无须考虑。但风险小并不等于不存在，一旦这种风险变成现实，则会侵害他人的权利。⑤ 因此，有人从公平的角度指出，运动员赛前因肌肉拉伤而无法参加比赛，体育组织并未出于同情而提供补救措施，为什么单独要为伤病运动员制定一个反兴奋剂制度例外呢？这是没有道理的！⑥ 有限透明化政策显然要比这种观点温和得多，因为其有条件地允许运动员使用兴奋剂，而不是完全拒绝。不过，由于其会将申请人的治疗情况公之于众，让滥用该制度的行为极易被发现，大大增加了违规的法律风险和社会风险。

---

① See Steven D. Edwards & Mike McNamee, *Why Sports Medicine is not Medicine*, Health Care Analysis, Vol. 14, p. 103 – 109(2006).

② See Steven D. Edwards & Mike McNamee, *Why Sports Medicine is not Medicine*, Health Care Analysis, Vol. 14, p. 103 – 109(2006).

③ See ISSF v. WADA CAS 2013/A/3437.

④ See Sean Ingle, *Nicole Cooke septical of Bradley Wiggins and hits out at "sexist" cycling*, The Guardian, 9 January 2017.

⑤ See Dimeo P. & Moller V., *Elite Sport: Time to Scrap the Therapeutic Exemption System of Banned Medicines*, The Conversation, Vol. 12, p. 1 – 4(2017).

⑥ See Dimeo P. & Moller V., *Elite Sport: Time to Scrap the Therapeutic Exemption System of Banned Medicines*, The Conversation, Vol. 12, p. 1 – 4(2017).

其次,有限透明化政策符合必要性原则。如前所述,就控制治疗用药豁免制度的滥用而言,目前有三个解决方案,其中两个都有很大的局限性。而建立在透明化基础之上的有限透明化政策,不仅能控制治疗用药豁免制度的侵权风险,而且还有必要性,理由是:①一方面,该制度的滥用通常是医生、教练员、心理医生、运动员甚至是负责审批的反兴奋剂组织的工作人员等相互协作的结果,即其具有机密性的特点,外人很难有机会知晓,而且,他们极易形成利益共同体。如果不借助整个社会的力量,则无法控制,毕竟阳光才是最好的杀虫剂。另一方面,既然治疗用药豁免制度滥用的后果主要体现为侵权风险,因此,需要给潜在被害人提供救济,而独立化政策显然是做不到的。原因是其无法确保潜在被害人有机会了解治疗用药申请情况,从而也就无法对治疗用药豁免制度的实施进行监督,即并不能增加申请人以及审批人员违规的风险。正是基于此,天空车队的总经理戴夫·布瑞斯福德指出,只有提高治疗用药豁免制度的透明度,才能督促运动员自动遵守相关的规定,不再将其视为提高比赛成绩的手段。因此,有限透明化政策符合必要性原则。

最后,有限透明化政策还符合狭义的比例原则。狭义的比例原则又称为均衡性原则,其是指所采取的法律措施的成本或者剥夺的法益,与该政策所欲实现的目的(保护的法益)在价值上相当,或者成比例。

其一,有限透明化政策并不要求公开所有运动员的治疗信息,其只适用于精英运动员或者在登记检查库注册的运动员(后文统称为精英运动员),其根据有:一则,精英运动员成功的概率高,即很容易通过兴奋剂战胜对手,剥夺原本属于他人的奖金或者荣誉,或者说,他们使用兴奋剂的行为极易构成侵权;二则,精英运动员极易被一些组织(比如俱乐部)、教练、医生等选中,专门为他们量身定做"合规"使用兴奋剂的方法,即这些运动员是滥用治疗用药豁免制度风险较高的人群;三则,精英运动员会从体育比赛中获得巨大的收益。即使他们未滥用治疗用药豁免制度,在他们申请治疗用药许可时,应当公开其治疗信息。因为治疗用药豁免制度的滥用,会引起人们质疑该制度,从而造成整个体育行业公信力的降低。当人们不再像以往那样关注体育时,精英运动员会成为最大的受害人,导致其努力训练和比赛的目的落空。为了保护精英运动员自己的利益,也应当强制精英运动员公开治疗用药许可的信息,向社会证明比赛成绩是"干净"的。正

---

① See Kornbeck J., *Private Regulation and Public Trust: Why Increased Transparency Could Strengthen the Fight against Doping*, Dtsch Z. Sportmed, Vol. 66, p. 121 – 127(2015).

是基于这个原因,有学者指出,无隐私应视为运动员高额工资或者收入的一个附属品,他们的个人信息本身就是娱乐的一部分,其并不专有,任何人都可以分享。① 与之不同,一般运动员并不以体育为生,将治疗信息完全公开,则会使他们变成社会的"透明人",这有可能给他们带来巨大的伤害,而且,由于他们成功的概率较低,公示他们的治疗信息,还有悖于法益的理论,因为这种理论排斥"抽象的危险犯"。②

其二,体育比赛是一种"零和游戏",一方的成功通常意味着另一方的失败。由于兴奋剂是运动员提高比赛成绩的重要手段,因此,利用兴奋剂提高竞争力的行为往往具有他害性。有限透明化政策实际上是为了降低甚至消除这种加害风险,而将申请人使用禁药的具体情况公布于众,即要求精英运动员以牺牲"隐私"的方式,购买"禁药使用权",即他们不能无"对价"地获得这种权利。这样,当申请人认为这种"交易"不公平,或者违反狭义的比例原则时,其完全可以通过拒绝"交易"的方式,比如,不申请治疗用药许可,或者不参加比赛,来保护自己的隐私权。在这种制度框架下,运动员申请治疗用药许可,就意味着其认为这种"交易"是划算的,即从申请人的角度看,有限透明化政策完全符合均衡性原则。

其三,WADC 基于比例原则,为精英运动员规定了飞行药检的义务,禁止运动员赛外使用禁用物质。③ 治疗用药豁免制度是这种禁止的唯一例外,所以,这种制度滥用的风险与飞行药检所意欲控制的风险,在一定范围内是重合的,即两者在价值上是相当的。然而,飞行药检制度要求精英运动员随时向反兴奋剂组织报告自己的行踪信息,这种义务不仅在一定程度上否定了运动员的休息权,还剥夺了运动员的隐私权和个人信息权。④ 既然飞行药检是正当的,有限透明化政策剥夺精英运动员的隐私权也不应当有问题。

总之,根据 WADC 的规定,兴奋剂违规行为通常会产生两种责任,即公法责任(比如惩罚性的禁赛)和私法责任(比如剥夺比赛资格、奖金和奖

① See Orchard J., *Who Owns the Information?*, Br J. Sports Med, Vol. 36, p. 16 – 18(2002).

② 对法益侵害可能性较小的行为,规范无权进行干预,参见杨春然:《论法教义学视角下的最后手段原则的规范构成及适用——兼论宪法对犯罪论体系的选择》,载《中国刑事法杂志》2017 年第 5 期。

③ 参见 WADC 第 4.2.1 条的解释。

④ 参见杨春然、张梅:《世界反兴奋剂机构的行踪规则与法律的冲突及限制》,载《成都体育学院学报》2018 年第 1 期。

牌等)。[①] 运动员基于治疗用药许可而使用禁药的行为,由于其本身体现了对反兴奋剂法秩序的尊重,故有阻却公法责任的功能。由于治疗用药许可体现的是反兴奋剂组织对伤病运动员的同情,再加上其也无权剥夺其他运动员的公平比赛权,故治疗用药许可更像是刑法领域内的免责事由,而非正当化事由,其不具有阻却私法责任的功能。[②] 这种私法责任构成有限透明化政策的实体法根据。不过,根据比例原则,只有精英运动员申请治疗用药许可才适用透明化政策,一般运动员不适用。

3. 正当程序原则

有限透明化政策也是正当程序原则的要求。一般认为,正当程序原则源自普通法,在20世纪50年代,瑞士联邦最高法院以"判决"的方式承认其存在。该法院指出,当体育组织的决定危及运动员的权利时,即使运动员并非直接成员,该组织也有保护他们权利的义务,否则,该决定会因违反正当程序原则而无效。[③] 由于WADA及其制定的反兴奋剂规则都受瑞士法管辖,因此,治疗用药豁免制度有遵守正当程序原则的义务。

首先,对于治疗用药豁免制度所蕴含的侵权风险,其他运动员通常是不知情的。根据当前的治疗用药豁免制度,参与治疗用药许可审批的主体只有申请人和审批机构。这虽然涉及第三人的权利(主要是其他运动员的公平比赛权),但第三人并不参与(事实上无法参与),故当前的治疗用药豁免制度对其他运动员缺乏相应的程序保护,其他运动员的权利只能寄托于审批机构的严格执法。然而,治疗用药许可的审批存在严重的信息不对称问题,即申请人熟悉审批机构的判断标准,审批机构却不了解申请人的具体情况,只能根据运动员单方面提供的信息做出判断。这样,即使反兴奋剂组织严格执法,也无法切实地平衡申请人与其他运动员之间的关系,

---

① 参见杨春然、王学栋:《论反兴奋剂国际体育仲裁中的运动员程序保护》,载《北京体育大学学报》2018年第11期;See Dionne L. Koller, *Does the Constitution Apply to the Actions of the United States Anti-Doping Agency?*, St. Louis University Law Journal, Vol. 50, p. 120 – 121 (2005); Brentwood Acad. v. Tenn. Secondary Sch. Athletic Ass'n, 531U. S. 288(2001); Sarah L. Horvitz, Travis Tygart & Paul A. Turbow, *Dopers Are not Duped: USADA's Assistance to Federal Prosecutors Ultimately Protecting Clean Athletes Is not State Action*, Marq. Sportsl. Rev., Vol. 19, p. 55 – 57(2008); Maureen A. Weston, *Doping Control, Mandatory Arbitration, and Process Dangers for Accused Athletes in International Sports*, Pepperdine Dispute Resolution Law Journal, Vol. 10, p. 5 – 46(2010).

② 参见杨春然:《正当化事由与免责事由——兼论行为规范与裁判规范的解构》,载《中国刑事法杂志》2015年第2期。

③ See CAS 98/200, AEK Athens and SK Slavia Prague / UEFA; J. Q. Whitman, *The Two Western Cultures of Privacy: Dignity versus Liberty*, The Yale Law Journal Company, Inc., 2004, p. 1151 – 1221.

更何况还存在前面提到的利益冲突问题，所以，其他运动员的权利极易受到侵犯。[①] 当这种侵权风险达到一定程度时，反兴奋剂组织当然有告知第三人（主要是其他与申请人有竞争关系的运动员）的义务，保障他们的知情权。道理很简单，在医学领域内，医生发现病人患有恶性传染病，尽管有保护患者隐私的义务，但这并不能阻止其出于保护他人健康的需要而将这种病症的信息披露给相关的人员。[②] 同理，在体育领域内，当运动员基于治疗用药许可而使用禁药存在侵权风险时，审批机构对治疗信息也不应当再有保密义务，根据正当程序原则，其应当将此情况告知利害关系人，以维护比赛的公平。

其次，受害人的不特定性，要求将精英运动员的个人信息进行公示。如前所述，对于一般运动员，由于其赢得比赛的概率较低，即使其滥用治疗用药豁免制度，通常也不会侵犯他人的权利，故审批机构没有义务也没有权利公示其用药信息。精英运动员与之不同，他们一旦滥用该制度，不仅会侵犯其他运动员的公平比赛权，而且，还会误导公众，侵犯消费者的知情权与自主选择权。比如，阿姆斯特朗通过治疗用药豁免制度等滥用兴奋剂的行为，不仅剥夺了其竞争对手的奖金和荣誉，拿走了大量的广告费和代言费，还通过发行自传的方式，骗取了很多版税。[③] 也就是说，包括与其存在竞争关系的运动员、媒体、社会公众、比赛的组织方、比赛的赞助商，其代言的产品或者服务的供应商等，都有可能成为受害人。因此，在治疗用药许可审批之时，这些（潜在的）受害人的范围不仅非常广泛，而且具有不确定性。这导致反兴奋剂组织无法通过一一告知的方式将治疗信息传递给他们，所以，只能采用公示的方式告知。

最后，公示的内容应当包括批准治疗用药许可的主要信息。如果披露的内容过于简单，第三人即使根据审批机构的公示，知道谁在使用禁药，但不清楚审批的具体情况，比如，为何使用、使用了什么药、负责审批的具体人员是谁、审批程序是怎样进行的等，则获得这种信息是没有意义的，因为第三人很难据此有效质疑。从这个角度看，既然反兴奋剂组织批准申请人使用禁药，其就有将申请资料、自己的态度及其根据等告知第三人的义务。

---

① See Wantchekon Leonard & Healy Andrew, *The "Game" of Torture*, Journal of Conflict Resolution, Vol. 43, p. 596 – 609 (1999).

② See Exercise and Sports Science Australia. Code of professional conduct and ethical practice. Queensland, Aus: Exercise and Sports Science Australia, 2014.

③ See Anna Haslinsky, *Lance Armstrong Wins Again by Surviving a Lawsuit for Misrepresentations and Fraud without so Much as a "SLAPP" on the Wrist*, Jeffrey S. Moorad Sports L. J., Vol. 22:1, p. 109 – 148 (2015).

具言之,审批机构应当将申请人使用禁药的详细信息通过公示的方式,告知潜在的受害人,从而使其有能力评估自己权利是否受到了现实威胁或者侵犯。

总之,基于治疗用药许可而使用禁药的行为,是反兴奋剂组织职务行为的直接后果。当这种行为存在侵权的巨大危险时,正当程序原则要求审批机构将这种信息告知相关的利害关系人。而利害关系人的不特定性,使告知只能采用公示的方式,这就是有限透明化政策的程序法根据。

4. 运动员同意制度

就治疗用药豁免制度而言,尽管比例原则与正当程序原则可以构成有限透明化政策的根据,但是,这并不能证明反兴奋剂组织享有公开精英运动员治疗信息的权利。他们要获得这种权利,必须通过运动员同意制度,主要理由有:

首先,包括 WADA、国际奥委会以及各国际单项体育联合会在内的反兴奋剂组织,在法律上为民间组织,属于私法人的范畴。因此,他们对运动员使用兴奋剂的行为,并不具有天然的管理权,当然,也不具有披露运动员治疗信息的权力。既然法律未赋予上述机构这种职权,故其要公开运动员的治疗信息,必须要经过申请人的具体授权。于是,运动员同意制度就成了反兴奋剂组织获得公示治疗用药信息权的唯一路径。

其次,确定有限透明化政策适用对象的范围,也需要同意制度的辅助。主要理由如前所述,有限透明化政策只公示精英运动员的治疗信息,一般运动员没有这种义务。如果通过“立法”的方式授权反兴奋剂组织只披露精英运动员的治疗信息,而将一般运动员排除在外,很明显违反平等原则。此外,精英运动员与一般运动员的边界极为复杂,其划分不仅受制于比赛成绩,而且受到所从事的项目以及其他社会因素的影响。故其划分标准充满了主观性。如果采用“立法”的方式,对精英运动员与一般运动员进行区分,很难反映大众喜欢的体育项目与一般项目的不同之处。① 因此只能采取“行踪规则”的做法,区分精英运动员和一般运动员。也就是说,在确定精英运动员的范围时,应直接援引“行踪规则”的相关规定,而这需要运动员同意制度辅助。

最后,有限透明化不等于要将申请人的全部治疗信息都公之于众,而是根据必要性原则,只公开一定范围的信息,以防止侵权为必要。然而,必

---

① See Swann C., Moran A. & Piggott D., *Defining Elite Athletes: Issues in the Study of Expert Performance in Sport Psychology*, Psychology of Sport and Exercise, Vol. 16, p. 3 – 14 (2015).

要性原则具有模糊性,其在适用于具体案件时,需要运动员同意制度进行补充。在现实中,如果运动员重视对自己隐私的保护,其会选择披露个人信息程度较低的选项。然而,这有可能影响运动员成绩的公信力,引起赞助商或者其所代表的组织甚至比赛主办方的不满。反之,运动员会选择透明化程度较高的选项,但这又可能给自己带来意外的伤害。故开放隐私的程度应由运动员结合自己的具体情况,通过合同的方式自行选择,所以,有限透明化政策需要运动员同意制度支撑。

基于国情,我们认为,我国应当支持有限透明化政策。主要理由有:一则,有助于增加违法成本。治疗用药豁免制度的存在,有可能使有关组织开展相关研究,获得不正当使用该制度的方法,但是,如果将该制度的实施进行公开,那么相关的研究成果很快就会被社会知晓,进而大大降低这种投资的收益,也就变相地提高了违法的成本,故有限透明化政策有利于减少不公平比赛现象的发生。二则,有限透明化政策有助于打破医学技术的壁垒。由于各国医学水平发展不均衡,如果进行信息公开,发展中国家可以参照医学水平较高国家的做法,应用这种制度。因为一旦公布获得治疗用药许可的具体信息,其他国家有类似情形的运动员就可以效仿,即也会申请治疗用药豁免,这显然有助于降低由于该国医学水平过低而产生的不公平竞争。三则,由于治疗用药豁免制度存在严重的"滑坡效应",这就要求我国必须借助有限透明化政策,时刻关注治疗用药豁免制度的发展动态,捍卫我国运动员的公平比赛权。

还有人认为,可以通过事前征询运动员的意见,看其是否同意分享具体的信息,以此解决这个问题。通过这种方式,运动员会形成自己的保密范围,在该范围之外的信息,则放弃保密。在上述注意义务报告中,汤普森对放弃保密权的合同进行了评论,认为他们应当受到法律规定的限制,因为从伦理学的角度看,这会产生很多的问题。

首先,如果将透明化建立在运动员同意的基础之上,就像体育的其他领域那样,根本不会允许运动员做出"不同意"的选择,也就是说,面对治疗信息的公开,运动员只能"同意",不能"不同意"。在这种情况下,运动员的选择很难视为是其自由意志的结果,故其无法构成透明化政策正当化的根据。

其次,这种建议打着"运动员同意"的旗号,实际上实行的是强制性透明化政策,这本身就具有"欺骗性"。以此为手段追求"体育诚信",无异于南辕北辙。

最后,该建议的前提是,大多数运动员同意公开自己的治疗信息隐私。

然而,至少在当前,该前提缺乏实证根据,甚至有人认为恰恰相反。实际上大多数申请治疗用药许可的伤病运动员反对这么做,典型的例证是著名的网球选手皮特·桑普拉斯,患有轻微的地中海贫血症,并在职业生涯中借助治疗用药豁免制度使用了禁药。退役后才承认自己患有这种疾病,他解释之所以隐瞒,主要是为防止竞争对手利用这一点攻击自己或者产生心理上的优势,因此,他坚决反对透明化政策。另外一个例子是荷兰著名足球运动员鲁德·范·尼斯特鲁伊,他原本要转会到英超豪门曼联,正是由于担心其治疗信息有可能被披露出去而放弃。

因此,即使选择所谓的合意性透明化政策,仍然需要证明透明化的正当性,或者说,如果不能突破上述法律或者伦理障碍,这种主张仍是有问题的。

有人指出,个人自治的价值并不总是优于对体育公平的维护,为了保护后者,对前者进行轻微的冒犯,应当是可以的。不过,反兴奋剂政策关注的应是运动员的福祉,而透明的治疗用药豁免政策或者秘密权的放弃,很可能会侵犯这种福祉。

也有人主张,通过强调运动员的同意,即运动员放弃其隐私权的方式,可以躲过这些伦理问题。当然,有些运动员为了证明自己的诚实或者为了维护体育比赛的诚信而自愿公开这种信息。然而,如何认定这种同意的效力,则是一个难题。在体育领域内,兴奋剂是一个重要的且极易产生争论的问题,其会迫使运动员证明自己是干净的,而这一点很难操作,极为麻烦。如果其成为一种管理层、团队或者成员国的政策,即要求奥林匹克运动员披露其治疗用药豁免的全部细节,运动员个人很难对抗这种趋势而拒绝将自己的个人信息与社会分享。这种压力可能被评价为胁迫,很多奥林匹克比赛项下的合同都有此性质,其通常以强迫的方式,让运动员同意分享信息,这一点后文还要进行讨论。在这种模式下,运动员将自己的治疗信息公开就成了其"自愿"的选择或者是其"同意"的结果。然而,这种"同意"很容易被评价为"胁迫的民事行为"。道理很简单,当运动员拒绝提供其治疗用药豁免许可的详细信息时,机构很可能认为其动机有问题,或者说其心中有鬼,这必然导致运动员的处境极为不妙。

不过,这里存在的问题是,这种主张有可能导致反兴奋剂政策扩张。在当前的反兴奋剂环境下,运动员弃权行为的真实性或者非强制性,很容易受人质疑。政策以维护体育诚信为由,绕开了运动员的自治权,采纳了一个极为狭义的诚信概念(非建立在运动员自愿的基础之上)。体育诚信不应只是关注兴奋剂作弊或者贩卖兴奋剂的人,而是要正确地明确诸如个人自治、秘密和隐私、运动员的福祉等核心价值。

第四节　禁用物质具有内源性

兴奋剂是指被禁用的药物制剂和使用方法，根据国际奥委会的分类，主要包括刺激剂、合成类固醇、β-阻断剂、麻醉剂、血液兴奋剂、内源性肽类激素、利尿剂、基因兴奋剂等。需要注意的是，并非所有兴奋剂都具有直接的刺激兴奋性，比如利尿剂和β-阻断剂。之所以禁止使用这些物质，如前所述，原因有两个：首先，它们存在较大的健康风险；其次，这些物质可能会提高比赛的成绩。需要注意，这仅仅是可能，而不是肯定的。例如，利尿剂可以加速排尿，有助于快速减轻体重，对于参加有体重限制的比赛（如举重）的运动员可能具有帮助，对于其他的项目，作用并不是很大。当然，利尿剂还能增加尿量，加快排除体液和其他兴奋剂代谢产物，以达到在药检中产生假阴性结果的目的。再如β-阻断剂，主要用于降低心率和血压，减少心脏氧气需求。在一些需要精确控制的运动项目中，如射击和弓箭项目中，β-阻断剂能够帮助运动员保持稳定，从而提高比赛成绩。尽管这些药物在某些情况下可能提高比赛成绩，但由于其潜在的健康风险和对竞争的不公平性，它们仍被列为禁用药物。

一、灰色地带

一般来说，根据CAS判例法，如果在运动员的样本中发现外源性的禁用物质，体育组织无须证明运动员对此存在故意或者过失，就可以以此推定这是运动员使用禁用物质的结果。然而，随后人们发现各种食品添加剂以及猪肉等食品，大都含有《禁用清单》上的物质，甚至很多禁用物质是身体内源性的。例如，睾酮、雌激素、生长激素等可能是内源性的，也可能是外源性的，即它们可能是人体自然产生的，也可能是通过药物滥用获得的。再者，这些物质在人体内的含量受到多种因素的影响，例如年龄、性别、健康状况、饮食、运动等。因此，对于内源性禁用物质的检测和判定存在一定的困难，基于此，国际奥委会和世界反兴奋剂机构规定，对于内源性禁用物质的检测结果，只有当其超过一定的阈值时，才会被认定为违规。

这样，如果体内的禁用物质，属于身体生理自然反应的结果，从兴奋剂违规定义的角度看，由于这并非由外部使用造成的，当然应当排斥在禁用物质之外。为了解决这个问题，在制定清单时，应对特定的物质设置门槛。如果运动员体内发现的禁用物质浓度低于该门槛，运动员不会受到违规指控;高于门槛的,则构成违规。然而,门槛与运动员个人身体状况有密切的关系,因此,在刚刚超过门槛之处,总会产生一个模糊区域,从而也就造成了法律适用上的灰色地带。

既然是灰色地带,就有上限与下限之分。禁用物质之浓度超过上限的,会被认为是外部使用的结果;发现的禁用物质的浓度处在灰色区域内时,这既可能是内源性的,也可能是运动员食用了含有禁用物质的食品补充剂或污染的肉类所致。从科学的角度看,很难弄清楚这种禁用物质是身体自然产生的,还是食用被污染的食品甚至滥用禁用物质所导致的。

在 1998 年的“世界三项铁人长距离双项锦标赛”后,三项全能运动员伯纳德(Bernhard)的尿液样本中检测出了被禁止使用的物质诺龙(Nandrolone)的代谢物,这是一种能提高体能和耐力的物质,在体育比赛中多被禁用,也被称为 19 - 去甲雄酮。

然而,伯纳德辩称,这些代谢物是他的身体自然产生的,而非外部摄入的。一则,伯纳德在日常生活中非常重视饮食,从未使用过诺龙或任何其他禁用物质。二则,在样本中,发现的去甲雄酮或去甲胆酮的浓度为 3.0ng/ml,但这并不能充分证明这是诺龙所致,因为有许多专家证明,在特定情况下,这种物质可以由人体自然产生,因此建议,当 NA 和 NE 浓度介于 1.0 ~5.0ng/ml 时,应当谨慎处理。三则,法国实验室重新检查结果显示,NA 的浓度为 0.07 ~2.1ng/ml,NE 的浓度为 0.12 ~3.0ng/ml。负责检查的专家并没有由此得出伯纳德使用禁用物质的结论,而是认为需要进一步调查。不过,反兴奋剂组织认为,样本中的 NA 或 NE 为 3.0ng/ml,就足以认定该运动员使用了兴奋剂。

国际体育仲裁法庭认为,即使这种禁药的浓度很低,也能通过新技术和设备检测出来。但是,如果浓度很低,可能会被认为是人体内源性的结果,运动员对此不负责任。虽然国际奥委会医学委员会认为,对于低浓度类固醇,2.0ng/ml 就构成 19 - 去甲雄酮的门槛,但是 CAS 认为,该文件不属于法律规定,并没有约束力,因此,即使浓度高于 2.0ng/ml,也不能认为运动员使用了这种禁药。所以,当诺龙的浓度处于所谓的“灰色区域”(2.0 ~5.0ng/ml)且运动员有证据证明这是身体自然产生的,则该运动员并没有使用禁药。然而,如果运动员不能证明这些物质是由其身体内部自然产生的,那么运动员将对此承担严格责任。① 不过,这种证明标准非常低,只要存在可能即可,而不一定需要达到优势证据的标准。

---

① See Bernhard v. ITU,CAS 98/222,9 - 8 - 1999.

二、违规行为

在伯纳德案中，关注的焦点并不在于运动员对体内禁用物质是否存在故意或过失，而是在于他是否使用了禁用物质。只有在确认违规行为存在后，才能进一步探讨责任问题。在严格责任制度下，即使行为人没有主观罪过，也不会影响对其违规行为的认定，不过，严格责任制度并不能免除体育联合会证明兴奋剂违规行为存在的责任。简单来说，严格责任制度是一种法律制度，它规定了在某些情况下，行为人不需要有主观罪过，只要行为符合法律规定或导致了法定结果，就可以追究其刑事责任。

在当前的反兴奋剂法律框架中，严格责任的规定主要是为了免除证明行为人主观罪过的负担，但是，对于违规行为以及违规行为与其结果之间的因果联系，通常并不是该规则的关注重点，仍然需要证明。因此，仲裁庭在责任领域内解决违规性问题，在逻辑上是不通的。总的来说，伯纳德案强调了在确定违规行为和处理责任问题时，应遵循的逻辑和法律原则。这包括在严格责任制度下如何处理罪过的缺失，以及如何处理体育联合会证明兴奋剂违规行为存在的责任问题。这些都是在处理此类案件时需要考虑的重要因素。当违法或者规则与责任解构后，如果运动员体内发现的禁用物质是自然产生的结果，既不能适用严格责任，也不能进行类推，因为类推的前提不存在。也就是说，本案重点在于运动员是否使用了禁用物质，或者在于确定申请人是否使用了禁用物质，而不是探讨运动员是否故意或无意违规。在尚未对运动员是否实施了违规行为进行认定前，无法就责任问题作出判断。换言之，在严格责任制度下，罪过的缺失并不影响对违规行为的判断，即使运动员没有故意违规，仍可能存在违规行为。

三、严格责任制度下的责任

这里需要注意的是，违规行为和违规行为自身并非完全相同。前者更强调结果，即实行结果无价值，因此，包含着违法行为与后果之间的因果关系，而后者更强调行为本身，有时包含结果，有时不包含结果。在伯纳德案中，国际铁人三项联盟认为，既然兴奋剂分析显示存在 3. 0ng/ml 的浓度，表明违规的客观要件已经具备，仲裁庭应当以此判断该运动员是否实施了违规行为。如果该浓度可以表明其使用了诺龙，则存在违规行为，运动员应对其承担严格责任；如果还不足以认定存在违规行为，则应宣布该运动员无辜或者免于处罚。然而，仲裁庭不接受实质违法（违规行为自身）的概念，而试图从私法的角度处理这一案件，于是，基于国际铁人三项联盟的实体法则以及其他联合会的相关规定,再加上兴奋剂违规的程序性的核心要素,将注意力从违规行为转移到其结果上。从体育组织的角度看,CAS的这种转变是合理的,但是,这会对被指控运动员的法律地位和辩护权产生重大的影响。

从法律的角度看,只有当特定的结果是由特定的行为造成时,基于这种结果事实而处罚行为人,才具有正当性。因此,体育组织选择处罚结果(发现禁用物质),而不是处罚违规行为(使用禁用物质)自身,那么,结果与行为之间的因果关系必须完全明确,且没有争议。在侵权法中,因果关系是责任的基本要素。为了确定不法行为的责任,原告必须证明被告的行为给自己造成了损害,或者产生了特定的危害后果。严格责任只是说,即使被告无意造成伤害或在其行为中没有疏忽,也要承担相应的责任或者不利后果。因此,CAS 认为,通过刑法方法处理故意或者对不法行为的明知,可能更为简单明了,而不是依赖民法上的严格责任制度。也就是说,在民法中,不法行为与其后果之间没有一般性的因果关系推定,即不能看到结果,就推定行为存在。举个例子,甲养了条狗,此狗属于烈性犬,狗咬了乙,甲得赔钱,即使甲不是故意的,或者其对狗很负责。但是,乙还是得证明,是甲的狗咬了自己,而不是别的狗。由于反兴奋剂调查和处罚具有纪律(准刑事)性,运动员承担的是民法上的严格责任,即使基于民法的规定,对于浓度处于模糊区域的违禁物质,也不能推定这是运动员使用外部物质的结果,而不是内源性的。因此,对于这个范围内的禁用物质,反兴奋剂组织仍然有证明的义务,即使运动员负有远离禁用物质的义务,也是如此。因此,违法行为与结果之间的因果联系,仍须由基于结果而提出主张的一方当事人证明。①

不过,很容易发现严格责任和处罚的准刑事性之间,是很难调和的。从处罚的准刑事性的角度看,运动员应该享有证据和程序上的权利保护,比如可以提供食物的来源,医生的证明,或者其他的辩解,来说明他们没有违反反兴奋剂规则的意图或者知识。如果能证明这一点,就可以免于处罚,或者减轻处罚,因为他们没有破坏比赛的公平性,也没有损害社会对其的信任。但是,从严格责任的角度看,运动员无论是否有过错或者意图,只要他们的样本中有违禁药物,就说明他们的行为和结果之间有因果关系,就应该承担责任,而且出于维护反兴奋剂规则的严肃性和有效性,这种责任是惩罚性的。这两种原则对于责任的判断和处罚的标准是不一样的。

---

① See Bernhard v. ITU,CAS 98/222,9 - 8 - 1999.

如果同时遵循这两种原则,就会陷入一个悖论,既要给予运动员充分的证据和程序保障,又要对运动员实施严格的责任和处罚。

在伯纳德案中,CAS 认为,当运动员样本中发现浓度 3.0ng/ml 的禁用物质时,在不能证明是否发生了违规行为或者不当行为的情况下,推定兴奋剂违规行为的存在,并根据禁用物质的性质,决定这是故意摄取的,还是过失使用的,这种做法让人感到非常吃惊,因为在没有弄清其他的事实之前,CAS 就冒险进入了责任领域。这就像是一个旅行者,发现自己第一站是错误的,如果方向不变,接下来的地点也将是错误的。从刑法的角度看,这种行为很可能缺乏实质违法性,即根据社会的一般观念或者新的科学发现,可能会否定被指控行为的违法性。因果关系虽然在形式上是法律概念,但是,其判断标准通常为科学法则。有时候,科学可以确定一个结果只能由一个原因引起,这样就可以用科学类推的方法,直接认定因果关系,不需要其他的证据。这种方法可以构成当前反兴奋剂规则正当化的根据,即可以直接处罚违规的结果。不过,这须有一个前提,就是科学法则所得出的结论是固定不变的,或者结果具有唯一性。如果科学发现有了变化,比如发现一个结果可以由多个原因引起,那么,这种科学类推的方法就不可靠了,就需要其他的证据来证明因果关系。这种情况在反兴奋剂规则和程序中经常出现,比如在运动员体内发现一定浓度的禁用物质,可能有多种产生渠道,不一定是外部使用的结果。因此,仲裁庭认为,不能单纯地根据禁用物质的存在来处罚运动员,而要考虑其他的证据和原因。这样,反兴奋剂规则和程序就需要不断地根据科学发现来调整和评估,不能一概而论地认定运动员的责任。特别是对于内源性禁用物质,它们本来就不是反兴奋剂规则的打击对象,所以不能用科学类推的方法来推定运动员存在违规行为。只有当有其他的有效证据支持时,才能认定运动员的违规行为。体育组织有责任证明运动员的违规行为,包括行为和结果之间的因果关系。CAS 没有区分行为的违法(规)性和责任的形式,这样就有可能出现类推错误。

从兴奋剂违规处罚的准刑事性看,对体育领域的兴奋剂违规行为,应当适用"疑罪从无"的原则,这种法律类推很明显建立在法律原则的基础之上。所以,在刑事诉讼或者类似诉讼中,双方当事人的举证负担往往与民法不同:控方必须提供确凿的证据,证明所指控事实的存在;被告方只要提出合理怀疑就足够了,即只要指出发现的禁用物质,有可能是内源性的,就满足了转移举证负担的条件。这样,《禁用清单》上虽然还包含一些人体会自然产生的物质,但是,这些物质的浓度不能超过规定的阈值或者门槛。低于该门槛的,通常并不意味着发生了违规行为,除非有其他的证据证明。

第五章　兴奋剂违规的责任形式

第一节　责任的本质：从心理主义到规范主义

传统观点认为，作为责任形式的故意与过失所指向的是：行为人行为时的心理态度，是基于确认的事实，根据初步证据规则（Prima facie proof）推导出来的，即当事人提供的证据，如果能够推翻对方的主张，或者能够证明自己的主张，就履行了证明义务。① 但问题并非如此简单，其实在法学界围绕着故意和过失或者说责任本质，存在心理主义与规范主义之争。

一、心理主义

关于故意的概念，学界存在心理主义与规范主义之争。所谓的心理主义，是指故意与过失指向的是行为人行为时的心理态度。由于这种态度具有稳定性和实在性，故其又被称为实质主义。从历史的角度看，心理主义历史非常悠久，最早可以追溯到亚里士多德，但一般认为，17 世纪笛卡尔的古典二元论构成其理论基础。笛卡尔认为，世界是由两个截然不同的领域组成的，即物质和心理。人的大脑分成两个区域，一个管控人的行为（物质），一个管控人的心理，中间有个松果体②的组织，负责心理向行为的转化。这样，法律上的故意与过失就是指行为人行为时的心理态度。由于反映的是行为人与行为对象之间的联系，因此与物质一样，故意与过失也是一种客观实在，具有稳定性和不可变性。然而，随着笛卡尔古典二元论在哲学领域内的式微，法学界对心理主义的批评越来越多：③

首先，立法技术难以接受。心理主义既然是二元论的产物，便必然会

---

① See Klaus Vieweg, *The Definition of Doping and the Proof of a Doping Offense（An Anti-Doping Rule Violation）under Special Consideration of the German Legal Positio*n, Marquette Sports Law Review, Vol. 15, p. 37 – 48（2004）.

② 笛卡尔所指松果体与当代脑科学上的松果体明显不同。See Ron Shapira, *Structural Flaws of the "Willed Bodily Movement" Theory of Action*, Buff. Crim. L. Rev., Vol. 1 : 2, p. 349 – 402（1998）.

③ See Wolfram Hinzen, *Dualism and the Atoms of Thought*, Consciousness Studies, Vol. 13 : 9, p. 25 – 55（2006）.

导致身体与心理的解构。由于“心理”仅受自由意志支配，不受法律约束，所以，法律记述的仅仅是行为，即立法者在立法时只能用陈述的方式，客观地记述行为事实。① 例如，对于涉药性的兴奋剂违规，WADC 第 2.1 条规定，一旦运动员体内发现禁用物质或者使用了禁用方法，就可以认定运动员使用了兴奋剂。至于运动员自己对此的心理态度并不重要，即使这源于别人的陷害或者是意外事件，也不例外。又如 WADC 第 2.6 条规定，如果发现运动员住处有禁用物质，即构成违规。这样，将“行为”与“心理”完全剥离，在心理主义框架下进行立法，似乎是没有问题的。然而，体内发现禁用物质与使用禁用物质、住处有禁用物质与持有兴奋剂，毕竟不是一回事。立法并不能准确地记述所禁止的行为，其适用范围非常有限，因为当“行为”与“心理”失去联系时，行为就变成了纯粹的“身体”动或静，或者一种“无色无味”的肌肉活动。比如“拒检”行为就无法通过这种方式立法，因为如果脱离“心理”要素，则很难表达何种行为构成“拒检”。再举个简单例子，一个人“殴打”另一个人，如果不借助心理而单纯地通过肌肉运动进行描述，则成了“行为人举起手，触到另一个人的身体”，这种表述没有任何价值，因为其既可以解释为“殴打”，也可以解释为“爱抚”。只有将外在的举动与内在的原因（所谓的心理）结合在一起，殴打与爱抚才能区别，仅记述赤裸裸的身体动作是没有意义的。② 因此，根据心理主义，立法者很难通过语言记述所禁止的行为类型。

其次，即使能根据心理主义进行立法，证据法也不能容忍。从认识论的角度看，心理主义主张，故意与过失记述的是一种客观的外在真实，即行为人行为时的想法或者心理态度。由于有准科学的外观，所以，其有简单易懂的特点，但缺乏可操作性，因为他人的心理与客观事实不同，不具有可直接感知性，除了行为人，其他人无法观察到。③ 特别是在法律领域，如果将行为人的心理作为一种客观实在，则意味着要认定特定的心理存在，须用证据“证明”。但是，证据法无法容忍其存在，原因很简单，根据二元论的逻辑，“心理”与“物质”是两种不同的东西，或者说两者具有“质”的不同。因此，作为“物质”的证据，在科学的层面上，无论如何都不可能证明作为“意识”的心理。如前所述，WADA 在定义运动员使用兴奋剂的行为或者持有兴奋剂的行为时，未求助于心理要素，但是，其处罚标准却建立在

---

① Ernst Beling, Die Lehre vom Verbrechen, 1906, S. 5 – 47 ff.

② See W. T. Stace, *The Theory of Knowledge and Existence*, Greenwood Press, 1970, p. 185 – 198.

③ See Kevin L. Keeler, *Direct Evidence of State of Mind: A Philosophical Analysis of How Facts in Evidence Support Conclusions Regarding Mental State*, Wis. L. Rev., p. 435 (1985).

故意或者过失的基础之上。由于故意和过失无法证明,即使存在这样的立法,也无法适用。

在实践中,很多人认为,故意可以通过类比推理进行证明。在形式上,故意的认定的确有类比推理的外观,即仲裁员根据自己在相似情况下实施某种行为的心理,推导出运动员行为背后的主观原因。然而,这并非类比推理,主要理由有:一则,根据形式逻辑,类比推理其实就是归纳推理。归纳推理的结论想要可靠,必须建立在大量的肯定性例证基础之上,且没有反例存在。不过,在现实中,仲裁员面对的往往是某一具体的案件,并没有大量的类似案件可供参考,即缺乏归纳推理适用的前提。二则,故意的认定其实是从观察到的行为或者其他事实中推断出无法观察到的心理。由于心理本身不具有可直接感知性,这样,推论的根据是否正确,永远无法得到有效的证实,换言之,作为推理的根据,本身就有可疑性。① 三则,即使以运动员坦白或者承认有某种心理态度作为判断的前提,也是不成立的,因为坦白的表现形式为言词,而言词并不能等同于他人的心理态度,毕竟坦白或者承认的内容与心理事实有可能不一致。② 四则,仲裁员与运动员的经历、背景往往不同,他们与运动员本身缺乏相似性,即运动员在特定的情况下产生某种心理,而仲裁员很可能不会产生;反之亦然,因此仲裁员无法代替运动员作出判断。总之,仲裁员根据行为推导心理,仅具有类比推理的外观,实则两者完全不同。也就是说,很难通过类比推理解决心理主义与证据法的冲突。

最后,坚持心理主义还有可能违背"不得强迫自证其罪"的原则。行为人行为时的心理态度,只有行为人自己了解,因为其可以通过反省的方式进行认识。那么,他人要获得这种心理态度,只有一个路径,即行为人的"供述"。但是,这种做法存在以下的问题,一则,如果运动员故意使用兴奋剂,当其比较诚实时,即如实供述自己的故意,要面对 4 年的处罚。即使按照 WADC 相关规定减免处罚,最多可减免应受处罚的一半,运动员至少也会被禁赛 2 年。相反,如不承认故意,根据 WADC,有可能受到最高 2 年的处罚。显然不承认自己故意使用兴奋剂,对运动员更为有利。这样,心理主义有鼓励运动员撒谎的嫌疑。二则,运动员出于自己利益最大化的考量,通常不会如实承认故意的存在。要想使其"如实交代",只能借助外在的压力,而这又必然违背"不得强迫自证其罪"的原则。

---

① See H. L. Ho, *The Judicial Duty to Give Reasons*, Legal Stud, Vol. 20:1, p. 42 – 43 (2000).

② See Sir Alfred Denning, *The Road to Justice*, Stevens & Sons Limited, 1955, p. 29.

当然,有人希望脑科学能揭开心理之谜,解决故意的证明问题,但是,至少目前是无法做到的,而且,根据"反地球"假说,无论脑科学怎样发展,人类可能永远都无法绘制出反映心理的大脑神经元结构图。① 这种理论认为,若能做到这一点,根据心理主义,比如盗窃犯大脑中出现"这不属于我"、强奸犯头脑中出现"她不同意"等模糊意识,即可认定行为人存在犯罪故意。不过,即使第三人获得了这种信息,也不能据此认定行为人有盗窃的故意或者强奸的故意,因为很难说行为人大脑中存在这样完整的命题。事实上,行为人在行为时,其很多想法通常以潜意识的方式存在着,即绝大部分想法都停留在半黑暗中,并没有形成有序的句子或者口语,最多表现为简短的或者不清晰的表述,行为人本人可能也不清楚,第三人当然无法了解。

二、规范主义框架下的故意:处在事实与法律之间

在英国的杜德利、斯蒂芬案(Regina v. Dudley and Stephens)中,被告人为了吃掉被害人,用刀子割断被害人的喉管。从心理主义的角度看,这无论如何都会被评价为"故意杀人",但法院却将其定性为"过失致人死亡"。② 该案的处理传到德国,有学者开始从行为本身定义故意,最终形成了规范主义的故意观。这种观点认为,在行为发生前,行为人通常先产生某种主观想法,随后以此为"中心"辐射出"光束",借助行为指向该想法中的认知对象("目标"或者行为对象),而行为人的认知能力构成这种指向的担保。③ 这里借助行为形成的"光束"(意向),才是故意的主要指向。于是,故意主要依附于身体的动静,并且是一般人处于行为人的情景下所做的选择,并非其主观想法。这既是"行为与责任同时存在原则"的要求,也是刑法目的的要求。

首先,故意既有主观性,也有客观性,但后者更重要。故意的概念指向的对象主要是行为意向,而行为意向源于行为人的主观想法,其在一定程度上反映的是行为人对社会的态度,故行为人对故意有一定程度的控制权。不过,故意的内容,只有行为人本人知道,第三人很难察觉,即故意缺

---

① See Ron Shapira, *Structural Flaws of the "Willed Bodily Movement" Theory of Action*, Buff. Crim. L. Rev., Vol. 1:2, p. 349 – 402(1998).

② See Lyons E. C., *Slaughter of the Innocents: Justification, Excuse, and the Principle of Double Effect*, Berkeley Journal of Criminal Law, Vol. 18:2, p. 231 – 316(2013).

③ E. Husserl, Logische Untersuchungen: Zweiter Band Untersuchungen zur Phänomenologie und Theorie der Erkenntnis, I. Teil, 1968, S. 378 – 379 ff.

乏公共性，属于“私人语言”的范畴，因此，以公共语言为基础的法律很难接受这种情况，只有当行为人的自由意志受到干扰时，这种故意才会因为缺乏道德价值而获得法律意义。①

然而，作为客观存在的行为，也是一种语言或者表达方式，本身也会说话，其内容就是行为本身在正常情况下展现的社会意义，主要理由有：一则，这种意义通常既是行为人对行为的定性，也是社会对行为的理解，他们往往是统一的。二则，两者一旦发生矛盾或者偏离，社会生活通常更重视故意的外部面向（客观性），而不是内部面向（主观性），也就是说，对行为的意义，第三人或者社会往往比行为人更有话语权。比如，基于直觉思维（与之相对应的是理性思维）或者习惯实施的行为，行为人尽管没有主观想法，该行为仍有可能被评价为是故意的。② 三则，审判的任务是“定罪量刑”，法官或者仲裁庭应当关注的是行为人到底做错了什么，而不是解决既定的心理问题。因此，相对于行为，行为人行为时的真实想法并不重要，所以，规范主义的故意观强调故意的社会性而非主观性。③正是基于此，梅兹戈才指出，行为人的“罪”并不在他本人心中，而是在他人的大脑里。④

其次，故意既有事实性，也有法律性。作为主客观的统一体，故意主要反映行为人与行为对象之间的关系，因此，第三人可以感知其存在，所以，故意属于事实的范畴。⑤ 然而，故意还有法律性，比如，根据《瑞士联邦刑法典》第 18 条、《德国刑法典》第 16 条，WADC 第 10. 2. 3 条，故意指向的是违反法律禁止的行为。也就是说，故意概念的对象，并非单纯的事实，而是“违法行为”或者“违规行为”，所以，故意本身具有法律性。只有具有法律意义的行为，才存在故意的问题。

从形式上看，现行法律有直接故意与间接故意之分，前者为行为人对违法行为的认识和追求，后者为对已知的违法（或者危害）的危险之容忍（故在存在论上为法律拟制）。从认识论的角度看，两者的认知结构并无不同，主要理由是：基于理性人的假设，即使行为人认识到行为违法并积极

---

① 维特根斯坦认为就某一具体的物体而言，对应的是名称，而若干个物体发生联系时，对应的则是命题。参见［奥］维特根斯坦：《逻辑哲学论》，贺绍甲译，商务印书馆 1996 年版，第 108 页。

② See Dr Chris Davies, *The "Comfortable Satisfaction" Standard of Proof: Applied by the Court of Arbitration for Sport in Drug-Related Cases*, UNDALR, Vol. 14, p. 5 – 46 (2012).

③ Mezger E., Strafrecht: Ein Lehrbuch, 2002, S. 248 ff.

④ Mezger, Lehrbuch, S. 249 ff.

⑤ See 388 Mass. 69 (1983) 444 N. E. 2d 1276 COMMONWEALTH v. ARNOLD J. ELY. Supreme Judicial Court of Massachusetts, Essex.

追求这种结果,他在审判时也不会承认。第三人通常基于生活常识进行经验或者价值判断,由此只能得出行为人应当知道自己的行为构成违法而放任其存在的结论。比如,有人以重金为酬委托行为人将某皮箱带到北京,并叮嘱不要打开,在路上尽可能避开检查。被警方查获后,行为人才知道里面有大量的假币。上述事实只能得出"行为人应知假币而运输的"结论,在形式上不同于《刑法》第 171 条的规定("明知是伪造的货币而运输的"),但是,这并不影响将这种行为评价为运输假币罪,即直接故意与间接故意在现实中并没有什么不同。或者说,"明知"其实就是"应知",因为即使行为人承认其"明知",由于第三人无法弄清楚其真正的想法,最多也只能得出"应知"的判断。"应知"反映的是公民的一般注意义务,所以,故意实际上是指行为人对一般注意义务的违反。[①] 这种注意义务反映的是社会生活共同体对其成员的基本要求,是法律存在的基础。所以,故意具有法律性。这样,在规范层面上,故意与过失的认知结构是相同的,都是对注意义务的违反,区别之处只在于注意义务的大小不同,或者说违反注意义务的程度不一样而已。

最后,作为故意指向的行为意向,不是静止不变的,其通常以"意识流"的方式存在着,只有当行为人与行为对象联系起来时,才能被固定,因此,故意有动态性、开放性以及方向性的特点。这样,故意既受制于行为或者行为对象,也受制于行为人,即规范主义并不否定行为人个人心理的意义,而是那些有别于外行人平均水平或者有悖于法律的认识,才有可能被忽略。比如,行为人在开车时,看见仇人横穿马路,不予刹车而将其撞死。尽管行为人有杀人的"故意"(主观想法),但规范主义仍然会将其评价为交通肇事罪。规范主义之所以更强调故意的外在面向,而不是强调内在面向,不仅是因为心理学的发展,让人们了解他人心理的自信心基本丧失;更为重要的是,社会关系的复杂化与专业化程度越来越高,特别是社会风险较之以往更大,所以,作为社会生活共同体成员的注意义务变得愈发的重要,而规范主义恰恰迎合了这种现实,尽管这存在行为主体被边缘化的风险。[②]

1998 年的《国际刑事法院罗马规约》对故意的概念,采用的是心理主义立场,这曾遭到学界广泛的批评,所以,2015 版 WADC 和 2021 版 WADC 改采规范主义的立场,主要表现有:其一,对典型性兴奋剂违规,

---

① 参见杨春然:《刑法的边界研究》,中国人民公安大学出版社 2013 年版,第 153 页。

② See F. D. Jong, *Theorizing Criminal Intent: A Methodological Account*, Utrecht Law Review, Vol. 7:1, p. 1 – 33(2011).

WADC 直接将故意或者过失的概念客观化或者物质化。比如,2021 版 WADC 第 10. 2. 1. 1 条规定,对于涉及非特定物质或者非特定方法的违规,应当推定为故意违规;结合第 10. 2. 2 条和第 10. 3. 1 条可知,如果发现运动员体内有特定物质或者使用特定方法,则推定为过失违规,除非反兴奋剂组织能证明故意。由于禁用物质或者方法的性质属于客观事实,将故意或者过失在一定的程度上等同于行为对象,就属于规范主义。这里之所以附条件,主要是为了反映故意或者过失概念的开放性和动态性。其二,对于非涉药型的违规,比如,行为人一旦实施了第 2. 3 条、第 2. 5 条、第 2. 6 条规定的行为,根据 WADC 的官方解释和第 10. 3. 1 条的规定,即推定为故意而为,除非运动员能证明其非故意。也就是说,反兴奋剂组织首先根据行为的特点认定违规行为的类型,然后再基于此确定责任形式,而不是先认定故意或者过失,再认定违规的类型。这与三阶层犯罪论体系的做法是一致的,即先认定违法的类型(客观判断),再基于此类推责任,即认定故意或者过失。然而,如果随后认定的责任形式与先前认定的违规类型有冲突,责任形式在一定范围内有改变违规类型的可能。比如,如果行为被认定为拒检型的违规,当后来认为这并非源于故意时,该行为则会被评价为"未提供样本"型的违规,而不是拒检。其三,WADC 第 2. 1. 1 条为运动员科处了远离兴奋剂的义务,这不仅使 WADC 可以无视"无罪推定原则"或者"疑罪从轻原则",明确设置了(不利于运动员的)法律类推,而且使仲裁实践尤其重视对行为的规范分析,对违规人的心理几乎完全失去兴趣。比如,在法比安 · 惠特菲尔德(Fabien Whitfield)案中,①运动员认为其体内发现的禁用物质(外源性睾酮),很可能是其误食了他的姐姐购买的被污染的马肉所致,因为售方证明,马饲料中含有这种物质。运动员无法根据优势证据规则证明其体内的禁用物质就是来源于这种马肉,反兴奋剂组织也没有证据证明运动员明知其行为存在违规的风险,CAS 仍然认为这构成故意违规。也就是说,WADC 第 2. 1. 1 条基本上会吞噬掉第 10. 2. 3 条规定中的"明知"等心理要素,导致故意基本上是社会成员对注意义务的违反。WADA 之所以采用这样的立场,主要理由有:其一,使反兴奋剂规则更能有效地实现反兴奋剂运动的宗旨,控制兴奋剂的泛滥,从而维护比赛的公平和保护运动员的健康;其二,迎合体育比赛时效性强的特点;其三,使故意和过失要素具有可证明性,确保处罚的稳定性和可预测性,防止主观要素判断的恣意性。这样,故意不仅处在主观与客观之间,还处在事

① See Fabien Whitfield v. Federation Internationale de Volleyball, CAS 2016/A/4845.

实与法律之间。① 这也是故意具有连接规范世界（法律职业领域）与现实世界（外行领域）功能的原因。

沿袭了2015版WADC的做法，2021版WADC仍然将兴奋剂违规处罚建立在故意和过失等概念基础之上。也就是，兴奋剂违规处罚仍然以责任为基础，尽管WADC第2条对违规采用严格责任主义的立场。

在德国法和瑞士法中，“责任”通常有道德非难的意思，即行为人实施了为伦理所不允许的行为。因此，不同于普通法，“责任”是公法上的一个概念，在私法的范畴中不存在。在民法中，德国法与瑞士法通常将所谓的“民事责任”表达为“债”，比如，“合同之债”“无因管理之债”“不当得利之债”“侵权之债”等，即在民法的范畴内，所谓的民事责任其实等于“债”，并没有道德非难的意思。然而，在公法范畴中，却不是这样的。WADC其实包含私法处罚与公法处罚，故只有后者才存在责任的问题，前者是不存在这种问题的。运动员使用了兴奋剂而接受的禁赛处罚，原则上具有公法性，理由是，这是出于惩戒违规运动员的需要，而不是为了救济其他运动员被侵犯的权利。因此，兴奋剂违规处罚是建立在责任概念的基础之上的。

第二节　严格责任

对兴奋剂违规行为，2003版、2009版、2015版与2021版WADC基本上都采取了“严格责任”的立场，这种立场的正当性受到了学界的质疑。其实，这种归责原则还与WADC的目的存在一定程度的冲突。

一、主要体育联合会的规定及其冲突

严格责任与初步责任在形式上非常相似，但实质上明显不同，这主要表现在两个方面：其一，初步责任给运动员提供了证明自己无辜的机会，即如果运动员能证明自己对进入自己体内的禁用物质没有任何的过错，则可以阻却责任或者否定违规。但是，根据严格责任，只要运动员符合违规的客观构成要件，即可认定为违规，运动员根本没有机会通过主张自己无过错而否定责任的存在。其二，阻却责任事由的效果不同。根据严格责任或者无过错责任，行为人的过错仅仅对科处的处罚产生影响，对违规的成立没有价值，因此，一旦存在阻却责任事由，只影响处罚，不会否定违规的存

① See F. D. Jong, *Theorizing Criminal Intent: A Methodological Account*, Utrecht Law Review, Vol. 7:1, p. 1 – 33 (2011).

在。与之不同,对于初步责任,如果出现阻却责任事由,则会阻却违规,从而完全否定对运动员所有的不利后果。这样,根据严格责任,一旦认定体内存在禁用物质,运动员没有任何机会为自己辩护,对于自己对此是否有过错以及过错程度大小,只是在决定处罚时,才予以考虑。

其实,通过反兴奋剂规则,承认严格责任正当化的国际组织非常多,比如,《国际马术联合会一般规则》第 149. 2 条与第 177. 5. 1 条规定:只要赛马体内发现禁用物质,赛马与骑手都会自动因此而失去比赛资格以及所有的排名。[①] 这样,即使有些禁用物质的确不会提高比赛成绩,但列入《禁用清单》之中,就禁止使用。国际田联、国际手球联合会(以下简称国际手联)以及国际曲棍球联合会规定,兴奋剂违规行为是指运动员体内发现一种或者多种禁用物质"处在被允许的浓度之上"的事实。国际泳联与国际雪橇联合会和国际网联甚至规定,运动员应对样本中发现的任何禁用物质负责;国际举联规定,发现禁用物质或者代谢物即构成违规。[②] 2021 版 WADC 第 21. 1. 3 条规定,运动员应当对自己摄入的禁用物质以及使用的禁用方法负责。这样,便将违规行为定义为对某种不良状态或者事实的发现,而不是相应的不良行为。这种做法不仅明确和简洁,而且由于不包含主观要素,从而也就消除了运动员可能存在的证明自己没有罪过的任何幻想。瑞士联邦法庭曾经解释说,这属于私法领域内的证据权衡问题,由于不涉及公权力,不受刑法中的无罪推定原则的限制。至于相关的规定是否合适,是否具有任意性,也是如此,总之,国际马术联合会的反兴奋剂规则无须完全遵守瑞士法的基本原则。

首先,严格责任出于追求体育比赛公平的需要。CAS 在奎利哥诉国际射联(Quigley v. UIT)案中的裁决中解释说,只有严格责任,才能解决反兴奋剂政策的有效实施问题。[③] 比如,CAS 在 NWBA 案的裁决中也指出,当样本中发现禁用物质时,就可以推定运动员存在罪过或者过错,处罚运动员,运动员无须再进一步解释。由于运动员会因此而处于严重不利的地

① See CAS 91/53,15 - 1 - 1992,G. v. FEI,Matthieu Reeb ed. ,Digest of CAS Awards 1986 - 1998 (Berne,Editions Stämpfli 1998) p. 67 - 91,ground 14 (Oswald,Sutter,Benigno). CAS 92/71,20 - 10 - 1992,SJ. v. FEI,Matthieu Reeb ed. ,Digest of CAS Awards 1986 - 1998 (Berne,Editions Stämpfli 1998) p. 125 - 143,ground 16 (Rasquin,Klimke,Lévy). The only reported case in which the strict liability rule was applied is CAS 91/53,15 - 1 - 1992,G. v. FEI, Matthieu Reeb ed. ,Digest of CAS Awards 1986 - 1998 (Berne,Editions Stämpfli 1998) p. 67 - 91,so that we will just have to take the CAS's word for it that this rule has consistently been accepted in this domain.

② See IWF: Anti-Doping Policy,Art. 5. 1.

③ See Quigley v. UIT,CAS 94/129.

位,所以,这属于严格责任规则的范畴。从形式上看,这对运动员似乎是不公平的,但是,对其他运动员甚至这个体育领域而言,却是公平的。① 也就是说,面对个体公平与整体公平的冲突时,严格责任选择后者,而不是前者。CAS 在奎利哥案的裁决中解释说,生活在整体上就是不公平的,比如,在重大比赛前夕,运动员食物中毒或者生病,体育组织不会中止比赛而等其康复,从个体的角度看,这也是不公平的。既然比赛规则很难解决这两种情况的不公平性,正像比赛不会延迟而等待该运动员康复那样,禁用物质也不会因其意外使用而获得原谅。就像日常生活那样,比赛过程中会产生许多的不公平,无论这源于意外,还是疏忽,法律都无法救济。事实上,即使对于故意的违规,也存在逃避处罚的可能,比如提供自己无故意的证据、工作人员未发现其违规行为等。

CAS 认为,严格责任正当化的首要根据就是为了实现集体公平的需要(高目标)。② 这种责任会导致客观上触犯规定的运动员丧失比赛资格,从而使集体利益凌驾于个人利益之上。体育组织通过评估认为,检查呈阳性的运动员参加比赛不危及比赛的公平,才有可能被原谅。然而,如何评估是否危及比赛公平,CAS 并没有提供一个具体的判断标准。由于严格责任强调的是结果无价值,从而导致运动员的故意存在与否并不重要。③ 这种处罚是类推的结果,至于体育组织是否基于相同的原因而对运动员进行额外的纪律处罚,两者是缺乏联系的,或者说两者是独立的,也就是说,在严格责任的背景下,对违规与处罚解构并分别进行处理,并不是对责任的重复评价。

其次,严格责任具有经济价值。经济学也支持严格责任制度,因为故意或者过错责任制度,通常会产生昂贵的诉讼成本,这很可能会大大降低体育联合会(尤其是那些预算有限的体育联合会)在反兴奋剂斗争中的作用。从原则上讲,反兴奋剂斗争的崇高目标和现实必要性,都足以证明适用严格责任标准的正当性。为此,CAS 认为,除了追求集体公平,避免体育联合会因此花费太高经济成本(现实需要)也是严格责任正当化的重要

---

① See USA Shooting & Quigley v. UIT, CAS 94/129, 23 – 5 – 1995.

② See Cf., CAS 95/142, 14 – 2 – 1996, Lehtinen v. FINA, Matthieu Reeb ed., Digest of CAS Awards 1986 – 1998, p. 225 – 244; CAS 98/222, 9 – 8 – 1999, Bernhard v. ITU, Matthieu Reeb ed., Digest of CAS Awards Ⅱ 1998 – 2000, p. 330 – 344.

③ See Dallèves, "*Judicial Problems in the Fight Against Doping*", *International Conference Law and Sport*, *Court of Arbitration for Sport*, Lausanne, 1993, p. 110 – 116.

原因。① 不过，无论出于何种原因，将使用禁用物质的运动员与没有使用禁用物质的运动员，进行比赛排名，都是无法接受的。

最后，严格责任能够防止反兴奋剂制度的滥用。阳性的检查结果足以导致对运动员的处罚，这种做法清晰、简单，极具可操作性。至于为何设置如此严厉的规定，主要理由有：如要求体育组织证明运动员故意的存在，会导致该规则因为很难实施而被虚置，从而造成这种规则很容易被运动员滥用，即运动员有可能寻找教练或者医生，代其受过，为其担责。而严格责任能大大减少运动员以自己缺乏可谴责性而逃避处罚的可能性。然而，严格责任也受到很多的批评，主要有：

第一，从违规的角度看，与初步责任不同，严格责任否定了行为人证明自己缺乏过错、明知或者故意的机会，于是，即使运动员能证明禁用物质进入自己体内是一种意外，甚至是因为第三人的恶意陷害，体育组织仍然会在违规的层面上认定该运动员存在罪过（guilt），故有侵犯运动员基本利益的嫌疑。严格责任会剥夺运动员证明自己无辜的机会，这与"自然正义"存在冲突，进而否定了运动员的基本权利。即使运动员能够证明服用药物是偶然的，或者是源于他人的恶意，仍然会被认为存在过错，还会被认为与那些为了提高比赛成绩而使用禁用物质的行为，并无不同。这显然是不合理的，这也是 CAS 的有些判例更倾向于初步责任制度，希望以此解决证明负担问题的原因。

在莱蒂宁诉国际泳联（Lehtinen v. FINA）案中，仲裁庭指出，样本中发现禁用物质，不能自动得出运动员实施了违规行为的结论，否则，处罚就成了一个无法避免的后果。② 根据《瑞士联邦民法典》第 28 条（人格权）和《瑞士联邦刑法典》第 18 条（故意）的规定，若不审查罪过和故意，是否能处以诸如 2 年禁赛之类的严厉处罚？此问题还存在很大的争议。③

第二，将发现禁用物质的事实视为使用兴奋剂的行为，则产生了这样一个问题，即兴奋剂违规行为是发生在使用禁药之时，还是发生在发现这

---

① See Cf. , CAS 95/142, 14 – 2 – 1996, Lehtinen v. FINA, Matthieu Reeb ed. , Digest of CAS Awards 1986 – 1998 (Berne, Editions Stämpfli 1998), p. 225 – 244, ground 12; CAS 98/222, 9 – 8 – 1999, Bernhard v. ITU, Matthieu Reeb ed. , Digest of CAS Awards Ⅱ 1998 – 2000, p. 330 – 344, ground 35.

② See CAS 95/142, 14 – 2 – 1996, Lehtinen v. FINA, Matthieu Reeb ed. , Digest of CAS Awards 1986 – 1998 (Berne, Editions Stämpfli 1998), p. 225 – 244, ground 14 (Netzle, Seim-Haugen, Carrard).

③ See Baddeley, *L'association Sportive Face au Droit*, Basel and Frankfurt, 1994, p. 240 – 244; Vieweg, *Doping und Verbandsrecht*, NJW, 1991, p. 1515; *Questions Juridiques Relatives au Dopage*, in Chapitres choisis du droit du sport, Geneva 1993, 119 ff.

种物质之时？因为这影响到违规的后果问题。

第三，也有个别国际体育组织反对严格责任，比如，国际赛艇联合会认为这种做法过于严厉，应当允许运动员进行无罪过或者无故意的辩护（主张初步责任）。不过，一旦这种辩护被否定，绝大多数国际单项联合会会给予该运动员最高的处罚。比如，根据原来的国际泳联反兴奋剂规则（FINA Anti-Doping Rules），在样本发现合成代谢类固醇或者苯丙胺之类的禁用物质，初次违规的禁赛 2 年。在夏格诺（Chagnaud）案中，CAS 认为，如果对罪过实行不可推翻的类推，则过于严厉，特别是该案还与其他联合会发生的类似案件的处理结果发生冲突，因为这位游泳运动员具有良好的道德品质，其行为具有可原谅性，应当从轻处罚。运动员莱利触犯了这条规定，因为样本中发现了禁用物质（沙丁胺醇），运动员既没有否定服用该物质，也没有主张这是意外使用的，只是辩称，在尿液中发现沙丁胺醇，这种事实本身不足以认定其构成兴奋剂违规，对兴奋剂违规实行严格责任是有问题的，要想追究其责任，还需证明罪过的存在。① 国际泳联只给了该运动员警告处分，并没有科处禁赛处罚。

CAS 认为，不能仅仅因为国际单项体育联合会间处罚政策的不统一，就可以通过责任和处罚的解构，CAS 仍然坚持严格责任的立场，尽管严格责任既违反美国法律和瑞士法律，也有悖于正当程序原则、自然正义原则、公平原则以及瑞士的公共政策。②

二、WADC 采用严格责任的规范依据

WADC 规制的对象是使用兴奋剂的行为，但何谓“使用兴奋剂的行为”？WADC 提供了抽象与具体的两个定义：前者是指第 1 条的规定，即是指 WADC 第 2.1～2.8 条中规定的一项或多项违规行为。这种抽象的定义，既没有对使用兴奋剂的行为作出封闭性的规定，也没有提供任何技术上的客观限制，故其准确性不够，所以有学者认为它是没有法律效力的。③ 具体定义是指 WADC 第 2 条的规定，即使用兴奋剂的行为，也就是兴奋剂违规行为，是指运动员使用了世界反兴奋剂机构明确禁止的物质或

---

① See CAS 96/156, 6－10－1997, Jessica K. Foschi v. FINA, grounds 5.6, 5.7 and 5.8.

② See Jan Paulsson, *Arbitration of International Sport Disputes*, Arbitration International, Vol. 9:4, p. 366(1993).

③ See Klaus Vieweg, *The Definition of Doping and the Proof of a Doping Offense (An Anti-Doping Rule Violation) under Special Consideration of the German Legal Position*, Marquette Sports Law Review, Vol. 15, p. 37－48(2004).

者方法的行为。由于这种定义的内涵与外延基本上是明确的,所以是有法律效力的。不过,根据该定义,兴奋剂违规行为显然不包含任何主观要素。WADC 第 2.1.1 条的注释也公开指出,兴奋剂违规的归责原则采用严格责任的立场,运动员对此是否存在故意或者过失,并不影响违规的构成。这样,即使运动员根本没有打算通过药品获得竞争优势,但由于意外原因而使体内含有某种违禁物质的,也构成兴奋剂违规行为。对此,学界有人提出异议,他们认为,既然运动员对进入自己身体的违禁物质没有过错,按照现代法律理论,就不应受到处罚,否则属于"客观归罪",是不公平的。[①] 主要理由有:其一,根据 WADC 第 2 条的规定,使用兴奋剂的定义,对世界反兴奋剂机构制定的违禁物质或者方法清单,有严重的依赖。随着医药的发展,该清单的内容会逐年增加,这导致"使用兴奋剂"的定义一直处于动态变化之中,从而造成兴奋剂违规行为的外延具有一定的模糊性,这必然会降低 WADC 适用的可预测性。其二,世界反兴奋剂机构制定的违禁物质清单,每增加一种违禁物质,对运动员而言,都意味着增加了一个陷阱。因为对于这些违禁物质,即使是专家,如果不依赖仪器设备,也是很难识别的。其三,在很多情况下,这些违禁物质都是以非违禁物质的形态(比如,以食物、饮料或者保健品的形式)出现在日常生活中的,这更增加了运动员识别违禁物质的难度。这种规定其实意味着运动员有识别违禁物质的义务,这显然是强人所难。[②] 针对这种批评,世界反兴奋剂机构的答复有:

首先,国际奥委会与世界反兴奋剂机构是民间组织,所以,其制定和颁布的 WADC 属于私法的范畴,即兴奋剂处罚为民事处罚。传统的法律认为,民事处罚通常适用严格责任,故兴奋剂处罚采用这种立场不应当受到质疑。于是,由于治疗伤病、受他人误导甚至是被别人迫害等原因而使身体含有违禁物质的,都应受到处罚。[③]

其次,从表面上看,兴奋剂违规适用严格责任,有可能处罚对兴奋剂进入身体没有任何过错的运动员,存在不公平的问题。其实,在体育领域内,这种不公平的现象经常发生,很难避免。比如,运动员在重大比赛前夕因误食了有毒食品,无法参加比赛,但比赛必须按照计划进行,不可能延长时

---

① See Karen Crouse, *For Swimmer, Ban Ends, but Burden Could Last*, N. Y. TIMES (Aug. 7, 2010), http://www.nytimes.com/2010/08/08/sports/08hardy.html.

② See Ryan Connolly, *Balancing the Justices in Anti-Doping Law: The Need to Ensure Fair Athletic Competition Through Effective Anti-Doping Programs vs. the Protection of Rights of Accused Athletes*, VA. SPORTS & ENT. L. J., Vol. 5, p. 170(2006).

③ See James Halt, *Where is the Privacy in WADA's "Whereabouts" Rule*, Marq. Sports L. Rev., Vol. 20, p. 267 – 289(2009).

间等待其康复,否则,就是对其他运动员的不公平。既然比赛可以无须等待中毒的运动员,剥夺那些身体中含有违禁物质的运动员的比赛资格,就不应被质疑。①

再次,从表面上看,严格责任似乎创造了一种不公平,然而如果不接受这样的不公平,则会产生更大的不公平。如果适用过错责任,则意味着容忍运动员意外使用有利于提高比赛成绩的违禁物质。由于反兴奋剂机构无法对运动员的日常生活进行全面的监控,即使运动员过失甚至故意使用违禁物质,由于举证不能,也无法追究其责任,故其会鼓励更多的运动员为了提高比赛成绩而使用兴奋剂。这必然会造成兴奋剂的泛滥,危及整个体育的诚信,产生更大的不公平。②

最后,世界反兴奋剂机构还通过 2003 版 WADC 的注释指出,证明故意的成本过高,其很可能会压垮体育联合会,尤其是那些经济上捉襟见肘的协会,所以,只能适用严格责任。世界反兴奋剂机构还指出,严格责任的规定虽然在表面上忽视了那些"无罪过"运动员的利益,但兴奋剂违规与兴奋剂处罚并非一回事,兴奋剂违规虽然建构在严格责任的基础之上,但其附随的不利后果,即剥夺比赛资格的期限却有一定的灵活性。在决定处罚时,完全可以根据运动员责任的大小,选择相应的处罚,以保护运动员的合法权益。比如,WADC 规定,对于兴奋剂违规没有过失的,可以免予处罚,这条规定可以弥补严格责任所存在的不足。

从规范的角度看,世界反兴奋剂机构的辩解是有一定的道理的,至于成立与否,至少要经受住 WADC 目的的检讨。

三、WADC 目的对严格责任的容忍及限制

一般来说,立法目的反映该法所追求的终极价值。根据 WADC 前言的规定,其立法目的有两个:其一,保障参赛权,即保障运动员参加无兴奋剂体育运动的权利,保障运动员的健康、公平和平等的权利;其二,打击使用兴奋剂的行为。这两个目的其实是一个问题的两个方面,在原则上是相互统一的。当然,不可否认,两者又有一定的独立性,有可能发生冲突。一

---

① See Ryan Reszel, *Guilty until Proven Innocent*, *and then*, *Still Guilty*: *What the World Anti-Doping Agency Can Learn from the National Football League about First-Time Anti-Doping Violations*, Wisconsin International Law Journal, Vol. 29:4, p. 807 – 832(2012).

② See Ryan Reszel, *Guilty until Proven Innocent*, *and then*, *Still Guilty*: *What the World Anti-Doping Agency Can Learn from the National Football League about First-Time Anti-Doping Violations*, Wisconsin International Law Journal, Vol. 29:4, p. 807 – 832(2012).

旦两者发生冲突,相比较而言,第一个目的更为重要,理由有:首先,保障运动员参加无兴奋剂体育运动与打击使用兴奋剂的行为之间,是目的与手段的关系。前者是目的,也是后者正当化的根据;后者是手段,其存在的价值就在于保障运动员参加无兴奋剂比赛的权利。其次,不制定 WADC,或许更有利于打击使用兴奋剂的行为。比如,体育组织通过与运动员签订合同,打击使用兴奋剂的行为,在发现、处罚甚至遏制使用兴奋剂的行为时,就不会受到 WADC 的掣肘,从而可以随心所欲地制裁使用兴奋剂的运动员。WADC 颁布后,体育组织不仅应当按照规定的程序发现和认定运动员使用兴奋剂的行为,而且必须按照既定的标准,处罚运动员,即 WADC 会构成对打击使用兴奋剂的行为的限制。如果第二个目的优先的话,WADC 就没有存在的必要了,而事实却不是这样,所以第一个目的更为重要。最后,从形式上看,世界反兴奋剂机构将保障运动员参加无兴奋剂比赛的权利放在第一位,将打击使用兴奋剂的行为放在第二位,这也表明前者更为重要。

保障运动员参赛权包含三个诉求:其一,剥夺体内有兴奋剂的运动员当前的比赛资格或者受兴奋剂影响的比赛收益。这种剥夺并不是为了惩罚该运动员,而是为了保护体内没有兴奋剂的运动员的公平比赛权,即为救济他人的比赛权。由于体内有兴奋剂的运动员与无兴奋剂的运动员之间,属于平等主体的关系,故这种剥夺的受益者与被剥夺者之间并不涉及管理权问题,当然也不存在权力滥用的问题,所以,这种处罚属于民法的范畴,适用严格责任不会产生不公平的问题。不适用严格责任,反而会产生不公平的问题,理由是,不适用严格责任,则意味着(因意外)体内有兴奋剂的运动员仍然可以参加比赛,这显然是对其他体内无兴奋剂的运动员比赛权的侵犯。其二,不得阻止没有使用兴奋剂的运动员参加比赛。① 对于体内没有兴奋剂的运动员,反兴奋剂机构不得限制其参加比赛,除非有其他正当的理由。由于运动员体内并没有兴奋剂,不妨碍其他运动员的公平竞争,其是否有权参加比赛,从法律的角度看(而不是从事实的角度),这与其他运动员是没有任何关系的。所以,反兴奋剂机构或者体育组织剥夺这些运动员的比赛资格,必须有其他正当的理由,这种剥夺体现的是反兴奋剂机构或者体育组织与运动员之间的关系。其三,打击故意或者过失使用兴奋剂的行为。从公共政策的角度看,为了保护运动员参加无兴奋剂体

① See Klaus Vieweg, *The Definition of Doping and the Proof of a Doping Offense (An Anti-Doping Rule Violation) under Special Consideration of the German Legal Position*, Marquette Sports Law Review, Vol. 15, p. 37 – 38 (2004).

育运动的权利,应当惩罚故意或者过失使用兴奋剂的行为,原因有两个:一则,特殊预防的需要,即防止体内有兴奋剂的运动员抱着侥幸的心理,再次使用兴奋剂,进行不公平的比赛竞争;二则,一般预防的需要,即警告或者威慑其他的运动员,不得使用兴奋剂进行不公平的体育比赛。显然,惩罚因意外原因而使用兴奋剂的运动员对于上述公共政策的实现,没有任何的价值。所以,对于被惩罚的运动员,其必须对身体内的兴奋剂存在主观上的可谴责性。这就意味着对于体内虽有违禁物质,但是主观上却没有任何过错的运动员,是不得惩罚的,即不得剥夺其未来的比赛资格,这就是WADC的目的对严格责任的限制。换言之,WADC的第二个目的,即打击使用兴奋剂的行为,应当解读为打击故意或者过失地使用兴奋剂的行为。打击意外使用兴奋剂的行为,是缺乏伦理根据的。由此可以看出,基于WADC的目的,严格责任只适用于保护运动员参赛权方面的一些处罚,即严格责任仅仅适用于对其他运动员参赛权的救济;当为了维护反兴奋剂机构的监管权,威慑其他运动员时,则只能适用过错(包括故意和过失)责任,不得适用严格责任。

四、严格责任与WADC目的的突破

根据WADC目的对兴奋剂处罚权的限制,不难看出,世界反兴奋剂机构对严格责任的辩护,在一定的范围内是有道理的。然而,超出这个范围,这种辩护就有很多值得商榷之处,具言之:

首先,世界反兴奋剂机构认为兴奋剂处罚属于私法的范畴,这种观点是不全面的。如果基于严格责任而进行的兴奋剂处罚,仅仅涉及当前的比赛,即出于保护其他运动员公平竞争权的需要,将这种处罚解读为私法层面上的处罚是没有任何问题的。但是,当剥夺运动员未来的比赛资格或者剥夺其与兴奋剂无关的比赛收益时,这种观点是不成立的,主要理由有:其一,这种剥夺反映的是反兴奋剂机构与运动员之间管理与被管理的关系。从主体的角度看,在这里,反兴奋剂机构其实属于"准政府机关",一则,反兴奋剂机构的资金来自国际奥委会和当地的政府;二则,反兴奋剂机构的这种处罚权也依附于政府。因此,运动员与反兴奋剂组织之间具有不平等性。虽然运动员的确与这些组织之间存在合同关系,但是,面对这个合同,运动员只能接受,并没有讨价还价的权利,否则就无法参加比赛。因此,以反兴奋剂机构与运动员之间存在合同为由,为严格责任辩护,是有问题的。其二,严格责任下的处罚具有惩罚性,并不是为了保护特定运动员的权利,即不是权利救济。事实上,剥夺运动员与兴奋剂有关的比赛资格或者收益,相关的利益会转移给其他运动员,因为这是违规运动员从其他运动员那里不法取得的。相反,当该运动员体内没有违禁物质时,从理论上讲,其完全有资格参加比赛并获得相应的收益。这样,基于运动员先前的违规而剥夺其未来的比赛资格或者收益,显然是为了保护反兴奋剂机构对兴奋剂的监管权,同时威慑未来潜在的违规行为,这并不是为了保护其他运动员的公平竞争权,所以,这种处罚不属于私法问题。

其次,以体育领域内的不公平现象为严格责任辩护,也是不全面的,因为这种辩护存在以下问题:一则,运动员因中毒而不能参加比赛,所涉及的是当前的比赛,而不是未来的比赛。如果运动员因为体内有违禁物质,即使其没有任何的过错,运动员失去当前比赛的资格,或者丧失与该物质有关的体育比赛的收益,适用严格责任是没有任何问题的。但是,当运动员对违禁物质进入自己体内没有任何过错时,为什么要以此为理由剥夺该运动员未来的参赛资格?而中毒的运动员却不会受到这样的待遇,这是无法回答的。二则,运动员中毒不能参加比赛,是运动员自己的原因,或者看作运动员自己的意思,而剥夺运动员比赛的资格,是体育组织一方的意思,两者缺乏可比性。三则,运动员因为中毒而不能参加比赛,运动员失去的是当前的比赛机会,这对其今后的生活不会产生任何的影响;但兴奋剂处罚与之不同,其通常还会给该运动员打上“骗子”的标签,这种污名无疑会给其今后的生活带来不利影响。即兴奋剂处罚具有惩罚性,即使运动员今后体内没有任何违禁物质了,完全符合比赛的条件,其也会因这种处罚而无法获得比赛资格。① 四则,体育领域内的确存在很多不公平的现象,但这绝不能成为兴奋剂处罚可以不公平的理由,这与他人闯红灯绝不能成为自己不遵守交通管理法规的理由是一样的。

最后,过失责任并不能解决兴奋剂违规适用严格责任所产生的缺陷。从 WADC 的语义看,对于初次违规者,如果运动员没有过错,甚至可以免于处罚。但第二次甚至第三次违规者,却不能获得这样的优待。比如,第一次违规行为是意外事故造成的,反兴奋剂机构可以给予谅解,不予处罚。但是,这种违规却会作为“案底”或者“前科”而存在。一旦今后该运动员体内又发现违禁物质,不管这是否出于意外事故,该运动员都必然会受到处罚,根本不存在再次被原谅的可能。故无过失免责的规定,并不能充分救济兴奋剂违规适用严格责任的缺陷。

① See Ryan Reszel, *Guilty until Proven Innocent, and then, Still Guilty: What the World Anti-Doping Agency Can Learn from the National Football League about First-Time Anti-Doping Violations*, Wisconsin International Law Journal, Vol. 29:4, p. 807 – 832(2012).

通过以上论述不难看出,兴奋剂违规适用严格责任的规定,对 WADC 目的的突破主要表现为:当多次违规作为兴奋剂处罚的"加重情节"时,严格责任的规定会与 WADC 的目的发生冲突。其实,对于初次违规者,基于严格责任而进行的兴奋剂处罚,通常也会使严格责任与 WADC 的目的发生冲突。然而,由于兴奋剂违规处罚的 2015 版 WADC 与 2021 版 WADC 建立在故意与过失概念的基础之上,因此,从形式主义的角度看,当前的 WADC 采用的是违规与处罚(责任)区分的立场。

第三节 故意责任

不同于以往的两个版本,2015 版 WADC 与 2021 版 WADC 非常重视故意与过失对处罚的影响,比如,第 10.2 条规定故意使用违禁药物,即使是初次违规,也要剥夺 4 年的比赛资格;过失使用违禁物质的,禁赛 2 年。相比较而言,故意具有加重处罚的功能。

一、故意违规的认定

如前所述,不同于 2009 版 WADC,根据 2015 版 WADC,要确定违规行为惩罚,首先要选择适用何种基准罚。而判断违规是否是故意的,又是确定基准罚的前提。那么,这就产生了一个问题,如何判断违规行为是否出于故意呢?

(一)非特定物质的特殊规定

2015 版 WADC 并没有像我国学界所主张的那样,通过查明行为人实施违规行为时的心理态度,确定行为人违规是否出于故意。而是首先将禁用物质区分为非特定物质和特定物质,然后借助法律类推制度,认定运动员对违规是否存在故意。① 在现实中,法律类推有两种:

其一,除非相反的事实被证明,否则,就得出一个正面的结论,比如刑法中的无罪推定原则:如果没有足够的证据证明被告人有罪,就推定其是无罪的。也就是说,在刑事案件中,法院必须在有足够证据证明被告人有罪的情况下才能判定被告人有罪。如果没有足够的证据证明被告人有罪,法院就必须推定被告人是无罪的。这个原则是为了保护被告人的权利,确保他们不会被错误地定罪。

---

① See Dr Chris Davies, *The "Comfortable Satisfaction" Standard of Proof: Applied by the Court of Arbitration for Sport in Drug-Related Cases*, UNDALR, Vol. 14, p. 5 – 46(2012).

其二，特定的事实被证明之后，即推定其他的事实存在。换言之，如果事实 A 被证明后，就推定事实 B 存在。① 比如，在继承法中，不能证明几个被继承人是何时死亡的，通常推定没有继承人的人先死；都有继承人的，推定长辈先死。2015 版 WADC 与 2021 版 WADC 规定，当运动员身体内发现的禁用物质属于非特定物质时，推定这是故意使用的。显然，2015 版 WADC 与 2021 版 WADC 采用的是后者。

在这里，故意根本不是我们通常所说的一种心理态度或者心理活动，而是变成了一种客观事实。即在一定程度上，运动员体内有非特定物质，就等同于运动员故意使用这种物质。由此，就解决了故意证明难的问题。

然而，上述法律类推是可以被推翻的。运动员要想推翻该类推，则需要证明自己不是故意使用的，而要做到这一点，2015 版 WADC 与 2021 版 WADC 规定了三个路径：

第一，证明对于这种物质进入身体，自己无过失或者无重大过失，即通过主张适用第 10. 4 条和第 10. 5 条的规定，排除故意的成立；

第二，证明这种物质属于只在赛内禁用的非特定物质，且证明这种物质是在赛外使用的；

第三，如果上述两个路径不通，运动员还可以根据故意的一般定义（第 10. 2. 3 条），结合案件的具体情况，证明被指控的违规非自己故意而为。这就是说，除了特殊规定，2015 版 WADC 与 2021 版 WADC 对故意还作了一般性的规定。

第一个路径其实属于兴奋剂处罚机制第二个阶段的内容，本书将在后面探讨。对于第二个路径而言，根据传统的理解，运动员在赛外明知是禁用物质而加以使用的，在赛内被检查出来，即使其仅仅在赛内禁止，这种违规也有可能会被定性为故意，使运动员面临 4 年的禁赛处罚。由于运动员使用这种物质的行为本身并不具有“违法性”，4 年的禁赛处罚很明显违反比例原则和公平原则，因为对于很多体育项目，这实际上等于终身禁赛。② 为了解决这个问题，WADC 规定，对于因药检呈阳性而构成的违规，当被检查出的物质属于只在赛内禁用的非特定物质时，如果运动员能证明其是在赛外使用的，且该禁用物质的使用与比赛成绩无关，则排除违规的故意

---

① See Axon v. Axon, 59 CLR 395 (1937).

② See Antonio Rigozzi, Marjolaine Viret & Emily Wisnosky, *Latest Changes to the* 2015 *WADA Code-Fairer, Smarter, Clearer… and not quite Finished*, Jusletter (Jan. 20, 2014), http://lk-k.com/wp-content/uploads/RIGOZZI-VIRET-WISNOSKY-Latest-Changes-to-the-2015-WADA-Code-Jusletter-20-January-2014.pdf.

性。因此,此处否定故意违规的要素有两个:其一,这种非特定物质是赛外使用的;其二,这种使用不会提高体育成绩。但是,要证明禁用物质的使用与体育成绩无关,是非常困难的。最近有判决指出,在审查精英运动员的绝大多数行为时,往往会受到维持或者提高体育成绩目的的影响,也就是说,当运动员的行为被审查时,他们的行为是否符合规则往往会受到体育成绩的影响。这种情况可能会导致对运动员的审查不够公正。因为审查的目的是保持公平和公正的比赛环境,而不是提高体育成绩。① 比如,为了尽快恢复训练或者比赛,出于治疗感冒的目的而喝止咳糖浆,甚至也会被解读成:为提高比赛成绩而使用药品。这样,出于与体育成绩无关的治疗目的或者为追求娱乐而用药的,都会被认为是故意的,这显然背离了该规定的初衷。为此,仲裁庭在仲裁实践中,往往会把比例原则和公平原则注入故意的概念之中,于是,WADC 中的故意包含着比例原则和公平原则的诉求,所以,故意并非完全是指运动员或者其他人的一种心理。②

第三个路径其实是根据故意的一般规定(第 10.2.3 条),判断是否存在故意。当运动员体内发现非特定物质,通常推定为故意使用,而运动员要想否定这种推定,也可以根据故意的一般规定,说服仲裁庭其体内的非特定物质不应当被评价为故意使用。此时,运动员对此负有举证责任,举证的内容主要有:

首先,证明该禁用物质是如何进入自己身体的。通过这个过程反映运动员自己对此缺乏可谴责性,或者自己的可谴责性很小,从而排除故意。一般来说,仅仅证明禁用物质的来源,是不能确认违规行为是否出于故意,要排除故意的存在,还必须证明自己对禁用物质进入身体的"可谴责性"较低。然而,"可谴责性"并没有具体的物质性的存在方式。运动员要排除违规的故意性,实际上要结合案件的具体情况,争取得到仲裁庭的同情。所以,仲裁庭对故意的认定享有很大的自由裁量权。

其次,证明使用禁用物质的目的,并非为了提高比赛成绩。2015 版 WADC 将违规区分为故意和非故意两种,而"故意"与"欺骗"有同等的含义。在判断是否存在"欺骗"时,主要从运动员使用禁用物质的目的着手。一般来说,为了提高比赛成绩而使用禁用物质,当然会被评价为故意。不过,这种目的并不一定只局限于提高比赛成绩上,想通过禁用物质获得其他的效果,也有可能构成欺诈。比如,为了掩盖对提高比赛成绩的其他禁

---

① See WADA v. de Goede, CAS 2012/A/2747(2013), para. 7.14.

② See Rigozzi et al., *Breaking down the Process for Determining a Basic Sanction under the 2015 World Anti-Doping Code*, Int. Sports Law J., Vol. 15, p. 3-48(2015).

用物质的使用,或者为了提高运动员的注意力而使用禁用物质的,虽然此时使用禁用物质不是用来直接“提高比赛成绩”,但这同样构成“欺骗”。换句话说,如果“故意”的概念是指运动员的欺骗行为,那么,由此便可以推导出,如果运动员能使仲裁庭相信其没有进行欺骗,那么即使其的确明知是禁用物质而使用的,也不会被视为故意违规,即 WADC 中的故意不同于日常生活中的故意。如前所述,由于 CAS 判例法通常不支持这种做法,故 2021 版 WADC 在文字表述上删除了“欺骗”的限制。不过,毕竟 4 年的禁赛处罚过重,如何证成这种处罚的正当性,确保其符合比例原则和责任主义原则,可能存在疑问。

最后,在判断是否是故意违规时,禁用物质的性质非常重要。① 也就是说,不同的禁用物质,要排除故意的存在,需要证明的事项和证明程度,往往是不同的。有些物质需要运动员提供更多的证据证明违规不是故意的,而有些物质则不需要。对于前者,最典型的例证是发现运动员身体内有促红细胞生成素。这种物质存在本身通常意味着该运动员存在高度的过错,因为很难想象这种合成性的促红细胞生成素,会意外地进入运动员的身体,即缺乏医学干预或者非故意行为,人体内不可能含有这种物质。因此,要排除运动员违规的故意性,则需要更多的证据。与促红细胞生成素不同,如果运动员体内发现克伦特罗,由于很多补品或者保健品都含有这类物质,②甚至在很多地区的食品中,也发现了这种类固醇的存在,因此,在运动员体内发现了这种物质,很难认定其是故意使用的结果。所以,禁用物质的性质与过错程度之间往往有一定的联系,禁用物质不同,其与过错的联系程度也不一样。

运动员根据故意的一般规定,推翻特殊规定所作的类推,则意味着就非特定物质而言,故意的特殊规定无法完全避免一般规定的检讨。但这并不是说特殊规定是没有意义的,恰恰相反,正是因为这种特殊规定的存在,不仅有利于故意的认定,避免其与证据法发生矛盾,更为重要的是其能有效地限制仲裁庭的自由裁量权。比如,突尼斯运动员乌萨马·迈卢利(Oussama Mellouli)是一个在校大学生,其在比赛前接受体检时提交了一个尿样,结果被发现里面有苯丙胺,这属于非特定物质。该运动员承认自己在比赛的两天前吃了一个朋友给的药,但目的是治疗注意力不集中,保持大脑清醒,以完成学校布置的一个作业,而该作业在其期末考试成绩中

---

① See Qerimaj v. IWF, CAS 2012/A/2822(2012), para. 8. 11; UCI v. Georges, para. 110.

② See WADA v. Hardy, CAS 2009/A/1870(2010); UCI v. Contador, CAS 2011/A/2384 & 2386 (2012).

占有很大的比重。运动员在吃药时,对该药的成分并没有考虑很多。[①] 仲裁庭认为,该运动员对此有很大的过错,作为运动员应当考虑到这种药可能存在的风险,因为运动员有避免其身体中出现禁用物质的义务。然而,考虑到迈卢利吃药时还未曾进行比赛登记,且这仅仅是由此单一行为(与那些不断重复使用兴奋剂的运动员不同)造成的,如果给其科处 2 年的禁赛期,必然会使其错过接下来的奥运会,后果就太严重了! 基于此,仲裁庭认为,这是一个罕见的案件,根据比例原则,对迈卢利进行较轻缓的处罚,于是,决定对其禁赛 18 个月。[②]

如果根据 2015 版 WADC 与 2021 版 WADC(第 10. 2. 1. 1 条),由于该运动员体内发现了非特定物质,因此推定这是该运动员故意而为的,其面对的则是 4 年的禁赛期,因为这种物质是被全面禁止的,而不是仅仅在赛内禁止的。运动员要想排除违规的故意性,只能援引 WADC 第 10. 2. 3 条的规定(故意的一般定义)为自己辩护。仲裁庭认为运动员使用这种药品并非为了提高体育成绩。但是,由于其知道其行为存在违规的重大风险,并且明显漠视这种风险的存在,在理论上其行为仍然有可能被评价为(间接)故意。但是,故意的含义不同于明知或者鲁莽使用,而是要结合具体的环境要素进行判断。当时的环境表明,该运动员吃药与提高比赛成绩或者进行体育欺骗是没有关联性的。所以,根据 2015 版 WADC 与 2021 版 WADC,该运动员的过错既不可能被评价为故意,也不可能被评价为无重大过失,这样,迈卢利很难获得低于 2 年的禁赛处罚。因此,WADC 中的特殊规定,不仅给故意的认定提供了一个便捷的路径,而且,有限制仲裁庭自由裁量权的功能。

(二)特定物质的特殊规定

2015 版 WADC 与 2021 版 WADC 将特定物质分为两种,即只在赛内禁止的特定物质和全面禁止的特定物质。WADC 规定,运动员体内发现特定物质,即推定违规不是故意的,但是,反兴奋剂组织能证明其是故意的除外。也就是说,发现运动员体内有特定物质,不得推定为故意使用,而是推定为过失使用。WADC 尽管还在后面附加了一个“但书”,即反兴奋剂组织能证明其是故意的除外,然而,这个“但书”实际上是虚设的,没有多少意义,主要根据是,该义务的证明负担过高,反兴奋剂组织缺乏履行的条件。具体的理由有:

---

① See FINA v. Mellouli, CAS 2007/A/1252(2007), paras. 7 – 10.

② See FINA v. Mellouli, CAS 2007/A/1252(2007), paras. 97 – 98.

其一,对于非特定物质,运动员证明故意不存在的标准,WADC 作了明确的规定,即适用概率权衡原则,即优势证据标准。然而,对于特定物质,反兴奋剂组织尽管有证明运动员违规是故意的义务,但 WADC 并没有明确其证明标准是什么。从历史解释的角度看,2009 版 WADC 第 10.6 条规定,"加重情节"的证明适用"绝对优势证据"的标准;①纪律惩戒案件中,体育组织通常适用的也是绝对优势证据的标准。② 据此可以推导出,反兴奋剂组织对故意的证明应适用"绝对优势证据"的标准。WADC 规定,绝对优势证据证明标准处于优势证据标准③和排除合理怀疑标准之间。由于该证明标准过高,这无疑增加了反兴奋剂组织证明故意的困难。

其二,反兴奋剂组织证明运动员故意,缺乏事实上的可能性。一方面,就特定物质而言,对于故意,WADC 并没有像非特定物质那样,为其设置一个"表征",所以,故意的证明只能借助故意的一般定义进行。另一方面,根据故意的一般定义,要证明运动员违规的故意性,反兴奋剂组织通常需要证明该禁用物质如何进入运动员体内,理由有:首先,从运动员的角度看,故意违规的后果相当严重,会将基准罚提高一倍,且没有弹性。如不查清禁用物质的来源而认定故意的存在,有违反比例原则和公平原则的嫌疑。其次,CAS 和瑞士联邦最高法院在实践中反复强调,在评价运动员的过错时,需要查明禁用物质的来源。④ 最后,故意的定义虽然没有明确包含这项要求,即须证明禁用物质的来源,但是,对于非特定物质,运动员要排除违规的故意性,则需要通过证明物质的来源,表明自己对其存在很小的可谴责性来实现。同理,对于特定物质,反兴奋剂组织要想证明违规是故意的,也应当通过证明物质的来源,表明运动员对违规存在"高度"过错来实现。但是,由于反兴奋剂组织远离运动员的现实生活,很难弄清楚这种物质是如何进入运动员体内的。这样,运动员对此有无合作义务,则显得特别重要。

在传统法律中,存在一种"证据控制分配"理论,即当证据被一方控制,而另一方当事人无法获得时,程序公正要求控制证据的一方有合作的义务,即提供相反的证据质疑承担举证责任的另一方当事人的主张。如果

---

① See, IAAF v. Kokkinariou, CAS 2012/A/2773 (2012), para. 99.

② See, de Ridder v. International Sailing Federation, CAS 2014/A/3630 (2014), para. 114.

③ 所谓优势证据标准,就是法官经过庭审、质证等方式综合比对分析原被告所提出的证据,在判断优势程度的基础上,选择可信度高的、盖然性高的、说服力强的一方当事人的诉求得以支持的一种证明标准。

④ See, I. v. FIA, CAS 2010/A/2268 (2011), para. 124; Swiss Supreme Court Decision (2007) Hondo v. WADA, 4P. 148/2006, para. 7. 3. 2.

一方当事人不这么做，则认为另一方当事人已经履行了举证义务。① 这种理论被瑞士法承认，CAS 对此也持肯定的态度。② 那么，对于涉及特定物质的违规，运动员是否有合作的义务呢？答案是否定的。理由有：第一，这种“证据控制分配”理论仅局限于民事责任，对于刑事责任是不适用的，但从证明标准的角度看，兴奋剂处罚介于民事处罚与刑事处罚之间，即兴奋剂处罚不属于民事处罚，这就意味着“证据控制分配”理论很难适用于兴奋剂案件。第二，兴奋剂处罚中的运动员的地位，与刑事案件中的被告人具有相似性，承认运动员的这种合作义务，则必然会迫使运动员泄露一些对自己不利的信息，这显然有悖于“不得强迫自证其罪”的原则。③ 第三，从法律解释学的角度看，法律解释应当遵守“有利于行为人”的原则，也就是说，当 WADC 的规定出现模糊时，应当从有利于运动员一方的角度进行解释。据此，在 WADC 没有明确规定的情况下，无论如何都不能解释出运动员对此有合作的义务。第四，最为重要的是，WADC 明确规定反兴奋剂组织有证明故意违规的义务，因此，若认为运动员有此义务，明显违反 WADC 的规定。

这样，既然反兴奋剂组织对禁用物质是如何进入运动员身体的情况都不知情，让其证明运动员对违规具有故意性，显然是不可能的。这就是说，运动员体内发现特定物质，就等同于运动员对此存在（重大）过失，而不是故意。

此外，即使有证据证明运动员体内的特定物质，是运动员故意使用禁用物质的结果，但是，如果这种物质属于只在赛内禁止的特定物质，当运动员能证明其是在赛外使用的，根据 WADC 的规定也推定该违规是非故意实施的。因此，运动员明知是赛内禁用的物质而赛外使用的，由此导致赛内药检呈阳性，不能认定行为构成故意。当然，这种推定同样是可以推翻的，即当反兴奋剂组织依据故意的一般定义，可以直接“证明”运动员具有违规的故意。不过，此时反兴奋剂组织不仅要证明运动员对使用这种禁用物质是明知的，还要证明该运动员有实施违规行为的故意，或者说，证明该运动员想通过赛外使用该物质，在赛内获得某种不公平的竞争优势。显

---

① 参见杨春然：《论惩罚性赔偿的证明标准》，载《证据科学》2012 年第 4 期。

② See WADA v. Hardy, CAS 2009/A/1870 (2010); see also UCI v. Contador, CAS 2011/A/2384 & 2386 (2012).

③ See Kaufmann-Kohler G. & Rigozzi A., *Legal Opinion on the Conformity of Article 10.6 of the 2007 Draft World Anti-Doping Code with the Fundamental Rights of Athletes*, WADA (Nov. 13, 2007), https://wada-mainprod.s3.amazonaws.com/resources/files/Legal_Opinion_Conformity_10_6_complete_document.pdf.

然,这一点更难做到。

(三)故意的一般条款

如前所述,不管是对非特定物质的特殊规定,还是对特定物质的特殊规定,都存在例外条款或者“但书”。这两个“但书”功能一样,即主要是借助故意的一般定义,来弥补特殊规定过宽或者过窄的问题。在这两个“但书”中,“故意”的含义是相同的,都是指WADC第10.2.3条规定的故意的一般定义,即指运动员或者其他人在行为时,知道行为违反WADC的规定或者存在构成兴奋剂违规的重大风险,而漠视这种风险的情况。

从整体上看,不同于2015版WADC,2021版WADC对故意所下的一般定义,与我国刑法对故意的规定极为相似,故其也可以分为直接故意和间接故意两种:前者是指运动员或者其他人明知行为违规而仍然实施;后者是指运动员或者其他人知道行为存在兴奋剂违规的巨大风险而放任风险发生的情况。后者在英美法中被称为鲁莽(recklessness),在大陆法中被称为未必的故意或者间接故意。① 仲裁庭在克里马伊(Qerimaj)案的裁决中指出,运动员明知是禁用物质而使用的,构成故意。但是,运动员为追求某一合法的结果,而放任违规风险发生的,也构成故意,②即间接故意也是故意。理由是,这好比在旅途中看到很多的“禁止通行”标志,行为人置之不顾,仍然进入“雷区”,尽管其目的仅仅是想走捷径或者安全通过“雷区”,但如果不幸发生意外,这种行为则应被评价为鲁莽行事,或者间接故意,因为其行为表明行为人是接受或者容忍这种结果的。故过去的仲裁实践认为间接故意亦是故意。③

但是,2015版WADC颁布后,间接故意是否还是故意受到质疑,最典型的例证是巴塔(Bataa)案的判决,其明显不接受克里马伊案所持的观点,巴塔案仅仅承认直接故意,认为鲁莽或者所谓的间接故意不是故意。④ 我们支持巴塔案的观点,这也是我们认为CAS的两个裁决违反WADC规定的主要原因,理由有:

其一,2015版WADC虽然在对故意下定义时,包含了间接故意方面

---

① 参见《瑞士联邦刑法典》第12条第2款规定的“故意”,其定义与第3款规定的“过失”的定义不同。

② See Qerimaj v. IWF, CAS 2012/A/2822(2012), para. 8.11; UCI v. Georges, para. 110.

③ See Kaufmann-Kohler G. & Rigozzi A., *Legal Opinion on the Conformity of Article* 10.6 *of the* 2007 *Draft World Anti-Doping Code with the Fundamental Rights of Athletes*, WADA(Nov. 13, 2007), https://wada-mainprod.s3.amazonaws.com/resources/files/Legal_Opinion_Conformity_10_6_complete_document.pdf.

④ See WADA v. Bataa, CAS 2013/A/3316(2014), para. 54.

的内容,但是,其明显不再强调故意含义的广义性,即不再包含“间接故意”。因为 WADC 第 10.2.3 条在给故意下定义时,其第一句明确指出,所谓的故意就是“欺诈”或者“作弊”,这使故意至少含有违法性意识方面的内容,所以,间接故意不再属于故意的范畴。

其二,这是解释规则的要求。如果将间接故意视为故意的一种,那么,这种故意无法与过失区分开,即这种规定具有模糊性。根据“疑问时有利于被告人”的原则,对此应当作不利于规则起草人的解释,故间接故意只能翻译成过失。① 由于在 2009 版 WADC 中没有“间接故意”方面的规定,2015 版 WADC 第 10.2.3 条中的故意的概念,即使含有类似于克里马伊案裁决中的“间接故意”的表述,但基于明确性原则,也应当将其排除在故意的概念之外,因为就像巴塔案的裁决所指出的那样,在实践中区分间接故意和过失是非常困难的,②且这种区分与法律的明确性原则相悖。所以,应当选择狭义的故意的概念,即间接故意不是故意。

其三,如果承认鲁莽或者间接故意亦为故意,那么,实际上等于承认福戈(Foggo)案和库特洛夫斯基(Kutrovsky)案裁决的逻辑。③ 这两个案件认为,故意摄取某一产品,等同为故意摄取该产品的所有成分,即使运动员根本没有这样的打算。这样,如果承认间接故意,当运动员故意使用的产品含有禁用物质时,则会被视为故意使用兴奋剂。④ 这样,因使用娱乐性的药品(比如大麻)、保健品或者其他补品而出现的兴奋剂违规,都会被评价为故意性违规,由此势必否定过失的存在。这与 WADC 对无(重大)过失的规定不符,另外,由于故意违规的基准罚为 4 年的禁赛,这也严重违背责任主义和比例原则。所以,应当采用狭义的故意立场,不包含间接故意。这说明 2015 版 WADC 中的故意与法律领域的故意并不完全相同。

然而,根据 2021 版 WADC,至少从形式看,认定孙杨的行为构成间接故意,是没有多大问题的,尽管从实质的角度看,可能无法论证这种处罚的正当性。不过,根据 WADC 的规定,孙杨案应当适用 2015 版 WADC,除非 2021 版 WADC 的处理对孙杨有利。而从 2015 版 WADC 的法条的形式看,故意的一般定义可以推翻特殊规定,即故意的一般定义具有优先性。

---

① See WADA v. Bataa, CAS 2013/A/3316(2014), para. 50.

② See WADA v. Bataa, CAS 2013/A/3316(2014), para. 55.

③ See Rigozzi & Quinn, *Inadvertent Doping and the CAS: Part I*, Law in Sport (Nov. 27, 2013), http://www.lawinsport.com/articles/anti-doping/item/inadvertentdoping-and-the-cas-part-i-review-of-cas-jurisprudence-on-theinterpretation-of-article-10-4-of-the-current-wada-code.

④ See WADA v. Bataa, CAS 2013/A/3316(2014), para. 54.

比如,运动员证明其体内虽然有非特定物质,但其缺乏"欺骗性",则可以推翻行为的故意性,所以,在2015版WADC中,两者并非"一般法与特殊法"的关系,尽管在2021版WADC中,可以这样表述两者的关系。

二、故意责任的规范缺陷

由于故意会直接影响处罚的轻重,从运动员权利的角度看,明确故意的外延就显得非常重要了。根据WADC第10.2.3条的规定,故意是指运动员或者其他人明知自己的行为违规或者有可能违规,而漠视这种可能的心理态度。但是,以下两种情况例外:其一,对于因发现赛内禁止使用的特定物质而类推的兴奋剂违规行为,如果运动员能证明这种违禁物质是赛外使用的,便可以否定行为的故意。其二,对于只被赛内禁止的非特定物质,运动员如果能证明其是赛外使用的,且与比赛成绩无关,则排除行为的故意。根据WADC第4.2.2条的规定,"特定物质"是指《禁用清单》上列出的蛋白同化制剂、激素、刺激素、激素拮抗剂与调节剂之外的所有禁用物质。这两个条文相结合,则会产生以下问题:

首先,运动员明知使用的是"危险营养品",但并不知道这种补品含有禁止的"特定物质",在这种情况下,如何根据第10.2.3条规定的"故意"概念,判断这种行为的主观方面呢?因为根据上述定义,这种行为既有可能被评价为"过失",也有可能被评价为"故意",至于如何评价,完全取决于反兴奋剂机构的态度。

其次,如果运动员故意使用某一补品,且其有理由不知该补品中含有违禁物质。比如,受到了商品标签所列举的产品成分的误导。那么,要确定运动员存在"故意"使用兴奋剂的行为,是要证明该运动员知道或者应当知道这种补品含有违禁物质呢?还是证明运动员故意放纵这种产品存在违禁物质的风险呢?根据上述规定,二者同样难以回答。

再次,对于赛内禁止的非特定物质,由于赛外不禁止,即使在比赛时被检查出来,如果该运动员能够证明这种违禁物质是在赛前使用的,且与体育成绩无关,那么,根据上述故意的定义,在理论上是不应当认定运动员有"故意"使用兴奋剂的行为的。但是,在过去的很多案件中,运动员使用的物质,甚至包括正常食品,通常都被认为与比赛成绩存在关联性。因此,为了提高比赛成绩而在赛外使用兴奋剂作为"故意"的限制条件,从运动员的角度看,实际上是没有任何意义的,即其很难限制反兴奋剂机构的处罚权。另外,当有充分的证据证明运动员在赛外使用了违禁物质时,但运动员主张在比赛的当天就停止使用,那么此时,应当如何判断运动员有无违规的故意呢?[①] 这也是一个无法解决的难题。

最后,对于完全禁止的物质,比如,蛋白同化制剂,是没有必要区分其是赛外使用,还是赛内使用的。一旦发现运动员体内存在这样的物质,若其想避免4年的处罚,则需要证明其使用该物质并非故意。但是,对于那些无法证明违禁物质如何进入身体的运动员,往往存在两种截然不同的情况:其一,运动员根本不知道是什么原因造成自己检查呈阳性,甚至经过深入调查仍然不清楚;其二,运动员故意使用这种物质提高比赛成绩,但是,为了逃避过重的处罚,装作一无所知。对于这两种情况,即当运动员不能对违禁物质如何进入身体进行说明或者举证时,反兴奋剂机构如何选择适用2年的处罚、4年的处罚甚至终身禁赛的处罚呢?这也是很难回答的。

总之,与过失一样,故意的这些规范缺陷,也会使兴奋剂处罚权失去限制,再加上WADC一直存在浓厚的“有罪推定”思想,WADC中增加“故意”影响责任的规定,不仅不能证明兴奋剂处罚权的正当性,由于其会加重对运动员的处罚,反而会使兴奋剂处罚与WADC目的之间的关系更加紧张。

三、故意的要素与证据法的冲突

其实,即使故意的规范边界明确、清晰,从证据法的角度看,这种故意的规定,也很难限制体育组织的兴奋剂处罚权,缓解处罚与反兴奋剂运动目的的冲突,具体的理由有:

首先,WADC有关故意的规定,很难变成对反兴奋剂机构处罚权的有效限制。从认识论的角度看,“故意”是运动员的心理活动,除了运动员自己,别人是很难知道的。运动员可以了解自己的心理,因为他们有反省的能力。但是,反兴奋剂机构要想直接了解运动员使用兴奋剂的心理态度,则只有一个路径,即通过运动员的陈述。不过,这种陈述通常很难作为证据使用。比如,对故意使用兴奋剂的行为,如果运动员比较诚实,如实供述自己的故意,那么,其将要面对4年的处罚。即使按照WADC的相关规定减免处罚,由于最多可减免最高处罚的一半,运动员也会受到至少2年的禁赛处罚;相反,如运动员不承认故意,则根据WADC的规定,仅会受到2年的处罚,显然不承认自己故意使用兴奋剂,对运动员更为有利。因此,故意的规定实际上有鼓励运动员撒谎的嫌疑,故不能依赖运动员的供述认定

---

① See UCI v. Alberto Contador Velasco & RFEC; WADA v. Alberto Contador Velasco & RFEC, Award of 6 February 2012, CAS 2011/A/2384 & 2386.

其故意的存在与否。

其次,对未知事实的认识,源自记述这种事实的信息,或者说是证据。但是,作为心理态度的故意,属于意识的范畴,而证据却属于物质的范畴,它们两个具有不同的性质,因此,后者不可能记述前者的存在。即反兴奋剂机构无法借助客观事实,确定运动员对兴奋剂违规所持的心理态度是故意还是过失。

最后,在现实中,故意通常根据初步证据规则(Prima facie proof)进行认定,即反兴奋剂组织或者仲裁机构根据自己的经验,结合一些外在的事实类推运动员使用兴奋剂的心理。① 这种证明规则有两个特点,其一,在性质上属于类比推理的范畴,由此得出的判断当然不具有可靠性;其二,为了提高判断的可靠性,要求判断者具有与行为人(运动员)相似的经历或者经验。② 因此,对于运动员体内的违禁物质,是否是为了获得一种不公平的竞争优势而故意使用的,应当由运动员组成的陪审团决定。然而,现实中不可能存在这样的审判组织,因为对于运动员参赛资格的决定,通常有严格的时间限制,需要尽快做出,所以无法组成这样的陪审团,而只能由听证小组或反兴奋剂机构对此进行判断,这无疑会加强仲裁机构或者反兴奋剂机构的处罚权,危及运动员的权利。

综上所述,以运动员对兴奋剂违规的心理态度,无法限制兴奋剂处罚权,一则很容易导致处罚权的滥用,二则剥夺了运动员作为社会普通成员所享有的权利,因为这种限制要求运动员对周围的一切产生怀疑。在这种情况下,运动员心理能是"健康"的吗?如果答案是否定的,反兴奋剂运动所追求的"健康"的体育活动,岂不成了空中的楼阁!

第四节 过失责任

在兴奋剂处罚机制中,对于初次违规者,故意违规对应的基准罚是 4 年,而过失对应的基准罚为严厉批评、不禁赛和最高 2 年的禁赛。这样,排除违规的故意性后,接下来则要考察违规是否存在与过失有关的减轻处罚事由。WADC 将过失分成两个层次,即一般过失与重大过失。因此,在排

---

① See Klaus Vieweg, *The Definition of Doping and the Proof of a Doping Offense (An Anti-Doping Rule Violation) under Special Consideration of the German Legal Position*, Marquette Sports Law Review, Vol. 15, p. 37 – 38 (2004).

② See Bernhard v. Int'l Triathlon Union, CAS 1998/222 (1998) in Digest of CAS Awards (Matthieu Reeb ed., 2002).

除违规的故意性后,要决定基准罚是什么,实际上又分为两个阶段。第一阶段,要判断运动员对违规是否无过失。不管是非特定物质,还是特定物质,运动员能证明自己对违规无过失时,便可取消所有的处罚。根据WADC第10.4条的解释,要排除过失,即认定运动员"无过失",证明责任由运动员承担。不过,WADC将无过失视为一种"极其特殊的情况",即只有运动员能证明这是竞争对手的陷害,才能被定性为无过失,也就是说,无过失并非完全等于现实中所说的"意外"。如果不能证明运动员无过失,则进入第二阶段,即考察运动员对违规是否无重大过失,其举证责任也由运动员承担。这样,兴奋剂违规对应的其实是重大过失,换言之,如果运动员体内发现禁用物质(非特定物质除外),即推定运动员对此有重大过失,因此,重大过失指代的是发现运动员体内有禁用物质。正是由于(重大)过失是客观事实推定的结果,并不需要其他的证据证明,所以,运动员推翻该推定只能证明自己无(重大)过失。这就是2015版WADC与2021版WADC仅规定无(重大)过失的定义,而不规定(重大)过失的定义的原因。

一、特殊规定

其实,不同于故意,过失在很早之前就已经被客观化,即所谓的过失早就摆脱了心理主义的影响,而被定性为"违反注意义务"的情况。然而,对于《禁用清单》规定的禁用物质或者方法,如果借助上述定义认定过失,很有可能造成执法上的不统一,从而影响反兴奋剂政策目的的实现。为此,WADC也按照故意的定义方法,采用类推的方法,确定过失的内涵与外延。

(一)对受污染产品的特殊规定

如前所述,在运动员体内发现有非特定物质的,通常被认定为是故意使用的结果。要排除故意,一个重要的方法就是证明违规无重大过失或者存在其他的过失减轻处罚事由。对于后者,主要表现为2015版WADC与2021版WADC对受污染产品所作的特殊规定。2015版WADC与2021版WADC规定,如果运动员能证明非特定物质来自受污染产品,且其对此无重大过失的,可适用的基准罚有严厉批评、从不禁赛到最高2年不等的禁赛,至于具体选择科处哪种处罚,则受制于运动员的过错程度。

运动员要想基于受污染产品的规定减轻处罚,除了须根据概率权衡原则,证明该禁用物质源自受污染产品,还要证明自己对此无重大过失。在这里,无重大过失的含义不同于无重大过失的一般定义(2015版WADC附件中规定的定义),其是指一系列的行为标准。这些标准主要包括两个方面:其一,为了排除禁用物质的存在,运动员是否对产品的成分标签进行了核对;其二,运动员是否在网上进行了合理搜索。

仲裁庭曾指出,对于无重大过失的判断标准,每个案件都是不同的,故案件不同,需要当事人证明的事项也不相同。① 一般来说,只要运动员拿出证据,使仲裁庭相信,其已经像其他人那样尽了必要的注意义务,就可以认定其无重大过失。② 然而,对于受污染产品,2015 版 WADC 与 2021 版 WADC 将无重大过失的行为类型化,即运动员只要对产品的标签进行了核对和进行了网络搜索,一般就认为其已经尽了必要的最低注意义务,可以排除重大过失。对于没有采取这两种预防措施的,特别是对产品带有的标签未进行核对就使用该产品(比如补品)的,则不能排除重大过失。

(二)大麻的特殊规定

根据 2015 版 WADC 与 2021 版 WADC,要推翻因体内发现有特定物质而认定有重大过失的类推,有一个方法,即证明这种特定物质是大麻。2015 版 WADC 与 2021 版 WADC 对使用大麻的行为持较为宽松的态度,主要是因为国际社会大麻的使用比较普遍,而在绝大多数情况下,运动员都是出于明知而使用的,但这通常并非为了提高体育成绩。为了反映这种情况,世界反兴奋剂机构不仅将大麻定性为娱乐性用药,而且近几年来还通过各种技术手段,将很多使用这种药品的行为排除在违规之外。③ 所以,如果发现运动员体内有大麻或者其代谢物,根据 2015 版 WADC 与 2021 版 WADC,即使不能证明这并非为了提高体育成绩,也能推定运动员对此无重大过失。当然,对于 2015 版 WADC 与 2021 版 WADC 对大麻所设置的这种推定,也能推翻。至于推翻该推定的路径,根据 WADC 的规定,主要有两个:其一,反兴奋剂组织证明运动员体内的大麻或其代谢物是运动员故意违规的结果。但是,运动员可以通过证明这是赛外使用的或者其对大麻的使用不具有"欺骗性",推翻反兴奋剂组织对其故意的指控。其二,反兴奋剂组织证明大麻与体育成绩有关,即运动员想通过这种物质获得不公平的竞争优势,此时可以认定运动员对此有重大过失,排除对无重大过失的推定。

需要指出的是,对于涉大麻的兴奋剂违规,世界反兴奋剂机构颁布的

---

① See Despres v. Canadian Centre for Ethics in Sport(CCES),CAS 2008/A/1489 &1510(2008), para. 7. 8.

② See Hans Knauss v. FIS,CAS 2005/A/847(2005),para. 7. 3. 6.

③ See WADA TD 2014 DL.

不同版本的 WADC 的态度并不相同。以发生在 2005 年的 P. v. Swiss Olympic 案为例进行说明。① 在该案中,运动员赛内检查时,发现其尿样中含有大麻的代谢物。这是运动员在比赛前 12 天使用的结果。② 仲裁庭认为,该运动员虽然明知是大麻而使用,但其并没有打算以此提高比赛成绩,③且此行为发生在另一个国家,不会对其他运动员产生不良影响,所以,根据 2003 版 WADC,对该运动员禁赛 6 个月。④ 然而,如果根据 2009 版 WADC,运动员要想基于过失方面的规定减轻处罚,不仅需要证明这种物质的来源,还要证明其缺乏以此提高体育成绩的故意。如果能成功证明,才能获得 0～2 年的禁赛处罚。也就是说,2009 版 WADC 对大麻的规定比较苛刻。不过,如果根据 2015 版 WADC,运动员则只需要证明这种使用与体育成绩无关(这一点甚至无须证明),就会被认定为无重大过失,即可适用 0～2 年的禁赛处罚。至于最终的处罚是什么,根据 2015 版 WADC 与 2021 版 WADC,这要根据运动员的过错程度来决定,因此,仲裁庭对此享有绝对的自由裁量权。

二、无重大过失规定的法条竞合

在 2015 版 WADC 与 2021 版 WADC 中,由于对大麻的规定更为具体,其适用通常不会产生争议。除此之外,对于无重大过失,2015 版 WADC 与 2021 版 WADC 实际上存在三个层面上的规定,第一,受污染产品的规定;第二,特定物质与非特定物质的规定;第三,无重大过失的一般定义(附件中规定的无重大过失的定义)。这就出现了一个问题,即对于某一违规行为,如果上述三个层面的规定都能适用,出现法条竞合时,应如何处理呢?

首先,对于第一个层次和第二个层次的规定,有可能出现两种法条竞合:一是非特定物质的规定(第 10.5.2 条)与受污染产品的规定(第 10.5.1.2 条)竞合;二是特定物质的规定与受污染产品的规定竞合。对前者而言,WADC 有明确的规定,即受污染产品的规定与非特定物质的规定

---

① See P. v. Swiss Olympic, CAS 2005/A/972(2005), para. 2.

② See P. v. Swiss Olympic, CAS 2005/A/972(2005), para. 2.

③ See P. v. Swiss Olympic, CAS 2005/A/972(2005), para. 35.

④ 这个案件是根据 2003 年的条例处理的,对此,2009 年的条例和 2015 年的条例有不同的规定,即其最高是 1 年的禁赛。See Rigozzi A., Haas U. et al., *Breaking down the Process for Determining a Basic Sanction under the 2015 World Anti-Doping Code*, Int. Sports Law J., Vol. 15, p. 3－48(2015).

是相互排斥的关系,不能同时适用,应当优先适用受污染产品的规定。① 但是,当特定物质的规定(第 10.5.1.1 条)和受污染产品的规定(第 10.5.1.2 条)发生竞合时,如何选择所适用的条文,WADC 对此却没有作出明确的规定,故学界有不同的看法。第一种观点认为,受污染产品的规定是特别法,特定物质的规定为一般法,根据"特别法优于一般法原则",应当适用受污染产品的规定。② 第二种观点认为,应当选择特定物质的规定,理由是特定物质规定的前提更容易满足,而受污染产品的规定还包含一个额外的前提,即需要证明禁用物质的来源是受污染产品,甚至未成年运动员也有此义务。根据"疑问时有利于被告人"原则,应当选择有关特定物质的规定。

第一种观点的缺陷非常明显,即 WADC 并没有明确规定受污染产品的规定属于特别法,也没有规定有关特定物质的规定属于一般法,故这种观点的前提是有问题的。③ 对于第二个观点来说,一则,这意味着依据受污染产品是特定物质还是非特定物质,而进行不同的处理,这明显背离了 WADC 起草者对所有的受污染产品同等对待的态度;二则,从技术的角度看,受污染产品的规定多了一个适用条件,即受污染产品的规定的适用门槛更高,这无疑会增加认定无重大过失的难度。但是,如果这个多出来的条件很容易满足,由于该规定更为具体,所以,其有时又更容易认定无重大过失的存在,即符合"疑问时有利于被告人"原则。也就是说,在这种情况下,很难说在这两条规定中,适用哪一条对运动员更有利。因此,在 WADC 未作出明确规定的前提下,运动员选择哪一条为自己辩护都是可以的,即应当尊重运动员的选择。

其次,无重大过失的特殊规定与无重大过失的一般规定(定义)之间发生竞合。尽管对于特殊规定,运动员享有选择权,但是,无重大过失的特殊规定与无重大过失的一般规定之间,并不是特殊法与一般法的关系。要正面揭示两者的关系,则要从一般规定存在的原因着手。一般来说,一般规定存在的主要原因有:

第一,解释特殊规定的需要。任何语义学层面上的规范,适用于现实

---

① See Rigozzi A. & Quinn B. , *Inadvertent Doping and the CAS*: *Part I*, Law in Sport (Nov. 27, 2013), http://www.lawinsport.com/articles/anti-doping/item/inadvertentdoping-and-the-cas-part-i-review-of-cas-jurisprudence-on-theinterpretation-of-article-10-4-of-the-current-wada-code.

② See Glaesner v. FINA, para. 78.

③ See Rigozzi A. & Quinn B. , *Inadvertent Doping and the CAS*: *Part I*, Law in Sport (Nov. 27, 2013), http://www.lawinsport.com/articles/anti-doping/item/inadvertentdoping-and-the-cas-part-i-review-of-cas-jurisprudence-on-theinterpretation-of-article-10-4-of-the-current-wada-code.

时都需要解释,无重大过失的特殊规定也不例外。就受污染产品的特殊规定而言,其在适用时,通常会遇到以下问题:(1)如果禁用物质在标签上的名称或者网络上的名称与(世界反兴奋剂机构颁布的)《禁用清单》上的名称明显不同,运动员使用了这种禁用物质,是否能被认定为无重大过失呢?(2)如果网络上仅仅有“警示”信息,表明产品中有可能含有禁用物质,而不是明确肯定禁用物质的存在,在这种情况下,应当如何处理呢?(3)各地的网速和上网的方便程度通常是不同的,而且,每个运动员对禁用物质的了解程度也不相同,全世界的运动员都适用统一的标准,是否公平?等等。为了解决这些问题,也需要一个更为抽象的一般定义。

第二,反驳推定的需要。如前所述,WADC 中的上述特殊规定,主要目的是设置法律类推,而法律类推是能够被推翻的。要推翻法律类推,必须存在一个更为一般性的标准。

第三,最重要的是,与 WADC 对故意的特殊规定相同,无重大过失的特殊规定,也存在规定过宽或过窄的问题。比如,有些补品带有标签,即使运动员未履行核查标签等义务,有时也不能认定其有重大过失。在西里奇(Cilic)案中,运动员使用了一种含有维生素的葡萄糖制品,其对该类产品的成分很熟悉,只是不了解其所购买的品牌,且在阅读该产品标签时,由于不懂法语(产品标签使用的是法语)而产生了误解,触犯了 WADC。在确定运动员的过错程度时,仲裁庭指出,如果其采取了法定的措施(包括核对该产品的标签和进行网络搜索),该违规“几乎完全”可以避免。[1] 不过,要求运动员在当时的情况下,按照规定行事是不合理的,因为该运动员对产品的成分所产生的认识错误,具有合理性,这表明其没有能力遵守上述规定。[2] 也就是说,在这里,这种无重大过失的规定实际上存在定义过宽的问题。此外,这种规定主要是针对补品或者保健品而言的,不过,有些产品要么不属于补品,要么虽然属于补品,但没有标签。比如,有的食品,很容易受到污染,但其标签通常并不反映被污染的情况。此时,这种规定由于外延较窄而无法适用。为了解决重大过失的特殊规定过宽或者过窄的问题,需要一个更为一般化的定义。

正是基于这种需要,世界反兴奋剂机构才为故意和无(重大)过失设置了一般性的规定,使仲裁庭可以根据环境,赋予特定行为某种社会意义,即认定违规是出于故意,还是过失,甚至无过失。不过,这种判断完全不同

---

① See Cilic v. ITF, para. 74.

② See Cilic v. ITF, para. 97.

于科学实验,其更像是在评价一本书或者一件艺术作品,①通常包含丰富的价值判断内容,其是"文明社会的需要",而非纯粹的事实判断。② 因此,WADC 中的故意或者过失并不完全等同于行为人的主观心理,其是特定行为在特定的结果和环境中所拥有的社会意义。所以,故意与无(重大)过失的认定,不是"证明"的结果,而是一种规范判断,其核心旨在表达不同程度的过错。③

在这里,故意与无(重大)过失的特殊规定与一般规定之间,是"烟"与"火"的关系,一般规定对特殊规定具有矫正、补充和解释作用。不过,一般规定的存在,也不能否定特殊规定的意义:一则,如果没有这种特殊规定,仲裁庭只能根据一般定义认定运动员对违规是否出于故意或者(重大)过失,即只能根据运动员的经验、年龄(比如是否成年)、身体状况(是否残疾)、所面对的(违规)风险大小、注意的程度高低和运动员是否实施了与所预见的风险有关的调查及其预防等。这样,仲裁庭的自由裁量权就太大了! 而特殊规定的存在,无疑会在很大的程度上,限制甚至剥夺仲裁庭的这种自由裁量权。二则,特殊规定的存在,解决了故意与无(重大)过失的举证难的问题,这会激活故意与过失的规范作用。

总之,WADC 通过上述机制将故意与(重大)过失规范化,使其成为决定兴奋剂处罚基准罚的唯一决定因素,使兴奋剂处罚更能反映违规者的主观可责性,为兴奋剂处罚提供了正当性的根据,而且,通过将主观因素客观化,也解决了传统上的故意和过失等要素与证据法的冲突,为主观因素规范化提供了立法例证。

国际体育仲裁法庭通常将 WADC 视为一个独立、自治的规范性文件,认为其不受签署国的公法和私法的约束,理由有:其一,WADC 源自体育组织与运动员之间签订的一种合同,而非基于国家的公权力制定;④其二,WADC 明确规定兴奋剂处罚的证明标准处于排除合理怀疑标准和优势证据标准之间,这意味着 WADC 有别于各国的刑法和民法。这就产生了一

---

① See George P. Fletcher, *The Grammar of Criminal Law: American, Comparative, International*, Oxford University Press, 2007, p. 226 – 227.

② See H. L. A. Hart, *Negligence, Mens Rea and Criminal Responsibility, in Punishment and Responsibility*, The University of Toronto Law Journal, Vol. 19, p. 642 – 653(1969).

③ See Klaus Vieweg, *The Definition of Doping and the Proof of a Doping Offense (An Anti-Doping Rule Violation) under Special Consideration of the German Legal Position*, Marquette Sports Law Review, Vol. 15, p. 37 – 48(2004).

④ See USOC v. IOC, CAS 2011/O/2422(2011), para. 8. 21.

个问题，即对于故意和过失的上位概念，民法将其称为过错，[①]而刑法称之为罪过，那么，WADC 应当采用哪种概念呢？尽管有很多学者将 WADC 视为准刑法，但是，我们认为，选择“过错”作为故意与过失的上位概念，可能对运动员更为有利。理由是，如果采用“过错”作为故意与过失的上位概念，则意味着，倘若今后要将使用兴奋剂行为入罪，故意或者重大过失的认定标准不应当适用 WADC 的规定。即故意与过失的认定标准应高于 WADC 的规定，至少 WADC 所设置的类推制度不应当直接适用于对运动员的刑事责任追究，因为将单纯的事实等同于故意或者重大过失的做法，有可能导致客观归罪。比如，在运动员体内发现非特定物质，但其不知该物质是如何进入其身体的。如根据 WADC 对故意和过失的规定去追究运动员的刑事责任，很可能会违背责任主义原则。然而，从内容上看，WADC 与国际公法其实存在密切的联系。比如，2005 年，联合国教科文组织通过了《反对在体育运动中使用兴奋剂国际公约》，其规定批准该公约的国家有义务将 WADC 的规定，变成本国立法、监管和政策的基础。[②] 这样，尽管 WADC 本身不是联合国教科文组织颁布的国际公约，[③]且在形式上也不属于《维也纳条约法公约》层面上的国际条约。[④] 但是，其法律约束力并不低于一般的国际公约或者条约。因此，WADC 对故意和过失所做的制度创新，必然会对各国的法律产生影响，当然，我国也不例外。

我国目前大都将故意与过失解读成行为人现实的（而不是假定的）心理态度，误认为其能被证据所证明，这种立场明显不符合 WADC 的规定和仲裁实践。所以，当我国运动员面对兴奋剂指控时，必须放弃传统的心理主义的立场，应当基于 WADC 的规定，而不是单纯地根据自己违规时的心理态度，选择自己的仲裁策略。另外，WADC 的这种规定对我国刑事司法实践中对故意和过失的认定过分依赖被告人口供的做法构成了挑战，同时，也提供了有益的借鉴。

三、过失责任的规范缺陷

从形式上看，2003 版 WADC、2009 版 WADC 和 2015 版 WADC，对过失的规定，基本上没有多大的变化。2015 版 WADC 与 2021 版 WADC 规定，对于初次违规，如果运动员对该违规无过错或者无过失的，则会免于处

---

① 参见朱岩：《违反保护他人法律的过错责任》，载《法学研究》2011 年第 2 期。

② See UNESCO Convention, Article 1.

③ See UNESCO Convention, Article 4(2).

④ See Vienna Convention, Article 2(1)(a).

罚,这意味着,(无)过失构成对兴奋剂处罚权的限制。从规范的角度看,以(无)过失限制处罚权,存在以下几个问题:

首先,过失与无过失很难区分。WADC 第 10.1.1 条和第 10.4 条规定,运动员能证明自己对兴奋剂违规没有过失的,其他的比赛不适用成绩自动取消原则,同时可以免于禁赛处罚。该规定包含三层含义:其一,兴奋剂影响的比赛,不管运动员对此有无过错(严格责任),运动员的成绩都将自动作废;其二,没有受兴奋剂影响的其他比赛,成绩仍然有效;其三,对于今后的比赛,如果该兴奋剂失去作用,一般不得因此剥夺该运动员的比赛资格。总之,运动员对兴奋剂违规无过失,可以构成对兴奋剂处罚权的限制。但是,WADC 第 10.4 条和第 10.5 条的注释却作了不同的解读,其指出,因为无过失或者无疏忽而减轻处罚或者不予处罚的规定,仅适用于极少数情况,在大多数情况下是不适用的,其举例说,因为标签有误而使违禁物品进入身体的运动员,不能因无过失而免责。这种解释使过失责任与严格责任实际上变成了一回事。作为运动员,其首先是一个自然人,因伤病而使用药品是其正常的权利,将第三人(制造商)的错误归责于运动员,显然是一种典型的“客观归罪”,属于严格责任的范畴,根本不是过失责任。换言之,WADC 的这项解释,导致过失责任与严格责任之间界限不清甚至完全混同。

其次,根据 WADC,过失存在一般过失与重大过失之分,至于如何对两者进行区分,WADC 并没有提供一个明确的划分标准。尽管 WADC 在最后的注释中,对“无过失”和“无重大过失”作了区分,但是,这种区分并不能从正面反映“过失”与“重大过失”的边界。比如,运动员体内发现违禁物质,而该违禁物质属于“特定物质”的范畴,运动员不能说明其来源或者不能解释其是如何进入身体的,应当推定运动员对此存在过失还是重大过失呢? WADC 并没有提供一个判断标准。

最后,故意与重大过失(或者过失)也很难区分。所谓的过失,通常是指运动员应当预见到自己的行为有可能构成兴奋剂违规,由于疏忽大意而没有预见到的心理态度。但是,从证据法的角度看,证据只能证实运动员“应当知道”自己的行为有可能构成兴奋剂违规或者存在违规的风险,无法证实运动员“知道”其行为有可能构成兴奋剂违规,即证据只能证明“应然”,而无法证明“实然”。这样,如果运动员声称自己的确不知道自己的行为触犯 WADC 的规定,此时,是认定运动员存在重大过失呢? 还是认定其存在故意呢? 这一点很难确定。但是,从定义的角度看,“应知而不知的”,只能认定为“过失”或者“重大过失”,是不可能认定为故意的。如果这种观点成立的话,这实际上变相否定了“故意”的存在。相反,如果认定为故意,则又变相否定了过失的存在。

总之,由以上可以看出,严格责任、故意责任与过失责任之间,都缺乏一个明确的边界,这无疑为兴奋剂处罚权留下了一个很大的自由选择空间。换言之,如果以运动员对违规的主观罪过形式作为处罚权的限制条件,体育组织的处罚权在一定程度上实际处于无限制的状态,而以往的兴奋剂处罚实践,也充分证明了这一点。

四、过失责任的实证检讨

在 WADC 实施过程中,对于兴奋剂违规行为的认定和处罚,反兴奋剂机构其实秉承的是严格责任的立场,适用有罪推定原则,根本无视 WADC 目的的存在,现在以三个案件证明这一点。

首先,杰西卡·哈迪(Jessica Hardy)案。杰西卡·哈迪曾是世界女子百米蛙泳赛的纪录保持者,她因尿检呈阳性而受到指控。① 哈迪指出,这种违禁物质是通过其经常使用的保健品而意外进入身体的,哈迪提供的证据显示:其一,该产品的标签上没有“类固醇”之类的字样。其二,在使用该产品前,她曾经与该产品的生产商通过电话,确认里面是否有违禁物质。生产商告诉她,经过独立的机构检查,这种产品是由“优质的原料”制作的,不含任何添加剂。其三,其咨询了队医、美国奥林匹克委员会体育心理师以及之前曾经使用过该保健品的教练。这些人与生产商回答一样,即该产品是安全的。其四,她直接从生产商处购买了该产品。该运动员尽管付出了这么多的努力,确保自己远离违禁物质,但仍然失败了。基于此,美国仲裁协会小组的裁决认为,杰西卡·哈迪体内的药品是意外摄取的,既不是源于故意,也没有过失。于是,将对杰西卡·哈迪的处罚由原来的 2 年降为 1 年。② 世界反兴奋剂机构认为这种处罚过轻,将该裁决上诉到国际体育仲裁法庭。③ 世界反兴奋剂机构认为,这种处罚违反了 WADC 的规定,理由有:其一,2 年的禁赛处罚是兴奋剂违规的“常规”处罚,只有在极为特殊的情况下,才能减轻。运动员个人找到保健品的生产商、教练甚至

---

① See Archive Team, *FINA Backs Out of Jessica Hardy Appeal*; *WADA Continues Appeal*, Swimming World (Jul. 2, 2009), http://www.swimmingworldmagazine.com/lane9/news/21554.asp.

② See Karen Crouse, *For Swimmer, Ban Ends, but Burden Could Last*, N. Y. TIMES (Aug. 7, 2010), http://www.nytimes.com/2010/08/08/sports/08hardy.html.

③ See WADA v. Hardy, CAS 2009/A/1870 (2010); UCI v. Contador, CAS 2011/A/2384 & 2386 (2012).

美国国家奥委会的官员等,确认产品的安全性或者纯粹性,仍不足以构成该条款的例外,即杰西卡·哈迪没有对其使用的保健品尽到必要的注意义务。其二,作为一个有经验的顶级运动员,她应当知道保健品所存在的危险,对此需特别警惕。本案中,其不仅不对保健品产生怀疑,反而盲目地相信生产商的宣传,误认为这种保健品可以促进肌肉发育,因此,杰西卡·哈迪存在过失。其三,杰西卡·哈迪在联系生产商之前,应当对该产品“进一步调查”。① 但是,这种“进一步调查”是指什么,没有说清楚。国际体育仲裁法庭认为,要求一个21岁的青年人在闲暇时间往返于游泳池、训练场和奥林匹克实验室之间,是强人所难,于是驳回了世界反兴奋剂机构的上诉,仍维持禁赛1年的处罚。由此可以看出,在世界反兴奋剂机构眼中,严格责任和过失责任其实并没有什么区别,即WADC中规定的无过失很难影响处罚。②

其次,安娜·嘉茨娃(Daria goltsva)案。③ 2011年在秘鲁的世界青年锦标赛上,俄罗斯运动员安娜·嘉茨娃的尿样中检测出可卡因,因而受到了使用兴奋剂的指控。该运动员辩解说,这是一种名为“Mate de Coca”的茶意外所致。国际举联给予其半年的禁赛处罚。国际反兴奋剂机构认为处罚过轻而将安娜·嘉茨娃诉至国际体育仲裁法庭。安娜·嘉茨娃提供的证据证实:其一,其朋友将其带到一家酒店,该酒店免费提供这种袋装茶,当时,她就喝了几杯。其二,在她离开该酒店时,又随手带回几包这样的茶回家。该茶是由可卡因的叶子做成的,每克含有0.8毫克的可卡因。其三,安娜·嘉茨娃与其教练都不知道该茶含有可卡因,也没有人告诉他们可卡因产自南美洲的可卡树。其四,该运动员不懂英文。国际举联认为,这不属于故意使用兴奋剂的行为,否则,其会通过注射的方式使用可卡因粉,另外,这种茶叶里的可卡因含量太低,对提高竞争优势的效果非常小。不过,CAS认为,运动员有使身体远离违禁物质的义务,由于该茶的名字中包含“Coca”一词,这表明其对可卡因进入身体是有过错的,只不过

---

① See World Anti-Doping Agency(WADA) v. Jessica Hardy & United States Anti-Doping Agency (USADA), Arbitral Award delivered by the Court of Arbitration for Sport, CAS 2009/A/1870, 14, available at http://www.tascas.org/d2wfiles/document/4218/5048/0/Award% 201870% 20FINAL.pdf.

② See World Anti-Doping Agency(WADA) v. Jessica Hardy & United States Anti-Doping Agency (USADA), Arbitral Award delivered by the Court of Arbitration for Sport, CAS 2009/A/1870, 14, available at http://www.tascas.org/d2wfiles/document/4218/5048/0/Award% 201870% 20FINAL.pdf.

③ See World Anti-Doping Agency v. Ms Daria Goltsova and International Weightlifting Federation, CAS 2014/A/3485.

尚未达到严重的程度而已，故禁止其参加比赛 1 年。

最后，康塔多（Contador）案。2010 年 9 月 29 日，环法自行车赛冠军得主康塔多的尿检因为克伦特罗而呈阳性。① 康塔多辩解说，这种物质出现在其尿液中，是因为其在比赛休息期间喝了被污染的啤酒，即他意外摄取了违禁物质。国际自行车联盟依据 WADC 的规定，认定该运动员存在过错，剥夺其当时获得的所有荣誉和奖项，并且给予其停赛 2 年的处罚。② 但是，荷兰克伦特罗方面的专家指出，从科学的角度看，康塔多身上的违禁物质应当是外部污染造成的，而不是其使用的结果。③ 世界反兴奋剂机构在比利时的反兴奋剂实验室主任也公开证实了这一点。④ 当时，一些顶级科学家也认为，这种现象很可能是意外事故造成的。⑤ 但是，世界反兴奋剂机构认为，运动员有使其身体远离违禁物质的义务。运动员使用违禁物质的，不管出于故意、过失，或者该违规本身是意外事件，都构成兴奋剂违规。易言之，当运动员吃维生素、喝蛋白质奶昔甚至是吃饭时受到了违禁物质的污染，即使其完全没有获得运动竞争优势的意思，也要承担责任。世界反兴奋剂机构指出，如果在运动员的赛内样本中发现了违禁物质，其即刻失去比赛资格，因此获得的奖牌、奖金或者分数，也将被一律取消。首次违规者，应当受到停赛 2 年的处罚，只有在“极为特殊的情况下”，才有可能获得原谅。否则将很难维护体育道德、比赛的公平以及运动员的健康。

除此之外，国际反兴奋剂机构与国际网联诉加斯奎特案（WADA，ITF v. Gasquet）⑥和汉森诉国际马术联合会案（Hansen v. Federation Equestre

---

① See Juliet Macur, *Positive Test for Contador May Cost Him The Tour Title*, N. Y. TIMES (Sept. 29, 2010), http://www.nytimes.com/2010/09/30/sports/cycling/30cycling.html.

② See Nigel Wynn, *WADA Dismisses Contador's Clenbuterol Claims*, CYCLING WKLY. (Oct. 14, 2010), http://www.cyclingweekly.co.uk/news/latest/503106/wada-dismisses-contador-sclenbuterol-claims.html.

③ See Alasdiar Fotheringham, *Contador Case Splits Experts' Opinions*, CYCLING WKLY. (Oct. 6, 2010), http://www.cyclingweekly.co.uk/news/latest/502242/contador-case-splits-experts-opinions.html.

④ See Alasdiar Fotheringham, *How Does Clenbuterol Testing Work?*, CYCLING WKLY. (Oct. 13, 2010), http://www.cyclingweekly.co.uk/news/latest/503068/how-does-clenbuterol-testing-work.html.

⑤ See Alasdiar Fotheringham, *Contador Case Splits Experts' Opinions*, CYCLING WKLY. (Oct. 6, 2010), http://www.cyclingweekly.co.uk/news/latest/502242/contador-case-splits-experts-opinions.html.

⑥ 参见宋彬龄：《论兴奋剂案件中过错程度的证明》，载《体育科学》2012 年第 7 期。

Internationale)等。[①] 在这些案件中,很难说运动员对兴奋剂违规是有过错的,但却都因此受到了惩罚,这表明 WADC 规定的过失责任对兴奋剂处罚权几乎是没有限制的。

① See Hansen v. Federation Equestre Internationale, CAS 2009/a/1768.

第六章　阻却责任事由

第一节　概　　述

兴奋剂违规显然采用了违法(违规)与责任区分的立场,对此学界早已有大量的论述。这种区分是为了更好地应对兴奋剂问题,建立更公平、公正的体育竞技环境并制定更合理的惩罚与处罚措施。这些讨论涉及法律、伦理、体育政策等多个方面,旨在维护体育竞技的公正性和运动员的健康发展。

这里所谓的“违法(违规)与责任区分”,是指将兴奋剂使用违规行为划分为两个不同的层面。如果说违法(违规)强调的是运动员或参与者,在体育竞技规则或反兴奋剂规定下,使用被列为禁用物质的药物或物质,从而违反了相关规定,那么,责任强调的是运动员个人对于自己行为的责任。由于反兴奋剂制度对违规行为适用严格责任,这样,即使运动员是在无意中或因无知使用了禁用物质,仍需对自己的行为负责。在这种观点下,运动员对自己的兴奋剂使用行为负有一定程度的责任,无论其是否有意违规。然而,在反兴奋剂法律体系内,也存在很多的免责事由,这主要包括认识错误、操纵以及法律的例外规定等,尽管运动员有远离兴奋剂的义务。

第二节　认 识 错 误

在责任的范畴内,认识错误通常可以分为两种:法律错误和事实错误。法律错误指的是运动员或相关人员,在违规行为中,对适用的反兴奋剂规定存在误解。可能是由于不熟悉相关规则、规定变化或语言障碍等原因导致的误判。例如,某些药物或补品在某个国家可能是合法的,但在国际比赛中却属于禁用物质。一个典型的例子是大麻(包括大麻叶、大麻花、大麻籽、大麻油等),在某些国家大麻可能被合法化或医用化,但在国际体育比赛中大麻却属于禁用物质。这样,若国家 A 通过法律将大麻合法化,允许公民合法持有和使用大麻,可以用于医疗用途或个人娱乐用途。在这种情况下,国家A的反兴奋剂组织可能会考虑大麻在国内合法化的情况,虽然在国际比赛中仍然视其为禁用物质。国家B并没有将大麻完全合法化,但对大麻进行了医用化,即将其用于特定的医学用途,例如治疗癫痫或缓解癌症患者的疼痛。在这种情况下,国家B的反兴奋剂组织可能会有一定的特殊规定,允许运动员在特定情况下使用医用大麻,但在其他情况下仍视大麻为禁用物质。运动员可能因为对规则的误解或不当解读而在无意中使用了违禁物质,从而导致违规。

事实错误是指运动员或其团队在使用药物或补品时存在的实际错误,即无意识地使用了被列为禁用物质的成分。可能是因为在购买或使用药物时未正确辨认药物成分,或者某些药物或补品中的成分列表并不明确,使得无法准确判断是否含有禁用物质。事实错误可能由于疏忽、误会或信息不足而产生。综上所述,阻却(兴奋剂)违规的认识错误分为法律错误和事实错误两种,前者是对反兴奋剂规定的误解,后者是在实际使用中出现的错误,二者都可能导致运动员在比赛中被判违规。在进行反兴奋剂检查和处理时,通常会综合考虑这些因素,并根据具体情况作出相应的判断和处理。

从刑法的角度看,罪过(guilt)主要是指故意,其由记述的要素和责任的要素构成。根据上述定义,运动员体内发现禁用物质,单纯这种事实,就可以翻译为违规行为,即已经符合罪过记述的要素,即构成要件故意。如果不能推翻这种类推,就会认定该运动员对这种事实负有责任(比如,责任的故意),对运动员进行纪律处罚通常就不再有任何的障碍。这在一定程度上等同于无过错原则或者说是严格责任,从而导致主观因素从兴奋剂违规处罚中完全消失。根据体育界对兴奋剂领域适用的道德标准,罪过指向运动员可回避的违规行为,实质上反映的是运动员社会责任感的缺失,或者说是一种社会无法接受的利己主义。这样,主观要素既反映了行为人的社会责任(可以将这种事实翻译为违规),也表达了其个人责任。后者存在等级之分,最高为恶意,最低为轻微的过失,或者将其区分为故意与过失,或者故意、重大过失以及一般过失。故意是指明知以及有意实现法规范记述的违规行为之构成要件要素的行为。故意强调的是意志和明知,与之不同,作为罪过形式的过失,主要关注有认识的行为。这样,反兴奋剂制度中的罪过可以解读为运动员忽视了社会规范的约束力,未对自己的行为进行充分评估或者适当评估。在传统的民法法系中,过失的本质特征不是指一个人的心理状态,而是强调行为人对自己义务的违反。显然,故意其实突出的也不是单纯的明知,也是对注意义务的(严重)忽视。如果采用传统的心理主义，由于其没有重视蕴含的道德要素，这无疑会否定运动员出于善意而得出错误判断的可能性。比如，一旦基于认识错误而使用了禁用物质，很容易据此评价行为缺乏可谴责性。尽管各国法律中没有出现“责任主义原则”的规定，但在判例法中，其却构成对处罚（尤其刑罚）适用的限制。一般来说，对顶级运动员而言，他们都有义务知道不得使用禁用物质和禁用方法，而记述这种义务的实体法规则，既是评价兴奋剂违规行为的根据，也是判断运动员的道德标准。如果运动员基于主动选择或者严重疏忽而使用禁用物质或者禁用方法，就构成故意违规，即反兴奋剂政策中的故意，指向的是不被允许的行为。这就意味着，严格责任是针对违规而言的，当对运动员进行处罚时，责任仍然发挥着很大的作用，比如，对故意违规的处罚，很明显高于对过失违规的处罚。而认识错误，会很容易地阻却故意的成立，所以，这种事由会阻却责任事由，尽管其可能不能完全阻却责任，但也能降低或者减轻责任。

阻却违规事由与阻却责任事由最大的不同乃在于后果不一样，阻却违规事由一旦被认定，会彻底否定行为违规，从而不会给运动员产生任何的不良后果；而阻却责任事由，通常否定的仅仅是惩罚性的责任，民事责任通常不会阻却，比如，运动员违规得到的奖金、奖牌以及名誉，有可能不受影响。

既然罪过或者过错是责任的要素，那么，如何判断运动员对自己的违规存在过错呢？CAS 曾在库里克诉国际泳联（Cullwick v. FINA）案的裁决中，确立了一个判断标准，即受反兴奋剂规则约束的是未经任何法律培训且缺乏相应法律经验的运动员，而不是受过法律培训的运动员。换言之，从一般运动员的认识水平出发，如果其了解相应的规则以及行为的意义，那么，运动员违反了相应的规定，则认为其存在罪过或者过错，也就是说，判断标准并非法律人的认识水平，而是社会普通成员的认识水平。不过，在现实中，运动员对其行为是否有责，却是由受过法律培训的仲裁员决定的，尽管其判断的对象可能为没有受过法律训练的运动员的理解能力。仲裁员是否能理解运动员对自己义务的认识，构成过错责任正当化的很大挑战。

从判例法的角度看，CAS 在美国射击协会与奎格利诉国际射联（USA Shooting & Quigley v. UIT）案的裁决中，适用的就是这个标准。奎格利（Quigley）尿检呈阳性，国际射联明知这是该运动员治疗疾病的药物所致，运动员并不是为了提高比赛成绩，但是，仍然给予奎格利 3 个月的禁赛处罚。该运动员及所在的国家协会向 CAS 提起上诉，理由是，根据当时国际射联的反兴奋剂规则,运动员为了提高比赛成绩而使用反兴奋剂清单上的一种或者多种物质的,才构成违规。因此,不仅运动员体内发现禁用物质,而且,其主观上还具有可谴责性,二者均满足才构成违规。否则,不构成违规。在本案中,运动员没有因此获得比赛的优势,而且,主观上也没有任何的过错,故不应受到处罚,最多受到轻微的处罚。国际射联认为,运动员体内发现了禁用物质,就可以推定其有不公平地提高比赛成绩的事实以及相应的目的,故构成违规,应当受到相应的处罚。仲裁庭从反兴奋剂制度的目的和现实困难出发,虽然对国际射联的观点表示同情,但认为其处罚违反了责任主义原则,理由有:

其一,当时国际奥委会(《国际奥委会反兴奋剂规则》第 1 条)虽然将严格责任作为处罚的基础,但该联合会却没有这样的规则。对运动员而言,国际奥委会的规定并不具有优先性,或者说,如果两者发生矛盾,并不能得出以国际奥委会的规定为准的结论,《国际奥委会反兴奋剂规则》第 1 条的规定只有在解释国际射联的反兴奋剂规则时,才可能有意义。如果国际射联希望运动员遵守国际奥委会的反兴奋剂规则,其之规则应当采用国际奥委会的表述方式,因为受国际射联反兴奋剂规则约束的人,只会阅读自己的、而不是国际奥委会的规定。这样,国际奥委会的要求,不能否定国际射联的相关规定。

其二,国际射联反兴奋剂规则附件 C 规定,即使无意中使用了禁用物质,如麻黄碱,也将受到处罚。这是其对兴奋剂违规的最为具体的记述,当然构成解决当前案件的根据,即明确承认了严格责任。该附件中的规定虽然具体明确,但是同样不能取代国际射联反兴奋剂规则(第 2 条)的规定,理由是该规则(regulations)没有明确赋予附件 C 以优先的位置。特别是,人们通常很难容忍体育联合会以一个规定而否定另外一个规定,除非这对运动员有利,否则,这样的做法无异于给其规制的对象制造了一个陷阱。

其三,从形式上看,好像这些发生冲突的规范的位阶,是不一样的,因此,这些规范有不同的效力,但是,这并不意味着低位阶的规定是没有意义的。因为运动员意志的对象虽然为违法行为,但是,在现实世界中,尤其在进行责任判断时,应当适用一般人的行为规范,而不是法律规则本身。这就是说,从外行人的角度看,反兴奋剂规则与附件(包括解释)同时发布,他们应当构成一个统一的整体。CAS 认为国际射联主张附件 C 的效力至上,是缺乏根据的,CAS 因此否定了国际射联的处罚决定。当然,这也是孙杨案辩护的遗憾之处。

这样,如果反兴奋剂制度,将兴奋剂违规定义为出于提高比赛成绩之目的而使用禁用物质或者方法的行为，实行的是过错责任，运动员的故意或者其他的罪过属于违规的构成要件要素。根据过错责任，体育组织要处罚运动员，除了证明违规的客观构成要件事实，还须证明责任的存在。当然，运动员也可以提出相应的证据，主张自己对违规没有过错。对于所有的体育项目，虽然运动员都应知道自己有远离禁药的义务，但当不知道、也不应知道其行为有什么不当时，仅仅基于其体内发现禁用物质的事实而认定其实施了违规行为并进行处罚，是不公平的，因为意外风险的发生不可避免。这样，认识错误对违规的责任就非常重要了。认识错误分为事实的认识错误和法律的认识错误两种，由于这两种错误很难区分，这里将二者放在一起讨论。

在体育运动中，如果运动员对相应的规则产生认识错误，则很容易触犯相应的规定。比如，水球运动员库里克（Cullwick）在敦刻尔克世界少年锦标赛上，由于尿液中被发现含有沙丁胺醇，被国际泳联决定禁赛 2 年，于是，其向 CAS 提出上诉，理由是，其在 10 岁时得了哮喘病，为了治疗此病，医生开具了这种药物，他一直通过吸食的方式进行使用，在比赛期间也不例外。国家协会在此之前曾发给他一张有关“治疗指南”的卡片注明：国际奥委会兴奋剂分类表在“允许和禁用物质的示例”一章中规定，运动员为了治疗哮喘，可以通过吸食的方式使用沙丁胺醇。自那以后，库里克再没有从协会中获得任何相反的信息。于是，该运动员以上述方式使用沙丁胺醇时，既没有在赛前告知医疗当局，也没有在兴奋剂表上注明这一事实。根据莱赫特（Lehtienth）案的裁决，这种行为不构成违规，因此，也不存在是否有过失的问题，因为基于国际泳联相关的规则，结合案件的具体情况，其完全有权使用沙丁胺醇，因为这不属于反兴奋剂禁止的范围。国际泳联反驳说，即使其有权使用，也应当向医疗当局和体育组织报告。运动员辩护说，沙丁胺醇的使用方式（通过吸入）使其丧失了被禁止性，而且这种转化不是通过报告使用情况来实现的，或者说，允许使用的前提条件，并不包含事前报告行为。因此，即使运动员违反反兴奋剂义务，也不应受处罚。CAS 内部也曾对这种情况的处理产生过争议，但是，CAS 认为事前告知义务，源于对运动员的普遍不信任，运动员履行这项义务，可以强化反兴奋剂规则的威慑力，避免可能发生的作弊。所以，事前告知不仅构成证明医疗必要性的证据，还是证明这种必要性的前提条件。运动员对责任提出的异议，必须予以驳回，理由是兴奋剂违规已经被证明。不过，一则，国际泳联的反兴奋剂规则条款很多，不仅存在红色文件与蓝色文件之分，而且，从形式上看，还存在清晰与否的不同，一般来说，蓝色文件可以对红色文件中的某些规定进行补充,提供更具体的实施细则和指导,但不会修正红色文件中的核心规定。而运动员是很难把握这些的。二则,运动员出于对国家协会宣传治疗的相信,误认为在比赛前,无须将其使用沙丁胺醇的事实告知医疗当局,即其吸食万托林完全是合法的,这样做既非出于治疗的目的,也不是为了提高比赛成绩。如果将这种情况事前告知,其使用沙丁胺醇的行为则不构成兴奋剂违规。这是不遵守程序法,而不是滥用禁药的行为,上诉人构成的纯粹是技术性的违规(孙杨也应当属于这种违规类型)。这其实属于法律错误的范畴,即在当前的案件中,运动员对相关的反兴奋剂规则产生了认识错误。根据荷兰的法律,这种错误并非正当化的根据(从客观上讲,这种行为并不具有正当性),而是免除责任的根据。

荷兰最高法院曾通过的一个规范性文件规定,被告人合理地信赖权威的人士或者组织提供的建议而行事的,即使违法,也可以免责。被告人并非不尊重反兴奋剂制度,既然行为没有道德可非难性,当然,也不应当受到谴责。这与严格责任显然不同,因为根据后者,被告人即使无罪过,也不存在排除责任的可能,即在决定处罚之前,无须考虑被告人有无罪过的问题。所以,CAS 认为,国际泳联的规则必须清晰准确,以便“所有运动员都能轻易地理解,避免对含义产生争议”。如果国际泳联的规则无法达到这一标准,CAS 在其裁决中则可以推翻国际泳联对库里克的处罚。因此,任何项目(包括水球)的运动员都要清楚地知道其应当遵守的规则,如果在不知、也不应知其行为是不当的情况下,被认为具有违规的罪过,则是不公平的。为了保护运动员免受无意或无知的兴奋剂违规行为的影响,避免因为意外的违规行为而受到不公平的处罚,严格责任的实施不能完全不顾实际情况,特别是在责任领域内,尤其如此。

根据目前的反兴奋剂规则,当运动员体内发现的禁用物质未达到法定的门槛时,则不认定其构成兴奋剂违规,这样,运动员体内禁用物质的量,就显得非常重要了。不过,在现实中,生产商经常在饲料中添加激素(有时这甚至是合法的),目的就是增加肉类或者蛋类的产量。如果运动员疏忽而食用了这种产品,无疑会增加体内的禁用物质的含量,从而使兴奋剂检查结果呈阳性。这要求运动员在日常生活中要特别谨慎,但是,为了生存,其有时只能相信提供给他的食物是符合条件的。不过,在体育世界里,尤其在反兴奋剂斗争过程中,信赖已经变成一种稀缺品,这可以从游泳运动员梅卡·梅迪纳(Meca-Medina)与马伊琴(Majcen)案的裁决中清楚地看出。

西班牙的游泳运动员梅卡·梅迪纳和斯洛文尼亚的马伊琴,兴奋剂检查结果为阳性,原因就是发现尿液样本有禁用物质诺龙的代谢物。运动员辩称,这是不小心食用了猪的内脏所致,故其是无辜的,理由是,在比赛期间入住的旅馆提供的名叫萨拉帕特尔(sarapatell)的菜,其主要成分就是猪的心脏、肺、大肠。由于当时在巴西,对牲畜使用生长激素并不违法,因此,肉类生产公司对喂养的猪羊注射诺龙并不罕见。这些运动员由于在比赛前连续吃了五天猪的内脏,很可能被这些食品污染,尽管猪肉供应商的身份目前无法弄清。专家证实,对于每公斤含有 200 纳克诺龙的食品(比如猪肉),如果食用 50 克,尿液中即可发现 10 微克的诺龙;通过对比发现,仅食用 10 ~20 微克的诺龙,尿液中诺龙的含量就会达到 30ng/ml。仲裁庭指出,即使承认萨拉帕特尔是由未阉割的公猪的肉制成的,该猪可能含有内源性诺龙,也没有证据证明他们为什么可以将口服诺龙与食用未阉割的野猪(其具有内源性诺龙)的肉进行比较。至于这些浓度略高于 2ng/ml 诺龙代谢物,根据专家证言,还没有实验证明其是人为故意使用的结果,还是其他原因造成的,不排除这是食用含有诺龙的猪肉所致。该案唯一可以确定的是,猪肉中含有一定量的诺龙,运动员使用诺龙,尿液中也会有相应的代谢物。不过,仲裁庭认为,食用猪肉产生的诺龙代谢物的量与这两个运动员差不多,这很难解释。关于梅卡 · 梅迪纳尿液中诺龙代谢物的浓度,尽管专家认为在理论上这完全是食用受污染的猪肉所致,但仲裁庭指出,运动员的这些主张缺乏证据证明,而《国际泳联兴奋剂控制规则》第 9. 10 条规定,未经证实的假设与有根据的事实并非一回事。根据 CAS 的判例法,以这种孤立的假设否定违规行为的有责性,是有问题的。而且,这些运动员在任何时候都可以提供证据证明自己的主张,但他们并没有这么做,故仲裁庭认为,运动员答非所问,将精力用错了方向。至于运动员提出的在国际游泳项目中,巴西发生了很多起阳性的诺龙事件,并不具有统计学上的意义,因为巴西游泳协会在对自己的运动员进行的检测中,没有一个检查结果为阳性,国际泳联在同一时期对巴西游泳运动员进行的比赛检查也全部是阴性。因此,运动员尿样中发现有诺龙的代谢物,可以认为是使用禁药的结果。所以,CAS 支持国际泳联的处罚,对这些运动员禁赛 4 年。不过,在裁决书的末尾处,CAS 指出,运动员可以随时通过对照性的实验结果,推翻这种裁决。其实,当时的这种实验正在进行,不过,实验结果的公开发生在该案结束后,这些运动员与国际泳联一致将该案提交到 CAS,该案得以重新审理。仲裁庭重新审理后认为,运动员主张其尿液中发现的含量超过 2ng/ml 的诺龙代谢物源于猪肉或者其脏器,缺乏证据证明,所以,实验结果最终并没有改变先前的裁判。在兴奋剂检测和反兴奋剂控制中,运动员确实对其体内的物质负有责任,无论其是否有意识地使用了禁用物质。这意味着,即使是由于运动员无意或无知而进入体内的禁用物质,运动员仍然需要承担责任,并可能因此受到处罚。

在传统法律中,通常存在信赖原则,即一方可以对另一方的陈述或行为产生信赖,并依据该信赖进行行动。然而,在兴奋剂控制的情况下,运动员不能仅依赖食品商或其他人的陈述或行为,而将其作为逃避责任的借口。兴奋剂控制采用的"严格责任"原则,意味着运动员必须对其体内的物质负责,并采取谨慎的态度来确保不会使用禁用物质。如果运动员因未谨慎或未经充分调查就使用了禁用物质,他们可能会因违反兴奋剂规定而受到处罚,即使这是由他们的信赖或无知造成的。即在该案中,法律错误并不阻却责任。

然而,在大多数情况下,运动员的认识错误同时具有事实错误与法律错误两个方面的内容。例如,我国运动员王某和熊某(此前曾受到过兴奋剂违规处罚)在一次兴奋剂检查中,被发现尿液中含有克伦特罗。运动员辩称,这种禁用物质来源于其食用的猪肝,因为他们所在的上海游泳馆的运动员餐厅经常供应这种食品。由于当时体检发现他们的血红素较低,故医生建议他们多吃这种食物。尽管当时的中华人民共和国农业部已禁止使用瘦肉精,但仍有很多农民为了增加收入,经常将克伦特罗添加到饲料中,以提高瘦肉的产量。餐厅人员在购买相应的食材前,采集了肉类样本,随后送往上海兽药食品监督所进行检测。国际泳联兴奋剂委员会认为:运动员可能非故意而为,因为工作人员从餐厅在该市场购买的猪肝中,发现了瘦肉精,而在尿液采集几天前,该餐厅从该市场购买了很多这样的猪肝。不过,这种可能性很低,理由有:其一,在60份样本中,只有11份检测出克伦特罗。其二,没有证据证明,尿样的采集发生在从该市场购买猪肝之后,即使如此,也不能证明运动员食用的猪肝产自同一农场。其三,假设这种克伦特罗来自他们食用的猪肝,这些运动员也应当受到处罚,因为他们有确保禁用物质不进入其体内的义务(《国际泳联兴奋剂控制规则》第2.2条)。特别是,这两名运动员因为使用禁用物质而曾经受到过处罚,故他们比其他人更有理由确保禁用物质不进入其体内。根据《国际泳联兴奋剂控制规则》第9.2(b)条的规定,运动员体内发现β-2激动剂,应当给予最低2年的禁赛,如果构成第二次违规的,最高可以终身禁赛。由于对这种违规的可谴责性存在怀疑,所以,兴奋剂委员会只给予3年的禁赛处罚。这样,即使运动员在不知情的情况下,通过食物而摄取了禁用物质,由于未履行注意义务,其仍然对摄取禁用物质负有责任。该案处理表明,运动员也不能以法律为根据,信赖他人的行为。

又如,在 1998 年,网球运动员彼得·科尔达(Peter Korda)在温布尔登的比赛中,检查发现其尿液中含有诺龙的代谢物,他也解释是因食用了受污染的肉类,而肉类并非禁用物质。如果这种主张成立,则会大大降低对他的处罚。1998 年版《国际网联反兴奋剂方案》第 E. 4. (c)条规定,运动员只有根据概率权衡原则,证明对其的指控属于应当免责的例外情况,才能对其减轻处罚。其中,就包括运动员对自己使用或者施用的禁用物质不知情,而且,其行为还没有不合理之处。那么,彼得·科尔达的行为是否属于例外情况?对此存在两种解释:第一,运动员能够证明其的确不知道正在使用禁用物质,才属于例外情况;第二,运动员缺乏相应的认识,即构成例外情况。根据第一种解释,必须缺乏认识,才可阻却责任。显然,这是有问题的,因此,CAS 选择了第二种解释,主要理由有:其一,这是该概念自然语义的内容使然。其二,如果运动员不承认实施了兴奋剂违规行为,当没有证据证明其体内的禁用物质是如何进入时,则很难借此减轻处罚。其三,如果运动员对其体内发现的禁用物质承担绝对责任,即使对此缺乏明知、故意或者过错,也不影响兴奋剂违规的存在,尽管缺乏这种主观要素本身,会减轻对运动员的处罚,且这只是有时偶然出现。也有人认为,对这种规定的解释,与有关责任的语言记述存在严重冲突,也有悖于有关责任的政策。其四,1998 年版《国际网联反兴奋剂方案》第 E. 4. (c)条规定,为了证明自己行为的合理性,需要据此区分出相关的情节和不相关的情节。只有能证明相关的情节存在或者不存在,才有可能减轻处罚,而这种情节的分类必然与对运动员的要求以及认识有关。

在上述案件处理过程中,有专家证明,这种阳性检查结果不可能来源于食物(如肉类),也不是内源性的结果,因为运动员尿样中的禁用物质浓度非常高,处在 50 ~ 100ng/ml。从科学的角度看,体内发现如此高浓度诺龙的代谢物,只能是使用的结果,对此运动员辩称不清楚自己尿液中的这种禁用物质,却没有提供合理的解释。上诉委员会指出,在该案中仍然存在例外情况,理由有:其一,从上诉人提供的证据的角度看,证人是诚实、可靠而开放的,故其提供的以下证言应当支持,即先前或者事后的检查结果都不是阳性、没有滥用类固醇的任何医学记录以及专家提供的品格证据。这些证据证明,其并非故意使用(或者对其施用)禁用物质。其二,结合当时所有情形,申请人已经证明其行为并没有不当之处,即其是无辜的,其对阳性的检查结果没有任何的过错。有人反对被申请人,指出这是申请人自愿服用各种制剂(比如矿物质和维生素)造成的。而被申请人认为,这是不成立的,因为没有证据显示这些制剂中含有禁用物质。故对其科处相对较轻的处罚:剥夺其在温布尔登赛中赢得的所有积分排名,退还奖金。国际网联不服该裁决,上诉到 CAS,但 CAS 认为,上述处理并无不当,理由是,上诉委员会认为,运动员在证明自己对体内禁用物质不知情时存在以下问题:首先,证据显示该运动员有动机使用禁用物质,并且至少口服过一次,因此可以认为他知道自己行为的性质。其次,运动员主张自己无辜,但几乎没有提供任何证据和分析,因此上诉委员会的认定存在问题。虽然将取消比赛成绩与随后的处罚区分是合理的,但要免于其他处罚,运动员需要提供相反的证据,确凿地证明自己没有任何过错。该运动员提供的证据尚未达到法定标准。因此,即使该运动员并非有意识地触犯反兴奋剂规则,也不能否定其未履行必要注意义务的事实,而这是国际网联规则要求援引例外情况(无过错不处罚)的运动员的义务。在夏格诺(Chagnaud)案中,仲裁庭明确指出,只有明确允许的情况下,才能对规则的实施进行修正或者改变,而国际网联的规则未有相应的规定。① 其实,该运动员不仅有使用药品提高比赛成绩的动机(在告别网球之前,他想最后一次在大满贯比赛中取得高排名),而且,从科学的角度看,有证据证明其曾经使用了诺龙,且其也知道自己正在做什么,因此,指控的行为不属于 CAS 对 1998 年版《国际网联反兴奋剂方案》第 E. 4. (c)条规定的例外情况,根据国际网联的规定,给予该运动员禁赛 1 年的处罚。总之,禁用物质既有可能通过饮食,也可能通过伤病治疗进入运动员的身体,而运动员为了减轻处罚,往往以其并不知情而进行辩护。彼得·科尔达为了逃避惩罚,主张这是其使用了一种非处方药所致。但这没有成功,因为其尿液中的禁用物质浓度太高,上述可能性非常小。

另外一个例证是我国游泳运动员王某等人案。② 在一次兴奋剂检查中,悉尼兴奋剂实验室发现,王某等四名运动员的尿液中含有低浓度的三羟甲基苯丙胺,尽管运动员辩称这是源于无害的爱维治(Actovegin),但国际泳联仍然作出禁止他们参加珀斯举行的世界锦标赛的处罚决定。上海游泳协会解释说,这种检查结果很可能是由于游泳运动员食用了一种保健食品,即爱克维京。为此,要澄清这个问题,还需要进行进一步的调查。随后形成的报告援引了上海药物控制研究调查结果,对爱维治药品进行检查,运动员持续食用相同的时间后,三羟甲基苯丙胺会达到一定的浓度。

---

① See Chagnaud v. FINA CAS 1995/141.

② See Wang Lu Na, Cai Hui Jue, Zhgang Yi, Wang Wei v. FINA, Matthieu Reeb ed., Digest of CAS Awards Ⅱ 1998 - 2000.

听证会上,运动员不承认自己实施了违规行为,他们辩称这可能是其服用了食品添加剂爱维治所致,而这只不过是一种从小牛中提取的无蛋白血液制品。事实上,在食用前,不仅生产公司已经明确表示该产品不包含三羟甲基苯丙胺,而且国家兴奋剂检查中心也出具了该产品不含任何禁用物质的证明。然而,国际泳联委托洛桑的实验室对爱维治进行检查,初步的结果证实,有大约1/3的样本都存在氨苯蝶啶。澳大利亚实验室认为,只有服用大约十万片,才能达到B样本中所含的浓度。国际泳联认为,根据《国际泳联兴奋剂控制规则》第9.2条,运动员存在兴奋剂违规的罪过,理由是,这些运动员为了掩盖自己使用禁用物质的事实,服用了氨苯蝶啶,因此,应当禁赛两年。运动员不服该处理,将国际泳联上诉到CAS。在审理之前,CAS公开承认,业界的确普遍倾向认为这些运动员有系统性故意使用禁药,但是,根据国际泳联的章程第C2条的规定,国际泳联不能因为种族或者政治而对任何个人进行歧视,因此,案件的处理绝不能受上述看法的影响。仲裁庭只能基于当前的证据,处理该案。仲裁庭随后指出,并没有证据证明每天服用六片爱维治,才能出现检查发现的效果。由于可以认定运动员存在违规行为,而运动员又不能证明其应当减轻处罚,且其在仲裁时以口头的方式,已否定曾经使用过氨苯蝶啶。运动员使用爱维治的原因虽然尚不清楚,但有人怀疑这是为了掩盖另一种禁用物质。由于没有证据证明运动员在当时服用氨苯蝶啶的好处,所以,仲裁庭面对这样一种观点,感到压力很大。《国际泳联兴奋剂控制规则》第9.2条并不要求对目的进行调查,只要发现了禁用物质(比如利尿剂)就行了。鉴于利尿剂具有冲洗出其他禁用物质的功能,仲裁庭就可以对摄入氨苯蝶啶进行假设。虽然存在科学证据可能受到破坏或不可靠的可能性,但仲裁机构通常会经过详细的审查和评估,以确保兴奋剂违规案件的处理尽可能准确和公正。这也强调了科学证据在兴奋剂控制中的重要性,以保障体育竞技的公平性和运动员的权益。国际泳联的规则要求仲裁庭审查运动员体内是否有禁用物质这个事实,而不是原因。如果能将爱维治视为分析结果的原因,要么给予最高的处罚,要么完全免除责任。至于运动员在使用爱维治时,是否知道其含有氨苯蝶啶,却没有充分的证据。CAS还公开了认定这种事实需要考虑的因素。仲裁庭欣然接受了上诉人的主张,从形式上看,如果案件具体情况反映,行为人缺乏故意,通常应当减轻处罚,这也是CAS的判例法一直坚持的立场。不过,根据当前的反兴奋剂制度,运动员有义务确保禁用物质不进入其内体,即运动员对其样本中发现的禁用物质负责。但是,如果管理人员对特定的食品进行了认真检查,明确其不含有禁用物质,就很难再给运动员提出这样的要求。尽管仲裁庭表示同情，但是，仍然拒绝了运动员的上诉请求，支持了国际泳联反兴奋剂委员会禁赛2年的决定，理由是，为了使小牛加速生长、增加产量，甚至为了保藏和运输，农场会在饲料中添加激素，加工方也有可能会在产品中添加一些禁用物质，导致食品被污染。

为此，体育组织通常为禁用物质设置一个门槛，检查出来的禁用物质只有超过一定量，运动员才有可能受到兴奋剂违规指控。由于运动员对进入其体内的所有物质负责，因此，他们有可能受到故意违规的指控，此时，运动员则可以根据当时的环境，消费的食物的安全程度，主张降低其对超过规定门槛的禁用物质的量的责任。不过，这最多只能在最终决定处罚时，作为减轻情节，予以考虑。除法律错误（即对相关的反兴奋剂规则认识错误）和事实错误外，还有其他的情形影响对运动员体内发现的禁用物质的定性，即运动员是否应对其负有责任。接下来探讨运动员的食物、身体的生理反应，对处罚产生的影响。

运动员因为认识错误而意外或无意中服用了禁用物质，可能导致其对事实和法律产生认识错误，这两者的区分确实很困难。在这种情况下，仲裁机构需要进行深入的调查以确定运动员的真实意图和行为。这包括对运动员的陈述、证据、过去的药物使用历史等进行综合分析。在调查中，仲裁机构也会考虑可能存在的证据污染、误差和技术问题等情况，以尽量避免对运动员的不公平。运动员可能会声称自己对禁用物质的使用没有意识或是由于对相关规定的理解有误。这时，仲裁机构需要审查运动员的个人情况和对兴奋剂控制规则的认知程度。在一些情况下，可能需要专家鉴定或其他证据来评估运动员的辩解是否成立。

在反兴奋剂案件中，事实错误与法律错误经常发生混同。运动员有远离兴奋剂的义务，运动员由于疏忽而使禁用物质进入自己体内，其显然违反了这种义务，这既有事实认识错误的成分，也有法律认识错误的成分。事实错误是指运动员在使用禁用物质时，可能由于疏忽或错误的信念，错误地认为所使用的物质是合法的或不被视为禁用的。这种错误通常是由运动员对兴奋剂清单或规定不熟悉，或对所使用的药物成分不了解而导致的。法律错误指运动员在使用禁用物质时，明知或应当知道该物质是被禁用的，但由于忽视或故意违规，选择继续使用。这种错误涉及对兴奋剂规则和法规的违反，即使运动员知道禁用物质的性质，仍然选择使用。

在实际情况中，运动员可能出现混淆或混合了事实错误和法律错误。他们可能因为不了解某些兴奋剂的禁用规定而误认为其使用是合法的，同时也可能忽视了他们有责任对自己的药物使用负责。这使得在兴奋剂违规案件中,确定运动员的具体责任和违规程度变得复杂和困难,因此,本书将二者放在一起论述。

第三节 操 纵

在反兴奋剂领域内,操纵具有广义与狭义之分,广义的操纵包括第三方操纵样本,这又被称为“妨碍”或“篡改”行为;狭义的操纵,仅指运动员操纵样本,以妨碍认定违规所需客观要素的行为。不管广义与狭义的操纵,都不包括运动员通过服用掩蔽剂影响检查结果的行为。

一、广义的操纵

这里主要是指第三人的陷害或者包庇行为。比如,2002 年 9 月,男子举重队队员张某(犯罪嫌疑人)委托李某帮其购买 15 瓶甲睾酮(禁用物质)。同年 10 月,张某伙同另一队员分四次向同队其他运动员的饮食中投放了该物质。与此同时,张某通过举报信和电话,向反兴奋剂委员会、国家体育总局等机构举报兴奋剂违规,并催促上述机构安排飞行药检。结果在 10 月 24 日,经中国奥委会反兴奋剂委员会的检测,5 名队员的尿样呈阳性。张某通过委托李某购买兴奋剂,并将禁用物质投放到其他队员的饮食中,这构成了严重的兴奋剂违规行为。他的行为严重违反了兴奋剂控制的规定,是有意图和有动机地干扰和破坏其他队员竞技表现。而李某帮助张某购买兴奋剂,并配合其将禁用物质投放到其他队员的饮食中。李某的行为涉嫌协助他人违规使用兴奋剂,这同样是非常严重的违规行为。根据案件描述,张某和李某的行为涉嫌故意违反兴奋剂规定,并且造成了其他队员的尿样阳性并受到处罚和影响。因此,在兴奋剂控制的法律体系下,张某和李某的行为可能被认定为违法,因为他们有意识地使用和传播禁用物质,从而破坏了体育竞技的公平性和诚信性。不过,在当时没有相应的法律规定,故两名被告人没有被定罪处罚,然而,根据当前的刑法,二人构成妨害兴奋剂管理罪,即“欺骗运动员使用兴奋剂的行为”。当然,如果投放的兴奋剂人身危害性较大,也可以被定性为投放危险物质罪。由于这种行为具有明显的他害性,因此,通常由刑法进行规制。

二、狭义的操纵

狭义的操纵也是 WADC 规定的操纵,仅指妨碍或者篡改样本的行为。

这方面最典型的是米歇尔·史密斯·德布鲁因(Michelle Smith de Bruin)案。反兴奋剂组织在对其进行的赛外检查中发现,运动员尿样的乙醇浓度很高。国际泳联委托巴塞罗那实验室进行分析,后者在报告中指出,该样本存在明显的伪造痕迹,即被篡改。这种分析虽然不能终局性地得出发现禁用物质的结论,但是,该样本获得的其他实验结果(特别是类固醇分布和同位素定量质谱测量值)表明,该运动员很可能是服用了一些睾酮代谢前体,于是,建议进行深入调查。国际泳联反兴奋剂委员会认为,一则,尿液很可能被运动员自己篡改了,尽管无法确定这是怎么做到的;二则,操纵不可能发生在实验室或样品运输过程中;三则,兴奋剂监管人员没有参与这种操纵。根据《国际泳联兴奋剂控制规则》第1.2(b)条和第3.1(b)条的规定,运动员实施了兴奋剂违规行为,故给予其禁赛4年的处罚。运动员不服上诉到CAS,理由是,国际泳联通过这种方式认定其实施了违规行为,不符合相关的法律要求。① 基于此,运动员指出,首先,该样本的监管链存在很多的漏洞;其次,如果这些样本被认定为是自己的,那么,唯一的可能是它们被第三方操纵了。不过,CAS认为,一则,实验室负责人关于样本以正常方式储存的声明,令人信服,即实验室化验的样本源于上诉人,故第一个理由没有获得支持;二则,除运动员自己之外,不可能有任何人在任何时候有动机、条件或必要的技术技能来操纵尿液而不被发现,即第二个理由也被否定。仲裁庭指出,实验室发现的一种睾酮代谢产物,由于不在《禁用清单》上,其之作用不能确定,不过,这并不重要。事实上,有确凿的证据证明,在检查之日,上诉人的尿液中存在禁用物质,因此,目前有证据证明有些事实被掩盖了。这种操纵存在明显的破绽,故相应的动机明显暴露出来,因此,即使没有直接证据证明操纵的存在,对该案而言,也不具有致命性,因为大量的间接证据已经充分证明,这种事实符合《国际泳联兴奋剂控制规则》第2.1条的规定,构成兴奋剂违规行为。《国际泳联兴奋剂控制规则》第3.1(b)条规定,禁止使用对尿样的完整和有效性产生影响的物质和方法。从《国际泳联兴奋剂控制规则》第2.1(b)条的措辞看,制定者旨在记述一种会影响生理机能的方法。如果《国际泳联兴奋剂控制规则》第3.1(b)条基于第2.1(b)条的规定,并对其进一步定义,那么,《国际泳联兴奋剂控制规则》第3.1(b)条规定的物质和方法,必然会对生物体有类似的影响。这里使用的动词可以解读为与通过任何手段的使用、注射、服用相类似的行

---

① See CAS 98/211, 7 - 6 - 1999, Smith-De Bruin v. FINA (Fortier, Beloff, Oswald), Matthieu Reeb ed., Digest of CAS Awards Ⅱ 1998 - 2000 (The Hague, Kluwer Law International 2002), p. 255 - 273.

为。如果是这种情况,根据《国际泳联兴奋剂控制规则》第3.1(b)条,将一小瓶威士忌倒入尿液容器中,即使这会严重影响尿样的完整性和有效性,也不能被视为是“使用”。国际泳联当时的规定并没有禁止操纵样本这样的一般性的规则。根据这种逻辑推理,米歇尔·史密斯·德布鲁因被指控的行为,很难被定性为兴奋剂违规行为。不过,仲裁庭指出,这有可能是“狡猾的策略”,故运动员的上诉被驳回。

与使用型的违规适用严格责任不同,操纵型的违规必然包含主观要素,否则会导致运动员的行为失去可谴责性。① 体育组织除证明该违规行为的客观构成要件外,还须证明运动员在主观上具有实施不良行为的意志。为了防止将责任的后果完全建立在主观要素上,反兴奋剂组织首先证明在检查时,申请人的尿样中存在禁用物质,即睾酮代谢前体。至于运动员是否操纵了样本,由于实验室不能证明该运动员使用了禁用物质,因此还很难得出结论。仲裁庭指出,当前的证据显示,前面从申请人身上采集的样本,随后借助新技术分析发现含有微量的禁用物质,但是,这经受不住深入地调查或者分析,所以,应当拒绝权衡。从体育公平的角度看,不能采取一种有害于一方当事人的逻辑。CAS指出,国际泳联的证明标准应低于刑法的规定,高于私法标准,故采用刑法标准(毕竟纪律指控不是刑事处罚)则容易混淆国家的公法和组织的私法。仲裁庭指出,根据判例法,基于指控的严重程度不同,构成要素的认定须建立在绝对优势标准之上。鉴于操纵指控包括违规故意和运动员的不诚实,因此,这种指控“严重程度非常高”。

样本检查呈阳性,通常将运动员或者责任人的行为评价为违规,然而,如能证明,这是第三人所为,这种类推将不再成立。比如,在1992年的一起赛马案中,CAS指出,负责人有权通过提供相反的证据,解除举证负担,比如,通过证据证明这是第三人恶意而为的结果。5年后,在另一起案件中,游泳运动员福斯奇(Foschi)样本检查呈阳性,她认为,这很可能是在其不知情的情况下,第三方在其食物或饮料中添加了甲甾醇酮所致。一名记者曾公开解释说,由于该运动员所在的俱乐部与另一个俱乐部存在很大的竞争关系,不能排除这是被诬陷的结果(广义的操纵)。其实,这样做原本是为了陷害一个更著名的运动员,由于她们外观上几乎完全相同的包放在一起,投放者产生了认识错误,才造成该运动员样本检查呈阳性。由于报

---

① See CAS 98/211, 7 - 6 - 1999, Smith-De Bruin v. FINA, Matthieu Reeb ed., Digest of CAS Awards Ⅱ 1998 - 2000 (The Hague, Kluwer Law International 2002), p. 255 - 273, ground 10.3.

道并没有具体披露信息源,也没有相关的证人出庭作证,申请人雇佣的私人侦探也没能提供相应的证据,这种无根据的主张不足以推翻上述类推,故 CAS 认为这只是一种猜测,不予支持。

在悉尼奥运会赛前的常规检查中,发现荷兰运动员米歇尔·史密斯·德布鲁因尿检结果为阳性,国际泳联反兴奋剂委员会做出禁止其参加奥运会的决定。一天后,荷兰有媒体报道说,这是陷害,目的是阻止该运动员参加 2000 年悉尼奥运会,因为她的成绩让很多澳大利亚人不满。荷兰坊间传言,作为 2000 年奥运会的举办国,澳大利亚游泳联合会主席和国家游泳队总教练听到这个消息,欢欣鼓舞,因为他们失去了有竞争力的对手。随后,运动员以调查结果为根据,向 CAS 提起上诉。运动员的律师认为,这很可能是工作人员利用职务之便,人为地操纵了样本。CAS 认为,除游泳运动员本人之外,其他人不可能有动机、有机会或必要的技术技能来操纵尿液而不被发现,律师的主张完全没有证据支撑。① 尽管工作人员曾经出现过违规行为,但兴奋剂检查人员是廉洁的,这一假设必须存在,因为国际泳联不可能从诋毁该运动员中获益。至于媒体报道的内容,并没有任何事实根据,这完全是猜测。由于当前没有证据证明样本被操纵,故这种猜测不能作为判断的基础,即使真的有人这么做过。事实上,当检查结果为阳性,运动员如果能证明这是第三人操纵的结果,以此证明自己的无辜,则很容易使自己免于惩罚性的处罚,但现实表明,由于很难提供证据证明,这总是徒劳的。

所谓的操纵,通常是指对某物进行未经授权的更改,或者秘密的破坏性影响,改变该物的性质。比如,CAS 在王某等人诉国际泳联(Wang Lu Na et al. v. FINA)案与梅卡·梅迪纳诉国际泳联(Meca-Medina v. FINA)案中指出,根据《国际泳联兴奋剂控制规则》,运动员体内发现禁用物质,就能证明其存在一个兴奋剂违规行为,至于这种物质是否是故意摄取的,并不重要。在这两个案件中,CAS 解释说,当在运动员体内发现禁用物质,就认定其构成兴奋剂违规,运动员不得通过证明自己无辜(既非故意,也非过失摄取的,比如竞争对手通过药品陷害)来反对这种判断,至于这种规定是否符合一般的法律原则,并不重要。②

---

① See CAS 98/211, 7 - 6 - 1999, Smith-De Bruin v. FINA, Matthieu Reeb ed., Digest of CAS Awards Ⅱ 1998 - 2000 (The Hague, Kluwer Law International 2002), p. 255 - 273.

② See CAS 98/208, 22 - 12 - 1998, Wang Lu Na, Cai Hui Jue, Zhang Yi, Wang Wei v. FINA, Matthieu Reeb ed., Digest of CAS Awards Ⅱ 1998 - 2000 (The Hague, Kluwer Law International 2002), p. 234 - 254, ground 5. 8, nt. 5 and CAS 99/A/234 & CAS 99/A/235, 29 - 2 - 2000, David Meca-Medina v. FINA & Igor Majcen v. FINA, ground 4. 5, nt. 18.

在福斯奇诉国际泳联(Foschi v. FINA)案中,运动员主张其尿检呈阳性,很可能是第三人(比如实验室的工作人员)在其样本中偷偷掺入了禁用物质所致,因此,阳性的检查结果不足以认定其实施了违规行为。① CAS 指出,一则,运动员在检查前,按照惯例,填写一份表格,这反映当时并不存在篡改的现象;②二则,申请人主张实验室工作人员有可能为了掩盖自己的工作错误,而向申请人的样本中偷偷掺入了甲甾醇酮代谢产物,但这缺乏证据支撑;三则,主张第三人通过污染其食物或者饮水的方式进行陷害,与前一种情况相似,完全是一种怀疑或者猜测,没有具体的证据证明。事实上,从反兴奋剂组织提交的文件来看,容器、安全盖或者瓶子没有任何被动过的痕迹,因此,样本瓶中为申请人的尿液。而且,还有证据证明实验室的检查结果和程序都没有什么问题,因此,申请人的主张不予支持。③

根据 WADC 第 2.5 条,篡改或试图篡改兴奋剂控制的任何部分,都构成违规,但其中并没有提及偷偷渗入行为,不过,这并不重要,因为将其翻译为"欺诈"是没有任何障碍的。与第三方破坏运动员食物或饮料的情况不同,如果能证明存在篡改样本的行为,这会造成阳性的检查结果无法构成证明兴奋剂违规行为存在的证据,从而直接阻却行为的违法性。然而,对于运动员而言,要证明第三方实施了这种行为,同样非常困难,尤其要证明第三人的行为出于恶意,几乎是不可能的。在这些案件中,由于运动员对破坏或者干扰样本的主张,没有提供任何具体的证据,因此,运动员仍然需承担违规责任。

通过上述情况可以看出,实验室检查结果一旦为阳性,就推定该运动员对此存在相应的"罪过",即与先前的过错制度不同,根据严格责任,受兴奋剂违规指控的运动员,很难证明自己没有责任。其实,即使根据举证责任倒置,赋予运动员证明自己无辜的机会,也会发现,对于违规,过错问题并不重要。只有在确定处罚时,罪过程度或者完全无辜问题才是考虑的要素。这样,根据严格责任,如果运动员样本中发现禁用物质,其必须离开赛场,失去比赛的资格。至于罪过问题,赛场上是不会讨论的。在赛场上,

① See CAS 96/156,6 – 10 – 1997,Jessica K. Foschi v. FINA,ground 12. 3. 2. 6.

② See Cf. ,CAS 99/A/234 & CAS 99/A/235,29 – 2 – 2000,David Meca-Medina v. FINA & Igor Majcen v. FINA,ground 2. 14. In CAS 98/223,31 – 8 – 1999,Korda v. ITF,Matthieu Reeb ed. , Digest of CAS Awards Ⅱ 1998 – 2000 (The Hague,Kluwer Law International 2002),p. 345 – 360.

③ See CAS 96/156,6 – 10 – 1997,Jessica K. Foschi v. FINA,ground 12. 3. 2. 2.

关注的焦点是运动员与其竞争对手的关系或者义务(体育公平);在纪律处罚程序中,关注的是运动员对整个项目的义务。在纪律处罚程序中,只有在极少数情况下,运动员才能通过证明自己的罪过太轻或者完全没有罪过,减轻纪律处罚或者免予处罚。然而,无论纪律处分结果如何,体育处分都保持不变。这样,即使运动员能证明阳性的检查结果源于第三人的操纵,运动员仍然构成违规,理由就是运动员有远离兴奋剂的义务。尽管运动员会因此失去比赛的资格,但是,通常不会对其科处另外禁赛的处罚,即免于纪律处罚,因此,操纵构成运动员违规的免责事由。

第四节　法律的例外规定

以前的反兴奋剂制度没有规定例外的情形,对于兴奋剂违规行为,通常都要进行处罚。新版的 WADC 专门设置了"例外情况",以调和严格责任与保护人权原则之间的冲突,也就是说,当运动员没有任何过错时,可以通过例外规定,减轻处罚,从而使反兴奋剂制度的实施变得更为公平。① 从这个角度讲,例外规定也就是从轻、减轻或者免予处罚的规定。由于国际足联和国际铁人三项联盟的压力,这种例外条款的适用范围一直存在不断扩张的趋势,比如,2003 版 WADC 只是规定按比例缩短禁赛期,2009 版 WADC 允许减轻和免于处罚,2015 版 WADC 规定,运动员如证明自己没有过错或者过失,甚至可以取消处罚。2021 版 WADC,又进一步赋予仲裁庭自由裁量权。就目前而言,如果涉嫌触犯 2021 版 WADC 第 2. 1 条的规定,或者根据 WADC 第 2. 2 条,使用了禁用物质或者禁用方法,运动员能证明自己对此无过错或者过失的,除非有其他的情况,根据第 10. 5 条的规定("取消或者减轻禁赛期的例外情形"首先是无过错或者无过失),甚至可以免于处罚。2009 版 WADC 又增加第 10. 5. 2 条的规定,这种无过错的规定完全可以适用于第 2. 3 条与第 2. 8(现在扩展到第 2. 11 条)条的行为。2021 版 WADC 第 10. 5 条无重大过错或者过失的规定仅适用于涉及第 2. 1 条、第 2. 2 条、第 2. 3 条或第 2. 8 条规定的违规行为。涉及此类违规行为的运动员,如果能证明自己无重大过错或过失,则可缩短禁赛期,但禁赛期不得少于最轻处罚的一半。终身禁赛的,减轻处罚的期限不得小于 8 年。2009 版 WADC 还有一项附加要求,即运动员必须证明禁用物质是如何进入其身体的。有人可能会认为,如果运动员没有过错或过失,取消

---

① See Comment to Art. 10. 5. 2 WADC (final version).

第二次违规处罚，违反比例原则，同样，如果没有重大过错或过失，给予最低 8 年的禁赛，也违反比例原则。出席哥本哈根世界反兴奋剂大会的荷兰代表团，批评了当前反兴奋剂制度没有重视运动员的责任问题。该代表团评价说，由于该制度没有充分考虑例外情况，导致反兴奋剂政策的公平性受到很大的限制。也就是说，当运动员受到兴奋剂违规指控时，不应当限制其证明这是特殊情况造成的。对于所有的兴奋剂违规，WADC 应当规定必须考虑的例外情况。只有这样，才能提高该制度的公平性以及反兴奋剂政策的公信力。不过，WADC 的起草者认为，在确定是否存在兴奋剂违规时，不应当再考虑可谴责性的问题，这种制度在形式上具有一定的合理性。这种制度最早在《国际奥委会反兴奋剂规则》（Olympic Movement Anti-Doping Code，OMADC）中已经确定，被 WADC 采纳后，在全世界范围内被确定。其实，正是由于 2021 版 WADC 的例外规定，俄罗斯未成年运动员瓦利耶娃在北京冬季奥运会才没有因为阳性的检查结果，而被剥夺比赛资格。

由于 OMADC 没有明确规定例外情况，国际单项体育联合会可以自由适用自己的条款。不过，WADC 第 10.5 条为运动员明确规定了注意义务，避免禁用物质进入体内。当运动员可以证明对违规行为绝对没有过错，也没有重大过失的，可以将 2 年的禁赛期减为 1 年。① 这就存在所谓的“例外情况”的问题，而 WADC 对此缺乏详细的记述，但是，世界反兴奋剂机构对 WADC 第 10.5 条的官方解释为：该条仅适用于“例外情况”，对绝大多数案件不适用。比如，当运动员能证明其对违规没有任何过错时，则会完全免于处罚，因为即使其履行了所有注意义务，也很难避免被竞争对手陷害。相反，对于以下情况，并不能根据无过错取消处罚：第一，由于标签错误或者污染的维生素、保健品而造成的阳性检查结果（第 2.1 条要求运动员对其摄入的物质负责，并警告保健品存在被污染的可能性）；第二，运动员的私人医生或教练在未向运动员透露的情况下让运动员使用禁用物质（运动员有责任选择医务人员，并告知医务人员不能提供任何禁用物质）；第三，运动员的配偶、教练或其所属组织的其他人破坏运动员的食物或饮料（运动员对他们的行为负责）。此外，根据具体案件独特的事实以及先例，还有很多事实导致运动员即使无重大过错，也会进行处罚，不过会减轻处罚。例如，当运动员能证明阳性检查结果源于维生素的污染，与禁

---

① See Richard Young, *World Conference on Doping in Sport, Plenary Sessions, Summary Notes*, p. 14.

用物质无关,而且已经履行了注意义务,没有食用其他的保健食品,运动员仍然会受到处罚,只不过会被减轻处罚。WADC 第 10. 5. 2 条仅仅适用于已经明确的兴奋剂违规行为,因为这并非运动员故意的或者有目的的违规行为。WADC 第 2. 4 条规定的违规(行踪信息和错过检查)不包括在内,即使这种违规不存在故意这种责任形式,因为触犯该条而进行的处罚为 3 个月到 2 年,不过,该条赋予仲裁机构很大的自由裁量权,故可以充分地考虑运动员的过错程度。根据 WADC 第 13. 2. 1 条的规定,对于国际单项体育联合会的处罚甚至专门仲裁庭的裁决,当涉及国际比赛或国际级运动员时,当事人双方甚至世界反兴奋剂机构都可以向 CAS 提起上诉,而不是诉诸所在国的法院(WADC 第 13. 2. 3 条规定)。

在 CAS 对 WADC 的解释中,运动员未成年不属于"例外情况"。① 比如,CAS 对爱德华兹案的裁决就坚持这样的立场。② 在该案中,反兴奋剂组织在尿液中发现有沙丁胺醇和尼可刹米,运动员也承认这种事实,但是,运动员根据《国际田联竞赛规则》第 38. 12 条的规定,认为这属于例外情况,应当降低 2 年的基本罚或者取消禁赛处罚。仲裁庭认为,这的确有可能属于例外情况,不过,《国际田联竞赛规则》并没有赋予仲裁庭相应的自由裁量权。事实上,根据《国际奥委会反兴奋剂规则》第 38. 16 条的规定,如果发现有"例外情况",仲裁庭须暂停听证,并通过秘书长将案件提交兴奋剂审查委员会处理,由其根据案件的具体情况作出判断。然而,在本案中,兴奋剂审查委员会认为并不存在例外情况,故仲裁庭必须服从这种认定。至于运动员一直声称自己不知道服用的药片含有禁用物质,并不能证明其无过错。因为对于任何受到过反兴奋剂教育的人都知晓任何药品或者片剂的成分不止一种,不确定其是否存在禁用物质就服用,本身就存在过失。对于精英运动员,在国外购买有包装的产品,在使用时更应当注意,防止禁用物质进入自己体内,否则,之后以不知情抗辩,也无法以"例外情况"免责。③

如上所述,由于对检查阳性的运动员实行严格责任,会导致很多无辜的运动员受到处罚,即使主观过错程度仅仅作为影响处罚轻重的要素而存在,但是,由于其建立在举证责任倒置的基础之上,也就是说,首先推定运动员有"罪过",只不过为其提供证明自己无辜的机会,从而减轻处罚。基于 WADC 第 21. 1 条和第 21. 1. 3 条,运动员要证明例外情况的存在,并不

① See CAS 2003/A/447,20 - 1 - 2004,S. v. FINA.

② See CAS OG 04/003,17 - 8 - 2004,Torri Edwards v. IAAF and USA Track and Field.

③ Idem,ground 5. 11.

容易，毕竟在正常情况下，WADC 规定运动员有熟悉相关的反兴奋剂政策和规则的义务，并对摄入或者使用的物质负责。这样，以“例外情况”作为抗辩事由的适用范围非常狭窄，很难动摇推定运动员存在罪过的事实；而且，即使能有这种效果，也只有在确定处罚时，才能有一定的影响。

总之，官方对 WADC 第 10.5 条的解释是，如果运动员能够证明自己已经履行了必要的注意义务，对进入体内的禁用物质“无过错或者过失”，这是遭到竞争对手的陷害的结果，才能免于处罚。与之不同，如果该运动员的食物或者饮水受到其配偶、教练或者其他附随人员的破坏而导致检查结果为阳性的，“无过错或者过失”条款则不能完全免除运动员的责任。

第七章　兴奋剂违规处罚

第一节　概　　述

兴奋剂违规处罚是责任的具体化。根据当前的 WADC，兴奋剂违规处罚分为两种：一种是民事处罚，即剥夺违规运动员或者其他人因为违规而产生的各种收益；另一种是纪律处罚，给违规运动员或者其他人以惩罚，即剥夺其已有的权益。由于两种处罚的性质不同，适用不同的原则。

一、民事处罚

民事处罚贯彻“填平”原则，即不能让违规运动员从违规行为中获得收益，因此，运动员由于使用兴奋剂而获得的各种利益，比如奖金、荣誉称号、奖牌以及其他的社会收益，都应当没收，或者返还给其他运动员。这种民事处罚的特点有：

其一，与一般的民事责任相同，坚持“民不告官不究”的原则，即运动员行为如果被认定为违规，除非被害人或者有关联的第三人主张，运动员由此获得利益通常不被追回。

其二，这种责任的本质仍然是为了救济权利，虽然是打着不得让违规者“获利”的旗号进行的，但实质上是为了恢复被害人原本应享有的权利或者利益，因此，这种责任具有客观性，受制于被害人因此而遭受的损害，这与以惩罚为内容的禁赛是完全不同的。

其三，民事处罚的证明标准应当适用优势证据规则，而不能适用绝对优势证据证明标准，理由很简单，这种处罚主要涉及平等主体之间的关系，涉及运动员及与其存在竞争关系的其他运动员的利益。由于双方当事人在证据的获得方面，具有平等的地位，因此，他们的证明负担区别不应当太大。

其四，其实行的是严格责任，对于违规行为而言，即使行为人没有任何过错（是第三人的恶意行为），也应当承担民事责任。比如，他人为了陷害行为人，而悄悄地向其食物之中投放禁用物质。如果运动员体内发现禁用物质，反兴奋剂组织很可能以“意外事件”或者“无过失”为由，不进行兴奋剂违规处罚，但是，运动员由此获得的奖牌或者成绩有可能被返还或者取消，因为毕竟侵犯了第三人的权利。

除上述规定之外，2021 版 WADC 第 10.12 条（经济后果）规定，反兴奋剂组织可以在其规则中设置相应的条款，按照比例原则，追偿兴奋剂违规产生的费用或者对兴奋剂违规进行经济处罚。但是，这种经济处罚只能适用于最长的禁赛期，且符合比例原则。根据 WADC，缩短禁赛期或者不减轻其他处罚，不影响赔偿或经济处罚。由此可以看出，根据 WADC，赔偿或经济处罚有以下几个方面的特点：

第一，这种赔偿仅仅是 WADC 的建议，并不具有法律约束力，只有在国家反兴奋剂组织或者国际单项体育联合会，作出了具体规定的情况下，才能要求违规运动员进行赔偿或者对其进行经济处罚。易言之，如果反兴奋剂组织未对此作出规定，则无法根据该条款，追究运动员相应的赔偿责任。当然，如果追偿，只能依据民法或者习惯法进行。

第二，这种责任须坚持比例原则，即违规运动员承担的民事责任与其违规造成的危害或者花费相联系，在总数上要受制于“执法”的总成本。也就是说，有关的反兴奋剂组织要规定固定处罚金额或者计算处罚的方法，而且在追究违规运动员的这种责任时，还负有举证负担，证明自己的经济花费或者成本，不能漫天要价。

第三，这种处罚受制于禁赛期的上限。违规的经济后果如果与时间有关联，比如，剥夺或者没收违规运动员一定期限的工资或者奖金等，其之计算总额不能超过禁赛期的上限。运动员由于其他方面的原因而被减轻处罚的，通常不影响这种经济后果。

需要注意的是，即使国家反兴奋剂组织或者国际单项体育联合会作出了相应的规定，WADA 对该条款的实施，往往缺乏监督权，即不同于禁赛，当世界反兴奋剂机构对经济处罚有异议时，通常无权就此上诉到 CAS。

二、纪律处罚

与民事处罚相对应的是纪律处罚。这种处罚虽然也是打着“民事”的旗号进行的，但究其本质，属于公法的范畴，即其具有惩罚性。比如，WADC 规定的经济处罚和禁赛。相对于民事处罚，享有纪律处罚有以下的特点：

首先，享有纪律处罚权的主体是特定的反兴奋剂组织或者体育组织，其他的机构或者个人是没有这种处罚权的。根据当前的 WADC，这种处罚机构主要是各国的国家反兴奋剂组织，国际单项体育联合会甚至是国际奥委会。WADA 通常没有处罚权，但是，当其认为处罚较轻时，有向 CAS

提出仲裁的权利。

其次,这种处罚是按照法定的程序进行的,通常给被处罚人一定的提出异议的机会,被处罚者不服该处罚决定,可以向有关的机关申诉或者申请仲裁。然而,在现实中,反兴奋剂组织通常以其"民间性",否定其程序义务,最典型的例证是,WADA 认证的实验室未按照既定的程序进行样本检查和分析或者违反了检验程序进行检查和分析,其却主张只有这种程序的违反达到改变了检验结果的程度,才能否定其检验结果和分析结论。而这种主张也曾得到了 CAS 的认可。① 其实,这种状况应当被改变,主要原因是反兴奋剂机构已经具有"公法"的地位。

最后,也是最为重要的,这种处罚具有惩罚性,即其并非仅在救济权利,而更多地具有惩戒功能,以威慑类似的违规行为的发生。就民事责任而言,其上限是固定的,不管是损害的大小,还是不法利益的大小,都具有客观性,这本身构成对权力者的限制。但是,惩罚却是没有上限的,或者说其上限是很难客观化的。比如,就兴奋剂违规行为而言,如果是故意的,基准罚为 4 年的禁赛,但是,为什么是 4 年,而不是 3 年或者 5 年,是很难讲清楚的。正因为存在这种处罚的主观性,故应对其科处严格的程序控制。

第二节 处罚措施

一、罚款

WADC 第 10. 10 条规定,体育组织或者仲裁机构可以依法对违规行为进行罚款。至于这种处罚措施如何实施,WADC 并没有具体的规定,因此,严格地讲,WADA 对违规行为是没有罚款权的。然而,各个国际单项体育联合会和成员国的反兴奋剂组织,却存在明确而具体的罚款措施。比如,我国《国家体育总局关于严格禁止在体育运动中使用兴奋剂行为的规定》中明确,对于违规运动员,可以进行罚款,尽管该规定在 2015 年已失效。我国国家体育总局的《反兴奋剂规则》第 111 条第 1 段规定:"发生兴奋剂违规的,可以依照第十一章(对有关人员和单位的处罚)的规定,根据违规情节的轻重和比例原则,要求当事人负担兴奋剂检测费用,补偿反兴奋剂工作的必要支出,或者对其作出罚款。"需要注意的是,尽管各个国际

---

① 参见杨春然、王学栋:《论反兴奋剂国际体育仲裁中的运动员程序保护》,载《北京体育大学学报》2018 年第 1 期。

单项体育联合会或者国家反兴奋剂组织存在这方面的规定，但不同于禁赛处罚，如果在实践中不遵守这些规定，WADA 通常是没有向 CAS 提出异议的权利的。

对于罚款的处罚性质，学界存在不同的看法，一种观点认为，这种处罚其实就是刑罚，具言之，即为罚金；还有一种观点认为其为民事处罚，根据是该处罚适用的程序属于民事诉讼程序或者仲裁程序，而非刑事程序；还有人认为，这是一种混合处罚，即其本质属于刑罚，但其适用的却是民事程序。在我国，也有学者认为这种处罚属于刑罚的范畴。

根据当前的制度，罚金归国家所有，罚款归体育组织所有，故在表面上，这好像不违反禁止双重危险的原则，但从运动员的角度看，刑法上的罚金与民法（或者行政法）上的罚款是没有任何区别的。① 从 WADC 第 10.10 条的规定看，反兴奋剂组织进行的罚款好像是为了弥补因为运动员违规所产生的成本，即罚款具有"赔偿性"，反兴奋剂组织并没有因此而获利。其实不然，因为如果从"赔偿"的角度"证成"该罚款，反兴奋剂组织必须对损失进行举证，如果未予举证而进行罚款，当然可以说该罚款具有"惩罚性"，即其与刑罚中的"罚金"的性质完全相同。

二、剥夺和返还非法收益

一旦发生兴奋剂违规，首先要剥夺违规运动员因为违规而获得的不法收益，这就是所谓的"（违规行为人）不得因违法而获益，（被害人）不得因违法而受损"的原则。传统的观点认为，反兴奋剂机构因运动员使用兴奋剂而对其进行的处罚，属于私法领域的处罚，即民事处罚。

根据国际奥委会、各个国际单项体育联合会以及世界反兴奋剂机构的章程，他们都属于民间组织，是根据公司法或者社团法而建立的，运作的根据是自己的细则，而不是国家制定的法律，所以，根据其细则而进行的处罚，属于私法行为。②

但世界反兴奋剂机构是基于瑞士的公司法而建立的民间组织，并不能由此推导出该机构对运动员的处罚一定是私法处罚，比如，国际奥委会的

---

① See Mike McNamee & Lauri Tarasti, *Ethico-Legal Aspects of Anti-Doping Policy*, in Mike McNamee and Verner Møller eds., *Doping and Anti-doping Policy in Sport: Ethical, Legal and Social Perspectives*, Routledge, 2011, p. 21.

② See Sarah L. Horvitz, Travis Tygart & Paul A. Turbow, *Dopers Are Not Duped: USADA's Assistance to Federal Prosecutors Ultimately Protecting Clean Athletes Is Not State Action*, Marq. Sports L. Rev., Vol. 19, p. 44(2008).

章程中明确规定其为非营利的民间组织,但实际上,国际奥委会每年因为运动会的电视转播权、(奥林匹克)特许经营权、门票和吉祥物的发售等而获得巨大收益,并非不盈利。也就是说,绝不能仅仅依靠自己的宣称而判断其行为的性质。

三、禁赛

禁赛是对比赛资格甚至训练资格的剥夺,这是 WADC 规定的主要违规后果。对于禁赛的性质,学界也存在不同的看法,比如,有人认为这是民事处罚,有人认为是行政处罚,也有人认为是刑事处罚。我们认为,禁赛应当属于准刑事处罚,主要理由有:

首先,这种处罚具有惩罚性,即其并非为了救济权利,而是为了惩罚违规运动员,同时警示其他运动员,要求他们远离兴奋剂,即发挥处罚的威慑效果,因此,其不能是民事处罚。

其次,这种处罚要经过严格的程序,最终是由准司法机关 CAS 决定的,并非由体育行政主管部门或者反兴奋剂组织决定的。具言之,如果将其视为行政处罚,则其是反兴奋剂组织运行的结果,这会严重违反正当程序原则。

最后,禁赛剥夺运动员一定期限的比赛权,这实际上属于当前法律制度中的职业禁止的范畴,而职业禁止具有准刑事性。最典型的例证是驾驶资格剥夺,其通常被视为保安处分中的一种。运动员禁赛处罚既有保护社会的功能,也有预防和惩罚功能,因此,将其评价为准刑事处罚比较合适。

第三节　处罚机制

对于兴奋剂处罚机制而言,2021 版 WADC、2015 版 WADC 在整体上仍然沿袭 2009 版 WADC 的做法,即将兴奋剂处罚的过程分为四个阶段,但其内容却有很大的不同。2021 版 WADC 与 2015 版 WADC 的规定大致相同,不同之处主要体现在 2021 版 WADC 除了规定禁用物质外,还增加规定了禁用方法,比如,特定的物质或者方法,非特定的物质或者方法,此外,还增加规定了加重处罚的情节(第 10.4 条)。

第一阶段,根据 2009 版 WADC,如果运动员违反第 2.1 条的规定,分成三种情况处理:其一,体内发现禁用物质的、发现试图使用禁用物质或者禁用方法的、持有禁用物质或者禁用方法的,默认的基准罚为 2 年;其二,发现的禁用物质属于特定物质的,基准罚有严厉批评、0～2 年的禁赛处罚;其三,出现了加重情节,基准罚为4年。而根据2021版WADC与2015版WADC,第一阶段则是判断违规是否是故意的。如果是故意的,基准罚是4年的禁赛。所谓的基准罚,类似于刑法中的“基准刑”,是指WADC对兴奋剂违规规定的初始处罚标准,是确定兴奋剂违规应受罚的基础。根据2021版WADC与2015版WADC,要想确定基准罚,首先须判断违规是否出于故意。比如,发现运动员体内有非特定物质,即推定运动员是故意使用的,基准罚是4年的禁赛。如果违规是非故意的,则进入第二个阶段。①

第二阶段,2009版WADC要求仲裁庭审查是否存在第10.5.1~10.5.4条规定的暂停、取消或者减轻处罚的情形,包括:运动员对违规是否无(重大)过失(第10.5.1条、第10.5.2条);运动员是否存在其他与过错无关的减轻处罚事由,如提供实质帮助(第10.5.3条)或者主动承认违规(第10.5.4条)。而根据2021版WADC与2015版WADC,第二个阶段则是审查是否存在与过失有关的减轻处罚事由。根据2021版WADC与2015版WADC,对于非故意的兴奋剂违规,要审查是否存在以及存在何种与过失有关的减轻处罚事由,以此确定基准罚。比如,兴奋剂违规所涉及的禁用物质源自受污染的产品,即推定这不是故意违规,基准罚有:严厉批评、0~2年的禁赛处罚。WADC规定,运动员的过错程度是选择何种基准罚的唯一标准。②

第三阶段,由于2009版WADC第10.5条规定了多个减轻或者暂停处罚的情节,故第三个阶段要求仲裁庭根据第10.5.5条的规定,审查运动员或者其他人是否存在取消、减轻或者暂停处罚的情况。而根据2021版WADC与2015版WADC,这个阶段仅仅审查是否存在与过错无关的减轻处罚事由,比如,运动员对发现违规是否提供实质性帮助,或者是否立即承认自己违规?如果答案是肯定的,则减轻处罚。③

第四阶段,确定剥夺比赛资格期限的起点或者开始的时间。对此,2009版WADC与2021版WADC、2015版WADC的规定完全相同。

从以上可以看出,与2009版WADC相比,2021版WADC与2015版WADC规定的兴奋剂处罚机制有以下两个特点:其一,根据2021版WADC

① See Rigozzi A., Haas U. et al., *Breaking down the Process for Determining a Basic Sanction under the 2015 World Anti-Doping Code*, Int. Sports Law J., Vol. 15, p. 3-48(2015).

② See Rigozzi A., Haas U. et al., *Breaking down the Process for Determining a Basic Sanction under the 2015 World Anti-Doping Code*, Int. Sports Law J., Vol. 15, p. 3-48(2015).

③ See Rigozzi A., Haas U. et al., *Breaking down the Process for Determining a Basic Sanction under the 2015 World Anti-Doping Code*, Int. Sports Law J., Vol. 15, p. 3-48(2015).

与2015版WADC,兴奋剂处罚机制的第一步是确定违规是否是故意的,第二步是确定是否存在无(重大)过失的事由,第三步是确定是否存在与过错无关的减轻处罚事由,因此,2021版WADC与2015版WADC规定的兴奋剂处罚机制更简单易行。其二,过错(故意与过失)在兴奋剂处罚机制中起着基础性的作用。尽管在形式上,2009版WADC似乎也很强调过错在兴奋剂处罚机制中的作用,比如,对于初次使用兴奋剂的,如果运动员存在严重的过错,最高可以科处4年的禁赛。但是,自WADC生效后,因为过错程度较大而加重处罚的情况,在现实中未曾出现过一例,即这种加重处罚的规定实际上成了“僵尸条文”。① 基于此,2021版WADC与2015版WADC在形式上彻底废除了这一规定,用“故意”和“无(重大)过失”取代了“加重处罚”制度,这使过错在兴奋剂处罚机制中变得更加重要。

第四节　禁赛处罚的确定

如前所述,沿袭了2009版WADC的规定,2015版WADC与2021版WADC在决定应受罚时首先确定基准罚,即一旦出现兴奋剂违规,反兴奋剂组织或者仲裁庭便确定该违规行为的基准罚是什么。对于基准罚,2021版WADC并没有作出具体规定,但是,第10.2条、第10.5条和第10.6条以及第10.7.3条(适用减轻处罚的多种理由)的注释对此有具体的说明,即违反第2.1条的规定而可能适用的基准罚,取决于涉及的禁用物质是非特定的物质还是特定的物质。根据上述规定,在2021版WADC中,“基准罚”一词记述的是反兴奋剂组织或者仲裁庭决定适用于具体的兴奋剂违规的最初的资格剥夺期限。具言之,其包含的是第10.2条、第10.5条和第10.6条所列举的禁赛期限。因此,其代表的是考量过错条款后、减轻和加重处罚情节考量前的禁赛期限。仲裁庭在决定应受处罚的过程中,第一步结束后,应当只能得出基本的处罚是什么。

一、非特定物质或者方法的基准罚

根据2021版WADC第10.2条、第10.5条和第10.6条的规定,当运动员违反第2.1条,涉及的禁药为非特定物质时,其基准罚应当按照以下标准确定:

---

① See Rigozzi A., Haas U. et al., *Breaking down the Process for Determining a Basic Sanction under the 2015 World Anti-Doping Code*, Int. Sports Law J., Vol. 15, p. 3–48(2015).

首先,处罚与过错程度有关,即根据运动员对违规行为的可谴责程度,而规定不同的基准罚。

运动员对违规无过错或者无过失的,根据 WADC 第 10.5 条的规定,基准罚为不剥夺比赛资格。这样,如果运动员能根据概率权衡原则或者优势证据标准,证明禁用物质是意外进入自己的身体的[故运动员必须能证明该物质的来源(未成年人除外)是什么],或者无意中使用了禁用方法,其对禁用物质进入自己身体或者禁用方法的使用,没有过错或者过失,则不会给运动员科处禁赛处罚。

当禁用物质来源于被污染的产品(第 10.6.1.2 条)时,基准罚是警告、不禁赛到最高 2 年的禁赛。如果运动员能根据概率权衡原则证明,其对该违规没有重大过错或者过失,且该违禁物质源自污染的产品,基准罚为警告、不剥夺比赛到最高两年的禁赛处罚。至于选择哪一种处罚措施,由仲裁庭根据运动员的过错程度确定。无重大过错或者过失(第 10.5 条)的,基准罚是 1 ~2 年的禁赛。如果这种违规并非源自污染的产品,且运动员能根据概率权衡原则证明其没有重大过错或者过失,其中包括能证明该违禁物质的渊源是什么(未成年人除外),则基准罚为禁赛 1 ~2 年不等,至于具体内容,要依赖于运动员的过错程度。

其次,如果运动员能够证明摄入或使用禁用物质发生在赛外并且与运动能力无关,则禁赛期应当为 3 个月。此外,如果运动员或其他当事人令人满意地完成了负责结果管理的反兴奋剂组织批准的滥用物质治疗项目,则依照 WADC 第 10.2.4.1 条计算的禁赛期可缩减至 1 个月。本条款(第 10.2.4.1 条)规定的禁赛期不得依照第 10.6 条的任何规定而缩减。如果摄入、使用或持有发生在赛内,并且运动员能够证明该情形与运动能力无关,则该摄入、使用或持有不应当视为第 10.2.1 条所指的故意行为,也不应当作为第 10.4 条规定的加重处罚情节的认定依据。

如果对于进入人体的禁用物质或者使用的禁用方法,存在与过错有关的减轻处罚事由,基准罚应当是:

第一,根据 WADC 第 10.2.4.1 条,对只在赛内禁止的特定物质或者使用的特定方法,基准罚是 2 年禁赛。对于被发现的只在赛内禁止使用的特定物质或者禁用方法,运动员如果能证明无(重大)过错或者过失,赛外使用的,且与体育成绩无关,则基准罚是 3 个月禁赛。

第二,根据 WADC 第 10.2.3 条,非故意性的违规的基准罚为 2 年的禁赛。如果运动员不能证明自己没有(重大)过错或者过失,但是,能证明这种违规并不属于第 10.2.3 条规定的故意的范畴,基准罚是 2 年的禁赛。

第三,根据WADC第10.2.1.1条,在一般情况下,基准罚是4年的禁赛。如果运动员有义务根据概率权衡原则证明这种违规并非故意,却不能履行这种证明义务,则基准罚是4年的禁赛。反兴奋剂组织有义务证明而不能证明的除外。

运动员如何才能证明自己的违规并非故意?如前所述,主要有3种方式:其一,证明应当适用与过错有关的减轻处罚的规定,即运动员能证明自己对被指控的违规既没有过错或者过失,更没有重大过错或者过失,此时,当然会排除故意;其二,对于仅在赛内禁止的非特定物质,运动员只要能证明是在赛外使用的,或者与提高体育成绩无关即可;其三,如果与过错有关的减轻处罚的规定和只在赛内禁止的非特定物质之规定都不适用,运动员仍然能证明这种违规并不属于故意的范畴,即按照传统法律对故意的一般解读和WADC的特殊规定,比如缺乏"作弊"的行为,进行证明。

基于以上的规定,仲裁庭确定的基准罚为:无过错或者过失的(第10.5条),不禁赛;污染的产品造成的(第10.6.1.2条),进行警告、0~2年的禁赛处罚;运动员没有重大过错或者过失的,禁赛1~2年。

最后,如果违规一方面被证明是非故意的,另一方面有关过失减轻处罚的规定都不适用,那么,基准罚仍然在第一个阶段决定,即2年的禁赛处罚。如果运动员仍然有义务证明这种违规是非故意的而未履行该义务,那么,基准罚是4年的禁赛。

《世界反兴奋剂条例》第10.5条和第10.6条规定了与过错有关的减轻处罚事由,这也是确定违规并非故意的根据。这样,对于非特定物质,在现实中,仲裁庭首先考虑与过错减轻事由有关的规定是否适用,如果不适用,再考虑是否能直接证明这种违规并非故意。如果运动员能够证明与过错有关的条款可以适用,这足以证明违法并非故意。也就是说,如果能证明第10.5条或者第10.6条的基准罚可以适用,那么,就没有必要根据第10.2.3条规定的定义或者对非特定物质的特殊规定,将违规行为视为故意违规。

在这里,仲裁庭通过以下的顺序决定基准罚:其一,判断有无过错或者过失(第10.5条)。其二,判断禁用物质是否源于污染的产品(第10.6.1.2条)或者没有重大过错或者过失(第10.6.2条)。其三,判断是否是只在赛内禁止的非特定物质(第10.2.3条)。其四,判断是否存在其他可以否定故意的情形(第10.2.3条)。

二、特定物质的基准罚

(一)规定

根据《世界反兴奋剂条例》第 10. 5 条与第 10. 6 条,涉及特定物质的违规的基准罚为:

首先,对于无过错或者过失(第 10. 5 条)的违规,基准罚是不禁赛。如果运动员能根据概率权衡原则或者优势证据标准证明,其没有过错或者过失,其中包括能证明该物质的来源(未成年人除外),则暂缓禁赛处罚。

其次,对于无重大过错或者过失,WADC 第 10. 6. 1 条规定基准罚是警告、0 ~ 2 年的禁赛。如果运动员能根据概率权衡原则,证明其没有重大过错或者过失,不管是第 10. 6. 1. 1 条规定的特定物质,还是第 10. 6. 1. 2 条中规定的污染产品,并且证明这种物质的来源(未成年人除外),则基准罚为严厉的批评、0 ~ 2 年的禁赛,具体是否处罚以及如何处罚,取决于运动员的过错程度。

根据《世界反兴奋剂条例》,对于仅在比赛中被禁止的特定物质,基本处罚是 2 年禁赛。如果运动员无法证明自己没有(重大)过错或过失,但能证明该物质是在比赛外使用的,那么可以推断该违规行为并非故意,因此,基准处罚应为 2 年禁赛。然而,如果反兴奋剂机构能证明运动员是故意使用禁药的,那么这种推断将被推翻。在通常情况下(如第 10. 2. 1. 2 条和第 10. 2. 2 条所述),基准处罚为 2 年禁赛。

(二)适用的逻辑顺序

根据《世界反兴奋剂条例》,特定物质和非特定物质的处理程序相似,涉及特定物质的违规行为的基准处罚确定程序从第 10. 2 条开始,分为两个阶段。阶段 A 是评估违规行为是否为故意,阶段 B 是评估是否有与过错相关的减轻处罚规定(第 10. 5 条或第 10. 6 条)可以适用。

第一步:在阶段 A,反兴奋剂机构需要按照绝对优势证据证明标准,证明运动员的违规行为是故意的。对于阶段 A 的目标,特定物质和非特定物质非常相似,即区分兴奋剂违规行为是故意的还是非故意的。然而,对于第 10. 2. 1. 2 条规定的特定物质,反兴奋剂机构需要承担证明违规行为是故意的责任。非特定物质的违规行为与特定物质的违规行为不同,非特定物质的违规"默认"的基准处罚是 2 年禁赛,除非在阶段 B 中,存在可以适用的与过错相关的减轻处罚规定。实际上,涉及特定物质的情况下,假设违规行为是非故意的,但这种假设是可以被推翻的。也就是说,"开始"于非故意的运动员违规行为,只有在反兴奋剂机构完成举证责任时,才能证明违规行为是故意的。WADC 并未明确规定反兴奋剂机构证明违规行为是故意的证明标准。然而,人们普遍期望,国际体育仲裁法庭适用兴奋剂违规的标准,即绝对优势证据证明标准,因为绝对优势证据证明标准已被国际体育仲裁法庭认可,被作为纪律处罚通常适用的证明标准。如果反兴奋剂机构不能推翻发现的非特定物质并非故意使用的假设,那么,仲裁庭会在阶段 B 考虑与过错有关的减轻处罚规定。

第二步,阶段 B:与过错有关的减轻处罚规定能否适用。在这个阶段中,仲裁庭会考虑与过错有关的减轻处罚的规定。也就是说,仲裁庭通过考察这种违规无过错或者过失,或者没有重大过错或者过失,来确定其适用的基准罚是什么。如果仲裁庭认为,这种条款存在可适用性,那么,基准罚将是:

无过错或者过失(第 10.6 条):不禁赛。

无重大过错或者过失:严厉批评、0 ~ 2 年的禁赛(要么根据污染产品或者特定物质的规定)。

如果违规是非故意的,但是,也没有与过错有关的减轻处罚的规定可以适用,那么,基准罚仍然在阶段 A 中确定,即基准罚是 2 年的禁赛。如果反兴奋剂机构能够证明违规是故意的,那么,基准罚将是 4 年,除非可以适用特殊的规定。

就像非特定物质一样,特定物质的基准罚的确定,首先要区分非故意的违规和故意的违规。如果是非故意的违规,再适用与过错有关的减轻处罚的规定。在现实中,这种区分方法并不是相同的。如前所述,对于非特定物质而言,在现实中并不迫切需要分两个独立的步骤审查这个程序,因为这种证明负担在整体上落在运动员的身上。与之不同,对于特定的物质,反兴奋剂机构承担证明故意的责任,而运动员一方承担的仅仅是证明与过错有关的减轻处罚事由存在的责任。因此,通过两个步骤确定基准罚,不管是从理论上还是从实践上,都是非常有用的。

一旦涉及特定物质,判断基准罚的程序在很多方面都有别于非特定物质的判断程序。对于非特定物质,在实践中,首先要考虑与过错有关的减轻处罚的规定,但是,对于特定物质,确定处罚的程序首先要面对的是反兴奋剂机构能否证明违规是故意的问题,这种物质要求在考虑 WADC 第 10.5 条和第 10.6 条之前,先审查第 10.2 条的规定。因此,阶段 A 和阶段 B 发生了变化。

阶段 A:区分违规是故意的还是非故意的。

首先,考察仅在赛内禁止的物质的特殊规定。根据《世界反兴奋剂条例》第 10. 2. 3 条的规定,如果运动员能证明其使用的物质是在比赛之外使用的,那么默认这种违规行为不是故意的。为了推翻这种默认假设,反兴奋剂机构需要提供证据证明存在故意。这一点将在后续进行详细论述。

然而,如果运动员无法证明这种特殊情况,那么在评估违规行为是否故意时,该违规行为将被视为与全面禁止物质的违规行为相同。这意味着,如果运动员无法证明其使用的物质是在比赛之外使用的,那么他们的违规行为将被视为是故意的,除非有其他证据可以证明其无过错或过失。

其次,对于只在比赛期间禁止使用的物质,如果其特殊规定不能被证明或具有适用性,那么应根据 WADC 第 10. 2. 3 条的一般性规定来确定是否存在故意行为。也就是说,我们不能仅根据这些特定物质的特殊规定来评价违规行为。

在阶段 A 的第一步,如果仲裁庭认为该违规是故意的,基本的处罚将是 4 年的禁赛,不可能再根据 WADC 第 10. 5 条或者第 10. 6 条的规定,减轻处罚。如果反兴奋剂机构不能证明这种违规是故意的,或者也没有主张这种违规是故意的,则应当适用 WADC 第 10. 2. 2 条的规定,即其基准罚最高是 2 年的禁赛。然后,转入阶段 B。

最后,如果违规并非故意的,则接下来需要考察:与过错有关的减轻处罚之规定,即第 10. 5 条和第 10. 6 条是否适用?

如前所述,仲裁庭在处理反兴奋剂违规案件时,必须确定一个基准处罚。如果运动员明知或鲁莽使用(例如使用娱乐性药品)而违规,但过错程度较低,仲裁庭可能会通过修改处罚机制背后的政策以及适用众所周知的比例原则来寻找解决方案。

推动处罚机制修正的关键政策之一是对“真正的欺骗者”进行更严厉的惩罚,同时为其他情况提供更灵活的处理方案。这种政策可以理解为:对故意违规者,处以 4 年的禁赛处罚;对非故意违规者,提供更灵活的处理方案,即允许将过错程度作为减轻处罚的依据。

从表面上看,推动处罚机制修正的政策将故意违规视为高水平过错的违规,将非故意违规视为低水平过错的违规。因此,只有当运动员的过错程度足够高,以至于被认为是在“欺骗”时,其违规行为才会被视为故意行为。尽管运动员可能是明知的,但这与更“技术性”的违规是不同的。这可能是因为,将违规行为认定为非故意更符合比例原则,也更符合世界反兴奋剂机构的政策目标。

三、故意违规与非故意违规的处罚

《世界反兴奋剂条例》的第 10. 2 条可以直接用于判断违规行为是否是

故意的。这里关注的是,以比赛期间禁止但在比赛之外允许使用的物质的特殊规定为例,如何基于 WADC 中对故意行为的一般定义,揭示故意违规行为的认定机制。这种探讨涉及反兴奋剂处罚规则的逻辑结构,以及对相关规定的解释。

(一)赛外合法使用的非特定物质或方法

WADC 第 10.2.3 条,对只在比赛期间禁止的物质设定了两种特殊规定:一种针对非特定物质或者方法,另一种针对特定物质或者方法。这些特殊规定为评估特定违规行为的性质,提供了一个"更好且更公平"的平台,即使运动员在使用这些物质时,并未具有"违法性"。如果缺乏这样的平台,运动员在比赛之外使用只在比赛期间禁止的物质,有可能会因为比赛期间的检查而发现这种物质或其代谢物,进而面临 4 年的禁赛处罚。因此,这种机制有助于使运动员获得 2 年的禁赛处罚,而不是 4 年,即使这种物质是明知(或鲁莽)摄取的。

根据 WADC 的规定,对于在比赛期间禁止使用但在比赛之外使用的特定物质,如果运动员能证明这种物质是在比赛之外使用的,那么将假定这种违规行为并非故意的。然而,这种假定是可以被推翻的。例如,如果反兴奋剂机构能证明运动员明知这种物质在比赛期间是禁止的,但仍然选择在比赛之外使用,那么这种行为就可能被认定为是故意的。对于在比赛期间禁止使用,但在比赛之外使用的非特定物质,如果运动员能证明这种物质是在比赛之外使用的,并且与提高运动能力无关,那么这种行为就不会被认定为是故意的。例如,如果一个运动员在比赛之外使用了一种非特定物质,如某种药物,来治疗他的疾病,而这种药物并不会提高他的运动能力,那么这种行为就不会被认定为是故意的。

WADC 第 10.2.3 条包含了一项特殊规定:对于只在比赛期间禁止的非特定物质或者方法,如果运动员能证明其在比赛之外使用且与比赛成绩无关,那么这种违规行为将不被视为故意行为。一般来说,运动员必须证明两个独立的要素:一是非特定物质或者方法是在比赛之外使用的,二是这种使用不会提高体育成绩。这两个要素的证明标准都是优势证据规则。如果运动员成功证明了这两个要素,那么基准处罚将是 2 年的禁赛。

然而,在实践中,对第二个要素的解释过于宽泛、模糊,即证明这种物质或者方法的使用与体育成绩无关是非常困难的,这严重限制了这一特殊规定的可适用性。例如,当运动员服用止咳糖浆时,大多数情况下,这是为了尽快恢复训练或比赛,从理论上也可以认为是为了提高比赛成绩。因此,运动员面临一个风险,即与体育成绩无关的治疗或出于娱乐性的药品使用,也可能被视为故意行为,这与该规定背后的政策原则相悖。对此,仲裁庭在解读该条款时,需要根据比例原则进行适当调整,也就是说,故意与过失的判断,也会受到比例原则的限制。不过,2021 版 WADC 已将这个条件删除。

比如突尼斯游泳运动员乌萨马·迈卢利在比赛期间的药检中被发现使用了苯丙胺,这是一种只在比赛期间禁止使用的非特定物质。乌萨马·迈卢利承认在比赛前两天服用了一个朋友给的治疗注意力缺陷的药丸,目的是保持注意力集中和大脑清醒,以完成一个占期末考试成绩很大比重的大学作业。仲裁庭认为,乌萨马·迈卢利的过错程度非常大,部分原因是,像乌萨马·迈卢利这样的运动员,几乎无法想象服用这样一颗药丸可能带来的风险,他们有义务避免体内出现这种禁止物质。然而,仲裁庭也指出,乌萨马·迈卢利当时正在进行比赛报名,并自愿接受了临时停赛,这是由一个单一的过失行为(与那些持续重复的、故意使用兴奋剂的行为形成对比)引起的。如果按照规定给予其 2 年禁赛,将使他错过下一届奥运会,这将是极其严重的后果。考虑到这些因素和其他情况,仲裁庭认为这是一个罕见的案件,比例原则要求对他进行较轻的处罚,因此,决定对他禁赛 18 个月。①

根据 2021 版 WADC 第 10. 2. 1. 1 条的规定,这个案件与非特定物质有关,处罚起点应为 4 年的禁赛,除非运动员能证明违规不是故意的。本案中,该运动员不能证明其无(重大)过错或过失,也不存在污染产品的情况,那么接下来的问题就是,根据只在比赛期间禁止的非特定物质的具体规定,运动员能否证明这种违规是非故意的。这要求运动员证明这种使用是在比赛之外发生的,且与比赛成绩缺乏关联。现在 WADC 将第二个条件废除,这意味着有的运动员冒险使用只在赛外禁止使用的非特定物质,借助其持续的效力提高比赛成绩的行为,现在不再构成故意违规了,而构成过失违规,尽管运动员想借此获得不公平的竞争优势,除非反兴奋剂组织能证明这种意图的存在。

(二)赛外合法使用的特定物质或方法

对于只在比赛期间禁止但在比赛之外使用的特定物质,《世界反兴奋剂条例》第 10. 2. 3 条有一个特殊规定:如果运动员能证明(根据优势证据标准)这种物质是在比赛之外使用的,那么将假定这种违规行为并不是故

① See Rigozzi A. , Haas U. et al. , *Breaking down the Process for Determining a Basic Sanction under the* 2015 *World Anti-Doping Code*, Int. Sports Law J. , Vol. 15, p. 3 – 48(2015).

意的。即使运动员是基于明知而使用的,也不影响这种推断的成立,尽管这种推断可以被推翻。对于这种物质,首先需要确定违规使用的基准处罚,即运动员是否面临 4 年的禁赛处罚(反兴奋剂机构主张这种违规是故意的)。这一特殊规定被视为运动员可以证明违规行为非故意的一个特殊优待。

如果运动员不能证明这种物质是在比赛之外使用的,他们仍然有机会直接质疑反兴奋剂机构对其故意违规的指控。条件是,他们可以根据 WADC 第 10. 2. 3 条的一般规定,证明这种违规行为不是故意的。在实践中,只有当运动员想基于与过失有关的减轻处罚的规定来减轻处罚,或者预测到反兴奋剂机构会以故意违规的形式处罚自己时,他们才会根据特殊规定提供证据,并主张这种使用仅发生在比赛之外。除非在决定应受处罚的第三个步骤中有与过错有关的减轻处罚的事由,否则运动员没有动力去解释使用这种物质的实际原因,毕竟证明这种行为构成故意违规的责任在反兴奋剂机构。也就是说,对于只在比赛期间禁止但在比赛之外使用的特定物质,WADC 第 10. 2. 3 条的特殊规定的含义是:对于只在比赛期间禁止的特定物质,如果基于实验室的不利分析结果认定为兴奋剂违规,但运动员能证明这种物质是在比赛之外使用的,那么将推定这种违规行为不是故意的。然而,这种推定可以被推翻。

对于只在比赛期间禁止的特定物质,上述解释面临的直接挑战是:一旦确定了这种特殊评价,即运动员证明了这是在比赛之外使用的,反兴奋剂机构应如何推翻这种不是故意的假定呢?反兴奋剂机构将面临一个很大的障碍,甚至是不可能,毕竟反兴奋剂组织远离运动员的现实生活,除收集样本外,缺乏相应的调查手段。基于此,有人认为,反兴奋剂机构可以简单地根据 WADC 第 10. 2. 3 条的规定,证明故意的存在。这种解释虽然属于演绎推理的范畴,但存在很多问题,第 10. 2. 1. 2 条的规定使得第 10. 2. 3 条的特殊规定变得完全多余。实际上,第 10. 2. 1. 2 条规定,对于特定物质或者方法,反兴奋剂机构有义务证明违规是故意的。因此,无论这种特殊规定的内容如何,都会失去意义,即不管运动员能否证明这种物质是在比赛之外使用的,反兴奋剂机构都有义务根据该定义证明这种违规是故意的。换句话说,对于只在比赛期间禁止的特定物质,其处理方式会与其他的特定物质完全一样,这明显违背了这样一个假定,即特殊的规定有助于增加制度的灵活性,使得运动员更容易质疑违规是故意的主张。因此,我们认为,对于只在比赛期间禁止的特定物质的特殊规定,解释应当建立在其背后的政策根据的基础之上。即使运动员明知赛外注射的物质仅仅在赛内被禁止,如果随后的赛内检查是不利分析结论,赛外使用兴奋剂的行为,也将被视为赛内违规行为。这样,对于只在比赛期间禁止的特定物质的具体规定而言,为了推翻违规不是故意的假定,反兴奋剂机构除了需要证明运动员使用这种违禁物质是“明知的”或者“轻率的”,还要证明得“更多”。

对于各种禁用物质,一般来说,反兴奋剂机构必须证明该运动员有实施违规行为的故意,也就是说,该运动员想通过赛外使用某种违禁物质使赛内出现某种结果,所以,为了科处4年的禁赛处罚,反兴奋剂机构需要证明的内容有:其一,该运动员故意(明知或者鲁莽地)使用该物质;其二,运动员还打算将这种物质对身体产生的效果,延续到赛内;其三,在比赛期间,这种物质仍然在发生作用,即具有提高比赛成绩的功能。根据这种总结,故意的概念包含与该物质作用有关的动机或者目的,比如,可以有效地提高体育比赛的成绩,或者获得其他不正当的竞争优势(比如,遮蔽效应或者有助于精神集中),并不仅仅与单独地使用该物质的行为有关。证明第三个要素的事实存在非常重要,其将支撑故意的存在,比如,使用的时间、取样中发现的物质是否能产生预期的赛内效果(比如,样本包含这种物质活跃的痕迹,而不是死去的代谢物)。这种解释与2021版WADC修改的目的,以及处罚赛外使用只在赛内禁止的物质的制度是一致的。

这种解释通过强化这种“可反驳的假定”,可以使运动员受益。首先,对于反兴奋剂机构,根据WADC第10.2.1条规定的抽象举证负担分配,推翻这种假设并非易事。其次,对于赛外使用的特定物质,其能充分地体现提高灵活性这一目的,因为其给运动员提供了一种额外的避免适用4年禁赛处罚的保护。最后,对于赛外使用只在赛内禁止的物质而言,这种解释反映了评估违法是否是故意所固有的困难,因为赛外使用是允许的,条件是在赛内运动员体内不能发现这种物质。

世界反兴奋剂机构诉格德(WADA v. de Goede)案的裁决,大致能反映这个问题。① 在该案中,格德作为柔道运动员,由于伤病原因,本来没有打算参加任何比赛,为了解除疲劳,于是吃了一种叫作Jack3d的补品,该补品中含有甲基己胺,其是一种只在赛内禁止的特定物质。不过,随着事件的发展,他很快参加比赛,这远远超过其预期,于是,很快传来检查结果呈阳性的报告。尽管这种物质并没有在补剂中被明确列举出来,运动员事

---

① See CAS 2012/A/2747 (2013) WADA v. de Goede; Rigozzi A., Haas U. et al., *Breaking down the Process for Determining a Basic Sanction under the 2015 World Anti-Doping Code*, Int. Sports Law J., Vol. 15, p. 3–48 (2015).

实上也没有检查该补剂的标签,更没有做任何调查工作,以确定该补剂是否含有违禁物质。尽管对于该运动员何时使用了这种产品存在争议,但是,只有一个仲裁员认为,该运动员并不是在比赛临近前使用了该产品。该仲裁员还认为,该运动员使用这种补品,并非故意地想提高比赛成绩,因为其参加比赛一事的确曾让该运动员感到吃惊。对于赛外使用的只在赛内禁止的特定物质,运动员的故意包含两层意思,即使用这种物质,且该物质会在比赛内被发现。二者都满足时,其行为才能被评价为故意。该仲裁员发现,该运动员的过错程度在该案中“相当大”,但是,根据这种过错程度,可以减轻处罚,于是,给予其 18 个月的禁赛(最高可以给予 2 年的禁赛)处罚。

根据 2021 版 WADC,既然该运动员以“较大的”过错行事(这种过错程度不可能属于“无重大过错或者过失”的范畴),那么,第 10.5 条和第 10.6 条就缺少了可适用性。随后,问题转向第 10.2.3 条规定的只在赛内禁止的特定物质的特殊规定。基于上述事实,该运动员证明这是赛外使用的,这样,就产生了一个假定,即这种违规并非故意而为。要想推翻这种假定,反兴奋剂机构需要逐步证明以下的因素:其一,该运动员故意(明知或者轻率地)使用该物质;其二,该运动员打算让这种物质出现在赛内;其三,该运动员认识到(至少预测到)这种物质在赛内仍会起作用,即对比赛成绩产生影响。根据这些事实,反兴奋剂机构证明这些要素的存在有很大困难,因为其认为,运动员故意使用这种物质与提高比赛的成绩之目的缺乏关联性。易言之,该独任仲裁员认为,运动员既没有打算使这种物质存在于比赛内,也没有想通过这种方式提高比赛成绩。因此,根据 2021 版 WADC,该运动员的基准罚应为 2 年的禁赛,且没有其他的与过失有关的可能减少禁赛的期限的事由(其过失被认定为“相当大”,因此,不可能再根据无重大过错或者过失的规定,减轻处罚)。

根据 2009 版 WADC,对于涉特定物质的违规,运动员体现了重大的过错时,甚至这种过错与 2021 版 WADC 规定的故意很接近,至少从理论的角度看,其也有可能根据第 10.6 条的规定,减轻处罚。但是,根据新制度,就像上面的案例所表明的那样,这种特殊规定不允许给予运动员低于 2 年的禁赛处罚,除非其能证明无重大过错或者过失。由于很多违规涉及娱乐性的用药、因为治疗而产生的各种错误等情形,这构成 2021 版 WADC 的另外一个缺陷,仲裁庭有可能不顾 WADC 的严格用语,而基于公平进行处罚,即做出低于 WADC 规定的 2 年禁赛的裁决。

四、过失违规的处罚

根据《世界反兴奋剂条例》，如果被指控的行为不构成故意违规，那么，仲裁庭将考察这种违规是否可以基于与过失有关的规定，而减轻处罚（阶段B）。在这一阶段中，仲裁庭则会援引有关无过错或者无重大过错的规定，判断应当适用的基准罚。如前所述，对于非特定物质，首先从社会实践进行分析，即根据 WADC 第10.2.3条，考察这种行为是否是故意的以及相应的理由。对于特定物质，只有当反兴奋剂机构不能证明违规是故意的时，才应当考虑与过错有关的减轻处罚的规定。

（一）无过错或者过失（第10.5条）

在评价与过错（或者过失）有关的减轻处罚时，不管是非特定物质还是特定物质，首先的问题是运动员是否能证明存在无过错或者过失的情节，因为这可以构成取消所有处罚的根据。对于非特定物质和特定物质，无过错或者过失的评价是完全一样的。对于非特定物质，如果运动员能提供无过错或者过失的事实根据，其将构成证明违规不是故意的充分而确凿的证据。违规是无过错或者过失的认定（包括特定物质和非特定物质），将迫使仲裁庭取消所有可以适用的禁赛处罚。如果不能证明可以适用 WADC 第10.5条的规定，接下来的问题是审查第10.6条是否可以适用。

对于违规行为的无过错或者无过失，运动员承担举证责任，证明的标准为概率权衡原则，也就是优势证据标准。如果运动员能够成功履行这项义务，那么，他们将不会因为体内有禁用物质而受到禁赛处罚，也不会有其他的不利后果。当然，他们会因此失去 WADC 第9条规定的比赛资格，毕竟这项规定是为了救济其他运动员公平比赛权的。这样，如果运动员或其他人能够证明，尽管已经尽了最大的注意，但仍然不知道或者没有理由怀疑使用了违禁物质或方法，或者违反了反兴奋剂规定，那么，这就构成了无过错或过失。不过，要推翻对于过失的指控，除未成年人触犯 WADC 第2.1条规定的情况外，运动员必须证明违禁物质是如何进入自己身体的。这不是反兴奋剂组织的义务，而是运动员在面临过失指控时，需要承担的责任或者义务。

根据第10.5条的解释，无过错或者过失仅仅是一种“特殊情况”。如果能证明这是竞争对手的陷害，则会被定性为无过错或者过失，但其还列举了一些例子，比如商品标签指示错误，受污染的产品，运动员的教练、医生以及配偶的行为，等等，永远不属于这条规定的范围之内。同时，运动员

(除了未成年运动员)必须证明物质的来源,才能享有这条所规定的权利(免于处罚)。该规定构成意外使用兴奋剂的一个重大障碍,比如,运动员对进入其身体的物质被外部环境污染产生怀疑,但是,其却不能确定这种物质的准确来源,通常很难基于该条的规定而免责。

从这个角度看,无过错或者无过失的规定,其实与2009版WADC并没有多大的区别。不同之处在于要求证明违禁物质来源的规定。2009版WADC直接规定要求证明违禁物质的来源,现在却是通过无过错或者过失概念,间接地将其表达出来。从法律后果上看,如果运动员能证明无过错或者过失,禁赛的期限必须取消。在计算第二次违规时,2015版WADC第10.7.3条明确规定,当运动员能证明无过错或者过失时,将不再被认为是违规,但是,2021版WADC,对其进行了调整:对于因为三次违规而被终身禁赛的,如有第10.5条与第10.6条规定的情况下,即存在无过失或者无重大过失的违规,则该次违规不得计算在内。对于其他的情况,据2021版WADC第10.9.1.1条的规定也没有意义,因为其规定的处罚处在单次最高罚之上,总处罚之和之下,既然免于处罚,就不会再对之后的处罚产生影响了。

(二)无重大过错或者过失(第10.6条)

根据《世界反兴奋剂条例》,如果无法证明第10.5条,即无过错或过失,当事人想要减轻处罚,就需要考虑第10.6条的规定,即是否可以证明这种违规行为无重大过错或过失。在考虑与过错有关的减轻处罚的规定时,所涉及物质的种类以及不同条款含义的相互关联,决定了应当适用的条款内容,从而确定基准处罚的内容。不同条款含义的相关性包括两个方面:证明和不能证明每个条款的后果。

根据2015版WADC和2021版WADC,无重大过错或过失并不是一个普适性的概念,其内容通常会受到特定事实和相关条款的影响。这在定义无重大过错以及第10条相关条款的适用中表现得尤为明显,例如,第10.6.1条(受污染的产品和特定物质)与第10.6.2条(无重大过错或者过失)就是明显的例证。

对于污染的产品和特定物质,2015版WADC与2021版WADC对无重大过失的定义非常模糊,这与2009版WADC的规定不同。在2015版WADC和2021版WADC中,对于污染的产品和特定物质,无重大过错或过失的认定,不能累加适用,即不能进行重复评价。这就是说,第10.5条(无过错或过失)和第10.6.2条(无重大过错或者过失)仅适用于"特殊情况"。基于2015版与2021版WADC中的第10.6.2条的规定,无重大过失的概念适用范围,虽然在形式上受到一定的限制,但是,仲裁庭享有很大的自由裁量权,尤其表现在处罚后果上。

在接下来的内容中,我们将更详细地探讨无重大过失的规定,是如何在实践中适用的,即对于特定物质、因为娱乐而使用的违禁物质、污染的产品和非特定物质而言,这种概念是如何适用的。

1. 特定物质或者方法

根据 2021 版 WADC 第 10. 6. 1. 1 条的规定,如果运动员或其他当事人涉及使用特定物质(除滥用物质外)或特定方法的兴奋剂违规行为,并且能证明自己没有重大过错或疏忽,那么他们的禁赛期将根据其过错程度而定,最短的可以只接受警告并不被禁赛,最长的则为 2 年禁赛。具体如何处罚,则属于仲裁庭的自由裁量权的范畴,即根据他们评估的运动员的过错程度,决定处罚的内容。如果运动员不能证明这种违规没有重大过错或者过失,基准罚将是 2 年的禁赛(除非反兴奋剂机构证明这种违规是故意的,此时,基准罚将是 4 年)。这种对特定物质或者方法进行的新的规定,避免了 2009 版 WADC 的模糊性。

根据 2021 版 WADC,特定物质的规定(第 10. 6. 1. 1 条)依赖于更灵活的无重大过失标准。这就意味着,如果一个人不能根据特定物质的规定获得减轻处罚的待遇,那么他就没有理由再寻求应用第 10. 6. 2 条的规定,因为这两条规定的内容是完全重合的。此外,第 10. 6. 2 条的规定仅适用于那些"超越"第 10. 6. 1. 1 条规定的违规行为。例如,一个运动员使用了一种特定的违禁物质,但他能够证明自己没有重大过失,那么他可能会根据第 10. 6. 1. 1 条的规定获得减轻处罚的待遇。但是,如果他不能证明自己没有重大过失,那么他就不能根据这个规定获得减轻处罚的待遇,也就没有理由再去寻求应用第 10. 6. 2 条的规定。因为,第 10. 6. 2 条的规定是为那些"超越"第 10. 6. 1. 1 条规定的违规行为设立的,也就是说,是为那些更严重的违规行为设立的。希望这个解释能帮助你理解这个概念。

为了根据第 10. 6. 1. 1 条的规定获得对禁赛期的减轻处罚,运动员需要承担举证责任,根据概率权衡原则,证明自己无重大过错或者过失。其中,证明物质来源是必要的步骤(未成年运动员除外)。无重大过错或者过失的概念,在应用于特定物质和受污染产品时,需要进行更为抽象的解释,因为在这些情况下,"无重大过错或过失"的判断往往涉及更复杂的因素和更广泛的背景。例如,一个运动员可能因为误食了含有违禁物质的食品而被检测出违规。在这种情况下,我们不能简单地说运动员有过错或无过错,因为他可能并不知道食品中含有违禁物质。我们需要考虑的因素包括:运动员是否有理由怀疑食品可能含有违禁物质?他是否已经尽了最大努力去避免摄入违禁物质?他是否有其他合理的选择?等等。这就需要我们对"无重大过错或过失"的概念进行更为抽象和深入的理解和解释。

在阿姆斯特朗案件中,该运动员在赛外检查中被发现尿样中含有特定物质他莫昔芬。他本人辩称,这种物质来自其妻子的乳腺癌治疗药物,因为这种药物和阿姆斯特朗的治疗药物放在同一地方,所以被误用。也就是说,阿姆斯特朗能证明这种物质的来源,并能证明他没有故意使用这种物质来提高成绩。因此,他可能面临的处罚范围从严厉批评、不禁赛到最高2年禁赛。然而,国际体育仲裁法庭认为,阿姆斯特朗没有尽到"最大的注意"义务,因为他不应该将妻子的乳腺癌治疗药物和自己的药物放在一起,因此,他有一定程度的过错。

根据2009版WADC的第10.4条,既然不需要详细说明这种过错的具体程度(即这种违规是否应当被认定为无重大过错或者过失)。因此,国际体育仲裁法庭并不能得出这样一个结论,即这种过错不是重大过错,而是将其置于"超过无过错"和低于重大过错之间。尽管最初他获得的处罚低于2年禁赛期,即18个月的禁赛,但最终决定是6个月的禁赛(假设可适用的处罚为0~2年)。

根据2021版WADC,由于仲裁庭认为阿姆斯特朗有一定程度的过错,那么,确定处罚的根据应当是第10.2条的规定,他没有权利根据第10.6条,即无重大过错或者过失的规定,减轻处罚。接下来则是判断特定物质的规定是否适用的问题,即第10.6.1.1条能否适用?在这一条规定中,运动员需要证明物质的来源和无重大过错或者过失。尽管仲裁庭认为,阿姆斯特朗对这种物质的来源的证明,达到了绝对优势证据证明标准,但是,其并没有明确指出这种程度的过错或者过失是否属于无重大过错或者过失,尽管从逻辑上看,这个结论符合这个概念的含义。根据2021版WADC,如果认定阿姆斯特朗无重大过错或者过失,结果将是相同的,即该运动员有资格获得与过错程度相应的减轻处罚,即其禁赛期应当在0~2年。然而,如果不能认定其行为无重大过错或者过失,那么,第10.6.1.1条对特定物质的规定就不能适用,应根据第10.2.2条的规定,适用禁赛期2年。其要求减轻处罚也只能依赖于第10.6条规定的无重大过错减轻处罚的规定。

在世界反兴奋剂机构看来,WADC设置这种可减轻处罚制度的目的之一,就是在特定情况下,当运动员能证明其没有故意实施作弊行为时,WADC能够灵活适用。对于这种案件,特定物质或者特定方法,是最典型的代表。不过。与2021版WADC、2015版WADC不同,2009版WADC规定,如果运动员能证明,其体内的禁用物质并不是为了提高比赛成绩,以及这种禁用物质是如何进入体内的,运动员就有权获得警告、0～2年的禁赛处罚。易言之,根据2009版WADC,只要运动员能证明其过错程度低于故意违规,就有可能被认定为无重大过失或者无过失型的违规。这样,即使其在避免违禁物质进入自己身体方面存在严重的过错,也有资格因为与过错有关的规定而主张减轻处罚。显然,根据2015版WADC与2021版WADC,这是行不通的。根据2015版WADC、2021版WADC,要获得低于2年禁赛的处罚,运动员必须证明自己无重大过错或者过失。尽管在外延方面,2015版WADC和2021版WADC中无重大过错或者过失的概念,远远大于2009版WADC,但是,后者可以进行扩大解释,甚至将2021年创设的"鲁莽型"违规包括在内,因此,2009版WADC,对涉及特定物质的违规处罚,显得更加灵活。比如,有运动员涉嫌使用特定物质苯丙胺而违规。作为一种S.6类刺激剂,苯丙胺是一种用于治疗鼻塞和感冒的药物,也被认为可以提高运动员的敏感性和心率,故在比赛中被禁止使用。该运动员在比赛中被检测出苯丙胺阳性,他声称是在比赛前一天服用了一种含有苯丙胺的感冒药,是出于医疗目的,并没有意图提高运动表现。尽管如此,仍然被反兴奋剂组织处以2年的禁赛。他上诉到CAS,请求减刑或撤销处罚,最终被驳回。

尽管2021版WADC取消了"提高比赛表现"的规定,但是,问题并没有那么简单。事实上,有很多CAS的案例认为,比赛之外使用特定物质,具有"间接"提高比赛表现的意图,对此都给予严厉的处罚。比如,在奥利维拉诉美国反兴奋剂中心(Oliveira v. USADA,CAS 2010/A/2107)和克里马伊诉国际举联(Qerimaj v. IWF,CAS 2012/A/2822)这两个案例中,CAS都认为,比赛之外使用特定物质,具有"间接"提高比赛表现的意图。而另一系列的CAS案例则持有完全相反的观点。在福戈诉国家橄榄球联盟(Foggo v. NRL,CAS A2/2011)和国际网联诉库特洛夫斯基(ITF v. Kutrovsky,CAS 2012/A/2804)这两个案例中,CAS都认为,比赛之外使用特定物质,并不具有"间接"提高比赛表现的意图,因而从轻处罚。有的案例则认为,即使运动员没有直接的意图提高比赛成绩,但只要他知道自己正在服用的物质是特定物质,他就应该被认为是有过错的,而有些案件却认为没有过错。这些不同的观点和判断,使得对这些条文的理解,变得混乱。这种混乱甚至导致英国国家反兴奋剂小组在英国反兴奋剂机构诉卢埃林(UKAD v. Llewellyn)案中提出了这样的观点,即奥利维拉(Oliveira)

系列的案例“将来不应再被引用”。

2015版WADC对涉及大麻的违规，设置了一个新的特殊规定。这种规定的立法目的就是创设一种处罚机制，以保持涉及这种物质的违规处罚现状（处罚通常在6～9个月）。由于对涉及娱乐性用药特别是大麻的违规的认定，存在很大的争议，所以，《世界反兴奋剂条例》在2021版中取消将大麻作为禁用物质，主要出于以下几个原因：

首先，大麻的使用在很多情况下并不是为了提高运动成绩，而是出于娱乐的目的。这一点在运动员群体中尤为明显。许多运动员在比赛之外的时间，可能会选择使用大麻来放松自己，缓解压力。他们并不是为了提高自己的运动表现，而是为了寻求一种心理上的舒适感。

其次，大麻的检测和管理存在一定的困难。例如，对大麻的使用进行科学研究需要招募大量志愿者主动使用四氢大麻酚，而这在大多数国家是违法的。此外，由于大麻的使用经常发生，而且在绝大多数情况下，运动员对使用是明知的，因此，对大麻的检测和管理需要投入大量的资源和精力。

最后，社会对大麻使用的态度也在发生变化。越来越多的人开始认识到，大麻的使用并不一定与提高运动成绩有直接的联系，因此，将大麻列为禁用物质可能并不合理。

基于以上原因，《世界反兴奋剂条例》在2021版中取消将大麻作为禁用物质，以更好地处理涉及大麻的违规问题，这同时反映了社会对大麻使用态度的变化。

2. 受污染的产品（第10.6.1.2条）

对于非特定物质，在某些特定情况下，如果无法证明违规行为不存在重大过错或过失，接下来应考虑是否可以应用与过错相关的减轻处罚规定。这需要确定案件事实是否符合受污染产品的规定。若该规定适用于非特定物质和特定物质，基准处罚将是警告、不禁赛或者最长2年禁赛，具体处罚取决于运动员的过错程度。因此，对于涉及这些物质的违规行为，必须进行全面细致的考察，以确保处罚的公正和合理性。

首先，对于非特定物质或方法，如果由于物质的来源而不能适用受污染产品的规定，仲裁庭接下来会考虑这种违规是否符合无重大过错或过失的规定（第10.6.2条）。相反，如果违规被认定为涉及受污染产品，但运动员无法证明符合其他无重大过错或过失的前提条件（第10.6.1.2条），则无须再考虑第10.6.2条的适用性。实际上，无重大过错或过失与第10.6.2条中的前提条件是等同的。此外，根据第10.6.2条的文字表述，它仅适用于受污染产品和特定物质规定“之外”的违禁物质或方法。

其次，对于特定物质或方法，当违规涉及的物质同时属于特定物质与受污染产品时，第 10. 6. 1. 1 条关于特定物质或方法的规定与第 10. 6. 1. 2 条关于受污染产品的规定之间的关系并未明确说明。对此存在两种不同的观点。第一种观点认为受污染产品的规定应被视为特别法，其后果并不依赖于特定物质或方法的规定。对于这类违规，由于受污染产品的规定更为“特别”，其适用性应优先于一般性的特定物质的规定。

然而，另一种更现实的观点是这两个条款可以同时适用，没有谁更优先之分。在涉及特定物质时，受污染产品的规定通常可以忽略，因为特定物质规定的前提更容易满足或判断。实际上，受污染产品的规定包含一个额外的前提，即需要证明物质的来源是受污染产品，这甚至适用于未成年运动员。根据这种观点，涉及受污染产品的案件在技术上应进行不同的处理（因属于不同的规定），依据违规对象是特定物质还是非特定物质。这显然背离了 WADC 起草者的目的，即对所有的受污染产品同样对待，这是这种观点的一个缺陷。也就是说，对于违规的对象同时是受污染产品和特定物质的情况，并不能强制要求适用受污染产品的规定，或者排除适用对特定物质的规定。从技术角度看，作为一种特殊规定，受污染产品条款应当降低特定物质违规的要求，除非运动员能找到其他策略（可能是心理上的）优势，即强调运动员的情况符合受污染产品的规定，或者他们能成功主张：在这种情况下，运动员无重大过错或过失。

尽管存在这些模糊性，但无论根据这两种观点中的哪一种处理案件，结果方面都不应有太大差异。一旦能证明违规源自受污染产品，即可证明无重大过错或过失。如果不能证明违规源自受污染产品，就应适用特定物质的规定，因为这种违规不属于第 10. 6. 1. 2 条的范围。如果不能证明违规源自受污染产品，那么根据这两个条款，运动员想要减轻处罚，就必须证明这种违规无重大过错或过失。

受污染产品是指含有未在产品标签上披露或无法通过合理在线搜索查到的违禁物质的产品。如果运动员能够证明自己没有重大过错或过失，即已经尽到了避免使用受污染产品的注意义务，他们可以根据自己的过错程度，选择从警告到最高 2 年的禁赛的处罚。评估重大过错或过失时，会考虑运动员对产品成分的了解程度、采取的预防措施以及使用该产品的合理理由等因素。

WADC 的第 10. 6. 1. 1 条和第 10. 6. 1. 2 条虽然都与受污染产品有关，但是，他们却存在一些不同。第 10. 6. 1. 1 条针对特定物质，这些物质通常不是为了提高运动表现而使用，例如大麻和可卡因。第 10. 6. 1. 2 条适用于所有违禁物质,不论特定物质还是非特定物质。主要区别在于运动员需要证明的事实要素和基准处罚。第 10. 6. 1. 1 条要求运动员证明违禁物质来源于受污染产品,且无重大过错或过失,基准处罚为警告至最高 1 年禁赛。第 10. 6. 1. 2 条同样要求证明违禁物质来源于受污染产品,但基准处罚为警告至最高 2 年禁赛。

仲裁庭对受污染产品定义的理解以及运动员应尽的注意义务标准,对案件处理产生重大影响。不同仲裁庭可能会有不同的解释,从而影响运动员的处罚结果。一般而言,根据受污染产品的规定,运动员若想获得从轻处罚的效果,必须根据概率权衡原则证明两个要素:一是违禁物质属于 WADC 规定的受污染产品;二是无重大过错或过失。如果运动员能证明这两个要素,基准处罚将是警告、不禁赛至最高 2 年的禁赛。具体的处罚取决于运动员的过错程度。不过,这是第二步要考虑的内容。根据 WADC 的规定,受污染产品是指含有未在产品标签上披露或无法通过合理在线搜索查到的违禁物质的产品。这一定义简洁明了,避免了先前标准中浓厚的法律色彩,即对受污染产品规定的"明确的注意义务"标准,以调和法律理论与规制运动员行为的指南之间的矛盾。

然而,借助注意义务标准给受污染产品下定义(同时确定该条的适用范围),要求运动员必须采取相应措施或行为以避免涉及受污染产品的违规发生,这在理解上极易产生困扰。为了判断特定违规是否受污染产品条款的规制,应仅从客观角度审视受污染产品的定义,否则很难产生约束力。简言之,查明运动员是否检查产品标签或进行合理在线搜索以发现违禁物质的存在是关键问题。

在检查产品标签时,可能会出现一个现实问题:禁用物质可能以不同名称出现在标签上,与《禁用清单》上的名称明显不同。这种物质是否应被视为已"披露"? 如果网络调查仅提供"警示性"信息表明产品中可能含有违禁物质而非确切指明其存在,又该如何处理? 这些问题很难回答。再者,全球范围的运动员面临网络速度和便利程度各异的问题,对违禁物质的了解程度也不同。因此,统一适用此概念面临巨大挑战。现实要求我们从理性人的角度应用这一标准,即从其他同环境下运动员的角度解读这一概念。虽然此方法可能导致受污染产品的定义在每个案例中都有所不同,但更具合理性。

对于受污染产品,WADC 并未明确规定无重大过错或过失的具体判断标准,仲裁庭需要根据抽象定义进行判断。然而,在评估中,受污染产品的特殊性并未得到充分重视。在国际体育仲裁理论中,无重大过错或过失的标准通常基于运动员行为的合理性,关注其对兴奋剂违规的预防。运动员无须证明自己无懈可击,只要能证明已尽到一般人的注意义务,仲裁庭就会考虑这一规定的可适用性。换句话说,运动员对受污染产品的最低注意义务仅限于查看产品标签和进行网络搜索。对于带有标签的产品(如补品),要认定未采取这两种预防措施的运动员已履行了义务,将更加困难。根据该规定,评估运动员的努力时,应更注重其“合理性”,而非仅依据客观具体的事实(如检查产品标签或进行网络搜索)进行判断。对于非补品或标签外的受污染产品,这一点尤为重要。

在这方面,影响较大的莫过于克罗地亚网球运动员马林·西里奇(Marin Cilic)案。[①] 在本案中,运动员因不了解一种含有维生素的葡萄糖药品而触犯了 WADC。由于他对该产品的品牌不熟悉,且标签使用法语,而他并不熟悉法语,导致他误解了产品的标签。在分析过错程度时,国际体育仲裁法庭首先从客观角度出发,认为要求运动员在所有情况下都遵循查看产品标签和进行网络搜索的步骤是不合理的。随后,仲裁庭进一步探讨了影响运动员过错程度的主观因素,并强调了主观因素在判断过错程度中的重要性。

世界反兴奋剂机构诉哈迪(WADA v. Hardy)案,尤其能揭示 2015 版 WADC 与 2021 版 WADC 的处罚机制。[②] 哈迪(Hardy)是一名世界级的游泳运动员,曾两度在世界游泳锦标赛中夺金。但在 2008 年 7 月,她因兴奋剂检测呈阳性,即尿样中检测出克伦特罗,一种被国际泳联和国际奥委会禁止的物质,引起了轩然大波。她坚决否认故意服用违禁物质,而是怀疑是其所使用的营养补充剂(名叫 Advocare Arginine Extreme)导致了这一结果。尽管 B 样复检结果仍为阳性,哈迪与美国反兴奋剂中心达成协议,同意接受 1 年的禁赛,从 2008 年 7 月 31 日开始,并放弃参加 2008 年北京奥运会的资格。

然而,世界反兴奋剂机构对这一处理表示不满,认为哈迪未能证明自己无“显著的过失或疏忽”,应被禁赛 2 年。WADA 上诉至国际体育仲裁法庭,要求重新审查这一处罚。在庭审中,被上诉人坚称哈迪没有显著的过失或疏忽,1 年的禁赛期是合理的。同时,哈迪还挑战了 IOC 的一项规定,即任何在奥运会前 12 个月内被禁赛超过 6 个月的运动员,不得参加下一届奥运会。她认为此规则违反了《奥林匹克宪章》和 CAS 的规则,要求

---

① See CAS 2013/A/3327 & 3335 Marin Cilic v. ITF.

② See Rigozzi A., Haas U. et al., *Breaking down the Process for Determining a Basic Sanction under the* 2015 *World Anti-Doping Code*, Int. Sports Law J., Vol. 15, p. 3 – 48 (2015).

CAS宣布该规则无效,或不适用于她的情况,以便她能参加2012年伦敦奥运会。

仲裁庭深入研究了此案,指出哈迪的尿样中含有被禁的克伦特罗。这是无法否定的事实。他们还强调,哈迪未能证明是如何摄入这种物质的,也未能证明她所使用的营养补充剂含有这种物质。仲裁庭认为,哈迪未对她所使用的营养补充剂进行足够的调查和审查,也未遵循美国反兴奋剂中心的建议,这显示出一定程度的过失或疏忽。尽管如此,仲裁庭也注意到哈迪并非故意服用兴奋剂,也未试图掩盖或逃避检测。综合考虑哈迪的年龄、经验、教育、职业和个性,以及在兴奋剂检测后的态度和配合程度,仲裁庭明确表示,一方面,关于哈迪对IOC规则的质疑,不属于他们的审理范围,并指出该规则是为了维护奥林匹克运动的公正和纯洁性而设,并不构成对哈迪的双重处罚。他们进一步解释,该规则限制的是运动员的参赛资格而非其行为本身,符合奥林匹克精神。另一方面,至于哈迪是否能参加2012年伦敦奥运会,仲裁庭指出她的禁赛期不在奥运会前12个月内,因此不影响其参赛资格,能否参赛取决于她能否通过美国奥运会选拔赛。最终,仲裁庭裁定哈迪应被禁赛1年。

根据2021版WADC的处罚机制,如果此案适用第10.2条的规定,由于克伦特罗属于全面禁止的非特定物质,运动员应受到4年的处罚,除非他能证明违规并非故意为之。在判断运动员是否能证明非故意违规时,首先要考虑的是第10.5条(无过错或过失)是否适用。哈迪认为受污染的补品应适用此规定。然而,仲裁庭认为哈迪为避免违规,而对使用的食品类补品存在的风险进行了合理调查。但判决中并未明确指出克伦特罗是否出现在产品的标签上。此外,仲裁庭对哈迪是否进行了"合理的网上搜索"(受污染产品的定义中规定)存在疑问,或者合理的搜索是否真的能"发现"违禁物质也不清楚。从表面上看,网上搜索仅显示"警示"信息。尽管如此,其行为也基本上符合2021版WADC第10.6.2条的规定,即构成无重大过错或者过失的违规行为。

如哈迪案件所表明的那样,受污染产品的特殊规定增加了案件处理的灵活性。基准罚从原来的(2003版WADC和2009版WADC)规定的1~2年的禁赛到0~2年的禁赛(2015版WADC与2021版WADC)。这种弹性的增加会导致哈迪案的禁赛期变得更短,这种新规定并没有增加禁赛的长度;即使受污染产品的规定不适用,哈迪也会因为无重大过错或者过失的规定,而减轻处罚(第10.6.2条)。

3. 非特定物质(第 10. 6. 2 条)

在哈迪案中,如果第 10. 5 条(无过错或过失)和第 10. 6. 1. 2 条(受污染产品的规定)都不能适用,我们面临的第三个问题是:能否适用无重大过错或者过失的抽象规定(第 10. 6. 2 条)减轻处罚? 对于特定物质或受污染产品的规定,第 10. 6. 2 条并不适用。如前所述,由于这三条规定都基于无重大过错或过失,加之对于特定物质和受污染产品的定义范围过于宽泛,所以再根据这种抽象规定来判断无重大过错或过失,显得没有实际意义。

不过,如果违规并非涉及特定物质,或者受污染产品的规定不能适用,比如该物质的来源不符合受污染产品的定义,那么,这种违规应当如何处理? 答案就在 WADC 第 10. 6. 2 条的规定中。

在违规无重大过错或过失的情况下,运动员有义务进行举证。然而,何谓无重大过错或者过失,2021 版 WADC 并没有相应的规定,不过,2015 版 WADC 的附件 1,却存在相应的定义。也就是说,应当根据当时所有的情况,判断无过错和无过失,或者说,运动员或其他人能证明自己的过错或疏忽与兴奋剂违规缺乏关联性。除未成年人触犯 WADC 第 2. 1 条的规定之外,运动员必须证明违禁物质是如何进入其身体的。根据 2015 版 WADC,如果要证明无重大过错或过失,运动员必须证明这种物质的来源(与 2009 版的规定相同)。当然,未成年人是个例外。此外,根据第 10. 4 条的注释,这种减轻处罚的依据仅适用于"特殊情况"。而且,第 10. 6. 2 条的注释规定,其适用还会受到限制:故意构成违规的要素或处罚的要素除外。这与 2009 版 WADC 第 10. 6. 2 条的规定极为相似。在证明无重大过错或过失时,未成年人不再有证明物质来源的义务。对于涉及受污染产品的案件,这一条款取消了第 10. 6. 1. 2 条规定的权利。

五、多次违规

关于多次违规行为的处罚,2021 版 WADC 与 2015 版 WADC 存在显著差异。2015 版 WADC,实施的是绝对处罚制。比如,运动员再次违规的,禁赛期是第二次违规基准罚的 2 倍,而不考虑两次违规的责任形式。仲裁庭在此方面没有自由裁量权。然而,2021 版 WADC 采用相对处罚制与固定处罚制相结合的制度。

对于第三次违规,通常采用终身禁赛的处罚(第 10. 9. 1. 2 条),仲裁庭对此基本没有自由裁量权;对于两次违规,WADC 采用的是相对处罚制。例如,第 10. 9. 1. 1 条规定,当运动员出现第二次违规时,在两次禁赛期的总和与第二次违规禁赛期的两倍之间,选择应当适用的禁赛期,但是,禁赛期不能低于 6 个月。

以孙杨案为例,他之前因过失违规被禁赛 3 个月,第二次被认定为故意(间接故意)违规,基准罚为 4 年。仲裁庭在决定孙杨的禁赛期时,需要在 4 年 +3 个月与 4 年 ×2 之间作出选择。由于孙杨被认定为间接故意违规,处于故意违规与过失违规之间,仲裁庭决定选择处罚的下限,即 4 年零 3 个月的禁赛。

对于 2021 版 WADC 的处罚机制的解读存在差异,为各方提供了较大的操作空间。但本书提出一个结构化的方式,旨在避免一些可预见的缺陷和概念的复杂性,以降低体育领域内反兴奋剂运动的成本和不必要的投入。然而,2021 版 WADC 增加了一些新概念,这些概念之间的互动给其实施带来了很大的复杂性。

程序法篇

第八章　兴奋剂违规的证明

从 WADC 的规定来看,它并没有对实体规则和程序规则进行明确的区分。在 WADC 的体系中,首先定义了兴奋剂违规行为,即第 1 条和第 2 条的内容。然后,第 3 条涉及反兴奋剂案件的证明规则。然而,一般认为,证明规则属于程序性规则的范畴。虽然这些规则对当事人双方的权利和义务产生影响,但它们并不直接涉及具有实际意义的权利和义务本身。因此,本书将这些内容放在程序篇中讨论。

第一节　证明的规范根据

WADC 第 3 条对兴奋剂案件的证明标准作出了明确规定。一般来说,反兴奋剂机构对运动员违规行为的证明,采用的是"清楚而有说服力"的标准,即绝对优势证据证明标准。对于被指控的运动员,则适用概率权衡原则,即优势证据标准,实行二元化的证明标准体系,而不是一元化的。这是反兴奋剂案件证明标准体系的特点。

如果将排除合理怀疑标准定义为证据证明特定事实存在的概率为 95%,优势证据标准为 51%。那么,绝对优势证据证明标准要求证据证明特定的事实发生的概率超过 75%。根据 WADC 的规定,绝对优势证据证明标准位于传统证据法所规定的排除合理怀疑标准和优势证据标准之间。

值得注意的是,这仅仅是 WADC 的一般性规定。由于 CAS 处理案件的权利来自当事人的选择,因此其对体育纠纷的仲裁权源自体育组织与运动员之间的协议,而不是法律强制。所以,证明标准也是一个合同问题。这意味着裁判员不受所在国的证据法的约束。至于绝对优势证据证明标准和优势证据标准如何适用,则由仲裁庭根据证明事项的法律意义决定。这并不意味着国际体育仲裁法庭的审理不遵守证据法的规定。

一、证明负担和标准体系

一般认为,民事案件适用"优势证据"规则,刑事案件适用排除合理怀疑标准。但是,WADC 第 3 条却确立了二元化的证明标准体系,反兴奋剂机构和运动员适用不同的证明标准。因此,从证明标准的结构和名称看,兴奋剂案件似乎是独立于传统民事、刑事案件的,事实上,其仍处在传统的法律体系之内。

首先,在刑事案件中,公诉人(或者自诉案件中的原告)对犯罪事实的证明,通常适用的是排除合理怀疑标准;对于被告人而言,通常采用的是优势证据标准。比如,在乌尔明顿(Woolmington)案中,法官在判决中指出,在刑事诉讼中,公诉人有义务根据排除合理怀疑标准,证明被告人是"有罪"的。然而,如果被告人主张其行为源自被害人的挑衅、胁迫,或者其行为构成正当防卫或者合理的认识错误,则被告人要依照优势证据标准负举证责任。① 换言之,对于刑事案件,其形式上采用的也是二元化的证明标准体系。

此外,刑事案件中,控方的证明标准也不是一成不变的。比如,可能被判处死刑的案件与只判处罚金的案件,不可能适用相同的证明标准。道理很简单,死刑剥夺的是公民的重大权益(生命权),一旦发生错误,很难纠正,而罚金则不存在这种问题,所以,前者的证明标准通常高于排除合理怀疑标准,而后者则会低于该标准。因此,学界一般认为,证明标准随着生命刑、自由刑、资格刑和财产刑的顺序而逐渐降低,或言之,刑法适用的并非单纯的二元证明标准,而是多种标准。②

其次,民事案件也并不都适用优势证据标准,在这方面,最典型的例证是澳大利亚的布里金肖(Briginshaw)案。③ 在该案中,原告以被告通奸为由诉请法庭解除其与被告的婚姻关系。原告要使法庭支持自己的诉求,必须证明通奸事实的存在。对于通奸事实到底适用何种证明标准,原被告有不同的主张。法院认为,这虽然是民事案件,但涉及他人的重大权益,所以,应当采用排除合理怀疑标准,而不是优势证据标准。由于原告的证明未达到该标准,所以,法院对原告的离婚请求不予支持。这说明,民事案件也存在适用排除合理怀疑标准的情况,并非都适用优势证据标准。不过,该案法官认为,对于民事案件,其证明标准的高低受制于当事人主张的重要性的程度,即民事案件的证明标准实际上也分成很多的等级。④

---

① See Woolmington v. Director of Public Prosecutions, (1935) A. C. 462.

② See Stuart P. Green, *Rationing Criminal Procedure: A Comment on Ashworth and Zedner*, Criminal Law and Philosophy, Vol. 2, p. 53 – 54(2008).

③ See Briginshaw v. Briginshaw 60 CLR 336(1938).

④ See Briginshaw v. Briginshaw 60 CLR 336(1938).

民事、刑事案件的证明标准都是多层级的，证明标准实际上是一个区间，上限是排除合理怀疑标准，下限是优势证据标准。如果采用比值进行表达的话，这个证明特定事实存在概率的区间处在51% ~95%。① 兴奋剂案件的证明标准其实也在这个区间之内，主要理由有：其一，WADC第3条通过优势证据标准和排除合理怀疑标准定义绝对优势证据证明标准。一方面，使绝对优势证据证明标准始终处在传统证据法的话语体系之中；另一方面，说明其处在这个区间内，比如，有人认为其比值为75%。② 其二，对运动员而言，证明标准通常采用概率权衡原则，即优势证据标准，根据WADC的解释，其是指证据表明证明对象存在的概率超过51%，显然，这与刑事案件中被告人适用的证明标准相似。

最后，WADC第3条规定，证明标准随着被证明事项的严重程度（法律意义）的变化而变化，亦即兴奋剂案件证明标准变化的根据与传统的民事、刑事案件完全相同。

排除合理怀疑标准和优势证据标准都具有客观性，它们要么受制于具体的例外情况发生的可能性，要么受制于相反情况发生的可能性。尽管绝对优势证据证明标准处在传统的法律话语之中，其却具有模糊性的特点，因为75%很难有客观的判断标准，所以，在很多判例和学术著作中，也将其表述为"清楚而有说服力"的证明标准，或者"舒服而令人满意"的证明标准。③ 正因为该标准的模糊性，所以，在确定其含义时，CAS的判例具有不容忽视的示范价值。

二、绝对优势证据证明标准的含义

在布里金肖案的判决书中，审理案件的一个法官指出，对于通奸这样的事实，应当按照绝对优势证据证明标准进行判断，这是对"清楚而有说服力"标准最早的司法表述。④ 这种主张提出后，当时并没有引起学界太多的注

---

① See Dan Markel, *How Should Punitive Damages Work?*, University of Pennsylvania Law Review, Vol. 157, p. 1386 – 1488 (2009).

② See Dan Markel, *How Should Punitive Damages Work?*, University of Pennsylvania Law Review, Vol. 157, p. 1386 – 1488 (2009).

③ 有人将其翻译成为"放心满意"，参见叶卫兵等：《非药检阳性兴奋剂案件的举证责任和证明标准》，载《天津体育学院学报》2010年第2期。我们认为，这属于字面翻译，是不准确的，因为根据WADC第3条的规定，该证明标准是与优势证据标准和排除合理怀疑标准放在一起规定的，而后者适用的是客观性的语言，因此，这种标准也应当采用客观性的语言，否则，违背条文的语义逻辑。

④ See Dan Markel, *How Should Punitive Damages Work?*, University of Pennsylvania Law Review, Vol. 157, p. 1386 – 1488 (2009).

意,后来随着惩罚性民事责任制度的扩张,才逐渐受到人们的重视。

与大陆法不同,普通法对欺诈行为,通常用所谓的“惩罚性民事责任制度”进行规制,这样做的主要理由有:其一,欺诈通常采用秘密的方式进行,被害人不易发现,举证更加困难。如果用民法规制这种行为,优点是证明标准低,很容易认定欺诈的存在;缺点是民事责任往往以行为人造成的实际损害为赔偿上限,这就意味着,即使追究欺诈行为的民事责任,由于发现率或者定“罪”率不可能是100%,行为人仍然会有利可图,即民法无法控制这种行为的发生。① 这也是学界有人主张将打假球以及兴奋剂违规入罪的主要理由。其二,用刑法规制这种行为,优点是可以提高处罚的上限,然而,缺点也非常明显,刑法的证明标准过高,即排除合理怀疑,这会导致很多欺诈因为达不到法定的证明标准,而无法追究其责任,故这也会导致对欺诈行为的放纵。其三,随着市场经济的发展,科技的不断创新,“欺诈”现象不仅越来越多,而且,表现也多种多样,这造成民法和刑法的上述缺陷越发明显,法律不得不调整,所以,作为法律例外的惩罚性民事责任制度,经过改造,演变为一般性的法律制度。惩罚性民事责任制度的优点有:一则,惩罚性处罚在实体上不受实际损害的限制,即其可以提高处罚的上限以避免私法威慑力的不足;二则,在程序上适用优势证据规则,降低证明标准,而不适用排除合理怀疑标准,降低“漏罪”的概率,进而避免刑法的不足。但是,这种制度最大的缺陷是:惩罚性处罚具有惩罚性,即构成“准刑罚”,这与坚持“填平原则”的民事责任不同,用优势证据标准支撑的惩罚性民事责任制度像“一只披着羊皮的狼”,缺乏程序上的正当性。正是因为这样,能够缓解处罚的惩罚性与证明标准太低之间冲突的绝对优势证据证明标准才受到学界的青睐。②

在现实中,运动员通过使用兴奋剂而获得不公平的竞争优势,从而战胜对手,获得原本应当属于他人的利益或者荣誉,因此,其在本质上也属于典型的欺诈行为。其实,使用兴奋剂的行为通常也是采用极为隐蔽的方式进行的,甚至借助当前的科学技术,更难被发现。这种通过弄虚作假而剥夺本应属于他人的奖牌和奖金甚至荣誉的行为,不仅与体育比赛追求的公平竞争精神严重相悖,而且,其所产生的危害往往是一般的欺诈行为无法

① See Ian Ayres & Gregory Klass, *Insincere Promises: The Law of Misrepresented Intent*, Yale University Press, 2005, p. 46 – 58.

② See Dan Markel, *Retributive Damages: A Theory of Punitive Damages as Intermediate Sanction*, Cornell Law Review, Vol. 94, p. 239 – 340(2009).

比拟的。① 所以，绝对优势证据证明标准很快受到体育界的广泛认可，被称为解决体育运动纠纷的最佳证明标准，主要理由有：②

其一，优势证据标准的证明力太低，适用这种标准，必然导致处罚错误的概率增加。对于民事案件，即使事后发现追究错误，也很容易纠正。但是，对运动员而言，兴奋剂处罚往往是对其比赛资格的剥夺。由于运动员的运动寿命非常短暂，这种资格剥夺一旦出现错误，很可能无法救济。所以，为了减少错误处罚的发生，只能提高作出处罚一方的证明标准。

其二，固然排除合理怀疑标准更能减少处罚错误的发生，但是，如果采用这个标准，又会导致"漏罚"概率的提高，即由于反兴奋剂机构很难将使用兴奋剂的行为证明到"排除合理怀疑"的程度，因此反兴奋剂责任会被大大虚置，这必然导致兴奋剂使用行为的泛滥。

其三，排除合理怀疑标准与"有罪推定"存在天然的矛盾。体育活动的特殊性，要求竞技体育纠纷应在最短的时间内解决，否则，不仅影响运动员及所在俱乐部的切身利益，还会降低比赛的质量和观赏性。③ 而要缩短解决纠纷的时间，最好的方法就是适用"有罪推定"，这就意味着排除合理怀疑标准不适用于体育纠纷的解决。当然，该证据标准的存在，并不绝对排斥优势证据标准和排除合理怀疑标准对体育纠纷的可适用性。

其四，兴奋剂违规处罚的后果主要是禁赛，这种处罚仅仅是临时剥夺运动员的参赛资格，并不涉及公民基本权利的问题，其之处罚比刑罚要轻得多，所以，其之证明标准应当低于"排除合理怀疑"。然而，如前所述，禁赛并非旨在救济权利，即其与比赛资格的剥夺（WADC 第 9 条）不同，具有惩罚性，或者说处罚的上限具有主观任意性，不存在一个客观的标准。比如，故意违规的基准罚为 4 年禁赛，过失违规的基准罚为 2 年的禁赛，为什么禁赛期不是 5 年或者 3 年，抑或 3 年或者 1 年？这根本无法论证，因为其是"立法者"主观选择的结果。既然这种处罚具有主观性，故天生就有被限制的强烈诉求。

---

① See Maureen A. Weston, *Doping Control, Mandatory Arbitration, and Process Dangers for Accused Athletes in International Sports*, Pepperdine Dispute Resolution Law Journal, Vol. 10:1, p. 5 – 50 (2009).

② See Dr. Chris Davies, *The "Comfortable Satisfaction" Standard of Proof: Applied by the Court of Arbitration for Sport in Drug-Related Cases*, UNDALR, Vol. 14, p. 5 – 46 (2012).

③ 参见董金鑫：《国际体育仲裁中的法律冲突问题研究：以职业足球劳动合同争议为重心》，中国社会科学出版社 2022 年版，第 187 页。

三、法律类推

现实生活非常复杂,法律规制人们行为的效果总受到很多限制,因此,有时需要设置法律类推以发挥法律的管控功能。如为了解决证明难的问题,或者说,为了使举证变得更加容易,就经常适用法律类推制度。这种法律类推分成两种:其一,除非相反的事实被证明,否则,就得出一个正面的结论,比如刑法中的无罪推定原则:如果没有足够的证据证明被告人有罪,就推定其是无罪的。其二,特定的事实被证明之后,即推定与之相关的其他事实存在。换言之,若事实 A 被证明,则推定事实 B 存在。① 这种类推很容易出现“有罪推定”的现象。

对于第二种类推,刑法原则上持排斥的态度,但是,也有例外,比如对于危险驾驶罪而言,当行为人被检测出体内有一定浓度的酒精(事实 A),就推定行为人是酒后开车或者醉驾(事实 B)。此时,公诉机关就完成了举证责任。被告人要想推翻指控,则需要证明其并非酒后开车或者醉驾,比如,这是因为自己的特殊体质或吃了特定的食物。如果提出这样的证据,则会阻却犯罪或者违法的成立。不过,如前所述,在刑法中,大多数案件是不允许进行这样的法律类推的,故第二种类推主要适用于民事案件,原因之一是民事案件通常援用的“优势证据”规则。②

那么,就兴奋剂案件而言,当其证明标准提高到绝对优势证据证明标准的程度时,是否还能容忍这种类推的存在?答案是肯定的,因为在惩罚性民事责任制度中,欺诈行为通常就是依靠间接证据、借助类推而认定的。既然使用兴奋剂的行为属于欺诈,其证明标准当然容忍第二种类推的存在。WADC 或者国际单项体育联合会的规则,赋予实验室的检测结果或鉴定意见一定的效力(比如,尿检或者血检呈阳性就推定运动员使用了兴奋剂),借此将本来由体育组织承担的证明运动员使用了兴奋剂的责任,转嫁到运动员身上,这其实就是第二种类推。

由于兴奋剂案件适用“有罪推定”制度,那么,对于非故意使用兴奋剂的行为,如因过失或意外事件导致兴奋剂进入身体的,运动员举证不

---

① See Axon v. Axon 59 CLR 395(1937).

② See Dr. Chris Davies, *The “Comfortable Satisfaction” Standard of Proof: Applied by the Court of Arbitration for Sport in Drug-Related Cases*, UNDALR, Vol. 14, p. 5 – 46(2012).

能时，也要受到反兴奋剂机构的处罚，即兴奋剂处罚适用严格责任。① 如前所述，这种严格责任与兴奋剂违规处罚的惩罚性，存在很大的冲突，所以，WADC 第 10.5 条规定，如果运动员能证明自己对进入体内的禁用物质，没有过错或者过失，则可以免于处罚。规定的主要目的就是缓解这种冲突。

第二节 绝对优势证据证明标准的理论根据

如前所述，尽管兴奋剂违规处罚分为两种，即惩罚性的处罚和救济性的处罚，但是，由于其之纠纷解决适用的是仲裁程序，在过去通常使用民事证明规则。然而，对于纪律处罚，毕竟其有惩罚性，适用民事证明规则很明显违反正当程序原则。不过，需要引起注意的是，WADC 除了直接规定禁赛这种处罚措施，还建议成员国的反兴奋剂组织和国际单项体育联合会通过“罚款”，控制兴奋剂的泛滥，这两种处罚措施在性质上很相似。事实上，我国《反兴奋剂条例》早就有这样的规定，而提到罚款以及运动员的禁赛处罚，必然涉及惩罚性处罚制度。

近年来，惩罚性处罚制度开始兴起，尽管这受到了德国法的反对，其在国际社会中的影响却越来越大。在这种背景下，学界通常借助惩罚性处罚，解读体育领域内的纪律处罚，这尤其体现在证明规则上。

惩罚性民事责任起源于古巴比伦时期的《汉谟拉比法典》，后为美国法所青睐，并得到了长足的发展。德日等国虽然受其影响，也曾出现过少数的相关判例，但还没有达成广泛的共识，更没有用制度将惩罚性民事责任固定下来。② 主要原因是德日实行的成文法，对于公法上的禁止，原则上强调实质理性，只能进行形式判断，不允许进行实质分析；与之不同，英美普通法中，判例的作用较大，故强调形式理性，允许进行实质分析，进行成本与收益方面的权衡。而惩罚性民事责任的存在，就是成本收益权衡的结果。

何谓惩罚性民事责任，目前争议很大，但是，从外延上看，主要包括三种责任：

其一，加重性处罚，即对于侵犯他人人格尊严的行为，要求行为人对受害人因此遭受的痛苦、疼痛或者屈辱而进行赔偿，诸如我国的精神损害赔偿，就是典型的例证。这种赔偿不仅包括实际的经济损失，还包括对受害

---

① 对于民事案件，严格责任一直处于统治地位，不管是民法法系还是普通法系，基本上都是坚持这种立场，参见杨春然：《审计侵权责任的经济分析和重构》，载《东海大学法学研究》第 29 期（2008 年）。

② 参见高利红、余耀军：《环境民事侵权适用惩罚性赔偿原则之探究》，载《法学》2003 年第 3 期。

人精神上的安慰和补偿,以体现对人格尊严的保护和重视。

其二,威慑性处罚,要求实施恶意不法或者严重不法行为的行为人,加倍赔偿受害人因此而造成的损害。例如,我国的《消费者权益保护法》、《食品安全法》及知识产权法等规定的多倍赔偿制度,就是典型例证。

其三,行政罚款(或者美国的民事罚款)。① 行政罚款是一种由政府机构对违反法规的个人或企业施加的金钱处罚。这种罚款的目的是维护公共秩序,保护公众的权益,以及防止违法行为的发生。比如,在美国,行政罚款通常由联邦或州政府的行政机构执行。这些机构有权对违反其规定的个人或企业进行罚款。例如,美国国家环境保护局(Environmental Protection Agency,EPA)可以对违反环保法规的企业进行罚款,而美国联邦通信委员会(Federal Communications Commission,FCC)可以对违反通信法规的电视和广播公司进行罚款。在进行处罚时,政府机构通常会首先发出罚款通知,告知被罚者其行为违法,以及可能的罚款金额。被罚者有权对此进行申诉,如果申诉失败,他们可以选择接受罚款,或者将案件诉至法院。虽然行政罚款可能在没有法院介入的情况下执行,但是,被罚者仍然有权利通过法院来挑战罚款决定。这样,正当程序原则就得到了尊重和保护。

这三种处罚方式,在表面上看,好像是不同的,实则不然,三者都包含一个超过实际损失(缺乏现实物质对应)的处罚,这种超过实质损害的部分,其实就是惩罚性的处罚。运动员的纪律处罚也有这样的性质,运动员因为使用禁药或者禁用方法而被剥夺比赛资格,如果被剥夺的是当前的比赛资格,这种处罚具有私法性,毕竟身体没有违禁药物是获得比赛资格的前提条件。目前,运动员体内被查出禁药,当然可以取消其比赛的资格。然而,对于随后的比赛,即运动员体内已经没有禁用药物了,或者说运动员已经不会因为禁用药物或者禁用方法而获得不公平的竞争优势了,再因为其曾经违规而剥夺其比赛资格,该处罚就有了惩罚性。也就是说,运动员的禁赛处罚与上述三种形式的惩罚性处罚,在本质上具有一致性,因此,对惩罚性处罚的证明标准及其证明负担的分配展开研究,就是对运动员纪律处罚的相关证明问题的研究。②

---

① 结合其适用实践,在理论上,将其称之为民事罚款更为妥当,因为其适用的是民事程序,尽管我国专门制定了行政诉讼程序法,但较之民事诉讼法,其并没有给行为人(现称为被告人,这与我国行政诉讼法的称谓是矛盾的,因为我国所谓行政诉讼的被告人一般是行政主体)提供任何特殊程序保护,即便是所谓的举证责任倒置,其只是民事诉讼法规定的“谁主张,谁举证”的一种翻译而已。

② 惩罚性处罚的制度构造,惩罚性处罚的全面的程序保护,加重赔偿、威慑性赔偿、报应性赔偿的制度设计及其关系,具体参见杨春然:《刑法的边界研究》,西南政法大学2012年博士学位论文。

一、惩罚性处罚的性质

在法律责任的证明标准上，现行法律贯彻的基本是二元化的证明标准机制，即民事责任与行政责任适用优势证据标准，刑事责任适用排除合理怀疑标准。这就意味着，责任的性质对证明标准的确定有着重大的影响。进而言之，惩罚性处罚的性质，即反兴奋剂纪律处罚包括禁赛和罚款的性质，成为探讨证明标准的前提性问题，或者说，探讨证明标准问题根本无法绕开对惩罚性处罚性质的探讨。那么，惩罚性处罚的性质是什么呢？

(一)民事责任说

从我国以及美国的司法实践看，惩罚性民事责任适用的是优势证据标准，原因很简单，长期以来，人们将其视为一种特殊民事责任，具体有以下三种学说：

其一，形式程序说：法律实证主义。形式程序说源自英国法，其认为，对于惩罚性民事责任的性质，应当从历史的角度进行解读。[①] 如果以往强制行为人缴纳罚款的程序属于民事程序，那么，惩罚性处罚就是民事责任，否则，为刑事责任。[②] 立法者既然为其量定了民事诉讼程序，其当然就是民事责任，根据是市民与政治团体或者国王签订的一种潜在的契约，即制定法，违法就是违约，国王有权请求给予处罚。[③] 这样，惩罚性处罚的本质具有私法性，与其他的民事责任没有什么本质上的不同。

其二，救济说：社会契约论。该学说认为，诸如罚款之类的处罚，实际上是对违法行为所造成的损失的一种大致的救济，其本身并不具有惩罚性。理由是，政府执法或者社会组织执法都是有成本的，违法也是有损害的，而这种处罚就是这种执法成本与违法造成的损害的大致体现。[④] 也就是说，处罚高于现实的损害，并不能否定其赔偿性或者私法性。比如，法律中所规定的罚款，有时可能是实际损害的数倍，或者根本与实际的损失无关，但是，并不能否定其所具有的赔偿性，因为这可以从合同法有关违约金

---

① See William Blackstone, *Commentaries on the Laws of England*: *In Four Books*, Beacon, Original Work Published, 1769, p. 2.

② See, e. g. , Coffey v. United States, 116 U. S. 436(1886); United States v. One Assortment of 89 Firearms, 465 U. S. 354, 361(1984).

③ Ibid. p. 158.

④ See Restatement (Second) of Contracts §356 (1981); Sandra Chutorian, *Tort Remedies for Breach of Contract*: *The Expansion of Tortious Breach of the Implied Covenant of Good Faith and Fair Dealing into the Commercial Realm*, COLUM. L. Rev. , Vol. 86, p. 377(1986). 对此，有人持绝对反对的态度，参见 cf. Lake River Corp. v. Carborundum Co. , 769 F. 2d 1284, 1286 – 89 (7th Cir. 1985)。

的原理中得到解释。罚款其实就是违反法律所应承担的违约金。既然罚款的责任本质是赔偿违约金，不具有惩罚性，所以，没有必要提高证明标准。马库斯诉赫斯(Marcus v. Hess)案是这种观点的典型判例。① 根据1863年的《美国恶意索赔法》，美国政府对恶意索赔者可以科处罚款或者要求其向受害人承担双倍的损害赔偿责任。该案的被告人(恶意索赔者)认为这种罚款或者双倍赔偿金在性质上属于刑罚，其证明标准应当是排除合理怀疑，而不应当是优势证据标准，即应当采取更高的证明标准。理由是，虽然对恶意索赔者进行制裁适用的是民事程序，但双倍赔偿和罚款，不管在性质上还是在目的上，都具有惩罚性，即构成准刑罚，再加上指控人是政府，这些都会使行为人的人格和财产处于严重的危险之中，其实质上是披着民事外衣的刑事案件，或者说是“披着羊皮的狼”。② 对这种案件，要求提高证明标准并不过分。但是，出于对制定法的尊重和责任实质的考量，法院认为其同时具有民事性和刑事性。后来法院开始改变原来的态度，认为对恶意索赔进行的处罚，实质上就是赔偿，属于私法的范畴，理由是，很难证明罚款或者双倍的赔偿是否会真的高于政府因此而受到的损害。③

其三，威慑说：成本内化。威慑说认为，不管将加重型的民事处罚视为赔偿还是惩罚，都是不准确的，其本质上是国家威慑不当行为的一种手段而已。也就是说，之所以给行为人处罚，目的就是通过让行为人内化其行为成本的方式，促使其遵守法律法规。一方面，这种处罚权的根据是国家的监管权，属于行政权的范畴，其并非单纯地源自民事权利；另一方面，这种处罚不具有惩罚性，无须对被告人进行特殊程序保护。④ 然而，如何判断这种处罚只具有威慑性而不具有惩罚性呢？威慑说无法回答。正是基于上述原因，人们一直把惩罚性民事责任视为一种特殊的民事责任，其证明标准自然就是优势证据标准。

(二)惩罚说的兴起发展

民事责任说最大的缺陷是很难解释惩罚性处罚的主观任意性问题，以及原告人得到超额赔偿的正当性。为此，报应说开始出现了。其认为，加重处罚或者超额金钱处罚具有惩罚性，其性质相当于准刑罚。典型案例是

---

① See United States ex rel. Marcus v. Hess, 317 U. S. 537(1943).

② See United States v. Shapleigh, 54F. at 130(8th Cir. 1893).

③ See Mitchell, 303 U. S. at 404 – 405; Cf. United States v. Ward, 448 U. S. 242, 254(1980).

④ See Kenneth Mann, *Punitive Civil Sanctions: The Middle Ground Between Criminal and Civil Law*, Yale Law Journal, Vol. 101, p. 1831(1992).

美国诉肖托(United States v. Chouteau)案。① 根据当时美国的法律,检察官对肖托首先提起了刑事指控,由于控方的举证达不到排除合理怀疑的程度,未获法院支持。② 随后,税务部门给被告人科处应缴税款两倍的处罚。被告人认为这种处罚具有惩罚性,违反了禁止双重危险原则。法院认为,罚款本身就意味着惩罚,其性质应当属于刑罚,因此,禁止双重危险原则应当对其具有适用性。根据该案的判决,罚款是对违法行为人的一种惩罚。③ 随后,美国又发生了博德诉美国(Boyd v. United States)案。④ 在该案的判决中,法院又重新强调了罚款的惩罚性,并主张应当给被告人,即涉嫌违法的行为人提供更高的程序保护。根据美国的法律,采取欺诈的方式进口商品的,应当没收货款。被告人认为罚没货款具有惩罚性,该案应当定性为刑事案件。上诉法院认为,这种罚没货款具有"混合"性,或者说其是一种"准"刑事责任,因此,刑事诉讼法的一些规定应当适用于该案,即被告人享有不得强迫自证其罪的权利。博德诉美国案公开承认,可以通过民事程序惩罚行为人,但自此之后,该案一直为学界所诟病。然而,美国诉豪波(United States v. Halper)案的判决却改变了这种看法,其在一定程度上表明惩罚说的复兴。该案没有回避罚款与实际的损害是否成比例的问题,法院认为,当两者不成比例时,很难用威慑说和赔偿说解释这种处罚的正当性,其事实上就是一种惩罚。⑤ 不过,这并不意味着赔偿说和威慑说不能适用,因为当罚款与行为造成的损失成比例时,该法院已经明确表示,他们会选择两个学说中的一个,证明罚款适用民事程序的正当性。因此,美国诉豪波案部分接受了罚款的惩罚功能。不过,只有在罚款与行为造成的损失不成比例时,罚款才具有惩罚性。

如前所述,在反兴奋剂领域内,CAS 对兴奋剂违规处罚的性质的态度,极为混乱,在讨论严格责任时,通常认为其具有"民事性"或者"私法性",然而当涉及证明标准时,又往往强调其"准刑事性",即惩罚性。也就

---

① See United States v. Chouteau, 102 U. S. 603(1880).

② 即在没有办理税务登记的情况下,不得生产、制作白酒,否则要处以应缴税款双倍的罚款、200～5000 美元罚金或者 3 年以下监禁。

③ See United States v. Chouteau, 102 U. S. 603(1880).

④ See Boyd v. United States, 116 U. S. 616 (1886), and One 1958 Plymouth Sedan v. Pennsylvania, 380 U. S. 693 (1965); Fisher v. United States, 425 U. S. 391 (1976); United States v. Leon, 468 U. S. 987(1984).

⑤ See United States v. Halper, 490 U. S. 445; United States v. 38 Whalers Cove Drive, 954 F. 2d 29(2d Cir. 1991); Lynn C. Hall, *Crossing the Line between Rough Remedial Justice and Prohibited Punishment: Civil Penalty Violates the Double Jeopardy Clause*, WASH. L. Rev., Vol. 65, p. 437(1990).

是说,CAS 判例的立场并不统一。

(三)惩罚性处罚的性质:准刑罚性

康德的道义论,亦即形而上学的命令说,认为民法的目的是赔偿,而刑法的目的是惩罚。① 根据这种二元结构,惩罚性民事责任是没有存在空间的,如果存在,其性质也应当是刑事责任,这是因为民法与刑法之间泾渭分明,非此即彼。然而,功利主义却认为,不管是民法,还是刑法,都是威慑不法行为的一种手段。② 或者说,刑法与民法的目的是相同的。这种理论认为,民法与刑法之间不应当、也不允许有这样一条不可逾越的鸿沟。③ 不过,近些年来,功利主义的影响越来越大,在很多问题上,基本上取代了康德的思想,成为法学领域分析案件的主要方法论。④ 功利主义的发展,使得权利与报应开始渐渐地疏远理念和概念,其不再像以前那样一直被捆绑在绝对命令之下,而是开始与行为理论联系起来。功利主义对法学的最大贡献主要体现在威慑论上。根据功利主义的威慑论,民法的威慑与刑法的威慑是统一的,两者不同之处主要在于威慑手段和威慑效果;两种威慑之间不应当断裂,应当有一个中间性的处罚措施将两者连接起来,而该中间性的处罚措施就是惩罚性的民事处罚。⑤

从理论上看,刑法规制的对象是最佳发生率为零的行为,因为这些行为根本没有任何的社会价值。⑥ 比如,盗窃、强奸、谋杀以及一些严重污染环境的行为。将这些行为列入刑法禁止之中,就是为了彻底地否定这种行为。一旦有人触犯这种法律禁止,法律不仅要迫使行为人内化其行为的全部社会成本(赔偿其行为造成的全部损失),否定行为人从中获得的所有收益(附随结果),而且要给行为人科处刑罚,惩罚行为人。这样,行为人进行的投资必然没有什么收益,或者说,其收益率为负值。⑦ 所以,刑法追

---

① See Kenneth Mann, *Punitive Civil Sanctions: The Middle Ground between Criminal and Civil Law*, Yale L. J., Vol. 101, p. 1845 – 1848 (1992).

② See Kenneth Mann, *Punitive Civil Sanctions: The Middle Ground between Criminal and Civil Law*, Yale L. J., Vol. 101, p. 205 (1992).

③ See Richard A. Posner, *An Economic Theory of the Criminal Law*, Columbia Law Review, Vol. 85, p. 1193 – 1231 (1985).

④ 参见[美]赫伯特·L. 帕克:《刑事制裁的界限》,梁根林等译,法律出版社 2023 年版,第 10 ~ 11 页。

⑤ See Robert Cooter, *Prices and Sanctions*, Columbia Law Review, Vol. 84, p. 1523 – 1561 (1984).

⑥ See Thomas B. Colby, *Beyond the Multiple Punishment Problem: Punitive Damages as Punishment for Individual, Private Wrongs*, Minnesota Law Review, Vol. 87, p. 583 – 678 (2003).

⑦ See Alan H. Scheiner, *Judicial Assessment of Punitive Damages, the Seventh Amendment and the Politics of Jury Power*, Columbia Law Review, Vol. 91, p. 175 (1991).

求的威慑是彻底威慑,或者完全威慑。与此不同,威慑说所指的威慑,并非指彻底威慑,而是指最佳威慑,即通过让行为人承担行为成本的方式,对一些风险行为形成一定程度的威慑,促使行为人进行预防,避免损害的发生。当行为在整体上收益大于成本时,即行为的收益扣除成本后仍有结余,这个时候由于行为的效率大于零,这种行为是有正当性的,刑法不能也不应禁止这种行为的发生。对于这种行为引起的社会关系,应当由民法进行调整,这也是民法正当性的根据所在。此外,这种行为造成的社会危害是客观存在的,其构成对处罚上限的限制,这自然能限制民事责任的主观任意性,所以,民事责任对程序的依赖不是很高。但是,刑法不同,行为的危害结果与对行为人的处罚之间,往往缺乏直接的联系,处罚往往是人们价值类比或者换算的结果,主观任意性较大,尤其是处罚的上限,人们很难进行正面解释,比如,盗窃数额特别巨大的财物,为什么处罚为无期徒刑或者很高的有期徒刑?为了解决这个问题,现代社会基于正当程序原则以及国家的暴力权,通过立法程序,解决其存在的正当性问题。

刑法和民法都具有威慑作用,但由于它们的性质不同,很少有交集。然而,在复杂的现代社会中,经常出现这样的情况:一个人的行为可能会损害特定个体的利益,同时会影响到其他人的利益,造成广泛的危害。然而,当这种危害分散到每个个体时,其影响可能非常小,以至于个体很难感觉到这种危害的存在。因此,通常只有主要受害者会站出来指控行为人,而其他人可能会忽视其存在。比如,假设行为人给特定的受害者造成的损害只有10万元,而给其他人造成的损害(如预防成本)为100万元,行为人因此获得的收益为50万元,该行为被发现并被追究的概率只有1%。在这种情况下,作为公众利益的代表,国家应该如何行动呢?无论选择处罚50万元还是100万元,都无法有效地威慑这种行为。只有至少处以50万元除以1%的罚款,才能有效地威慑这种行为。

这种罚款从行为人的角度看,具有惩罚性或刑事性;从社会的角度看,只具有救济性或民事性。那么,这种罚款的性质究竟是什么呢?用民法或刑法来解释可能会很困难。这样,所谓的惩罚性的处罚并非一定是刑罚,这是因为在最佳发生率大于零与最佳发生率为零之间,尚存一定的空间。① 在这个空间内,处罚都有惩罚性,但并不是刑罚,因为即使是高于行为所造成的社会成本而进行的超额赔偿或者罚款,行为人仍然有获利的可

① See Dan Markel, *How Should Punitive Damages Work?*, University of Pennsylvania Law Review, Vol. 157, p. 1386 – 1488 (2008).

能性。比如,行为人给社会造成的损害是1000万元(最佳威慑处罚就应当是1000万元),给其科处惩罚性罚款200万元,但是,该行为的收益可能是1201万元。行为人被处以惩罚性罚款后,仍有1万元的收入。假设市场正常的投资收益率为1%,而该行为的实际收益率为1/1200,其远远低于正常收益率。

首先,惩罚性处罚不是刑罚,因为受刑罚(比如,罚金刑)处罚的人绝不能因犯罪而获利,即其收益必须为零或者负值,也就是说,刑罚在适用时,会一并剥夺行为人的犯罪所得和犯罪的投资,比如,贩卖毒品所使用的运输工具或者"毒品款项",在定罪量刑时,会被一并没收。上面提到的惩罚性处罚显然是不会这么做的,所以,这不是刑罚。

其次,惩罚性处罚又具有惩罚性,因为对行为人而言,其受到了超过不法行为价格的处罚,这造成行为收益远远地低于正常的投资。这就是说,从理论上讲,惩罚性的处罚不能使行为人的投资收益为负值,否则,就成了刑罚中的罚金。但实际情况却并非如此,因为行为造成的危害、行为人由此获得的收益以及行为人逃避处罚的概率是很难评估的,故很难确保罚款不会突破这个边界。事实上,只要在罚款时没有准确地考量上述因素,实施的处罚就可能与罚金刑无异。① 也就是说,对于惩罚性处罚,不管是否突破其与罚金刑的临界点,都不影响其惩罚性的存在。

然而,超额赔偿既然具有惩罚性,便意味着有一定的主观性和推断性,毕竟被发现率以及行为人的预期违法收益,具有主观性。这就产生了一个问题,即对于惩罚性处罚,应不应该像刑罚那样,给行为人提供特殊程序保护呢?学界对此有不同的观点。反对的人认为,惩罚性处罚属于向行为人提出的诉求,既不剥夺行为人的人身自由,也不涉及国家暴力,所以,没有必要给行为人提供特殊程序保护;②但支持者认为,惩罚性处罚不管在权利主体方面,还是在性质方面,都与民事处罚存在明显的不同,考虑到无法在立法上确定处罚的上限或者明确赔偿的金额(由于经济损失具有易变性),③因此为了减少处罚金额的主观性,给行为人提供一定的程序保护,

---

① See Kenneth Mann, *Punitive Civil Sanctions: The Middle Ground between Criminal and Civil Law*, Yale Law Journal, Vol. 101, p. 1845 - 1848(1992).

② See Marc Galanter & David Luban, *Poetic Justice: Punitive Damages and Legal Pluralism*, AM. U. L. Rev., Vol. 42, p. 1457 - 1458(1993).

③ 以经济收入为基础的做法,会破坏平等原则。See Dan Markel, *Retributive Damages: A Theory of Punitive Damages as Intermediate Sanction*, Cornell Law Review, Vol. 94, p. 290 - 291(2009).

是有必要的。① 我们认为,上述两种主张均有其合理性,故采用折中的立场,才能兼顾不同的利益诉求,尽管其也有很大的缺陷,即一方面,惩罚性民事责任具有惩罚性,所以,其应当像刑罚那样,必然对正当程序形成一定程度的依赖,民事程序很难对其全部适用。另一方面,由于其惩罚性低于刑罚且没有道德非难性,不会从伦理上否定行为的正当性,也不会产生其他的附随结果。比如,行为人不会因此而承受污名,以至于被剥夺从事特定的行为或者职务的资格等,所以,其对程序的依赖程度明显低于刑罚。② 这就是对惩罚性民事处罚建立证明标准的理论基础。

二、惩罚性责任的证明标准:处在优势证据标准与排除合理怀疑标准之间

在证明标准方面,民事责任适用优势证据标准,而刑事责任适用排除合理怀疑标准,那么,作为中性的惩罚性民事责任应当适用何种证明标准呢?一般来说,证明标准之确定,既有公平上的考虑,也有效率上的考量。

(一)影响证明标准选择的要素:效率和公平

证明标准是指提供证据加以证明所要达到的最低证明程度。证明标准越低,意味着认定不法行为存在的门槛就越低,处罚不法行为人的可能性也就越高。换言之,行为人一旦实施违法行为,较低的证明标准与较高的证明标准相比,前者更有可能使行为人受到处罚,即不法行为人受处罚的概率与证明标准是反比关系。在同等情况下,处罚不法行为人的概率又与法律的威慑力成正比,也就是说,证明标准与法律的威慑力成反比关系:证明标准越高,法律威慑力就越低;证明标准越低,法律威慑力就越强。因此,不考虑其他因素(如处罚的大小),优势证据标准对不法行为的威慑力相对最大,排除合理怀疑标准的威慑力则较小。从这个角度看,所有处罚都应当选择优势证据标准,惩罚性民事责任似乎也不例外。那么,刑事责任为什么不选择该标准呢?

其实,除了效率,还有一个因素,即公平也会影响证明标准的选择,因为任何证明标准都蕴含着一定的错误成本,即在确定证明标准时,还应当权衡以下两种错误成本之间的关系:

错误成本 1:行为人受到错误的追究,或者受到过重的处罚;

错误成本 2:行为人逃脱处罚,或者受到过轻的处罚。

---

① See Thomas B. Colby, *Clearing the Smoke from Philip Morris v. Williams: The Past, Present, and Future of Punitive Damages*, Yale Law Journal, Vol. 118, p. 469(2009).

② See John C. Coffee Jr., *Does Unlawful Mean Criminal: Reflections on the Disappearing Tort/Crime Distinction in American Law*, Boston University Law Review, Vol. 71:193, p. 193(1991).

虽然影响错误成本的因素很多，但是，证明标准是影响错误成本发生与否的主要因素，证明标准越高，发生错误成本1的概率就越小，错误成本2发生的概率就越大；反之，错误成本1的概率就越高，错误成本2发生的概率就越低。由此可以看出，优势证据标准有一个明显的缺陷，即采用该标准，错误成本1发生的概率非常高，即其会使很多无辜之人受到法律的处罚，或者说，其是以牺牲无辜来换取效率的。一旦出现错误成本1，只有被告人知道自己是无辜的，社会上的其他人是不清楚的。从公平的角度看，其他人如果知道这种情况，肯定会对这种错误“定罪”持反对的态度。所以，基于公平上的考虑，应当提高证明标准，防止冤枉他人。那么，为什么民事责任仍然会选择发生错误成本1概率如此高的证明标准呢？主要有以下几个方面的原因：其一，民事责任或者民事处罚，旨在对已有的损失或者权利进行分配，其是行为的负效果或者成本，不具有惩罚性，即使出现错误成本1，也不会产生过于严重的后果，因为行为的危害与责任具有同质性，都体现为财产关系；①其二，双方当事人的事实地位大致平等，获得相应的证据的能力差别不大，而且，当事人之间应当平等地分配错误成本；其三，民事审判的成本与协商解决争议的成本差别不是很大，即其审判成本可以忽略；其四，双方都是风险中立者，既不偏好风险，也不太惧怕风险。既然原被告双方情况大致相同，那么按照优势证据规则处理双方之间出现的意外损失，坚持效率原则优先，未尝不可。

从公平的角度看，处罚的性质及其严重性对证明标准的影响最大。②比如，刑事责任的证明标准就不能太低，而只能是最高的排除合理怀疑标准，原因并不仅仅是在刑法领域内需要保护无辜之人，即防止错误成本1重于防止错误成本2，而且因为刑法通常会剥夺被告人的重大利益，比如，生命、自由及其财产权，即处罚的性质极其严重。一旦出现错误成本1，即无辜人受到处罚，或者违法行为人受到过重的处罚，不仅会给其生活造成严重的影响，而且会出现“错案难纠”的现象，最极端的例子就是死刑与自由刑。既然错误成本1不能绝对避免，那么只能最大限度地降低错误成本1发生的可能，采取的方法主要是提高证明标准，即犯罪构成要件要素的证明须达到排除合理怀疑的程度（行为人主张的阻却违法事由达到优势证

---

① See Kenneth Mann, *Punitive Civil Sanctions: The Middle Ground between Criminal and Civil Law*, Yale L. J., Vol. 101, p. 1845 – 1848 (1992).

② 具体影响证明标准的因素有：处罚的大小及性质、处罚的强制程度、收集证据的能力、审判成本、行为人对风险的态度等，参见 Henrik Lando, *When Is the Preponderance of the Evidence Standard Optimal?*, The Geneva Papers on Risk and Insurance, Vol. 27, p. 602 – 608 (2002)。

据标准即可,绝对不包括故意与过失的认定),否则,不能依据刑法处罚行为人。这也是刑法垄断自由罚和生命刑的主要原因,即从理论上讲,除刑法外,其他法律是不能剥夺他人自由和生命的,因为其他处罚的证明标准太低。① 但是,无论怎样提高证明标准,都很难使错误成本 1 的发生概率为零。比如,常见的 DNA 检测技术的应用显示,不可能完全杜绝错误成本 1 的发生。② 具言之,即使适用排除合理怀疑标准,错误成本 1 也有存在的空间,即在司法实践中,法律真实与客观真实很难做到完全统一,这也是死刑的正当性受到人们质疑的原因之一。也正是这种原因,一旦发生犯罪,从错误成本的角度看,最佳的选择应当是罚金刑。③

此外,证明标准的提高不仅不能完全避免错误成本 1 的发生,而且会产生另外一个后果,即很容易造成错误成本 2 的发生,这会导致很多触犯法律并侵犯他人利益的行为得不到法律的有效纠正,使"违法必究"被虚置。这就意味着,如果适用排除合理怀疑标准,就可能放纵一些严重危及社会公共安全或者引起社会普遍恐惧的行为的发生。因此,有时,为了能降低错误成本 2 发生的概率,有必要容忍一定程度的错误成本 1 的存在,即以公平换取效率。但是,如果这种处罚重于一般的民事赔偿,又会增加错误成本 1 发生的可能。那么,为了能减少错误成本 1 的发生,有必要容忍一定程度的错误成本 2 的存在,即以效率换取公平。

(二)现实需要:降低证明标准与提高处罚上限

食品卫生、环境污染控制、产品质量、证券交易以及体育等领域发生的严重违法行为,通常会引起社会的普遍恐惧,因此这些领域一直以来属于刑法控制的领域。但是,这种行为的社会危害较传统的加害行为,有着明显的特殊性。

首先,其造成的社会危害结果通常非常严重,需要追究行为人的法律责任,即需要降低错误成本 2 发生的概率。这种加害行为具有以下特点:一则,专业性较强,且涉及复杂的科学技术,即使专业性的执法人员也很难收集证据。比如,运动员体内是否有禁用物质,其他运动员很难进行查证、核实。二则,危害的潜伏期很长,若干年后人们才有可能发现,即使出现了

① See Steven Shavell, *Criminal Law and the Optimal Use of Nonmonetary Sanctions as a Deterrent*, Columbia Law Review, Vol. 85, p. 1232 – 1262(1985).

② See James S. Liebman, Jeffrey Fagan & Valerie West, *A Broken System*: *Error Rates in Capital Cases*, 1973 – 1995, Columbia Law School, Public Law Research Paper No. 15(2000).

③ See Becker & Gary S., *Crime and Punishment*: *An Economic Approach*, Journal of Political Economy, Vol. 76, p. 169 – 217(1968); Miceli T. J., *Optimal Prosecution of Defendants Whose Guilt is Uncertain*, Journal of Law, Economics and Organization, Vol. 6, p. 189 – 201(1990).

危害,因果关系也很难认定。使用禁药或者禁用方法,是否会提高比赛成绩以及产生怎样的危害,往往只能借助"疫学因果关系理论",进行判定。三则,国家机关基于自身原因,很难深入地调查这种行为。总之,这种案件的证据收集是非常困难的,再加上行为人不仅在技术知识方面具有很强的优势,还会雇佣很多高素质的法律工作者,如果适用排除合理怀疑标准,违法行为人很可能会逃脱法律的制裁,易言之,对这种行为,需要降低证明的标准,防止错误成本 2 的发生。

其次,如前所述,为了有效地降低错误成本 2 的发生概率,优势证据标准似乎是最好的选择。优势证据标准对应的却是民事责任。然而,民事责任本身固有的规定性,使其同样很难有效地控制这种行为,理由有:

一则,民事责任的处罚受制于受害人本人的态度,而上述危害通常在大量的受害人之间扩散,具体到每个人,其损失可能并不是很大,受害人一般没有动力提起诉讼,即错误成本 2 发生的概率并不会因此而有明显的降低。① 这在反兴奋剂领域内尤为如此。

二则,民事责任旨在恢复原状或者赔偿,其数额不可能很高,行为人很可能将其视为经营成本。这方面最典型的是美国威斯康星州铁路公司案,该公司明知其经营的火车下面的排气管经常有明火,考虑到成本问题而不予维修,只是让工人及时清除轨道周围的树木和杂草,尽管如此,火灾仍频发,其中主要的原因是该州对这种行为的处罚太轻。② 如果加重处罚,该铁路公司肯定会增加投资维修排气管,彻底地避免这种行为发生,但是这一点又违反了民事责任欲遵循的填平原则。③ 再比如,几年前发生的康菲公司渤海漏油案,从报道的全程看,公司没有履行谨慎义务,甚至在发现漏油后,仍不及时采取有效的补救措施,致使污染没有得到有效的控制。④ 根据我国《海洋环境保护法》,对其最高只能处以 30 万元的罚款。如果能像墨西哥湾漏油事件那样,给其科处几十亿元甚至上百亿元的罚款,情况或许会有根本的不同。⑤ 如前所述,在反兴奋剂领域内尤为如此,即使在

---

① See Bowles R. ,Faure M. & Garoupa N. ,*The Scope of Criminal Law and Criminal Sanctions*: *An Economic View and Policy Implications*, Journal of Law and Society, Vol. 35, p. 389 – 441 (2008).

② See Cary Segall, *Bill Would Ease Punitive Damages*, WIS. ST. J. ,p. 12(1987).

③ See H. Koenig & Michael L. Rustad, *In Defense of Tort Law*, New York University Press, 2001, p. 69 – 101.

④ 参见段明霞:《还原康菲公司渤海漏油事件真相》,载山西证券网 2011 年 8 月 22 日,http://www. i618. com. cn/news/NewsContent. jsp? docId = 1813768。

⑤ 参见周小燕:《墨西哥湾漏油污染罚款引争议》,载《亮报》2011 年 4 月 9 日,第 LB08 版。

目前如此严厉的惩罚下，仍然有很多的运动员铤而走险，违规使用禁药或者禁用方法。可以想象，如果没有严厉的惩罚性反兴奋剂制度，兴奋剂的滥用就会变得非常普遍。

然而，处罚上限的提高，意味着预防错误成本1的发生将变得更为重要，由此需要提高证明标准。具言之，对于民法与刑法都难以控制的行为，就需要一种混合性的责任制度存在，该制度应当兼顾处罚上限的提高与证明标准的降低，这就是惩罚性处罚制度。

（三）惩罚性处罚的证明标准：绝对优势证据证明标准

提高责任的上限，同时降低证明标准，有利于增加法律的威慑力，控制兴奋剂违规行为的发生。然而，根据公平原则，责任的提高意味着证明标准的提高，即优势证据标准对其通常没有适用性。这就意味着，惩罚性民事责任应当适用一种新的证明标准，这种就是绝对优势证据证明标准。之所以选择这个标准，除了优势证据标准和排除合理怀疑标准对其不适用，还有以下的理由：

其一，绝对优势证据证明标准能反映惩罚性处罚中间性的诉求。一般认为，优势证据标准是指证据须表明行为人实施违法行为的概率在51%之上，排除合理怀疑标准表明行为人实施违法行为的概率在95%之上，而绝对优势证据证明标准表明行为人实施违法行为的概率不低于75%。① 惩罚性处罚的严厉程度居于民事责任（主要是赔偿损失）与刑事责任（罚金刑）之间，或者说其具有中间性，而绝对优势证据证明标准的证明程度恰好处于优势证据标准与排除合理怀疑标准之间，即至少从逻辑上看，对惩罚性处罚适用这种中间性的证明标准是没有什么问题的。

其二，绝对优势证据证明标准能较为合理地平衡错误成本1与错误成本2的发生概率。绝对优势证据证明标准产生错误成本1的可能性，小于优势证据标准，大于排除合理怀疑标准；发生错误成本2的可能性，大于优势证据标准，又小于排除合理怀疑标准。易言之，该证明标准可以兼顾降低两种错误的发生概率。

其三，绝对优势证据证明标准，还能满足"处罚与程序保护程度相适应"原则的诉求。② 也就是说，既然惩罚性处罚的严重程度高于民事处罚，且其有主观性、惩罚性的特点，被告人或者行为人获得的程序保护，必然应

---

① See Schauer F. & Zeckhauser R., *On the Degree of Confidence for Adverse Decision in Criminal Trials*, Journal of Legal Studies, Vol. 25, p. 27 – 52(1996).

② See Dan Markel, *How Should Punitive Damages Work?*, University of Pennsylvania Law Review, Vol. 157, p. 1386 – 1488(2008).

当高于民事诉讼的被告,当然,也应当低于刑事诉讼中的被告人,这也要求其之证明标准,处于两种传统的证明标准之间。

绝对优势证据证明标准的存在,弥补了优势证据标准与排除合理怀疑标准之间的断裂,从而使所有法律成为一个统一体。在传统的二元结构下,如果收集的证据的证明力达到优势证据的标准,但还达不到排除合理怀疑的程度时,只能追究行为人的民事责任,根本无法再惩罚违法行为。绝对优势证据证明标准使法律的实施变得更有层次性了:如果行为人实施不法行为的证据达到了排除合理怀疑的标准,则可以追究行为人的刑事责任;如果未达到该标准,但符合绝对优势证据证明标准,则可以追究行为人的惩罚性民事责任;不符合绝对优势证据证明标准,但达到了优势证据标准,则追究行为人的民事责任。

不过,惩罚性处罚在理论上应当适用特殊的证明标准,这只是一种概括。其是指,对于特殊的要素,应当达到如此高的证明标准,并非所有要素都要达到这样的证明程度,一些要素可能仍然适用优势证据标准,甚至适用举证倒置,因为对于一些不法行为而言,在适用惩罚性处罚时,需要证明有很多要素的存在,其中主要有:造成的损害、被告人的经济情况以及行为人的主观过错程度。①

第一,造成的损害。在惩罚性处罚之诉中,一般至少包含着民事赔偿方面的诉求,为此,原告须证明损害事实的存在。证明这种损害事实有两个方面的作用:其一,是被告进行赔偿的根据;其二,影响惩罚性处罚的诉求的成立。前者属于民事责任的范畴,自然应当适用优势证据标准;后者的证明标准应当是怎样的呢?一般来说,行为造成的现实损害越大,法院或者仲裁机构支持惩罚性处罚请求的可能性就越大。反之亦然,即损害大小是影响惩罚性处罚概率的一个独立的要素,因为行为造成的危害越大,反映出行为的异常性就越大,其可能在一定的程度上表明这种行为更需要惩罚性处罚来控制。但是,行为没有造成现实的损害,就不能对行为人适用惩罚性处罚吗?结论当然是否定的。行为人由于自己比较幸运,实施严重的不法行为却没有造成现实的损害,这可以成为免除民事责任的理由,但绝不是法律不对其惩罚的理由。比如,刑法对一些未遂犯给予处罚,就是这种观点的一个明显的例证。再如 WADC 第 2. 2 条规定处罚使用或者企图使用禁用物质或者禁用方法的行为,也是典型的例证。尽管如此,以

① See David G. Owen, *The Moral Foundations of Punitive Damages*, Ala. L. Rev. , Vol. 40, p. 731 (1989).

损害的大小作为确定惩罚性处罚的标准,与决定处罚根据的损害在性质上是不同的,即行为造成的危害并非一定会影响惩罚性处罚的大小,所以,其证明标准无须太高。再者,在取消比赛资格部分,如果已经适用了优势证据标准,在评价惩罚性处罚时再提高其证明标准,显然是没有必要的。

第二,被告人的经济情况。作为中间性处罚的惩罚性处罚,要想发挥其威慑以及惩罚功能,必须与被告人的个人情况联系起来。警官违法殴打受害人,可能会受到严厉的处理,即责令其向受害人支付5000元的惩罚性处罚,这可能会对其他警官形成威慑,致使他们不敢再做出类似的违法行为。但是,对于亿万富豪而言,可能没有任何的威慑作用。因此,惩罚性处罚的大小应当反映被告人的经济情况。① 被告人越富有,惩罚性处罚就应当越多,这并不是歧视,因为只有用更高的惩罚性处罚才能控制他们的行为。② 对于被告人的经济情况,其应当适用优势证据原则。③ 在体育领域内,同样如此,比如根据2021版WADC,未成年运动员违规,通常就会获得某种优待。比如,其在证明自己无过失或者无重大过失时,通常不需要证明禁用物质是如何进入自己身体的。此外,根据WADC第14.3.7条的规定,未成年人违规的,还不能公开披露。

第三,行为人的主观过错程度。对于一般的过失行为,一般不支持惩罚性处罚,但是,如果行为人的主观恶性比较大,那么说明行为人蔑视法律秩序以及相关的人身和财产安全,当刑法不能适用时,则需要惩罚性处罚予以规制,故行为人的过错程度是影响惩罚性处罚的一个主要因素。如前所述,2003版WADC与2009版WADC对此重视不足,2015版WADC与2021版WADC,主要将兴奋剂违规基本罚建立在行为人的过错程度之上。不过,这里的行为人的主观过错程度,是指客观上反映的行为人对特定法

---

① See Jerry J. Phillips, *A Comment on Proposals for Determining Amounts of Punitive Awards*, Ala. L. Rev., Vol. 10, p. 1119 (1989); Joan T. Schmit, S. Travis Pritchett & Paige Fields, *Punitive Damages: Punishment or Further Compensation?*, Journal of Risk and Insurance, Vol. 55, p. 464 (1988).

② See Valerie Hans & William S. Lofquist, *Jurors' Judgments of Business Liability in Tort Cases: Implications for the Litigation Explosion Debate*, Law and Society Review, Vol. 26, p. 85 (1992). 不过,这种情况,不适用于公司。净资产并不是公司财力的正确计量标准,其只是一种会计拟制,反映的是公司股权和债权的配置。如果公司的资产主要来自股权投资人,其净资产就会很大(等于股票的价值),而同一个公司,如果主要通过债务融资的话,其净资产将会非常小,因为在其财务账簿上,这些投资都位列在"债务"。See Mathias v. Accor Econ. Lodging, Inc., 347 F.3d 672, 676 (7th Cir. 2003).

③ See Dan Markel, *How Should Punitive Damages Work?*, University of Pennsylvania Law Review, Vol. 157, p. 1386 - 1488 (2008).

秩序的藐视或者不尊重，主要体现为行为人违反法律的主观程度。[①] 一些严重违反法律的行为，通常能反映出行为人的恶意程度较大，此时，即使行为人比较幸运，没有造成相应的现实损害，法律仍然应当给予其惩戒，以防止类似的行为再度发生。

三、举证负担的分配：程序成本与错误成本的考量

一般来说，直接影响惩罚性处罚大小的因素有两个，行为人的经济情况和行为人的主观恶性（两者结合反映了行为人的破坏能力）。[②] 后者是影响惩罚性处罚大小的一个动态性的核心因素，本书所说的应当提高证明标准，就是针对这个因素而言的。该要素是行为人的主观心理状态，一方面，原告不能直接获得相应的信息；另一方面，由于只有见之于客观的主观心理才具有法律意义，故原告可以通过行为人的客观行为的异常性，感知对方的心理状态。这就产生了一个问题，能否像严格责任那样，将其证明义务转嫁到被告的身上？

众所周知，证明负担的分配在法律上通常是缺省的，其一般由法院或者仲裁机构，根据案件的具体情况确定。不过，不管是什么案件，影响举证负担分配结果的因素有四个，即诉求正确（包括有法律根据与事实根据）的可能性、举证成本、当事人的风险收益、错误判决的社会成本。[③]

第一，诉求正确的可能性。就双方当事人而言，保持其他因素不变，谁的诉求正确的概率低，谁应当承担举证责任。否则，让诉求很可能是正确的一方当事人承担举证责任，会促使其积极地进行举证，这虽然不会导致程序成本（收集证据并提交证据的成本）的增加，但会增加错判的概率。比如，该方放弃举证或者举证不能，就要承担相应的不利后果。举证方的诉求正确的概率越高，程序成本不变，错误成本就会越高（错误的概率会提高）。[④] 比如，体内发现有非特定（禁用）物质的运动员，通常推定为故意，主要原因就是这种物质通常很难通过饮食等习惯而被错误使用，即这种错

---

① See BMW of North America, Inc. v. Gore, 116 S. Ct. 1589 (1996); Day v. Woodworth, 54 U. S. (13 How.) 363, 371 (1852). David G. Owen, *A Punitive Damages Overview: Functions, Problems and Reform*, Villanova Law Review, Vol. 39, p. 387 (1994).

② 如前所述，有时损害的大小也影响惩罚性处罚的大小。

③ See Bruce L. Hay, *Allocating the Burden of Proof*, Indiana Law Journal, Vol. 72, p. 651 – 679 (1996).

④ 这部分中的错误成本，主要是指特定证明负担分配所产生的错误结果的成本。所谓的错误结果，是指一方当事人的诉求有证据支持，他却败诉了。之所以发生这种错误，是因为当该方当事人负有举证负担时，其却理性地选择不提交证据。

误判断的可能性很低，所以，由被指控的运动员进行举证，无法证明则按照故意违规进行处罚。

由于举证负担分配的成本构成有两个：程序成本（举证成本）与错误成本，故举证方诉求正确的概率越高，举证负担分配成本也就会越高。相反，如果对方当事人负举证责任，那么，程序成本不会发生变化，但是，错误发生的概率却会降低。两者比较，最佳的选择是让诉求正确可能性较低的一方承担举证责任。也就是说，法院或者仲裁机构应当根据已知的事实（虽然可能未经质证），评估哪一方当事人的诉求可能是正确的，以此作为分配举证负担的标准。比如，原告称被告因交通肇事而伤害了自己，争议的焦点是，被告对此是否有过失。在分配举证负担时，法院已经知道的信息有：交通事故的存在，且原告受到了伤害。这些信息就可以使法院认定被告有过失的概率较高。此时，如果原告提出损害赔偿，有关被告是否有主观过错的举证负担应当分配给被告。然而，如果原告想提出惩罚性处罚，则需要证明被告的过失程度更高，而发生交通事故、受害人已经受伤，这两种事实已经无法支撑该诉求，即其无法使该诉求的正确率高于错误率，因此，被告对伤害具有严重过失或者故意的举证责任，应当由原告承担。但是，法院不仅知道发生了交通事故致人伤害，且被告当时还闯了红灯，主张被告过失程度高于一般的过失，其正确的概率就会大于错误的概率，此时，应将举证负担（证明被告没有严重的过失或者故意）分配给被告。对于兴奋剂违规指控，WADC 第 3 条之所以将举证负担放在反兴奋剂组织身上，主要的根据其实是“无罪推定”原则，即在不能证明运动员使用了禁用物质或者方法的情况下，应当推定其没有使用，即违规的可能性小，而反兴奋剂组织指控的错误可能性更高，故由反兴奋剂组织负责举证。

第二，举证成本。一般来说，举证成本（程序成本）越大，举证的积极性越小。而举证的概率越小，判决发生错误的概率越大，即举证成本增加，会导致错误成本增加。再根据当前的证据披露规则，当事人应当共享收集的证据，以及应当相互告知其他证据的所在地。因此，在一般的民事案件中，双方的举证能力差别并不是很大。如果不考虑其他因素，只是从错误成本考虑，应当选择由举证成本更小的一方承担举证责任。

第三，当事人的风险收益。一般来说，诉讼的风险收益越高，进行举证的概率越高，这样，预期的程序成本会随之增加，错误成本降低。然而，一方当事人风险收益越高，有时还意味着对方当事人的风险越大，即一旦出现错误判决，其将受到更大的损失。不过，在绝大多数情况下，对双方当事人而言，风险收益是相同的，故其一般不影响举证负担的分配，但是，如果双方的风险收益不同,比如,名誉侵权,双方的风险收益有明显的差别,此时,当事人的风险收益会影响举证负担的分配。

第四,错误判决的社会成本。法院在判决时出现对举证方不利的错误判断,一般不会影响程序成本,也不会影响错误成本。如前所述,错误判决有错误成本 1 和错误成本 2 之分,这两种错误的社会成本可能相同,也可能不相同。前者意味着法律的威慑力过剩,最终结果则会使相应的行为萎缩,即自由的萎缩,这显然会造成社会资源浪费;后者意味着放纵违法行为,即对于法律应该控制的行为,法律却没有控制或者没有更好地控制,致使某些违法行为得以泛滥,故也会浪费社会资源。这样,如果强调控制错误成本 1,则应当让原告举证;强调控制错误成本 2,则应当让被告举证。换言之,法官对错误成本 1 和错误成本 2 的评估,在一定程度上会影响举证负担的分配。在惩罚性处罚之诉中,对于被告的危害行为具有故意性或重大过失,由原告承担证明责任的社会效果最好,具体有如下四个理由:

第一,对于原告的惩罚性处罚之诉求,法院的举证负担分配,使原告获得惩罚性赔偿的概率非常小。首先,被告的行为是否具有重大过失或者故意是被告的主观状态,缺乏相应的客观事实来支持。在分配证明负担时,由于一切事实尚未经过质证,故法院很难确定被告的主观心理状态。其次,即使有证据反映被告的主观状态,这种反映也具有间接性和或然性等特点。基于这些因素,原告通常承担证明被告具有重大过失或故意的责任的难度非常大。

第二,当事人的举证成本基本相同。一般来说,对于违法或者违规行为,通常由原告证明违法或者违规行为的存在以及其之异常性程度(比如,给社会造成的损害等),被告证明自己的主观状态。具言之,当原告指控违规行为存在时,这通常会推导出行为人的主观态度,比如故意或者过失,被告要想推翻这种类推,必须提供相应的证据,进行反驳或者解释。

第三,风险收益不同,原告胜诉,会获得大量的社会收益或者超额赔偿金。在反兴奋剂运动中,这可以告诉违规或者潜在违规行为人,不要使用兴奋剂,即产生威慑力,这是一种巨大的社会收益。而被告胜诉,最好的结果是否定原告的诉求,但是,其绝不会从该诉讼中获得风险收益。换言之,原告因错误而败诉,最多只会失去一次博得“奖赏”的机会,相反,被告因错误而败诉,其经营或者生活则会受到灾难性的重挫。

第四,从社会错误成本的角度看,如果原告承担举证责任,有可能放纵错误成本 2 的发生,而被告承担举证责任,则有可能增加错误成本 1 发生的概率。如前所述,惩罚性处罚制度同时注重错误成本 1 的降低与错误成本 2 的降低,据此,很难得出何种举证分配负担效果更好的结论。这样,如上第一个因素和第三个因素支持原告承担举证责任,第二个因素与第四个因素并不反对这种分配,所以,惩罚性民事责任的证明负担应由原告承担。另外,对于惩罚性处罚,由被告承担举证责任会有以下的缺陷:

首先,如果被告负举证责任,在当事人双方对有些事实都不确定的情况下,原告很容易根据很少的证据(胜诉的概率非常小)提起诉讼,因为此时的诉讼风险主要由被告承担。相反,如果原告负举证责任,除非其有一定数量的证据支持其诉求,否则,其是不会提起诉讼的,因为这显然是费时费力无收益之举。易言之,举证责任由原告承担,可以防止滥诉的问题。

其次,即使原告知道其诉求根本不成立,在理论上,也有可能借此进行恶意诉讼,以获得某种收益。原因很简单,被告举证是有成本的,如果原告的诉求低于该举证成本,被告会同意支付相应的费用,以换取原告的撤诉。比如,被告举证成本为 1 万元,原告提出,如果被告支付 9000 元的惩罚性处罚他就会撤诉。在理论上,被告会接受这样的条件。[①] 因此,相比较而言,被告负举证责任,不管在程序成本还是在错误成本方面,都将大大高于原告负举证责任的成本。

惩罚性处罚应当适用常见的“谁主张,谁举证”原则,但是,“谁主张,谁举证”有很多的例外情况,其同样适用于惩罚性处罚的举证负担的分配。如上所述,如果法院或者仲裁机构得到的信息表明,原告诉求是正确的概率较高,那么,举证负担应当分配给被告。比如,前面提到的交通肇事案,如果原告证明被告闯红灯了,这就成了一个新的“预设”,即被告有重大过失,举证负担于是就转移给了被告,其有义务否定这个预设,这也是举证倒置规则的根据所在。

最后,需要强调的是,惩罚性处罚往往与欺诈有密切的关系,或言之,惩罚性民事责任通常作为欺诈的法律后果而存在,当然,并不局限于此。主张欺诈的一方之所以负有举证责任,因为被告败诉还会伴随有名誉上的损失,即相对于原告,被告面临的风险更大。

严格地说,本书所说的惩罚性处罚,并非完全等同于当前实证法规定的罚款和多倍赔偿,因为这些处罚往往设置了上限,其实质上相当于“奢侈品税”,并非真正意义上的惩罚性处罚,威慑力非常有限。为了发挥惩罚性处罚的威慑力,应当将其与行为人危害社会的能力对应起来,而反映行为人危害社会的能力的因素主要有:主观过错、个人财产状况以及损害的大

---

① 被告参与诉讼并进行举证的条件是:提供证据的成本 < 被告胜诉的概率 × 风险收益。

小。一般来说,对于行为人的财产状况以及损害的大小,原告负有举证责任,但是,证明程度达到优势证据标准即可;主观过错的证明责任也由原告承担,不过,原告须证明被告的危害行为具有与其诉求相适应的异常性,且证明程度需达到绝对优势证据证明标准,法院才有可能支持其惩罚性处罚之诉求。当然,行为的异常性所体现的被告的主观过错程度,还需要法官重新进行评估,以此确定惩罚性处罚的数额。总之,就像刑事责任一样,惩罚性处罚的证明标准也是分层次的,其最高的证明标准应当是明显而令人信服的标准,不应当是优势证据标准。

四、绝对优势证据证明标准的具体适用

需要指出的是,绝对优势证据证明标准发展成为兴奋剂违规处罚以及纪律处罚的主要证明标准,不仅反映了这种程序的性质,而且与其他的原则一起,打破了存在利益冲突的双方当事人之间的平衡。不过,从当前公开的、可以获得的判决来看,尽管 CAS 试图将绝对优势证据证明标准统一化,但是,各个仲裁庭对其的解释却存在明显的不同。接下来将根据 CAS 的判例,揭示其对该标准适用的不统一以及由此产生的各种影响。

(一)证明标准缺乏统一性

就绝对优势证据证明标准而言,其首先具有可变性的特点,也就是说,根据案件的严重程度不同,这种证明标准会发生变化。这不仅体现在 WADC 的定义中,还反映在 CAS 的各种裁决中。WADC 第 3.1 条规定,绝对优势证据证明标准是反兴奋剂组织认定兴奋剂违规时适用的,仲裁庭根据指控的严重程度,判断反兴奋剂机构对兴奋剂违规的存在的证明是否达到令其满意的程度,其高于优势证据标准,低于排除合理怀疑标准。这意味着指控越严重,证明标准越高,反之越低,从而使仲裁庭满意。这样,这种标准具有可变性,即不同的案件有不同的证明标准,不能先验地或者抽象地将其与刑事上的排除合理怀疑标准或者民事上的优势证据标准等同或者类比。

在这个方面,公开的判例是锡瓦斯体育俱乐部与欧洲足球联盟(Sivasspor Kulübü v. UEFA)案,其之裁决适用的就是可变的绝对优势证据证明标准。土耳其西瓦斯波足球俱乐部因为参与假球事件,而被剥夺参加 2014/15 赛季欧洲联赛的资格,同时,多名球员和俱乐部官员也被罚款。根据统一签署的登记表及其规定,绝对优势证据规则应当适用于该案。仲裁庭首先指出,所适用的法没有规定本标准的定义,因此将根据 CAS 先前

的判例法决定。最后，仲裁庭指出，从上文可以看出，根据所涉指控，这一举证标准是动态的，指控及其后果越严重，证明标准越高。① 这种观点被多个仲裁裁决所援引。②

法尔诺索娃与国际田联、俄罗斯田径联合会（Farnosova v. IAAF & ARAF）案的裁决，很明显也采用了这种解释。在该案中，运动员因为生物护照而受到反兴奋剂违规指控，这是一种间接证据，通过对某段时间内采集的一组样本的分析，可以得出关于违禁物质或方法使用情况的结论。尽管仲裁庭没有援引动态的证明标准，但是，其认为，从规范条文的角度看，绝对优势证据证明标准具有"灵活性"。由于这种指控非常严重，国际田联应当提供的证据需要达到较高的标准。③ 另外一组案件也适用了可变性的方法，尽管其没有明确说明这一点，但是，这可以从其结论的措辞中找到。这方面最典型的例子是一些严重的指控，其将绝对优势证据证明标准与刑事上的排除合理怀疑标准等同。④ CAS 裁决在第 98/211 号案中，明确提到了亚特兰大特设局采用的标准，并进一步认为：由于操纵比赛的指控包括故意因素，并认定运动员存在欺诈（兴奋剂违规承担的就是严格责任），这表明这种指控非常严重。⑤ 由于这与兴奋剂违规案件适用的严格责任可以进行类比，这表明仲裁庭倾向于采用的舒适满意度标准或者绝对优势证据证明标准，具有可变性。既然绝对优势证据证明标准是动态的，这意味着其没有较为明确的标准，因此，不同的仲裁庭对其适用很难统一。

这就产生了这样一个问题，即对于绝对优势证据证明标准而言，是否能对纪律处罚程序进行分类。比如，德国速滑运动员佩奇斯坦（Pechstein）因生物护照分析而受到兴奋剂违规指控。佩奇斯坦认为，鉴于指控的严重性，适用的证据证明标准应该达到非常高的程度，即须接近排除合理怀疑的刑法标准。仲裁庭指出，在兴奋剂违规处罚的范围，刑法上的排除合理怀疑标准没有适用的空间。我们认为，这种观点是有问题的，该运动员并

① See Sivasspor Kulübü v. UEFA（Union of European Football Associations），Award of the CAS of 3 November 2014，Case 2014/A/3625，para. 132.

② See Award of the CAS of 2 September 2014，Case 2014/A/3628，para. 123； Award of the CAS of 24 September 2020，Case 2017/A/5444，para. 257 – This award considers the variable conception to be a "well-established CAS jurisprudence"； Award of the CAS of 1 February 2019，Case 2018/O/5667，para. 86； Award of the CAS of 1 February 2019，Case 2018/O/5668，para. 90.

③ See Farnosova vs. IAAF（International Association of Athletics Federations）& ARAF（All Russia Athletics Federation），Award of the CAS of 27 July 2018，Case 2017/A/5045，para. 84.

④ See section 5. 1. 2.

⑤ See Award of the CAS of 7 June 1999，Case 98/211，para. 27.

没有直接要求适用刑法上的标准，而仅仅是说接近排除合理怀疑的程度，才能达到舒服满意的标准。仲裁庭指出，很明显，他们注意到了该指控的严重性，不过，这与其他的兴奋剂违规案件相同，仅仅涉及血液性兴奋剂，没有什么特殊之处。① 我们认为，这种结论意味着舒服满意的标准倾向于灵活性。不过，这就产生了一个问题，即是否需要将违规事件（比如假球、腐败或者兴奋剂违规）进行分类？然后分别进行处理。这样，可以建构一种方法，将绝对优势证据证明标准区分为变量（不同类别之间）和常量（每个类别内），以提高该标准适用结果的可预测性。

（二）极易滑向排除合理怀疑标准

如果承认舒服满意的标准的可变性，则会使该标准与上文提到的纪律程序的性质和相应的刑法原则联系起来。对于严重的指控，绝对优势证据证明标准是否能等同于排除合理怀疑标准呢？盖恩斯与美国反兴奋剂机构（Gaines v. USADA）案，反映的就是这样一种情况。这个案件非常特殊，对 CAS 来说是开创性的，因为该案是第一个完全基于间接证据而认定违规的兴奋剂案件。在该案中，并未从运动员的身上检测出违禁物质。在评估证据时，首先，对于证明标准会进行何种变化，当事人双方存在激烈的争论。其次，对于证明标准是否有溯及力或者时间点的问题，双方的意见也不统一。对于美国反兴奋剂机构和 CAS，WADC 已经明确规定了绝对优势证据证明标准。运动员及其律师反对适用较低的证明标准，因为先前的规定采取的是排除合理怀疑标准。从时间上看，对运动员违规行为的指控，应当适用这种标准，否则，“这无异于在比赛中间移动球门线”②。这种观点源于美国最高法院的一项裁决，其认为举证责任和举证标准问题是实体法的范畴，没有溯及力。③ 然而，仲裁庭不接受证明标准属于实体法范畴的观点，而认为证明标准是程序问题，故不适用“法不溯及既往”原则。在做出最终的裁决之前，仲裁庭专门就证明标准的适用问题，进行了听证。从最终结论的措辞看，仲裁庭认为，不同的证明标准之间并没有多大的不同，并指出，关于证明标准的争议，“实践并没有像理论那样大”④，也就是

---

① See Award of the CAS of 25 November 2009, Case 2009/A/1912 & 1913, para. 55.

② Robbins L., *Olympics Lower Standard of Proof Angers Athletes and Lawyers*, The New York Times(Jun. 15, 2004), https://www.nytimes.com/2004/06/15/sports/olympics-lower-standard-of-proof-angers-athletesand-lawyers.html.

③ See CAS Decision on Evidentiary and Procedural Issues of 4 March 2005 in Case 2004/O/645, p. 21.

④ Ibid., p. 24.

说,“民事和刑事事项中的举证之间不一定存在巨大的鸿沟”①。不过,运动员指出,这实际上意味着仲裁庭无法解释其判断特定事实存在与否的证明标准。② 在关于程序和证据问题的裁决中,仲裁庭仅表示,“即使适用所谓的‘较轻’的‘民事’标准,也就是根据优势证据规则,也必须考虑指控的严重性,即只有让仲裁庭满意(需要极高水平的证据),仲裁庭才能认定被告犯下了他们被指控的严重行为”③。这种表述可以认为,仲裁庭倾向于适用刑法上的排除合理怀疑标准。

尽管存在上述分歧,但是,仲裁裁决并没有提及这个问题,而只是说,在该案中,仲裁庭丝毫不怀疑被告实施了兴奋剂违规行为,证明标准已远远超过舒服满意的程度。④ 我们认为,仲裁裁决在提到绝对优势证据证明标准时,将其看作是已经达到的起点,甚至该案的证明已经超过了排除合理怀疑标准。也就是说,如果指控极为严重,那么,绝对优势证据证明标准则会被提到与排除合理怀疑无异的程度。仲裁庭对“汉密尔顿与美国反兴奋剂机构、国际自行车联合会”(Hamilton v. USADA & UCI)一案也持这样的态度,在没有医疗干预的情况下,如果血检结果为阳性,则构成兴奋剂违规。⑤ 至于证明标准,仲裁庭认为,“由于此类案件涉及职业运动员生计的维系,绝对优势证据证明标准可能与排除合理怀疑标准相差不大”⑥。支持这种观点的案件很多,比如 CAS 2007/A/1286,CAS 2007/A/1288,CAS 2007/A/1289 等案。

然而,至于绝对优势证据证明标准与排除合理怀疑标准之间,到底有没有区别,除上述观点外,也有很多案件持二者有区别的态度,比如埃森顿(Essendon)足球俱乐部集体使用兴奋剂案,就是典型的例证。⑦ 在该案中,仲裁庭认为,主张排除合理怀疑标准与绝对优势证据证明标准之间没有实质区别的立场,是不成立的,因为 CAS 在 2004/O/645 案中,明确反对这种观点。⑧ 这种观点解释说,蒙哥马利(Montgomery)案与盖因斯(Gaines)案非常特殊,因为其涉及的案件情况不同于一般的案件,不能以

---

① CAS Decision on Evidentiary and Procedural Issues of 4 March 2005 in Case 2004/O/645, p. 25.

② See Greene, P. J., *USADA vs. Montgomery: Paving a New Path to Conviction in Olympic Doping Cases*, Maine Law Review, Vol. 59, p. 164(2007).

③ CAS Decision on Evidentiary and Procedural Issues of 4 March 2005 in Case 2004/O/645, p. 24.

④ See Award of the CAS of 13 December 2005, Case 2004/O/645, para. 11.

⑤ See CAS 2005/A/884 Hamilton v. USADA & UCI.

⑥ Award of the CAS of 10 February 2006, Case 2005/A/884, para. 47.

⑦ See CAS 2015/A/4059 World Anti-Doping Agency v. Thomas Bellchambers et al., Australian Football League & Australian Sports Anti-Doping Authority.

⑧ See Award of the CAS of 11 January 2016, Case 2015/A/4059, para. 105.

此作为判断的标准。[①] 而且,对于其适用的证明标准的具体含义,目前仍不清楚。如果将裁决结果解读成适用了刑法上的排除合理怀疑标准,是有问题的,因为这既有悖于 CAS 程序所具有的纪律处罚性,也不符合 CAS 判例已经确立的证明标准。[②] 一方面,如果仲裁庭将绝对优势证据证明标准作为起点,那么,将这种标准等同于排除合理怀疑标准,则是错误的,因为没有考虑其他的一些具体要素,比如,调查兴奋剂违规行为的权力的局限性。另一方面,根据 WADC 第 3 条的定义,绝对优势证据证明标准(舒服满意标准)总是低于排除合理怀疑标准。

(三)固定值或者常数

第二种观点将绝对优势证据证明标准视为一个常数或者固定值。这种观点认为,绝对优势证据证明标准是处于排除合理怀疑和优势证据标准之间的一个固定的常数。这样,不同于变数说,指控的严重程度不影响该标准所要求的必要的证明程度。至于这个常数究竟是多少,是不清楚的。其中,亚历山大·格纳季耶维奇·列格科夫"(Legkov v. IOC. Alexander Legkov)案的裁决,是这种观点的代表。该案中运动员曾参加索契冬奥会,是俄罗斯职业越野滑雪运动员。在奥运会期间,尿样采集未发现违禁物质或兴奋剂违规行为。然而,俄罗斯兴奋剂丑闻却令其受到牵连,面临兴奋剂阴谋指控。仲裁庭引用了 CAS 判例法中的舒服满意证明标准,强调了指控的严重性。但在该案中,仲裁庭在适用绝对优势证据证明标准时,并未充分强调其灵活性和动态性。仲裁庭明确指出,这一标准是固定的,无变化可能,这极为关键。尽管如此,他们也承认指控的严重性与所需证据支持程度成正比,即指控越严重,所需的证据支持越高。[③] 换言之,仲裁庭在承认指控严重性的同时,坚决反对因此提高或降低证明标准。他们认为,支持当事人诉求的证据应与指控的严重程度相匹配。对于绝对优势证据证明标准,这一常数并非受制于不同的证明标准,而是由证明标准本身所体现的、与指控严重程度相适应的灵活性来定义。这表明,证明标准是恒定的,但其所需的证据程度具有不同的说服力。当指控的严重性增加时,所需的证据的说服力也随之增强。只有这样,仲裁庭才能确信达到了舒服满意的证明标准。该仲裁庭强调,"有说服力的证据"应具备明确性、

---

① See Paul J. Greene, *USADA v. Montgomery*: *Paving a New Path to Conviction in Olympic Doping Cases*, Me. L. Rev., Vol. 59, p. 149 (2007).

② The applicable regulations in that case explicitly incorporated provisions of the WADC, including its comfortable satisfaction standard of proof.

③ See Award of the CAS of 23 April 2018, Case 2017/A/5379, para. 706.

逻辑性和可信度。在评估证据的说服力时，尤其对于间接证据，不应仅依据其数量。在裁决中，不应将提交的证据数量视为先验因素。例如，对于经过精心策划和秘密实施的兴奋剂违规行为，行为人会竭力隐藏证据。此类计划的成功程度越高，纪律处罚程序中获得的直接证据就越少。这一逻辑不仅适用于奥运会相关的案件，同样也适用于其他类型的案件。① 并非所有主张常数说的案件都明确适用上述判断，不过，从其措辞中可以推导出相似的结论。比如，在国际自行车联盟诉塔德杰·瓦雅维克和斯洛文尼亚奥林匹克委员会（UCI v. T. & OCS）案中，仲裁庭指出，绝对优势证据证明标准适用于不同的事实，很容易产生不同的结果。但是，这种标准自身是统一的，与事实无关。② 在杜巴德诉国际泳联（Dobud v. FINA）案的裁决中，仲裁庭认为，就特定的事项而言，证明其符合标准的可能性越小，证明其存在的证据，必须越有说服力。③ 于是，特定的事实是否存在，既受制于自然法则，也受制于人们的社会经验。

总之，反兴奋剂案件中证明标准极为复杂，争议因此也很大。首先，对证明标准的理解不统一可能导致裁决的不一致，这对运动员和相关机构来说可能会产生混淆和不公平。其次，如果运动员将绝对优势证据证明标准理解为刑法中的排除合理怀疑标准，这会严重影响反兴奋剂违规处罚的公信力。最后，如果证明标准被简化为一个数值或比率，那么可能会忽视个体差异和生物学的复杂性。这些问题都需要在制定和执行反兴奋剂政策时予以充分考虑。

第三节　反兴奋剂案件的证据形式

设立国际体育仲裁法庭是为了对国际、国内体育纠纷进行仲裁，面向全世界提供服务。然而，国际社会存在普通法系与民法法系之分，为了避免两大法系的不同而有可能产生的不必要的麻烦，国际体育仲裁法庭宣称其对体育纠纷的仲裁，只对合同的当事人有法律约束力，不具有制造先例的功能。④ 但是，CAS 不可能否定自己先前的裁判，恰恰相反，近几年来，

---

① See Award of the CAS of 8 December 2014, Case 2014/A/3630.

② See Award of the CAS of 21 April 2011, Case 2010/A/2235, para. 26.

③ See Award of the CAS of 15 March 2016, Case 2015/A/4163, para. 72.

④ See D’Arcy v. Australian Olympic Committee 2008/A/1574.

CAS 经常在判决中引用以前的裁决。① 所以,CAS 的判例在揭示兴奋剂处罚的证明标准内涵方面,不可或缺。不过,证明标准与可采信的证据形式存在密切的联系。尽管从理论上讲,证据主要有书证、物证、鉴定意见、证人证言、当事人的陈述、录音、录像或者其他电子信息等,但是,通过国际体育仲裁法庭的判例不难发现,引起争议的证据主要有三种:直接的鉴定意见、直接的言词证据和间接证据。

一、直接的鉴定意见

不管是 WADC 还是各个体育联合会的规则,在理论上,打击的都应当是故意使用兴奋剂的行为。但是,由于这种行为很难监管,为了解决发现和证明上的麻烦而采用"有罪推定"制度,即当特定的实验室出具了运动员体内有违禁物质的鉴定意见时,就推定运动员使用了兴奋剂,除非运动员能够证明这种推定是不成立的。

这方面典型的例子是国际田联诉约瑟芬·奥尼娅(IAAF v. RFEA & Josephine Onyia)案。② 西班牙百米跨栏选手约瑟芬·奥尼娅,在 2009 年 9 月 2 日的比赛结束后,被国际反兴奋剂机构发现其尿样中的甲基乙基胺呈阳性。而在斯图加特决赛后,又被发现其尿样中含有克伦特罗。尽管如此,西班牙皇家竞技联合会却没有对其进行任何处罚。国际田联获知这种情况后,将其上诉到国际体育仲裁法庭。CAS 认为,对本案而言,证明负担和证明标准应根据《国际田联竞赛规则》第 33. 1 条和第 33. 2 条来确定。第 33. 1 条规定,国际田联或其他指控机构有证明指控成立的义务,只有这种证明达到绝对优势证据证明标准的程度,指控才能被支持。根据 WADC,国际反兴奋剂机构认可的实验室所出具的、运动员尿样或者血样呈阳性的报告,即鉴定意见,对运动员故意使用兴奋剂的证明力已经达到绝对优势证据证明标准的程度。

但是,以鉴定意见推定运动员使用了兴奋剂是可以被推翻的,条件是运动员必须证明该实验室存在严重的违反国际实验室标准的行为。因为根据《国际田联竞赛规则》第 33 条的规定,国际反兴奋剂机构认可的实验室,应当按照国际实验室标准对样本进行保管、检测,否则,有可能影响其鉴定意见的法律推定力。不过,以实验室不遵守国际实验室标准而推翻上

---

① 典型的例证,就近几年来说,很多国际体育仲裁法庭的案件审判,都引用以前的判例。See Drug Free Sport New Zealand v. Kris Gemmell, CAS 2014/A/2. Campbell Brown v. Jamaica Athletics Administrative Association.

② See IAAF v. RFEA & Josephine Onyia, CAS 2009/A/1805 and CAS 2009/A/1847.

述推定,在刚开始时,是非常困难的。在美国实验室有多种违规行为,如在兰蒂斯(Landis)案中,尿样是在哪里取得的、何时取得的,都没有档案记录;A 瓶与 B 瓶的标签不是一个人制作的,上面有不同人的笔迹,甚至有非工作人员的笔迹。对于实验室的这种违规行为,国际体育仲裁法庭甚至对控方提出警告,但却仍然认为这并不影响鉴定意见的可靠性。国际体育仲裁法庭指出,运动员不仅要证明实验室存在违规行为,而且要证明这种违规已经严重到影响检测结果准确性的程度,才能推翻鉴定意见的法律推定力。① CAS 的这种做法遭到很多人的批评,后来这种情况发生了改变。坎贝尔诉牙买加反兴奋剂中心与国际田联(Veronica Campbell-Brown v. JAAA & IAAF)案,就是一个典型的例证。② 2013 年 5 月,牙买加国家反兴奋剂机构工作人员在提取该运动员的尿样时,存在多种违规行为,比如,两个尿样不是分别提取的,运动员自己用一个设备提取后,在工作人员的监督下,分别倒在两个容器中;运动员在提取时,组织方提供的饮料中含有违禁物质。国际体育仲裁法庭认为,这种违规行为有可能影响检测结果的准确性,故对反兴奋剂机构的处罚不予支持。

不过,约瑟芬·奥尼娅并没有对检测程序提出异议,而是认为样本里的克伦特罗的量非常少,这很可能是受污染的食品造成的。仲裁庭指出,尽管在国际反兴奋剂机构所列举的《禁用清单》中,有部分物质需达到一定的程度,才会使运动员受到处罚,但是,克伦特罗却不在其中。对于没有在量上设置门槛的违禁物质,一旦被发现,运动员就涉嫌使用了兴奋剂。至于运动员辩称这种含量极低的克伦特罗很可能是被污染的食品造成的,由于其并没有履行证明义务,因此仲裁庭对这种主张不予支持。

从证据法的角度看,实验室出具了尿检呈阳性或者血检呈阳性的报告,即推定运动员使用了兴奋剂,理由有三个:其一,实验室发现的违禁物质具有外源性,并非身体组织的正常组成成分;其二,这种外源性物质有助于提高运动员的成绩;其三,反兴奋剂机构明令禁止这种物质,即运动员有使其身体远离该物质的义务。所以,根据这种鉴定意见证明运动员故意使用了兴奋剂,远远超过优势证据标准。但是,外部环境(如食品、保健品等)受污染也有可能使运动员体内含有违禁物质,用这种鉴定意见证明运动员故意使用兴奋剂,显然不能排除合理怀疑。不过,由于这种怀疑发生的概率很低,因此,这种鉴定意见的证明力接近于排除合理怀疑的证据的

---

① See USADA v. Landis AAA No. 30 190 00847 06 (2007) (majority opinion).

② See Veronica Campbell-Brown v. The Jamaica Athletics Administrative Association (JAAA) & The International Association of Athletics Federations (IAAF) CAS 2014/A/3487.

证明力。

二、直接的言词证据

一般认为,对兴奋剂检测进行作弊非常容易,几分钟内即可完成,比如,随身携带一个盛有他人或者自己以前的尿样或者血样的容器,趁人不备进行“偷梁换柱”;向血管里注射盐水;小便后通过大量地喝水稀释样本。针对这些情况,为了有效控制兴奋剂,反兴奋剂机构设置了三种制度。这些制度的实施都离不开工作人员的言词证据。

其一,视线控制制度。在检测过程中,运动员从接到检测通知到提供样本,不得离开工作人员视线。否则,只要工作人员没有过错,就推定运动员使用了兴奋剂。马连尼和波桑奇尼诉国际反兴奋剂机构案①就是一个典型的例证。马连尼和波桑奇尼是意大利布雷西亚俱乐部的职业足球运动员。比赛结束后,意大利足球联合会(Federazione Italiana Giuoco Calcio,FIGC)通知他们立即到兴奋剂控制站接受兴奋剂检测。退场时,该队的教练和俱乐部经理将两人拦下,要求他们回更衣室参加俱乐部的失败总结会。会议持续了10~25分钟。当时,兴奋剂检测工作人员虽然也被邀请到更衣室,但该更衣室有两个房间,而工作人员所在更衣间的门被锁上了,开会期间,他们根本看不到这两个运动员。会后,两个运动员即刻到兴奋剂控制站,提供了血样和尿样。经过检测,里面没有任何违禁物质。结果这两个运动员受到了意大利足球联合会15天的禁赛处罚。但是,国际反兴奋剂机构并不满意这种处罚,随后诉到国际体育仲裁法庭。WADA认为,运动员在工作人员视线中消失了10~25分钟,然后才到兴奋剂控制站接受检测,这种失去视线控制的情况,应视为不接受或者拒绝接受兴奋剂控制的行为。最后,国际体育仲裁法庭仅仅根据反兴奋剂机构工作人员的证言,支持了反兴奋剂机构的指控。

其二,场外检测制度。通过兴奋剂检测的日常化和突然性,增加兴奋剂检测的控制效果。典型的案例是国际反兴奋剂机构诉弗洛里安·布什案。② 冰球运动员弗洛里安·布什,曾多次代表德国参加世界锦标赛和奥

① See World Anti-Doping Agency (WADA) v. Comitato Olimpico Nazionale Italiano (CONI), Federazione Italiano Giuoco Calcio (FIGC) & Nicolo Cherubin CAS 2008/A/1551; Federazione Italiana Giuoco Calcio (FIGC), Daneile Mannini, Davide Possanzini and Comitato Olimpico Nazionale Italiano (CONI) v. World Anti-Doping Agency (WADA) CAS 2008/A/1557.

② See World Anti-Doping Agency (WADA) v. International Ice Hockey Federation (IIHF) & Florian Busch, CAS 2008/A/1564.

运会。2008年3月6日,反兴奋剂工作人员突然出现在他的家中,要求对其进行场外兴奋剂检测,但弗洛里安·布什拒绝提交样本,并指责说,这种频繁的兴奋剂检测,已经严重地影响到他的私生活。反兴奋剂机构的工作人员警告他说,如果拒绝接受检测,将会受到处罚。弗洛里安·布什对此警告置之不理。反兴奋剂工作人员离开后,弗洛里安·布什立即通过电话与德国国家反兴奋剂机构联系,解释刚刚发生的一切。就在当天晚上,德国冰球联合会对其进行了检测,检测结果是阴性的。德国冰球联合会认为这种拒绝检测与检测呈阳性并非一回事,而且,该运动员在当天晚上就接受了检测。尽管如此,德国冰球联合会仍然对弗洛里安·布什进行了公开批评,并科处了罚金和56个小时的社区服务。这种处理决定也得到了国际冰球联合会的支持,允许弗洛里安·布什代表德国参加2008年的世界锦标赛。但是,国际反兴奋剂机构认为这种处理不当,诉至国际体育仲裁法庭。

由于该案并不涉及检测结果呈阳性的鉴定意见问题,因此,CAS完全依靠言词证据,通过交叉质问来审理案件。弗洛里安·布什承认,其对最近连续两次进行的兴奋剂检测感到非常厌烦。从早到晚,长期枯燥无味的训练,使自己身心疲惫到极点。偶然有点闲暇,与妻子在公寓里休息一下,却要接受兴奋剂检测,所以,当时心情非常糟糕。反兴奋剂机构的工作人员作证说,看到弗洛里安·布什不配合工作后,他们立即进行警告:“拒绝接受检测,后果非常严重!”当时大约在12:50。弗洛里安·布什的妻子证明,他们12:50~17:14,一直在公寓里,什么都没有吃,只喝了几杯矿泉水。仲裁庭认为,弗洛里安·布什没有提供任何证据证明其有正当理由拒绝检测,其对反兴奋剂机构的检测失败,存在重大的过错或者过失,所以,国际反兴奋剂机构的诉请成立,弗洛里安·布什被禁赛2年。

其三,行踪信息制度。2012年的《国际检测标准》规定,运动员应当向反兴奋剂机构及时提供自己的“行踪”信息,以便于反兴奋剂机构随时对其进行兴奋剂检测。如果因为不提交信息、提交的信息不准确或者其他的原因,在18个月内出现三次检测失败或者错过检测的情形,就推定运动员使用了兴奋剂。这方面的典型例证是新西兰非药品中心诉克里斯·基梅尔案。2012年8月28日,新西兰非药品中心的工作人员在21:45到达该运动员居住的公寓,准备对其进行场外检测。当时,房屋内外均没有任何的灯光,门前也没有汽车。到了22:00,工作人员按了门铃,里面没有人回应,随后,敲了几下门,里面还是没有动静。工作人员在没有人回应的情况下,绕到房屋的后面,透过窗子向里面看,由于天太黑,什么也没有看到。工作人员又回到前门,继续按门铃和敲门,一直到23:00,做了最后一次努力后,才填写了检测失败书。随后,在 2013 年,该运动员又两次错过兴奋剂检测。该中心认为,该运动员在 18 个月内 3 次错过检测,应当视为其实施了违反 WADC 的行为,因此决定对运动员处罚。该运动员不服,申请新西兰仲裁所仲裁,结果该中心败诉。新西兰非药品中心不服上诉到国际体育仲裁法庭。运动员的抗辩主要围绕着第一次检测失败进行。运动员的抗辩理由有:其一,其当时就在那个公寓里,由于倒时差,睡得很早,没有听到敲门声,也没有听到门铃声。其二,工作人员在寻找他的过程中,没有采取合理的措施,因为工作人员当时就有该运动员提供的手机号码,应当通过电话与其联系,毕竟,对于场外检测,取得样本应当是工作的目的。新西兰非药品中心认为这种理由不成立,因为场外检测的主要目的是确保样本的完整性和可靠性,如果事前给运动员打电话,则该运动员会在几分钟内对自己的样本做手脚,这是 2012 年 1 月 1 日在新西兰生效的《国际检测标准》所明确禁止的,而且,这也是被 2015 年生效的《检查和调查国际标准》禁止的。最后,仲裁庭根据工作人员的证言,支持了新西兰非药品中心的请求,给予该运动员 2 年的禁赛处罚。

由于兴奋剂检测很容易作弊,所以才将失去视线控制、抗拒检测和场外检测失败视为是因为运动员使用了兴奋剂。很明显这也属于法律类推的范畴。不过,与实验室出具的鉴定意见不同,上述失去视线控制等情况与运动员存在故意使用兴奋剂的行为联系比较弱,毕竟,运动员情绪化或者不冷静之举甚至是无心之失,也有可能产生这种结果,而且,这种情况产生的可能性又比较大。这样,工作人员的言词证据虽然对证明运动员失去视线控制或者检测失败而言属于直接证据,但对证明运动员使用了兴奋剂而言,则为间接证据。再加上,其又缺乏其他的间接证据的辅助,所以,这种言词证据的证明力实际上是非常低的,其更接近于优势证据标准。只不过由于法律的规定(法律类推将干扰兴奋剂检测的行为等同于使用了兴奋剂的行为),才使该类证据获得了这种证明力。

三、间接证据

根据国际反兴奋剂机构认可的实验室提供的鉴定意见,或者根据言词证据,推定运动员存在故意使用兴奋剂的行为,有一个共同的特点,即尽管事项 B(使用兴奋剂)是类推的结果,但是,事项 A(身体中有违禁物质和妨碍兴奋剂检测)是通过直接的证据证明的。这就存在一个问题,即如果没有直接的证据支撑 A 事项的存在,或者仅有间接证据反映 A 事项的存在,那么,能否推定 B 事项的存在呢?

为了回答这个问题，我们先看贝克斯坦与德国滑冰联盟诉国际滑冰联盟（以下简称国际滑联）案的处理。① 在2009年2月6日的国际速滑锦标赛之前，国际滑联对贝克斯坦的血样进行检测，发现其网状红细胞的比值高达3.49。第二天的早晨和下午又分别采集了两个血样，比值分别为3.54和3.38。比赛结束后，又抽取其血样进行检测，发现其网状红细胞的比值是1.37。国际滑联纪律委员会认为其使用了违禁物质或者违禁方法，违反了WADC，故其在世界锦标赛上取得的成绩作废，并给予其2年的禁赛处罚。贝克斯坦以及其所在的德国滑联不服，诉至国际体育仲裁法庭，争议的焦点主要有三个方面：其一，运动员指出，德国出版的医疗手册上显示，健康妇女的网状红细胞的正常比值在0.80～4.10，即其网状红细胞的比值没有超出正常的范围，所以，指控其使用了违禁物质或者违禁方法，是没有道理的。国际滑联认为，之所以认定其网状红细胞的比值"异常"，主要是根据其以前的网状红细胞的比值情况，因为国际滑联保留的、该运动员以前留存的血样显示，其网状红细胞的比值并没有这么高，这肯定是使用了违禁物质或者违禁方法所致。其二，运动员指出，禁止通过违禁方法刺激网状红细胞是WADC规定的，但是，该WADC生效时间是2009年1月1日。国际滑联通过检测其2009年以前留存的血样，将其与2009年1月1日后的血样中的网状红细胞的比值进行对比，得出其网状红细胞比值"不正常"的结论，实际上是说2009年1月1日生效的法律可以适用于之前的事件，这就是说WADC具有溯及力，这明显是违法的。国际滑联指出，法律无溯及力是程序法的规定，而这种方法与证据取得问题有关，与法律适用无关。其三，证明标准问题。运动员指出，国际滑联应当承担举证的义务，即拿出合理而可靠的证据证明运动员实施了违反WADC的行为，然而，国际滑联却仅仅依据血液的情况，而不是通过发现血液中出现的违禁物质或者代谢物，就推断其实施了违反WADC的行为，这并不能排除是其他原因造成的可能。或言之，由于这种处罚的后果极为严重，其之证明标准应当适用排除合理怀疑。

国际体育仲裁法庭支持国际滑联的主张。理由有：第一，兴奋剂处罚属于民事处罚的范畴，解决的不是犯罪问题，不需要太高的证明标准。② 绝对优势证据证明标准不仅得到了WADC第3.1条的认可，而且已经被

① See Claudia Pechstein v. International Skating Union, CAS 2009/A/1912; Duetsche Eisschnelllauf Gemeinschaft v. International Skating Union, CAS 2009/A/1913.

② See Claudia Pechstein v. International Skating Union CAS 2009/A/1912; Duetsche Eisschnelllauf Gemeinschaft v. International Skating Union CAS 2009/A/1913.

广泛地适用于国际体育仲裁实践之中。其实，在 WADC 颁布之前就已经采用这个标准了，而且获得了瑞士联邦法庭的认可，因此，不能支持运动员要求反兴奋剂机构的证明需接近排除合理怀疑标准的主张，即排除合理怀疑标准通常是刑法的证明标准，不适用于反兴奋剂案件。第二，将 2009 年 2 月 6 日和 7 日的样本中测出的该运动员的网状红细胞的比值与一般人和其他优秀速滑运动员的网状红细胞的比值进行比较，特别是与其过去的网状红细胞的比值进行比较，得出其网状红细胞的比值反常的结论，符合绝对优势证据证明标准。因此，国际滑联的认定是有道理的，即该运动员过多的网状红细胞是通过人为的刺激造成的，目的是使网状红细胞带着更多的氧气到肌肉和各个器官之中，从而降低疲劳，获得不公平的竞争优势。总之，国际滑联对其禁赛 2 年的处罚，应当得到支持。

在该案中，反兴奋剂机构并没有证明运动员使用了哪种被禁止的物质或者方法，而仅仅根据运动员纵向的生理特征，即网状红细胞比值的长期规律，推断其使用了兴奋剂，这实际上将国际反兴奋剂机构发布的违禁物质或者方法清单抛到一边。而这却得到国际体育仲裁法庭的支持。这种判决当然有利于打击兴奋剂的使用，毕竟兴奋剂的检测技术永远落后于兴奋剂的发明，但是，这同时使得运动员的风险大大提高，即使其没有使用兴奋剂，如果其生理出现较大的异常，也有可能被当作兴奋剂的使用者而受到处罚。换言之，事项 A 既可以通过直接证据进行认定，也可以通过间接证据进行认定。一般来说，单一的间接证据不能证明某种事实存在，需要获得其他间接证据的辅助。这种间接证据越多，通过类比推理，其证明力就越大，如果能大到使裁判人对所证明的事实或者主张产生确信，则表明该证明已经符合绝对优势证据证明标准了。比如，在本案中，国际滑联不仅将贝克斯坦的网状红细胞的比值与一般人的进行比较，还与其他优秀运动员的，特别是与其过去的网状红细胞的情况进行比较，在都得出比值异常的情况下，才认定贝克斯坦使用了违禁物质或者违禁方法。

另外一个例子是古斯芒诉国际泳联（Gusmao v. FINA）案。① 该案争议的焦点是，运动员是否实施了妨碍兴奋剂检测的行为。古斯芒是巴西的一个游泳选手，在参加 2007 年的泛美运动会前夕，即在 7 月 12 日，反兴奋剂机构向其收集了尿样。第二天凌晨又收集了其尿样。结果发现，12 日的尿样呈阴性，而 13 日的呈阳性，具有外源性睾固酮的特征。随后在 7 月 18 日，反兴奋剂机构对该运动员进行了场内检测，检测结果呈阴性。这引

① See Gusmao v. FINA, CAS 2008/A/1572; CAS 2008/A/1632; CAS 2008/A/1659.

起了实验室的怀疑，于是建议国际反兴奋剂机构，对古斯芒的睾固酮浓度进行纵向对比评估。泛美运动会独立调查团向国际泳联报告说，该运动员提交的尿样的类固醇剖面显示，7 月 12 日和 18 日提供的样本好像来自不同的人。于是，对这两个样本进行 DNA 验证，结果发现这两个样本的确属于不同的人。2008 年国际泳联兴奋剂小组根据《国际泳联兴奋剂控制规则》第 2.5 条的规定，认定古斯芒存在干扰兴奋剂检测的行为，决定对其实施终身禁赛，同时将其诉至国际体育仲裁法庭。古斯芒否定曾经找人代替自己进行兴奋剂检测，证据是，在巴西虚假陈述是构成犯罪的，为此，其曾经受到巴西警方的指控，但是，法官却以证据不足驳回了指控。这说明反兴奋剂机构指控其撒谎是不成立的。仲裁庭认为即使存在这样的事实，这种信息也是没有证据价值的，因为仲裁根据是国际泳联的规定，其中就包括证据和证明标准的规定，与巴西法律中启动刑事指控程序的标准不同。对未知的事实根据，国际体育仲裁法庭与巴西的法院适用的是不同的证明标准，国际体育仲裁法庭没有义务根据巴西的法律裁判案件。

国际体育仲裁法庭认为古斯芒在 2007 年 7 月 12 日实施了妨碍兴奋剂控制的行为，证据有：其一，尿样提取时间是当天中午 11:45，这不在反兴奋剂机构规定的时间段内；其二，尿样提供地点是古斯芒的房间，非兴奋剂控制站；其三，代表反兴奋剂机构收集该样本的是泛美运动会兴奋剂控制中心的主任卡斯特罗，但其没有参与具体检测的职责，无权向运动员收集用于检测的人体样本；其四，卡斯特罗是巴西体育医疗中心主任，在 2006 年 5 月，古斯芒的尿液中曾经被检测出含有违禁物质，卡斯特罗却提交了一份报告为其辩护；其五，7 月 13 日凌晨的尿样提取是在严格控制的环境下进行的，结果显示这份尿样呈阳性。基于以上五点，国际体育仲裁法庭认为，在 2007 年 7 月 12 日的检查中，古斯芒在尿样中做了手脚，构成对兴奋剂控制的妨碍，应实施终身禁赛。显然，这些证据全部都是间接证据，即没有一项证据可以显示古斯芒曾经实施了妨碍兴奋剂检测的行为。

一般来说，间接证据具有模糊性的特征，用其证明特定事实的存在通常很难达到让人“合理满意的程度”。不过，当这种证据非常多且相互间没有任何矛盾，并都共同指向一个事实时，通过生活常识推导特定的事实的存在，也能达到绝对优势证据证明标准的程度。①

---

① See H. Bennett & G. A. Broe, *The Civil Standard of Proof and the "Test" In Briginshaw: Is There a Neurobiological Basis to Being "Comfortably Satisfied"?*, Australian Law Journal, Vol. 86, p. 258 (2012).

第四节　概率权衡原则

WADC 原则上对运动员采用的是概率权衡原则,即优势证据标准,在特殊情况下采用绝对优势证据证明标准。概率权衡原则是指证明所主张的事实发生的概率应当高于其没有发生的概率。汉森诉国际马术联合会(Hanson v. Fédération Equestre Internationale)案的裁判,适用的就是这种标准。①

WADC 适用的对象主要是人,对于赛马项目,这种规定还适用于比赛用马。汉森是挪威的一个骑手,曾在 2008 年北京奥运会上获得铜牌。奥运会结束后,反兴奋剂机构对汉森所骑的马进行尿检,发现赛马尿液里含有辣椒碱,于是,国际马术联合会宣布其比赛成绩作废,同时,剥夺其比赛资格长达 4.5 年。汉森不服,诉至国际体育仲裁法庭,争议的问题只有一个,即被检测出的辣椒碱是在检测前就已经在该马体内,还是在采集样本的过程中抑或之后进入样本的?

仲裁法庭认为,禁止使用辣椒碱或者包含辣椒碱之类的物质对受伤的比赛用马进行治疗,尽管该类物质有去痛功能。如果马体内被检测出辣椒碱,不管这是由于马吃了特定草木,还是喝了被污染的水,甚至是呼吸了空气中的颗粒而进入马体内,通常对处罚不产生任何的影响。当然,如果这种物质是在样本采集、保管、检验过程中,由于工作人员的过错而进入样本的,则属于例外情形。不过,样本的采集、检测和保管通常是没有问题的,除非运动员能拿出证据推翻这种假设。挪威代表团的马夫安妮塔作证说,她发现在样本收集过程中采集样本的工作人员没有戴手套。仲裁庭通过电话与收集该样本的工作人员取得联系,让其详细介绍该样本收集的全过程。工作人员说其根本不存在未使用手套的问题,因为如果不戴手套,很难避免样本不被污染。仲裁庭指出,工作人员的证言非常清晰、可靠,但这并不是说安妮塔提供了虚假证言,只是对两份证言进行比较,工作人员的证言感觉更可靠,或者说,运动员的举证没有达到优势证据标准的程度,甚至可以说,国际马术联合会的主张发生的概率更高,于是,支持对汉森的处罚。

另外一个例证是国际反兴奋剂机构诉国际网联、理查德 · 加斯奎特案

① See Hanson v. Federation Equestre Internationale, CAS 2009/A/1768.

(WADA v. ITF & Richard Gasquet)。[①] 理查德·加斯奎特是法国的一个职业网球运动员,曾获得过世界排名前10的好成绩。在2009年迈阿密锦标赛的前夕,为了保护在训练中受伤的肩膀而决定退出锦标赛。在提出退赛申请的前夜,他与朋友外出就餐时认识了一个叫帕梅拉的年轻女子。理查德·加斯奎特几乎整夜都与帕梅拉在一起。在SET夜总会,两人接吻7次,每一次都持续5~10秒;在GOLDRUSH夜总会,两人至少接吻1次。第二天,理查德·加斯奎特到比赛组织方,提交了退出比赛的申请。但是,官方却要对其进行随机的尿检,并称提出退赛申请不是免于检测的理由。4月21日,实验室发现其尿液中含有少量的可卡因及其代谢物,即苯甲酰芽子碱。国际反兴奋剂机构根据2009年的《网球反兴奋剂规则》,对其进行指控。当年的5月6日,又对其头发进行了检测,主要目的是检测其在该检测之前4个月内是否摄取过可卡因,或者,其摄取的可卡因是否超过10毫克。检测结果显示为阴性。不过,帕梅拉否认自己在那天晚上吸食了可卡因,对其头发进行检测,发现其头发中的可卡因的浓度处于一般可卡因使用者的平均水平。理查德·加斯奎特对实验室的检测结果无异议,但是否认自己曾经使用过可卡因。国际网球联合会仲裁法庭认为该运动员身上的可卡因很可能不是从帕梅拉身上获得的,于是,给予其2.5年的禁赛处罚。国际反兴奋剂机构认为这种处罚过轻,上诉到CAS。

根据《网球反兴奋剂规则》第k.4.2条和WADC第3.1条的规定,要推翻类推,证明标准应当采用概率权衡原则。但是,使用违禁物质的方法很多,运动员逐一证明这种行为发生的概率很小或者没有发生,无疑是非常困难的。因此,理查德·加斯奎特采用了另外一种策略,指出其尿样中的可卡因及其代谢物源自帕梅拉的"污染"。仲裁庭认为,理查德·加斯奎特的主张具有可信性,理由有:其一,理查德·加斯奎特的头发检测结果,表明进入其身体的可卡因的量非常少,这很可能是意外造成的,而不是故意吸食的。而且,这也可以排除通过饮料,或者通过接触被污染的物体表面而造成的可能性。其二,尽管没有确切的证据证明帕梅拉在那天夜晚是否吸食了可卡因,但是,这种物质来自帕梅拉的可能性,或者说,其由于与帕梅拉接吻而被污染的可能性,超过不是来自帕梅拉的可能性,即这种事情发生的概率在51%以上。因此,理查德·加斯奎特对未使用毒品的证明,达到了法定的证明标准,所以,理查德·加斯奎特的行为没有过错,

---

① See International Tennis Federation v. Richard Gasquet, CAS 2009/A/1926; WADA v. ITF & Richard Gasquet, CAS 2009/A/1930.

也没有过失。于是,国际反兴奋剂机构的诉求被驳回。

然而,即使运动员对自己体内的违禁物质,拿出证据证明这并非故意而为,纯粹是过失而致,运动员通常也不会免责。这方面最典型的例子是国际反兴奋剂机构诉安娜·嘉茨娃和国际举联案。① 2011 年在秘鲁的利马世界青年锦标赛上,俄罗斯的运动员安娜·嘉茨娃的尿样中被检测出含有可卡因的代谢物,因而受到了吸食可卡因的指控。该运动员对此检测结果并没有提出异议,但其指出,这是由于意外喝了一种叫作"Matede Coca"的茶。尽管如此,国际举联仍然给予其 6 个月的禁赛处罚。国际反兴奋剂机构认为处罚不当,将其诉至国际体育仲裁法庭。运动员的证据有:其一,朋友的证言。朋友说其曾经邀请安娜·嘉茨娃到自己居住的旅馆,当时旅馆餐厅免费提供一种名叫"Matede Coca"的袋装茶,她喝了几杯,这一点也得到了旅馆的证明。其二,该运动员喝完后,随手带了几包这样的茶回去。该茶是由可卡因的叶子做成的,经检测每克含有 0.8 毫克的可卡因。其三,该运动员与教练都不知道该茶含有可卡因,而且,俄罗斯举重联合会也没有告诉他们可卡因产自南美洲的可卡树。其四,该运动员不懂英文。国际举联认为,这种可卡因的代谢物是通过"Matede Coca"的茶而进入其身体的,不属于故意使用兴奋剂的行为,理由是,如果该运动员想通过可卡因刺激身体从而获得不正当的竞争优势,其会使用可卡因粉并通过注射方法刺激身体。而这种茶叶里的可卡因含量很低,喝茶的刺激效果非常小。但是,仲裁庭认为,运动员有保持身体远离违禁物质的义务,特别是该茶的名字之中包含着"Coca"单词,这说明其对可卡因进入身体存在过错,只不过这种过错尚未达到严重的程度,所以,给予其禁赛 1 年的处罚。

当然,对于违禁物质如何进入身体适用的是概率权衡原则,但是,若运动员认为违禁物质进入身体是正当的,证明标准则是绝对优势证据证明标准。这方面典型的例子是乌克兰足球运动员亚历山大·布雷卡诉欧足联案。② 2011 年 11 月 30 日,欧足联兴奋剂官员对该运动员进行了尿样检测,发现其尿液中含有呋喃苯胺酸,这属于违禁物质。对于该检测结果,运动员无异议,但其主张这是意外所致,而不是有意而为的。根据有:其一,妻子的证言。说她未经亚历山大·布雷卡同意偷偷在其杯子中放置了该药,目的是治疗其脸上肿痛。其二,当时已进入赛季末,亚历山大·布雷卡除了一场比赛失常外,整个赛季表现都很成功,没有必要使用兴奋剂。其

① See World Anti-Doping Agency v. Daria Goltsova and International Weightlifting Federation, CAS 2014/A/3485.

② See Oleksandr Rybka v. UEFA, CAS 2012/A/2759.

三,医生曾建议其使用呋喃苯胺酸减肥,其拒绝了。但是,仲裁庭不接受这种辩护,因为运动员对于药品进入身体没有过错负有举证的义务,证明标准是概率权衡原则。如果运动员身体里面有违禁物质,而运动员主张使用这种物质的目的不是为了提高成绩,应当适用绝对优势证据证明标准。该运动员的举证未达到该标准,所以,其主张不成立。

这就是说,运动员的证明标准实际上有两种。从仲裁实践看,由于反兴奋剂机构及其工作人员往往与兴奋剂事件缺乏利害关系,而运动员为了挽救职业生涯,有可能寻找各种理由为自己辩护,故对两者提供的证据进行权衡时,反兴奋剂机构提供的证据可靠性更高。① 或言之,反兴奋剂机构提供的证据通常符合优势证据标准,甚至达到绝对优势证据证明标准的程度。

反兴奋剂机构与运动员之间虽然存在合同关系,但是,他们并非平等关系,再加上兴奋剂处罚具有惩罚性,故在处罚程序上应当采用有利于运动员的原则,这也是反兴奋剂机构通常适用绝对优势证据证明标准,而运动员适用概率权衡原则的根据所在。不过,WADC 尽管明确了应当根据被证明事项的法律性质的不同而适用不同的证明标准,在实践中却看不到这种规则的适用。因此,这条规定应当细化,即应当根据可能适用的处罚确定证明标准,比如,对于剥夺当前比赛资格或者奖励的,证明标准应当接近优势证据标准;对于终身禁赛的,应当接近排除合理怀疑标准;对于短期剥夺比赛资格的,应当根据处罚轻重,在优势证据标准与排除合理怀疑标准之间选择,即适用绝对优势证据证明标准。

在反兴奋剂实践中,鉴定意见和证人证言确实是非常重要的证据形式。然而,对其他的证据形式,如实验室测试结果、医学记录、训练和比赛的数据等,也应给予足够的重视。这些证据可以提供更全面的信息,帮助仲裁庭更准确地判断运动员是否使用了禁用物质。同时,这也有助于保护运动员的合法权益,避免因误解或误判而对无辜运动员造成不公。因此,当前需要一个综合多元证据的反兴奋剂机制,以确保公平、公正和透明。

第五节 治疗用药豁免许可制度的证明

作为兴奋剂违规的例外情况,治疗用药豁免许可制度也存在证明的问

① See Yucel Kop v. IAAF & TAF, CAS 2008/A/1585; Sureyya Ayhan Kop v. IAAF & TAF, CAS 2008/A/1586.

题,比如,对于治疗用药豁免制度的四个实质要件,即适当性、不会提高比赛成绩、必要性和无过错性(作为申请治疗用药豁免许可的前提条件,申请者无过错或者并非因为其使用了禁用物质),均需要证明。

在2003版WADC及2009版WADC及其相关附件中,对治疗用药豁免制度的证明均没有具体的规定。然而,ISSF v. WADA案发生后,2015版WADC与2021版WADC吸收了CAS在该裁决中的意见,明确了运动员申请治疗用药豁免许可的条件,同时在2016年的《治疗用药豁免国际标准》中规定,对这些条件,运动员一方负有举证义务。这种规定无疑提高了反兴奋剂规则的法律可预测性,虽然是一种进步,但这却提高了运动员获得治疗用药豁免许可权的难度,如前所述,就像ISSF v. WADA案中的β-阻断剂是否具有提高成绩的功能一样,是很难用证据证明的,故这种规定,会造成很多应当获得治疗用药豁免权的运动员,无法再"合法"地使用药品了。当然,从另一方面看,这也有助于防止有人借助该制度获得不公平的竞争优势。

然而,目前的反兴奋剂规则虽然对举证负担作出了具体的规定,但是,对于证明标准,WADC与ISTUE均未规定,CAS也没有给出一个明确的答案,为此,学界存在着概率权衡原则(优势证据规则)和绝对优势证据证明的标准之争。

主张适用概率权衡原则的认为,根据WADC第3.1条的规定,在兴奋剂处罚中,运动员以及其他当事人(反兴奋剂组织除外)的举证,适用的都是优势证据标准,即概率权衡原则。既然WADC没有相反的规定,这种概括性的规定当然应适用于治疗用药豁免制度,即治疗用药豁免制度应当适用优势证据规则。

还有学者持不同的立场,他们主张适用绝对优势证据证明标准,因为治疗用药豁免许可权会阻却使用兴奋剂行为的"违法性",其涉及行为是否应受纪律处罚的问题,所以应适用绝对优势证据证明标准,具体理由有:

其一,治疗用药豁免许可抵消的是兴奋剂违规行为的违规性,而其对应的处罚具有惩罚性,这意味着运动员本来应当被剥夺的法益(比如比赛权),由于该制度的存在,不能被剥夺了。这并不是在救济他人的权利,其没有客观限制,有任意性的特点,只有提高证明标准,才能防止这种制度适用的恣意性。

其二,其抵消的对象适用的是绝对优势证据证明标准,即治疗用药豁免许可使得已经证实的兴奋剂违规行为失去了法律意义,而这种违规行为的证明标准是绝对优势证据证明标准,故治疗用药豁免许可也应当适用绝对优势证据证明标准。

其三，治疗用药豁免程序与纪律处罚程序有密切的联系，或者说，治疗用药豁免许可是兴奋剂违规的一个消极要素，既然其他的要素（积极要素）适用的是绝对优势证据证明标准，这种消极要素也不应当例外，即他们价值相当，不应当薄此厚彼，区别对待。

在前面提到的 ISSF v. WADA 案中，由于 ISTUE 没有规定证明标准是什么，当事人双方实际上存在不同的看法：ISSF 认为应当适用绝对优势证据证明标准，WADA 认为应当适用概率权衡原则，即优势证据标准。他们的主张都有合理之处，仲裁庭指出了当前存在的困惑：一则，为了防止运动员滥用药物，保护竞争对手的利益，要求对滥用药物行为进行严厉处罚，作为惩罚，应当适用较高的证明标准；二则，WADC 第 3.1 条规定，除第 10.4 条（现在是第 10.5 条）和第 10.6 条（现在是第 10.7 条），适用更高的证明标准外，运动员以及其他人对兴奋剂违规事实或者条件的反驳的证明标准为概率权衡原则。如上条文并不能直接适用于治疗用药豁免制度，因为条文有一个事前的假设，即申请用药豁免的人没有实施兴奋剂违规行为，但寻求避免受到指控。正是由于这种困惑的存在，CAS 对此没有表态，并且直至目前，这个问题仍然尚未解决。

我们认为，对于治疗用药豁免的四个实质要件，应当适用优势证据标准或者概率权衡原则，主要理由有：

首先，对于如何协调必要的治疗与高水平体育比赛之间的关系，不管对运动员还是对反兴奋剂组织而言，都并非易事。尽管从形式上看，使用禁用物质或者方法的条件非常严格，程序也极为复杂，但是，这并不能避免该制度的滥用问题。为了对这种制度进行监管，防止以此掩盖兴奋剂违规行为，有必要提高该制度的成本，即适用绝对优势证据证明标准。但是，这并不能成为提高证明标准的理由，因为这很容易剥夺一些运动员的合理治疗权，或者惩罚那些进行善意治疗的运动员，而且 WADC 承认治疗用药豁免制度的正当性。

其次，如前所述，使用禁用物质或者方法的行为能够提高运动员的比赛成绩，在很多情况下仅仅是一种假设，即使 WADA 本身也无法从科学的角度证明它们具有这种功效，因而让运动员根据绝对优势证据证明标准证明其不会提高比赛成绩，显然是强人所难，即根据这种标准，很可能架空治疗用药豁免制度。尤其需要注意的是：

第一，对于有条件使用的禁用物质，2015 版 WADC 与 2021 版 WADC 较前面的两个版本，有一个小的变化，即认为这些禁用物质对提高比赛成绩一般仅具有辅助性的作用,或者作用非常有限。如果让运动员按照绝对优势证据证明标准,将提高比赛成绩的要素排除出去是很难做到的。这将导致用药豁免的立法目的被彻底虚置,造成一些运动员很难再"合法地"使用它们。比如,《禁用清单》中第 S.3 类里的 β－2 类激素,比如舒喘宁,是万托林的活性成分,被广泛地应用于治疗耐力型项目中出现的哮喘,目前 WADA 已经决定对其"限制使用"。通常认为这种物质具有治疗上的可用性,即可以出于治疗之目的允许运动员使用。但如果适用上述证明标准,则等于"绝对禁止"使用了。

再比如,第 S.9 类,即糖皮质激素,在体育领域内是否可以使用,学界曾经发生过争论,现在只是禁止以特定的方式使用,比如,口服,注入静脉、肌肉或者大肠中,但以其他的方式使用是被允许的。这就意味着,单纯地发现这种物质,是不能被认定为违规的,还需要更多的信息。除非在样本分析时可以基于其剂量或者使用路径,直接对其特征进行识别,否则,在结果管理过程中,还必须收集其他的信息,以解释是什么原因导致这种物质出现在运动员的体内。如果运动员申请治疗用药豁免,按照绝对优势证据标准证明第二个条件极其困难。

第二,对于治疗用药豁免许可,降低运动员的证明负担还符合 WADC 第 10 条的规定,因为该条规定,如果能证明分析结果的原因会降低处罚,那么,其证明标准为优势证据规则。但是,对于第 S.3 类和第 S.9 类物质,由于剂量或者使用的路径构成违规的内容,也需要给予证明。《禁用清单》仅仅规定了运动员对舒喘宁和福莫特罗超过规定门槛负举证责任,对于其他的情况,运动员提供可信赖的解释,即禁用物质源自授权使用,就可以了。这种举证负担由国家反兴奋剂组织承担,其对禁用物质的使用负有证明责任,且要达到绝对优势证据证明标准程度(第 3.1 条)。

最后,如前所述,治疗用药豁免制度很像刑法中的"阻却违法的紧急避险",而在刑法的范畴内,这种正当化事由的证明义务人,通常是被告人,而证明标准是优势证据规则,并非排除合理怀疑标准。而兴奋剂违规案件中的运动员的地位,类似于刑法中的被告人,所以,运动员应当适用优势证据规则,而不能是绝对优势证据证明标准。

当前的制度要求申请治疗用药豁免许可的运动员,对与自己有关的事项实施透明化,比如,治疗用药豁免制度规定运动员除必须披露病症信息外,还需要披露继续治疗的信息。

需要指出的是,《实验室国际标准》引入了"假定不利分析结果"制度,以提高程序的经济效率,即在证实样本存在第 S.3 类和第 S.9 类物质之前，允许实验室检查其是否已获得用药豁免许可。一般来说，确定用药豁免许可是在不利分析结果报告之后，这通常发生在国家反兴奋剂组织初审期间。修改后的2015版WADC与2021版WADC仍然保持原来的治疗用药豁免审查制度，但是，其试图提高其之透明度，目的是避免国家反兴奋剂组织权力滥用。《实验室国际标准》明确规定，这种文件和结果必须书面提交给WADA。

第六节　违法证据

我国通过《刑法修正案（十一）》和最高人民法院司法解释的方式，将诸如生产、销售、组织使用兴奋剂、妨碍兴奋剂管理等行为犯罪化，①这意味着我国警方对涉嫌兴奋剂方面的违法行为，享有侦查权。然而，运动员使用兴奋剂目前并不构成犯罪，这表明对运动员使用兴奋剂的行为本身，警方没有调查权。由于所谓的兴奋剂主要是由药品构成的，因此，证实妨害兴奋剂管理罪的存在，往往离不开运动员使用兴奋剂的行为，于是会产生以下的问题：其一，警方违法获得的证据，如果在刑事指控时被法院依法排除，其是否可以成为兴奋剂违规处罚的根据？其二，即使这种证据未在审判时被排除，甚至其取得方式完全合法，就我国目前而言，由于运动员使用兴奋剂不构成犯罪，警方或者法院有没有向反兴奋剂组织移送的义务？当反兴奋剂组织或者体育组织要求提供这种证据时，司法机关是否应当拒绝？其三，反兴奋剂组织或者CAS是否有权根据不法证据处罚运动员？本书以违法获得证据的可采信性为中心，结合CAS的判例、国际仲裁实践、《瑞士国际私法》、《瑞士刑事诉讼法》以及《CAS法典》，试图回答这些问题。

一、概述

（一）反兴奋剂案件证明的复杂性

在反兴奋剂案件中，证明违规行为的证据面临许多法律困惑，主要原因有：

首先，兴奋剂违规的证明，处于实体法和程序法之间的灰色地带。这样，在反兴奋剂案件中，需要证明的特定事项的性质，在不同的成员国有不同的定性，从而使证明问题变得极其复杂。对于反兴奋剂案件所涉及的有

① 参见最高人民法院《兴奋剂解释》。

关事项,成员国的法律有时成为决定其属于实体法问题(比如,向仲裁庭提供的证据或者证明标准),还是属于程序法问题(比如,对仲裁庭获得的有关证据的可采信性或者评估)的根据。不过,这些事项很可能既有实体法的性质,也有程序法的性质,即其处于两者之间,这样,在处理案件时,极易产生争议。

其次,WADC设立的证明体系通常被视为一种私人协议制度,它依赖于国际单项体育联合会的规则或章程,但是,各个国际单项体育联合会的规定,往往不统一,各成员的法律制度对个人自愿选择的限制也不相同,这导致反兴奋剂案件的证明极易偏离国际仲裁中的一般证据原则。简单来说,反兴奋剂案件中的证据问题涉及许多复杂的法律因素,包括实体法、程序法、私人协议制度以及国际仲裁原则等。这些因素的交织使得证明问题变得极为复杂和棘手。

最后,由于解决这些问题的法律依据以及当事人选择的证据法,具有私法性,也就是说,其是当事人恣意性的选择,也为进行相应的判例法研究,设置了很大的困难。在反兴奋剂领域内,证明问题极为复杂,还有以下的原因:其一,如前所述,使用兴奋剂的行为非常复杂,即其可能是故意使用的,也有可能是通过食物或者饮用水意外摄取的;其二,反兴奋剂工作具有跨国性,即国际单项体育联合会管辖的运动员分处于不同的国家,这无疑为反兴奋剂案件的证明带来了困难。为此,需要将证据问题解构,即将其区分为"实体法"和"程序法"两个方面的问题,这有助于协调在反兴奋剂领域内出现的上述冲突。

(二)证明问题的冲突

对于特定的证据问题,目前一些主要国家的定性明显不同。然而,如前所述,反兴奋剂工作具有国际性,从现实的角度看,要对这些行为进行定性或者处理,只能按照某一标准进行,即只能适用某个国内法。

首先,从立法的角度看,各国的证据法及其适用情况存在明显的区别,甚至其法律概念都不一样。这样,对于同一个行为,不同国家的法律通常规定了不同的举证方式或者责任形式,从而导致证明的手段和结果完全不一样。

其次,就证据而言,其处在程序法和实体法之间,经常被定性为"脚踏两只船",故各国对此的规定很容易发生冲突,造成国际社会很难对每个问题进行统一定性。此外,将兴奋剂纠纷统一提交CAS仲裁,并不能完全解决这种分歧所带来的问题,道理很简单,每个仲裁员在进行仲裁时,不仅要遵守规制仲裁程序的法律,还要尊重处理纠纷的准据法。

最后,在国际民事仲裁实践中,CAS 通常认为证据法的很多内容非常特殊,因此,其由《CAS 法典》和有关的准据法进行规制。对于证据的采信手段、举证的形式、程序时间限制以及证据的评估等问题,尤为如此。然而,对于证明的主要问题,即举证负担的分配和证明标准的高低,其地位或者性质目前尚未确定,还存在一定的法律冲突,比如,在民法法系的仲裁法中,举证负担通常被视为实体法问题;在普通法系中,却被当作程序法问题。既然 CAS 是根据瑞士的仲裁法进行仲裁的,举证负担的性质在逻辑上应当按照瑞士法的规定确认,即将其视为实体法的内容。这样,当准据法为普通法时必将与其产生冲突。而且,即使准据法为民法法系中的法律,当仲裁员来自不同地区时,也会在仲裁庭内部产生分歧,这无疑会加剧反兴奋剂案件处理结果的不确定性。

不过,与举证负担不同,证明标准非常独特,两大法系通常都认为其是实体法的内容,也就是说,应当根据准据法的规定进行确认或者认定,而不能根据程序法对证据进行评估。

(三)证明问题的解构

既然两大法系之间存在很大的不同,要想缓解其中的紧张关系,就要将需要解决的问题解构。这样,在国际商事仲裁实践中,证据法规制的对象开始分为两部分:一部分属于实体法的内容,另一部分属于程序法的内容。程序法方面的内容,比如,证据的可采信性和举证负担,由仲裁法规制;实体法方面的内容则受制于准据法以及有关证据的一般制度。

在反兴奋剂领域内,将举证负担和证明标准视为实体法的内容,源自国际社会的这样一个共识,即要想创建一个完善的反兴奋剂规则体系,需要采纳整体的或者统一的观念。对于反兴奋剂问题,有关证据的国内法与其背后的实体法的规定应当保持统一。然而,当这种证据法规制的对象适用其他国家的法律时,这种统一性就会受到威胁。

这样,为了形成较为统一的观念,大部分人认为,至少对于与实体法存在密切联系的证据问题,应当由准据法规制。具言之,对于证据问题,实体法的相关前提只有在得到证实的情况下才能适用。对具体的事实而言,举证负担的分配,不能脱离其所依赖的实体法,因为这种负担通常受制于分析结果。此外,举证负担的分配会导致一方当事人的法律地位的提高或者降低。因此,在没有事前确定相关举证负担的情况下,当事人的法律地位不可能被评估,因为在案件的早期阶段,可能还没有足够的证据来支持或反驳某一方的主张。因此,如果在这个时候就对举证负担进行分配,可能会导致不公平的结果。具言之,这主要有三个方面的原因:其一,举证负担的分配通常受到实体法和程序法的影响。这些法律规定可能会因案件的性质和具体情况而有所不同,因此在没有明确的法律依据的情况下,很难确定举证负担的分配。其二,每个案件都有其独特的情况和复杂性。在没有充分了解案件的所有细节的情况下,评估一方当事人的法律地位是非常困难的。其三,为了确保公平和公正,通常需要在充分了解案件的所有相关情况后,才能对举证负担进行适当的分配,并据此评估当事人的法律地位。

将适用法进行解构,即区分为实体法和程序法的做法,在国际反兴奋剂案件中,对不同的证据问题可以直接选择所适用的法律。但是,这种选择有一个前提,即在证据问题上,人们需要对程序法与实体法的划分标准达成共识。在国际民事程序领域内,有人指出,应当考察规制证据规则的主要作用,其是否对结果具有决定性的影响,以及该规则是否与证据的处理程序和方法有密切的关系。这种观点在形式上很有道理,在实践中却很难贯彻实施,毕竟对于证据问题,很难进行严格的程序和实体划分,因为这些问题都相互交织在一起。在世界反兴奋剂体系中,制度的主要功能是解决当事人是否违规的难题。例如,如果实体法规定某一具体事实的证明负担落在一方当事人身上,那么举证程序就会给予这个当事人获取和提供相关证据的机会。这样,当事人就有可能找到支持自己立场的证据。这个制度的目的是确保公平,让每个当事人都有机会证明自己的清白。

一些学者认为仲裁庭应该制定自己的证据制度,但是,仲裁庭在处理案件时,不应该仅仅依赖于某一特定法律或规定来决定案件。相反,应该根据案件的具体情况和性质,结合适用的实体法和程序法,来制定和应用自己的证据制度。这样可以确保仲裁的公平性和公正性,同时能更好地适应各种复杂和多变的案件情况。也就是说,他们认为,仲裁庭在决定举证负担的分配时,应该考虑到仲裁时适用的实体法和程序法,以及争议的具体问题的性质。主要理由有:

首先,举证负担的分配非常重要,因为它决定了哪一方当事人需要承担“错误判断”的风险。这种判断并不是法院在了解某个案件的具体情况后做出的,而是需要在事前以抽象的方式确定。也就是说,法院需要从整个法律体系的角度出发,考察某种做法在整体上是否公平,并经过详细的论证后才能确定举证负担的分配。如果仲裁庭在处理案件时过于主观或任意,可能会导致法律的可预测性受到破坏,使得当事人在提起仲裁或上诉之前无法评估自己诉求成功的概率。总之,在处理仲裁案件时,需要对举证负担的分配进行事前的、抽象的、全面的考虑,以确保法律的公平性和可预测性。

其次，对于反兴奋剂问题，如果对每个个案进行独立分析并采取不同的处理方式，则会违反平等原则，因为所有运动员都受制于同一反兴奋剂制度，毕竟各个成员国以及各个国际单项体育联合会，执行的也是《世界反兴奋剂条例》的规定。固然，制定一个统一的法律体系或做法可能存在一定的风险，但是，这并不妨碍通过制定一些方法来确定处理这个问题的标准或逻辑，最大限度地降低主观任意性的风险。有学者提出了一种解决方案：与反兴奋剂证据有关的实体法方面的内容应受准据法的约束，程序方面的内容应受仲裁法的约束。这可能是目前最好的折中办法。简单来说，在处理反兴奋剂问题时，需要平衡个案分析和统一法律体系之间的关系，以确保公平性和减少主观任意性。

国际体育仲裁法庭为了确保规则的统一性和公平性，制定了自己的仲裁法典，并保留了在程序上的自由裁量权。通过具体的国际仲裁案件，CAS 详细解释了这些有关证据的法律原则和规则，及其是如何在实际中被应用的，从而使这些理论得以具体化。从 CAS 判例的角度看，已经形成了以下证据规则或者原则：其一，强调个人自治权的作用。无论是程序性的（如证据应如何收集和提供），还是实体性的（如何定义违规行为）规则和原则，如果反兴奋剂规则中的具体证据制度背离了这些原则或规则，都应当尊重当事人的自治权。也就是说，每个人都有权利在法律允许的范围内自由地行使自己的权利。这样，每个国际单项体育联合会的规定，就非常重要了。其二，成员国的规定也不容忽视。法律事实需要证明，而证据本身就是事实或客观存在。然而，“事实”的定义却是一个复杂的问题。学界既无法在宏观上给出明确的定义，也无法在微观上划清其边界，因此，运动员所在的成员国的理解非常重要，毕竟这构成运动员理解事实的文化环境。比如，假设某运动员被指控使用了兴奋剂。在这种情况下，需要证明的“法律事实”可能包括运动员是否真的使用了兴奋剂，以及他是否知道自己在使用兴奋剂。这些事实需要通过证据来证明，比如尿液测试结果、医疗记录，甚至是其他人的证词等。然而，“事实”的定义可能会因为各种因素而变得模糊，比如尿液测试结果的准确性可能会受到质疑，或者证人的证词可能会因为记忆偏差或误解而变得不可靠。这就使得确定“事实”变得非常复杂，从而增加了处理反兴奋剂案件的难度。这样，成员国规定的、举证的法律负担如何在当事人之间分配，就成了解决这个问题的关键，而且，这还决定与之相关的证明标准问题，因为证明标准的大小往往取决于证据负担的分配。这样，在一定程度上，举证的法律负担和证明标准实质上是同一个问题,只是表现形式有所不同。

随着我国通过《刑法修正案(十一)》以及最高人民法院的解释,将诸如妨碍兴奋剂管理、生产、销售、组织使用兴奋剂,以及通过兴奋剂进行考试作弊等行为犯罪化,[①]警方不仅可以通过传统的侦查手段(比如搜查和没收),而且可以借助现代通信技术(比如大数据和云计算),调查兴奋剂违规行为。然而,世界反兴奋剂机构制定的《禁用清单》所列举的物质,几乎全都是药品,这样,离开了运动员使用兴奋剂的其他行为,比如教唆或者引诱他人使用禁用物质等行为,通常既不具有社会危害性,也没有反伦理性。所以,刑法禁止的适用对运动员使用禁用物质的行为有严重的依赖。不过,警方获得这方面的证据,只能用于指控上述犯罪,原则上不能作为处罚运动员违规的根据,否则构成非法证据。[②] 这一点或许存在很大的争议。比如,我国警方怀疑某一运动员使用兴奋剂而在夜间对其住宅进行搜查,发现其家里面有类固醇之类的禁药,随后调查出是谁出售给他的,从而追究生产、销售兴奋剂行为的刑事责任。这就产生了一个问题,警察在没有任何初步证据的情况下,有搜查运动员住宅的权利吗?

接下来探讨这样一个问题:反兴奋剂组织能否基于非法证据处罚运动员?本书以非法证据的处理为中心,结合国际仲裁实践、瑞士法的规定以及 CAS 的判例,试图回答上述问题。

二、排除规则与保留规则的博弈

在反兴奋剂工作中,经常出现所谓的非法证据,如在孙杨案中,CAS 和世界反兴奋剂机构强调,即使检查官违反了法定的通知程序,运动员也必须接受检查,随后可以投诉。如果投诉属实,检查官采集的样本原则上则成了非法证据。对于非法证据,传统的法律比较宽容,比如,19 世纪,英国法院在判决中指出:“不管通过何种方式获得的证据,即使是偷来的,也不妨碍其之可采信性!”[③]然而,当前的证据规则通常要求证据的形式和取得方式,不得违反强行法,因此,逻辑上很容易得出非法证据应予排除的结论。[④] 这样,对违法取得的证据(非法证据),目前存在两种截然不同的态

---

① 参见《刑法修正案(十一)》与最高人民法院《兴奋剂解释》。

② See Edna Sussman, *All's Fair in Love and War-Or Is It? The Call for Ethical Standards for Counsel in International Arbitration*, Transnational Dispute Management, Vol. 7, p. 2(2010).

③ R. v. Leatham, (1861) 8 Cox C. C. 498.

④ See McKay R. B., *Mapp v. Ohio, The Exclusionary Rule and the Right of Privacy*, Ariz. L. Rev., Vol. 15, p. 327 (1973); Quantana M. A., *The Erosion of the Fourth Amendment Exclusionary Rule*, Howard Law Journal, Vol. 17, p. 805(1971).

度,即所谓的排除说和保留说,他们争议的焦点主要有以下三个方面:

(一)预防违法

排除说认为,保留非法证据,很难威慑取证过程中出现的违法行为;相反,否定非法证据有助于预防通过不正当的手段收集证据,因为排除规则具有以下三种预防违法的功能:①

其一,特殊预防。排除规则否定非法证据,不仅可以在一定程度上救济或者肯定取证行为所侵犯的权利,而且能警告行为人,通过这种方式获得证据是一种无用功,根本不会产生预期的收益,从而使行为人对违法行为产生厌恶感。行为人在收集证据时,就会谨慎行事,不会实施冒险或者极端的行为。这样,排除规则具有防止违法,鼓励或者期待行为人积极守法的社会效果。②

其二,一般预防。排除规则除了对违法取证人产生吓阻效果,还对处于违法行为人同等地位的其他人形成威慑。③ 具言之,排除规则否定非法证据的结果,会以信息的方式,在社会上传播。其他人了解了该信息,为了防止自己收集的证据被否定,就会自动遵守法律。此外,排除规则通过否定非法证据的效力,还向社会传达对违法取证行为的谴责,这有助于培育人们守法的习惯,形成良好的行为模式,从而在现实中自动遵守法律的规定。

其三,系统预防。排除规则通过否定非法证据,使违法取证行为的目的落空,还会让执法机构重视调查标准,由其督促具体执法人员依法取证。④ 具言之,由于非法证据会被排除,诸如反兴奋剂组织或者警局就会改变执法模式,对工作人员的检查或者收集证据的行为提出要求,监督他们遵守法律,至少不能敌视合法收集证据的行为。而且更为重要的是,这还会使他们重视法律培训,防止工作人员实施违法行为,从而在执法机构系统内部解决非法证据问题。

---

① This is called the "Unitary Model of Government". See Bıçak Vahit, *A Comparative Study of the Problem of the Admissibility of Improperly Obtained Evidence* (*Ph. D. diss.*), University of Nottingham, 1995, p. 66.

② The fist two types were identified by Oaks, *Studying the Exclusionary Rule in Search and Seizure*, University of Chicago Law Review, Vol. 37, p. 665 (1969). And the third is mentioned by Mertens & Wasserstrom, *The Good Faith Exception to the Exclusionary Rule: Deregulating the Police and Derailing the Law*, The Georgetown Law Journal, Vol. 70, p. 394 (1981).

③ See Oaks, *Studying the Exclusionary Rule in Search and Seizure*, University of Chicago Law Review, Vol. 37, p. 665 (1969).

④ See Mertens & Wasserstrom, *The Good Faith Exception to the Exclusionary Rule: Deregulating the Police and Derailing the Law*, The Georgetown Law Journal, Vol. 70, p. 399 (1981).

然而，保留说认为，排除非法证据不仅不具有预防违法的功能，而且会鼓励违法的发生；相反，承认非法证据更有利于预防违法行为，具体理由有：

第一，排除规则是否具有预防或者威慑违法取证行为的效果，缺乏实证根据。排除说认为，否定非法证据可以吓阻违法取证行为，但是否有这样的效果，是有疑问的。在历史上，曾有学者对刑事法中的排除规则进行实证研究，结果发现，这种预防效果并不明显。他们甚至指出，寄希望于借助排除规则阻止不法收集证据的行为，是不现实的。① 就兴奋剂监管而言，即使存在排除规则，犯罪嫌疑人或者运动员对收集证据的行为之违法性，负有"初步的证明义务"。而警察或者反兴奋剂组织的工作人员，也很容易在长期的"执法实践"中积累很多掩盖违法行为的经验，造成排除规则很难适用，这会导致排除规则失去威慑力。此外，当事人权利观念或者法治观念有一个逐渐提高的过程，因此，即使违法收集证据的行为减少了，也不能由此得出他们是因为担心非法证据被排除而放弃违法的结论。既然没有实证根据，则很难以威慑效果证明排除规则的正当性。

第二，即使排除规则有威慑效果，也只能适用于违反权利保障性规定的行为，而对于程序性违法，由于违法取证行为与获得证据之间往往缺乏目的上的因果关系，即不是为了获得证据而违法取证，故否定这种证据通常并不具有预防功能。例如，警察在缺乏足够证据的情况下（如不符合逮捕的条件），以涉嫌妨害兴奋剂管理罪"逮捕"犯罪嫌疑人，后者随后承认有罪，这种"口供"就属于非法证据。然而，逮捕通常并非为了收集证据，而是确保审判的顺利进行，否定这种"口供"的可采信性，并不具有预防这种违法行为发生的功能。这样，即使威慑理论是正确的，排除非法证据也很难预防违法行为的发生。

第三，立法者通常关注的是违法行为的类型及其处罚，而不是由此获得的证据如何处理。这样，受过专业培训的工作人员，往往因担心因非法收集证据被处罚（而非因为非法证据排除）而放弃采用违法的方式收集证据，因此，很难说排除规则存在威慑效果。② 比如，作为《世界反兴奋剂条例》附件的《检查和调查国际标准》规定，反兴奋剂组织对其工作人员负有培训的义务，但这种培训通常只局限于反兴奋剂规则本身以及违规后果，

---

① See Billy Jr. M. & Rehnborg Jr. G. A., *The Fourth Amendment Exclusionary Rule-Past, Present, No Future*, American Criminal Law Review, Vol. 12, p. 103 (1975).

② See Oaks, *Studying the Exclusionary Rule in Search and Seizure*, University of Chicago Law Review, Vol. 37, p. 731 (1969).

而不是相关证据的命运。事实上,将特定收集证据的行为规定为违法行为后,申请人之所以遵守,更多的是因为担心自己受到处罚以及因相对人的不配合而产生麻烦,而非出于对排除规则使证据被排除的畏惧。① 此外,基于"诚信例外"原则,当工作人员误认为其行为合法时,可能会使非法证据得以保留,故其有鼓励人们不知法的嫌疑。②

第四,恰恰相反,保留非法证据更有利于预防违法。因为接受非法证据则意味着这会提高违法行为被发现的风险,增加违规之人受处罚的可能性,从而给其产生一种"法网恢恢疏而不漏"的印象,为了避免处罚,他们就会放弃违规的想法,故这有助于减少违规的发生。至于排除说的上述根据,仅仅是一种幻想或者猜测。

面对保留说的质疑,排除说反驳说:其一,保留非法证据是否能减少违规的发生,同样有问题,因为这也没有实证根据,而且,这种观点还将裁判程序运行的某一结果等同于其社会价值,令人无法接受,因为很难说运动员被认定为违规比被认定为未违规更好,关键看程序运行的质量。其二,保留说还有悖于"无罪推定原则"。保留说有一前提,即运动员实施了违规行为,这也构成违法收集证据的根据,显然这是一种"有罪推定"。基于现代法治所强调的"无罪推定原则",在没有认定运动员违规之前,是不能假设这一前提的。既然收集证据的行为违法,又没有正当化事由,接受非法取得的证据,与法治精神不符。③ 其三,仲裁庭使用违法获得的证据认定案件的事实,则意味着其事前容忍甚至鼓励当事人通过违法的方式收集证据。于是,仲裁庭构成非法收集证据行为的"共犯",④这至少属于渎职

① See Wilkey, *Constitutional Alternatives to the Exclusionary Rule*, South Texas Law Journal, Vol. 23, p. 531(1982); Also see Schroeder, *Deterring Fourth Amendment Violations: Alternatives to the Exclusionary Rule*, The Georgetown Law Journal, Vol. 69, p. 1361(1980); Billy Jr. M. & Rehnborg Jr. G. A., *The Fourth Amendment Exclusionary Rule-Past, Present, No Future*, American Criminal Law review, Vol. 12, p. 507(1975); MacDougall, *The Exclusionary Rule and Its Alternatives-Remedies for Constitutional Violations in Canada and the United States*, The Journal of Criminal law and Criminology, Vol. 76, p. 608(1985); Foote, *Tort Remedies for Police Violations of Individual Rights*, Minnesota Law Review, Vol. 39, p. 483(1955).

② See Jensen & Hart, *The Good Faith Restatement of the Exclusionary Rule*, The Journal of Criminal Law and Criminology, Vol. 73, p. 916(1982); Kamisar, *Gates, Probable Cause, Good Faith and Beyond*, Iowa Law Review, Vol. 69, p. 551(1984).

③ See Nesson, *The Evidence or the Event? On Judicial Proof and Acceptability of Verdicts*, Harvard Law Review, Vol. 98, p. 1357(1985).

④ See Bennett, *Judicial Integrity and Judicial Review: An Argument for Expanding the Scope of the Exclusionary Rule*, UCLA Law Review, Vol. 20, p. 1137(1973).

或者滥用职权的行为,法治理念不可能容忍。①

(二)维护法秩序的统一性

排除说认为,从法教义学的角度看,保留说实际上意味着可以为了维护特定法规范的权威性而否定其他法规范的效力,这显然有悖于法律的统一性原则。在正常情况下,法规范之间没有高低之分,他们共同结成一张法网,除非在特殊情况下,各个法规范都是平等的。这里的特殊情况,主要包括上位法可以否定下位法、特殊法优于一般法以及授权法领先于法律禁止等。非法证据往往涉及两个法律禁止,这两个法律禁止地位通常相同,并不属于上述特殊情况。因此,保留规则无疑否定了规范之间的平等性,只有排除非法证据,才能重申法秩序的统一性,否则,这不仅是"以恶制恶",还违反了"违法不得获利原则",因为认可非法证据是对违法行为的一种变相的肯定或者奖励。②

保留说反驳说:一则,既然法律规范之间是平等的、统一的,排除非法证据同样存在放纵违规行为的嫌疑,即排除规则同样违反平等原则和法律统一性原则。二则,由于被指控的事实是否真的存在,属于既定的事实,并不受收集证据行为违法与否的影响,而且承认非法证据的证明力,不是说收集证据的行为合法或者不应给予处罚,只是具体案件不予关注而已。三则,仲裁的目的是确定特定的事实,从而判断申请人的诉求是否成立,至于收集证据的行为违法与否,与该仲裁目的缺乏关联性,它们属于不同的案件。四则,仲裁庭对获取证据的行为即使有调查权,也没有处罚权,除非法律或者仲裁协议有明确规定;否则,判断取证行为违法并给予处罚,构成越权仲裁,是无效的,所以,收集证据的行为是否违法,不是具体案件所要解决的问题。总之,仲裁庭基于证据收集行为之违法性而否定证据的证明价值,不仅于法无据,而且还存在混淆主题的嫌疑。

保留说的上述观点源于违法的"碎片性"理论。这种理论认为,既然法律禁止的行为是立法者按照一定的标准(如保护法益与比例原则)选择的结果,因此违法乃至犯罪通常缺乏连续性,是一种孤立的存在。这样,建立在法律禁止之上的仲裁请求也应有碎片性的特征,仲裁庭只能审查当事人通过协议选择的、申请人提出的请求,不能解决与该请求无关的其他违法行为。基于此,既然违规取证者和被调查者双方都实施了违法行为,如果适用排除规则,则很难解释为什么被调查者会因此而获得违规的权利?

---

① See Kamisar, *Is the Exclusionary Rule an Illogical or Unnatural Interpretation of the Fourth Amendment*, Judicature, Vol. 62, p. 83(1978).

② See Mapp v. Ohio, 367 U. S. 643(1961).

与之相反，保留说认为，两者既然都违法，都应当依法承担相应的责任，故二者互不影响。获得证据的行为可能违法，或者侵犯公民人格权，但这与启动仲裁程序的行为（用非法证据证明的行为）是两回事。基于违法“碎片性”理论，原告在收集证据或者进行调查时，当然应当遵守相应的行为标准，只不过当其违法时，对其进行独立的指控就可以了，并不影响所获证据的价值，因为保留非法证据与处罚证据收集者的违规行为之间不矛盾。

排除说反驳说，现代法律采用法官（或者裁判员）与证人区分的立场，比如，不允许法官根据自己生活中碰巧看到的场景，确认案件的事实，所以，法官无论如何都无权在公交车上通过简易程序，处罚那些横穿马路的行人或者逃票的乘客。① 这表明查明案件真相的价值并不是绝对的，而应当在法律允许的范围内进行。约束调查程序或者收集证据行为的规则，与上述限制法官权利的法律或者习惯一样，也应当受到尊重。② 保留说主张非法证据的处理可以构成这项原则的例外，是没有根据的。

（三）保护法益

一般而言，法律禁止的目的，在于保护法益，这也是其可以剥夺或者限制人们自由的正当化根据。排除说认为，从保护法益的角度看，应当否定非法证据的证明价值，主要理由有：

其一，取证行为违法意味着该行为会侵犯他人的法益，保留非法证据至少反映对违法取证行为的部分认可，即对侵犯法益的行为有一定程度的容忍，这不利于杜绝此类行为的发生。仲裁裁决的效力虽然建立在客观事实的基础之上，但是，其还应当尊重正当程序，而正当程序的核心诉求就是保障当事人的权利。即使保留非法证据会减少违规的发生，有助于保护法益，但在取证之时，这种预防功能也仅仅是一种猜测或者类推，具有抽象性，因为取证时并不能肯定一定存在违规行为。另外，违规行为已经存在，违法取证行为并不能避免其发生，而违法取证行为造成的法益损害却是具体的、现实的。以具体的法益侵害保护抽象的法益，显然等于承认“抽象的危险犯”，因此有悖于法益的理论。

其二，在体育领域内，以 WADA 为代表的反兴奋剂组织，不仅制定反兴奋剂制度，而且监督该制度的实施，实际上相当于“政府”，故其违法与运动员违规不可同日而语。正如布兰迪斯法官在奥姆斯泰德案的判决中

---

① See Wigmore, *Using Evidence Obtained by Illegal Search and Seizure*, American Bar Association Journal, Vol. 8, p. 479 (1922).

② See Bıçak Vahit, *A Comparative Study of the Problem of the Admissibility of Improperly Obtained Evidence* (*Ph. D. diss.*), University of Nottingham, 1995, p. 91.

所言,政府是个能力超常、无处不在的“老师”,其之违法如污染了水源,民众必然滋生对法律的蔑视,这不利于法益保护,因此违法收集的证据必须予以排除,否则,必产生司法信任危机。排除非法证据并非单纯地惩罚举证之人,主要是使违法收集证据的行为的目的落空,这无疑有助于培养人们守法或者信守承诺的习惯,维护体育诚信。

其三,保留说还忽视了裁判的伦理价值。社会或者国家之所以赋予仲裁机构裁判权,源于其依法进行公正裁判,这也是其可以对个人科处痛苦性或者侮辱性处罚的根据。因此,裁判的正当性不是无条件的,而是受制于很多要素,比如公正、廉洁以及合法。仲裁庭接受非法证据显然有悖于此,即当其容忍甚至鼓励违法取证行为时,社会有理由怀疑其作出的裁决的正当性。①

与排除说不同,保留说认为承认非法证据,更有利于保护法益,主要理由有:一则,保留非法证据,有助于仲裁庭查明案件的事实,对违规行为进行处罚,这既是对 WADC 所建构的法秩序的正面肯定,也是对相关法益(比如其他运动员的无药比赛权)的保护。排除说反驳说,这有鼓励反兴奋剂组织“违法”的嫌疑,极易造成违规取证的泛滥,因此,保留说不可取。二则,反兴奋剂组织为了证明运动员违规而违法收集证据的确不妥,但是,这是运动员造成的。如果运动员不实施违规行为,反兴奋剂组织也不会违法收集证据,因此,如果要谴责反兴奋剂组织违法收集证据,那么,首先应当谴责运动员的违规行为。易言之,违法获得的证据侵犯了运动员的合法权利,但是,运动员违规行为同样侵犯了他人的权利(比如其他运动员的公平比赛权),而两者相比,后者显得更为重要,所以,排除非法证据是有问题的。此外,保留非法证据意味着当局有可能动用所有的手段收集证据,这会导致行为人不敢、不愿从事违规行为,故保留说更有利于法益保护。②三则,排除规则会严重打破当事人双方的平衡,恶化证据提供人的地位,忽视了国际仲裁所普遍存在的举证难的问题。这样一来,对运动员的违规行为没有限制,事后运动员还可以采用各种方法遮掩。所以,反兴奋剂组织的取证行为不应受到过分的限制,否则,违反“武器平等原则”。尽管反兴奋剂组织违法是不妥的,但考虑到运动员违规在前,故从合同的角度看,应当平等对待。如果基于证据来源违法而不予处罚运动员的违规行为,无异于采用双重标准,即只允许运动员单方面违约,显然有悖于公平原则。

---

① See Zuckerman, *The Principles of Criminal Evidence*, Clarendon Press, 1989, p. 344.

② See Choo, *Improperly Obtained Evidence: A Reconsideration*, Legal Studies, Vol. 9, p. 266 (1989).

保留说指出,司法诚信理论虽然不会强制性地排除所有非法证据,但其存在滥用的可能,导致出现技术性无罪的问题,从而扭曲目前的反兴奋剂制度。一则,这很可能造成当事人一方(如运动员)对收集证据的行为吹毛求疵,而不是将精力放在事实与法律上。这既无助于规范建设,也不是对运动员的有效救济,而社会却有可能因此付出很大的代价。① 二则,从查清事实真相的角度看,证据的取得方式即使违法,也不妨碍其证明价值,排除这种证据,很容易影响裁判者接近案件事实,毕竟这会减少证据的总量。

总之,排除规则与保留规则相同,既有正当性,也存在很多的问题,即从理论上讲,很难说谁更有道理。

三、保留规则的根据

通过排除规则与保留规则的博弈,不难看出,尽管前者似乎更占上风,但从教义法的角度看,世界各国对非法证据的处理分歧很大,甚至在国际的层面上,保留规则明显优于排除规则,主要原因有:

(一)正当化的根据:帕克规则

国际仲裁对非法证据拒绝采用排除规则,主要规范根据为"帕克规则"。② 该规则认为,仲裁庭的仲裁权建立在当事人协议的基础之上,这表明当事人之间有合作的义务。也就是说,参与仲裁的当事人都有义务向仲裁庭提供自己控制的、与仲裁事实有关的证据,以便使仲裁庭了解事实的真相,从而依法作出裁判。如果一方当事人不提交自己控制的证据,另一方当事人通过违法的方式"协助"其提交,虽然这构成违法,但并不妨碍证据的证明价值,因为该证据本应提供给仲裁庭,这也是仲裁庭可以主动调查取证、转移举证负担或者强制当事人提交证据的原因。

在现实中,与法院不同,仲裁庭一般缺乏迫使当事人提供证据的强制

---

① See Bivens v. Six Unknown Federal Narcotics Agents, 403 U. S. 338 (1971); Posner, *Excessive Sanctions for Governmental Misconduct in Criminal Cases*, Wash. L. Rev., Vol. 57, p. 635 (1982).

② See K. Raman & W. M. Reisman, *Nullity and Revision: The Review and Enforcement of International Judgments and Awards*, American Journal of International Law, Vol. 66, p. 201 (1972). 关于披露证据的国际责任,出现在1927年States-Mexican General Claims Commission案中,索赔委员会认为,"为了揭示事实的真相,被申请人有义务提交其所掌握的一切证据",并宣布该当事人是主权国家,它们有义务在每一个案件中充分披露事实,只要这些事实在他们所知晓的范围内或者他们能够合理地确定。因此,委员会有信心相信每名代理人都会将每宗案件他所能合理查明的所有事实摆在委员会面前,不论其影响如何。帕克案的规则已获很多仲裁机构的认可。

性措施，因此，很多人批评“帕克规则”是一种空洞的要求，缺乏实际意义。然而，这种批评却忽视了该规则对非法证据处理的影响。对非法证据而言，尽管取证行为违反了法律禁止或者侵犯了他人的权利，但是，被害人不主动提供相关证据的事实（不作为），也有违法性，即触犯了“帕克规则”。一方当事人将本应由对方当事人提供的证据，通过违法的方式“帮助”其提供，其构成民法上的自助行为，即具有阻却行为违法性的功能。于是，这种非法证据成为技术违规性证据，故仲裁庭通常不否定这种证据的证明价值，除非这种取证行为造成的危害过大，以至于现代社会无法容忍时，才能构成例外。

这样，在一般情况下，仲裁庭只关心“违法”对相关证据真实性和关联性的影响，至于其他的后果，往往不予关注，因为仲裁庭对案件的处理权受制于仲裁协议，而法律的权威性不是该协议所考虑的范围。特别是，仲裁制度更强调自由主义和形式主义的理念，故对违法获得的书证、物证、证人证言以及视频资料，仲裁庭通常都予以接受，对排除规则几乎没有兴趣。①

（二）现实根据：国际裁判制度与举证困境

不同于国内案件，国际社会之所以对非法证据比较宽容，还与国际仲裁制度的特点以及普遍存在的所谓的“原告的举证困境”有关。

首先，不同于大陆法系，英美法系通常对证据的来源要求比较严格，即对非法证据一般采用排除规则，究其原因，正如一位仲裁员所指出的那样，②英美法存在法官与陪审团的分工，前者关注法律问题，后者关注事实问题。法官虽然根据证据规则，可以决定证据的范围，即决定何种证据可以提交陪审团，但证据的证明力却由陪审团决定。由于陪审团的成员通常没有受过专业培训，很容易受到当事人尤其是律师的误导，因此，法官往往通过排除规则，以事前否定非法证据的方式，减少甚至消除上述风险。然而，CAS 的仲裁员基本都是由受过专业培训的律师或者法律专家组成，他们处理过大量的案件，有能力自行判断证据的可采信性，并不存在被误导的危险，因此，非法证据无须被事前排除。③

---

① See Mtmoire du Gouvernement de la Confbderation Suisse, 1959 ICJ Pleadings (Interhandel) 79, 128 (Memorial dated March 3, 1958); 10 R. Int'l Arb. Awards at 751.

② See Case concerning Antonio M5. ximo Mora (Spain v. United States), 16 Record, Opinions and Decisions, United States-Spanish Mixed Claims Commission, Decision No. 48 (1871).

③ See Malcolm N. Shaw, *Rosenne's Law and Practice of the International Court*: 1920 – 2015 (*Vol.* 3), Brill Nijhoff, 2016, p. 257.

其次,国际仲裁员往往与当事人的国籍不同,或者他们处于不同的生活共同体中,因此,约束当事人的法律一般很难限制仲裁员的行为,再加上仲裁员通常对取证行为所触犯的法律以及其实施情况不熟,因此,即使忽视当地法律对收集证据行为的约束,也没有太大的社会压力和精神负担。① 再加上当事人处在不同的主权国家,根据既定的标准拒绝非法证据,会非常敏感。② 正是出于上述原因,在仲裁协议没有明确规定的情况下,仲裁庭往往以背离裁判的主题为由,不重视取证行为的违法性,而将其注意力更多地放在证据的真实性和关联性上。至于取证行为的违法性,主要由仲裁程序内在的运行机制控制。

最后,就国内的仲裁或者诉讼而言,申请人不仅有可能借助警察的搜查权或政府的强制权获得证据,而且,由于当事人双方处在同一个生活共同体中,总有各种各样的机会获得对方行为的信息。国际纠纷与之不同,当事人之间的联系非常弱,除签订的协议外,他们很难依靠自己的力量,收集对方行为信息。如果对证据的形式或者来源要求过严,很可能恶化权利被侵害方的仲裁地位。反兴奋剂案件尤为如此:一则,运动员的违规行为比较隐蔽,受害人或者第三人通常不在现场,缺乏发现违规的机会;二则,使用兴奋剂往往是团队合作的结果;三则,使用兴奋剂非常便捷,还极易掩盖,因此,采用合法的手段获得证明运动员违规的证据,非常困难,这也是WADA 不顾欧盟的批评制定行踪规则的原因。

(三)教义法根据:从瑞士法到 WADC

就国际体育仲裁而言,虽然其原则上不受瑞士法约束,但由于瑞士联邦法院有审查仲裁裁决的权力,因此,仲裁庭不会不考虑瑞士法的态度,以防止其裁决因违反瑞士程序性的公共政策而被撤销。③ 然而,可以直接约束 CAS 仲裁裁决的《瑞士联邦国际私法》,并未规定非法证据问题,不过,《瑞士民事诉讼法》第 152 条将非法证据区分为技术性违规证据与狭义的非法证据(以下简称不法证据)两种。技术性违规,如违反《道路交通安全法》中按照交通信号灯指示通行的规定。不法证据,是指违反实体法的证据。

① See Mojtaba Kazazi, *Burden of Proof and Related Issues: A Study on Evidence Before International Tribunals*, Martinus Nijhoff Publishers, 1996, p. 208; Malcolm N. Shaw, *Rosenne's Law and Practice of the International Court: 1920 - 2015 (Vol. 3)*, Brill Nijhoff, 2016, p. 257.

② See Charles N. Brower, *The Anatomy of Fact-Finding before International Tribunals: An Analysis and a Proposal Concerning the Evaluation of Evidence*, Cambridge University Press, 1991, p. 148.

③ See Sivasspor Award, p. 35 - 36, Nr. 142.

首先,技术性违规证据通常采用绝对保留规则。《瑞士民事诉讼法》第152条第1款规定,违反民事诉讼程序法所获得的证据,原则上其可采信性不受影响,但是,违反了旨在禁止司法机关实施该行为的除外。这里的"但书"适用的对象为司法机关,比如,法院在未告知拒绝作证权的情况下,证人提供的证言就属于必须排除的非法证据,因为"告知拒绝作证权"本身就是为了防止司法机关以这种手段取得证人证言。反兴奋剂组织与CAS不属于司法机关,因此,《瑞士民事诉讼法》规定的"但书"不构成反兴奋剂案件接受非法证据的障碍。① 正是基于此,WADC第3.2.2条与第3.2.3条规定,样本的管理即使违反了《实验室国际标准》,也不影响样本的证据价值,除非运动员能证明这种违规有可能导致阳性检查结果。

从形式上看,作为WADC附件的《实验室国际标准》与《检查和调查国际标准》,虽然都属于强制性规范,但是,它们仅仅规定了一些程序规则,几乎都不直接涉及运动员的权利问题,违反这些标准通常不触犯普适性的法律,比如《欧洲人权公约》或者成员国的法律。所以,取证行为违反了这种规则,所收集的证据的可采信性通常不受影响,因为这种证据仅仅构成技术性违规证据,除非它们关系到运动员的权利时(比如导致检查结果失真或者样本被污染),才存在非法证据排除的问题。

取证行为违反技术性规则,不影响证据的可靠性,即提供证据的一方当事人并不因为自己"违法"而产生证明问题证据真实性的义务,所以,运动员要想推翻这种非法证据,不仅需要证明反兴奋剂组织(或者其代理人)违法,还要证明这种违法导致该证据(比如样本的分析结果)失去真实性。即使最后问题证据被排除,原因是其缺乏真实性,而不是来源违法,所以,对于这种非法证据,采用的是绝对保留规则。这也是CAS判例法长期以来所坚持的立场,②美国的兰蒂斯案的裁决尤其能体现这一点。③ 在该案中,运动员指出,其尿检呈阳性很可能是其尿样被污染的结果,证据有:A瓶上有不明身份之人留下的标迹,而且,瓶盖好像有动过的痕迹,因此,样本存在被篡改或者受污染的可能,所以检查结果无效。然而,CAS指出,推翻兴奋剂机构的指控,不仅要证明存在诸如程序违法、使用工具或者

① See Pell v. Walker (t/a The Media Group) (Bow County Court,3Dec.) [1997]. p.141.

② See CAS 2009/A/1879, Valverde v. CONI, para. 70, endorsed in CAS 2011/A/2433, Diakite v. FIFA, para. 35; CAS 2010/A/2267 et al., Football Club "Metalist" et al. v. FFU, para. 642.

③ See http://www. usada. org/files/active/arbitration-rulings/Landis% 2Final% 20 (20 - 09 - 07) %20(3). pdf; see Arbitration CAS 2007/A/1394, Landisv. USADA, award of 30 June 2008, at 3 - 5.

方法不当、保管链条有缺陷、实验室成员无资质等现象，而且要证明这种违规已达到严重影响检测结果准确性的程度，否则，即使保管过程有瑕疵，也不能推翻样本具有完整性的假设。尽管仲裁庭承认法国实验室的确存在违反国际标准的现象，也给予其警告处分，但其仍然据此认定运动员构成违规，也就是说，“小的程序瑕疵”本身不足以推翻实验室的分析结果。① 总之，CAS 的判例对排除规则持非常谨慎的态度。事实上，在反兴奋剂案件中，目前尚未出现因为来源违法而使证据被否定的情况。

其次，不法证据适用相对保留规则（或者称为利益权衡原则）。《瑞士民事诉讼法》第 152 条第 2 款规定，违反实体法而获得的证据，原则上应当排除，但其证实的客观事实具有较大价值的除外。根据上述规定，当法院发现问题证据来源违法时，并不会停止对其证明价值的审查，而是仍然会进行考量，只有得出结果无价值的结论时，才否定非法证据。比如，《瑞士民事诉讼法》第 177 条规定，视频资料可以成为证据。如果行为人未经同意而偷偷录制他人的言谈举止的，则触犯《瑞士联邦刑法典》第 179 条的规定（禁止借助录音录像设备录制未经授权的谈话），构成对他人隐私权或者人格权的侵犯。瑞士联邦最高法院解释说，这种视频资料，由于侵犯了被告人的人格权，应视为非法证据。② 至于是否应当排除，不仅要看取证行为是否违法，而且要看是否符合“但书”的规定，即单纯地基于取证行为的违法性，是不会排除非法证据的。《瑞士民事诉讼法》之所以这样做，瑞士联邦法院在判决中解释说，是因为法律未给非法证据设置明确的边界，因此，只要当事人认为有必要，可以向法庭提交任何证据。③ 收集证据的行为即使触犯当前社会公认的法律原则、规则或者判例，非法证据通常也不会被排除。④

2016 年代号为“魔幻熊”的黑客攻击了 WADA 的数据库，俄罗斯以由此获得的信息，为玛利亚·莎拉波娃等运动员的违规行为辩护，几乎没有人指责该证据来源违法，这至少表明，社会更重视事实真相的价值而不是

① See CAS 2011/A/2433, Diakite v. FIFA, para. 28; CAS 2010/A/2267 et al., Football Club “Metalist” et al. v. FFU, para. 648.

② See e. g. Swiss Supreme Court, 8C_239/2008, para. 6. 4. 2; Swiss Supreme Court, BGE/ATF 131 I 272, para. 4. 1. 1. A CAS panel in the Valverde matter referred to this case law, but without analysing this hypothesis further.

③ See Interhandel Case (Switz. v. U. S.), 1959 ICJ REP. 6 (Judgment of March 21).

④ See Alford, Fact Finding by the World Court, 4 VILL. L. Rev. 37, 81 (1958). Cf. M. Hudson, The Permanent Court of International Justice § 520, at 571 (1943).

对法律的遵守。比如,在卡拉图布(Caratube)案中,①申请人以维基解密公开的秘密文件支撑自己的诉求,国际投资争端解决中心(International Centre for Settlement of Investment Disputes,ICSID)指出,除受法律特殊保护的文件外,对方当事人有义务将维基解密披露的文件提交给仲裁庭,尽管其处于保密状态。这反映国际仲裁更重视案件的事实真相,而不是所谓的程序公正或者合法。

四、保留规则的柔性限制:利益权衡原则

不同于技术性违规证据,对不法证据适用保留规则,既存在柔性限制,也存在刚性限制,前者主要是利益权衡原则对保留规则的限制,后者通常为国际公约、条约或者习惯对保留规则的限制。利益权衡原则对保留规则的限制主要体现在三个方面。②

(一)取证行为触犯了实体法

不法证据之所以很难事前规定明确的处理规则,主要是因为其反映了法律冲突或者利益冲突,因此,只有取证行为触犯了旨在保护法益的实体法,才存在非法证据被排除的问题,否则,该取证行为获得的证据可能被评价为属于技术性违规证据。

首先,取证行为触犯的须是具有普适性的法律,而非仅仅适用于当事人一方或者双方的规则;否则,取证行为仅构成违约而非违法。比如,一方当事人违反保密协议而收集证据,当准据法存在相应的法律禁止时,才能对非法证据进行利益权衡;否则,只产生违约责任,不存在非法证据问题。这样,如何确定准据法,就非常重要了。《瑞士联邦国际私法》第 187 条规定:③其一,当事人存在协议的,以其选择的准据法作为判断的标准;其二,当事人未事前选择准据法或者事后未达成协议的,根据密切联系原则确定准据法。

就前者而言,由于当事人事前选择的准据法,主要指向合同的权利与

---

① See Alison Ross, *Tribunals Rules on Admissibility of Hacked Kazakh Emails*, Global Arbitration Review(Sept. 22, 2015), http://globalarbitrationreview.com/news/article/34166/tribunal-rules-admissibility-hacked-kazakh-emails/.

② See Rigozzi A. & Quinn B., *Evidentiary Issues before CAS*, in Michele Bernasconi ed., International Sports Law and Jurisprudence of the CAS – 4th Conference CAS & SAV/FSA Lausanne, Editions Weblaw, 2012, p. 45.

③ 准据法是当事人选择的、处理案件所适用的法律;未选择的,适用与该案存在密切联系的法律(即实体法,包括公法与私法)。Bernhard Berger & Franz Kellerhals, *International and Domestic Arbitration in Switzerland*, 2nd edition, Stämpfli., 2010, §1278; Girsberger & Voser, p. 342, Nr. 1358.

义务,很难适用于取证行为,以此为标准判断证据来源是否合法,显然是对准据法调整对象的不当扩张。这样,对于评价问题证据的准据法,只能适用《瑞士联邦国际私法》第187条第2款规定的密切联系原则,即当事人的营业地,惯常居住地,获得证据的行为地、结果地,被指控的违法行为发生地或者当事人的特别约定的地区或者国家的法律,都可以作为评价取证行为的准据法。这意味着上述地区的法律中只要有一个不禁止取证行为,仲裁庭就有可能否定证据来源的违法性,而不再进行所谓的利益权衡。① 比如,在富斯马洛希(Fusimalohi)案中,《星期日泰晤士报》的记者假扮为中介人与申请人(国际足联的官员)联系,声称如能帮助美国某城市获得世界杯的举办权,会给予其丰厚的经济回报。申请人不仅答应了对方的要求,而且讲述了具体的操作过程以及自己的作用。记者将谈话进行了秘密录音和录像,随后通过媒体向社会披露,揭示世界杯申办过程中存在的腐败。国际足联以卧底记者获得的视听资料为据,对国际足联的官员进行了处罚。该官员不服诉至CAS,认为这种录音与录像未经自己同意,侵犯了其隐私权,也妨碍了个人私生活不受干扰的权利,因此属于非法证据,应当予以排除。仲裁庭不同意申请人的主张,理由是,根据英国法(而非《瑞士联邦刑法典》第179条),不同于一般公民,媒体有为社会充当"看门狗"的功能,因此,记者未经许可对其谈话进行录音录像,不构成违法,这里不存在非法证据是否应排除的问题。然而,由于申请人的上述谈话,是卧底记者采用欺骗的方式获得的,所以构成非法证据。其之可采信性需要进行利益权衡。

其次,违法取证行为与获得证据之间有因果关系。这要求证据之取得与违法取证行为之间存在逻辑上的联系,即获得证据至少是违法行为所追求的目的之一,否则,也无须进行利益权衡。这一条件除了肯定技术性违规证据,还要防止以利益权衡原则为由,否定以下非法证据:

其一,第三人违法获得的证据。由于证据的获得人不受仲裁协议约束,仲裁庭无权要求第三人遵守法律,所以,对于这种非法证据,无须进行利益权衡。比如维基解密违法获得的证据,虽然来自违法行为,但这种违法与当事人无关。当然,仲裁程序的当事人参与、协助、煽动或鼓励的除外。不过,这种制度极易被滥用,比如,一方当事人将自己窃取的另一方当事人的邮件,提供给与本案无关的第三人在网上披露,破坏该信息的特权性或者秘密地位,随后在仲裁中以此为证据,提起相应的指控,这势必严重

① See Girsberger & Voser, p. 359, Nr. 1417.

危及对方当事人的平等对待权,造成仲裁结果的不公平。对此,只能借助程序性的公共政策进行救济,然而,出于自身利益的考虑,仲裁庭有可能以自由裁量权为由,对此漠不关心。这不仅很容易扭曲当前的纠纷解决制度,使其合理性蒙上一层阴影,而且会动摇反兴奋剂领域内所倡导的“法治”原则,导致反兴奋剂运动的当事人的关系进一步失衡。

其二,偶然获得的证据。比如,在阿拉迪斯(Alladice)案中,警方在询问被告人时,没有告知其法律质询权。[①] 法院指出,这并不妨碍由此所得口供的证据价值,这项规定虽然旨在于保护权利,但警方的违法行为并不是为了获得证据。被告人要想根据排除规则否定口供的证明价值,不仅应当说服法官,如有律师帮助,其可能会基于建议而保持沉默,还要证明这种不作为对口供产生了具体的影响,即单纯的违法本身还不足以排除口供的证据效力。再比如,未经许可而对他人的谈话进行秘密录音,固然是违法的,但是,由于这种录音与第三人偶然听到谈话并出庭作证并无不同,即违法与谈话的内容之间没有因果联系,因此,这种证据也不存在被排除的问题。相反,如果采用胁迫或者欺骗的方式获得当事人对某事实的“承认”,则与之不同,由于“承认”源于胁迫或者欺骗,这种证据的可采信性需要利益权衡。[②]

最后,对方当事人质疑证据的合法性。在正常情况下,仲裁庭对非法证据之可采信性的审查通常以当事人质疑证据合法性为前提。也就是说,即使取证行为违法,行为与证据的获得之间也存在因果关系,如果对方当事人不质疑证据的合法性,仲裁庭通常不会依职权主动审查。[③] 最典型的例证是尤科斯(Yukos)案的仲裁裁决,申请人多次援引维基解密中的电文(有的电文发布时间很短)作为裁决的根据,这些电文很明显来源违法,但由于对方当事人并未提出异议,所以,仲裁庭没有进行所谓的利益权衡。[④] 再比如,在罗斯诉国王(Rose v. The King)案中,[⑤]受害人通过电子监控,对苏联驻渥太华大使馆的电话进行录音,并以此为根据对他人提起指控。

---

① See 87 Cr. App. R. 380 (1988).

② See Cf. above, pages 19 and 20.

③ See Patricia ŽIVKOVIĆ, *From Our Archives: Admitting Illegally Obtained Evidence in International Arbitration*, Kluwer Arbitration Blog (Mar. 28, 2019), http://arbitrationblog.kluwerarbitration.com/2019/03/28/from-our-archives-admitting-illegally-obtainedevidence-in-international-arbitration/.

④ See Girsberger & Voser, p. 200, Nr. 835.

⑤ See Amsterdam, *Perspectives on the Fourth Amendment*, Minn. L. Rev., Vol. 58, p. 349 (1974); Levin & Cohen, *Exclusionary Rules in Nonjury Criminal Cases*, University of Pennsylvania Law Review, Vol. 119, p. 905 (1971); Weinreb, *Generalities of the Fourth Amendment*, U. Chi. L. Rev., Vol. 42, p. 47 (1974).

这种收集证据的行为尽管违反了1961年《维也纳外交关系公约》，构成非法证据，但是，由于当时的苏联对此既不支持也不反对，再加上这种事件不会严重侵犯外交官官邸的豁免权，对领事馆的电话进行窃听也极为常见，所以，法院认为这种违法并不妨碍证据的可采信性。

不过，近几年来国际仲裁出现了一些变化，比如2020版《国际律师协会国际仲裁取证规则》第9(2)(g)条规定，仲裁庭可以主动排除书证、当事人的陈述、证言或者鉴定意见。易言之，即使当事人不提出申请，仲裁庭也可以对证据的获得方式是否合法进行审查。① 国际仲裁之所以发生这种变化，主要理由有两个：其一，担心自己的裁决被有管辖权的法院以违反公共政策为由撤销或者被法院认定为缺乏可强制执行性，从而影响自己的信誉；其二，对于特定的协会，比如国际体育组织，尽管其登记为民间组织，但公法色彩较浓，"依法管理"构成其基本义务。因此，当协会收集证据的行为违法或者违反了自己的行为规则，即使当事人未提出异议，仲裁庭也有可能依职权进行处理，这是"人权原则"的必然结论。不过，目前这样的判例很少见到。

在反兴奋剂案件中，运动员要想通过利益权衡原则否定非法证据，不仅须证明该证据的来源违法，②而且，这种证明还须符合优势证据规则，但无须达到WADC第3条规定的"明确而令人信服的程度"。③如果取证行为触犯了实体法，构成对他人法益的侵犯，当对方当事人提出了排除的要求时，要保留这种非法证据，还要据必要性原则进行判断。

（二）必要性原则

保留非法证据在一定程度上体现了对违法取证行为的认可，因此，就像紧急避险那样，只有在迫不得已的情况下，行为人才能实施自助行为，即通过违法取证行为获得证明自己权利的证据。相反，如果存在其他救济途径，或者其他的可替代性证据，则应当否定非法证据的可采信性，不存在非法证据的利益权衡问题。易言之，只有否定非法证据，会使当事人的指控落空时，才能适用保留规则，这也是学界普遍批评国际法庭（International

---

① On this issue, see Boykin & Havalic, p. 36 – 38.

② See George Von Segesser, Elisabeth Leimbacher & Katherin Bell, *Admitting Illegally Obtained Evidence in CAS Proceedings—Swiss Federal Supreme Court Shows Match-Fixing the Red Card*, Kluwer Arbitration Blog (Oct. 17, 2014), http://kluwerarbitrationblog.com/blog/2014/10/17/admitting-illegally-obtained-evidence-in-cas-proceedings-swiss-federal-supreme-court-shows-match-fixing-the-red-card/; in particular, the assessment should include a true proportionality test, Groner, 2011, p. 145.

③ See above, p. 10 – 11.

Court of Justice,ICJ)对科孚海峡案判决的主要原因。①

1947 年,英国两艘驱逐舰经过科孚海峡时,被水雷击中,造成 82 人死亡。英国向国际排雷委员会和阿尔巴尼亚政府提出扫雷申请,均被拒绝。英国政府不顾这种反对,邀请了一名法国海军军官作为观察员,派遣排雷艇到此获取了很多的水雷。英国以此为证据,向国际法庭提起诉讼,要求阿尔巴尼亚赔偿损失。被告指出,原告收集水雷的行为属于侵略,水雷为非法证据,应当排除。英国辩称,这样做是迫不得已的,否则,由此遭受的损失无法获得国际法救济,因为在当时的情况下,如不立即采取措施,被告很可能转移或者销毁这些证据,所以,这属于自卫或者自助行为。国际法庭指出,这次扫雷行动既没有得到被告的同意,也没有得到国际组织的批准,而且,原告的取证行为违反了国际法。由于尊重他国主权,构成现代国际法的基础,如果允许这种行为,很容易被大国利用,所以这构成非法证据。尽管如此,国际法庭仍认为,事件发生后,原告向被告发出外交照会,被告拖延不予处理,再加上英国的行为仅仅出于取证的需要,这可以减轻行为的违法性。这种违法不应处罚,只需要宣告就行了,而且,由此获得的证据也不应排除,因为原告无法通过合法手段获得这种证据,即该违法取证行为具有必要性。

这种判决一经作出,立即引起了争议,因为其不仅否定了国家主权的绝对性,而且忽视了必要性原则。事实上,英国主张的损害赔偿无须建立在非法证据(水雷)上,也就是说,即使排除非法证据,原告的请求也能得到保护。道理很简单,既然英国的船只基于“无害通行权”经过此地,作为现实控制着该海峡的阿尔巴尼亚政府,不应当在此处布设水雷;如果布设,其应向社会公开披露这种风险。如果有船只被水雷击中,则表明其没有履行应有的注意义务或者警示义务。这样,被告要想免责,则需要证明自己不知道、也不应知道这里有水雷,即通过举证倒置,解决赔偿所需的证据问题。如果阿尔巴尼亚无法举证,也可以得出其应当承担损害赔偿责任的结论,英国政府根本无须到此水域违法收集证据,国际法庭也没有必要为英国侵犯他国主权的行为背书。

后来发生的伊朗人质案,国际法庭才不得不推翻该判决。② 20 世纪 70 年代末,伊朗的武装部队突然闯入美国驻德黑兰大使馆,不仅查获了很多文件、物品,还扣押了外交官。于是,美国向国际法庭提起诉讼,要求释

---

① See Corfu Channel Case (UK v. Alb.),1949 ICJ REP. 4 (Judgment of April 9).

② See Case concerning United States Diplomatic and Consular Staff in Tehran (U. S. v. Iran),1980 ICJ REP. 1 (Judgment of May 24).

放“人质”，返还扣押的文件与物品并赔偿损失。伊朗政府接到国际法庭的通知后，拒绝出庭，而是通过信函，解释这样做的原因和根据：美国长期以来干涉伊朗内政，对伊朗人民犯下很多罪行，违反了国际法和人道主义原则。① 而能证明这些事实的证据，部分在美国本土，部分在驻伊朗的使领馆内。② 如果外交场所不可侵犯原则被绝对化，美国政府不但不会将这些信息公之于众或者向国际司法机构提供，而且可能很快就地销毁，伊朗将永远无法获得这些罪证。参考科孚海峡案，伊朗只能通过自助行为获得美国的罪证，然后将其提交国际法庭。国际法庭在判决中指出，一则，不管基于何种原因，都不能扣押大使馆的人员；二则，即使美国实施了所指控的犯罪行为，也不能通过这种方式收集证据，原因是外交法本身就对外交人员及其官邸提供特殊保护。③ 因此，伊朗必须释放外交人员，立即返还美国驻德黑兰大使馆及其驻伊朗领事馆的馆舍、财产、档案和文件。如果被告认为原告实施了违法行为，要么根据《维也纳外交关系公约》第 9 条和《维也纳领事关系公约》第 23 条宣布使领馆成员为不受欢迎的人，让他们离开自己的国边境，要么中断两国的外交关系，关闭使领馆。④ 即使在后一种情况下，根据《维也纳外交关系公约》第 45 条，派遣国的外交官官邸也不受侵犯，否则，这两个公约就成了一张废纸。⑤ 在国际法庭看来，这种取证行为侵犯的法益过于重要，保留这种证据，会直接否定外交法。当然，对外交官官邸的保护并不是绝对的，如前所述，对驻外使领馆的电话窃听本身也会触犯外交法，但由于其不会动摇《维也纳领事关系公约》，目前普遍的观点认为，其可以构成证明某种事实存在与否的证据。

既然违法不仅是对当前法秩序的破坏，而且往往还侵犯了他人的权

---

① See 1980 ICJ REP. at 8.

② 在美国驻德黑兰大使馆内并没有发现证明美国非法干预伊朗事务的证据。有人解释说，占领大使馆的学生武装分子的期望与他们调查结果的真实性之间出现如此大的反差，主要原因是：占领大使馆的学生，既不懂国际政治，也没有大使馆工作经验。B. Rubin, Paved With Good Intentions 326 (1980).

③ Id. at 38. See Case Concerning United States Diplomatic and Consular Staff in Tehran (United States v. Iran), Memorial of the Government of the United States of America, pt. V., at 73 (1980). 伊朗多名发言人表示或暗示，美国驻德黑兰大使馆的一些成员可能从事了违反《维也纳外交关系公约》第 3 条规定的职能（特别是信息收集或情报工作），而且将大使馆馆舍用于这些目的，是伊朗未能根据《维也纳外交关系公约》第 22 条和第 29 ~ 35 条给予美国外交代表和馆舍不可侵犯的理由。但是，即使伊朗政府向法院证明，在一个或多个方面，美国或其大使馆成员违反了《维也纳外交关系公约》规定的一项或多项义务，也没有理由认为这种违反行为可以免除伊朗的法律义务。

④ See 1980 ICJ REP. at 40.

⑤ Vienna Convention on Diplomatic Relations.

利,因此,如有可能,法律只能允许以合法的方式收集证据,只有在迫不得已的情况下,才能容忍非法证据。① 比如,对于贿赂、诈骗或者其他秘密性违法,行为人通常会采取一定的措施,避免被他人发现,此时,仲裁庭如果对证据的来源进行严格限制,无异于对上述违法行为的放纵。② 比如,土耳其当局通过西瓦斯波足球俱乐部的通信信息,发现该俱乐部存在操纵比赛、涉嫌打假球的行为,欧足联对其进行了处罚,该俱乐部不服诉至 CAS,理由是,这些信息源于当局的非法监控,构成对公民通信自由的不法侵犯,应予排除。然而,CAS 指出,假球事件涉及公众利益,但体育组织和仲裁庭获得相关证据的手段非常有限,因此,即使有些证据的取得方式有问题,只要未违反瑞士程序性公共政策,便不影响这些证据的可采信性。

利益权衡原则之所以受到必要性原则的限制,是因为这里会产生利益冲突。一方面,人们希望通过处罚控制违规行为,因此,应当鼓励原告为了自己的利益而采用各种方式收集证据;另一方面,又担心在收集证据的过程中不择手段,导致其彻底背离当前裁判的目的。基于这两个方面的考虑,只有在必要的情况下,才允许保留非法证据,从而将裁判的边际效益提高到最大。然而,即使符合必要性原则,如果不符合优越利益原则,也不得保留问题证据。

(三)优越利益原则

利益权衡原则认为,对于非法证据,经过功利主义的判断,即对承认与否定非法证据进行对比,如果前者的价值高于后者,则适用保留规则,反之,适用排除规则。因此,利益权衡通常需要对案件真实的价值与违法取证行为所侵犯法益,进行比较:

首先,案件真实的价值。案件真实是有效仲裁裁决的基础,一般而言,其价值主要由两个要素决定,即程序的性质和争议的金额。③ 比如,商事仲裁关注的是当事人之间的交易,故案件真实的价值通常取决于争议的金额。与之不同,有关社会自治组织方面的仲裁,关注的主要是规则的遵守,比如被申请人违反贸易规则,不仅会侵犯申请人的利益,而且涉及第三人

---

① See Valverde award, p. 26, Nr. 69, although the arbitral tribunal also cautioned that "principles of Swiss procedural law are only a weak source of inspiration for the practice of arbitral tribunals" (Valverde award, p. 26, Nr. 70).

② See Von Segesser, Leimbacher & Bell are of the opinion that "arbitrators may also take into account whether the interested party has evidentiary difficulties i. e. whether the evidence in question is the only and crucial piece of evidence for the party carrying the burden of proof with regard to their claim".

③ Of the same opinion, see Von Segesser, Leimbacher & Bell.

的利益,这种案件真实的价值主要取决于程序性质。反兴奋剂违规方面的纠纷显然属于后者。这种案件真实的价值主要由以下三个部分构成:

第一,当事人的利益,即申请人与被申请人的利益。比如,从体育组织(申请人)的角度看,对违规运动员进行处罚,有利于减少违规行为的发生,另外,由于这可以使自己与违规行为切割,还有助于维护自身的社会声誉,使该组织和其所管辖的比赛获得更多的社会认同;从运动员的角度看,这不仅涉及自己的比赛权以及相应的经济利益,还关系到自己的名誉权等。这样,案件真实的价值并非仅仅表现在对违法行为人(举证人)诉求的支撑上,还表现在相对人的利益,因为案件真实也是其权利存在的基础或者处罚适当与否的根据。这样,即使取证行为可能侵犯了相对人的合法权益,但取得的证据却对双方当事人都有利,至少减少了相对人的举证成本,即取证行为的被害人也会从中获益,所以,保留非法证据不违反“违法不得获利原则”。

第二,第三人的利益。与普通商事仲裁不同,比如在 Fusimalohi 案件中,CAS 指出,本案所涉及的事实主要关系到第三人的利益,公开、公平地决定世界杯的举办地,对试图举办世界杯的国家或者地区有很大的精神价值,而且还对一国的经济具有明显的促进作用,所以,很多政府或者公益组织不惜花费大量的税款争办世界杯。如果决定举办权的行为存在官员腐败,则会严重损害公平竞争者的经济利益。[①] 这样,根据非法证据认定体育腐败的存在,显然有利于保护第三人的利益。对于反兴奋剂案件尤为如此,因为根据 WADC 第 10.8 条的规定,如果运动员实施违规行为,从违规之时起所获得的奖牌以及其他收益,通常都将会被剥夺,分配给其他运动员,也就是说,从规范的角度看,兴奋剂处罚直接关系到其他运动员的利益。

第三,公共利益。商事行为通常不涉及公共利益,但体育违规与之不同,比如,比赛时使用兴奋剂、打假球等行为,既侵犯了利益相关方的利益,也会伤害不特定球迷的利益,进而有悖于奥林匹克所倡导的公平竞争精神,而后者显然属于公共利益的范畴,因这属于超个人的利益。[②] 再比如,在决定世界杯举办地时,如果存在受贿等腐败行为,会侵犯竞争者的利益,更重要的是,这还会伤及落选国的人民和球迷的利益,直接影响社会对体育比赛的看法,而这显然要比具体的竞争者的利益更为重要。

---

① See Fusimalohi award, p. 58, § 105.

② See Fusimalohi award, p. 58, § 105.

对于一般的商事仲裁,如果当事人之间存在有关的约定,仲裁庭通常会严格按照协议而不是按利益权衡原则处理非法证据,特别是在当事人选择了抗辩程序的情况下,尤为如此。然而,体育仲裁与之不同,由于这往往涉及第三人以及公共利益,仲裁庭有可能基于公共政策而突破当事人的协议,接受非法证据。

其次,违法取证行为所侵犯的利益。瑞士联邦最高法院指出,根据利益权衡原则,收集证据的行为所侵犯的利益低于案件事实的利益,才能保留非法证据。① 根据瑞士学界的解释,利益权衡原则主要判断标准为两个利益位阶的高低,相对而言,取证行为所侵犯的利益位阶越低,非法证据越容易被保留,反之亦然。② 如果位阶相同,则根据量的大小进行判断。当收集证据的行为所侵犯的利益的位阶高于案件事实的利益位阶时,证据并不一定被排除,因为《瑞士联邦民法典》第 28 条第 2 款允许基于比例原则侵犯高位阶的利益。③ 比如,法院允许保险公司雇佣私人侦探收集保险欺诈方面的证据就是典型的例证,因为这意味着为了保护保险公司的经济利益(低位阶的利益),可以牺牲被保险人的部分人格权(高位阶的利益)。④

法律禁止旨在于保护法益,而法益由利益和法秩序构成,但是,由于法秩序具有抽象性,很难进行比较,故在确定非法证据的去留时,往往只进行利益权衡。不过,当违法取证行为侵犯了特殊的或者重大的法秩序时,功利主义的权衡还必须考虑违法对法秩序造成的危害。比如,在卡拉图布(Caratube)案中,申请人基于黑客披露的信息,发现被申请人与其律师之间的邮件(标题)涉及自身的利益,故要求被申请人提供邮件的具体内容。仲裁庭指出,这种非法证据(违法获得的邮件)是不能被接受的,因为律师与当事人之间存在特殊信任关系,如否定这种关系,会动摇现代法治的基础。即使由此导致错误裁决,也是可以接受的,现代法治必须接受这种遗憾。

总之,由于下位利益可以突破上位利益的限制,因此,权衡原则对保留规则的限制非常小,国际投资争端解决中心在卡拉图布案的裁决指出,仲

---

① See DSC of 27 march 2014, 4A_362/2013, reason 3. 2. 2 - for an English translation: http://www. swissarbitrationdecisions. com/sites/default/files/27% 20mars% 202014% 204A% 20362% 202013. pdf

② A violation of a person's physical or mental integrity would presumably rank higher than a restriction of this person's liberty, which in turn would score at a higher rank than a violation of this person's privacy or property.

③ Aebi-Müller, Handkommentar zum Schweizer Privatrecht, 2007, Art. 28 No. 32.

④ See ATF 129 v. 323 E 3. 3. 3.

裁庭很难无视非法证据所反映的事实;[①]否则,这无异于在脱离现实世界的真空中裁判,会使裁决存在巨大的错误风险,即查明案件事实真相的利益高于一般隐私权,所以,非法证据应当保留。[②] 对于反兴奋剂案件,飞行药检制度可以牺牲运动员的休息权、个人数据权和隐私权,取证行为的违法性更难影响证据的可采信性。主要理由是,接受检查的运动员也会从中受益,因为如果受到兴奋剂污染,比赛的价值降低,所有参赛的运动员都会成为受害人。特别是,证据越多,越有利于仲裁庭查明事实的真相,为了能作出更有公信力的裁决,仲裁庭基于自身的利益也会采用保留规则。鉴于此,仲裁庭很容易打着"利益权衡"的旗号保留非法证据,这也是瑞士联邦最高法院的立场。

五、保留规则的刚性限制

如果单纯地基于反兴奋剂案件的真实价值高于一般商事案件的真实价值,从而使反兴奋剂工作获得天然的优先性,再加上兴奋剂检查机构并非 CAS 仲裁的当事人,他们在检查或者收集证据时很可能不择手段,完全不受法律约束。[③] 这有可能造成很多运动员向法院提出侵权之诉,CAS 强调的反兴奋剂工作的特殊性或者例外性,并不一定能得到认可。[④] 如果法院得出与 CAS 不同的结论,这不仅对反兴奋剂运动不利,还会严重危及体育所倡导的诚信精神和法治原则。[⑤] 因此,反兴奋剂组织收集证据的行为,必须受到限制。

(一)人权原则

促进人权保护是奥林匹克运动的目的,也是 WADC 规定的基本原则,

---

① See the summary reported in Global Arbitration Review, *Tribunal Rules on Admissibility of Hacked Kazakh Emails and Caratube Ⅱ Award*, § 150 – 156, 1259, 1261.

② See Caratube Ⅱ Award, § 150 – 156, 1259, 1261. See also the dissenting arbitratior's opinion in the case Conoco Phillips Petrozuata B. V. , Conoco Phillips Hamaca B. V. and ConocoPhillips Gulf of Paria B. V. v. Bolivarian Republic of Venezuela (ICSID Case No. ARB/07/30), Decision on Respondent's Request for Reconsideration, March 10, 2014.

③ See George Von Segesser, Elisabeth Leimbacher & Katherin Bell, *Admitting Illegally Obtained Evidence in CAS Proceedings—Swiss Federal Supreme Court Shows Match-Fixing the Red Card*, Kluwer Arbitration Blog (Oct. 17, 2014), http://kluwerarbitrationblog.com/blog/2014/10/17/admitting-illegally-obtained-evidence-in-cas-proceedings-swiss-federal-supreme-court-shows-match-fixing-the-red-card/.

④ See in CAS 2007/A/1396 & 1402, WADA & UCI v. Valverde & RFEC, para. 60c; CAS 2011/A/2425, Fusimalohi v. FIFA, paras 80 & 107.

⑤ See Günther J. Horvath, *Guerrilla Tactics in Arbitration, an Ethical Battle: Is There Need for a Universal Code of Ethics?*, Austrian Yearbook on International Arbitration, 2011, p. 297.

因此,关于人权保护的国际公约、国际惯例甚至绝大多数国家的习惯,都构成对 CAS 仲裁裁决的限制。当前直接涉及非法证据的国际人权公约或者条约主要有两个:

其一,《联合国反酷刑公约》。该公约第 15 条规定,各缔约国均应确保在诉讼程序中不得援引任何经证实源于酷刑而作出的陈述,但针对被控涉嫌实施酷刑的人的除外。① 这就是说,对于通过酷刑所获得的证据,除证明酷刑本身的存在外,这种证据及其衍生的证据,在证明其他事实或者主张时,应予全部排除,即使其具有真实性或者可靠性。因为酷刑行为严重侵犯人权。② 对于这种非法证据,既不能保留,也不允许进行所谓的利益权衡,一旦发现,立即排除。

其二,《国际刑事法院罗马规约》。该公约第 69 条第 7 款规定,国际刑事法院应当排除通过违反本规约或侵犯国际公认人权而获得的证据。③ 收集证据的行为之违法性影响到证据的可靠性,承认证据有悖于诉讼程序的目的或者严重危及程序完整性的,其证据也应予以排除。④ 前南斯拉夫问题国际刑事法庭和卢旺达问题国际刑事法庭的议事规则,都有类似的规定。⑤需要注意的是,这与《联合国反酷刑公约》不同,并不是取证行为侵犯了人权就会导致证据失去可采信性,一般而言,还要结合《瑞士联邦民法典》第 28 条的规定进行判断。

尽管 WADA 或者国际奥委会不是上述公约或者条约的缔约方,但是,CAS 仲裁裁决仍有遵守这些公约的义务,主要理由有:其一,世界反兴奋剂机构抑或国际奥委会注册登记为民间组织,在形式上其与运动员好像是平等主体的关系,但反兴奋剂工作是建立在二元机制基础之上的,即其离不开政府的支持。联合国教科文组织的《反对在体育运动中使用兴奋剂国

① See UN General Assembly, Convention Against Torture and Other Cruel, Inhuman or Degrading Treatment or Punishment, December 10, 1984.

② See Nowak M., Birk M. & Monina G., *The United Nations Convention Against Torture and Its Optional Protocol: A Commentary*, Oxford University Press, 2019, p. 504.

③ See Petra Viebig, *Illicitly Obtained Evidence at the International Criminal Court*, TMC Asser Press, 2016, p. 106; Wojciech Jasiński, *Admissibility of Illegally Obtained Evidence in Proceedings before International Criminal Courts*, *in Bartlomiej Krzan ed.*, *Prosecuting International Crimes: A Multidisciplinary Approach*, Brill Nijhoff, 2016, p. 201 – 202.

④ See Rome Statute of the International Criminal Court, 17 July 1998, UN Doc. A/CONF. 183/9, Art. 69(7); Petra Viebig, *Illicitly Obtained Evidence at the International Criminal Court*, TMC Asser Press, 2016, p. 106.

⑤ See Rules of Procedure and Evidence of the International Criminal Tribunal for the former Yugoslavia (Revision 50), July 8, 2015, Rule 95.

际公约》规定，缔约国有反兴奋剂的义务。既然各国政府都有遵守上述公约的义务，WADA 与国际奥委会也不应例外，毕竟反兴奋剂工作是其与政府合作的结果。其二，CAS 的裁决要遵守瑞士程序性的公共政策，而瑞士又有遵守公约的义务，因此，CAS 的裁决也不应当违反上述规定。其三，WADC 本身规定了人权原则，而公约对人权的解释以及保护措施，当然构成 WADC 的内容，即遵守上述公约，也是 WADC 的要求。瑞士学界认为，通过暴力或者精神胁迫而收集的证据，应当予以排除，原因就在于此。①

（二）公共政策

《瑞士联邦国际私法》第 190（2）（e）条规定，仲裁裁决不得违反公共政策。所谓公共政策，瑞士联邦最高法院在判例中解释说，主要是指社会普遍遵守的基本原则、价值或者法治国家所认可的正义观，具体包括契约神圣、诚信、不得滥用权力、禁止歧视或无偿征用、平等对待、正当程序等原则。② 与非法证据有关联的公共政策主要有：

首先，平等对待原则。《瑞士联邦国际私法》第 182.3 条和第 190.2 条规定，无论当事人选择何种程序，仲裁过程都应当确保各方有行使相应权利的机会，平等对待双方当事人。③ 据此，仲裁庭应平等地尊重当事人的听证权，使当事人不仅有听取对方陈述、反驳的权利，还有被倾听的权利。④ 与之相对应的是，当事人一方可以收集、提供证据，并可以基于证据提出自己的诉求；⑤对方当事人有权对证据进行审查和质疑，也有提供证据以及质疑的权利。出于必要性原则，收集证据行为应与违规行为之违法程度成比例关系，或者两种行为的违法性相当，至少不能差距太大，否则，承认非法证据违反“武器平等原则”。违反平等对待原则通常会造成仲裁程序失衡，必然也有悖于正当程序原则或者程序公平原则，因此，推翻这种

---

① See Broomhall B. , *Rules of Procedure and Evidence*, *in Kai Ambos and Otto Triffterer eds.* , *The Rome Statute of the International Criminal Court*, Nomos Verlagsgesellschaft mbH & Co. KG, 2015, p. 1333 – 1352.

② See DSC of 27th March 2014, 4A_342/2015 dated 26 April 2016, reason 5. 1; Girsberger & Voser, p. 219, Nr. 899 and 901.

③ See DSC of 24th July 2017, 4A_668/2016, reason 3. 1; DSC of 10th December 2002, 4P. 207/2002, reason 3.

④ See Bernardini P. , *International Arbitration and A-National Rules of Law*, ICC International Court of Arbitration Bulletin, p. 58 – 69(2004).

⑤ See Gary B. Born, *International Commercial Arbitration*: *Three Volumes Set*, 2nd ed. , Wolters Kluwer, 2014, Digital, § 15. 04/B/3, Geisinger & Ducret in Geisinger & Voser, § 5. 04/B.

仲裁结果的根据通常为违反公共政策。①

其次，诚信原则。由于仲裁建立在当事人之间的协议基础之上，即使绝大多数仲裁机构的仲裁规则未有这方面的规定，当事人之间以及当事人对仲裁庭也都负有诚信义务。② 瑞士联邦最高法院指出，仲裁协议的解释和仲裁过程都应当遵守诚信原则，这也是有效裁决成立的条件之一。③ 至于诚信原则如何与事实相结合，或者说其具体内容是什么，瑞士联邦最高法院没有进一步解释。不过，一般认为，通过盗窃、欺骗或者以非暴力性违法获得的证据，通常因为违反该原则而应予以排除。④

在实践中，诚信原则往往与平等对待原则、公平原则结合在一起适用，并不进行区分。⑤ 比如，在梅赛尼斯（Methanex）公司诉美国案中，申请人是加拿大的一家乙醇生产商，当发现加州的两家乙醇公司在州政府官员的撮合下，签订秘密协议，试图通过不正当竞争将自己挤出加州时，以美国与加拿大签订的《北美自由贸易协定》第 11 条的规定为据，提起仲裁申请，要求美国赔偿其因此而产生的损失，证据为上述两家公司的内部文件。被申请人反驳说，这些文件是申请人偷取的，为非法证据。申请人辩护说，这是其雇佣的私人侦探在垃圾箱里找到的。被申请人指出，该垃圾箱在该公司的办公楼内，申请人雇佣的人员未经同意，进入该场所寻找文件，构成侵入罪，此为非法证据，应予以排除。申请人反驳说，即使获得这些文件的方式违法，也不影响其证明价值。⑥ 仲裁庭认为，根据《联合国国际贸易法委员会仲裁规则》第 15(1)条规定的平等原则和程序公正原则，双方当事人以及他们对仲裁庭负有诚信行事、尊重对方平等权的一般性义务。被申请人提供了多份证据证明，申请人雇佣他人在数月内多次非法侵入上述两家公司的办公场所，秘密窃取其内部文件，因此，申请人收集证据的行为，与美国滥用情报资源暗中监视他人一样，获得的证据属于非法证据。⑦ 仲裁庭认为，申请人的取证行为即使不构成犯罪，也属于违法行为，故申请人有义务证明获得这些证据的正当性和真实性。由于申请人雇佣的私人侦探不

---

① See Jeff Waincymer, *Procedure and Evidence in International Arbitration*, Wolters Kluwer, 2012, § 2. 7. 5.

② See Born, International Commercial Arbitration, § 8. 02/B and Waincymer, 10. 3. 3 p. 753.

③ See DSC of 16th April 2002, 4P. 40/2002, reason 2b.

④ See DSC 132 Ⅲ 389 reason 2. 2. 1; scholars are of the opinion that this principle is a component of both material and procedural public policy, cf. Lazopoulos, op. cit., p. 613 N41 ad art. 15 of the Swiss Rules.

⑤ See O'Malley, § 7. 51

⑥ See https://www.italaw.com/sites/default/files/case-documents/ita0529.

⑦ See Final award, Part Ⅱ - Chapter I - p. 26, Nr. 54.

愿意出庭接受听证,因此,这些材料的真实性无法保证,其证明价值可以忽略不计。由此可见,违反了平等原则和诚信原则虽然并不一定会导致非法证据无效。但是,取证行为的违法性给举证人科处了一项义务,即要么证明取证行为具有正当性,要么证明证据具有真实可靠性。否则,仲裁庭可以基于这两项原则而否定非法证据的可采信性,故平等原则、诚信原则、正当程序原则等,构成对非法证据可采信性的限制。

最后,公民的正义感。除了法律原则,普通公民的正义感也会以公共政策的名义,限制非法证据的可采信性。不过,这是一个兜底条款,具有补充、修饰法律原则的功能,因为违反法律原则的裁决通常都有悖于公民的正义感。比如 EDF 服务公司诉罗马尼亚案中,①申请人以两段秘密谈话录音为证据,提起仲裁,一段是罗马尼亚的特工与其国务卿的聊天,另一段为申请人的合作者与罗马尼亚政府工作人员的对话,由此证明其因为拒绝官员的索贿,导致政府没收了该公司的投资。被申请人认为这种证据缺乏可采信性,因为"未经他人同意录制其私人谈话是非法的"②。申请人认为,即使如此,也不影响该证据的证明价值,这至少能证明只有对官员行贿,申请人才能在罗马尼亚继续经营。仲裁庭指出,申请人获得证据的行为不仅违反了正当程序原则、诚信原则,而且有悖于公民的正义感,因为申请人个人获得这些录音证据已经 8 年多,直到听证前才出示给仲裁庭,因此该证据有被"严重操纵"的嫌疑,与法治精神不符,有悖于公民的正义感。

(三)仲裁协议

仲裁庭对非法证据可采信性的自由裁量权,还不能违反当事人间的协议,毕竟仲裁庭对案件的处理权是意思自治的结果。③ 尽管存在法律限制,《瑞士联邦国际私法》第 182 条第 1 款赋予当事人对程序问题广泛的自决权。这样,如果当事人对非法证据规定了处理方式,仲裁庭有遵守的义务,否则会影响仲裁裁决的效力,而且,根据《纽约公约》第 V(1)(d)条的规定,其还缺乏强制执行性。比如,在马克西事件中,④当事人的仲裁协议(第 5

---

① See EDF (Services) Limited v. Romania (ICSID Case No. ARB/13/13), Procedural Order No. 3, Dated August 29th, 2008, Cf. https://www.italaw.com/cases/375.

② EDF (Services) Limited v. Romania (ICSID Case No. ARB/13/13), Procedural Order No. 3, dated August 29th, 2008, p. 5 Nr. 9.

③ See Gary B. Born, *International Arbitration: Law and Practice*, 2nd edition, Wolters Kluwer, 2016, p. 156 § 8.02/A; Lew, Mistelis & Kröll, para. 22 – 29, quoted in Girsberger & Voser, p. 239, Nr. 984.

④ See Arrangement between the United Kingdom and Honduras Referring to Arbitration Matters relating to the Masica Incident, 10 AJIL, Supp. 98 (1916).

条)规定,除听证会上出示的证据外,当事人无权就发生的事件再提出其他证据,这就给本案的证据规定了一个具体的范围,如果当事人获得了新的证据,不管其来源违法与否,仲裁庭都必须予以排除,否则,构成越权仲裁。①

正是由于非法证据的处理受制于仲裁协议,因此,各个国际单项体育联合会证据方面的规定,在其与其管辖的运动员或者其他官员产生纠纷时,就会成为处理非法证据的根据。兴奋剂处罚也不例外,尽管 WADA 有可能作为案件的一方当事人。不过,目前这样的规定非常的少,基于当事人之间的协议而排除非法证据的判例尚未发生,主要原因在于当事人事前往往关心实体权利而不关心程序问题,于是,在仲裁条款中,最多选择仲裁机构和处理案件的准据法。诸如非法证据这类的问题,通常不在其考虑的范围之内。然而,一旦当事人事前作出规定,仲裁庭通常必须予以尊重。

如果当事人未通过协议选择处理案件的证据规则,就等同于将这种规则的选择权委托给仲裁机构。《瑞士联邦国际私法》第 182 条第 2 款规定,仲裁庭应当"在必要的范围内,直接参照法规或者自己的仲裁规则确定"②。《国际律师协会国际仲裁取证规则》和《关于国际仲裁程序高效进行的规则》也有类似的规定。③ 这样,仲裁机构的程序规则对非法证据的约束,实质上就是仲裁协议对非法证据的限制。瑞士联邦最高法院曾明确指出,非法证据的可采信性受制于对各方的利益权衡。这样,非法证据分成三层结构:外壳为"技术性违规证据",利益权衡原则会系统地将其保留;"硬核"层为通过严重侵权而收集的证据,法律直接会将其排除;中间层的不法证据,经过利益平衡或者成本与收益的比较,部分排除部分保留。

---

① On nullity in general, see A. Balasko, *Causes De Nullite De La Sentence Arbitrale En Droit International Public*, International Law, Vol. 17, p. 551 (1938); K. Raman & W. M. Reisman, *Nullity and Revision: The Review and Enforcement of International Judgments and Awards*, American Journal of International Law, Vol. 66, p. 200 (1971); J. Fischer Williams, *L'Organisation Judiciaire, la Procédure et la Sentence Internationales. Traité Pratique*, International Affairs, Vol. 17, p. 112 – 113 (1937).

② KNOLL, Article 182 PILA, p. 139, Nr. 19 ad Art. 182 PILA.

③ The International Bar Association's efforts to establish an international standard on the taking of evidence led to the adoption, in 1999, of the Rules on the Taking of Evidence, subsequently updated in 2010. See Lew, Mistelis & Kröll, para. 22 – 16 to 22 – 17, quoted in Girsberger & Voser, p. 238, Nr. 981; e. g.: art. 25 of the ICC Rules of arbitration and art. 21 of the London Court of International Arbitration (LCIA) Rules.

六、司法机构移送运动员使用兴奋剂证据应注意的问题

我国司法机关在办理刑事案件的过程中,获得了有关运动员使用兴奋剂的证据,一旦移送给反兴奋剂组织,其将该证据作为处罚运动员的根据,通常是没有多大法律障碍的。当反兴奋剂组织提出移送这些证据的申请时,尽管从联合国教科文组织的《反对在体育运动中使用兴奋剂国际公约》的角度看,包括警方在内的司法机关似乎有配合的义务,但是,若将这些证据与反兴奋剂组织分享,则有可能产生使被害人缺乏必要的救济措施等问题,故必须慎重处理,这些问题的主要表现有:

首先,在侦查其他犯罪活动中查获的运动员使用兴奋剂的证据,尽管对其所指控的犯罪通常为合法的证据,但用于指控运动员兴奋剂违规,却有可能被评价为有瑕疵的证据,主要理由有:

第一,根据我国刑法,运动员使用兴奋剂不构成犯罪,警方对这种违规行为,并没有刑事侦查权。既然我国未将使用兴奋剂的行为入罪,如果单纯地将其视为违约行为,那么,根据公安部的有关通知,警察是不能插手的。其实,澳大利亚在探讨是否将兴奋剂违规行为入罪时,主要理由之一就是这可以使警方获得对兴奋剂违规行为的侦查权。也就是说,如果不将运动员兴奋剂违规行为入罪,警方发现了兴奋剂违规行为,是很难进行侦查的。虽然当前的反兴奋剂工作特别强调要加强国际体育组织与成员国的信息交流,但是,这需要依法进行,比如,2014 年制定并于 2015 年 12 月 18 日生效的《德国反兴奋剂法》专门提到了司法部门与国际反兴奋剂组织的信息共享问题,但是,这是建立在警方获得了兴奋剂违规行为刑事侦查权的基础之上。一般来说,刑法禁止条文(刑法中犯罪的该当性)记述的既是国家权力的边界,也是警察权的边界,因此,在刑法未予明确的情况下,警方通常没有侦查权。不过,我国的警察权并不受刑法禁止条文的约束,因为《体育法》第 112 条和第 119 条以及《反兴奋剂条例》第 38 条、第 39 条、第 40 条等规定,对一些构成违反治安管理的行为,警方享有调查和处罚权,但是,上述规定并不包括运动员使用兴奋剂的行为。由于警察职权须以法律明文规定为依据,既然法律未明确警察对运动员使用兴奋剂的侦查权,那么,警方不能对运动员使用兴奋剂的行为进行调查。需要注意的是,未将运动员使用兴奋剂行为入罪的国家,不仅有我国,美国、英国以及日本等国家也未这样做。

第二,根据《世界反兴奋剂条例》第 4.4 条的规定,《禁用清单》中的禁用物质并不一定对身体有害,也不一定会提高比赛成绩,而且,绝大多数禁

用物质都是药品,因此,也很难以诈骗罪的方式,使警察获得相应的调查权。对于国内的行政或者民事诉讼,这种证据或许可以使用,因为法院可以充当个人与个人之间或者个人与机构之间冲突的缓冲层,有一定的手段控制这种证据有可能给他人带来的不利后果,抑或通过直接排除证据,控制警察或者其他政府部门的不当行为,保护公民的人格权。① 然而,国际仲裁机构对证据的可采信性拥有广泛的自由裁量权,他们为了追求案件的真相,很有可能忽视证据产生的消极后果。

第三,由于目前反兴奋剂违规处罚权建立在运动员同意的基础之上,或者说,其属于合同责任的范畴。根据《公安部关于严禁公安机关插手经济纠纷违法抓人的通知》的规定,公安机关不得"插手合同、债务等经济纠纷案件"。据此,警方当然不能帮助合同的一方当事人收集证据。如果不否定这种侵权行为,不仅很难救济被调查人,使其恢复到行为以前的状态,而且很难威慑或者控制类似行为的发生,也就是说,不同于不可靠理论,这种观点认为这种证据本身可靠与否并不重要,而是强调法律的社会效果。② 比如,警方基于刑法修正案的规定,有权调查医生是否帮助他人使用兴奋剂在考试中作弊,但是,刑法并不禁止运动员使用兴奋剂。因此,警方对在侦查犯罪过程中获得的运动员使用兴奋剂的信息,除非用于指控妨害兴奋剂管理罪,否则,有保密的义务。如果将这种证据移交给反兴奋剂组织,则意味着为了确保合同的履行,可以违反《治安管理处罚法》第42条、《民法典》第111条、《刑法》第253条之一的规定,这显然是有问题的。

其次,违反平等原则。如果允许警方将自己查获的运动员使用兴奋剂的证据与反兴奋剂组织分享,则极易破坏体育比赛所强调的平等原则,主要理由是:绝大多数禁用物质属于药品的范畴,比如,最初治疗新冠肺炎的主要药物为类固醇,《禁用清单》将其定性为不特定物质。这样,运动员体内一旦发现这种禁药,一般推定为故意。然而,基于我国当前的立法,运动员自己为了提高比赛成绩而购买并使用这种药物,即使售方违反了禁止买卖非处方药的规定,警方也无权调查这种行为,也就是说,其无权获得这方面的证据。与之不同,如果有人引诱或者教唆运动员使用这种物质,警察不仅有调查引诱人或者教唆人的权力,还可以调查运动员。警方如果将这

---

① Such was the basic rationale for the United States Supreme Court's decision in Mapp v. Ohio, 367 U. S. 643 (1961). 367 U. S. at 656 (quoting Elkins v. United States, 364 U. S. 206, 217 (1960). Stressing the importance of the imperative of judicial integrity, 367 U. S. at 659.

② See Kamisar, *Does (Did) (Should) die Exclusionary Rule Rest on a Principled Basis Rather than an, Empirical Proposition*, Creighton Law Review, Vol. 16, p. 597 (1982).

种调查所获得的证据移送给反兴奋剂组织,该运动员很容易受到兴奋剂违规处罚。这样,自己决定使用兴奋剂的运动员受处罚的风险远远低于被动使用兴奋剂的运动员。然而,对两者进行对比不难发现,主动决定使用兴奋剂的运动员的主观可责性远远大于被动使用兴奋剂的运动员,但是,前者却获得了一定的优待,因此,这既违反平等原则、公平原则,也违反责任主义原则。

如前所述,取证方式有瑕疵通常意味着证据很可能具有不真实性,即这会大大增加证据不可靠的风险,比如有人认为,通过酷刑获得"口供"之所以应被排除,主要理由是其不可靠性,这也是取证行为的违法性往往为排除规则的适用提供"初步正当性"的根据。这样,如果证据本身显示是可靠的,或者有其他证据证明这种证据是真实的,仲裁庭完全可以基于自由裁量权,保留非法证据。然而,警察在调查犯罪活动中获得的证据,或者反兴奋剂组织违规采集的样本以及违规管理样本分析结果,却与此不同,取证行为的违法性或者违规性通常并不影响证据的真实性,运动员要想以取证方式"异常"为由推翻这种证据,还需证明这种"异常"达到影响可靠性的程度。① 这会严重影响规范调查取证行为的法律的效力。② 特别是警方获得的证据,由于有严格的程序限制,证据的可靠性一般被认为是有保证的,从而使取证行为的上述瑕疵很难影响证据的可靠性。③

最后,违法行为的受害人缺乏必要的救济措施。在国内法中,违法取证行为存在多种矫正或者处罚措施,比如,恢复原状、赔偿损失甚至对违法行为人进行处罚。但在国际仲裁中,受害人的救济措施非常有限,比如《国际律师协会商事仲裁取证规则》第 9.7 条的规定,如果仲裁庭认定一方当事人的取证行为违反诚信原则,只有三种救济措施:其一,将证据排除在证据目录之外,即否定其可采信性;其二,仲裁庭责令违法取证人承担案件全部或者主要的仲裁费用,包括因取证而产生的或与取证有关的费用,也就是说,通过仲裁成本的分摊,处罚违法取证人;其三,宣告性救济,即向社会

---

① 参见杨春然、王学栋:《论反兴奋剂国际体育仲裁中的运动员程序保护》,载《北京体育大学学报》2018 年第 11 期。

② See Ashworth, *Excluding Evidence as Protecting Rights*, Criminal Law Review, Vol. 3, p. 729 (1977).

③ See W. Michael Reisman & Eric E. Freedman, *The Plaintiff's Dilemma: Illegally Obtained Evidence and Admissibility in International Adjudication*, American Journal of International Law, Vol. 764, p. 737 – 753 (1982).

宣布取证行为不当,从道德上否定取证行为的正当性。① 然而,对于警方在调查犯罪活动中获得的运动员使用兴奋剂的证据,一旦将其提供给反兴奋剂组织,就会发现,上述救济措施都会变得很难适用。

由于国务院颁布的《反兴奋剂条例》属于行政法规的范畴,从教义法学的角度看,警方将在调查相关的犯罪活动中获得的运动员使用兴奋剂的证据转移给反兴奋剂组织,一般是没有障碍的。然而,在体育领域内,由于反兴奋剂组织对违规行为的处罚权建立在运动员同意的基础之上,而且,以 WADA 为代表的反兴奋剂组织属于私法人,因此,这种违规处罚属于私法的范畴,这种证据的分享会破坏反兴奋剂领域内的平等性,故是不可取的。意大利与西班牙对富恩特斯医生案所涉及的运动员使用兴奋剂的证据的不同态度,就是例证。2006 年,西班牙警方经过长期的电话监听,发现作为医生的犯罪嫌疑人组织多名运动员秘密使用兴奋剂,这种行为触犯了《西班牙刑法》第 361 条规定的"危害公共健康罪",为此发起了代号为"波多黎各行动"。警方在某一酒店将犯罪嫌疑人抓捕,并查获了大量文件、设备、禁药(激素和类固醇等)。此外,还发现其住处存放有很多标注着编码的塑料袋,里面是血液和血浆。犯罪嫌疑人供述,编码是为了表明这些血样或者血浆的主人,以便于赛前重新注入其体内(属于禁用方法)。意大利奥委会通过罗马检察官向西班牙申请司法协助,由此获得了这些血液和血浆。通过 DNA 比对,发现当时正在意大利参加环法自行车赛的运动员瓦尔韦德的血样与其中的第 18 号袋匹配,于是,意大利奥委会给予其禁赛 2 年的处罚。然而,马德里上诉法院随后发出禁令,封存了这些证据,并要求意大利当局返还血样,不得将其作为处罚运动员的根据,理由是,在西班牙,运动员当时使用禁药或者禁用方法并不构成犯罪。因此,刑事诉讼所获得的证据不能用于体育纠纷。这样,意大利当局获得的运动员违规的证据属于非法证据。然而,意大利第 401/1989 号《体育赛事法案》第 2 条第 3 款规定,体育诉讼程序虽具有独立性,但这并不妨碍未决刑事诉讼中的证据对体育诉讼的可适用性。国际自行车联盟和 WADA 也持这样的态度。然而,西班牙司法当局却认为,反兴奋剂组织接受这些证据,并将其用于对运动员违规的指控,构成对运动员隐私权或者人格权的侵犯,故应当依法排除非法证据。两个国家之所以对此问题存在两种截然不同的态度,主要原因是,意大利当时认为运动员使用兴奋剂构成体育欺诈罪,而西

① On this issue, see Fabien, v. and Attorney-at-law, CAS, Admissibility of unlawfully obtained evidence in international arbitration in Switzerland.

班牙并不认为使用兴奋剂是犯罪。这样,对于已将运动员使用兴奋剂的行为入罪的国家,上述冲突是不存在的。基于我国的立法现状,司法机关应当保留运动员违规的证据,不与反兴奋剂组织分享,尽管这存在有悖于国家反兴奋剂义务的嫌疑,但是,这却能给本国运动员提供较为公平的保护。

近几年来,很多案件的当事人都援引维基解密所披露的信息作为自己诉求的根据,这使证据来源的正当性越来越引起人们的关注。尽管很多人主张适用排除规则,而且,这还得到 2020 版的《国际律师协会国际仲裁取证规则》第 9.3 条的支持,但是,由于国际仲裁机构基于自由裁量权,对证据的可采信性一直比较宽容,这种趋势是否能得到改变,还是一个疑问。

第九章　兴奋剂违规监管及数字化

对于兴奋剂违规行为,除了证明上的法律限制,事实上还存在很多的科学障碍,这一点在治疗用药豁免制度中就有所讨论。不过,考虑到本书主要关注的是规范层面上的反兴奋剂规则体系,这里就不再专门对兴奋剂违规行为的科学障碍进行更深入的分析了。正是因为兴奋剂违规很难被发现和证明,故学界很多人认为,不仅应当加强反兴奋剂监管,尽可能减少其发生,还应当借助当前的大数据技术发现和证明兴奋剂违规行为。

第一节　兴奋剂检查与调查

国际兴奋剂监管通常由世界反兴奋剂机构负责。如前所述,WADA是一个国际独立机构,负责领导全球反兴奋剂运动,其主要活动包括科学和社会科学研究、教育、情报与调查、反兴奋剂能力的发展,以及监督世界反兴奋剂计划的合规性。此外,国际奥委会以及各个国际单项体育联合会也在反兴奋剂工作中发挥着重要作用。自2019年起,IOC已将奥运会的兴奋剂控制组织和管理职责委托给国际兴奋剂检测机构(International Testing Agency,ITA)。在各成员国,通常由各国反兴奋剂中心负责。没有国家反兴奋剂中心(NADOs)的国家,各国奥委会应承担相应的角色,负责所有与兴奋剂控制相关的事务。

兴奋剂控制是体育伦理中第一个也是唯一一个有公认的国际规范的领域。参与体育活动的各方有责任确保运动员遵守这些规范。兴奋剂控制程序在反兴奋剂规则、国际标准和技术文件中有明确规定。这种程序涉及所有参加组织性体育活动的人,包括兴奋剂检查和调查,主要体现为在比赛期间和比赛之外收集尿液和血液样本,以及对样本进行保存、分析,并对违规者进行指控,追究其法律责任。兴奋剂控制程序还包括使用生物护照和所在地系统对运动员进行长期观察,以及与不同的反兴奋剂组织、海关和警方等进行合作和交换信息。

一、兴奋剂控制的目的

在竞技体育中,公平竞争是至关重要的。然而,兴奋剂的使用却对这种公平性构成了威胁。为了解决这个问题,应当加强对兴奋剂的监管和控制。根据《检查和调查国际标准》,兴奋剂控制的主要目的有:

(一)保护公平和干净的比赛权

兴奋剂的使用会给使用者带来不公平的优势,这不仅对其他运动员是不公平的,而且会给运动员自身的健康产生负面影响,有悖于体育的目的和宗旨,因此,兴奋剂监管的目的是确保公平和干净的比赛权,同时保护运动员的身体健康。

为了实现这一目的,需要采取一系列措施。首先,需要制定反兴奋剂规则,明确兴奋剂的定义和禁止使用的范围。其次,需要建立兴奋剂检测机构,对运动员进行兴奋剂检测。此外,需要加强对运动员的宣传教育,让运动员了解兴奋剂的危害,增强运动员的自我保护意识。最后,需要对违规者进行惩罚,以起到威慑作用。

(二)保护未来体育的公平性和可信度

正是因为兴奋剂违规行为会危及体育的公平和运动员的干净比赛权,所以需要对其加强监管。然而,在实践中,兴奋剂监管的工作面临着许多挑战。首先,兴奋剂的种类繁多,检测难度大,需要不断更新检测技术。其次,兴奋剂使用者往往采取各种手段来规避检测,需要加强对运动员的监管。再次,兴奋剂监管的工作需要各方的合作,需要政府、体育组织、运动员和社会各界的共同努力。最后,也是最为重要的,人工智能技术的发展正在深刻地影响着体育产业,它正在推动体育产业的数字化、智能化、网络化发展。然而,人工智能技术的发展也存在一些负面影响,如可能成为运动员提高比赛成绩的主要手段,可能以技术兴奋剂的形式,破坏未来体育的公平和可信度,使体育成绩不再反映个人努力、竞技技术,而是现代科技的比拼。在这种情况下,需要加强对人工智能技术的监管,制定反兴奋剂规则,明确兴奋剂的定义,将滥用现代科技的行为,以禁用方法的方式,纳入兴奋剂监管的范围之内。

(三)尊重体育和医学道德规则

兴奋剂监管的第三个目的,则是尊重体育和医学的道德规则。然而,在实践中,兴奋剂监管的工作还存在一些问题,比如,兴奋剂检测的准确性和公正性有待提高;兴奋剂监管的工作需要更多的投入和支持,需要更多的国际合作,以应对跨国兴奋剂犯罪的挑战。

为了实现尊重体育和医学道德规则的目的,兴奋剂违规监管还需要加强对运动员的反兴奋剂宣传教育,借此让运动员了解兴奋剂的危害,增强运动员的自我保护意识,从而减少兴奋剂的使用。此外,还可以通过举办反兴奋剂知识竞赛、反兴奋剂知识讲座等活动，提高运动员的反兴奋剂意识。

对违规者进行惩罚也是兴奋剂监管的重要组成部分。对违规者的惩罚应该具有威慑作用，以防止其他运动员效仿。再者，还可以对违规者进行曝光，以起到警示作用。除了加强对运动员的反兴奋剂宣传教育和对违规者进行惩罚，还应当加强对兴奋剂的研究，开发更加先进的兴奋剂检测技术，提高兴奋剂检测的效率和准确性。

二、兴奋剂检查与调查的主体

根据《检查和调查国际标准》的规定，兴奋剂检查和调查涉及制定详细的检查计划、通知相关运动员、准备和进行样本收集、确保样本和文档的管理安全，以及将样本运送到实验室进行分析等环节。这些标准均具有强制性，以确保所有相关活动的规范性和一致性。兴奋剂检查与调查在反兴奋剂组织与运动员之间建立了一种法律关系，这种关系以权利和义务为基础。通过遵守这些标准，各方能够确保整个过程的公正、公平和透明，从而维护体育运动的纯洁性和公平竞争原则。就兴奋剂检查的主体而言，主要是反兴奋剂组织和受委托的组织或公司。不过，通常情况下，反兴奋剂组织不会直接进行调查和检查工作，而是将这一职能委托给其他的社会组织或公司。这些受委托的组织或公司会负责日常的检查和调查任务。为了完成这一任务，这些组织或公司会指派专门的工作人员来负责具体的检查和调查工作，最常见的是检查官，以及其委托的血检官、尿检官和其他相关人员。因此，兴奋剂检查和调查的主要人员是检查官和接受检查的运动员。

（一）检查官

兴奋剂检查的质量在很大程度上取决于兴奋剂检查官（Doping Control Officer，DCO）的专业素养和经验。在比赛或训练期间，检查官肩负着重要职责，不仅需要与运动员建立联系并通知他们即将进行的检查，还要负责样本的采集、储存和运输。同时，他们还需应对检查过程中可能出现的各种突发状况，例如运动员逃避、隐瞒或试图操纵尿液或血液样本等。因此，为了确保检查过程的顺利进行，检查官通常会接受全面而严格的培训。

首先，在招聘环节，反兴奋剂组织会积极寻找具备合适背景和资质的人员来担任这一职务。这些候选人通常来自体育爱好者群体，包括但不限于曾经的运动员、教练员、体育管理部门人员以及医生等。为了提高兴奋剂检查的效率，反兴奋剂组织主要通过以下几种途径来招聘检查官：通过现有检查官或其他内部人员推荐；主动联系医院、大学和其他政府机构进行人才寻觅；在报纸和期刊上发布招聘广告；利用网页进行在线宣传等。当收到求职申请后，反兴奋剂组织会进行面试来筛选合适的候选人。

其次，新入职的检查官必须接受一系列的培训课程。这些培训不仅涵盖了相关的规则，还涉及与兴奋剂检查相关的专业知识和技能。新检查官需要通过考试，达到规定的标准后才能正式担任这一职务。这样的培训体系旨在确保检查官具备足够的专业素养和技能，以履行其职责并确保兴奋剂检查的质量。在遵循兴奋剂《检查和调查国际标准》的前提下，每个反兴奋剂组织的具体工作程序和要求可能会有所不同。

最后，对检查官的管理。一般来说，反兴奋剂组织非常重视对检查官的管理，比如，通常每 2 年对其资格进行重新认证。认证的程序在不同反兴奋剂组织之间可能会有所不同。一些组织为所有检查官举办年度研讨会，而另一些则举办专门研讨会，讨论特定主题，如新的兴奋剂规定等，以便他们的知识更新能够与规定的更新保持同步。在对检察官的管理活动中，当前需要关注的问题主要有：

第一，防止利益冲突的出现。由于大多数检查官都是兼职的，他们可能还有其他工作或学业，因此其工作时间可能与常规工作时间不同。他们在经济上可能依赖检查工作，从而产生潜在的利益冲突。例如，检查官可能会为了获得更多的经济收益而增加检查次数。为避免这种情况的发生，反兴奋剂组织应确保检查官遵守相应的职业操守和行为规范，并采取措施确保检查的公正性和客观性。

第二，兴奋剂检查官在反兴奋剂工作中扮演着重要角色，负责样本采集等活动，因此，他们需要遵守回避制度，确保自己与所控制的运动或项目没有关系。这些关系包括亲属关系、经济利益关系和社交关系等。

第三，为了确保兴奋剂检查工作的质量和效率，反兴奋剂组织应加强对检查官的培训和管理，提高其职业素养和工作能力。同时，应加强对兴奋剂检查工作的监督和管理，及时发现和纠正问题，确保工作的公正性和客观性。

在遵守兴奋剂《检查和调查国际标准》的前提下，每个反兴奋剂组织的工作程序和要求是不同的，不过，大多数反兴奋剂组织要求，检查官的候选人，在进行正式兴奋剂检查和调查之前，通常必须作为观察员，至少参加一次赛外检查和一次赛内检查，以确保候选人具体了解实际的检查和调查程序。有的反兴奋剂组织对于拟录用的检查官，还要求其在当地法院进行宣誓。

总之，反兴奋剂组织应该加强对检查官和陪同人员的培训和管理，提高他们的专业素养和工作能力，确保兴奋剂检查工作的质量和效率，维护运动员的权益，保障兴奋剂检查工作的顺利开展。

(二)接受检查的运动员

在反兴奋剂工作中，兴奋剂检查官负责执行样本采集等关键任务，因此其角色十分重要。兴奋剂检查通常需要检查官与运动员面对面进行。这就引出了一个核心问题：检查官是否有权自主选择需要接受检查的运动员？现实中有两种常见的做法：

第一种是检查官自由选择。即使检查官有权选择被检查的运动员，这种选择权也受制于总部或反兴奋剂组织事先划定的控制区域，这意味着检查官可以在一定范围内，自主决定哪些运动员将接受检查。当然，总部可能会为特定项目的运动员设定一定的检查频率或次数，并要求检查官在规定时间内完成。一般情况下，检查官可以根据实际需求自由选择需要接受检查的运动员。如果检查官在现场观察到同一团队的其他运动员有可疑表现，也可以自主决定是否对其进行检查。

第二种是指定检查，即由总部决定应该对哪位运动员进行检查。在这种模式下，检查官只能对名单上指定的运动员进行检查，不能对名单外的其他运动员进行检查。这并不意味着总部不信任检查官，而是认为通过总部进行选择更能确保整个过程的公平性和控制力。如果没有明确的指引，随意选择可能会引起被检查运动员的不满，甚至可能引发各种谣言。这种做法有助于增强检查官的独立性。

综上所述，检查官在实际工作中很难完全自由地选择需要接受检查的运动员。随着通信技术的不断发展，检查官越来越需要根据总部确定的名单来进行工作。如果总部确定某位运动员由于某些原因无法接受检查，那么目前大多数国际单项体育联合会通常不会允许检查官自行选择其他运动员进行检测。当然，也有个别国际单项体育联合会给予检查官更大的自主权。例如，他们会提供一个名单供检查官灵活选择需要检测的运动员。然而，这种做法容易引起被检查运动员的不满，不利于反兴奋剂工作的顺利推进。

三、检查与调查工作的独立化

对于检查官采集的样本，根据规定，由 WADA 认证的实验室负责独立分析，即这些实验室享有认证和监管的权力，但是，直到 2015 年 1 月，WADC 在引言部分才赋予 WADA 成立独立调查委员会的权力。[①] 这也是

① Ruizetal. ,supra note 1.

在俄罗斯兴奋剂丑闻被媒体曝光后，WADA 委托庞德领导的小组对俄罗斯展开调查的根据所在。然而，WADA 的前任总干事大卫·豪曼指出："我们并不想成为，也不是警察。"①世界反兴奋剂机构的主席克雷格·里迪将 WADA 定性为国际单项体育联合会和国家的反兴奋剂咨询机构，即为其提供建议，而不是指控兴奋剂作弊行为。② 理由是，既然其制定了反兴奋剂规则，就不应当再负责该规则的实施，否则违反分权制衡原则，有可能出现利益冲突。正是由于这种原因，其在开始才不接受斯坦博诺夫的指控。其实，WADA 的担心是多余的，因为这种权力的行使会受到 CAS 的审查，所以，即使出现处罚权的滥用，也有对其控制的机制。

（一）WADA 在组织上获得独立的前提

俄罗斯兴奋剂丑闻的最大教训是俄罗斯国家反兴奋剂中心以及 WADA 认证的实验室没有充分独立于俄罗斯当局，因此，加强反兴奋剂组织的独立性，就成了反兴奋剂制度改革的大方向。

首先，保持 WADA 领导层的独立性，禁止其领导层服务于其他机构。当前，WADA 的主席克雷格·里迪，曾任国际奥林匹克委员会执行委员会（以下简称国际奥委会执委会）的理事。对于这种现象，学界有不同的看法。支持者认为，一则，WADA 与国际奥委会都是奥林匹克大家庭的成员，这种兼职不可能出现利益冲突。二则，国际奥委会作为松散的奥林匹克运动的代表，其执委会里有各个体育项目的负责人。如果 WADA 的主席离开了国际奥委会执委会，不利于其反兴奋剂工作的开展。比如，在决定一些赛事的举办权时，就会很容易忽视举办国的反兴奋剂状况。三则，如果 WADA 的主席是国际奥委会的成员，其就有机会接触其他人，通过宣传和解释反兴奋剂政策，鼓励他们开展反兴奋剂斗争。反对者的主要理由有：一则，毕竟 WADA 和国际奥委会有不同的任务和利益诉求，这种兼职很有可能影响反兴奋剂工作的独立性。二则，作为国际奥委会执委会的成员，其本职工作应当是追求国际奥委会利益的最大化，而不是提高反兴奋剂工作的效率。支持者希望其借助该位置推动反兴奋剂工作，本身就有角色混乱之嫌。三则，支持者的观点忽视了其他人对 WADA 的主席的消极影响，特别是，该执委会内部的各个国家的代表，有可能利用这个机会对其进行游说，破坏反兴奋剂工作。至于在决定赛事举办权时如何考虑申办国

---

① Gandert D. J., *The WADA Code: Optimal on Paper*, Maryland Journal of International Law, Vol. 32, p. 274 – 336 (2017).

② See Gandert D. J., *The WADA Code: Optimal on Paper*, Maryland Journal of International Law, Vol. 32, p. 274 – 336 (2017).

的反兴奋剂情况，则可以通过其他制度化的路径解决。由于反对者的声音高于支持者的声音，克雷格·里迪才退出国际奥委会执委会，不过，其目前仍然是国际奥委会的成员，这一点同样受到学界强烈质疑。

其次，改革 WADA 目前实行的主席制，因为其也会影响 WADA 的独立性。作为主席，一方面，其地位非常特殊，对 WADA 的决策有很大的影响；另一方面，作为自然人，其通常对本国或者所在的项目有更多的感情，即很容易在决策时，宽容自己国家(以及本国运动员)或者所在的项目。为了解决这个问题，学界提出了主席团制，或者双主席制：一个主席来自奥林匹克，一个主席来自会员国或者政府。当涉及特定的奥林匹克项目时，前者回避；当 WADA 处理的事务涉及主席所属国或者政府时，后者回避，这种做法有利于避免发生利益冲突。

最后，改变 WADA 的基金理事会的构成，设置独立理事。目前，WADA 基金理事会的成员分别来自成员国和奥林匹克运动。在反兴奋剂决策过程中，成员国的代表通常会偏向自己的国家，奥林匹克运动的代表，对自己所在的项目或者大众喜欢的项目(比如足球等)更为宽容。因此，要想提高 WADA 的独立性，必须改变基金理事会的构成。具言之，基金理事会应当包括一定数量的独立理事，就像普通法国家的独立董事一样。这种理事有助于确保反兴奋剂政策目的的实现，毕竟，他们背后不存在与兴奋剂工作产生利益冲突的组织。

(二)反兴奋剂工作摆脱当地政府的影响

目前，对于运动员的赛外检查，主要由当地的组织，比如运动员所属国的国家反兴奋剂组织和当地被 WADA 认证的实验室进行。这种制度的最大缺陷是反兴奋剂工作极易受到当地政府的影响，这也是俄罗斯兴奋剂丑闻给国际社会带来的最大教训。因此，要想避免这种情况，必须做到：

其一，废除各国对国家反兴奋剂组织及其被认证的实验室的管理权和体育组织的执法权，使成员国和体育组织没有机会干涉兴奋剂检查。除俄罗斯反兴奋剂机构之外，牙买加国家反兴奋剂机构在伦敦奥运会前，好几个月都不进行检查；巴西反兴奋剂机构对巴西的顶级运动员在里约奥运会前，也停止了飞行药检，理由竟是担心检查会干扰球队的训练计划。① 甚至还有很多国家的反兴奋剂机构以缺乏资源等理由，故意拖延检查。这些

① See Sudipto Ganguly, *Brazil's Top Athletes Were Not Drug Tested Ahead of Rio Olympics. As WADA Chief Slams "Unacceptable" Actions of Games' Host Nation*, DAILYMAIL (Aug. 5, 2016), http://www.dailymail.co.uk/sport/sportsnews/article-3725150/Brazil-sathletesnot-drug-tested-ahead-Rio-Olympics-WADA-chief-slams-unacceptable-actions-Games-host-nation.html.

都是当地政府影响反兴奋剂工作的典型例证。因此,只有使反兴奋剂组织独立于当地政府,才能使其摆脱来自各国奥委会或者政府的压力,对当地的运动员提出更严格的要求。

其二,对兴奋剂检查引入回避制度,即从事兴奋剂检查的工作人员,比如检查官,应来自全世界不同的国家。也就是说,他们不仅应回避特定的项目,以及自己的近亲属或者其他的利害关系人,而且应当实行地域回避,比如,在阿根廷从事检查的工作人员可以来自法国、巴西或者俄罗斯,而不能来自阿根廷;在俄罗斯从事检查的人员可以来自中国、日本或者西班牙,而不能来自俄罗斯,等等。① 由于这些工作人员为 WADA 工作,其很难受到所在国政府或者国家奥委会的影响。

其三,实验室也应当由 WADA 直接控制,其工作人员也应当来自世界各地,而不能仅仅由 WADA 被动地认证。只有这样,才能确保其之检查的独立性,确保不受所在国的影响。同样,实验室的管理者也应当进行国际化,使之成为真正的“国际组织”。

其四,为了防止实验室工作受到外在的干扰,WADA 应该将运动员的样本集中管理并统一分配到各实验室。这样,实验室自己也不清楚其检查的样本属于哪个国家或者哪个运动员。例如,对样本进行编码处理,以便在实验室间进行安全有序的交换,同时确保样本的匿名性得以严格维护;借助先进的区块链技术,确保样本在传输和存储过程中的安全性和完整性,杜绝任何篡改或损坏的可能性;此外,通过人工智能技术,实现样本管理和分配的自动化,进一步提高工作效率和准确性。这些措施共同构成了一个严密的体系,旨在保障实验室检测工作的公正、安全和高效。

其五,反兴奋剂组织尽可能不独立地接受社会捐赠,以防有人借此影响反兴奋剂工作的独立性。反兴奋剂组织的独立性是保障其公正、公平、公开工作的重要基础。为了防止有人借此影响反兴奋剂工作的独立性,反兴奋剂组织通常不应独立接受社会捐赠,因为如果反兴奋剂组织接受社会捐赠,那么可能会出现捐赠者对反兴奋剂组织工作的影响,降低反兴奋剂组织的独立性。为了保障反兴奋剂组织的独立性,反兴奋剂组织应该依靠政府拨款等方式获得资金,而不是依靠社会捐赠。同时,反兴奋剂组织应该建立健全的财务管理制度,确保资金使用的透明度和规范性。只有这样,才能保障反兴奋剂组织的独立性,维护反兴奋剂工作的公正、公平、公

---

① See Gandert D. J. ,*The WADA Code*: *Optimalon Paper*, Maryland Journal of International Law, Vol. 32, p. 274 – 336(2017).

开。反兴奋剂组织的独立性是反兴奋剂工作的重要保障，也是反兴奋剂组织走向成功的重要基础。

这样，WADA 统一安排和协调各地实验室进行样本分析，加强对全世界反兴奋剂组织的领导和管理，并通过不定期的巡视制度，监督各反兴奋剂组织履行反兴奋剂义务。国家反兴奋剂组织主要关注其他领域，比如，对其他体育组织履行反兴奋剂义务的情况进行监督；当出现兴奋剂违规行为时，督促相关的体育组织对运动员提出指控；对低水平的比赛进行兴奋剂控制，从根本上消除兴奋剂违规行为产生的土壤。①

(三)治理机制的改革：反兴奋剂执法独立化存在的障碍及突破

解决二元化治理机制缺陷的另外一个方案是一元化治理机制，即通过提高"执法"的独立性，改变目前反兴奋剂组织在人员和经费方面受制于当地政府或体育组织的现状，切实地解决利益冲突问题。然而，这种改革措施同样受到很多人的质疑。

1. 反兴奋剂工作独立化的物质障碍及突破：资金筹集

世界反兴奋剂制度的上述变革，面对的最大障碍可能是资金问题。

首先，目前反兴奋剂工作的资金，一部分来自国际奥委会体育赛事收入提成，一部分来自成员国，还有一部分来自社会捐赠。如果进行以上的改革，无疑会增加反兴奋剂工作的成本，因为不仅 WADA 行使监管权和处罚权需要大量的物质投入，而且，WADA 认证的实验室的成员实行回避制度也会增加反兴奋剂工作的成本。②

其次，这种改革意味着(国家)反兴奋剂组织将摆脱所在国的影响。既然反兴奋剂组织完全独立于成员国，成员国就不会再像以前那样，成为国家反兴奋剂组织主要的经济来源了。如果国际社会要求成员国分摊这种费用，由于资金的数额巨大，会给成员国造成很大的经济负担。对于大多数发展中国家，还有很多人尚未摆脱贫困，政府能否不顾民生而将资金用于体育领域，存在疑问。尤其是，根据国际奥委会对俄罗斯兴奋剂丑闻

---

① See Associated Press, *Growth Hormones Use Exploding Among High School Teens*, N. Y. POST (Jul. 23, 2014), http://nypost. com/2014/07/23/growth-hormone-use-exploding-among-highschool-teens/; Gandert D. J., *The WADA Code: Optimalon Paper*, Maryland Journal of International Law, Vol. 32, p. 274 – 336(2017).

② 比如，美国反兴奋剂局部分由美国国家药物控制政策办公室注资，其余资金来自为体育组织提供反兴奋剂服务的合约，其中最为著名的是美国奥委会。"不遮丑不护短的美国反兴奋剂局", http://data. 163. com/12/0826/22/89S8BTMH00014MTN. html; Gandert D. J., *The WADA Code: Optimalon Paper*, Maryland Journal of International Law, Vol. 32, p. 274 – 336 (2017)。

作出的两个特别决议——《国际奥委会执行委员会关于俄罗斯运动员参加2016年里约奥运会的决议》(以下简称《决议》)和《国际奥委会执行委员会关于俄罗斯运动员参加2018年平昌冬奥会的决议》,国家的参赛权与运动员的参赛权是分离的,即使国家不履行其会员义务,比如,不缴纳会费或者其他费用,也无法剥夺该国运动员的参赛权。① 在这种制度框架下,当反兴奋剂方面的费用太高时,一些发展中国家很可能不会按时或者足额缴纳会费或者其他费用。

最后,这种改革不利于社会捐赠。社会捐赠是WADA反兴奋剂工作的重要经济来源之一。但是,如果出于确保反兴奋剂工作的独立性的目的,不允许反兴奋剂组织直接接受捐赠,则会严重打击捐赠人的积极性。总之,反对者认为,反兴奋剂治理机制独立化的改革,一方面会导致反兴奋剂工作的成本增加;另一方面又会造成WADA每年收入的减少。由于无法筹措到维持正常工作所需要的资金,所以,这种改革措施是不可取的。②

我们认为,反兴奋剂治理机制独立化,的确不利于社会捐赠。比如,2015年,处于兴奋剂丑闻漩涡的俄罗斯,除缴纳应交的费用外,还向WADA提供了100万美元的捐助。③ 这曾引起了社会广泛的关注。为此,WADA专门召开了一个新闻发布会,指出,即使有的国家提供更多捐款,也不会受到特殊对待。④ 但是,人们很难相信其真实性,至少在表面上看,这好像存在问题。正是由于这个事件,学界普遍认为,反兴奋剂工作的资金应来自一个独立的、类似于信托公司的机构,切断资金提供者与WADA的联系,至少不应使从事反兴奋剂工作的管理人员知道资金的真正捐赠者是谁,防止有人试图通过捐赠影响反兴奋剂政策的制定或者实施。⑤ 反兴奋剂工作的管理人员不知道其资金的来源,固然有利于确保其工作的独立

---

① 在俄罗斯奥委会和田径运动员诉国际田联案中,CAS就开始将运动员参赛权与国家的管理权(或者会籍)解构,这也是《国际田联竞赛规则》第22.1A条制定的主要目的。CAS 2016/O/4684,The Russian Olympic Committee (ROC) et al. v. The International Association of Athletics Federations (IAAF),Award of 21 July 2016,paras. 122 – 124.

② See Gandert D. J.,*The WADA Code*: *Optimalon Paper*,Maryland Journal of International Law,Vol. 32,p. 274 – 336(2017).

③ See Gandert D. J.,*The WADA Code*: *Optimalon Paper*,Maryland Journal of International Law,Vol. 32,p. 274 – 336(2017).

④ See Rebecca A. Ruizetal,*Even With Confession of Cheating*,*World's Doping Watchdog Did Nothing*,N. Y. TIMES(Jun. 16,2016),https://www.nytimes.com/2016/06/16/sports/olympics/world-anti-doping-agency-russiacheatinghtml? action = click&contentCollection = Olympics&module = RelatedCoverage&region = EndOfArticle&pgtype = article&_r = 0.

⑤ Sport Faces Defining Moment in Doping Fight,says Travis Tygart,supra note 372.

性。但是,这很可能会在一定程度上打击一些捐赠人的积极性。这样,如何能筹措到满足 WADA 正常工作需要的资金,将有难以克服的障碍,这也构成当前反兴奋剂工作改革的关键。学界普遍认为,上述变革无法在最近完成,毕竟,反兴奋剂斗争所需要的资金太多了。不过,这并不能否定反兴奋剂治理机制独立化的可行性,因为上述障碍是可以被突破的。突破上述障碍的可能途径有如下几种:

(1)将反兴奋剂执法机构直接置于 WADA 的领导之下,否定成员国和体育组织对其的管理权。这既可以保持现有的反兴奋剂工作的成本基本不变,还有利于 WADA 利用自己的影响,为反兴奋剂工作筹集更多的资金。其实,有些体育组织目前已经进行了类似的改革。据报道,2017 年 4 月,国际田联成立独立的田径诚信委员会,其由 WADA 的前任总干事大卫·豪曼担任主席,该组织独立于国际田联,专门负责运动员的兴奋剂检查及其他的诚信监管工作。①

(2)近几年曝光的体育腐败表明,体育领域并不缺钱,只是由于缺乏透明性和有效监管,导致大量的资金被贪污或者浪费。② 据国际奥委会执委会 2017 年的报告,每年兴奋剂检查的样本大致有 30 万份,包括反兴奋剂宣传和研究在内,全部的费用接近 3 亿美元。③ 然而,2015 年国际体育的各种净收入为 145 亿美元,仅 2014 年巴西世界杯,就获得 45 亿美元的净收益。④ 如果加强监管,资金问题是能够解决的。其实,WADA 每年大约拥有 14 亿美元的收入,其他收益每年大约为 5 亿美元,如其将这些资金秘密信托,还会有一定的收益。此外,如果体育比赛不干净,不仅会流失大量的观众和赞助商,也会使媒体对其失去兴趣,最终会导致整个体育领域的收入减少,故国际奥委会本身就有动力也有能力解决这个问题,所以,泰

---

① See Français, *Independent Athletics Integrity Unit is Operational*, World Athletics (Apr. 5, 2017), https://www.iaaf.org/news/press-release/independent-athletics-integrity-unit.

② See Geeraerta, Almj & Grollm, *Good Governance in International Sport Organizations: Ananalysis of the* 35 *Olympic Sport Governing Bodies*, International Journal of Sport Policy & Politics, Vol. 6, p. 281 – 306 (2014).

③ Anti-Doping Claimed to Cost Sport $300 Million Each Year. https://www.insidethegames.biz/articles/1048181/anti-doping-claimed-to-cost-sport – 300 – million-each-year; Gandert D. J., *The WADA Code: Optimalon Paper*, Maryland Journal of International Law, Vol. 32, p. 274 – 336 (2017).

④ See Hennek, *Reforming Global Sport: Hybridity and the Challenges of Pursuing Transparency*, Law & Policy, Vol. 37, p. 324 – 349 (2015); Gandert D. J., *The WADA Code: Optimalon Paper*, Maryland Journal of International Law, Vol. 32, p. 274 – 336 (2017).

戈特指出，这种成本在国际奥委会看来，本来就不是问题。①

(3)世界反兴奋剂机构负责反兴奋剂执法工作后，可以向各成员国和国际体育组织收取一定数额的资金，然后再拨付给各个反兴奋剂组织，因为这些成员国或者国际体育组织负有反兴奋剂的义务，还可以根据《世界反兴奋剂条例》，获得诸如国际奥委会、国际残疾人奥委会、国际专业的体育联盟等的捐款和赞助费用，用于支持反兴奋剂的研究、教育、测试和执行等方面。

(4)反兴奋剂执法的成本主要包括运输、检测、人员培训等方面。尽管改革后的成本会有所增加，但由于其增加部分主要是运输成本，增加幅度并不会太大，因此，以资金难以筹措为由，否定反兴奋剂工作独立化的改革，可能是有问题的。

2. 反兴奋剂工作组织构成的障碍及突破：WADA 的改革

当前以 WADA 为中心的反兴奋剂治理机制，根据分权制衡原则，将反兴奋剂"立法权"与"执法权"解构，分别交由不同的机构行使：世界反兴奋剂机构行使立法权，主要任务是负责审定和调整违禁药物的名单，确定药检实验室，以及从事反兴奋剂的研究、教育和预防工作；各国反兴奋剂组织、世界反兴奋剂机构认证的实验室以及各国际单项体育联合会负责反兴奋剂政策实施。坚持兴奋剂检查工作独立化的人认为，为了保持制度的连续性，目前的改革不宜在现有的反兴奋剂体系之外，再建立独立的反兴奋剂执法机构，而应由 WADA 统一行使反兴奋剂的立法权与执法权。这显然有悖于传统的分权原则。所以，这种观点遭到了世界反兴奋剂机构领导层的反对。如大卫·豪曼指出："我们不是警察，也不想成为警察。"克雷格·里迪也指出，WADA 为反兴奋剂工作提供建议，而不是指控或者处罚兴奋剂违规行为，否则，有可能造成权力的滥用。②

其实，在体育领域内，由世界反兴奋剂机构独立统一领导反兴奋剂工作并没有什么不妥，主要理由如下：(1)参加国际比赛的运动员，并非一个单独的个体，事实上，其背后总站着成员国以及诸如国际奥委会等体育组织。这种组织的存在，使世界反兴奋剂机构很难滥用其权力。(2)WADA 权力的行使会受到 CAS 的审查。也就是说，世界反兴奋剂机构一旦滥用

---

① See AFP, *Sport Faces Defining Moment in Doping Fight, says Travis Tygart*, INDIAN EXPRESS (Dec. 6, 2016), http://indianexpress.com/article/sports/sport-others/sport-facesdefining-moment-in-doping-fight-says-travis-tygart-4413193/.

② See Gandert D. J., *The WADA Code: Optimal on Paper*, Maryland Journal of International Law, Vol. 32, p. 274-336 (2017).

其处罚权，运动员则可以通过申请仲裁的方式，使 CAS 控制 WADA 立法和执法的随意性。(3)2015 版 WADC 与 2021 版 WADC 在引言中已明确赋予世界反兴奋剂机构成立独立调查委员会的权力，这也是俄罗斯兴奋剂丑闻被媒体曝光后，世界反兴奋剂机构委托麦克拉伦等人对俄罗斯展开调查的根据。据说，为了配合这种调查权，下一个版本的 WADC 肯定会赋予 WADA 对兴奋剂违规行为直接的处罚权，因此，分权制衡原则很难再构成 WADA 执法权的障碍了。WADA 的领导层之所以反对这种改革措施，是因为其目前的组织结构不适合反兴奋剂工作。或者说，由其统一领导反兴奋剂执法工作，目前还存在一定的组织障碍。

首先，WADA 的主席制有悖于执法独立化的要求。在现实中，主席的地位非常特殊，其对 WADA 的决策有很大的影响。作为自然人，其通常对本国或者所在的项目，有更多的感情，即很容易在具体的反兴奋剂工作中，同情自己的国家以及本国运动员，或者所从事的项目，从而产生利益冲突。

政治学领域内的主席团制或者双主席制，可以解决这个问题。具体来说，一个主席应来自奥林匹克，另一个主席应来自成员国。当涉及特定的奥林匹克项目时，前者应回避；当 WADA 处理的事务涉及主席所属国或者政府时，后者应回避。只有这样，才能避免反兴奋剂工作的利益冲突问题。①

其次，WADA 基金理事会的构成不符合执法独立化的要求。目前，WADA 基金理事会的成员分别来自成员国和奥林匹克运动。在反兴奋剂决策过程中，成员国的代表通常会偏向自己的国家，奥林匹克运动的代表一般对自己所在的项目或者大众喜欢的项目(如足球等)更为宽容，所以这种情况也不符合反兴奋剂执法独立化的要求。

针对这种情况，可以借鉴公司法中的独立董事制度，对 WADA 基金理事会进行改革，即设置一定数量的独立理事。② 独立理事就像独立董事一样，在反兴奋剂工作方面，既不从属于任何体育组织，也不效忠于任何国家。这种理事有助于确保反兴奋剂政策目的的实现，毕竟他们背后没有与反兴奋剂工作有可能发生利益冲突的组织或者个人。

最后，WADA 的领导层在其他体育组织兼职的现象，也妨碍其独立执法。在世界反兴奋剂机构成立之初，就存在其领导层在其他体育组织兼职的现象，如 WADA 的主席克雷格·里迪就曾兼任国际奥委会执委会理事。

---

① See Gandert D. J. ,*The WADA Code*: *Optimal on Paper*, Maryland Journal of International Law, Vol. 32, p. 274 - 336(2017).

② See Gandert D. J. ,*The WADA Code*: *Optimal on Paper*, Maryland Journal of International Law, Vol. 32, p. 274 - 336(2017).

其这样做的主要理由有：

其一，对于体育组织，尤其是国际奥委会，它们都有反兴奋剂的义务，再加上，WADA 与国际奥委会都是奥林匹克大家庭的成员，所以，兼职不会产生利益冲突。

其二，国际奥委会作为松散的奥林匹克运动的代表，其执委会中有各个体育项目的负责人，WADA 的主席加入国际奥委会执委会，就有机会接触这些人，可以通过宣传和解释反兴奋剂政策，鼓励他们开展反兴奋剂斗争。

其三，WADA 的领导层在体育组织兼职，有利于在这些体育组织的正常工作中，贯彻反兴奋剂政策。如在决定一些赛事的举办权时，体育组织很容易忽视举办国的反兴奋剂状况，此时，WADA 的主席就可以提醒决策者，重视对申请者反兴奋剂政策实施情况的评估。

然而，WADA 的主席制度确实存在一些问题，如其领导层在其他体育组织兼职可能会产生利益冲突。如果 WADA 取得反兴奋剂执法权后，依然存在这样的兼职现象，有可能会削弱反兴奋剂工作的独立性，具体理由如下：

(1) WADA 和国际奥委会等体育组织有不同的任务和利益诉求，这种兼职现象很有可能影响反兴奋剂工作的独立性。作为国际奥委会执委会的成员，其本职工作应当是追求国际奥委会利益的最大化，比如提高奥运会的观赏性，从而获得更高的收入，而不是提高反兴奋剂工作的效率，即希望借助兼职的位置推动反兴奋剂工作，本身就有角色混乱之嫌。

(2) 认同兼职的观点忽视了其他人对 WADA 主席可能产生的消极影响，特别是该执委会内部的成员国代表，有可能利用这个机会对 WADA 的主席进行游说，破坏反兴奋剂工作。至于在决定赛事举办权时，如何考虑申办国的反兴奋剂情况，则可以通过其他制度化的路径进行解决。如事前将申办国的兴奋剂违规记录，作为申办权的既定消极条件处理，这种做法显然更符合法治的精神。

(3) 既然基于利益冲突上的考虑，强调反兴奋剂工作应当独立于成员国，那么这种逻辑应当同样适用于体育组织，国际奥委会也不应例外。美国国家反兴奋剂组织的主席泰戈特指出，这不是人身攻击，而是一种立场，毕竟干净运动员的最大利益有时会与体育项目的短期利益发生冲突。他举例说，如果国际自行车联盟的主席在反兴奋剂组织任职，当指控阿姆斯特朗及其所在的美国邮政自行车队的作弊并对其进行处罚时，情况很可能不一样。①

正是由于受到学界的批评，克雷格·里迪退出国际奥委会执委会，不过，其目前仍然是国际奥委会的成员。如果对反兴奋剂治理机制进行独立化的改革，其必须完全退出国际奥委会。

3. 反兴奋剂工作目的障碍：对吹哨行为的保护

在当前的体制下，对国家有组织地系统使用兴奋剂的行为，以 WADA 为代表的反兴奋剂组织是很难发现的。俄罗斯兴奋剂丑闻曝光的事实证明，这种违规行为的发现与认定，对告密者有严重的依赖。因此，如何保护甚至"奖励"告密者，对反兴奋剂工作非常重要。

反兴奋剂治理机制改革的目的是提高发现和惩罚兴奋剂违规行为的概率，防止违规的发生。然而，一则，反兴奋剂组织的独立化，很容易使工作人员远离现实社会；二则，由于兴奋剂违规行为通常是运动员、教练、医生以及所属的体育机构"共谋"的结果，导致外部人员很难发现这种违规行为；三则，在现实生活中，告密者往往承受着极大的压力，因为这很容易遭到当局的报复，其生活往往不尽如人意。比如，在俄罗斯兴奋剂丑闻中，除了斯坦博诺夫，还有其他人向 WADA 发送邮件，揭露这种系统使用兴奋剂的行为。然而，受到当局的打压后，他们基本上都保持沉默了。② 这样，保护告密人非常重要。因此，要想鼓励知情者的揭发，首先，必须为告密者保密，使其信息不与奥林匹克运动中的其他人分享，防止利益相关方知悉；其次，还应当给告密者一定的奖励；最后，当告密者因为披露信息而处于危险之中时，反兴奋剂组织应当出手相助。

2021 版 WADC 第 2.11 条规定了打击报复吹哨人的新型违规行为，第 10.7.1 条规定，如果告密者为违规运动员，可以减轻甚至免于处罚，即 WADC 鼓励告密行为。在现实中，WADA 也是这么做的。如在俄罗斯兴奋剂丑闻中，利娅·斯坦波娃就曾参与揭发俄罗斯兴奋剂丑闻，国际奥委会却以该运动员揭发的动机不纯为由，不允许其参加里约奥运会，理由是，其过去因血液护照异常而被停赛 2 年（当时停赛期已满），根据国际奥委会执委会 2016 年的《决议》，该运动员无权参加里约奥运会。这也是她告密

① See AFP, *Sport Faces Defining Moment in Doping Fight, says Travis Tygart*, INDIAN EXPRESS (Dec. 6, 2016), http://indianexpress.com/article/sports/sport-others/sport-facesdefining-moment-in-doping-fight-says-travis-tygart-4413193/.

② See Rebecca A. Ruizetal, *Even with Confession of Cheating, World's Doping Watchdog Did Nothing*, N. Y. TIMES (Jun. 16, 2016), https://www.nytimes.com/2016/06/16/sports/olympics/world-anti-doping-agency-russiacheatinghtml? action = click&contentCollection = Olympics&module = RelatedCoverage&region = EndOfArticle&pgtype = article&_r = 0.

的主要原因。① 但是,WADA 指出,国际奥委会的上述处罚显然有悖于 WADC 的规定。经过 WADA 据理力争,该运动员最终得以参加里约奥运会。② 这就是说,反兴奋剂的立法与实践,都鼓励运动员或者附随人员告密。然而,在当前的法律框架下,这种保护非常有限,主要理由有:

首先,对于很多非法剥夺型的报复,法律难以提供救济。打击报复举报人的主要表现形式为非法剥夺,但是,由于法律提供的救济措施不仅受制于法律的可操作性、程序性和滞后性,而且受制于救济机关自身的能力,这造成法律对举报人提供的保护非常有限。比如,在反兴奋剂领域内,这主要表现在:一则,WADA 在性质上属于民间机构,其没有能力给举报人提供充分的人身保护。比如,斯捷帕诺娃在德国电视台做完节目后,成了当地的"叛国者"或者"犹大",受到当地民众的排斥,甚至最后不得不移居国外。即使如此,他的日常生活也经常遭到陌生人的骚扰,甚至有时会受到生命的威胁。面对这种情况,WADA 无能为力。二则,为了确保体育远离政治,WADC 仍然不承认社会组织可以成为违规主体,所以,举报制度只约束与体育职业有关的自然人。如果社会组织(尤其是政府)或者与体育无关的自然人打击报复举报人,当前的举报制度无法给举报人提供保护。③ 三则,有大量的证据证明,举报人面对的最大不利后果是心理伤害,④但是,2019 年 10 月 23 日《关于保护举报违反欧盟法律者的第 2019/1937 号指令》、WADC 以及《体育领域反兴奋剂斗争举报人的保护建议》都没有涉及心理或者情绪治疗方面的规定。⑤ 其实,这种心理治疗非常重要,不仅可以使举报人与反兴奋剂组织建立长期联系,而且是对打击报复人的一种威慑,从而在一定程度上减轻举报人的人身危险,给举报人提供

---

① See AP, *Rio* 2016: *Russian Whistle Blower Yuliya Stepanova Will Not Contest Ban*, BBC(Aug. 5, 2016), http://www.bbc.com/sport/olympics/36992847.

② 事后,该运动员提出仲裁申请,其之请求得到了 CAS 的支持。See Antoine Duval, *The Russian Doping Scandal at the Court of Arbitration for Sport: Lessons For The World Anti-Doping System*, Int. Sports Law Journal, Vol. 16, p. 177 – 197(2017).

③ See Erickson K., Backhouse S. & Patterson L., *Blowing the Whistle on Doping in Sport Through Evidence-informed Policy Making*, WADA (Jan. 9, 2020), https://www.wada-ama.org/sites/default/files/resources/files/lbu_wada_wb_final_report_oct_2019.pdf.

④ See Van der Velden P. G., Pecoraro M. et al., *Mental Health Problems among Whistleblowers: A Comparative Study*, Psychol Rep., Vol. 122:2, p. 632 – 644(2018); Erickson K., Patterson L. B. & Backhouse S. H., "*The Process isn't a Case of Report It and Stop*": *Athletes' Lived Experience of Whistleblowing on Doping in Sport*, Sport Manag Rev., Vol. 22:5, p. 724 – 735(2019).

⑤ See Kambhampati A. & Star S., *Playing True? A Critique of the* 2021 *WADA Code*, The International Sports Law Journal, Vol. 21, p. 223 – 242(2021).

心理上的安慰。①《突尼斯国家举报法》对举报人既提供人身保护，也提供法律援助和心理辅助，就有这方面的考虑。②

其次，对于很多社会性的报复，法律同样无法救济。举报行为不仅很容易招致同事的指责、孤立，还可能造成所在组织对举报人的歧视、羞辱，甚至使举报人失去周围所有人的信任，因为社会很容易给其打上一个“告密者”的标签。这种“污名”通常会造成举报人被社会边缘化，从而使他的很多的权利受到限制。比如，当前的企业文化非常重视忠诚的价值，从入职培训开始，企业就会通过各种方式，向新员工灌输忠诚义务和企业自豪感，培养其对团队利益的认同，而且，企业还借助劳动合同中的保密条款和单位保密性的规定，使他们意识到，不保守秘密，则会面对终止劳动合同，赔偿损失以及一个不确定的未来。这也是很多大型公司或者俱乐部人力资源部门的主要工作。在这种企业文化背景下，举报人不仅存在入职上的困难，还存在晋升上的障碍。面对这种损失，法律根本无法提供救济。

最后，也是最为重要的，保护告密者还存在很大的法律障碍。由于告密人的告密行为，通常会违背保密义务，所以，传统的法律认为，告密行为构成犯罪。如果进行以上的改革，瑞士法则构成兴奋剂处罚的唯一准据。然而，根据《瑞士联邦刑法典》第 273 条，告密行为构成商业间谍罪，这方面最典型的是瑞士的亚当斯案。③ 在该案中，被告人是公司的一个部门经理，他在工作中发现，公司利用自身在维生素市场上的优势地位，限制零售商从其他生产商处进货（以产品价格折扣为条件），目的是加强公司的市场垄断地位，这种行为违反了《罗马公约》第 86 条。欧共体的执法机构当时没有发现这种情况，于是，亚当斯向欧共体举报。根据《瑞士联邦刑法典》第 273 条，亚当斯构成商业间谍罪。法院解释说，被告人的行为违反了其与公司签订的保密合同，所以，应当受到刑事处罚。这种判例和立法的存在，显然是不利于告密者的。这就是说，告密行为虽然得到了 WADC 的肯定，但是，瑞士法对其却是禁止的。尽管目前告密者得到了 CAS 判例和 WADA 的保护，但瑞士法是告密者的最大威胁。因此，如何协调 CAS 的

---

① See Vandekerckhove & Lewis, *The Content of Whistleblowing Procedures: A Critical Review of Recent Official Guidelines*, Journal of Business Ethics, Vol. 108:2, p. 253 – 264(2012).

② See Chalouat Ⅰ., Carrión-Crespo C. & Licata M., *Law and Practice on Protecting Whistle-blowers in the Public and Financial Services Sectors*, ILO(Sept. 9, 2019), https://www.ilo.org/wcmsp5/groups/public/---ed_dialogue/---sector/documents/publication/wcms_718048.pdf.

③ See Bundesgericht, Switz., 104 BGIV175, 104 ATFIV, 175(1978)；参见杨春然：《论语义学视角下的法律错误——兼论对强奸罪中的被害人不同意认识错误的性质》，载《法学论坛》2016 年第 6 期。

判例与瑞士法的冲突，保护告密者，对打击系统使用兴奋剂的行为，非常重要。

在二元化治理机制下，这种法律冲突是很容易调和的，理由是告密者所在的组织通常有具体的（而非抽象的）反兴奋剂义务，故告密行为可被视为履行职责。不过，当反兴奋剂组织独立于当地政府时，则意味着只有WADA 及其所属的组织才有具体的反兴奋剂义务，一般的体育组织没有这项职责。在这种情况下，如果出现体育组织内部人员的告密行为，根据瑞士法，有可能构成犯罪，这显然不利于发现违规行为，即其与改革的目的（提高发现违规行为的概率）发生矛盾，故这也构成上述改革的司法障碍。①

从法的渊源角度看，WADC 是 WADA 制定的，而 WADA 又是根据瑞士法成立的民间组织，故 WADA 有遵守瑞士法的义务，瑞士法的效力因此应高于 WADC。然而我们认为，WADC 的规定并非不能突破瑞士（刑）法的禁止，主要理由如下：

（1）联合国教科文组织的《反对在体育运动中使用兴奋剂国际公约》规定，每个签约的成员国都有反兴奋剂的义务。作为签约国，瑞士也不应例外。再者，WADA 实际上已经成为一个具有广泛性的国际组织，其制定的 WADC 反映的是国际社会的共同要求，因此，除非 WADC 有明确的规定，否则不应当使瑞士法获得优于 WADC 的特殊地位。易言之，一旦WADC 与瑞士法存在明显的冲突，WADC 的规定应当效力优先。

（2）瑞士规定的商业间谍罪（内部人员告密禁止）属于刑法的范畴，而WADA 制定的 WADC 是民间组织通过协议而制定的自治条例，其属于非刑法的范畴。这就是说，瑞士刑法禁止内部人员的告密行为，而 WADC 又授予内部人员告密的权利（对违规运动员减免处罚的规定是其立法体现），这样，瑞士刑法与 WADC 发生冲突。根据（刑法是）最后的手段原则，WADC 规定的告密权，就像正当防卫、紧急避险那样，可以以正当化事由（或者阻却违法事由）的方式，突破瑞士刑法禁止的约束。②

（3）这种现象在反兴奋剂领域内并不新鲜，如前面提到的 WADC 中的

① See Gandert D. J., *The WADA Code: Optimal on Paper*, Maryland Journal of International Law, Vol. 32, p. 274 - 336(2017).

② 参见杨春然：《论法教义学视角下的最后手段原则的规范构成及适用——兼论宪法对犯罪论体系的选择》，载《中国刑事法杂志》2017 年第 5 期。

行踪规则,欧盟的专家委员会认为,其有悖于欧洲法。[①] 瑞士是欧盟的成员国,其有遵守欧洲法的义务,或者说,瑞士法包含着欧洲法。行踪规则与欧洲法有冲突,也就是与瑞士法发生冲突,但是,2015 版 WADC 中规定了行踪规则,并没有让步,这表明 WADC 并非从属于瑞士法。

WADC 虽然应被视为是适用瑞士法的结果,但是,在一般情况下,瑞士法对 WADC 仅具有解释或者补充作用,并不具有优于 WADC 的效力。这样,对于告密者,非但不能追究其刑事责任,还应当在 WADC 中给其提供额外的保护。如除给予奖励外,还应当给告密者保密,使其信息不与奥林匹克运动中的其他人分享,防止利益相关方知悉。这样,瑞士法对反兴奋剂制度的限制是有条件的,当其与 WADC 的规定存在冲突时,后者优先适用。

此外,这种改革措施还会使反兴奋剂案件变成纯粹的国际纠纷,有助于确保 CAS 对兴奋剂纠纷处理的“垄断权”,提高 WADC 实施的统一性。当然,这种措施并不影响 WADA 对社会组织的调查权,毕竟 WADA 对其调查的对象(被其认证的实验室和反兴奋剂组织)享有管理权。

4. CAS 的仲裁裁决极易受到各国法院的干扰

在 20 世纪 80 年代之前,因兴奋剂处罚引起的争议,主要由各国法院管辖。1981 年,在时任国际奥委会主席的萨马兰奇的倡导下,CAS 作为统一的体育纠纷处理机构成立。由于该机构是根据瑞士私法建立的,故不服其裁决的,原则上只能由瑞士联邦法院管辖。然而,在二元化模式下,对违规运动员的处罚,是由运动员所在国的体育组织进行的。由于两者都属于国内法主体,当地法院很可能突破仲裁条款限制,对纠纷行使管辖权,典型例证是美国的雷诺兹(Reynolds)案和德国的贝克斯坦(Pechstein)案。

美国运动员雷诺兹被检查出样本中含有禁用物质,国际田联对其施以禁赛 2 年的处罚。该运动员不服处罚,向当地法院起诉,理由是,其样本的实际编号是 H5,而文件上标注的是 H6,即含有禁用物质的样本与自己无关。然而,实验室主任指出,他原本想标注为 H5,但实际上标注的都是 H6。法院认为,其诉求必须先通过行政程序解决,于是,驳回起诉。运动员申请仲裁,仲裁庭认为其有“清晰而令人信服的证据”证明,A 瓶中的样本和 B 瓶中的样本,并不是来自同一个人,而且两者都与该运动员无关,所以,对其进行处罚是没有根据的。国际田联不服该裁决,向 CAS 上诉。CAS 认为,该运动员

① See Macgregoro & Richardg, *Anti-Doping, Purported Rights to Privacy and Wada's Whereabouts Requirements: A Legal Analysis*, Fair Play, Vol. 1, p. 13 - 38(2013).

是有责的,故应维持原处罚。运动员向当地法院起诉。国际田联认为,法院对此案无管辖权,但法院却指出,国际田联通过其会员组织(即美国田径协会)实施的处罚,由于美国田径协会受该法院的管辖,所以,其对该案享有管辖权。经过审判,法院签发了一个准许令,即允许雷诺兹参加比赛。① 国际田联又将该案上诉到第六巡回法庭,该法庭支持国际田联的主张,决定停止执行法院的准许令。雷诺兹不服,又将该案上诉到最高法院,最高法院认为应当允许雷诺兹参加比赛。对此,国际田联声明,即使雷诺兹赢得了奥运选拔赛,他们也不会允许其参加巴塞罗那奥运会。对奥林匹克享有较大话语权的美国全国广播公司和国际奥委会给国际田联施加压力,迫使其放弃了原来的声明。随后,国际田联将其总部迁移到摩纳哥的蒙特卡洛,声称这是为了避免其之处罚决定受到当地法院的干扰。

此外,德国运动员贝克斯坦因生物护照异常而被国际滑联禁赛,该运动员不服,向 CAS 申请仲裁,仲裁庭驳回其仲裁申请。于是,其向当地法院起诉。② 由于当地法院也不支持其主张,其又向慕尼黑法院上诉,提出 CAS 对该案无管辖权,因为仲裁条款的签订具有胁迫性,是无效的。慕尼黑法院认为,贝克斯坦和国际滑联之间缺乏均衡性,后者构成垄断。即面对国际滑联提供的仲裁条款,贝克斯坦没有选择,想要参加比赛,只能同意,即该仲裁条款并非其真实的意思表示,所以,该仲裁条款无效。不过,该运动员并不能因此获得司法救济,理由是其在最初的仲裁中,未提出这个问题。该运动员又向德国高级法院上诉。

美国和德国的这两个判决开创了极坏的先例,如果其他国家也效仿其做法,则会产生极大的混乱。第一,虽然反兴奋剂规则在全世界基本上是统一的,但是,各国诉讼法却存在很大的差异。如果允许各国法院对兴奋剂处罚享有管辖权,不仅会造成 WADC 的实施效果很难统一,还会给运动员的律师带来很大的麻烦,因为其很难代表运动员在另外一个国家的法院进行诉讼。一方面,律师虽然精通本国的程序法,但通常不了解外国的程序法;另一方面,各国法律都对律师实行许可证制度,他国的律师通常不能在本国从事诉讼业务。这样,运动员只能寻求法院所在地的法律机构提供服务,这显然是不公平的。第二,这很可能造成体育领域内的比赛不公平。对于兴奋剂处罚而言,如果允许法院管辖,法官在感情上很容易倾向于本

---

① See Reynolds v. Int'l Amateur Athletic Fed'n, 841 F. Supp. 1444 (S. D. Ohio 1992).

② Pechstein v. Int'l Skating Union, CAS 2009/A/1912; Deutsche Eisschnelllauf Gemeinschaft e. V. v. Int'l Skating Union, CAS 2009/A/1913; Court of Arbitration for Sport, Athlete Biological Passport, https://www.wada-ama.org/en/athlete-biological-passport.

国的运动员，而且在面对本地球迷的反对时，法院要作出不利于本国运动员的判决，通常有很大的压力。当前，人们通常将法院视为国家的一个部门。如果其作出对运动员有利的判决，社会公众以及竞争对手的球迷，很可能认为这是在包庇运动员。甚至会有国家为了赢得胜利，借助本国法院滥用这种权力，帮助本国的球队，或者伤害竞争对手。这显然有悖于WADC的宗旨。第三，案件由CAS处理，不仅能提高WADC实施的统一性，还有利于及时解决纠纷，符合体育纠纷时效性强的特点。法院为了维护程序公正，其立案、审理、判决等程序，往往要经历很长的时间。但对于兴奋剂案件，涉嫌违规的运动员、队友甚至竞争对手，都急切地想知道处理结果，以便于安排接下来的训练或者比赛。即使是受到处罚，运动员也希望尽早地执行完毕，以便于使自己有更多的机会参与比赛，毕竟体育竞赛与年龄有密切的联系。而这些都表明，法院不应插手兴奋剂处罚的纠纷。

对于法院的判决，国际单项体育联合会虽然会拒绝服从，但是，法院的判决毕竟有破坏CAS裁决公信力的社会效果。因此，为了保护CAS对兴奋剂纠纷处理的"垄断权"，不仅应当禁止法院认定仲裁条款无效，而且要使反兴奋剂案件变成纯粹的国际纠纷，即要确保国家反兴奋剂组织的国际性或者超国家性。当然，最简单的方法，则是将国家反兴奋剂组织定性为WADA的一个分支或者派出机构，只有这样，才能确保CAS裁决的独立性和权威性，避免各成员国的法院管辖这样的案件。

第二节　大数据在体育领域内的应用

随着摄像机、可携带电子跟踪设备以及大数据与云计算技术的广泛应用，尤其是人工智能技术的发展，很多人主张利用当前的大数据技术与人工智能来遏制兴奋剂违规行为，以对体育赛事进行更有效的监控和管理。然而，这种技术能否使用？对于该问题，如果答案是肯定的，如何控制这种使用以及使用需要遵守哪些规则？这是个不能回避的问题。

其实，大数据技术早已被体育领域认可并应用。就目前而言，世界反兴奋剂机构资助开发了至少四个有关人工智能的项目，比如，通过人工智能检测运动员促红细胞生成素数值，分析生物标志物，发现运动员行为的异常之处，以及对训练、生理监测数据和药物测试结果进行大数据分析，以识别潜在的兴奋剂使用迹象。世界反兴奋剂机构的主任奥利维尔·尼格利表示，人工智能技术可以很容易判断特定的运动员是否存在使用禁用物质或者方法的嫌疑，圈定可疑运动员后，再对其进行全面的兴奋剂检查，这样，既提高了兴奋剂违规的发现率，还会降低反兴奋剂制度运行的成本。[①]再比如，美国曾委托一家大数据公司，利用现代技术辅助女子自行车队训练。这家公司首先借助无线传感器与智能手机等设备，追踪每个运动员血液里的葡萄糖波动状况和睡眠状况，由此形成包括心率、信息交流、情绪状态和饮食状况等方面的大数据。然后，再基于基因测试结果和每个运动员周围的具体环境指标，通过云计算，量化每个运动员的生理与心理状态，最后寻找出提高成绩的方法，对她们进行有针对性的训练。结果在2012年伦敦奥运会上，该自行车队的速度整整提高了5秒。虽然与冠军擦肩而过，赢得了银牌，但这也远远超出了人们的预期，突显了大数据与人工智能对体育的作用。大数据公司借助电子设备全天候地收集运动员的个人信息，并以数据的方式将运动员标签化和工具化，这的确有利于提高比赛成绩。[②] 但是，对体育和运动员而言，这也存在很大的隐患，即大数据的应用会使今后的比赛远离体育的本质，使体育比赛更多不是靠运动员的艰苦训练和自然天赋而更多依靠科技。更重要的是，这还会引发一系列的道德和法律问题，因为大数据使运动员完全变成了“透明人”，这有可能严重侵犯运动员的个人隐私。在这里，本书主要探讨大数据模式对运动员隐私的威胁及相应的保护对策。

目前，社会每年向体育领域注入的资金高达几十亿美元，这些资金除用于传统的管理和运动员的工资外，主要用于数据分析与人工智能方面。就当前而言，大数据在体育领域内的作用主要表现在以下几个方面：

首先，大数据应用于体育比赛，以提高运动员的比赛成绩。对比赛数据进行收集和分析，在十几年前甚至一个世纪之前就已经开始了。比如，我国在20世纪末的足球甲A联赛中，各个球队都会收集有关自己和竞争对手的比赛数据，并通过对这些数据的分析来安排阵容。这些数据包括每个运动员的年龄、身高、百米速度、伤病情况、红黄牌的数量、上个赛季在该场地的表现、每个球员上场的时间、有效进攻和有效防守的次数、角球的个数等。不过，由于这些数据是通过人工收集的，不仅数量有限，而且，数据的作用通常受制于教练的理解。目前比赛数据的收集已经摆脱了人工的限制，而是由摄像机和跟踪设备完成，所收集的数据规模之大是以前无法想象的。球队通过云计算对大数据进行处理，大大提高了数据分析对球队

---

① 参见陶晓、陈星：《人工智能助力体育发展》，载《中国社会科学报》2020年4月7日，第6版。

② See Norton S., *Germany's 12th Man at the World Cup: Big Data*, CIO Journal (Jul. 10, 2014), http://blogs.wsj.com/cio/2014/07/10/germanys-12th-man-at-the-world-cup-big-data.

成绩的作用。

一般认为,德国队在巴西世界杯上摘得桂冠,是大数据应用于体育比赛的成功范例。在2014年世界杯上,德国队购买了SAPAG软件公司的技术服务,用大数据来指导球队的比赛。具体做法是:第一步,德国首先建立自己的数据库,里面存有很多场比赛的具体数据;第二步,将巴西世界杯每一个赛场上的摄像机与该数据库连接,这些摄像机将赛场上发生的一切拍摄成照片后,以数据的方式实时上传到德国的数据库;第三步,软件公司通过云计算,对传输到数据库中的反映该场比赛的数据,与数据库中已经存在的其他场次比赛的数据进行对比分析,并形成大量的结论;第四步,有关的结论根据德国教练员的需要,通过发指令的方式,立即出现在教练的手机屏幕上。德国队的教练组通过这种软件就能非常清楚地知道赛场上每个球员(包括比赛对手)的竞技状况,并对今后可能出现的结果进行预测。① 比如,当看到对方运动员带球欲突破己方防守运动员的拦截时,双方运动员的成功比率就会出现在教练手机的屏幕上。此外还附有该进攻队员在此地成功传球的百分比、传球的力度、射门的概率等数据。如果希望成功拦截,该软件还可以根据场上每个运动员的个人数据,推荐各种各样的方案,并对这些方案按照一定的顺序进行排列,以备教练员选择。② 在半决赛上,德国队出人意料地以7∶1的成绩淘汰东道主,事后很多人将这场胜利归因于大数据技术。SAPAG软件公司的负责人说,这个软件大大减小了德国队的教练组在复杂的情境中进行选择的难度,使教练组可以根据自己的要求,随时获得赢得比赛所需要的数据及方案。在这次世界杯上,德国队是唯一使用大数据进行比赛的球队,尽管存在公平与否的争议,但是,事实证明大数据分析应用于比赛是"成功"的。

其次,大数据应用于日常训练。在英格兰超级联赛中,阿森纳是使用大数据帮助球队训练的代表。阿森纳在其主场(英格兰的埃米尔体育馆)比赛时,同时使用了8个移动摄像机,将每个运动员在场上的比赛以及互相之间的接触情况录制下来。球队通过一个名叫Prozone的系统,将每个运动员在场上每1分钟的表现,分10个节点提供给教练员。这样,一场比赛结束后,教练员由此会得到140多万个数据。③ 将这些数据与数据库存

---

① See Rein R. & Memmert D., *Big Data and Tactical Analysis in Elite Soccer: Future Challenges and Opportunities for Sports Science*, Springer Plus, Vol. 5, p. 1-13(2016).

② Ibid.

③ See Bernard Marr, *Big Data: The Winning Formula in Sports*, Forbes(Mar. 25, 2015), http://www.forbes.com/sites/bernardmarr/2015/03/25/big-datathe-winning-formula-in-sports/.

储的全球12,000场足球比赛的数据进行对比,可形成该场比赛情况的分析。这些分析包括每个上场运动员的个人情况,以及在动作上需要改进的地方,从而对运动员进行有针对性的训练。很多人认为,阿森纳将尖端技术与体育比赛联系在一起,是其近几年保持较为稳定成绩的主要原因之一。

前几年,澳大利亚卓越技术中心公布了其研发的一种人工机器人,据说该机器人早已被应用到了美国、澳大利亚和英格兰冰球队的训练中。训练前,球队将以前通过监控设备所获得的比赛对手的大数据输入该机器人大脑中,机器人就会结合现实情况模拟比赛对手的动作。此外,该机器人面部有一个屏幕,会具体反映该机器人投掷冰球或者其他球的画面,通过这种方式,对手在各个位置上的个人投球方式和假动作的特点,都会被一一展现出来。这种机器人不仅能给运动员提供竞争对手甚至自己队友的各种技术信息,而且能模仿外弧线球、内弧线球、击球棒下球的运行轨迹,甚至将球的弹性和标准长度等要素都标示出来,这使得运动员在训练时有身临比赛现场的感觉。①

最后,大数据应用于预测运动员未来的身体状况,避免出现伤病。对诸如足球之类的市场化程度较高的项目而言,运动员的转会费和工资通常是俱乐部主要的负担。这就意味着,运动员签约后一旦出现伤病,将会给俱乐部带来很大的损失。比如,足球明星迪亚比与阿森纳签约时非常健康,其职业生涯好像很长。签约后,该球员先后受伤42起,包括脑震荡、背部伤、膝盖伤、肌肉拉伤、扭伤等,因此错过了1554天的训练和比赛,俱乐部仅医疗费就损失上百万美元。② 为了减少这种风险,目前,很多俱乐部都开始借助大数据与人工智能技术,在签约前对运动员未来的身体状况进行评估。其实要做到这一点并不难,如很多俱乐部为提高训练的针对性,往往为运动员佩戴一定的设备(可携带传感器),随时收集他们的个人信息,由此形成有关运动员身体状况的大数据。这种大数据的收集,原本是为了让体育科学家和数学师改进运动员的动作,以提高赛场上的表现,或者避免出现意外人身伤害。然而,俱乐部在签订合同时,往往搭便车,即借助这些大数据,通过算法,对运动员未来是否会出现伤病进行预测,由此决

① See Hartig-Franc Philip, *Big-Data, Surveillance, Sports and the Law*, SSRN (Jan. 22, 2016), https://ssrn.com/abstract=2720065.

② See Hartig-Franc Philip, *Big-Data, Surveillance, Sports and the Law*, SSRN (Jan. 22, 2016), https://ssrn.com/abstract=2720065.

定是否签订合同以及合同的内容。[①] 当然,大数据还能告诉俱乐部或者运动员,哪些行为会危及健康或者容易造成意外伤害,从而在日常训练以及比赛时予以避免。

大数据与人工智能技术对体育的作用越来越大,除了上述情况,大数据与人工智能技术还应用于对体育违规甚至犯罪行为的调查和体育比赛的转播。然而,任何技术都是一把双刃剑,大数据当然也不例外。在体育领域内,大数据与人工智能技术的主要问题是对运动员隐私权的威胁甚至侵犯。

第三节　大数据与人工智能技术对运动员隐私的威胁

作为一种文化现象,学界对隐私一直存在不同的看法。但从历史的角度看,主要存在四种不同的隐私,即身体隐私、心理隐私、自决隐私和信息隐私。[②] 然而,当为了控制兴奋剂的滥用而将大数据应用于体育领域时,首先就会侵犯运动员的自决隐私,即运动员对于反兴奋剂组织提出的监控要求,只能"同意",否则就会失去比赛资格。特别是,尽管运动员自己没有使用兴奋剂的想法,但为了防止他人使用,也被迫接受这样的要求。除此之外,运动员的其他三种隐私也有可能受到威胁。

一、摄像与跟踪技术:对运动员身体隐私的威胁

起初,所谓的隐私,仅仅是指身体隐私,也就是个人享有免于被侵犯的自由,或者说未经许可,人的身体有不被干扰、不得接触的自由。[③] 当大数据与人工智能技术应用于体育领域时,很容易侵犯运动员的身体隐私,具体表现在以下两个方面:

其一,现代摄像技术在体育领域内的广泛使用。目前,运动员不仅受到体育场内的照相机的监管,还受到诸如加速计、心率传感器甚至 GPS 系统的监控。比如,当前最流行的是一种名叫"GPSport"的跟踪设备,可以直接用来实时监测场上运动员的心率。据说,包括切尔西足球俱乐部、皇家

---

① See Ray PP, *Internet of Things for Sports (IoT Sport): An Architectural Framework for Sports and Recreational Activity*, Proceeding of IEEE EESCO, Vizag, p. 79－83(2015).

② 其中,"自决隐私",是指权利人进行重大决策免于受影响的自由;"心理隐私",是指保护个人内在思想自由。参见张新宝:《从隐私到个人信息:利益再衡量的理论与制度安排》,载《中国法学》2015 年第 3 期。

③ See Tavani H. T., *Informational Privacy: Concepts, Theories, and Controversies*, *The Handbook of Information and Computer Ethics*, p. 131－164(2008).

马德里足球俱乐部和巴西国家队在内的球队都在使用这种设备。在很早之前,澳大利亚一家体育公司研发了一种新型的、利用全球导航卫星系统(Global Navigation Satellite System,GNSS)收集运动员数据的设备,可以直接测量赛场上的运动员的动作幅度和疲劳程度。该设备主机可以放在赛场附近的房间内,实时接收放置于运动员球衣内的、被压缩的传感器所获得的信息。如果遇有障碍物,可以通过锚节点(anchor nodes)实时跟踪运动员。此外,像诸如足球之类的体育项目,运动员的更衣室、健身房、食堂以及宿舍,通常也都装有各种各样的监控设备,使运动员能够时刻出现在俱乐部的视线中。

其二,可携带设备在体育领域内的应用。现实中存在一种叫作"RFID"的设备,该设备由一个微晶片和一个阅读器组成。微晶片有两个部件:一个是以传感器为主要构成的电子线路,可以随时记录周围的情况并将其储存起来;另一个是发射装置。阅读器也有两个部件,接收微晶片发送信息的天线和一个信号转换器,后者可以将接收到的模拟电子信号转化为相应的数据,便于计算机进行后续处理。① 在商业领域内,使用"RFID"技术的主要目的,是待商品售出后跟踪商品,故其有保护商品、避免被盗或者防止造假的功能。现在,一些俱乐部给运动员配置了装有"RFID"的手环或智能设备,以便于对运动员的营养和睡眠进行全面(包括业余时间)监督,运动员每时每刻的身体表征和周围的情况,比如,卡路里的吸收、心率的变化、周围空气质量和湿度等方面的数据,都会被传输到数据库,这使得运动员的一切都暴露在俱乐部面前。②

上述两种情况,实际上是对运动员进行"老大哥正在看着你"式的监管,其使运动员与"监狱里的囚犯"无异,这无疑构成对运动员身体隐私的侵犯。③ 不过,俱乐部或者球队通常以运动员"同意"或者以进行兴奋剂监管

---

① See Lockton V. & Rosenberg R. S., *RFID: The Next Serious Threat to Privacy Ethics and Information Technology*, Ethics and Information Technology, Vol. 7, p. 221 – 231 (2005).

② See Manley A. & Williams S., "*Big Brother" Surveillance in Elite Sport is Pushing a Culture with a Machine Mentality*, The Conversation (Dec. 5, 2014), https://theconversation.com/big-brother-surveillance-in-elite-sport-is-pushing-a-culture-with-a-machine-mentality-34214.

③ 边沁曾经设计了一个环形的监狱,监管人员处在中央,其可以随时看到处在四周的囚犯的一举一动,但囚犯却看不到监管者,这会促使他们遵守纪律,不敢为所欲为。参见 Bentham Jeremy, *Panopticon* (*Preface*), in Miran Bozovic ed., The Panopticon Writings, Verso, 1995, p. 29 – 95。后来,乔治·奥威尔将边沁的这种思想,通过小说《1984》概括为"老大哥正在看着你"。其意是指:你的生活总处在电幕的监视之下,你永远不知道电幕的另一头是否有警察在看着你,你也不知道他们会不会观察曾经的你,把录像翻出来重新审核。你只知道,电幕上的老大哥永远看着你,那双眼睛正货真价实地看着你。以此来表达国家对个人身体隐私的威胁。

为由,为自己辩护。一则,体育组织有可能滥用"同意"条款;二则,体育组织一旦获得了运动员的个人数据,也存在滥用的风险,甚至可能会将这些数据泄露或者转移出去,这都构成对运动员隐私的威胁。

二、Cookies 技术:对心理隐私的威胁

心理隐私主要是为了保护个人独处的自由,也就是说,权利人享有限制他人了解和控制其行踪的权利。比如,受害人遭到行为人的盯梢或者跟踪,即使这是无害的恶作剧或者玩笑,也会影响权利人的正常生活,进而构成对隐私的侵犯。① 心理隐私权赋予人们独立从事特定活动的权利,他人不能干扰、限制和窥视,否则,会侵犯其人格的完整性和生活安宁。② 根据这种观点,体育组织或者大数据组织秘密通过 Cookies 技术收集运动员的上网信息,会威胁运动员的心理隐私。

Cookies 是一种文本文件。当客户登录网站并浏览网站的内容时,其操作会被使用的计算机系统硬盘收集并储存起来,在客户端的系统复原后,再传递给访问的网站。网站可以通过用户(运动员等)访问的网站的内容,了解用户在线浏览的目的。③ 因此,Cookies 技术收集信息,是通过客户与网站之间数据交换的方式完成的,由于这是在后台进行的,所以客户(如运动员等)往往对此是完全不知情的。一般来说,客户访问一个网站,并与其发生交易,比如阅读在线信息或者购买网站兜售的商品,网站记录该交易的内容,通常并不存在侵犯隐私权的问题,毕竟该交易是双方共同完成的。但是,对于一些综合性的、大型的门户网站,比如淘宝或者百度等,其管辖或者链接的企业网站非常多,如果允许其记录客户活动的内容,这实际上与偷偷跟踪并记录的行为是没有多大区别的,有可能被视为是对客户行踪的监视,因为这些网站完全可以借此获得有关该客户大量的个人信息,进而弄清楚这些客户未来的消费倾向、兴趣特点甚至是内心的想法。目前,这些网络公司往往以 Cookies 技术有利于它们给老客户提供更好的服务为由进行辩护。然而,这种辩护理由遭到社会普遍质疑,这也是很多

---

① See Alfino M., *Information Ethics in the Workplace: Misplacing Privacy*, Journal of Information Ethics, Vol. 10, p. 6-7(2001).

② See DeCew J. W., *In Pursuit of Privacy: Law, Ethics, and the Rise of Technology*, Cornell University Press, 1997, p. 77.

③ See Ramón Spaaij & Ansgar Thiel, *Big Data: Critical Questions for Sport and Society*, European Journal for Sport and Society, Vol. 14, p. 1-4(2017).

国家或者地区要求使用 Cookies 技术时,必须另行征得客户同意的原因所在。① 在我国的司法实践中,有的法院忽视了这一点。

在现实中,或者为了了解运动员的心理特征,或者为了控制诸如使用兴奋剂、打假球、受贿等违规行为,俱乐部等体育组织也开始通过 Cookies 技术,收集运动员、辅助人员及其近亲属的个人信息。② 此时,由于使用这种技术并不是为客户提供更优质的服务,而是将其当作提高比赛成绩的工具或者一项侦查手段,这无疑是对运动员心理隐私的威胁。

三、大数据与人工智能技术:对信息隐私的威胁

信息隐私是 20 世纪后期随着计算机技术的发展,而出现的一种隐私。由于其与个人数据在计算机系统中的存储有密切的关系,因此又被称为数据隐私。③ 不过,就个人数据而言,信息隐私并不都对其提供保护,只有那些与个人联系密切且具有可识别性的数据,才有可能获得信息隐私的地位。比如,个人的健康记录、犯罪前科、财务状况和交易情况,基因等方面的生物特征,所处位置,浏览网页的行为,独特的性格特点和学术研究等。④ 对于缺乏敏感性的数据或者与权利联系较弱的个人数据,信息隐私对其不会提供保护,这也是大数据与人工智能技术可以借助现代技术收集、储存或者使用个人信息的主要原因。然而,大数据与云计算技术的使用却改变了这一切,因为两个技术结合在一起,通过机器学习和算法,可以从原本没有敏感性的信息中,挖掘出一种具有可识别性的新信息,从而将其与某个个体联系起来。这种新信息有以下几个方面的特点:

其一,这种新信息是对传统技术所获得的信息进行分析后,得出的一种新判断,也就是说,是对原来信息进行加工或者再次使用后的结果,可能与运动员当前的心理、身体和自决权没有任何的关系。

其二,对于权利人,心理隐私具有可知性,但是,对于一些新信息,权利主体通常是不清楚的,即权利主体可能事前很难弄清楚这种信息是否存在

---

① 不能将其列入登录或者使用协议的一系列条款中。但是,我国法院在司法实践中,却忽视了这一特点。参见北京百度网讯科技公司与朱某隐私权纠纷案,江苏省南京市中级人民法院(2014)宁民终字第 5028 号民事判决书。

② See Jacob Kornbeck, *The EU, the Revision of the World Anti-Doping Code and the Presumption of Innocence*, Int. Sports Law Journal, Vol. 15, p. 172 – 196(2016).

③ See Tavani H. T., *The Handbook of Information and Computer Ethics*, John Wiley & Sons, Inc., 2009, p. 131 – 164.

④ See Tavani H. T., *The Handbook of Information and Computer Ethics*, John Wiley & Sons, Inc., 2009, p. 131 – 164.

及其具体的内容。比如,法国足球运动员卢瓦克·雷米(Loic Remy)原来效忠过马赛俱乐部、纽卡斯尔俱乐部,随后转会到利物浦俱乐部。在签订合同时,卢瓦克·雷米同意利物浦俱乐部获得其病历以及日常生活方面的信息。结果,利物浦俱乐部将该运动员的病历、日常信息与其过去比赛、训练有关的大数据结合在一起进行分析,得出其心脏存在异常的结论。而卢瓦克·雷米在签订合同时,根本没有想到会出现这样的结果。

其三,新信息是形式分析的结果,缺乏实质判断的成分,很可能与现实不符。大数据挖掘出的新信息,往往是各种数据相互结合后,经过形式判断而得出的结论。这种结论在大多数情况下是正确的,但也存在错误的可能性。比如,在2014年的索契冬奥会上,组织方事前委托淘客(Torque)公司,利用大数据对每个参赛国家的表现、单项比赛的结果,甚至最终的奖牌数量都进行了预测。尽管进行预测的基础数据是海量的,但是,也出现了很多错误的判断。比如,大数据的分析显示,澳大利亚在该次运动会上应得6块奖牌,而实际上只得到3块;挪威应得38块奖牌,实际获得25块。这也就意味着,这种新信息所反映的很有可能并非权利人的个人情况,尽管在形式上似乎有所关联。

正是因为新信息存在这样的特点,故其使用或者传播有可能给权利人造成损害。比如,利物浦俱乐部通过大数据与人工智能技术,得出卢瓦克·雷米的心脏存在异常的结论后就不再与其续约。卢瓦克·雷米不得不寻找新东家,为此损失了几百万美元。而利物浦俱乐部委托的心脏专家和医生都认为,卢瓦克·雷米的情况并不影响其参加高水平的比赛。① 也就是说,医生根据医疗检查并不同意大数据与人工智能技术产生的分析结论。但是,对于这种损失,卢瓦克·雷米却很难得到法律的救济。因此,大数据与人工智能技术显然对信息隐私构成严重的威胁。

第四节　信息隐私保护的障碍

一、信息隐私的价值:本位主义抑或机能主义

对于保护人们的信息隐私的原因,学界存在本位主义(intrinsicalist)与机能主义(functionalist)之争。前者认为,法律之所以要保护信息隐私,并

---

① See Simon Yeend, *Harry Redknapp Shock at Loic Remy's Liverpool Medical Mystery*, EXPRESS (Jul. 29, 2014), http://www.express.co.uk/sport/football/493019/Harry-Redknapp-s-shockat-Loic-Remy-s-medical-mystery.

非出于其他的目的或者需要，而是因为信息隐私不仅是人权的一部分，还是自由与现代政治制度不可或缺的要素，因为其反映了人们的自治权，即信息隐私是公民的一项基本人权。① 与之不同，机能主义认为，信息隐私的存在主要是为了保护人的安全和自治等权利，即信息隐私自身本来没有什么价值，只是基于保护其他权利的需要，才获得社会的承认。这种观点认为，信息隐私具有使个人的私生活与社会隔离，阻断社会对个人私生活了解的功能。只有给信息隐私提供保护，才能消除和缓解社会对个体的压力，防止强制个人服从于社会，从而使个人获得自由和独立。正是因为信息隐私是保护个人基本权利免受社会有害侵扰的一个盾牌，所以，相对于所保护的权利，信息隐私具有辅助性和次要性。②

本位主义对机能主义的批评有：其一，如果将信息隐私视为实现其他权利的工具，这必然会忽视信息隐私本身的价值。对具体的人而言，信息隐私具有不可或缺性，因为信息隐私是个人获得社会信任和友情的前提条件。其二，工具价值中信息隐私存在的意义依赖于特定的目的价值，作为一种工具价值，信息隐私具有可变性。然而，很多信息隐私对于实现特定的人生目的具有必要性，因为缺乏了信息隐私，所谓的被其保护的价值则会处于难以想象的境况。所以，信息隐私既是对社会"核心价值"（如安全）的表达，也是现代人类文化繁荣的根基。③

然而，大数据与人工智能技术在反兴奋剂领域内，尤其在训练与比赛中的应用现实表明，对于信息隐私，应当坚持机能主义，主要理由有：

其一，如果信息隐私属于基本人权，那么，公权力机构要想剥夺公民的隐私必须要有充分的根据，即必须证明限制或者剥夺他人的信息隐私符合比例原则。然而，公权力机构在限制或者剥夺个人信息隐私时，根本不会进行这样的证明。比如，在人口普查时，政府从来没有对这种行为是否符合比例原则而进行所谓的听证。当然，要证明对信息隐私的剥夺或者限制符合比例原则也是非常困难的。特别是，除了公权力机构，民间组织未经许可也可以收集、储存和使用他人的个人信息。比如，目前的体育赛事转播通常以观众为背景展开，但是，观众并没有与电台或者体育组织签订相应的合同。法律允许其这么做，显然否定了隐私属于基本人权的观点。

---

① See Benn S. I. , *Privacy, Freedom and Respect for Persons*, Atherton Press, 1971, p. 85 – 116.

② See Tavani H. T. , *The Handbook of Information and Computer Ethics*, John Wiley & Sons, Inc. , 2009, p. 131 – 164.

③ See Moor J. H. , *Just Consequentialism and Computing*, Ethics and Information Technology, Vol. 1, p. 65 – 69(1999).

其二,信息隐私有一定的负面性,比如,信息隐私会成为保护家庭暴力的庇护所。[①] 如果将信息隐私视为基本人权,那么,社会将无法与权利人共享其个人信息,从而导致一些人有选择地披露自己的信息,操控周围的认识,掩盖一些应受到社会谴责的事实。[②] 也就是说,尽管信息隐私有助于个人目的的实现,但是,也有可能成为个人掩饰其危害社会行为的工具,从而使隐私变成一种有利于个人,而让社会承担成本的东西。[③] 这也是法律无法容忍其作为原权利而存在的主要原因之一。

其三,将信息隐私解读为具有内在价值的东西,这与信息隐私的可让渡性也就是人们是否可以放弃隐私存在矛盾。现实中通过合同而让渡信息隐私的情况非常普遍,如果将信息隐私定义为公民的基本权利,则意味着应当在法律上对这种合同条款进行限制。事实上,没有任何国家这样做。

其四,本位主义还无法解释为什么有的个人信息会受到隐私的保护,而有些个人信息却无法得到保护的现象。总之,本位主义的立场与社会现实不符。此外,从机能主义的角度解读隐私,还有利于在权衡信息隐私的价值时,将个人利益与社会利益结合起来。在现实中,信息隐私的个体价值与社会价值在一定的条件下,有可能发生冲突,比如,人们享有信息隐私的程度太高,会影响技术和市场的发展。坚持机能主义,显然有助于信息隐私向社会公共利益妥协,[④]在反兴奋剂领域内尤为如此。

二、保护信息隐私的法律障碍:运动员的“同意”

当然,坚持机能主义并不是说信息隐私可有可无,而是只有那些与公民的基本权利存在密切联系的个人信息,才能获得法律的保护。比如,由于广告印刷错误,致使很多人误认为被害人的家庭电话为色情热线,于是被害人不停地受到骚扰。这实际上侵犯了被害人的安宁权,被害人可以向广告的制作者主张隐私权。相反,如果被害人没有因此受到骚扰,或者很少有人打此电话,被害人的安宁权没有受到侵犯,就很难向广告的制作者

---

① See DeCew J. W. , *In Pursuit of Privacy: Law, Ethics, and the Rise of Technology*, Cornell University Press, 1997, p. 83.

② See Posner R. A. , *Theories of Economic Regulations*, The Bell Journal of Economics and Management Science, Vol. 5, p. 335 – 358(1974).

③ See Tavani H. T. , *The Handbook of Information and Computer Ethics*, John Wiley & Sons, Inc. , 2009, p. 131 – 164.

④ See Regan P. M. , *Legislating Privacy: Technology, Social Values, and Public Policy*, University of North Carolina Press, 1995, p. 212.

主张隐私权,在这里,被害人的隐私权的根基是其安宁权。① 这就产生了一个问题,即被害人能否直接主张安宁权而放弃隐私权呢?答案是否定的,理由很简单,侵犯被害人安宁权的,是打电话的人,而不是制作广告的人。由于打电话的人很多,且没有过错,每个人造成的损害又很小,所以,被害人的侵权主张很难获得法律的认可。易言之,在这种情况下,离开了信息隐私,被害人的安宁权是很难获得保护的。

然而,对于受到大数据与人工智能技术威胁的信息隐私,运动员在寻求救济时,还存在一个很大的法律障碍,即运动员的"同意"。因为根据当前的制度,运动员要参加体育比赛,事前必须与体育组织、反兴奋剂组织签订合同,而合同中通常存在运动员"同意"体育组织全面收集、储存和使用其个人信息的条款。也就是说,体育组织与反兴奋剂组织收集、储存和使用运动员的个人信息,是有运动员授权的。根据意思自治原则,国家或者第三人当然无法干预体育组织对运动员个人信息的收集、储存和使用。因此,"同意"条款构成当前运动员向体育组织与反兴奋剂组织主张隐私权的主要法律障碍。②

对于这种"同意"条款,个人的信息隐私有可能突破其限制,主要根据有:其一,格式条款解释规则。基于挖掘技术或者大数据分析而产生的新信息,在签订合同时并不存在,故运动员"同意"的效力是否能扩展到这种信息上,存在疑问。运动员与体育组织以及反兴奋剂组织,签订的"同意"条款,属于格式合同的范畴。根据格式条款解释规则,当然应当作有利于非制定方(运动员)的解释,因此,体育组织与反兴奋剂组织通过大数据而挖掘出的新信息,实际上处于"同意"条款规制的范围之外。③ 其二,重大误解(或者错误)的规定。即使在签订合同中,已经明确规定了这种新信息的使用权限,运动员也有可能根据错误的规定,否定或者限制这种"同意"条款的效力,理由有:一方面,面对由很多条款组成的合同,运动员通常很难耐心而全面地阅读其内容;另一方面,大数据产生的新信息在签订合同时并不存在,这很容易使运动员低估其价值,进而"同意"体育组织与反兴奋剂组织提出的要求,即这种条款有可能被认定为重大误解的民事行

---

① See Pell v. Walker (t/a The Media Group) (Bow County Court, 3 Dec. 1997).

② See Halt J., *Where is the Privacy in WADA's Whereabouts Rule*, Marq. Sports L. Rev., Vol. 20, p. 267 – 289 (2009).

③ See Polonetsky J. & Tene O., *Privacy and Big Data: Making Ends Meet*, Stan. L. Rev. Online, Vol. 66, p. 25 (2013).

为,所以,有可能被法院或者仲裁机构撤销。① 其三,胁迫的规定。在体育领域内,运动员与体育组织、反兴奋剂组织之间实际上并非平等关系,运动员签订的合同通常是体育组织与反兴奋剂组织事前制定的,运动员并没有讨价还价的机会,否则,其将被体育组织排除在比赛之外。这意味着,这种条款有可能被评价为受胁迫而实施的民事行为,从而否定体育组织与反兴奋剂组织给条款赋予的法律效力。

然而,即使根据上述理由突破了"同意"条款的限制,运动员的个人信息也不一定能得到法律的保护,因为一个人的信息非常多,法律无法也没有必要全部保护。这样,只有符合一定条件的个人信息,才能获得隐私制度的承认。

三、信息隐私法律保护的理论障碍:限制访问说与控制说的缺陷

对于何种信息才能获得隐私保护,学界存在限制访问说和控制说之争。然而,这两者都很难为信息隐私提供保护。

限制访问说认为,个人信息并不都构成隐私,只有那些被权利主体限制或者约束他人访问和获得的个人信息,才存在隐私权的问题。根据这种观点,个人信息想要获得隐私保护,权利人须在客观上采取一定的措施,即为自己建立一个"区域",以此限制他人获得处于这个"区域"内的个人信息。② 这样,信息隐私实际上是避免他人随意获得个人信息的条件,或者是对他人访问自己的信息的一种限制。③ 比如,人们在网络上的个人空间里存放了很多的个人信息,如果设置了密码,这些信息则构成隐私;否则不构成隐私。然而,这种理论存在着以下的问题:

其一,根据限制访问说,处于"公共领域"内的个人信息不属于隐私的范畴。然而,从现实的角度看,对于这种信息,出于物理上的原因,总有成千上万的人无法获得或者很难访问。由于访问的人受到了限制,所以,根据访问说,这种信息可能被评价为隐私。比如,在公共场所公布自己的隐私,并非所有的人都能看到。于是,两者的矛盾就出现了:对于当场看的人,该信息属于公共信息;对于看不到的人,该信息却属于隐私。限制访问

---

① See Mayer-Schönberger V. & Cukier K., *Big Data: A Revolution that Will Transform How We Live, Work and Think*, Houghton Mifflin Harcourt, 2013, p. 15.

② 参见谢远扬:《信息论视角下个人信息的价值——兼对隐私权保护模式的检讨》,载《清华法学》2015 年第 3 期。

③ See Tavani H. T., *The Handbook of Information and Computer Ethics*, John Wiley & Sons, Inc., 2009, p. 131 – 164.

说对该问题是无法回答的，也就是说，限制访问说实际上无法完成划分信息隐私边界的任务。

其二，限制访问说认为，人们对自己建立的“区域”内的信息享有隐私权，这实际上是将隐私和秘密混为一谈。如果这种观点是正确的，那么，这将意味着个人的秘密越多，其隐私也就会越多。这显然否定了隐私权的客观性，使其完全受制于权利人的态度和行为，导致隐私的边界失去稳定性。①

其三，限制访问说还忽视甚至严重低估了权利人对自己的隐私所享有的选择权。事实上，隐私权人既可以限制他人获得自己的个人信息，也可以允许他人获得该信息，这是一个问题的两个方面。因此，即使权利人没有限制他人获得自己的个人信息，有时也不影响该个人信息构成隐私。比如，运动员将自己的病例提交给俱乐部，对于俱乐部，该运动员的伤病治疗历史就不再是信息隐私。但是，对于其所隶属的俱乐部之外的人，这仍然属于隐私的范畴，限制访问说无法解释该问题。

与限制访问说不同，控制说认为，所谓的信息隐私是指不为他人所知且由权利人控制的个人信息。据此，隐私与人们控制自己信息的意思有密切的关系。② 在控制说看来，权利主体的选择权特别重要，因为隐私的所有人即使允许或者限制他人访问其个人信息，也不影响这种信息构成隐私的可能。因此，从这个角度解释信息隐私，显然要优于限制访问说。不过，控制说也有缺陷：

其一，这种观点没有明确指出人们对自己的个人信息进行控制的程度。比如，控制说认为，一个人要享有隐私，就必须对自己的个人信息进行全面或者彻底的控制。但是，要做到这一点，在客观上几乎是不可能的，因为在日常生活中，社会通常要求人们将一些特定的信息披露出来，在商业交易中尤其如此。但是，这并不能说明披露出来的信息就丧失了成为隐私的可能。

其二，控制说的观点无法确定何种个人信息才能构成隐私。道理很简单，因为将个人所控制的信息都视为隐私而进行保护是不合理的，也是不

---

① See Tavani H. T. , *The Handbook of Information and Computer Ethics*, John Wiley & Sons, Inc. , 2009, p. 131 – 164.

② See Moore A. D. , *Privacy: Its Meaning and Value*, American Philosophical Quarterly, Vol. 40, p. 215 – 227(2003).

必要的。[1] 比如,甲乙两人在一场足球赛上不期而遇,但是,甲不希望乙知道自己来看球赛,即使甲对这种信息进行了控制,乙获得甲观看比赛的信息的事实也不构成对隐私权的侵犯。因此,这种理论对控制的程度和隐私所保护的个人信息的范围,都没有提供明确的认定标准。

其三,如前所述,控制说强调信息所有人的选择权,认为这种选择权构成信息隐私范围的认定标准。从这个角度看,控制说显然混淆了隐私权与自决权的边界。比如,信息的所有人控制个人信息的传播范围,如为自己上传在网上的照片设置密码,不让他人浏览,其有排斥其他人浏览或者使用自己信息的权利,这完全可以解释为自决权,即肖像权和著作权,而不是隐私权。

这样,对传统的个人信息,限制访问说和控制说是很难对其进行解释的。尤其对于大数据挖掘的个人信息,这两个理论的缺陷更为明显,因为体育组织在收集个人数据时,是经过其同意的。对于体育组织与反兴奋剂组织通过云计算或者人工智能技术所获得的新信息,运动员不享有任何的控制权,当然,运动员既不能对其行使选择权,也没有机会设置"秘密区域",故很难将其解释为信息隐私。因此,这两种观点实际上否定了这种新信息构成隐私的可能。所以,如果要给个人信息,尤其是新信息提供隐私保护,必须寻找其他的标准,确定信息隐私的边界。

第五节　信息隐私权的保护

一、信息隐私的理论重构:环境标准的选择

正是由于信息隐私在价值上具有辅助性的特点,所以,信息隐私的边界的确定离不开其所保护的人格利益或人格权。这样,在判断个人信息与人格利益是否存在必然的联系时,需要从周围的环境出发,即对于特定的个人信息,他人是否有权收集、储存和使用,应当根据当时的环境,从规范的角度进行判断,这就是环境标准说。[2] 环境标准说存在的主要理由有:

其一,对于特定的个人信息,其是否具有个人价值以及个人价值与社

---

① 个人希望控制的个人信息的种类,仅限于"非公开的个人信息",其包括一些敏感性和秘密性的数据,比如,财务记录和治疗记录。这种信息与具有公共性的信息,形成鲜明的对比。公共的信息当涉及一个人的工作、生活、购物、饮食等时,也与个人有密切的关系。

② See Nissenbaum H., *Privacy As Contextual Integrity*, Wash. L. Rev., Vol. 79, p. 119 – 157 (2004).

会价值的关系，都离不开具体的环境，只有根据环境才能对个人信息进行价值判断。比如，对于处于公共场所的一些个人信息，比如购物、吃饭或者娱乐时产生的信息等，通常认为其不具有内部性和敏感性，所以，收集和传播这种信息，通常不会给信息所有人带来伤害，故隐私制度不会为其提供保护，因此，传统法律并不认为收集和处理运动员参加大型赛事所展现的信息会侵犯运动员的个人隐私。相反，对于诸如个人的病历和财务记录等方面的信息，即使处在“公共场所”，也一般认为其具有内部性和敏感性，可以对其享有隐私权。但是，如果在医院就诊或者进行税务登记、财务审计时，面对医生或者财务人员，情境需要知晓其信息，故该类信息就很难再被评价为隐私了。由此可以看出，在传统的法律体系中，决定个人信息是否具有隐私价值的是环境，而不仅仅是信息本身。

其二，根据环境确定信息隐私的范围，有利于使隐私制度适应科学技术的发展。比如，对于一些公共场所的个人信息，一般认为，对其进行收集、储存和使用，是不会给他人带来伤害的。在这种情况下，隐私制度不应当为其提供保护。然而，随着技术的进步，尤其在大数据和人工智能技术的背景下，再收集和处理这种信息，有可能被认定为是有害时，隐私制度则要改变以往的立场。主要理由是信息具有多领域性，或者多面性：在过去，由于存储方式和使用能力的限制，信息所蕴含的价值无法被充分地挖掘出来，或者说其多面性未展现出来，所以，隐私制度不宜为其提供保护；如果技术的发展突破了过去的限制，使其多领域性展现出来，其规范价值当然应重新确定，因为每个领域都有自己独立的、规制该领域内个人信息的隐私规范。违反了这种规范，就构成对隐私的侵犯。不过，这种规范是否已得到尊重，只能从信息流动的具体环境进行判断。

其三，采用环境标准确定信息隐私的边界，不仅能确保规则的统一性，还能确保规制信息隐私规则的相对性，使与环境有关的条件以权利的方式，融入特定领域的信息规范之中，而根据其他的隐私理论，这些条件往往被视为“例外情况”。从这个角度看，这种理论能融合“各种环境变量”于标准之中，使其变成隐私判断标准的要素。①

其四，环境标准说具有客观性。根据环境标准说，对个人信息是否属于隐私的范畴的判断，应脱离信息所有人的态度，而根据一般人的立场进行考察，这显然有利于制定一个统一的隐私政策。此外，这还能使基于传统的信息而衍生的新信息，存在被评价为信息隐私的可能。

---

① See Nissenbaum H. ,*Privacy as Contextual Integrity*,Wash. L. Rev. ,Vol. 79,p. 119 – 157(2004).

目前,对环境标准说的批评是,根据环境而不是信息自身的性质确定某种信息是否需要保护,很容易使该判断具有恣意性,无法对其进行有效的控制。① 这种批评的确是有道理的,却忽视了当前信息隐私相比于传统的隐私已经发生了重大变化的事实:一则,由于各种摄像或者采集个人信息的设备遍及社会的各个角落,个体已经很难对个人信息进行有效控制了,对运动员而言尤为如此,因为他们无时无刻不处在监控之中。二则,对于基于大数据、人工智能技术,而进行的知识发现或者数据挖掘工作,传统的隐私不包含其所创造的新信息。传统的隐私制度仅仅保护"个人的、具有识别功能的信息",对于很多与个人联系非常弱的信息,由于其没有识别功能,对其进行收集、使用或者买卖,不会影响个人的利益,社会当然没有保护的必要。然而,这些没有识别功能的信息,由于量大而在特定的环境中产生了识别功能时,如果法律不为其提供保护,则有可能会对信息指向的对象(特定的人)的权益构成威胁。那么,这种信息何时才能得到保护,事实上是很难事前确定一个标准的,故只能根据环境进行判断。三则,信息所有人与收集个人信息的大数据组织之间,不仅经济能力有很大的差别,更重要的是,两者存在严重的信息不对称问题。这会使个人很难对自己的隐私进行保护,只能求助于国家或者其他的社会组织。国家或者其他组织给信息隐私提供保护,则需要一个前提,即将信息隐私客观化,使其变成一种集体权利,脱离所有人的行为和态度,这就是环境标准说在个人信息保护方面优越于限制访问说和控制说的地方。

二、信息隐私的保护:综合性政策的建构

反兴奋剂机构一旦借助大数据与人工智能技术对运动员进行监控,就会严重威胁到运动员的隐私,尤其是信息隐私。这样,如何限制反兴奋剂机构的这种行为,保护运动员的个人隐私,就显得特别重要了。

对于信息隐私保护,目前主要有两种方式:其一,进行强制性立法,由公权力机构进行统一监管;其二,将其私法化,由行业或者权利人进行自我监管。对于一般公民的信息隐私,目前绝大多数人主张同时适用这两种方式。② 然而,就运动员而言,我们更强调行业的作用,毕竟运动员与一般公民不同,有可能侵犯其信息隐私的,不仅是本国的体育组织,更多的是他国

① See Tavani H. T., *The Handbook of Information and Computer Ethics*, John Wiley & Sons, Inc., 2009, p. 131 – 164.

② 参见张新宝:《从隐私到个人信息:利益再衡量的理论与制度安排》,载《中国法学》2015 年第 3 期。

体育组织和国际体育组织。我们认为,对于运动员的个人信息,应当采用以下的隐私政策:

首先,国际奥委会等组织内部,应当单独设立专门的隐私保护委员会,就像世界反兴奋剂机构打击使用兴奋剂的行为那样,保护运动员的隐私。第一,应制定相应的规章制度,承认和保护运动员的个人信息隐私权,避免对运动员的个人信息进行过度收集和使用。第二,对收集到的运动员的个人信息的使用方式、使用对象、目的与期限等,做出明确的限制。如果想突破上述限制,必须经过运动员的具体授权,且不得附加不利于运动员的条件。第三,国际奥委会等组织不仅应当进行专门的技术开发,发展预防隐私泄露技术,还应当结合现实情况进行专门的"立法",规制各种体育组织,规制内容包括俱乐部对运动员个人信息的收集、储存和使用等。第四,督促其会员(主要是各国政府和各体育联合会)建立独立的隐私委员会,监督和实施相应的隐私规定,对违规者进行处罚。当然,还要告诫各级体育组织要尊重运动员的个人隐私,加强行业监管。

其次,建立隐私权优先制度。当体育组织收集和储存运动员的个人数据时,要给运动员的隐私"提供最大程度的保护",即实行"有利于隐私类推"制度。这种制度有以下几个要求:其一,掌控运动员个人数据的体育组织,要尽可能保持数据的匿名性,避免个体识别。其二,对于数据的收集,要建立"公平程序",同时,对于数据的使用,要坚持"相关性、目的性和合理性"原则,确保为一种目的而收集的数据,不会用于其他目的,也不得将该信息与他人分享,除非获得了运动员的另行授权。① 其三,数据保留的时间,受制于收集数据的初始目的。比如,在索契冬奥会上,俄罗斯当局以安全为由,对该次运动会进行"全方位的监管"。② 他们通过 Cookies 技术、电话以及其他的通信设施,全面地收集游客(包括观众)、运动员、辅助人员和体育组织的官员等的个人信息。这种信息最后以现场报告的方式汇集起来,成为俄罗斯当局监管该次冬奥会参与者的工具,以确保比赛安全。但是,当局对这种信息的使用并非局限于此,他们还通过软件分析关键词的方式,研究比赛结束后人们的行为,这显然有悖于收集数据时所宣称的

① See DeCew J. W., *Privacy and Policy for Genetic Research*, *Ethics*, *Computing and Genomics*, Jones and Bartlett, Sudbury, MA, p. 121 – 136(2006).

② See Roland Oliphant, *Russia Planning "Near Total Surveillance" of Visitors*, *Athletes at Sochi Winter Games*, The Telegraph (Oct. 6, 2013), https://www.telegraph.co.uk/news/worldnews/europe/russia/10359587/Russia-planning-near-total-surveillance-of-visitors-athletes-at-Sochi-Winter-Olympics.html.

目的(保护冬奥会的安全)。此外,这些信息现在仍然掌握在俄罗斯当局手中,由于信息所涉及的对象(如运动员),对其并不享有任何的控制权,因此,这些信息今后是否还会用于其他目的,目前根本无法预测。对于这种情况,国际体育组织应当设置强制性的规定,责令相应组织将在上述情况下收集的个人信息销毁,并且对擅自使用运动员个人信息的行为进行处罚,除非已经取得了运动员的同意。

再次,不仅要对体育组织进行隐私教育,而且,对于隐私的授权,还要实行"动态协商"制度。即除非有正当的理由,体育组织(包括反兴奋剂组织)要收集运动员的信息,必须经过运动员同意,且不允许给"不同意"附加其他的条件,比如,不同意就不与其签订合同。也就是说,应当确保运动员的"不同意"为一项权利,体育组织不得变相剥夺这一权利。此外,不允许体育组织要求运动员进行默认方式的授权。只有这样,才能确保运动员与体育组织之间存在持续的协商机会,从而使运动员可以随时就自己的个人信息行使选择权。

最后,建立开放透明的隐私政策,即坚持公开原则。该原则要求体育组织在收集运动员的个人信息时,不仅明确告知运动员,还应当让运动员清楚这种信息使用的目的与条件。比如,当体育组织通过 Cookies 技术收集运动员的个人信息时,应当征得运动员的同意,并且应当告知运动员,由此获得的个人信息用于何种目的或者在何种情况下使用,以便于运动员对是否授权进行权衡。这种隐私政策的最大好处是,对于新开发的信息技术,在其使用时,确保运动员有表达自己意见的机会,避免技术的滥用。

大数据、云计算和人工智能技术其实已经给体育带来了很大的变化,这已经引起了一些国际体育组织的注意,比如,针对足球领域广泛使用大数据的现象,国际足联在 2015 年 7 月 7 日发布了一个备忘录,即其同意运动员可以穿着含有电子跟踪系统的球服比赛,但有两个条件:其一,这不能危及运动员的人身安全;其二,教练员在比赛期间不得获得这种设备所收集的信息。显然,该备忘录并没有提及这种技术是否能应用于反兴奋剂监控,运动员的隐私是否能容忍这种监控?澳大利亚体育部门曾经规定,对于收集和分析运动员的大数据以及数据保存的时间,要遵守必要性原则,反兴奋剂斗争的紧迫性是否构成其之必要性,目前还有待于进一步的研究。

多年来,许多知名运动员因服用兴奋剂而臭名昭著,然而,技术兴奋剂也能使运动员通过使用运动装备获得不公平的竞争优势,这种做法很少有人知道。如前所述,对于这种技术完全可以借助 WADC 规定的“禁用方法”,禁止在体育中使用该技术。世界反兴奋剂机构认为,如果技术“增强了性能”或“违背了体育精神”,则应禁止使用这些技术。2006 年,WADA 开始就技术兴奋剂进行咨询,现在其已正式被认为是一种威胁。

第十章　运动员的程序保护

如前所述,违反 WADC 的处罚分为两种,民事处罚和刑事处罚。后者表现为剥夺运动员一定期限的比赛资格,属于职业禁止的范畴,但其适用的却是仲裁程序,即像一只“披着羊皮的狼”。为了降低不正当的程序风险,不仅应赋予运动员一定的程序权利,还应当建立反兴奋剂基金和运动员工会,以平衡运动员与反兴奋剂机构之间的事实不平等关系。

里约奥运会前夕,俄罗斯运动员被查出有大规模地使用兴奋剂的情况,国际田联对该国的田径选手实行集体禁赛,俄罗斯以保护无辜运动员为由将国际田联诉至 CAS,但该庭驳回了该申请。对于旁观者,兴奋剂处罚也许并不重要,但是,对于运动员,这有可能意味着梦想的破灭、名誉的扫地,甚至是生计的剥夺。那么,面对这种兴奋剂处罚,运动员应当获得怎样的程序保护?这一问题成了人们关注的焦点。2016 年国际奥委会召开的第五次奥林匹克峰会的主要议题,实际上与运动员的程序保护存在密切的关系。

目前,学界主要关注的是《世界反兴奋剂条例》与法律的冲突,但对于运动员的程序保护问题,尚未引起学界足够的重视。比如,以 doping 和 accused athlete 为关键词,在美国 lexis 数据库和谷歌学术上进行搜索,所得结果分别为 19 条和 123 条,其中只有 26 篇文章与本主题存在一定的关联性。在中国知网上,以“兴奋剂”、“仲裁”和“程序保护”为关键词进行搜索,所得结果极少。由此,我们主要以《世界反兴奋剂条例》的规定为根据,基于规范分析法和社会关系分析法,结合相关的 CAS 的裁决书以及当前的法学理论,揭示兴奋剂处罚的性质和运动员面对的不正当的风险,探讨如何给运动员提供程序保护。

第一节　兴奋剂处罚的性质:民事处罚抑或刑事处罚

对于使用兴奋剂的行为,根据国际和国内的反兴奋剂条例,最常见的处罚是禁赛,这种禁赛有可能是一段时间的,也有可能是终身的。比如,WADC 规定,对于初次违规的,基准罚为 2 年;故意违规的,基准罚为 4 年;多次违规的,甚至可以终身禁止竞赛。这种剥夺比赛的资格究竟是什么性质的处罚呢?

一、兴奋剂处罚：公法责任抑或私法责任

（一）私法责任

传统观点认为，反兴奋剂机构因使用兴奋剂而对运动员进行的处罚，属于私法责任，即民事处罚，这也是世界反兴奋剂机构的一贯立场，主要理由有：其一，反兴奋剂机构属于民间团体，其或者根据公司法或者根据社团法而建立，运作的根据是自己的细则，而不是国家制定的法律，所以，根据这种细则而进行的处罚，是私法行为。① 其二，反兴奋剂机构的行为独立于政府，其处罚运动员的职能不属于传统政府权力的范围。② 其三，反兴奋剂机构本身不是政府，即使在这个过程中有政府的影子，政府也是被动参与的，所以，这种处罚行为不能被翻译成国家行为。③ 其四，尽管反兴奋剂机构获得了政府大力的资金支持，但对使用兴奋剂的运动员的处罚，却是运动员自愿选择的结果，或者说来源于运动员的授权，并非国家的强制力，即其体现的是运动员与国际反兴奋剂机构之间的平等关系。④ 既然是平等关系，后者对前者进行的处罚，当然属于民法的范畴。⑤

（二）公法责任

近几年来，随着反兴奋剂活动的不断发展，开始有人对此提出异议，他们认为运动员与反兴奋剂机构之间并非私法关系，兴奋剂处罚系公法责任。⑥ 主要有两个理由：

其一，相对于体育运动员而言，反兴奋剂机构具有独立的“准官方”地位。⑦

---

① See Sarah L. Horvitz, Travis Tygart & Paul Turbow, *Dopers Are Not Duped: USADA's Assistance to Federal Prosecutors Ultimately Protecting Clean Athletes Is Not State Action*, Marq. Sports L. Rev., Vol. 19, p. 44(2008).

② See Dionne L. Koller, *Does the Constitution Apply to the Actions of the United States Anti-Doping Agency?*, ST. LOUISU. L. J., Vol. 50, p. 120 – 121(2005).

③ See Brentwood Acad. v. Tenn. Secondary Sch. Athletic Assn, 531 U. S. 288 (2001); Sarah L. Horvitz, Travis Tygart & Paul Turbow, *Dopers Are not Duped: USADA's Assistance to Federal Prosecutors Ultimately Protecting Clean Athletes Is Not State Action*, Marq. Sports L. Rev., Vol. 19, p. 55 – 57(2008).

④ See Dionne L. Koller, *Does the Constitution Apply to the Actions of the United States Anti-Doping Agency?*, ST. LOUISU. L. J., Vol. 50, p. 120 – 121(2005).

⑤ See Michels v. U. S. Olympic Comm., 741 F. 2d 155 (7th Cir. 1984).

⑥ See Michael Straubel, *Is the International Convention Against Doping in Sport the Missing Link to USADA Being a State Actor and WADC Coverage of U. S. Pro Athletes?*, Marq. Sports L. Rev., Vol. 19, p. 63(2008).

⑦ See Kaufmann-Kohler G & Rigozzi A, *Legal Opinion on the Conformity of Article 10. 6 of the 2007 Draft World Anti-Doping Code with the Fundamental Rights of Athletes*, WADA(Nov. 13, 2007), https://wada-mainprod.s3.amazonaws.com/resources/files/Legal_Opinion_Conformity_10_6_complete_document.pdf.

世界反兴奋剂机构是作为国际奥委会下设的一个独立部门而存在的,世界反兴奋剂机构与运动员的关系,其实就是国际奥委会与运动员的关系。《奥林匹克宪章》规定,奥林匹克运动组织机构负责和管理奥林匹克的一切工作,对所有涉及奥林匹克比赛的问题,都有最终的决定权。奥运会或者其他国际体育比赛的组织工作之一,就是对有关的运动员进行兴奋剂检测,决定其是否有参赛的资格。即使参加了比赛甚至比赛结束后,若该机构发现运动员身体内有兴奋剂或者其表征,仍可以处罚运动员,也就是说,该机构就兴奋剂事项,对运动员享有监管权,他们之间并不是平等关系。所以,世界反兴奋剂机构的处罚行为应当被定性为“准国家行为”,不是私法责任。①

其二,国际反兴奋剂活动取得了国家的支持。在反兴奋剂方面,政府与世界反兴奋剂机构事实上是一种合作的关系,否则,很难对兴奋剂进行有效监管。比如,在巴尔科类固醇丑闻中,美国参议院责令司法部收集巴尔科的证据,然后将其转交给世界反兴奋剂机构,以此来指控运动员。② 世界反兴奋剂机构也向各国政府作出承诺,帮助各国的刑事当局或职业惩戒机构,对违反《世界反兴奋剂条例》的行为进行处罚,甚至追究其刑事责任。③ 既然是公权力运行的结果,并非为了保护他人的私权利,这就很难再将兴奋剂处罚定性为私法责任了。

我们认为,上述两种观点都是有问题的。一方面,世界反兴奋剂机构是基于瑞士的公司法而建立的民间组织,但并不能由此推导出该机构对运动员的处罚一定是私法责任。比如,国际奥委会章程明确规定其为非营利的民间组织,但实际上,国际奥委会每年因为运动会的电视转播权、(奥林匹克)特许经营权、门票和吉祥物的发售等获得巨大收益,并非不盈利。也就是说,绝不能仅仅依靠其宣称而判断其行为的性质。另一方面,世界反兴奋剂机构对运动员的确有监管权,两者不平等,但这并不等于说前者对后者的“处理”一定是公法责任,比如,对交通事故,警察有处理权,但警察对交通事故所造成的损失的处理决定,就不属于公法责任。其实,WADC 规定的处罚措施很多,主要可以分为两种:一是为了保护其

① See Dionne L. Koller, *Does the Constitution Apply to the Actions of the United States Anti-Doping Agency?*, ST. LOUISU. L. J., Vol. 50, p. 91 (2005); DeFrantz v. U. S. Olympic Com., 492 F. Supp. p. 1192 - 1193 (D. D. C. 1980).

② See Mc Caffrey P. C., *Playing Fair: Why the United States Anti-Doping Agency's Performance-Enhanced Adjudications Should Be Treated as State Action*, WASH. U. J. L. & POL'Y, Vol. 22, p. 657 (2006).

③ Ibid., p. 674.

他运动员的利益或者出于维护比赛规则的目的,而对违规运动员进行的处罚,比如,WADC 第 10.1 条规定,取消违规运动员的比赛成绩和相关的奖励。根据比赛规则,使用兴奋剂的运动员是没有参赛资格的,因此,其因参加比赛而获得的奖牌和奖金,属于不当得利,应当返还给组织方或者其竞争对手(第 10.8.2 条),这种处罚当然属于民事处罚的范畴。二是剥夺运动员一定期限的比赛资格,比如 WADC 第 10.7.1 条的规定,不同于前面的处罚,这种处罚并不是为了保护其他的运动员,而是为了惩戒运动员的违规行为,是惩罚性的处罚。这种惩罚性的处罚属于公法责任,理由除了反兴奋剂机构对运动员有监管权,两者不平等,还有以下三个方面:

其一,禁止运动员使用兴奋剂是国家的义务。在国际奥委会的支持下,世界反兴奋剂机构的活动主要在以下三个层面上开展。第一,制定反兴奋剂条例。2003 年该机构制定了《世界反兴奋剂条例》,随后又作了修改,WADC 构成体育领域开展反兴奋剂活动的主要根据。WADC 规定,WADA 对 WADC 的执行具有监管权。随后,《奥林匹克宪章》也要求参加奥林匹克运动的所有成员在奥运会期间必须遵守 WADC 的规定,这就是说,在奥运会期间,至少对参加奥运比赛的国家而言,WADC 具有法律约束力。[①] 第二,统一国际标准,即在反兴奋剂方面,对所有的体育项目和国家适用同一标准。所有运动员不管在比赛期间还是比赛前后,都有遵守 WADC 的义务,世界反兴奋剂机构可以对其进行常规或者随机检测。如果发现运动员体内或者代谢物中存在违禁物质或者表征的,持有违禁物质或者技术的,管理或者运输违禁物质的,等等,都可以对其进行处罚,即 WADC 效力扩展到比赛之外。第三,奥运会下属的各个体育联合会以及管理机构,在其负责的项目内,都有遵守 WADC 的义务。[②] 这些体育组织通常将这种职权通过合同的方式,委托各个国家反兴奋剂中心代其行使,比如,对本国国内的运动员进行定期和不定期检测,并对违反该义务的行为进行处罚等。[③] 特别是,在 2005 年,WADC 获得了联合国教科文组织的

---

① See Frank Oschutz, *Harmonization of Anti-Doping Code Through Arbitration: The Case Law of the Court of Arbitration for Sport*, Marq. Sports L. Rev., Vol. 12, p. 675 – 676 (2002).

② See David Howman, *Sanctions under the World Anti-Doping Code*, WADA (Nov. 12, 2003), https://www.wada-ama.org/sites/default/files/resources/files/LEGAL_sanctions_howman.pdf.

③ See Mary K. Fitzgerald, *The Court of Arbitration for Sport: Dealing with Doping and Due Process During the Olympics*, Sports Law. J., Vol. 7, p. 236 (2000).

承认。① 这些足以表明,在体育领域内,国家有义务禁止运动员使用兴奋剂。在理论上,国家可以直接援引这些国际规定,对运动员进行兴奋剂处罚。当然也可以通过立法重述这些规定,使之变成国内法。这样,禁止运动员使用兴奋剂是国家的义务,当然也是国家的权力。所以,世界反兴奋剂机构对运动员进行的兴奋剂处罚,体现了国家意志,因此,属于公法责任。

其二,义务主体的多样性。除运动员外,2015 版 WADC 增加了教练、医生、心理师等辅助人员责任的规定。即作为辅助人员,实施、组织或者帮助掩盖使用兴奋剂的行为,同样违反 WADC 的规定,也会因此受到处罚。这种处罚不可能是民事处罚。首先,这不构成违约责任。世界反兴奋剂机构与运动员存在合同关系,但与辅助人员之间却没有合同关系。辅助人员存在帮助或者唆使运动员违约(使用兴奋剂)的行为时,由于合同具有相对性,因此 WADA 无法追究其违约责任。其次,这也不能是侵权责任。根据侵权法,只有受害人才有权向辅助人员主张权利,世界反兴奋剂机构及其背后的体育组织并不是使用兴奋剂行为的受害人,因此,世界反兴奋剂机构无法追究辅助人员的侵权责任。所以,世界反兴奋剂机构对辅助人员的处罚,不属于民事处罚的范畴,只能是公法责任。也就是说,兴奋剂处罚的扩张,更进一步表明,运动员遵守 WADC 的义务并非基于其个人的选择,而是基于法律的强制规定,否则,不能解释为什么非运动员在一定的条件下也有遵守该规定的义务。

其三,既然不使用兴奋剂是运动员的一项强制性义务而非任意性义务,那么,主管部门对违反这种义务的惩罚是公法责任。对民事处罚(或称为补偿性的处罚)而言,世界反兴奋剂机构更像是调解人,真正的当事人是具有竞争关系的运动员或者比赛的组织方,而惩罚性的处罚反映的则是运动员与世界反兴奋剂机构之间的监管关系。从表面上看,使用兴奋剂的处罚权是运动员选择的结果,而事实上,运动员要想参加比赛,必须进行所谓的"授权",接受该法律体系的规制,并没有别的选项,故很难说这是其意思自治的结果。

这样,触犯 WADC 的行为,就像其他的违法行为一样,实际上包含着私法责任与公法责任两种。对于前者,学界争议较小,我们接下来主要关注后者存在的问题。

---

① See Robyn R. Goldstein, *An Americanin Paris: The Legal Framework of International Sport and the Implications of the World Anti-Doping Code on Accused Athletes*, Va. Sports & Ent. L. J., Vol. 7, p. 149 – 159(2007).

二、惩罚性的处罚:行政处罚抑或刑事处罚

在我国,公法责任存在行政处罚与刑罚之分,那么,惩罚性的兴奋剂处罚究竟是行政处罚还是刑罚呢？从形式上看,兴奋剂处罚的性质是比较模糊的。一方面,我国《反兴奋剂条例》是国务院颁布的,该条例将反兴奋剂的职责授权给国务院体育主管部门,据此,这种处罚似乎属于行政处罚;另一方面,运动员不服该处罚,既不能提起行政复议,也不能进行行政诉讼,只能进行仲裁,这又好像是民事处罚。一般来说,判断一种处罚究竟是什么性质,相应的法律条文的语义仅具有"初显优越性",并不具有决定性,关键要看这种处罚所剥夺的法益的实质是什么。[①] 我认为兴奋剂处罚属于刑罚的范畴,而不是行政处罚,理由主要有:

首先,在体育领域内,WADC 实际上相当于国际公约,各国对其都有遵守的义务,因此,在确定处罚的性质时不能忽视其他国家的做法。其一,在国际社会,绝大多数国家认为行政法调整的对象是行政主体及其构成要素(如公务员)之间的关系,并不是行政机关与一般公民的关系,即行政机关对公民并没有处罚权,只能追究其民事责任。[②] 由于运动员与世界反兴奋剂机构之间并非行政主体之间的关系,所以,调整两者关系的法律不属于行政法的范畴。其二,我国的行政处罚不仅可以直接剥夺公民的财产权,还可以剥夺公民的人身自由(如行政拘留)。根据《公民权利和政治权利国际公约》(我国签署但尚未批准)第 9 条,《世界人权宣言》第 10 条,限制人身自由的处罚显然属于刑罚的范畴,因此,我国学界有人主张采用大刑法主义,

---

① 参见[德]罗伯特·阿列克西:《法　理性　商谈:法哲学研究》,朱光、雷磊译,中国法制出版社 2011 年版,第 82 页。B. v. Int'l Triathlon Union, CAS 98/222, DIGEST OF CAS AWARDS Ⅱ 1998 - 2000 330; H. v. FIM, CAS 2000/A/281, DIGEST OF CAS AWARDS Ⅱ 1998 - 2000 410, available at http://www.kluwerarbitration.com; C. v. FINA, CAS 95/141, DIGEST OF CAS AWARDS 1986 - 1998 215, available at http://www.kluwerarbitration.com; N. v. Int'l Equestrian Fed'n, CAS 92/73, DIGEST OF CAS AWARDS 1986 - 1998 153, available at http://www.kluwerarbitration.com; USADA v. Neben, AAA-CAS 30 190 00713 03, available at http://www.usantidoping.org/files/active/arbitration_ruling_10_21_2003_neben.pdf; USADA v. Vencill, AAA-CAS 30 190 00291 03 available at http://www.usantidoping.org/files/active/arbitration_ruling_7_24_2003_Vencill.pdf. N., J., Y., W. v. FINA, CAS 98/208, DIGEST OF CAS AWARDS Ⅱ 1998 - 2000 234; Blackwelder v. USADA, AAACAS 30 190 00012 02, available at http://www.usantidoping.org/files/active/arbitration_rulings/arbitration_ruling_5_22_2002_blackwelder.pdf.

② 有学者对英国、美国、法国、意大利、德国、西班牙等十个国家和地区进行了考证,认为行政机关对公民不法行为的处罚权几乎是没有的。See Bjarte Askelandect, *Punitive Damages: Common Law and Civil Law Perspectives*, Springer Wien, 2009, p. 5 - 210.

将行政处罚视为刑罚的一种,这种观点是有一定道理的。① 其三,职业禁止属于限制公民自由的一项措施,就其性质而言,国际社会大都将其作为刑事处罚,比如,法国和匈牙利将其视为刑罚的执行方式,德国将其规定为保安处分,②在美国,很多人将其视为刑罚的一种。③ 如果我国仍然将其视为非刑事处罚或者行政处罚,那么,我国运动员因尿检呈现阳性而被终身禁赛,则不会得到特殊的程序保护;而外国的运动员受到同样的处罚,则会被评价为犯罪,即其可以获得特殊的程序保护,这显然违反平等原则,有歧视我国运动员之嫌,这是无论如何都不能被接受的。其四,最为重要的是,我国《刑法修正案(九)》第1条明确了职业禁止是一种犯罪后果。虽然从字面上看,其并不是刑罚,但其却是刑事处置措施中的一种。既然我国刑法已经承认了职业禁止具有刑法意义,而运动员参赛资格的剥夺显然属于"职业禁止"的范畴,所以,将兴奋剂处罚等同于刑事处罚,就没有任何的法律障碍了。

其次,兴奋剂处罚会剥夺运动员的重大法益,具有惩罚性。不管根据《世界反兴奋剂条例》,还是国内的《反兴奋剂条例》,运动员使用兴奋剂的,对其主要的处罚是剥夺比赛的资格。众所周知,活跃在奥林匹克或者其他国际赛场上的运动员,都必须从小接受系统而残酷的训练,为此错过了学习、了解社会、获得其他工作技能的机会,他们这样做,就是为了获得国际体育竞赛中某一预期的成绩。这一目的的实现有一前提,即必须通过赛前或者赛后兴奋剂检测。一旦其提供的尿样或者血样被检测出含有违禁物质或者表征,该运动员要么失去比赛资格,要么其比赛的成绩完全作废,甚至未来也不得再参加比赛。运动员因使用兴奋剂而被剥夺其当前的比赛资格或废除刚取得的比赛成绩,这属于民事处罚,是可以理解的,因为事前的规则就是这么规定的。但是,对未来的比赛,即使该运动员未来未使用兴奋剂也不允许其参加比赛,民法对此就无法解释了。且不说终身禁赛,即使是短期剥夺比赛的资格,由于运动员体育运动的职业期限非常有限,巅峰期更短,这种剥夺往往意味着运动寿命的终结,其原先的投资(包括经济、智力、体力和梦想)彻底落空。这足以表明,反兴奋剂处罚具有惩

① 参见陈兴良:《犯罪范围的合理定义》,载《法学研究》2008年第3期。

② Vgl. Jeshech & Weigend, Lehrbuch des Strafrechts, Allgemeiner Teil, Aufl., 1996, S. 829 ff.

③ See Maureen A. Weston, *Doping Control, Mandatory Arbitration, and Process Dangers for Accused Athletes in International Sports*, Pepperdine Dispute Resolution Law Journal, Vol. 10, p. 5 – 46 (2010).

罚性。学界一般认为,民法的目的在于定价,而刑法的目的在于惩罚。① 反兴奋剂处罚既然具有惩罚性,当然属于刑罚的范畴。所以,在马修斯诉埃尔德里奇(Mathews v. Eldridge)案中,法院就指出,剥夺运动员参加比赛的资格,等于同时剥夺了运动员的财产法益和自由法益,因为兴奋剂处罚会导致运动员名誉及从业权利的丧失,故为"准刑罚"。

再次,兴奋剂处罚的污名化。刑罚与行政处罚最大的不同,是前者会给行为人打上一个"犯罪"的标签,即对其进行污名化,从而实现对被处罚人的道德谴责。② 在体育运动中,使用兴奋剂的行为不仅危及运动员自身的健康,而且涉及比赛的公平问题,破坏体育本身的诚信,故其是一种严重反道德的行为。运动员使用兴奋剂,通常会被污名化,这主要表现在三个方面:其一,运动员使用兴奋剂的行为,将会作为"前科"被记录在案,并被永远保存。如果事后再发生该行为,世界反兴奋剂机构会加重处罚。这与刑法中的"累犯"极为相似,这说明使用兴奋剂的可责性(而不是危害性)不低于犯罪。其二,一般而言,一旦发现有使用兴奋剂的行为,即可给予公开,这通常会引起社会的极大关注,致使被处罚的运动员在社会上被视为"骗子"。其三,使用兴奋剂的行为具有很大的道德可责性,需要用刑罚进行控制,主要理由有:一则,其通常采用极为隐蔽的方式进行,发现兴奋剂的使用是非常困难的,遵守"填平原则"的民法无法解决漏罚的问题;③二则,其破坏了体育所坚持的公平竞争的原则,危及其他运动员的合法权利,即有他害性。其实,通过弄虚作假夺走本应属于他人的奖牌和奖金,与盗窃或诈骗并没有多少区别。因此,对于这种处罚,很难等同于没有任何道德可非难性的违约责任、侵权责任甚至行政处罚。

最后,"错案难纠"。如果基于兴奋剂而剥夺运动员比赛的资格,事后发现处罚错误,运动员很难得到有效的救济,因为运动员的比赛成绩,不仅取决于自己的生理周期,而且受制于竞争对手是谁以及其生理周期情况。所以,一旦出现处罚错误,则很难纠正。其实,除罚金刑外,刑罚有"错案难纠"的缺陷,比如,错误地剥夺了被告人的自由甚至生命,就无法救济。为了解决这个问题,刑罚的适用往往会受到严格的程序限制,尽可能避免错误发生。这样,将兴奋剂处罚视为"准刑罚",则可以借助刑事程序降低处

---

① See Robert Cooter, *Prices and Sanctions*, COLUM. L. Rev., Vol. 84, p. 1523(1984).

② See Rasmusen Eric, *Stigma and Self-Fulfilling Expectations of Criminality*, Journal of Law and Economics, Vol. 39, p. 519 – 543(1996).

③ See Guido Calabresi & A. Douglas Melamed, *Property Rules, Liability Rules, and Inalienability: One View of the Cathedral*, Harvard Law Review, Vol. 85, p. 1089 – 1128(1972).

罚错误情况的发生。因此，反兴奋剂案件不符合商业仲裁模式。①

就像一个仲裁员所指出的那样，比赛就像生命，本身就充满了遗憾，《世界反兴奋剂条例》之适用肯定会产生法律无法救济的不公平。这种不公平虽然难以避免，但也不应听之任之。将兴奋剂处罚视为刑事处罚，可以在最大程度上减少这种不公平。

第二节 运动员的程序风险：仲裁程序的缺陷

对于使用兴奋剂的行为，国际奥委会通常借助刑法中的犯罪和故意等概念惩罚运动员，但适用的却是私法上的仲裁程序，不愿意给运动员提供相应的程序保护。② 于是，惩罚性的兴奋剂处罚就成了一只披着羊皮（民事处罚）的狼（刑罚）。那么，这张羊皮是否适合这只狼？或者说，通过仲裁程序给运动员科处这种处罚，会产生哪些不正当的程序风险？

一、运动员被错误追究的风险

在刑事案件中，被告人的行为是否触犯某一刑法禁止，通常由控方进行举证，被告人只对正当化事由和免责事由进行举证。③ 但是，WADC 的实施却与此不同。根据 WADC 的条文结构，兴奋剂处罚主要有两种情况：

其一，运动员故意使用了兴奋剂。根据《世界反兴奋剂条例》，只要运动员有使用兴奋剂的行为，就可以对其进行处罚，至于尿检是否呈阳性，则并不重要。证明运动员使用兴奋剂的证据包括：运动员自己的“坦白”，其他运动员的告密，以及证人证言、书证、物证等。比如，在蒙哥马利案中，蒙哥马利被推定使用了兴奋剂，处罚的根据就不是其尿检呈阳性，而是其他证据。④ 第一，巴尔克（该机构因兴奋剂丑闻而受到处罚）处登记的客户名单上有其名字；第二，其队友的证言，证明其曾使用过违禁物质；第三，旧金山新闻的报道：在大陪审团的听证过程中，蒙哥马利已经承认自己使用了很多的违禁物质。就这三份证据而言，巴尔克登记的名字并不能证明蒙哥马利使用过兴奋剂；媒体的报道属于传闻证据，缺乏可采信性；队友作证

---

① See Michael Straubel, *Enhancing the Performance of the Doping Court: How the Court of Arbitration for Sport Can Do It's Job Better*, Loy. U. CHI. L. J., Vol. 36, p. 1215(2006).

② See Andrew Goldstone, *Obstruction of Justice: The Arbitration Process for Anti-Doping Violations During the Olympic Games*, Cardozo J. Conflict Resol., Vol. 7, p. 388(2006).

③ 参见杨春然：《论被伤害权对同意效力范围的限制——兼论被害人同意在三阶层犯罪论体系中的位置》，载《清华法学》2013 年第 3 期。

④ See USADA v. Montgomery, CAS 2004/0/645(2004).

说,蒙哥马利曾对其说“它会让你今晚变得雄壮无比!”而这里的“它”,该队友认为就是指兴奋剂。蒙哥马利的律师指出,这里的“它”到底指什么是不确定的,并不一定就是指“兴奋剂”,也可能是指别的东西。但国际体育仲裁法庭就基于此,认定蒙哥马利“有罪”,即使用了兴奋剂。这就是说,国际体育仲裁法庭并没有对蒙哥马利使用兴奋剂的事实进行证明,而是通过不利的类推认定其使用了兴奋剂。① 在俄罗斯兴奋剂丑闻中,世界反兴奋剂机构认定的根据,据报道是运动员及相关人员的告密或者揭发,并不是建立在对俄罗斯运动员逐一进行尿检或调查的基础之上。

其二,在绝大多数情况下,世界反兴奋剂机构可以单纯地依靠实验室出具的尿检呈阳性的报告,对运动员进行指控或者处罚。具体的做法是:世界反兴奋剂机构将运动员提供的 A 瓶尿样,送交其认可的实验室进行检验。如果检验结果表明尿液呈阳性,该实验室即可报告给世界反兴奋剂机构,由该机构进行初步的调查,排除治疗用药豁免后,就可以通知运动员并进行停赛处罚。在这种情况下,运动员要想不被处罚,通常需要用证据证明世界反兴奋剂机构的指控违反了国际标准。国际标准主要是指:世界反兴奋剂机构在其官方网页上公布的违禁物质或者方法清单,其具体记述了违禁物质或者方法的范围(运动员可以通过证明导致其尿检呈阳性的物质或者方法不在清单的范围内来免责);国际检测标准,指进行有效检测、保留样品和通知运动员的程序;实验室国际标准,指提供有效的检测结果和获得一致性结论数据的规则;治疗用药豁免国际标准,是指因疾病治疗的需要而授权运动员进行特殊治疗的程序和条件。

为了推翻世界反兴奋剂机构的指控,运动员不仅要证明实验室检测程序存在违规现象,比如,检测程序违法、使用工具或者方法不当、检测结果不可靠、保管链条有缺陷、实验室成员无资质等,②还要证明这种违规已经严重到会影响检测结果准确性的程度。然而,如果世界反兴奋剂机构能证明这种违规并不会影响检测结果的准确性,即使实验室检测有违规行为,那么运动员仍然不能推翻使用了兴奋剂的假设。比如,在兰蒂斯案中,尽管仲裁庭的绝大多数仲裁员承认法国实验室的做法的确不符合国际标准,

---

① See USADA v. Collins, AAA No. 301900065804 (2004); USADA v. Montgomery, CAS 2004/0/645 (2004).

② See USADA v. Landis, AAA No. 30190008406 (2007), at 14 – 15 (Landis Ⅰ), available at http://www.usada.org/files/active/arbitration-rulings/Landis%2Final%20 (20 – 09 – 07)%20 (3).pdf; See Arbitration CAS 2007/A/1394, Landis v. USADA, award of 30 June 2008, at 3 – 5 (Landis Ⅱ).

仲裁庭也对实验室进行了警告，但其却认为这并不能成为运动员免责的根据。国际体育仲裁法庭指出，“微小的程序瑕疵”本身还不足以推翻实验室的分析结论，即其总体上还是符合国际标准的。因此，在反兴奋剂案件中，世界反兴奋剂机构的证明负担是非常小的，其主要通过类推的方式，将证明负担转嫁到运动员身上。这种制度设计存在的问题有：

首先，违背“疑问时有利于被告人”的原则。法律为了解决问题（如多个被继承人同时死亡的，继承法推定长辈先死）或者便于举证而设定类推制度。① 后者又分为两种：一是，如果不能证明相反的情况存在，就得出一个正面结论。比如，如果不能证明行为人实施了犯罪行为，就推定行为人是无辜的。二是，当特定的事项被证明后，类推其他事项的存在，即如果事项 A 被证明，就类推 B 事项存在。《世界反兴奋剂条例》显然采用的是后者，即通过实验室的检测，发现尿检呈阳性，就推定运动员使用了兴奋剂，由此将举证负担转移给运动员，即运动员必须证明检测结果是错误的，否则，这种不利的类推即被宣告成立。既然兴奋剂处罚属于刑事处罚，这种“有罪推定”，很明显违反“疑问时有利于被告人”的原则。

其次，限制了运动员的取证权。从理论上讲，WADC 禁止的应当是运动员故意使用兴奋剂的行为，应当适用行为责任，但事实上适用的却是结果责任。这就导致运动员尿样或者血样的提取和检测程序变得特别重要。然而，《国际体育仲裁规则》和 WADC 都没有就如何监督这种程序、保证检验结果的正确性作出具体规定。于是，对于实验室的检验是否遵守了法律的规定，运动员往往是不清楚的。这种做法固然有利于使仲裁程序变得更为流畅，节省仲裁的时间。如果这种处罚仅仅处在民法的范畴内，还是可以接受的，毕竟民事处罚所解决的仅仅是权利或损失的分配问题。但是，这种处罚具有惩罚性，其之适用应遵守正当程序原则，②所以，应当赋予运动员了解尿检过程的权利。当然，仲裁庭对于案件的事实认定有自由裁量权，这可以在一定的程度上弥补这种缺陷，比如，运动员可以质疑检验过程及其结果，“倒逼”仲裁庭行使其自由裁量权，迫使世界反兴奋剂机构提供相关的信息，证明检测过程的正当性。在兰蒂斯案中，美国反兴奋剂机构就坚决反对兰蒂斯提出的证据展示申请，而仲裁庭却以运动员怀疑为由，

① See Dr Chris Davies, *The "Comfortable Satisfaction" Standard of Proof: Applied by the Court of Arbitration for Sport in Drug-Related Cases*, U. Notre Dame Austl. L. Rev., Vol. 14, p. 1 – 24 (2012).

② See Andrew Goldstone, *Obstruction of Justice: The Arbitration Process for Anti-Doping Violations During the Olympic Games*, Cardozo Journal of Conflict Resolution, Vol. 7, p. 361 – 383 (2006).

要求美国反兴奋剂机构检测 B 瓶的尿样。然而,一则,毕竟这种权利并未被法律所明示,如果仲裁庭不行使该自由裁量权,运动员则没有相应的救济途径;二则,由于不了解检查过程,其也很难有针对性地质疑检查过程的合规性,从而有可能造成运动员为实验室的检验错误"埋单"。

再次,专家证据的限制。2004 年世界反兴奋剂机构《实验室国际标准》的《附件 B - 实验室道德守则》(Annex B-Laboratory Code of Ethics)规定,其认证的实验室主任应代表反兴奋剂机构出庭作证,指控违规运动员,且不允许其提供对运动员有利的证明;①运动员不得接触证人、技术专家,也不得对检测中出现的问题向其发问;②作为实验室的其他成员,不得质疑反兴奋剂机构所从事工作的科学性、有效性和完整性,不得故意进行有异议的分析或者提供不利的专家证言,更不能再提供相应的检测服务,质疑兴奋剂管理机构的决定。③ 显然,这些规定会给运动员提供推翻检测结果的证据制造很大的障碍。在兰蒂斯案中,运动员委托的律师指出,根据这种规定,被指控的运动员只能满世界寻找与世界反兴奋剂机构无关的专家,让其证明鉴定结果的无效性,然而,即使找到这样的专家,由于其没有事前得到世界反兴奋剂机构的认证,其提供的意见效力极低,甚至是无效的,理由是他们不是"经验丰富"的、世界反兴奋剂机构认可的专家,这显然是矛盾的。为此,事后这些规定被修改,内容变成了:对于实验室的工作人员,如果其应当事人或者仲裁庭的要求而出席仲裁审判,应当提供独立的、科学而有效的专家证言。④ 这样,实验室的成员就可以成为仲裁的证人了,但是,其又规定,实验室的工作人员不能为推翻世界反兴奋剂机构的指控而给运动员提供帮助或者提供相应的咨询服务,目的是避免反兴奋剂工作受到当地政府的不当影响。这样,运动员要想推翻检验结果,仍然需要在其他的地方寻找专家,即上述问题并没有被彻底解决。

最后,证明标准不公平。一般来说,民事案件是平等主体之间的纠纷,证明标准采用的是优势证据规则,只要能证明事件发生的概率高于未发生

① See USADA v. Landis, AAA No. 30190008406 (2007), at 14 - 15 (Landis Ⅰ), available at http://www.usada.org/files/active/arbitration-rulings/Landis%2Final%20(20 - 09 - 07)%20(3).pdf.

② See Arbitration CAS2007/A/1394, Landis v. USADA, award of 30 June 2008, at 3 - 5 (Landis Ⅱ).

③ See World Anti-Doping Agency, International Standards For Laboratories, Annex B, p. 4.3, 4.4 (2008), http://www.wada-ama.org/rtecontent/document/lab_08LV_05.pdf.

④ See World Anti-Doping Agency, International Standards For Laboratories §1.0 (2009), http://www.wadaama.org/rtecontent/document/IntemationalStandard-forLaboratories-v6_0_January - 2009.pdf, at §5.0.

的概率,法院即可支持当事人的请求。刑事案件涉及的是公民的基本权利,其采用的是多元化的证明标准,即对于控方(比如公诉人),其对指控的事实之证明,需要达到排除合理怀疑的程度;当被告人负有举证义务时(比如对正当化事由或者免责事由的举证义务),其采用的仍然是优势证据规则。这样,民事案件的被告被错误追究的可能性远远高于刑事案件的被告人,原因之一就是民法旨在进行权利或损失的分配,对错误追究的容忍度较高,且一旦出现错误,也易于纠正。而刑事案件存在“错案难纠”的问题,这致使社会对刑事追究持更为谨慎的态度。兴奋剂处罚属于“准刑罚”,其也存在“错案难纠”的问题,因此,其证明标准应当是或者接近于刑事案件的证明标准,即对控方应适用排除合理怀疑标准,而对运动员仍应适用优势证据规则。WADC 第 3 条对证明标准表面上采用的是二元化主义,即世界反兴奋剂机构一般适用绝对优势证据证明标准,运动员适用概率权衡原则。优势证据标准和排除合理怀疑标准都属于客观标准,而绝对优势证据证明标准明显是一种主观标准,这会造成世界反兴奋剂机构与运动员适用的其实是同一种证明标准。绝对优势证据证明标准处于优势证据标准与排除合理怀疑标准之间,因此,其实际上在大大提高运动员的证明标准的同时,还降低了控方的证明标准,这无疑会增加错误追究的概率,使运动员被冤枉的风险大大提高。

总之,WADC 一方面借助法律类推制度将举证负担推给运动员,另一方面又限制运动员发现证据、获得专家帮助的权利,特别是 WADC 降低控方的证明标准、提高运动员证明标准的做法,必然会导致运动员被错误追究的可能性大大提高,因此,这种规定是不公平的。

二、不公正仲裁风险

有资格到国际体育仲裁法庭进行仲裁的仲裁员,通常需要获得国际奥委会、国际单项体育联合会和各国奥委会的提名或者推荐,进入仲裁员名单,然后由双方当事人进行选择,组建仲裁庭,负责具体案件的审理。从形式上看,这似乎在程序上坚持了公平原则,其实不然。

首先,其很容易产生“双代理”的现象,危及仲裁的公正。作为国际体育仲裁员,法律对其规定了客观和独立仲裁的义务,但是,不同于法官,国际体育仲裁员都是兼职的。事实上,国际体育仲裁员在平常还从事体育行业内的代理和咨询服务工作。这就意味着,仲裁庭的仲裁员与给双方当事人提供服务的律师或者技术专家之间,经常发生角色转换,比如,在这一个案件中,甲担任仲裁员,乙担任代理人;而在另一个案件中,乙担任仲裁员,甲担任代理人。这很容易使他们之间形成某种默契,从而影响裁决的中立性和公正性。特别是在反兴奋剂案件中,世界反兴奋剂机构总是作为一方当事人出现在仲裁庭上,而运动员一方则是不断变换的,仲裁员与代理人之间的经常换位,显然对运动员一方是不利的。在兰蒂斯案中,兰蒂斯要求撤销国际体育仲裁裁决的理由之一,就是仲裁庭的仲裁员曾经为世界反兴奋剂机构提供过服务,即为 WADA 代理过案件,而在本案中,其却以仲裁庭的仲裁员的身份再次出现。① 这很难确保其作出的裁决意见的独立性和公正性。《CAS 法典》要求仲裁员保持中立,但该规则却没有要求披露这种有可能影响中立的情况。仲裁员与世界反兴奋剂机构之间事前存在商业关系,应当成为仲裁员回避的理由,虽然国际体育仲裁法庭对"双代理"问题作出了回应,但对于体育仲裁案件,在仲裁员名册中,实际上只有15% 的仲裁员可供选择,即选择范围极为有限,"双代理"现象很难避免。②

其次,运动员很难获得优质的法律和技术服务。一般来说,被指控的运动员可以聘请律师代表其参与仲裁,但费用由自己承担。在比赛前夕或者在比赛进程中,运动员不可能时时都雇佣较高水平的律师或者技术专家,专门防止自己受到反兴奋剂指控,毕竟成本太高。然而,一旦遇到兴奋剂问题,由于反兴奋剂案件实行"有罪推定"原则,运动员如果没有法律专家的支持,在现实中很难获得较为公平的审理。因此运动员通常根据他人的推荐,甚至通过互联网寻找专业律师,这很难确保其能获得质量较高的专业服务。③ 与之不同的是,反兴奋剂组织有充裕的资金保证和经验丰富的专家支持,在资源、信息和知识方面具有明显的优势。如果运动员在委托律师、发现证据、寻找专家和仲裁庭的组成方面,缺乏程序上的保障,公平审理的愿望就很难实现。

最后,在兴奋剂仲裁过程中,控方为该运动员所在的国际单项体育联合会,其通常委托世界反兴奋剂机构代理行使该职责。④ 一般来说,联合会的组织章程赋予其对运动员排他的管理权,即该组织对于运动员的参赛资格,享有绝对的权力。然而,奥运会下属的各联合会已经存在很长时间

---

① See Arbitration CAS 2007/A/1394, Landis v. USADA, award of 30 June 2008, at 3 – 5.

② See Michael Straubel, *Enhancing the Performance of the Doping Court: How the Court of Arbitration for Sport Can Do It's Job Better*, Loy. U. CHI. L. J., Vol. 36, p. 1215(2006).

③ See Mc Caffrey P. C., *Playing Fair: Why the United States Anti-Doping Agency's Performance-Enhanced Adjudications Should Be Treated as State Action*, WASH. U. J. L. & POL'Y, Vol. 22, p. 662(2006).

④ See Neal Rogers, *Mr. Rogers' Neighborhood: Land is Lashes out*, VELONEWS(Jan. 18, 2008), http://beta. velonews. com/article/71315.

了,通常是一个封闭的系统,“近亲繁殖”现象极为严重,外界很难对其产生影响。一方面,由于绝大多数国际单项体育联合会所规定的管理程序、处罚程序甚至争议解决程序,总具有本组织的一些特征,外人无法知晓,这导致运动员很难与之博弈。另一方面,在处理有关的争议时,组成人员之间总存在千丝万缕的关系,特别是,WADA 所设立的反兴奋剂惩戒体系,将指控机构、监管机构和裁判机构在整体上捆绑在一起,从外部看,它们好像是一个机构,这尤其会让人对仲裁的公正性产生怀疑。①

三、司法救济的缺陷

对于国际体育仲裁裁决,各国法院通常不能宣布其无效,运动员也不得再寻求其他的司法救济。在过去,当事人可以对仲裁庭的裁决向瑞士联邦法院提起上诉。这一规定现在被废除了,即仲裁庭的裁决具有终局性,对双方当事人都有约束力。然而,由于国际体育仲裁法庭仲裁程序对运动员缺乏正当的程序保护,为此,当存在一些特殊的理由时,法院可以基于公共政策获得对国际体育仲裁法庭裁决的司法审查权。比如,当事人一方没有行为能力、仲裁协议无效或者触犯了正当程序原则、仲裁超过了协议的范围、程序不符合当事人的约定或者其执行违反公共政策等。由于国际体育仲裁法庭坐落在瑞士的洛桑,不管实际的仲裁地是哪里,其都会被认为是在瑞士作出的,从而都受到瑞士仲裁法的管辖。于是,瑞士的法院在一定程度上仍然具有否定这种裁决的权力。② 这就意味着,对于瑞士的运动员或者居住在瑞士的运动员,如果仲裁裁决违反了正当程序,当地的法院就有可能享有管辖权。但是,对于其他国家或地区的运动员,要想获得瑞士法院的救济,通常有两条路径:其一,当事人的特别约定;其二,《纽约公约》的规定。对于第一个路径,由于协议通常是国际体育机构统一制定的,属于格式合同,运动员的选择权实际上被剥夺了,故此路不通。对于第二个路径,由于《纽约公约》涉及的是仲裁的执行问题,而兴奋剂处罚通常是对比赛资格的剥夺,即并不需要法院执行或者协助执行,因此,这条路通常也是不通的。所以,对这种仲裁裁决,只有瑞士联邦法院才有管辖权,这意味着,按照当前的《国际体育仲裁规则》,其他国家或地区的运

---

① See Michael A. Hiltzik, *Athlete's Unbeatable Foe*, L. A. TIMES (Dec. 10, 2006), http://www.latimes.com/news/la-sp-dopingl Odec10, 1, 1552018. story? page = 5.

② See Jason Gubi, *The Olympic Binding Arbitration Clause and the Court of Arbitration for Sport: An Analysis of Due Process Concerns*, Fordham Intell. Prop. Media & Ent. L. J., Vol. 18, p. 1006 (2008).

动员认为仲裁庭违反正当程序规则,也只能到瑞士法院起诉,这无异于说运动员有了解瑞士法律的义务。这会大大增加其他国家或地区的运动员的法律风险。

国际体育仲裁法庭的仲裁规则主要是为了解决平等主体间的民商事纠纷而制定的,而兴奋剂处罚属于公权力的行使,不属于民商事纠纷,这就是上述不正当程序风险存在的原因。其实,当前的反兴奋剂活动并不遵守法治原则,这主要表现在:在立法上,虽然制定了违禁物质或方法清单,但其允许根据尿检呈阳性的报告进行不利类推,实行严格责任,导致清单的警示或限定功能大大降低;在解释上,在《世界反兴奋剂条例》的条文语义产生分歧时,反兴奋剂机构很少从运动员利益的角度进行解释,这早已成为国际体育组织内部公开的秘密;①在程序上,主管部门打着"效率"的旗号,否定无罪推定原则,特别是在俄罗斯兴奋剂丑闻中,WADA 对俄罗斯运动员不逐一审查而进行集体禁赛,这更有悖于法治精神。

第三节 运动员的程序保护:立法改革及社会对策

兴奋剂处罚具有准刑事性,为了平衡运动员与反兴奋剂机构(或者国际单项体育联合会)之间的事实不平等,应当给运动员提供程序保护,而传统的仲裁制度却无法做到这一点,从而使当前的兴奋剂处罚失去了程序上的正当性。就像一个国际体育仲裁员所指出的那样,反兴奋剂工作非常艰巨,尽管这可以成为适用严格责任的根据,但绝不能成为立法者和执法者将问题全部抛给运动员而放松对自己的要求的理由。② 因此,现有的做法应当被改变。

首先,应在 WADC 中增设运动员的程序权利的规定。这主要包括:其一,明确运动员的取证权。国际体育仲裁法庭对涉兴奋剂案件的审理,适用的是其制定的《国际体育仲裁规则》,该规则既没有规定运动员有收集证据的权利,也没有明确反兴奋剂机构披露相关信息的义务。③ 世界反兴奋剂机构一旦拿出运动员的尿(血)检呈阳性的实验室报告,仲裁庭有可能推断被指控的运动员故意或过失地使用了兴奋剂,该运动员就有巨大的被处罚风险。因此,为了确保程序正义,必须赋予运动员质疑实验室报告

---

① See Quigley v. Int'l Shooting Union, CAS 94/129(1995).

② See USADA v. Landis, AAA No. 30190008406. p. 13(2007).

③ See Michael Straubel, *Enhancing the Performance of the Doping Court: How the Court of Arbitration for Sport Can Do It's Job Better*, Loy. U. CHI. L. J., Vol. 36, p. 1216(2006).

的权利和获得技术专家服务的权利。只有这样,才能在一定程度上平衡世界反兴奋剂机构与运动员之间的关系。其二,明确回避申请权。对于仲裁员与代理人之间出现的“双代理”现象,一方面,应当扩大仲裁庭备选的仲裁员的数量,使双方的选择权更大。另一方面,应赋予运动员一方回避请求权,即对于世界反兴奋剂机构所指定的仲裁员,甚至仲裁庭庭长所指定的仲裁员,一旦发现其先前与世界反兴奋剂机构存在密切的合作或者商业关系,则可以申请其回避。当然,即使运动员不申请,《国际体育仲裁规则》也应当要求对这种利益冲突进行公开披露,避免仲裁员与代理人之间出现角色互换情况。其三,降低运动员的证明标准。根据《世界反兴奋剂条例》,运动员尿样检测呈阳性,不管其是故意的、过失的,还是意外事件造成的,都要承担责任,即实行的是严格责任。这样,即使该运动员误服(比如认错标签、医生的不当建议)了违禁物质,也要被追究责任。这实际上意味着运动员有使自己的身体远离违禁物质的义务。运动员要想减轻甚至免于处罚,则须证明:(1)其没有使用兴奋剂,或者尿样检测过程违规,且这种违规会影响到检测结果的准确性;(2)证明这并非出自其故意,或者其根本没有过失;(3)立功,即帮助反兴奋剂机构、司法机关或者职业惩戒组织,发现其他违反《世界反兴奋剂条例》的行为。这样,证明的标准就非常重要了。不管从形式上还是实质上,运动员举证的事项相当于刑法中的正当化事由和免责事由,应当适用优势证据规则,即 WADC 规定的绝对优势证据证明标准,应当仅仅适用于世界反兴奋剂机构的举证,而不适用于运动员的举证。

其次,建立反兴奋剂基金,确保运动员有获得法律服务的权利。国际体育比赛进行强制性兴奋剂体检,使得运动员存在巨大的刑事责任风险,而运动员获得合格的法律服务是降低这种风险的重要手段。但是,对于绝大多数运动员,其不可能像兰蒂斯那样有钱,因为律师甚至是技术专家的服务费用太高,绝大多数运动员是承受不起的。对于一般的民事案件,当事人有没有聘请律师的经济能力,仲裁庭是不管的。但是,当涉及兴奋剂处罚时,应当确保运动员有获得法律援助的权利,理由如下:其一,公平审理的需要。在兴奋剂强制仲裁程序中,所涉及的法律知识和专业技术知识非常复杂,世界反兴奋剂机构与运动员之间存在着严重知识不对称的问题,因此,从程序正义的角度看,应当使运动员有获得国际社会法律援助的权利。其二,在体育领域内,剥夺运动员参加比赛的资格,特别是终身禁赛,实际上相当于刑法中的“死刑”,而在刑法中,对于有可能判处死刑的案件,国家通常会通过法律援助制度,确保被告人有获得无偿法律服务的权利,以体现对被告人人权的尊重,防止错案的发生。同理,停赛或者终身禁赛,剥夺的也是运动员的"运动生命",从程序正义的角度看,运动员也应当有获得相应的法律服务和技术服务的权利。其三,国际奥委会虽然登记为非营利的民间组织,但如前所述,其会从比赛中获得巨大收益。能够获得这些收益的最基础的原因就是运动员的艰苦训练和竞赛。从这些收益中拿出一部分建立相应的反兴奋剂基金项目,帮助运动员解决其所面对的法律问题,不仅是必需的,也是理所当然的。这种基金应源自每次国际比赛收入的一部分,由国际奥委会、国际单项体育联合会或者国家奥委会进行监管。运动员委托律师、技术专家甚至仲裁的费用,均应由该基金承担。

再次,组建运动员工会。在兴奋剂处罚时,往往是由单一的运动员对抗一个庞大的国际体育组织,而后者又是基于前者的"劳动"而得以存在的。因此,要维护处罚的程序正义,必须让运动员们联合起来,这样才能使其有足够的能力对抗反兴奋剂机构。其实,在美国的一些职业联赛中早已出现这样的组织,比如美国的橄榄球联赛、篮球联赛和足球联赛,都存在运动员工会,工会与相应的体育联盟之间就是劳方与资方的关系。工会代表运动员与联盟进行谈判,谈判的结果对运动员有约束力,运动员有异议的,只能通过仲裁解决。工会有忠实义务,由其代表运动员进行维权。运动员不服纪律处罚时,首先应寻求工会的帮助。如果司法当局追究运动员的个人刑事责任,工会应为其委托律师。当美国的三大联赛中出现了兴奋剂事件时,工会往往站在运动员的一边,维护其正当权利。但在国际赛场上,代表美国比赛的运动员却得不到这样的保护。① 比如,美国男子职业篮球联赛(National Basketball Association,NBA)的队员参加奥运会,因尿检呈阳性而被处罚,其所在的工会并没有权利代其进行仲裁。这样,在国际体育比赛中,组建运动员工会,使其成为保护运动员利益的常设组织,就有了必要性。② 其实,国际田联曾专门委托专家对此进行过研究,这些专家建议,应将各国运动员联合起来,组建运动员工会。尽管跨协会之间的运动员联合比较复杂,但在当前的法律框架下,仍有可行性。③

---

① See Melissa R. Bitting, *Mandatory, Binding Arbitration for Olympic Athletes: Is the Process Better or Worse for Job Security?*, Fla. St. UL Rev., Vol. 25, p. 663(1997).

② See Michael Straubel, *Enhancing the Performance of the Doping Court: How the Court of Arbitration for Sport Can Do It's Job Better*, Loy. U. CHI. L. J., Vol. 36, p. 1234(2006).

③ See *Project* 30, *Task force Report* 1, 60(2009), Scribd(Oct. 23, 2012), http://www.scribd.com/doc/12025159/Project-30.

最后,也是最为重要的,对运动员的处罚进行分类。即因尿检呈阳性而剥夺其当前的比赛资格的,这种处罚是出于保护其他运动员(即竞争对手)的需要,属于民事处罚,可以适用严格责任,不需要给予严格的程序限制。但是,如果剥夺运动员未来一段时间的比赛资格,则意味着,即使该运动员今后不使用兴奋剂,也无权参加比赛。这种处罚具有惩戒性,此时不应适用严格责任,且须进行严格的程序限制。具言之,惩罚性的处罚应适用于故意或者过失使用兴奋剂的行为,即要想剥夺运动员一段时间的比赛资格,必须证明运动员具有主观可责性,否则,违反比例原则。当不能证明运动员有可责性时,运动员的尿检呈阳性,仅应禁止其参加当前的比赛或废除其当前的比赛成绩。

总之,惩罚性地剥夺运动员的比赛资格属于刑事处罚的范畴,其之实施应受到国际公约甚至公认的宪法原则的限制。不得自证其罪原则、沉默权、获得律师帮助的权利和排除合理怀疑之证明标准,都应当得到尊重。

小　结

由于体育竞赛的时间紧迫性和国际性,亟须快速解决纠纷,国际体育仲裁法庭就是为了迎合这种诉求,而制定了严格限制运动员寻求司法救济的规定。运动员对纪律惩戒和比赛资格产生异议,只能交由国际体育仲裁法庭仲裁解决。但是,检测权、处罚权以及剥夺运动员比赛资格等权力本身,必然滋生公平审理的义务,而此又会衍生出运动员要求仲裁庭保持中立、获得信息和法律服务的权利。近年来,在国际社会,提高对被处罚的运动员的程序保护的呼声越来越大,但对国际体育仲裁裁决的司法审查权,目前还仅局限于瑞士联邦法院拥有。对我国而言,以我国《刑法修正案(九)》对职业禁止的规定契机,承认兴奋剂处罚的“刑法”意义,有利于加强对我国运动员的程序保护,当我国运动员在瑞士联邦法院对仲裁裁决提起诉讼时,这还有助于维护我国的法律尊严,毕竟,“公共政策”等要素的认定不可能完全摆脱运动员所在地的法律规定。

改 革 篇

第十一章 《世界反兴奋剂条例》的挑战

俄罗斯兴奋剂丑闻被曝光后,世界反兴奋剂机构及其制定的 WADC 处于极为尴尬的地位,因为面对这种国家支持的、系统使用兴奋剂的行为,其无能为力,主要原因是 WADC 对此种行为并没有具体的规定。虽然 WADA 随后制定了 2021 版 WADC,但是,这些问题并没有得到有效的解决。

第一节 俄罗斯兴奋剂丑闻

2014 年 12 月,德国公共广播联盟(Arbeitsgemeinschaft der öffentlich-rechtlichen Rundfunkanstalten der Bundesrepublik Deutschland,ARD)播放了一部电视纪录片,详细披露了俄罗斯当局在体育领域内系统地帮助运动员规避兴奋剂检查的行为。比如,在 2014 年的索契冬奥会前,索契兴奋剂实验室的工作人员将一些有问题的俄罗斯运动员的尿样,在黎明即将到来时,通过实验室墙壁上的小孔传到外面,由身着工程师服的国家联邦安全局特工送到一个房间。这些尿液要么被直接倒掉,用干净的尿液取代,要么向其注入一些食盐或者水进行稀释,使两个样本的成分保持一致。

ARD 电台的报道引起了世界的关注,WADA 派出由庞德领导的独立小组,赴俄罗斯调查,最终形成了两份报告,认定俄罗斯存在国家系统支持使用兴奋剂的行为。随后,WADA 又委托麦克拉伦领衔的三人小组对该事件进行核实。① 该小组首先公布了《独立报告(一)》。该报告证实:其一,俄罗斯实验室在进行样本分析时,有时故意将阳性的药检结果改为阴性;其二,索契兴奋剂实验室存在调换有问题的样本、改变药检结果的行为。调查小组发现了一些装有尿样的特制瓶子,检验显示,上面有一些标志和划痕,表明其防盗盖曾被撬动过。小组对瓶内的尿样进行分析,发现其含盐的成分远远高于正常人的水平。小组对一些原本取自同一个运动员的尿样进行化验,结果发现其 DNA 却来自不同的人。基于以上事实,该

① See Antoine Duval, *The Russian Doping Scandal at the Court of Arbitration for Sport: Lessons for the World Anti-Doping System*, The International Sports Law Journal, Vol. 16, p. 177 – 197 (2017).

报告认定，俄罗斯存在系统使用兴奋剂的行为，建议 WADA 将这些内容提交国际奥委会，并以此为根据，敦促国际奥委会全面禁止俄罗斯参加里约奥运会。①

《独立报告(一)》公布后，国际奥委会执委会随即以特别决议的方式决定：(1)不完全禁止俄罗斯参加里约奥运会；(2)授权各个具体的国际单项体育联合会，根据自己的规则和项目特点，对每个俄罗斯运动员的反兴奋剂记录进行分析，只有进行了有效国际检查的运动员，在确保比赛公平的情况下，才能参加这次奥运会；(3)各国际单项体育联合会根据自己的规则，处罚俄罗斯有关的国家管理机构。国际奥委会之所以不采纳 WADA 全面禁止俄罗斯参加里约奥运会的建议，是因为，独立报告虽然提到了俄罗斯政府和俄罗斯国家反兴奋剂中心在这起兴奋剂丑闻中所起的作用，但并没有提及俄罗斯奥林匹克委员会也参与了这起丑闻。② 因此，对俄罗斯的体育组织应当分别处理。不过，国际奥委会将具体决定运动员能否参加奥运会授权给各国际单项体育联合会，由后者根据自己的规则决定，却产生了很大的“混乱”。③ 比如，国际田联和国际举联对俄罗斯运动员进行了全面的禁止，包括划船和拳击在内的七个项目对俄罗斯运动员进行了部分禁止，绝大多数联合会对此没有作出反应。

2016 年 12 月，《独立报告(二)》发表。④ 该报告详细列举了 1166 份证据，包括有关兴奋剂样本的法医报告、邮件和调阅的档案材料等。其不仅进一步证实了前一份报告的结论，还发现：其一，莫斯科实验室存在长期掩盖运动员药检结果呈阳性事实的行为，并经常伪造虚假的反兴奋剂报

---

① See World Anti-Doping Agency, *WADA Statement: Independent Investigation Confirms Russian State Manipulation of the Doping Control Process*, WADA (Jul. 18, 2016), https://www.wada-ama.org/en/media/news/2016 – 07/wada-statement-independentinvestigationconfirms-russian-state-manipulation-of.

② See Rebecca R. Ruiz, *Report Shows Vast Reach of Russian Doping*: 1000 *Athletes*, 30 *Sports*, N. Y. TIMES (Dec. 9, 2016), https://www.nytimes.com/2016/12/09/sports/russiadoping-mclaren-report.html? r = 0; ESPN, *WADA Report Shows Over* 1000 *Russians Involved in Organized Doping*, ESPN (Dec. 9, 2016), http://www.espn.com/olympics/story/_/id/18241269/wada-report-shows – 1000 – russianathletes-involved-doping-conspiracy-four-year-period; Rachel Axon, *More Than* 1000 *Russian Athletes Involved in Doping*, *McLaren Report Says*, USA TODAY (Dec. 9, 2016), http://www.usatoday.com/story/sports/olympics/2016/12/09/more-than – 1000 – russianathletesinvolved-doping-mclaren-report-says/95187710/.

③ See ABC, *Rio* 2016: *Russia Ruling a "Confusing Mess", Say Athletes and US Anti-Dopers as IOC Avoids Blanket Doping Ban*, ABCNEWSAUSTL (Jul. 25, 2016), http://www.abc.net.au/news/2016 – 07 – 25/us-anti-dopers-slam-ioc-decision-onrussia/7656850.

④ See MCLAREN REPORT Ⅱ, http://law.uwo.ca/about_us/our_people/faculty/richard_mclaren.html.

告;其二,俄罗斯存在一个“重点保护名单”,上面有37名运动员,俄罗斯专门为其提供保护;①其三,俄罗斯当局直接帮助运动员使用兴奋剂。在调查过程中,麦克拉伦发现有很多运动员参与了这种作弊活动,但其报告并未予以披露,而是提交给WADA,后者也没有公布他们的名字,而是将信息交给相应的国际单项体育联合会,由他们决定是否进行披露。由于没有发现俄罗斯奥委会参与这起兴奋剂丑闻,所以,国际奥委会只关注具体运动员的比赛资格问题。

第二节 揭发丑闻遇到的障碍

根据独立报告,俄罗斯兴奋剂丑闻具有参与人数多(仅运动员就有上千名)、时间长(可追溯到2011年)、危害大(从2012年奥运会开始,涉及15块奖牌)等特点。② 那么,这起丑闻规模如此之大,为什么被发现得这么晚呢?

2016年5月,美国一家电视台对俄罗斯国家反兴奋剂中心负责采集血样和尿样的工作人员斯坦博诺夫进行公开采访。③ 斯坦博诺夫详细介绍了其揭露俄罗斯兴奋剂丑闻的过程。他说,自己对俄罗斯国家反兴奋剂中心伪造运动员检查结果的做法,早就向有关的机构进行了揭发,比如,其曾向世界反兴奋剂机构发送了两百多份邮件和五十多封信,均未得到任何回复。为此,他还亲自去了世界反兴奋剂机构反映俄罗斯系统使用兴奋剂的行为,但世界反兴奋剂机构以自己没有权力调查为由,拒绝了他的请求。④ 后来,世界反兴奋剂机构的调查员杰克·罗伯逊告诉他去找记者哈约·泽佩尔特。在后者的帮助下,他才联系到了德国公共广播

① See Rachel Axon, *More Than* 1000 *Russian Athletes Involved in Doping*, *McLaren Report Says*, USA TODAY (Dec. 9, 2016), http://www.usatoday.com/story/sports/olympics/2016/12/09/more-than-1000-russianathletesinvolved-doping-mclaren-report-says/95187710/.

② 国际奥委会很难确定谁应当获得这些奖牌。Nick Zaccardi, *Russian Athletes Refuse to Return Stripped Olympic Medals*, NBCSPORTS (Feb. 2, 2017), http://olympics.nbcsports.com/2017/02/02/russia-olympic-doping-medals-stripped-returned/.

③ See Armen Keteyian, *Russian Doping at Sochi Winter Olympics Exposed*, CBS News (May. 6, 2016), http://www.cbsnews.com/news/60-minutes-russian-doping-at-sochiwinter-olympics-exposed/.

④ See Armen Keteyian, *Russian Doping at Sochi Winter Olympics Exposed*, CBS News (May. 6, 2016), http://www.cbsnews.com/news/60-minutes-russian-doping-at-sochiwinter-olympics-exposed/.

联盟。①

即使德国公共广播联盟将这起丑闻公开披露后,世界反兴奋剂机构的主席克雷格·里迪在最初也不允许 WADA 的人员插手此事。后来,一些国家反兴奋剂组织的官员站出来,公开指责 WADA,敦促其对这起丑闻进行调查。② 在这种背景下,WADA 才成立了独立委员会,对德国公共广播联盟报道的事实进行核查。该调查还发现,国际田联高层存在舞弊问题,比如,国际田联主席拉米·迪亚克为了掩盖阳性的药检结果,曾收受了俄罗斯一百多万欧元的贿赂。③

对于麦克拉伦的报告,俄罗斯刚开始并没有回应,随着越来越多媒体的介入,俄罗斯冰球协会主席斯维晓夫首先站出来,对独立报告提出了批评,认为其是无根据的指控,是对俄罗斯人的丑化。④ 俄罗斯议会的副议长伊戈尔列别捷夫也宣称独立报告"充满了谎言、侮辱、造谣和道听途说"⑤。后来,俄罗斯成立一个委员会,对 60 名运动员、国家反兴奋剂中心的高级官员和体育部展开调查。俄罗斯官方随后作出声明,不再质疑上述使用兴奋剂的指控。普京总统甚至公开承认,俄罗斯在反兴奋剂工作上的确存在一些问题,但是,并不存在国家系统支持使用兴奋剂的行为。俄罗斯奥委会的律师辩护说,事实上,全世界都发生着同样的事情,因为当前的反兴奋剂制度破绽百出,其他国家也存在系统使用兴奋剂的问题。⑥ 此外,针对国际奥委会的处理,他们还提出了以下的反驳:

其一,网坛球星小威廉姆斯、体操运动员西蒙·拜尔斯以及其他 64 位

---

① See Will Hobson, *WADA Heard of Russian Doping in* 2010, *Didn't Investigate Until Media Reports*, WASH. POST (Jun. 2, 2016), https://www.washingtonpost.com/sports/olympics/wada-heard-of-russian-doping-in - 2010 - didnt-investigate-until-media-reports/2016/06/02/9ec77acc - 28e7 - 11e6 - b989 - 4e5479715b54_story.html? utm_term = .58516fcb13ed.

② See Rebecca A. Ruizetal., *Even With Confession of Cheating*, *World's Doping Watchdog Did Nothing*, N. Y. TIMES (Jun. 16, 2016), https://www.nytimes.com/2016/06/16/sports/olympics/world-anti-doping-agency-russiacheating.html? action = click&contentCollection = Olympics&module = RelatedCoverage&region = EndOfArticle&pgtype = article&_r = 0.

③ See Rebecca A. Ruizetal, *Even With Confession of Cheating*, *World's Doping Watchdog Did Nothing*, N. Y. TIMES (Jun. 16, 2016), https://www.nytimes.com/2016/06/16/sports/olympics/world-anti-doping-agency-russiacheating.html? action = click&contentCollection = Olympics&module = RelatedCoverage&region = EndOfArticle&pgtype = article&_r = 0.

④ See Daniel J. Gandert, *The WADA Code: Optimal on Paper*, Md. J. Int'l L., Vol. 32, p. 274 – 337 (2017).

⑤ Daniel J. Gandert, *The WADA Code: Optimal on Paper*, Md. J. Int'l L., Vol. 32, p. 274 – 337 (2017).

⑥ See Rebecca R. Ruiz, *Russians No Longer Dispute Olympic Doping Operation*, N. Y. TIMES (Dec. 27, 2016), https://www.nytimes.com/2016/12/27/sports/olympics/russiadopinghtml? _r = 0.

著名的运动员,WADA 留存的个人信息显示,他们都存在使用禁用物质的问题,只不过他们巧妙地利用所谓的“治疗用药豁免”制度获得“合法”而已。① 比如,西蒙·拜尔斯以有多动症为由而申请使用禁药,获得了当局的许可,小威廉姆斯也获得了用药“许可证”,其实他们的情况与俄罗斯运动员玛利亚·莎拉波娃根本没什么区别,而后者却因没有获得“许可证”而受到禁赛处罚。② 既然别人也都使用兴奋剂,那仅让俄罗斯陷入麻烦是不公平的。

其二,独立报告存在不公正的情况。国际社会认定俄罗斯存在系统使用兴奋剂的行为,主要依据是麦克拉伦的独立报告。然而,独立报告并不独立,因为有证据显示,在麦克拉伦等三人小组进行调查时,国际奥委会要求其在报告中披露参与兴奋剂丑闻的俄罗斯体育当局的官员和俄罗斯联邦安全局的官员之间的直接联系。③ 这种要求会破坏小组调查的独立性和客观性,而且,这反映出国际奥委会有歧视地选择信息,即仅仅基于猜测就得出了对俄罗斯不利的结论。此外,国际奥委会向国际单项体育联合会的主席、国家奥委会的主席和所有国际奥委会成员的负责人发送的信函,也能进一步佐证其之不公平性,即过分信赖麦克拉伦的报告。④

其三,麦克拉伦的独立报告存在很多错误之处。比如,在一些体育项目中,有张冠李戴的情况;对一些运动员样本的编码,甚至出现了明显的错误。但是,麦克拉伦等人却将其描述为“无足轻重的瑕疵”或者打印错误。⑤ 然而,这足以反映报告缺乏严肃性。但是,国际奥委会却声明,其对该报告所认定的事实完全有信心,⑥这足以表明其缺乏公平性。

---

① See Daniel J. Gandert, *The WADA Code: Optimal on Paper*, Md. J. Int'l L., Vol. 32, p. 274 – 337 (2017).

② See Daniel J. Gandert, *The WADA Code: Optimal on Paper*, Md. J. Int'l L., Vol. 32, p. 274 – 337 (2017).

③ See RT, *Fresh "Fancy Bears" Hacks Show McLaren Report Lacked Evidence, Prompted IOC Questions*, RT (Feb. 3, 2017), https://www. rt. com/news/376153 – doping-mclaren-fancyfancy/.

④ Letter From Christophe DeKepper, Int'L Olympic Comm., https://stillmed. olympic. org/media/Document%20Library/OlympicOrg/News/2017/02/2017 – 02 – 24 – IOC-Letter-On-the-Current-Situation-of-Anti-Doping-System-Reforms-English. pdf.

⑤ See Ben Rumsby, *McLaren Report Into Russian State-Sponsored Doping Contains "Discrepancies", Admits WADA*, THE TELEGRAPH (Feb. 3, 2017), http://www. telegraph. co. uk/olympics/2017/02/03/mclaren-report-russian-state-sponsoreddoping-contains-discrepancies/.

⑥ See Ben Rumsby, *McLaren Report Into Russian State-Sponsored Doping Contains "Discrepancies", Admits WADA*, THE TELEGRAPH (Feb. 3, 2017), http://www. telegraph. co. uk/olympics/2017/02/03/mclaren-report-russian-state-sponsoreddoping-contains-discrepancies/.

就目前而言,治疗用药豁免制度的确是有问题的,因为对于医学不发达的国家和地区,运动员通常很难利用该制度"合法"地使用禁药,这必然造成比赛的不公平。国际田联前主席塞巴斯蒂安·科曾指出,治疗用药豁免制度的存在,很容易导致药品的滥用。麦克拉伦教授也承认这一点,故其极力地主张对治疗用药豁免制度的实施进行严格审查。① 从这个角度看,俄罗斯的辩解是有一定道理的。

尽管如此,俄罗斯的反驳也有一个致命的缺陷,即其提供的上述信息,大都来自2016年9月13日发生的"奇异熊"事件,该信息是俄罗斯黑客假冒国际奥委会的身份闯入WADA的数据库获得的。② 此外,对于麦克拉伦的独立报告所反映的事实,从CAS在里约奥运会前处理的、涉俄罗斯兴奋剂丑闻的17个案件中可以看出,俄罗斯的大部分体育组织对此是承认的,③即使有个别的组织质疑,也仅仅从形式上进行反对,并没有提出相应的证据推翻独立报告所认定的事实。④ 这就是说,当前的反兴奋剂制度无法防止这种系统使用兴奋剂的行为发生,因此,当前的WADC又需要进行修改。尽管如此,本书仍然以当前的WADC为出发点,揭示当前的反兴奋剂制度存在的问题以及CAS对相关规定的态度。

第三节 俄罗斯兴奋剂丑闻的处理

对于俄罗斯系统使用兴奋剂的行为,国际奥委会执委会以特别决议的方式,授权各国际单项体育联合会根据自己的规则进行处理。有的联合会,如国际田联,间接通过中止国家协会会籍的方式;也有联合会,如国际举联,直接通过适用决议或自己的规则,使政府责任演变为对运动员比赛

---

① See Dr. Richard McLaren, *TUE System Can Be Abused by Athletes*, BBC (Sept. 16, 2016), http://www.bbc.com/sport/37382825; Lord Sebastian Coe, *Therapeutic Use Exemptions "Good System"*, BBC (Sept. 18, 2016), http://www.bbc.com/sport/athletics/37400986.

② See Thomas Fox-Brewster, *Venus and Serena Williams' Private Info Leaked in World Doping Agency Hack*, FORBES (Sept. 14, 2016), https://www.forbes.com/sites/thomasbrewster/2016/09/13/fancy-bear-hackers-anti-dopingagency-breach/#6cee7539dd73; H. G., *A Doper's Dupe? How Athletes Can Use Medical Exemptions to Beat Drug Testers*, THE ECONOMIST: GAMETHEORY (Sept. 19, 2016), http://www.economist.com/blogs/gametheory/2016/09/doper-s-dupe.

③ See 2016/O/4684 The Russian Olympic Committee (ROC), Lyukman Adams and 67 OTHERS (the Claimant Athletes) v. The International Association of Athletics Federations (IAAF).

④ See CAS 2016/A/4745, Russian Paralympic Committee v. International Paralympic Committee, award of 23 August 2016.

权的否定,导致很多俄罗斯运动员无缘里约奥运会。俄罗斯运动员以联合会违反责任主义原则或者比例原则为由,提起国际仲裁。CAS 以国际单项体育联合会的处理并非兴奋剂违规处罚而是运动员不具备比赛条件为由,使决议避开了法律的限制。当然,《国际奥委会执委会针对俄罗斯系统使用兴奋剂作出的 2016 年决议》第 3 条规定除外,因有悖于“禁止双重危险原则”而被 CAS 宣布为无效。经过此事件,体育法的一个最大变化是:运动员的比赛权开始与国家协会的管理权解构。

当时,面对即将开始的平昌冬奥会,国际奥委会执委会对俄罗斯开出罚单,即直接禁止俄罗斯代表团参加,这显然比 2016 年里约奥运会的处理严厉得多,因为后者至少允许未被发现使用兴奋剂的俄罗斯运动员以俄罗斯的名义参加奥运会;现在,这些运动员只能以个人的身份参加比赛。然而,这种处理存在很多的法律问题,因为俄罗斯系统使用兴奋剂的活动属于国家或者政府行为,而俄罗斯奥委会或者有关的俄罗斯国家协会属于民间组织,即两者是不同的主体,那么,为什么俄罗斯奥委会、国家协会甚至运动员要为行政机关的行为承担责任?这是否违反责任主义原则?俄罗斯运动员代表俄罗斯参加里约奥运会,而在平昌冬奥会上,他们为什么只能以个人的名义进行比赛呢?这里将结合 CAS 的仲裁裁决,从理论上回答这些问题。

如前所述,对于这种国家主导的、系统性规避反兴奋剂检查的行为,2015 版 WADC 并没有具体地规定如何处理,这成了一个难题。为此,国际奥委会执委会在 2016 年 7 月 24 日作出一项《决议》,指导各国际单项体育联合会处理这起丑闻。① 不过在当时,这项《决议》仅在抽象层面上有指

① 2016 年《决议》的具体内容为:1. 国际奥委会原则上不同意俄罗斯运动员参加里约奥运会,但有特殊情况的除外。2. 特殊情况是指,俄罗斯运动员已向其所在国际单项体育联合会提供证据证明其符合以下条件,且其之证明达到明确而清晰的程度:(1)该运动员符合 WADC 的规定以及奥林匹克峰会(2016 年 6 月 21 日)规定的条件。(2)国际单项体育联合会对运动员的反兴奋剂记录进行个案审查,其国际检查结果有效,且这种检查符合所从事的项目的特殊性和规则的特殊性,确保比赛的公平。(3)国际单项体育联合会根据独立报告,确定受到“牵连”的运动员和国家协会。没有受到“牵连”的运动员、官员抑或国家协会,可以参加奥运会。(4)处罚国家协会时,各个国际单项体育联合会应适用自己的有关规则。3. 对于因为使用兴奋剂而受到处罚的运动员,即使其之处罚已执行完毕,俄罗斯奥委会也不得推荐其参加里约奥运会。4. 相关的国际单项体育联合会认为,运动员提供的证据能证明其符合上述标准,且证明达到了“清楚而有说服力”的程度时,国际奥委会才会接受俄奥委会对其的推荐。当然,对于国际体育仲裁委员会指定的、仲裁员名单上的专家组成的仲裁庭支持的运动员,国际奥委会也应接受俄奥委会的推荐。5. 国际奥委会最终接受的、被推荐的俄运动员,将会进行额外而严格的赛外检查,这由相关的国际单项体育联合会和 WADA 协调进行。如果检查失败,国际奥委会将撤销对其认证。

导作用,其是否能切实地影响俄罗斯国家协会甚至于运动员的利益,还要看各个国际单项体育联合会的具体态度。尽管大多数国际单项体育联合会对该《决议》未作出反应,但也有联合会基于《决议》将一些运动员排除在里约奥运会之外。其中,国际田联最为强硬,其甚至在《决议》作出之前,就根据自己的规则中止了俄罗斯田径协会(以下简称俄罗斯田协)的会籍。随后,国际残疾人奥林匹克委员会(以下简称国际残奥会)也采取相同的立场,这导致很多俄罗斯运动员失去了参加里约奥运会的机会。他们先后向 CAS 提起仲裁申请,为此,CAS 作出了 17 个裁决。一时间,全世界的目光都集中在 CAS 身上,因为 CAS 的态度不仅会体现未来世界反兴奋剂制度的走向,还能反映运动员的比赛权与国家协会管理权之间的关系。

一、政府责任致协会会籍中止的根据:自治权与义务不履行

根据独立报告,这起兴奋剂丑闻涉及俄罗斯体育局、莫斯科实验室、索契实验室、俄罗斯国家安全局、俄罗斯国家体育制剂中心。其中,俄罗斯体育局是主导者,即俄罗斯系统使用兴奋剂的活动属于政府行为。① 有的国际体育组织通过中止俄罗斯国家协会会籍的方式,使这种政府责任有条件地影响到俄罗斯运动员比赛权的行使。中止会籍的根据,主要有两个:

(一)国际单项体育联合会的自治权

这是国际田联中止俄罗斯田协会籍的根据。对于俄罗斯兴奋剂丑闻,国际田联理事会于 2015 年 11 月 13 日,根据当时的章程第 6(11)b 条和第 14(7)条,②以 22 票支持、1 票反对、1 票弃权的绝对多数通过一项决议:中止俄罗斯田协的会籍,并禁止所有俄罗斯田径运动员参加包括世界田径系列赛和奥运会在内的所有比赛,直至禁令终止;同时,剥夺俄罗斯 2016 年世界竞走团体锦标赛和 2016 年世界青年锦标赛的举办权。俄罗斯田协不服,提出异议。③ 国际田联于是委托挪威反兴奋剂专家 Rune-Andersen 为代表的四人特别小组赴俄罗斯,对俄罗斯田协是否遵守了相关规定进行重估。④ 2016 年 3 月,该工作组认为,俄罗斯虽然为遵守国际田联理事会的

---

① See CAS 2016/A/4745 Russian Paralympic Committee v. International Paralympic Committee.

② 如果根据 2017 年的章程中,应当是第 7.11 条和第 15.7 条。

③ See Français, *ARAF Accepts Full Suspension-IAAF Council Meeting, Monaco*, IAAF Press Release (Nov. 26, 2015), https://www.iaaf.org/news/press-release/araf-accepts-full-suspension.

④ See Français, *ARAF Reinstatement Conditions and Verification Criteria*, IAAF Press Release (Dec. 11, 2015), https://www.iaaf.org/news/pressrelease/araf-reinstatement-verification-criteria.

规定作出了很大的努力，但目前仍有很多问题未解决，不符合恢复会籍的条件，具体理由有：①第一，俄罗斯容忍使用兴奋剂的深层次文化尚未改变；第二，当前还没有制造出有效发现和威慑使用兴奋剂的行为的设备；第三，有很多证据证明俄罗斯当局不支持反兴奋剂工作，且精心策划了系统性使用兴奋剂的方法，以掩盖不利的兴奋剂检查结果。据此，俄罗斯田径运动员将无法参加国际比赛，其中包括欧洲锦标赛和 2016 年的里约奥运会，理由是俄罗斯田协的会籍处于中止状态，其不能派代表（如官员、运动员以及辅助人员等）参加国际比赛，或者参与国际田联事务的处理。国际田联理事会批准了该建议。在这次会议上，该特别小组还提出建议：运动员如能证明自己未受到俄罗斯系统的污染的，例如由于在国外而受制于其他有效的反兴奋剂系统，并进行了有效的药品检查的，可以以个人的身份参加国际比赛。由于俄罗斯田协对此处理未提出仲裁申请，故目前尚不清楚 CAS 对此问题的态度。

（二）不履行会员义务

这是国际残奥会中止俄残奥会会籍的理由。麦克拉伦出具的独立报告证明，俄罗斯存在国家系统性使用兴奋剂的活动，这在一定程度上反映俄残奥会没有履行其反兴奋剂义务。国际残奥会根据其章程第 2 条，中止俄残奥会的会籍，取消俄罗斯运动员参加 2016 年残奥会的资格，且在没有恢复会籍之前，俄残奥会不得向国际残奥会推荐运动员参加相应的比赛。②

俄残奥会认为这种处理是有问题的，因而申请仲裁，理由是，该报告所认定的事实本身“有问题”，是“片面的”，国际残奥会应当提供证据证明这种事实的存在。仲裁庭认为，一则，这种结论源自麦克拉伦的证言和 WADA 的报告，但他们都没有在仲裁协议上签字，即不是该案的当事人，仲裁庭无权要求他们提供编制独立报告所依据的证据。二则，对于被申请人基于证据而认定的事实和主张，申请人要想推翻，则须用具体的事实，而不是抽象的看法。由于申请人没有提供必要的证据，故其主张不予支持。三则，仲裁庭允许申请人质疑该处理所依赖的事实，或者进行交叉询问，但俄残奥会拒绝这样做，甚至不同意传唤麦克拉伦提到的、受俄罗斯兴奋剂丑闻“牵连”的运动员到庭接受询问。尽管申请人传唤了 3 个运动员到庭，

① See Français, “*RusAF Has Not Met Reinstatement Conditions*”-*IAAF Council Meeting*, *Vienna*, IAAF Press Release (Jun. 17, 2016), https://www.iaaf.org/news/press-release/iaaf-council-meeting-vienna.

② See IPC Constitution, Clause 2.1.1.

但他们的证言无一是针对独立报告或者麦克拉伦的证言的，所以，认定俄罗斯残疾人运动员受益于俄罗斯系统使用兴奋剂的活动是没有问题的，且证明达到了排除合理怀疑的程度。

除本案的事实外，俄残奥会还认为，中止其会籍，不让俄罗斯运动员参加残奥会，违反比例原则。对该意见，仲裁庭认为，一则，俄残疾人运动员不是该案的当事人；二则，根据《决议》，运动员参加比赛的权利源于运动员自身，而非源于俄残奥会的会籍，所以，其不能参加比赛是否违反比例原则，仲裁庭无权审查。本案只关注国际残奥会中止申请人的会籍是否违反比例原则的问题：

其一，从适当性原则的角度看，中止俄残奥会的会籍的目的是合理的。CAS 指出，中止俄残奥会的会籍有助于阻止俄罗斯继续进行系统使用兴奋剂的活动，其目的在于告诉公众：对于反兴奋剂制度在一个国家的系统性失败，国际残奥会是不能容忍的。这种目的是合理的，主要理由有：第一，俄罗斯兴奋剂丑闻被揭露后，俄罗斯境内外的干净运动员都担心比赛的公平性、诚实性和可靠性；第二，这种担心构成一种重要的公共利益，而中止俄残奥会的会籍，有助于消除这种担心；第三，根据《国际残联关于中止会员会籍的政策》第 2. 1. 1 条、第 9. 2. 2 条、第 9. 3 条以及 WADC 第 20. 1 条，申请人有遵守 WADC 的义务，即在俄罗斯制定和实施反兴奋剂政策，积极地发现、调查以及追究兴奋剂违规行为。如果违反了这些义务，国际残奥会管理委员会有权中止其会籍。事实上，很多证据显示申请人并没有履行上述义务。所以，被申请人有权根据自己的章程对这种不作为进行处理，以对其进行威慑。俄残奥会失去了会籍，就不再是国际体育协会的成员了，当然也就没有资格推荐运动员参加国际体育比赛了。故中止俄残奥会的会籍，并不违反适当性原则。

其二，从必要性原则的角度看，俄残奥会认为，根据 WADC 第 20. 4 条和《国际残奥会反兴奋剂条例》第 16 条的规定，只有在穷尽其他救济措施的前提下，才能中止会员会籍。但是，被申请人显然没有这么做。事实上，俄罗斯的兴奋剂检查活动自 2016 年始，都是由外国的反兴奋剂组织（英国反兴奋剂机构）进行的。在这种情况下，再禁止所有的俄罗斯残疾人运动员参加里约残奥会是不正当的，因为国际残奥会不能证明所有被俄残奥会推荐的运动员都受到了该兴奋剂丑闻的牵连，也就是说，国际残奥会的上述处理违反了必要性原则，应当采用较轻的处罚措施来实现上述目的。

CAS 认为，这种处理并不违反必要性原则，主要理由有：第一，这可以促使俄残奥会在其职权范围内改变其原来的行为；第二，之所以中止俄残奥会的会籍,是因为其过去的兴奋剂控制失败已经影响到国际层面上比赛的公平,为了确保国际残奥会反兴奋剂政策的有效实施,应当强制在俄残奥会注册的残疾人运动员遵守该规则;第三,正像国际残奥会指出的那样,残疾人奥林匹克运动会的一些项目与一般体育项目不同,对道德存在严重的依赖,因此,只有发布一种较强的信息,才能恢复社会对其的信心。俄残奥会提出要用“灵活的”措施处理该事件,但其并没有提出实现上述目的具体的替代措施,所以,中止俄残奥会的会籍并不违反必要性原则。

其三,从狭义的比例原则的角度看,国际残奥会认为,俄残奥会的一些成员在政府任职,甚至在俄罗斯政府内专门负责系统使用兴奋剂的活动的机构任职,由此可以认定俄残奥会及其成员参与了这个活动,或者说是这种违规活动的共谋者,至少应认定其对该活动是明知的,所以,应当中止其会员资格。俄残奥会认为,且不说俄罗斯境内是否真的存在这样的活动,即使存在,也只能说明自己在俄罗斯境内没有完全履行会员义务,仅此而已,毕竟独立报告并没有指控其曾参与这项活动,也没有说曾经共谋,当然也不存在明知的问题,因为国际残奥会没有对此举证。在这种情况下,对其作出如此严厉的处罚是不公平的,违反均衡性原则,道理很简单,其对独立报告中提到的实验室甚至是工作人员没有任何的管理权,他们的行为与俄残奥会无关,所以,俄残奥会没有义务为他们的过错埋单,否则,将会违反责任主义,这是狭义的比例原则所不允许的。

CAS 认为,独立报告虽然没有提到具体的运动员,也没有提到俄残奥会,但事后麦克拉伦教授提供的证言显示:其一,莫斯科实验室听从于政府的指挥,采用消除阳性分析结果的方式保护使用兴奋剂的运动员;其二,索契实验室采用所谓的样本调换技术,让使用兴奋剂的运动员逃避检查;①其三,这起丑闻是由俄罗斯体育部主导的,俄罗斯很多机构参与其中;其四,通过来往的邮件发现,有 44 名俄罗斯残疾人运动员得到了俄罗斯体育部的“保护”。CAS 认为,国际残奥会中止俄残奥会的会籍之决定,完全符合狭义的比例原则。首先,俄罗斯系统使用兴奋剂的现象足以表明,在俄罗斯境内,俄残奥会未有效地履行自己的反兴奋剂义务,由此造成国际残奥会通过会员实施反兴奋剂政策的目的落空;其次,国际残奥会无法信赖俄残奥会在俄罗斯境内会贯彻实施对兴奋剂零容忍的政策,这不仅破坏了国际义务与国家义务相互补充的联盟制度,还动摇了打击兴奋剂的制度基

① See CAS 2016/A/4745, Russian Paralympic Committee v. International Paralympic Committee, award of 23 August 2016, para. 43.

础;最后,俄残奥会主张其对此一无所知,以及其对实验室的工作人员没有控制权,并不能成为减轻俄残奥会责任的理由。在俄罗斯境内贯彻实施反兴奋剂政策,使之符合 WADC 的规定,俄残奥会对此负有不可推卸的责任,尽管这是由其他的组织负责实施的。

总之,CAS 认为,中止俄残奥会的会籍是恢复赛场公平的一种手段,不违反比例原则。然而,国家协会的会籍被中止后,其会以怎样的方式影响运动员的比赛权呢?

二、会籍影响比赛权的根据:不具备参赛条件

国际残奥会根据《决议》的规定中止俄残奥会的会籍后,俄罗斯残疾人运动员的比赛资格随之被剥夺,除非运动员能证明自己是干净的。由于俄残疾人运动员对此未提出仲裁,故我们无法借此了解会籍是怎样影响比赛权的行使的。但是,俄罗斯田径运动员和俄奥委会却将国际田联诉到 CAS,由于《国际田联竞赛规则》第 21 条与《决议》的规定极为相似,①因而这可以揭示国家协会的会籍与运动员比赛权之间的关系。②

国际田联中止俄罗斯田协的会籍后,随之剥夺俄罗斯田径运动员参加里约奥运会的资格,这引起了俄罗斯运动员和俄罗斯奥委会的不满,他们提起了国际仲裁。该案涉及以下几个法律问题:其一,中止俄罗斯田协的会员资格,是否影响俄罗斯运动员的比赛资格?其二,《国际田联竞赛规则》第 22.1(a)条体现的是一种管理权,还是兴奋剂违规处罚权?其三,俄罗斯奥委会向国际奥委会提名参加奥运会的运动员,是否必须得到国际田联的认可?其四,根据《国际田联竞赛规则》第 22.1A 条,参加比赛的运动员在里约是否应当以中立的身份?

(一)《国际田联竞赛规则》第 22.1(a)条的效力

《国际田联竞赛规则》第 22.1(a)条规定,如果国家协会被国际田联中止了会籍,在该协会注册的运动员不得参加国际田联组织或者参与的国际和国内比赛(国内为本国公民组织的比赛除外)。俄罗斯运动员认为,这条规定是违法的,具体理由有:③

---

① 如后所述,第 22.1(a)A 条中止会籍的运动员的处罚只是更为严格。See Guidelines for Applications under Competition Rule 22.1 (a) A, World Athletics (Jun. 23, 2016), http://www.iaaf.org/download/download? filename = 123611d5 - 208d - 45b3 - a34e - 69d02554b44f.pdf&urlSlug = guidelines-forapplications-under-competition.

② See 2016/O/4684 The Russian Olympic Committee (ROC), Lyukman Adams and 67 OTHERS (the Claimant Athletes) v. The International Association of Athletics Federations (IAAF).

③ See Rule 22.1 (a) IAAF Competition rules.

首先,违反了责任主义原则。据第22.1(a)条剥夺运动员参加里约奥运会的权利,实际上是将运动员的参赛权视作所注册国家协会会籍的附属物。会籍被中止,运动员就失去了参加国际比赛的资格,这无异于让运动员为他人(协会及其工作人员)的违规行为埋单,违反责任主义原则。

其次,有悖于WADC的规定。俄罗斯运动员认为,作为奥林匹克运动会的成员,国际田联有遵守《奥林匹克宪章》第25条、第43条以及WADC规定的义务。WADC第23.2.2条规定,作为签约方,不得通过制定规则的方式,改变其条款。国际田联根据俄罗斯田协反兴奋剂制度的缺陷和部分已被证实的国家系统使用兴奋剂的活动,推导出所有的俄罗斯田径运动员都受到该系统的污染,即都涉嫌兴奋剂违规,于是,将大部分田径运动员排除在里约奥运会之外。从适用后果以及一般人的直觉上看,第22.1(a)条至少具有处罚功能,所以,其应当遵守WADC的规定,但事实上并非如此:一则,俄罗斯田径运动员因为俄罗斯田协的违规而受到处罚,不能参加奥运会,这实际上属于兴奋剂违规处罚,而WADC第2条并没有规定这样的违规行为,即《国际田联竞赛规则》第22.1(a)条实际上扩张了兴奋剂违规行为的范围。二则,根据第22.1(a)条的规定,俄罗斯运动员要想参加里约奥运会的比赛,则需要拿出证据反驳上述违规类推,而且,此证明还要达到绝对优势证据证明标准,这显然有悖于WADC第3.1条的规定,因为根据该条规定,兴奋剂违规的证明通常由反兴奋剂组织承担,且其证明通常适用绝对优势证据证明标准,而运动员的证明标准一般适用优势证据标准。三则,WADC第10条规定了兴奋剂违规处罚结果,但国际田联根据第22.1(a)条禁止俄罗斯运动员参加奥运会的处罚,却不在其范围之内,所以,这种处罚违反了WADC第10条的规定。《国际田联章程》第3.8条规定,国际田联应在反兴奋剂斗争中发挥带头作用。如果要对WADC进行修改,必须按照WADC第23.7条的规定进行,而其并没有这样做,因此,《国际田联竞赛规则》上述规定还违背了国际田联的章程。根据《国际田联竞赛规则》第48.1条的规定,第22.1(a)条的规定无效,其不能构成处罚俄罗斯运动员的根据。①

最后,该条违反比例原则。申请仲裁的运动员固然承认俄罗斯田协在反兴奋剂措施方面存在一些缺陷,但国际田联禁止所有俄罗斯运动员参加国际比赛,却有悖于比例原则,具体表现为:一则,上述违规行为是体育行政人员实施的,与运动员没有任何关系;二则,国际田联根据运动员的国

① See CAS 2012/A/3055 Riis Cycling A/S v. the Licence Commission of the UCI at 8.36.

籍,实施有罪推定,违反了平等原则,构成对俄罗斯运动员的歧视。

仲裁庭认为上述主张不成立,主要理由有:其一,俄罗斯田径运动员不能参加奥运会,源于《国际田联竞赛规则》的规定。国际田联有权基于各种考量而制定自己的规则,他人无权干涉,运动员当然也不例外。国际田联中止俄罗斯田协的会籍,后者并没有提出异议,因此,本案所要解决的是俄罗斯田协被中止会籍后,对其管辖的运动员有可能产生的影响,而不是中止的理由。其二,《国际田联竞赛规则》第 22.1(a)条与 WADC 的规定并不矛盾。运动员因为其注册的协会会籍被中止而无法参加比赛,这是国际体育比赛组织规则的规定,即第 22.1(a)条规定的对运动员不利的后果,不属于兴奋剂处罚的范畴。根据当前的比赛组织规则,参加比赛的运动员虽由各国际单项体育联合会控制,但其注册却在国家协会进行。国家协会作为国际单项体育联合会的成员,应当遵守会员义务,比如缴纳会费等。如果国家协会不支付会费或者存在其他违规行为,其会籍有可能被中止,而《国际田联竞赛规则》第 22.1(a)条就是指这种情况。也就是说,该条不仅仅适用于兴奋剂案件,还适用于国家协会违反其他会员义务的情况。这意味着国家协会不履行会员义务而失去会籍,会影响其管理的运动员的比赛资格。此时,运动员不能参加比赛,并不是因为运动员有什么过错,这也是协会制度一个通用的原则,即协会的成员有义务遵守协会的规定,一旦违反,该成员则会受到不利的影响。其三,WADA 要求各国际单项体育联合会,一旦有其成员违反了反兴奋剂义务,应当中止其会籍。①所以,仲裁庭不支持申请人的这项请求。

由于俄罗斯运动员因为俄罗斯田协失去会籍而无法参加里约奥运会,不属于兴奋剂违规处罚的范畴,所以,也不存在是否违反比例原则的问题。② 根据这一条,运动员的比赛权与所属国家协会的会籍捆绑在一起,即会籍中止,运动员也就失去了代表该协会参加比赛的权利。

(二)竞赛规则第 22.1A 条的效力

俄罗斯田径运动员还指出,国际田联为处理该“事件”,在 2016 年 6 月 17 日制定了一个全新的规则,即第 22.1A 条(相当于《决议》第 1 条与第 2 条),这对他们没有约束力。只要他们达到国际田联 2015 年 11 月规定的资格标准,就应当有资格参加国际比赛,理由有:其一,该规定具有模糊性,

---

① See CAS 2016/O/4684, The Russian Olympic Committee (ROC) et al. v. The International Association of Athletics Federations (IAAF), Award of 21 July 2016, paras. 122 – 124.

② See CAS 2005/C/976 & 986, § 139 – 140, citing CAS precedents, legal doctrine and Swiss jurisprudence.

违反了明确性原则;其二,该规定具有溯及力,严重影响运动员的合理预测;其三,其要求俄罗斯运动员在两周之内符合其制定的条件才能参加里约奥运会,这是不公平的,因为这些条件很难满足。条件难以满足的原因如下:一则,运动员要想获得比赛资格,须生活在俄罗斯境外。显然,绝大多数俄罗斯运动员不符合这个条件。二则,不管世界上任何地方的运动员,对于从事兴奋剂检查的官员的行为,没有任何的控制能力。基于后者的行为不当而给运动员科处某种义务是不公平的。三则,第22.1A条实际上为要参加国际比赛的俄罗斯运动员科处一项举证义务,这无疑加重了运动员的负担。事实上,2016年奥运会开幕的6个月前,这些运动员已在国际田联注册,并且在此期间经历了至少三次飞行药检,参加中长跑、长跑、混合项目或者竞走训练的运动员,甚至还进行了三次运动员生物护照检查,因此,他们有资格参加里约奥运会。第22.1A条实际上否定了2015年的《检查资格》(Verification Criteria 2015)第5.3条的规定,所以是无效的。①

仲裁庭对上述请求表示不理解,具体理由有:首先,应当将第22.1A条与第22.1(a)条联系起来进行解读。如果推翻了第22.1A条,申请人则无法恢复被第22.1(a)条所否定的比赛资格,即这一条对运动员是无害的,因为2015年《检查资格》第5.3条的适用有一前提:俄罗斯田协需要在2016年奥运会前恢复其会籍,这显然是很难做到的。其次,这是一个授权条款,即当国家协会的会籍被中止后,其管理的运动员如能证明自己没有受到协会对兴奋剂"纵容"的"污染",则可以获得比赛资格。也就是说,即使国家协会因第22.1(a)条而被中止了会籍,运动员并不一定会被剥夺比赛的资格,而是要根据运动员个人情况,对其比赛资格进行重新确定。这样,第22.1A条的规定不仅不会加重运动员的不利后果,恰恰相反,如果符合其规定,还可以使原本无法参加比赛的运动员获得比赛资格。故第22.1A条不是处罚条款,所以,它与WADC的规定也就不会发生矛盾。再次,其也不缺乏明确性。仲裁庭指出,第22.1A(b)条在表面上存在模糊性和溯及力方面的问题,比如,该条要求主张恢复比赛资格的运动员,须证明其"长期"受制于某一"有效的反兴奋剂系统",这里的"长期"一词似乎有模糊性,但事实上并非如此。根据《竞赛规则第22.1A条适用指南》(Guidelines for applications under Competition Rule 22.1A)第7.5条的解

---

① 根据这一条,如果俄罗斯田协在2016年恢复了会员资格,那么,其有权代表俄罗斯参加国际比赛,但是,如果运动员在开幕前至少6个月或者至少在此期间未进行三次无通知的赛外检查以及未进行至少三次运动员生物护照的检查(血液和尿液),其仍然无法参加国际比赛。

释,“长期”是指运动员受制于国外反兴奋剂系统的“相关期间”,至于具体的时间长短,要结合案件的所有情节,尤其是要结合运动员参加的国际比赛的性质和时间进行确定。在本案中,兴奋剂审查委员会认为,这种“相关期间”始于 2014 年 1 月 1 日。这样,俄罗斯运动员要想参加里约奥运会,必须进行回溯性的检查,这可能导致俄罗斯运动员很难因此获得收益,即第 22. 1A(b)条的模糊性在帮助俄罗斯运动员获得比赛资格方面的作用非常有限。此外,仲裁庭当然不希望存在有溯及力的标准,因为其通常具有不公平性,且有悖于正当程序原则,但第 22. 1A 条实际上给运动员创造了一个参赛的机会,不会妨碍其利益。最后,由于第 22. 1A 条并不是一种处罚,故其也不存在是否违反比例原则的问题。第 22. 1A 条适用的对象是被中止会籍的协会所管辖的运动员,并不仅仅适用于俄罗斯运动员,因此,这种规则也不会侵犯平等权。

由于第 22. 1A 条为在国家协会会籍被剥夺的情况下的运动员,创造了一个比赛机会,所以,这意味着运动员的比赛权开始独立于国家协会的管理权,即国家协会会籍被中止,运动员仍然有可能享有比赛权。

(三)国际田联是否有权否定俄奥委会的提名?

接下来的问题是,俄罗斯奥委会能否绕开国际单项体育联合会而提名运动员参加奥运会。俄罗斯运动员认为,《奥林匹克宪章》有关准入程序的规定(第 20 条),效力高于国际田联的规则。国际田联制定的《里约 2016 资格体系》和《里约 2016 资格体系和准入标准》所规定的参赛条件,仅仅是技术性的标准。俄罗斯田协根据该标准向俄罗斯奥委会推荐运动员,后者审查并批准了推荐,然后将该名单提交给奥组委,由奥组委决定是否接受俄罗斯奥委会的提名。俄罗斯奥委会和国际奥委会有遵守《奥林匹克宪章》的义务,却没有遵守《国际田联竞赛规则》的义务。这样,只要其符合国际田联的资格标准,俄罗斯奥委会就有权批准俄罗斯田协推荐的运动员。

仲裁庭认为,根据《奥林匹克宪章》第 40 条的规定,参加奥运会的人,不仅需要遵守《奥林匹克宪章》,符合国际奥委会确立的参赛条件,还需要遵守被国际奥委会批准的、国际单项体育联合会制定的规则,因为《奥林匹克宪章》第 44. 4 条规定,国家奥林匹克委员会只能提名国际单项体育联合会所辖的国家协会推荐的运动员。这样,国家奥委会提名参加奥运会比赛的运动员,还有遵守国际单项体育联合会规定的义务。现在俄罗斯田协被中止了会籍,则意味着其是不存在的,俄罗斯奥委会要想提名运动员参加奥运会,当然应符合《国际田联竞赛规则》第 22. 1A 条的规定。

然而,如果俄罗斯田径运动员符合规则第22.1A条的规定,其是否有权代表俄罗斯参加比赛?仲裁庭认为,根据《奥林匹克宪章》,如果俄罗斯田径运动员根据《国际田联竞赛规则》第22.1A条的规定获得了比赛资格,俄罗斯奥委会就有权派其代表俄罗斯进行比赛。从这个角度看,根据《奥林匹克宪章》,运动员参加奥运会究竟是以中立的身份,还是代表国家奥委会,并不是由各个国际单项体育联合会决定的。易言之,受国家奥委会指定的、参加奥运会的运动员不能是中立的,也不能代表其所在的国家协会,即使该协会的会籍已被中止,但也不妨碍该运动员代表其所在的国家奥委会参加比赛,即根据《奥林匹克宪章》,俄罗斯奥委会根据第22.1A条,有权委托有比赛资格的俄罗斯运动员代表其参加奥运会,国际田联无权宣布这些运动员的身份是中立的,因为这是国际奥委会的职权。但是,在平昌冬奥会上,由于俄罗斯不能派代表团参加,即俄罗斯奥委会也无权参加这次比赛,运动员当然无权代表俄罗斯奥委会,所以,他们只能以中立的身份参赛。

由此可以看出,运动员的参赛权在原则上依赖于所在国的国家协会的会籍。运动员要想脱离国家协会的会籍主张参赛权,必须单独证明其符合参赛的条件,因为其所在国的国家协会的会籍被中止后,无法为运动员的参赛条件背书,因此,运动员的参赛权并不是国家协会会籍的衍生品,国际田联允许科里斯纳代表俄罗斯参加里约奥运会就是一个例证。① 但是,国家协会的会籍有助于比赛权的实现。

三、国家责任直接影响比赛权的根据:特殊规定

国际奥委会执委会的《决议》一方面为了保护奥运会的公信力,对俄罗斯运动员不适用"无罪推定"原则;另一方面,出于对运动员自然正义权的考虑,认为适用"有罪推定"原则也有问题。为此,采用了折中的立场,即只有在符合特殊规定的情况下,才能因这种丑闻而让运动员承担不利后果。能够使国家责任直接影响比赛权的特殊规定有以下三方面。

(一)"牵连"

《决议》第2条第4款规定,根据独立报告所披露的信息,受兴奋剂丑闻"牵连"的俄罗斯运动员,不得参加奥运会。据此,只要受到国家责任的牵连,运动员的参赛权就有可能被否定。那么,何谓"牵连"呢?从国际奥

---

① See CAS OG 16/24 Darya Klishina v. IAAF, http://www.tas-cas.org/fileadmin/user_upload/Award__FINAL__16-24.pdf.

委会的解释和 CAS 的裁决看,其有三层含义:①

首先,涉嫌兴奋剂违规。比如,在麦克拉伦提供的报告中,有电子邮件显示,2013 年 7 月 31 日深夜 00:50,莫斯科实验室违反《实验室国际标准》,向俄罗斯体育部副部长亚细亚·菲里科内发邮件说,编号为 2780289 的样本很可能含有禁用物质。如要确认,需进一步调查。② 同年 8 月 1 日,亚细亚·菲里科内通过短信回复说,该样本是波多斯卡娅的,实验室应对其进行"保护"。再比如,有电子邮件显示,2014 年 8 月 5 日 12:09,莫斯科实验室违反《实验室国际标准》,向亚细亚·菲里科内发邮件说,在 2014 年 8 月 3 日的训练场采集的编号为 2917734 的样本,涉嫌含有群勃龙和美替诺龙等禁用物质。同年 8 月 6 日,亚细亚·菲里科内通过邮件回复说,该样本是 2014 年 8 月 3 日在达申科离境前采集的,应当对其进行"保护"。麦克拉伦认为,对于这两个运动员,"保护"命令表明该实验室对此没有进行进一步的检查,就为他们出具了阴性的报告。基于这些证据,国际皮划艇联合会认为这两名运动员受到了俄罗斯兴奋剂丑闻"牵连",没有资格参加奥运会。两名运动员不服,提出了仲裁申请,理由有:一则,他们从未因使用兴奋剂而受过处罚;二则,对于独立报告中提到的样本,相关机构并没有进行进一步的检查,故没有证据证明样本的确含有禁用物质,这表明他们是无辜的;三则,他们同时期提供的样本,检查结果全都是阴性的,如果真的用了禁药就不可能如此。然而,WADA 指出,由于这些样本提交的时间无法确定,很难得出他们没有使用兴奋剂的结论。

CAS 认为,根据《决议》第 2 条,国际皮划艇联合会有权认为他们受到了俄罗斯兴奋剂丑闻"牵连",具体理由有:其一,上述证据符合绝对优势证据证明标准,这些运动员的药品检查严重受到了俄罗斯兴奋剂系统的影响或者污染;其二,WADA 的主张与申请人并不矛盾,都能得出在特定的时间内,申请人有可能使用禁药的结论;其三,俄罗斯运动员试图通过《决议》规定的自然正义原则推翻上述结论,但实际上,国际皮划艇联合会既没有违反自然正义原则,也没有违反正当程序原则。

其次,受益于俄罗斯系统使用兴奋剂的活动。比如,2016 年 7 月 26

---

① See CAS OG 16/19, Natalia Podolskaya & Alexander Dyachenko v. ICF, Award of 7 August 2016; CAS OG 16/21, Elena Anyushina & Alexey Korovashkov v. ICF & RCF, Award of 7 August 2016; CAS OG 16/12, Ivan Balandin v. FISA & IOC, Award of 4 August 2016; CAS OG 16/18, Kirill Sveshnikov et al. v. UCI & IOC.

② See CAS OG 16/19, Natalia Podolskaya & Alexander Dyachenko v. ICF, Award of 7 August 2016, para. 2. 11.

日,国际皮划艇联合会剥夺克劳科夫参加奥运会的资格,理由就是其受益于俄罗斯兴奋剂系统。[①] 麦克拉伦证实:莫斯科实验室违反《实验室国际标准》,在 2014 年 8 月 15 日 9:22 向亚细亚·菲里科内发邮件说,8 月 10 日采集的编号 2916461 的样本含有大量的大麻,明显超过规定的标准。菲里科内在 8 月 18 日邮件回复说,样本是申请人的,并命令实验室对其进行“保护”。最后,实验室出具了一份样本是阴性的报告。该运动员认为,国际皮划艇联合会作出处罚决定所依赖的证据不可靠,理由有:其一,WADA 在 2013 年 5 月 11 日制定的技术文件中,并没有对大麻设置量的门槛。既然没有门槛,实验室不可能给自己提供这种信息。其二,这种邮件与实验室报告不同,其没有得到实验室负责检验的工作人员的授权。其三,国际皮划艇联合会宣告剥夺其参加里约奥运会的资格,这等于兴奋剂违规处罚,因国际皮划艇联合会的信件中使用了“中止”一词,这曾出现在 WADC 之中。

仲裁庭认为,其一,WADA 的文件实际上已经为大麻规定了标准,俄罗斯体育部之所以这样做,是为了掩盖大麻超过门槛而出现阳性分析结果。而且,即使 WADA 未为大麻设置标准,当俄罗斯体育部发现大麻后,也应向国际单项体育联合会汇报。其二,虽然在 WADC 中也存在“中止”的表述,但该处理实际上是根据《决议》作出的,其要解决的是俄罗斯运动员参加里约奥运会的资格问题,当然不受 WADC 约束。易言之,该处理不应当被解读为兴奋剂违规处罚,而是根据《决议》和《国际皮划艇联合会反兴奋剂规则》第 12.3 条的规定,是为了解决比赛权的问题,因此其是合法的。

最后,即使是麦克拉伦报告中提到的运动员,当存在以下情形时,也不应受到兴奋剂丑闻的“牵连”:第一,指示是“隔离审查”;第二,涉及的是麦克拉伦没有提及的禁用物质;第三,麦克拉伦没有提到的含有禁用物质的样本。显然,这大大缩小了“牵连”的外延。

总之,在仲裁实践中,仲裁庭将俄罗斯体育部发布的“保护”指令作为认定运动员是否应受到俄罗斯兴奋剂丑闻“牵连”的标准。然而,对于麦克拉伦的报告没有提到的运动员或者禁用物质,难道就不应当受俄罗斯兴奋剂丑闻“牵连”吗? CAS 没有明确表达自己的看法。事实上,莫斯科实验室没有发挥其对兴奋剂的控制作用,极有可能导致一些使用兴奋剂的行为逃避了有效的检查,这些运动员一旦进入赛场,势必会造成比赛的不公

① See Elena Anyushina & Alexey Korovashkov v. ICF & RCF, CAS OG 16/21.

平。故从保护干净运动员和公平比赛与体育诚信的角度看,国际奥委会缩小“牵连”外延的做法,是有待商榷的。

(二)确保比赛公平

国际赛艇联合会基于《决议》的第2条,剥夺包括丹尼尔·安卓科在内的17名俄罗斯赛艇运动员参加奥运会的资格,其不是根据“牵连”规则进行的,而是对俄罗斯运动员的个人反兴奋剂记录进行审查后进行剥夺。这些运动员不服该决定,向CAS提出仲裁申请。不过,他们并不质疑《决议》,而是认为国际赛艇联合会的处理没有遵守《决议》,即其超过了《决议》规定的义务,为运动员增设了义务。因为国际赛艇联合会要求俄罗斯运动员提供从2015年1月1日起18个月的、经过WADA认证的、除莫斯科实验室以外的其他至少3个实验室进行的反兴奋剂检查的证明,但《决议》并没有提到3次检查和18个月的问题。

仲裁庭认为,国际赛艇联合会的这种要求与《决议》并不矛盾。① 理由有:其一,《决议》旨在审查国际层面上的比赛是否受到俄罗斯兴奋剂丑闻的影响,所以,国际赛艇联合会必须检查每个运动员的反兴奋剂记录。俄罗斯兴奋剂丑闻表明,俄罗斯反兴奋剂系统对于控制兴奋剂违规是无效的,因此,对于俄运动员,只有经过俄罗斯之外的、被WADA认可的实验室的检查,才能认定其达到了比赛的条件。这对保护和鼓励干净运动员、维护比赛的公平和诚信是必要的。其二,3次检查对应的是《决议》中提到的“充分的国际检查”之表述。一则,在《决议》中,检查使用的是复数形式,即“tests”;二则,“充分”一词表明,单纯的一次阴性反兴奋剂检查结果是不足以推翻“集体责任”的类推的。其三,《决议》第2条为确保比赛的公平,要求考虑项目与规则的特殊性。CAS指出,赛艇比赛之所以须以3次检查作为标准,主要理由有:一则,划船是一个既需要力量,也需要耐力的项目,极易受到兴奋剂的威胁;二则,俄罗斯赛艇联合会出现了多次兴奋剂违规的事件;三则,WADA的《指南实施和有效检查方案》规定,登记库注册的运动员,每年应至少检查3次。总之,国际赛艇联合会的行为和适用标准完全符合《决议》的精神,其仅仅是《决议》要求的具体化而已。所以,CAS不支持这些运动员的请求。

(三)给国际单项体育联合会带来污名

国际奥委会作出《决议》后,国际举联在2016年7月29日以俄罗斯举重协会(以下简称俄举协)的行为会给该体育项目带来污名为由,根据《决

---

① See Elena Anyushina & Alexey Korovashkov v. ICF & RCF, CAS OG 16/21.

议》的第2(3)条和该联合会的反兴奋剂政策第12.4条,将其逐出奥运会,且俄举协不得推荐运动员(并未中止其会籍)和官员参加奥运会。因为国际举联规定:如果协会、会员或者官员等,实施与兴奋剂违规有关的行为而给举重项目带来污名的,国际举联有权采取适当的措施,保护该项目的名誉。俄举协认为这是违法的,并提出仲裁申请。仲裁庭认为,国际举联反兴奋剂政策第12.4条构成一项充分的法律根据,国际举联理事会为了保护其声誉和项目的公信力,在采取相应措施方面,享有自由裁量权,俄举协不能对其进行挑战。① 但是,这须具备两个条件:其一,俄举协及其注册的运动员实施了与兴奋剂违规有关的行为;其二,这种行为足以给举重项目带来污名。

首先,俄举协认为,一则,在禁止其参加里约奥运会之前,并没有俄罗斯举重运动员因为兴奋剂违规而受到处罚;二则,这次认定俄罗斯举重运动员有计划地使用兴奋剂,并没有经过正当的程序,所以,国际举联的处理于法无据;三则,即使运动员的样本检查呈阳性,也不足以认定运动员实施了兴奋剂违规行为,毕竟,阳性的检查结果仅仅是认定兴奋剂违规的一个重要环节,而不是全部。仲裁庭认为,第12.4条并不要求事前认定运动员已实施了兴奋剂违规行为,因为该条不仅提到了"违反反兴奋剂规则",还提到了"与使用兴奋剂或者兴奋剂违规有关的行为"。因此,只要存在与兴奋剂有关的行为,就可以将第12.4条的规定适用于俄举协。所以该条的适用并不要求有一个完整的程序,也不受制于个别运动员的行为。

其次,俄举协实施了与使用兴奋剂有关的行为,根据是:第一,麦克拉伦的独立报告证实,有117名俄罗斯举重运动员受到"牵连";第二,对伦敦奥运会和北京奥运会留存的样本进行重检,结果发现有9名俄罗斯举重运动员的样本呈阳性;第三,有可靠的证据证明俄罗斯存在与使用兴奋剂有关的行为,这还得到了WADA的认可,诸如国际田联等其他国际单项体育联合会也都认可这种事实。

最后,俄举协认为,"污名"一词具有模糊性,而且,即使上述事实存在,也不足以认定其会给举重项目带来污名。仲裁庭认为,污名是指名誉损失或者耻辱。俄罗斯兴奋剂事件是体育史上最大的丑闻,根据对样本进行重检的结果,国际举联有理由认为俄举协和俄罗斯举重运动员给举重项目带来了很大的耻辱,因为其给该体育项目注入了兴奋剂的影子。

---

① See RWF v. IWF, CAS OG 16/09, http://www.tas-cas.org/fileadmin/user_upload/REASONED_AWARD_OG_16-09.pdf.

基于以上理由,CAS不支持俄举协的请求。其实,国际举联的反兴奋剂规则的前言已经明确指出,这种规则与竞赛规则相同,都属于比赛条件方面的规定,其性质比较特殊,违反该规则而不能参加比赛的情况,不属于兴奋剂处罚,而是不具备比赛的条件。其与《决议》和国际田联的规定的不同之处,乃在于将运动员的比赛权与协会的管理权捆绑在一起,这显然忽视了运动员的自然正义权。不过,或许是无法证明自己符合《决议》第2条的规定,并没有俄罗斯运动员因此提起仲裁,故看不到CAS对此问题的态度,这是令人遗憾的地方。

四、国家责任影响比赛权的限制

俄罗斯如果有计划地在体育领域内系统使用兴奋剂,这种行为是应当具有"可责性"的。即使没有证据证明俄罗斯奥委会或者国家协会参与这项活动,至少表明这些组织未在俄罗斯境内有效地履行其向国际社会承诺的反兴奋剂义务。对俄罗斯运动员而言,则意味着其未得到有效的反兴奋剂监管。

(一)国家责任影响比赛权的性质:民事责任

其实,俄罗斯兴奋剂丑闻造成俄罗斯运动员无法参加里约奥运会,在表面上好像是在"惩罚",但实际上是一种民事责任或者"保安处分",并没有对其进行谴责的意思,主要理由有:

其一,从目的上看,不允许有关的俄罗斯运动员参加比赛或者给其科处额外的义务,是出于保护干净运动员无药比赛权的需要。具言之,其关注的是受俄罗斯兴奋剂丑闻污染的运动员的比赛权与未受到其影响的、干净的运动员的公平比赛权之间的利益冲突,即反映的是平等主体之间的关系,而不是管理者与被管理者之间的关系,当然只能被评价为民事责任。①

其二,从内容上看,各国际单项体育联合会把那些违反会员义务(如对运动员不能进行有效的反兴奋剂监管)的国家协会或者不符合比赛条件(如没有得到有效的反兴奋剂监管)的运动员,排除在其组织或者负责的国际比赛之外,这与一般民众因不符合技术条件而无法参加比赛是一样的。这不是说协会或者运动员主观上对反兴奋剂监管有什么过错,而是其不符合组织规则,并无惩罚之意。在德国或者瑞士,"民事责任"通常是指"债",如合同之债或侵权之债等,这里的"债"没有任何谴责的意思,故这

---

① See CAS 2005/C/976 & 986, § 139 - 140, citing CAS precedents, legal doctrine and Swiss jurisprudence.

种处理符合民事责任的含义。①

其三,从后果上看,一方面,如果俄罗斯运动员能证明自己符合参赛的条件,就能恢复其比赛资格;另一方面,对于那些因受到俄罗斯兴奋剂丑闻"牵连",而失去比赛资格的运动员,这并不会被评价为兴奋剂处罚,也就是说,如果其未来出现了违反 WADC 规定的情况,不会增加其违规的次数,即不会成为今后加重处罚的根据。因此,也不能将其评价为行政责任或者纪律处罚。②

这样,国家责任对运动员比赛权的影响,如果突破了民事责任的性质,比如,这种影响具有了惩罚性,则很容易被评价为有悖于自然正义原则。

(二)法律原则的限制

既然俄罗斯运动员受到国家系统性使用兴奋剂活动的牵连,承担的不利后果属于民事责任的范畴,这就意味着任何具有"惩罚性"的处理,都有可能与当前法律原则发生冲突。比如,俄罗斯著名的游泳运动员尤利娅·埃菲莫娃,过去因没看清商品的标签而误用了含有禁用物质的保健品,而受到了兴奋剂处罚。③ 尽管这种处罚已经执行完毕,但根据《决议》第 3 条,她仍没有资格参加里约奥运会。埃菲莫娃不服这种处理,向 CAS 提出仲裁申请,理由是国际泳联侵犯了自己的自然正义权。国际泳联认为,该条的规定为资格规则,即规定运动员参加奥运会或者其他赛事的条件,不存在侵犯自然正义权的问题。运动员认为,这种处理在本质上是一种兴奋剂违规处罚,即属于 WADC 规定之外的一种处罚。对于已经受到兴奋剂处罚的运动员,如果再根据这种规则禁止其参加里约奥运会,无疑就是重复处罚,违反禁止双重危险原则。仲裁庭支持运动员的请求,认定《决议》第 3 条是违法的。仲裁庭解释说:其一,其与制定《决议》的目的相违背。国际奥委会执委会之所以制定《决议》,目的在于给受到国家兴奋剂丑闻影响的俄罗斯运动员提供一定的救济,具言之,运动员因俄罗斯当局的兴

---

① 参见陈卫佐译注:《德国民法典》,法律出版社 2004 年版;戴永盛译:《瑞士民法典》,中国政法大学出版社 2016 年版。其实,英美也是这种立场,参见 Kenneth Mann, *Punitive Civil Sanctions: The Middle Ground Between Criminal and Civil Law*, Yale L. J., Vol. 101, p. 1795 – 1873 (1992); Cooter R., *Prices and Sanctions*, Columbia Law Review, Vol. 84, p. 1523 – 1560 (1984);杨春然:《论兴奋剂处罚的归责原则与 WADC 目的的冲突及协调》,载《武汉体育学院学报》2017 年第 3 期。

② See Gregory Ioannidis, *The Application of Criminal Law on Doping Infractions and the Whereabouts Information Rule: State Regulation v. Self-Regulation*, International Sports Law Journal, Vol. 2, p. 14 – 25 (2010).

③ See Yulia Efimova v. ROC, IOC & FINA, CAS OG 16/4, http://www.tas-cas.org/fileadmin/user_upload/FINAL_AWARD_OG_16 – 04.pdf.

奋剂丑闻而受到了牵连,即要为国家的行为承担责任,这是一种有罪推定。《决议》就是为了保护运动员的自然正义权,给俄罗斯的干净运动员提供一个推翻这种有罪推定的机会。而对于埃菲莫娃,第 3 条无疑否定了这一机会的存在,故侵犯了其自然正义权。其二,这一条实质上是要埃菲莫娃为俄罗斯违规行为负责。埃菲莫娃以前出现过兴奋剂违规行为,但其已经受到了处罚,而当前俄罗斯当局的违规行为与其没有任何关系,因此,其与其他运动员并无不同。此时,再追究其责任,显然违反了责任主义原则。其三,埃菲莫娃曾经因为过失而受到过兴奋剂处罚,如果基于上述规则不允许其参加奥运会,这实际上是对一个违规行为处罚两次,违反"禁止双重危险原则"。正是基于这些原因,埃菲莫娃才获得了比赛资格,最后在奥运会上赢得了两块奖牌。

其实,《决议》第 3 条很明显是"大阪规则"的翻版。2008 年 6 月,国际奥委会执委会为了严厉打击使用兴奋剂的行为,在日本大阪规定,运动员因兴奋剂检查呈阳性构成兴奋剂违规的,如果其禁赛期超过 6 个月,则自动丧失接下来的夏季奥运会和冬季奥运会的参赛资格,这就是"大阪规则"。① 美国运动员哈迪在 2008 年北京奥运会上因兴奋剂违规而受到了禁赛 6 个月的处罚,根据"大阪规则",其无法参加 2012 年的伦敦奥运会。美国奥委会认为该规则违法,于是,将国际奥委会诉到 CAS,理由是该规则违反了禁止双重危险原则。最后,CAS 支持了美国奥委会的主张,宣告该规则无效。CAS 解释说,兴奋剂处罚可能建立在不同层面的反兴奋剂规定之上,但只要这种处罚的目的相同,即使背后的原因不一样,也应当将这些处罚归因于同一行为。②

(三)规则的限制

反兴奋剂机制从国家责任到协会义务,再演变为对个人不利的后果,不应当存在规则上的障碍,即体育组织自身的规则,也有可能影响国家责任的个人化。其中,科里斯纳诉国际田联案就是一个典型例证。

科里斯纳是俄罗斯的一名跳远运动员。在俄罗斯田协被国际田联中止会籍后,该运动员提出申请,国际田联兴奋剂审查委员会根据其竞赛规

---

① See Court of Arbitration for Sport 2008/A/1583 Sport Lisboae Benfica Futebol SAD v. UEFA & FC Porto Futebol SAD, http://www. centrostudisport. it/PDF/TAS_CAS_ULTIMO/9. pdf; Court of Arbitration for Sport 2008/A/1584 Vitória Sport Clube de Guimarães v. UEFA & FC Porto Futebol SAD, http://www. centrostudisport. it/PDF/TAS_CAS_ULTIMO/9. pdf.

② See CAS 2011/O/2422 USOC v. IOC. United States Olympic Committee (USOC) v. International Olympic Committee (IOC), https://jurisprudence. tas-cas. org/Shared%20Documents/2422. pdf.

则第22.1A条的规定,允许运动员以中立的身份参加奥运会。该委员会认为,自2014年1月1日起,科里斯纳全面遵守了赛内和赛外药品检查义务,即符合《国际田联竞赛规则》第22.1A(b)条的规定,理由有:其一,该运动员的“相关期间”,在俄罗斯境外停留了632天,占了这段时间的86%;其二,虽然其移民美国的时间是2014年3月,但实际上从2013年10月开始,其就在美国教练的指导下进行训练;其三,其经常参加国际比赛;其四,在此期间内,总共从其身上采集了11个样本,这都是在俄罗斯境外进行的。以上检查均未发现该运动员有违规之处。不过,该委员会在作这项决定时,还保留两项权利:第一,该运动员要参加里约奥运会等国际比赛,还要符合国际田联规定的其他条件;第二,当有新信息推翻该决定时,审查委员会可以重新审查其比赛资格。这就是第一个决定。在这个决定中,审查委员会认为,申请人已履行了其义务,即能明确而清晰地证明,其长期得到了俄罗斯之外的、有效的制度监管,在客观上能确保反兴奋剂检查的真实性。

2016年7月16日,麦克拉伦教授代表WADA发布了独立报告,指控俄罗斯当局存在系统使用兴奋剂的现象,但未提到任何具体的运动员。不过,麦克拉伦随后向WADA提交的材料中,却提到了具体的运动员,其中就包括申请人科里斯纳。麦克拉伦证实:其一,2014年2月26日采集的样本显示,其T/E的比值是8.5,俄罗斯体育部副部长为此向莫斯科实验室发出了“保护”的指令;其二,WADA发现,2014年10月17日从申请人那里采集的样本,有被他人动过的痕迹,且瓶中的尿液已被调换,换成了另外一个女人的;其三,在2013年莫斯科世界田联锦标赛时收集的样本,瓶盖有被动过的痕迹。这表明科里斯纳明显受益于俄罗斯体育部“保护”的命令,这与其他俄罗斯田径运动员并没有什么不同,根据《决议》,其应当受到俄罗斯兴奋剂丑闻的“牵连”。于是,在2016年8月10日,国际田联撤销了第一个决定,宣布申请人无权参加里约奥运会(第二个决定)。这就意味着,《国际田联竞赛规则》第22.1A条与《决议》第2(3)条的实施发生了冲突。①

仲裁庭认为,国际田联根据其竞赛规则第22.1(a)和22.1A条作出的处理决定是有效的,理由有:其一,规则的修改与中止俄罗斯田协的会籍是

---

① 参见《国际田联竞赛规则》新增加的第22.1A条规定,即使俄田协的会籍未被恢复,如果符合以下条件,运动员也可以参加比赛:其一,证明自己受到了俄罗斯之外的、有效反兴奋剂系统的监督,且时间较长,足以确保其兴奋剂检查结果的客观真实性;其二,其在此期间完全遵守了药品检查的规定。

同时作出的,这说明其关注的就是国家协会被中止会籍后,具体运动员的特殊比赛资格问题;其二,这种规则的修改以及对该运动员的处理,先于独立报告,也先于麦克拉伦教授提供的有关运动员个人信息的证言,故其不应当受到后者干扰;其三,《决议》认为,只要该运动员符合该规则第1条和第2条的规定,即使国家协会不能保护和鼓励干净的运动员、确保公平比赛和体育的诚信与真实,不管运动员是否受影响或污染,国际单项体育联合会也可以赋予其特殊的比赛资格,参加里约奥运会。而第一个决定证明,兴奋剂审查委员会认为申请人是符合上面的所有标准的,所以,独立报告中的证据和麦克拉伦的证言不能推翻这一结论,理由有:一则,对于特殊比赛资格规定的两个前提性条件,第一个决定认为,该运动员是完全符合该条件的,所以,俄罗斯存在的问题不能作为证据再予以适用,即使出现了其他证据(如2016年7月16日独立报告发布,详细披露了俄罗斯运动员掩盖使用兴奋剂的各种技术;8月7日,麦克拉伦提交的证言显示,申请人存在上述问题),也不能动摇第一个决定所得出的结论。二则,该运动员在"相关期间"出现了其他问题,并不能削弱她在此期间完全遵守赛内赛外药品检查的判断,因为在此期间其是在美国进行训练的,而不是在俄罗斯,即在这段时间,其一直受制于正常的反兴奋剂监管。三则,没有证据证明其与竞赛对手在检查质量方面有何不同。最后,该规则规定,如果国家协会不能贯彻实施有效的反兴奋剂制度,则会被中止会籍,进而影响其所管辖的运动员的比赛资格。这一标准指向的是"相关期间"内受该协会管理的运动员,而不包括处在协会之外的运动员。事实上,如果运动员处在国外正常的反兴奋剂系统之下,则应认为其并没有受到本国国家协会行为的影响或者污染。而且,如果其一直在使用兴奋剂,且知道俄罗斯会对其庇护,那么其是不会离开这个国家的。事实上,她并没有这么做,而是去了美国。再者,自2014年以来,科里斯纳就一直更新自己的行踪信息,随时接受各种各样的赛内和赛外检查,这贯穿于整个"相关期间",这与其潜在的竞争对手并无区别。所以,仲裁庭对申请人的请求应予支持。

这样,当《决议》与《国际田联竞赛规则》第22.1A条发生冲突时,国际体育仲裁法庭显然站到后者的一边,这遭到一些学者的批评,理由是:其一,仲裁庭忽视该运动员受到俄罗斯使用兴奋剂方案的牵连,且该运动员也从中受益的事实;其二,这是CAS向政治妥协的表现。① 这种观点有待

① See Antoine Duval, *The Russian Doping Scandal at the Court of Arbitration for Sport: Lessons for the World Anti-Doping System*, Int. Sports Law J., Vol. 16, p. 177 – 197 (2017).

商榷。第一,从规范的角度看,《决议》明确指出,各国际单项体育联合会应当按照自己的规则处理,即意味着《决议》的效力低于各个国际单项体育联合会的规定。事实上,大部分国际单项体育联合会都倾向于从狭义的角度解释国际奥委会的标准,让绝大多数俄罗斯运动员过关,而没有进行适当的检查。[①] 第二,《决议》承认运动员的自然正义权,而第22.1A条的规定,显然是符合这种精神的。第三,国际田联也不认为,有证据证明申请人已经使用了兴奋剂,或者存在其他的违规行为。第四,最为重要的是,这种处理并不违反公平比赛的理念。

当然,结合所有的裁决不难发现,CAS对一般失格的俄罗斯运动员,有原谅的倾向。对于那些能证明自己没有受到丑闻的影响、能证明自己并没有因这个计划而获益的,或居住地在俄罗斯境外的俄罗斯运动员,基本上都支持其获得比赛资格,很少有例外。其实,这也与国际奥委会最终决定让俄罗斯大部分运动员参加里约奥运会的想法极为相似。

就俄罗斯兴奋剂丑闻的处理而言,CAS很明显站在国际体育组织一方,对俄罗斯国家协会及其运动员采取了强硬的立场。不过,通过这次丑闻的处理,国际反兴奋剂制度发生了以下的变化:其一,原来运动员的比赛权隶属于国家体育组织的管理权,就像《国际田联竞赛规则》第22.1(a)条规定的那样,两者本来是不能割裂的。然而,《决议》以及《国际田联竞赛规则》第22.1A条表明,运动员的参赛权并不是国家协会的产物,其可以附条件地独立存在。其二,一旦某个国家不履行WADA规定的义务,国际单项体育联合会可以给其所属的成员进行处罚。当国家不支持WADC的实施时,也可以进行威慑,即其可以在一定的程度上扩张到该违规组织所管辖的运动员身上。其三,CAS裁决还表明运动员可以在中立的旗帜下参加比赛。当然,国际奥委会允许俄罗斯运动员参加里约奥运会的决定,主要目的在于冲淡被抓获的、有组织的、系统使用兴奋剂的行为所产生的消极影响,这并不是源于法律上的考量,而是政治选择的结果。[②] 不过,俄罗斯兴奋剂丑闻的处理,也间接揭示了WADC的两个缺陷:其一,其未将国家或者国家协会帮助或者教唆使用兴奋剂的行为纳入兴奋剂违规行为之中,这造成一旦有国家或者协会违反了WADC的规定,只得按照国际奥委会或者各个国际单项体育联合会的规定处理。由于各个国际单项体育

---

① See FINA, *Swimming's Governors Surprised at Anti-Doping Resignations*, The Guardian, 4 September 2016.

② See Sean Ingle, *The IOC has Failed to Protect Its Honest Athletes in the Doping Scandal*, The Guardian, 31 July 2016.

联合会的态度不统一,这极大地破坏了 WADC 实施的严肃性和公平性。其二,未将纪律处罚(有学者将其称为行政处罚)与民事责任解构,造成运动员自然正义权的边界模糊,从而有可能产生一些不必要的纠纷。

第四节　当前的反兴奋剂治理机制的缺陷

俄罗斯兴奋剂丑闻被披露后,国际奥委会主席托马斯·巴赫直接将责任归咎于世界反兴奋剂机构,理由有:其一,WADA 对俄罗斯使用兴奋剂的行为,事前未实行有效监管;其二,事发后,不进行积极调查;其三,莫斯科实验室与索契实验室由 WADA 负责认证和监管,国际奥委会或者其他体育组织对此无法过问。① 然而,WADA 前主任庞德认为,国际奥委会这种推卸责任的做法是有问题的,因为在这之前,WADA 并没有调查权,而且,国际奥委会根本不听从其建议全面禁止俄罗斯参加里约奥运会。② 这导致 WADA 和国际奥委会的关系一度极为紧张,甚至社会上曾传言国际社会将要建立一个新机构,即诚信联盟,统一处理假球、体坛腐败和兴奋剂丑闻等问题,使之取代 WADA。后来,国际体育安全中心的主任公开声明这是谣言。③ 之所以产生这种争论,乃在于当前的反兴奋剂制度对这种违规行为并没有相应的规定,或者说其超出了 WADC 的框架。

在当前的反兴奋剂模式下,WADA 不同于国际奥委会,其既不效忠于任何一个国家或者参赛队伍,也不效忠于某一体育比赛项目,故其根本不会担心反兴奋剂工作是否会影响体育比赛的观赏性或者电视受众对体育比赛的兴趣问题。WADA 的任务就是保障运动员参加干净比赛的权利,增进运动员的健康、维护比赛公平和平等,打击使用兴奋剂的行为。④ 这造成 WADA 主导的、以 WADC 为中心的反兴奋剂政策具有单向性,其之

---

① See Dave Sheinin, *Olympic Blame Games: IOCP ins Russian Doping Scandal Messon WADA*, WASH. POST (Aug. 2, 2016), https://www.washingtonpost.com/sports/olympics/olympic-blame-games-ioc-pins-russiandoping-scandal-mess-on-wada/2016/08/02/55083a82-58f0-11e6-831d-0324760ca856_story.html? utm_term=.d8d7e4cde48e.

② See Rebecca R. Ruiz, *Rare Show of Discord Between I. O. C. and World Anti-Doping Agency Over Russian Scandal*, N. Y. TIMES (Aug. 2, 2016), https://www.nytimes.com/2016/08/02/sports/olympics/rare-show-of-discord-between-ioc-and-world-anti-doping-agency-over-russian-scandal.html.

③ 参见陈雒城:《英媒:IOC 或将成立诚信联盟　欲削弱 WADA 作用》,载腾讯体育网,https://sports.qq.com/a/20160921/048510.htm。

④ 参见杨春然:《论兴奋剂处罚的归责原则与 WADC 目的的冲突及协调》,载《武汉体育学院学报》2017 年第 3 期。

制定与实施,无须得到运动员和其他利益相关方的认可。① 这种单向性,使当前反兴奋剂制度具有以下的优点:

其一,WADC 为兴奋剂违规行为设置了较为严厉的处罚。根据 WADC,初次故意使用兴奋剂的行为,其基准罚为禁赛 4 年。对很多体育项目而言,这几乎等同于终身禁赛。② 如前所述,这种处罚之所以这么严厉,主要原因在于 WADA 不用过多地考虑运动员的利益。而美国职业大联盟规定,对于初次故意使用兴奋剂的,禁赛处罚不得超过一季。③ 如此轻微的处罚,很难控制兴奋剂的滥用,毕竟一旦侥幸使用兴奋剂获得比赛成功,运动员会获得巨大的收益。之所以如此,主要原因是该联盟独立于世界反兴奋剂体系,且其反兴奋剂制度是资方与运动员相互谈判后的结果,即其包含着运动员的诉求。显然,世界反兴奋剂体系有利于避免这种缺陷。

其二,WADC 制定了较为严厉的监管措施。一般认为,飞行药检对控制兴奋剂的滥用具有不可或缺性。不过,该制度的实施离不开“行踪规则”。如前所述,根据 WADC 中的“行踪规则”,(精英)运动员必须事前登记其行踪,以便检查人员不通过事前通知,就能随时随地找到他们,从而进行药检。④ 如果 1 年之内,出现了 3 次药检失败,运动员构成兴奋剂违规,会受到 1 ~2 年的禁赛处罚。从劳动法的角度看,如果雇佣合同包含着这样的规定肯定是有问题的。如前所述,该制度一经实施,即刻遭到很多运动员的强烈反对。

其三,有助于充分调动社会的资源,降低反兴奋剂工作的成本。如前所述,当前反兴奋剂治理结构明显具有二元化的特点。这种模式可以充分利用各国的资源,打击使用兴奋剂的行为,降低反兴奋剂工作的成本,然而,其也存在一些致命的缺陷。

二元化治理模式之有效实施,须有一前提,即各国以及其他相关的组织,基于运动员健康和纯洁体育比赛的原因,会认真执行 WADC 的规定,

---

① See Daniel J. Gandert, *The WADA Code: Optimal on Paper*, Md. J. Int'l L., Vol. 32, p. 274 - 337 (2017).

② 参见杨春然:《论兴奋剂处罚的归责原则与 WADC 目的的冲突及协调》,载《武汉体育学院学报》2017 年第 3 期。

③ 禁赛期间没有薪金,运动员将其视为是罚金刑。See ESPN. com news services, *MLB ups Length of Drug-Use Bans*, ESPN (Mar. 28, 2014), http://www.espn.com/mlb/story/_/id/10690127/major-league-baseball-union-toughendrugagreement-provisions; A Timeline of MLB's Drug-Testing Rules, Fox Sports.

④ 参见杨春然、张梅:《世界反兴奋剂机构的行踪规则与法律的冲突及限制》,载《成都体育学院学报》2018 年第 1 期。

对兴奋剂实施零容忍的政策。在现实中,的确有一些国家反兴奋剂机构认真履行自己的职责,然而,由于利益冲突,国家反兴奋剂组织或者体育组织很可能对兴奋剂工作有所保留。

首先,在当前二元化的治理结构框架下,尽管 WADA 制定反兴奋剂政策不会考虑运动员以及其他利益相关方的态度,但其很少参与反兴奋剂规则的实施。当然,WADA 通常也不会作为一方当事人而启动仲裁程序(只有当 WADA 认为对违规运动员的处罚过低时,才会提起仲裁申请)。也就是说,反兴奋剂规则主要由国家反兴奋剂中心、国际单项体育联合会以及 WADA 认证的实验室等负责实施。比如,飞行药检制度的真正实施者就是各国国家反兴奋剂中心。这些组织不仅管理检查的结果,而且负责对涉嫌违规的运动员进行指控。世界反兴奋剂机构非常强调国家反兴奋剂组织的独立性,但是,由于各国的国家反兴奋剂组织之组成和经费基本上都受制于当地政府,这就给当地影响反兴奋剂工作提供了机会。

其次,各国政府有放纵本国运动员使用兴奋剂的潜在动力。目前,国家本位主义在国际体育领域内极为流行,政府都希望本国运动员在国际比赛中获得更好的成绩,从而向本国国民证明自己的执政能力,这样,反兴奋剂工作有可能与其利益发生冲突。比如,麦克拉伦的独立报告表明,莫斯科实验室和索契实验室都直接参与了掩盖运动员药检呈阳性的行为。当 WADA 派出的检查员对实验室进行突击检查时,俄罗斯体育部会事前通知该实验室,使其有时间应付检查。在这里,WADA 认证和监管的实验室与当地体育主管部门相互串通,包庇甚至鼓励使用兴奋剂的目的显然是希望俄罗斯运动员在比赛时获得更好的成绩。再如,前东德政府为了取得更好的比赛成绩,而暗地里鼓励甚至唆使运动员使用兴奋剂,即使对未成年运动员,也不例外。①

最后,对于国际奥委会或者国际单项体育联合会,虽然也有一定的反兴奋剂职责(比如,《奥林匹克宪章》第 25 条和第 43 条、《国际田联章程》第 4. 1. f 条),但是,作为比赛的组织方,有时更关心比赛的观赏性或者比赛成绩,因为这会影响比赛转播、广告以及门票收入等,故他们是否真的有动力实施零容忍的反兴奋剂政策,令人怀疑。比如,在阿姆斯特朗兴奋剂丑闻中,据说国际自行车联盟的官员,在环法自行车赛药检过程中,就有直

---

① See Edward Grayson & Gregory Ioannidis, *Drugs, Health and Sporting Values, in Drugs and Doping in Sports: Socio-Legal Perspectives*, Cavendish Publishing, 2001, p. 255 – 268.

接掩盖其药检呈阳性的行为。[①] 再比如，国际田联曾对150多名药检有问题的俄罗斯运动员置之不问，[②]甚至直接对药检呈阳性的运动员进行包庇。[③] 由于当前的反兴奋剂系统内部极易产生利益冲突，这意味着目前的世界反兴奋剂制度根本没有彻底解决多元化治理机制所存在的缺陷，未将反兴奋剂工作与比赛成绩的联系切断，这也是俄罗斯兴奋剂丑闻发生的主要原因。

① See William Fotheringham, *Lance Armstrong and UCI "Colluded to Bypass Doping Accusations"*, The Guardian, 8 March 2015.

② See Press Association, *Former Wada President Dick Pound to Investigate Russian Doping Allegations*, The Guardian, 16 December 2014.

③ 俄罗斯马拉松运动员莉莉娅·舍巴科娃药检呈阳性，俄罗斯主管部门向该运动员索要了40万美元，行贿国际田联的官员，国际田联的官员接受该贿赂后，将此事压下。后来，该官员受到了警方的调查。See Owen Gibson, *Iaaf Braced for Hammer Blow of Dick Pound Report with Athletics in Crisis*, The Guardian, 7 November 2015.

第十二章　反兴奋剂规则的改革

面对俄罗斯、肯尼亚以及阿姆斯特朗兴奋剂丑闻，当前的 WADC 及其相应附件，都面临着新的改革，而这种改革的范围可能会远远不同于 2009 版 WADC 对 2003 版 WADC 的修改，当然，也不同于 2015 版 WADC 对 2009 版 WADC 的修改，这种改革范围将更为宽泛。所以，本章称为“反兴奋剂规则的改革”，而非是单纯的 WADC 改革，因为除了 WADA 制定的反兴奋剂规则，还涉及各个成员国、各国际单项体育联合会甚至国际奥委会相应的反兴奋剂规则。不过，2021 版 WADC，禁止各个体育组织对《世界反兴奋剂条例》进行实质的改变。

第一节　扩张违规主体

对于这次反兴奋剂规则改革的内容，学界和体育界主要集中在三个方面：其一，扩展兴奋剂违规的主体范围，包括国家在内的社会组织也能构成违规的主体；其二，改变当前的反兴奋剂治理机制，即变二元化为一元化治理机制；其三，兴奋剂违规行为全面犯罪化。

一、社会实体可以构成违规主体

俄罗斯兴奋剂丑闻被曝光后，国际奥委会主席托马斯·巴赫就通过信函的方式，向 97 个组织征询改革方案，以防今后再出现这种有组织的兴奋剂违规行为。① 在回复的意见中，美国反兴奋剂组织主席泰戈特的观点具有一定的代表性，他指出，为了预防这种有组织的兴奋剂违规行为发生，扩张违规主体的范围，使 WADA（而非国际奥委会等体育组织）获得处罚成员国和运动员的权力，应当是兴奋剂改革的大方向，或者说，这应当成为解决当前二元化治理机制缺陷的具体措施。② 主张扩张违规主体范围的主

---

① See Butler N. , *Exclusive: Bach Calls on IOC Membership to Suggest Ways to Reform Anti-Doping System*, Insidethegames (Sept. 17, 2016), https://www.insidethegames.biz/articles/1041735/exclusive-bach-calls-on-ioc-membership-to-suggest-ways-to-reform-anti-doping-system.

② See AFP, *Sport Faces "Defining Moment" in Doping Fight, says Travis Tygart*, INDIAN EXPRESS (Dec. 6, 2016), http://indianexpress.com/article/sports/sport-others/sport-facesdefining-moment-in-doping-fight-says-travis-tygart-4413193/.

要理由有：

首先，二元化反兴奋剂治理机制的建立有一前提，即兴奋剂违规行为仅仅是运动员及其附随人员（自然人）所为，成员国是不会容忍违规行为存在的，所以，WADC 不仅赋予 WADA 对社会组织的处罚权，而且将执法权委托其行使。既然俄罗斯兴奋剂丑闻表明这种假设是有问题的，且国际奥委会对俄罗斯进行了处理，即根据国际奥委会的分别于 2016 年和 2018 年作出的两个决议，社会组织已经构成违规主体，故这种处理当然构成当前反兴奋剂机制改革的内容。

其次，这种变革，即将兴奋剂违规的主体扩张到社会组织，包括运动员所在的体育社会团体与管理单位等，并不是对现有体育规则的颠覆或创新，而是对 WADC 等法律法规的继承和落实，旨在通过刑事、行政、行业手段的衔接配套，提高违法成本，加大威慑力度，增强处罚效果。因此，这有助于保持目前反兴奋剂制度的稳定性，减少改革引起的动荡，节省改革成本，推进反兴奋剂斗争，维护体育竞赛的公平，实现“拿干净金牌”的目标。①

最后，这是威慑违规行为的需要。一则，目前 WADC 已经赋予 WADA 以调查权，调查的对象不仅仅是自然人，还有可能涉及社会组织。如果社会组织不构成违规的主体，这种调查权极易受到限制，因为如果没有处罚权的威慑，社会组织很可能不配合，甚至干扰调查权的行使。事实上，目前 WADA 对各国反兴奋剂组织已经享有一定的处罚权，现在只是需要扩张违规主体的范围，使其对成员国也享有同样的权力，以确保调查的顺利实施。② WADA 一旦获得了对社会组织的处罚权，成员国当然也就可以构成违规主体了，否则，这种处罚权失去了行使的前提。③ 二则，在现实中，体育赛事举办权往往涉及国民的自豪感问题，WADA 获得对社会组织的处罚权，将会给当政者带来极大的震慑，故其可以有效地防止政府实施违规行为。三则，这还有利于统一对社会组织的处理，避免目前出现的混乱。比如，俄罗斯兴奋剂丑闻造成俄罗斯 2016 年世界竞走团体锦标赛和世界青年锦标赛的举办权被剥夺，但国际足联却不剥夺俄罗斯 2018 年世

① See Gandert D. J., *The WADA Code: Optimal on Paper*, Maryland Journal of International Law, Vol. 32, p. 274 – 336 (2017).

② See Duval A., *The Russian Doping Scandal at the Court of Arbitration for Sport: Lessons for the World Anti-Doping System*, Int. Sports Law J., Vol. 16, p. 177 – 197 (2017).

③ See Nick Butler, *Control or Independence? A Vital Crossroads in the Fight against Doping*, Insidethegames (Sept. 12, 2016), https://www.insidethegames.biz/articles/1041536/nick-butler-control-or-independence-a-vital-crossroads-in-the-fight-against-doping.

界杯的举办权。只有让 WADA 统一获得对社会组织的处罚权,才能避免这种混乱。①

尽管从内容上看,这种改革方案与特别决议有所不同,比如,前者将对社会组织的处罚权授予 WADA,而不是国际奥委会。但是,在从形式上看,这却是对国际奥委会对俄罗斯兴奋剂丑闻处理的"背书",或者说,其是对国际奥委会特别决议的规范化。

二、扩张违规主体的障碍:"体育远离政治"与法律原则

然而,如果将社会组织作为违规的主体,则意味着国际组织在反兴奋剂方面,享有处罚成员国的权力。不过,当 WADA 行使这种权力时,现实中存在很多难以突破的障碍。

(一)法律障碍

首先,平等原则。就目前而言,如前所述,反兴奋剂工作的执法机构除了成员国,还有各个国际单项体育联合会。由于追求体育比赛成绩或者比赛的可观赏性,所以,各个国际单项体育联合会也会与反兴奋剂工作产生利益冲突。这样,如果成员国构成兴奋剂违规的主体,在理论上,各个国际单项体育联合会也不例外。然而,如果将这些联合会规定为违规主体,由于它们无法适用禁赛、剥夺比赛举办权,甚至罚款之类的处罚,只能惩戒这些社会组织的具体工作人员,这必然造成两种执法组织违规后果的不统一,显然有悖于平等原则。

其次,责任主义原则。萨维尼指出,社会组织不能成为责任主体,因为责任是自由意志的结果,而自由意志是理性且有情感的自然人的专利。社会组织本身并没有意志,某些代表人的意志通过既定的程序而被虚拟为法人意志,仅仅在民法领域内有意义,以"惩罚"为表征的公法是不能接受的,所以,德国法和瑞士法都排斥法人的公法责任。② WADC 具有惩罚性,属于公法的范畴,所以,WADC 最初将兴奋剂违规的责任主体局限于自然人。③ 如果承认成员国可以成为违规主体,这样,当国家因为兴奋剂违规而失去参赛权时,必然会使在其注册的运动员受到"牵连",因为这会导致

---

① See Duval A. , *The Russian Doping Scandal at the Court of Arbitration for Sport*: *Lessons for the World Anti-Doping System*, Int. Sports Law J. , Vol. 16, p. 177 – 197(2017).

② See Seredyńska I, *Principles-Based Application of the Criminal Law*, Heidelberg, 2012, p. 143 – 225.

③ See Casini L. , *Global Hybrid Public-Private Bodies*: *The World Anti-Doping Agency* (*WADA*), Organ Law Rev. , Vol. 6, p. 421 – 446(2009).

该国进行的赛前兴奋剂检查结果无效,而有效的检查结果又是运动员获得比赛权的前提条件,因此,除非运动员在其他有效的反兴奋剂系统中进行了检查,否则,一旦所属国的参赛权被剥夺,其很难获得参赛资格。① 比如,在平昌冬奥会上,国际奥委会虽然基于"自然正义原则",将运动员的比赛权与国家(或者协会)的参赛权解构,以此避免运动员的比赛权受到国家或者协会失去参赛资格的影响,但事实上,大部分俄罗斯运动员因此而无缘平昌冬奥会。特别是在里约奥运会上,国际田联剥夺了俄罗斯田协的参赛权后,只有两名俄罗斯运动员有权以个人的身份参加比赛,一名运动员是因为参与了举报;另一名运动员因为其在近三年内一直在美国受训,其监管者为美国反兴奋剂组织。因此,这对那些未能参赛的运动员而言,很明显是不公平的,毕竟他们既没有实施违规行为,也没有权利制止他人的违规行为,特别是其往往对国家违规是不知情的,让其为他人的违规行为埋单,显然有悖于责任主义原则。

最后,公平原则。对社会组织的另外一种处罚为剥夺赛事举办权,比如,国际田联因俄罗斯兴奋剂丑闻而剥夺了俄罗斯两个赛事举办权。然而,有很多人认为,这种处罚是有问题的,理由有:其一,这会侵犯运动员的自然正义权。比赛场所确定后,他国的运动员通常为适应比赛场所做一些准备工作,比如,到当地或者与之相似的场所进行训练。现在,由其他的城市或者地区代替被剥夺举办权的地区举行比赛,这会导致运动员先前适应场所的训练失去意义。其二,这会侵犯媒体和观众的合法权益。赛事举办权确定后,决定前去观看比赛的观众、负责转播或者报道的媒体,甚至是当地居民,通常会在举办地事前承租房屋,或者进行其他的活动。如果变更比赛场所,也会给其造成经济损失。这些人未参与任何违规行为,却为他人的违规行为埋单,这显然是不公平的。其三,剥夺赛事举办权的行使,以找到新的比赛场所为前提条件,也就是说,这种处罚权的行使不仅要根据兴奋剂违规行为,而且要考虑是否能找到合适的替代城市。然而,被处罚者是否有可替代城市,与违规行为没有任何关系,但却在一定程度上决定了是否适用剥夺赛事举办权的处罚,这也是有问题的。

支持者认为,剥夺赛事举办权的确存在上述问题,但是,可以通过以下技术进行解决:一则,将其规定为一项自由裁量权,即由 WADA 根据实际情况(包括是否能找到适当的替代城市),自主决定是否实施;二则,根据

---

① See Halt J. ,*Where is the Privacy in WADA's Whereabouts Rule*,Marq. Sports L. Rev. ,Vol. 20, p. 267 - 289(2009).

比赛项目的特点,用时间限制该权力的行使,即发现违规行为距比赛之日还有1年或者2年的,才能进行这样的处罚,不满足该期限条件的,大型赛事的举办权不变动,这不仅有助于寻找到合适的替代城市,而且能避免或者降低因这种处罚而造成的浪费或者产生的不公平。①

然而,这种解决方案又存在以下的问题:一则,该处罚权的行使受制于能否找到"合适的替代城市",这种标准显然具有主观性,以此作为该处罚权行使的前提,很难控制这种权力的滥用,极易产生"选择性执法";二则,比赛场所的承建和维护往往离不开赞助商。如果改变比赛场所,这些赞助商的投资目的必然落空,毕竟适合比赛的场所需要前期一定的资金投入和维护。而这些投资商并没有任何的违规行为,让他们为别人的过错而承担不利后果,也是有问题的。

(二)政治障碍

社会组织构成违规主体,则意味着WADA对成员国有调查和处罚的权力,而这种权力的行使,很容易造成反兴奋剂工作政治化,主要理由有:

首先,要处罚成员国,则需要调查和认定其是否实施了违规行为。从政治学的角度看,政府才是国家的天然代表,再加上低级官员不能代表政府,因此,这种调查和认定只能围绕政府的高级官员甚至国家元首展开,主权国家是很难容忍的。

其次,从体育学的角度看,国家奥委会是国家的代表,即国家奥委会的行为违规才能被认定为国家违规。一则,对兴奋剂违规而言,国家奥委会既没有技术上的优势,也没有时间优势,所以,其通常不参与违规行为;二则,即使国家奥委会的高级官员实施了违规行为,由于这种行为通常为事实行为,而非以表意为特征的法律行为,因此,也很难认定为国家奥委会违规或者成员国违规。

最后,根据二元化治理机制,对反兴奋剂组织的处罚不服,只能到CAS申请仲裁。对仲裁裁决不服的,到瑞士联邦法院起诉,即追求司法管辖的统一性。如果将成员国视为违规主体,则意味着,当成员国对CAS裁决不服时,只能到瑞士联邦法院起诉,这很容易侵犯成员国的司法主权,主要理由有:一则,成员国作为违规主体,要想维护自己的权益,通常需要购买法律服务。不过,其却不能委托自己信赖或者保持合作关系的本国律师,因为这些律师不了解瑞士法,而且各国法律都对律师实行许可证制度,他国

① See Gandert D. J., *The WADA Code: Optimal on Paper*, Maryland Journal of International Law, Vol. 32, p. 274 - 336(2017).

的律师通常不能在本国从事诉讼业务，因此，成员国只能寻求法院所在地的法律机构提供服务，这显然是对本国法效力的否定。二则，在仲裁或者诉讼过程中，瑞士法院会适用当地的法律解释 WADC，这实际上是说，WADC 要求其他成员国有遵守瑞士法的义务，即瑞士法优于其他成员国的本国法，这显然违反主权国家平等原则。

事实上，在俄罗斯兴奋剂丑闻中，麦克拉伦有充分的证据证明，莫斯科实验室、索契实验室、俄罗斯国家反兴奋剂中心甚至俄罗斯国家安全局、体育部都参与实施了支持运动员系统使用兴奋剂的行为。麦克拉伦在起草独立报告时，最早用“国家支持”定性该违规行为，后来考虑到：一则，没有证据证明俄罗斯奥委会曾参与这种违规行为；二则，这些违规行为是政府的低级官员实施的，没有证据证明这源自俄罗斯高层的指使；三则，“国家支持”的表述，很容易导致反兴奋剂工作的政治化，明显有悖于国际奥委会提倡的“让体育远离政治”的精神。基于此，麦克拉伦最后将其修改为“机构共谋”，而未认定国家违规。①

（三）司法障碍

反兴奋剂治理机制由多元化演变为二元化，是为了实现反兴奋剂制度的统一性。然而，仅仅统一反兴奋剂立法是不够的，还必须统一执法。面对执法机构的多元性，当前二元化治理机制通过统一司法的方式，追求执法的统一性，即由同一机构根据相同的标准，对反兴奋剂政策的实施进行审查。不过，这种司法的统一性是借助仲裁条款实现的，即运动员与反兴奋剂组织（或者体育组织）在协议中规定，一旦出现兴奋剂处罚纠纷，统一由 CAS 处理。也就是说，反兴奋剂执法的统一性，是通过仲裁条款实现的，即 CAS 的仲裁权源自运动员与体育组织的自我选择。根据意思自治原则，当地法院当然无法干预兴奋剂处罚，故仲裁协议构成当地法院管辖兴奋剂处罚的主要法律障碍。② 然而，这种“协议”的效力极易被法院突破，主要根据有：

其一，格式条款解释规则。这种仲裁条款完全由反兴奋剂组织或者体育组织单方制定，属于格式合同的范畴。根据格式条款解释规则，一旦产生争议，当然应当作出有利于非制定格式合同一方（运动员）的解释。因此，当运动员一方对这种仲裁协议产生异议时，法院有可能基于该规则而

① See Gandert D. J., *The WADA Code: Optimal on Paper*, Maryland Journal of International Law, Vol. 32, p. 274 – 336 (2017).

② See Polonetsky J. & Tene O., *Privacy and Big Data: Making Ends Meet*, Stanford Law Review Online, Vol. 66, p. 25 (2013).

否定仲裁条款的效力。①

其二,胁迫的规定。在体育领域内,运动员与体育组织之间实际上并不是平等关系,运动员签订的合同通常是体育组织事前制定的格式条款,运动员并没有讨价还价的机会,否则,其将被体育组织排斥在比赛之外,这意味着,这种条款有可能被评价为胁迫的民事行为。② 其最典型的案例是德国的贝克斯坦案。运动员贝克斯坦因生物护照异常而被国际滑联禁赛,其向 CAS 申请仲裁。仲裁庭驳回其仲裁申请后,其又向当地法院起诉。③ 由于初审法院也不支持其主张,他向慕尼黑法院上诉,理由是 CAS 对该案无管辖权,因为仲裁条款的签订具有胁迫性,故仲裁是无效的。上诉法院认为,面对国际滑联提供的仲裁条款,贝克斯坦没有选择权,想要参加比赛,只能同意,由于该仲裁条款并非其真实的意思表示,所以无效。

其三,在二元化反兴奋剂治理机制下,反兴奋剂执法工作实际上是由当地的反兴奋剂组织负责实施的。由于双方都是内国法的主体,故法院有可能基于对两者的管辖权而突破仲裁条款的限制,干预兴奋剂处罚,其最典型的例证是美国运动员雷诺兹案。在该案中,运动员对 CAS 仲裁裁决不服,向当地法院起诉。尽管国际田联提出了异议,但法院却指出,国际田联通过其会员组织,即美国田径协会,对美国运动员行使处罚权,而美国田径协会为美国的法人组织,故其有管辖权。经过审判,法院允许雷诺兹参加比赛。④ 国际田联又将该案上诉到第六巡回法庭,该法庭支持国际田联的主张。雷诺兹不服,又将该案上诉到最高法院,最高法院认为应当允许雷诺兹参加比赛。对此,国际田联作出声明:即使雷诺兹赢得了奥运选拔赛,也不会允许其参加巴塞罗那奥运会,与他共同参加比赛的运动员,同样没有参赛资格。后来,在对奥林匹克享有较大话语权的美国全国广播公司和国际奥委会的"调停"下,国际田联被迫放弃原来的声明。随后,国际田联将其总部迁移到蒙特卡洛,声称就是为了避免其之处罚受到当地法院的干扰。⑤

---

① See Mayer-Schönberger V. & Cukier K. , *Big Data: A Revolution that Will Transform How We Live, Work and Think*, Houghton Mifflin Harcourt, 2013, p. 15.

② See CAS 2009/A/1912, https://www.wada-ama.org/en/athlete-biological-passport.

③ See Reynolds v. Int'l Amateur Athletic Fed'n, 841 F. Supp. 1444 (S. D. Ohio 1992).

④ Frequently Asked Questions International Drug Testing, https://www.questdiagnostics.com/dms/Documents/Employer-Solutions/Brochures/International-Drug-Testing-FAQs-final/International%20Drug%20Testing%20FAQs%20final.pdf.

⑤ See Gandert D. J. , *The WADA Code: Optimal on Paper*, Maryland Journal of International Law, Vol. 32, p. 274 - 336 (2017).

这样,在二元化治理机制下,成员国的法院有可能对兴奋剂处罚行使管辖权,扩张违规主体范围的主张不仅不能改变这种现状,还会产生以下的问题:

首先,如前所述,二元化治理模式是借助法律位阶较低的仲裁条款而统一司法审查的,而这种仲裁条款是运动员与反兴奋剂组织或者体育组织签订的,成员国并不是当事人,因此,其对成员国通常没有约束力。这样,一旦反兴奋剂组织对成员国进行处罚,成员国的法院很可能主张管辖权,而且,审查这种处罚权是否正当的根据是法院地法,由于各国的法律很可能是不同的,这必然造成反兴奋剂政策的实施不统一,这明显有悖于当前二元化治理机制的目的。

其次,在二元化治理机制下,国家反兴奋剂组织是具体的反兴奋剂执法机构,但其同时受制于所在国的政府和 WADA。当对成员国进行违规处罚时,其是代表 WADA 处罚成员国的政府,这显然是荒唐的!再者,人们通常将法院视为国家的一个部门,因此,法院审理政府是否违规,实质上是本国一个部门审查另外一个部门是否违反“国际公约”,这也是有问题的。

再次,本国的法官一般在感情上很容易倾向于自己的运动员以及本国政府,而且,面对本国球迷和爱国情绪,法院作出不利于自己运动员或者政府的判决,通常会承受很大的心理压力,因此,其很难公正审判。即使法院公正审理了案件,当其作出对本国政府有利的判决时,社会公众以及竞争对手的球迷也会认为,这是在包庇本国政府及其运动员。

最后,即使同样通过仲裁条款将这种纠纷统一由 CAS 进行仲裁,如前所述,成员国的法院也可以基于前面提到的理由,突破这种仲裁条款的限制,对兴奋剂处罚行使管辖权。所以,其同样无法解决二元化治理机制存在的利益冲突问题。道理很简单,即当反兴奋剂组织(包括 WADA)对成员国进行处罚或者 CAS 作出对其不利的仲裁裁决时,成员国可以借助本国的司法管辖权,否定其效力。

总之,扩张违规主体的做法存在上述的障碍难以突破。为了让体育远离政治,我们认为,扩张兴奋剂违规主体的做法是不可取的。

第二节　我国现行反兴奋剂刑事立法及其适用

长期以来,我国对于竞技体育中的兴奋剂问题,一直秉持着坚定且明确的“零容忍”态度。为了从根本上预防和打击兴奋剂的使用,我国建立了一套多层次、全方位的法律体系,不仅包括我国《体育法》、《反兴奋剂条例》以及《反兴奋剂管理办法》,还包括我国《民法典》、《刑法》以及其他的一些行政法律法规。

过去在处罚兴奋剂违规行为时,体育界往往面临措施无力、威慑不足的困境。为了解决这一问题,《反兴奋剂条例》第40条,特别规定了提示性的刑事责任规定,旨在通过刑罚震慑潜在的违规者。不过,由于罪刑法定原则的制约,这种规定并没有实际的法律效力。这一局面在2019年11月18日得到了突破,即最高人民法院通过司法解释的方式,开始借助传统的刑法规定,打击兴奋剂违规行为。随后,在2020年12月26日,《刑法修正案(十一)》的通过,明确规定了"妨害兴奋剂管理罪",标志着我国反兴奋剂罪法律体系的初步形成。

根据我国《刑法》第355条之一,妨害兴奋剂管理罪的规范目的,源于反兴奋剂制度和体育制度,而不是刑法条文,即旨在保护体育运动的公平性和纯洁性。也就是说,体育运动应当遵循公平竞争、诚实守信的原则,不得使用任何违反体育道德和体育规则的手段,以保证体育运动的真实性和有效性。体育运动的公平性和纯洁性,既是体育运动的基本价值和核心理念,也是体育运动的社会功能和社会效益的基础和保障。

根据最高人民法院发布的《兴奋剂解释》,除了妨害兴奋剂管理罪,兴奋剂犯罪还包括以下几种类型:走私型兴奋剂罪、非法经营型兴奋剂罪、虐待型兴奋剂罪、考试作弊型兴奋剂罪、食品安全型兴奋剂罪和职务犯罪型兴奋剂罪。

我国《兴奋剂解释》和《刑法修正案(十一)》的规定,已经形成了一套完善的反兴奋剂刑事司法体系。这一体系旨在严厉打击兴奋剂违规行为,坚决维护体育竞赛的公平性和纯洁性,并保护运动员的身心健康。这充分体现了我国对体育运动事业的高度重视和坚定支持,同时彰显了国家对体育产业健康发展的积极推动作用。

从本体论的角度看,一般而言,入罪的根据通常有两个:法益保护原则与最后的手段原则。那么,上述将兴奋剂违规行为入罪的做法,是否符合这些原则呢?

如前所述,从治疗用药豁免制度的实质要件不难看出,兴奋剂违规行为之所以被处罚,要么因为其自害性,要么因为其他害性,要么兼而有之。然而,治疗用药豁免制度采用形式主义,即使运动员符合全部实质要件,只要未申请治疗用药许可或者申请未被批准,他们使用禁药也构成兴奋剂违规,因此,生产、出售、提供禁药或者其他帮助运动员获得禁药的行为,也构成犯罪。但有些运动员使用禁药既没有损害自身的健康,也没有因此获得不公平的竞争优势,从WADC宗旨的角度看,处罚这种加功行为,显然是有问题的。这种情况发生的概率虽然可能比较小,但的确存在,然而,WADC却不允许推翻对违规的认定,因为从法律技术的角度看,WADC对违规的规定其实是一种"法律拟制",即只要是禁药或者禁用方法,其就会对使用的运动员身心构成损害,或者构成对其他的运动员的欺骗。其实,妨碍兴奋剂调查的行为构成兴奋剂违规,也是法律拟制,这与被调查的运动员是否真的使用了兴奋剂或者样本是否呈阳性无关。所以,孙杨或者其团队的成员毁掉样本容器的行为本身,就构成兴奋剂违规。根据《瑞士联邦民法典》,除非孙杨能证明飞行药检严重侵犯了其人权或者违反了公共政策,否则,即使反兴奋剂组织的工作人员违反了调查规则,通常也不能推翻结论。这就意味着,建立在兴奋剂违规基础之上的妨害兴奋剂管理罪,也具有拟制的成分。

WADA采用法律拟制的主要理由有:一则,便于兴奋剂执法,以迎合体育比赛时效性强的特点;二则,这种"法律拟制"构成处罚其他兴奋剂违规行为的根据或者前提;三则,WADA在性质上为民间组织,对反兴奋剂管理工作享有自治权,而且,这还获得了被管理方,即运动员及其附随人员的同意。WADC属于体育法或者"娱乐休闲法"的范畴,适用"孤岛原则",即尽管运动员为了参加比赛必须进行这样的选择,但是,该"同意"仍应视为自由意志的结果,包括法院在内的公权力机关不得干预。其实,法国、德国、意大利、西班牙以及澳大利亚等国,在将兴奋剂违规行为入罪时,也效仿了这种做法,即通过法律拟制,将运动员未经许可而使用兴奋剂的行为刑事违法化。这样,所涉及的禁用物质或者方法是否有害于健康或能否提高比赛成绩,并不影响对违法性的判断。这种规定或者拟制由于与法益保护原则(或者伤害原则)存在冲突,遭到以罗克辛为代表的刑法学者的批评,但是,这是立法的结果,或者说是民主政治的产物,即使其有恣意性,从宪法的角度看,也没有多大的问题,毕竟立法者有制定"恶法"或者"蠢法"的权力。由于法院无权制定这样的拟制,因此,我国《兴奋剂解释》存在以下的问题:

首先,从理论上看,我国《兴奋剂解释》将一些兴奋剂违规行为犯罪化缺乏正当化的根据。一般来说,实行行为不禁止,帮助行为也不应受处罚,既然运动员使用兴奋剂的行为并不构成犯罪,那么,为什么刑法要禁止其他的兴奋剂违规行为呢?在国外,曾有人解释说,兴奋剂有害于健康,运动员为赢得比赛而使用兴奋剂属于自害行为。现代刑法虽然不处罚自害行为，但也不允许为他人的自害行为提供帮助，帮助自杀或者自残构成犯罪就是适例。这样，即使运动员使用兴奋剂的行为不入罪，也可以将加功这种行为的行为犯罪化。然而，这种解释很难成立，主要理由有：

一则，如前所述，治疗用药豁免制度存在的原因表明，兴奋剂并不一定对身体有害，甚至有时还有利于健康。特别是，有一些兴奋剂与人的健康根本没有关系，如《禁用清单》中的辣椒碱，主要禁止赛马使用，与运动员的健康无关。在权利人同意的情况下，杀死赛马都不构成犯罪，生产、销售或者经营辣椒碱或者含有该成分的补品、食品的，更难被评价为犯罪，否则，存在违反法益保护原则的嫌疑。

二则，即使帮助自害行为构成犯罪，在我国，一般通过故意伤害罪进行处罚。然而，伤害罪通常是有程度限制的，比如须达到轻伤以上，但是，禁用物质对身体的伤害，很难达到上述程度。因此，将生产、销售或者经营这种禁用物质的行为犯罪化，存在违反比例原则或者罪责刑相适应原则的嫌疑。其实，如果允许刑法干涉这样的行为，那么，刑法也可以禁止帮助抽烟、喝酒甚至吃烧烤的行为，因为这些行为一般也有自害性，这显然是不能被接受的。因此，从理论的角度看，兴奋剂违规入罪对运动员使用兴奋剂行为犯罪化有严重的依赖，当前者不被刑法所禁止时，追究其他兴奋剂违规行为的刑事责任是有问题的。

其次，从规范的角度看，我国《兴奋剂解释》有违反罪刑法定原则的嫌疑。

其一，我国《兴奋剂解释》将生产、销售含有兴奋剂的食品以及组织使用兴奋剂的行为等入罪，显然建立在禁用物质“有害于健康”的基础之上；将在国家考试或者测试中，组织考生非法使用兴奋剂的行为入罪，建立在兴奋剂“会提高比赛成绩”的假设之上。如前所述，根据 WADC 第 4.3 条的规定，有的禁用物质对身体无害，有的禁用物质不具有提高比赛成绩的功能。由于《禁用清单》并没有标注哪些禁用物质有害于身体健康，哪些会提高比赛成绩，因此，最高人民法院认为禁用物质有害于健康或者会提高比赛成绩，显然是一种类推。而这些类推对被告人明显不利，所以，我国《兴奋剂解释》与罪刑法定原则存在一定的冲突。

其二，罪刑法定原则要求刑法禁止必须明确、具体，以保障公民能够预测到自己行为产生的法律后果，实现刑法规范“行为控”的功能。然而，部分兴奋剂犯罪未能满足此要求。兴奋剂犯罪对《禁用清单》等兴奋剂政策具有严重的依赖性，《兴奋剂解释》直接援引《禁用清单》作为认定兴奋剂犯罪构成要件的标准，可能导致普通公众无法认识和理解《兴奋剂解释》

规定的禁止行为，也无法充分评价其行为的风险与后果，束缚了其行为选择的自由，故兴奋剂违规行为入罪违反明确性的要求。除走私罪对犯罪主体及目的进行了限制之外，其余兴奋剂犯罪均未将犯罪主体限制于运动员、辅助人员等体育活动的主要参加者。《兴奋剂解释》第 8 条规定，对于有关“兴奋剂”等专门性问题，应当依照《体育法》等法律法规，结合国务院体育主管部门出具的认定意见等证据材料进行确定。在我国，“兴奋剂”所指向的禁用物质及禁用方法，须依赖于国家体育总局等部门发布的《兴奋剂目录公告》等予以确定，而该目录基本与世界反兴奋剂机构发布的《禁用清单》保持一致。依据相关规则，《禁用清单》每年公布一次，且可在必要时修订，这可能导致兴奋剂的认定缺乏明确性和稳定性，降低公众对行为及其法律后果的预测可能性。随着兴奋剂范围的变动，与之相关的生产、销售行为可能随之变为有罪，这将严重限制公民自由。与此同时，普通公众通常难以掌握兴奋剂的内涵。

一方面，兴奋剂通常与公众的生活相离较远，公众一般不具有了解其内涵的动力与路径。另一方面，《禁用清单》作为兴奋剂规则，具有专业性与复杂性，且其发布方式的公开性较低，发布日期亦具有不确定性，公众通常不具有相应的理解能力。在此背景下，《兴奋剂解释》对《禁用清单》的直接援引，可能违反罪刑法定原则的明确性原则。

其三，依据法律主义，规定犯罪与刑罚的只能是刑法的成文法，而不包括司法解释。通常，司法解释作为对刑法禁止的诠释或说明，不得超出法律规定的范围另设新罪。其对犯罪构成及刑罚的解释，亦不得超出刑法条文可能的语义范畴。这不仅是罪刑法定原则的要求，也是普通公众对司法解释不具有知法义务的体现。一般而言，公民不具有了解、认识司法解释的义务，法官无权告诉公众应当如何选择自己的行为。原因在于：

(1)司法解释的主要价值在于指导法官如何裁判，以实现“权力控”，避免司法的专横，其价值并不在于指导公众如何选择行为，因此，公众通常不具有了解司法解释的必要。

(2)司法解释内容纷繁复杂，且无严格的公示方式，通常只有经过刻意了解与专业学习才能获知与掌握。若要求公众以财产、自由为代价了解该种规范，则可能增加公民守法成本，压缩其自由，存在不公平的嫌疑，有违现代法治理念。①

(3)若司法解释过多干涉行为规范，可能会破坏法律的稳定性，不利

① 参见张骐：《论裁判规则的规范性》，载《比较法研究》2020 年第 4 期。

于树立刑法的权威。《兴奋剂解释》中的部分规定可能超出刑法禁止的语义范畴。比如,《兴奋剂解释》第 1 条第 2 款以走私普通货物、物品罪规制部分走私兴奋剂的行为。该条将《刑法》第 153 条中的“情节严重”解释为“一万元以上”。因此对此类走私兴奋剂的行为的规制,不适用最高人民法院、最高人民检察院《关于办理走私刑事案件适用法律若干问题的解释》第 16 条关于走私普通货物、物品罪的入罪标准(10 万元以上),贯彻特殊法优于一般法的原则。相比较而言,走私普通兴奋剂物质的社会危害性,并不远大于走私其他普通货物、物品的行为,故以远小于刑法条文语义范畴的数额,作为本行为的入罪门槛,可能有违罪刑法定原则。

最后,最高人民法院在《兴奋剂解释》的标题中虽然提到了“非法使用兴奋剂”的概念,但条文却没有记述其具体内容及后果,所以,刑法并不禁止运动员使用兴奋剂的行为,显然,这有“标题党”的嫌疑,极易产生误解。究其原因,可能与当前的刑法缺乏相近似的条文有关。其实不然,完全可以通过诈骗罪将这种行为入罪,在制定《德国反兴奋剂法》之前,德国就是这样做的,因为运动员使用兴奋剂就是为了借此获得不公平的竞争优势,从而拿走原本属于他人的奖牌或者奖金,故这完全可以翻译为诈骗。然而,由于禁用物质与比赛成绩之间的关系非常复杂,且很难证明,再加上被害人不好确定,即使运动员因此而赢得了比赛,获得了原本属于他人的财产利益,也很难追究其诈骗罪的刑事责任。但是,需要注意的是,即使目前将兴奋剂违规行为入罪的国家,也很少追究运动员使用兴奋剂的刑事责任,主要理由有:其一,这是法益保护原则(或者伤害原则)的要求,防止其之判决被贴上家长主义的标签;其二,这是“禁止双重危险原则”的要求。兴奋剂违规行为入罪后,运动员未经允许而使用兴奋剂的行为,既触犯本国刑法,也违反 WADC。但是,反兴奋剂组织并不会因运动员构成犯罪而放弃纪律处罚,即运动员通常仍然会被禁赛,这种职业禁止为准刑罚。如果成员国再对运动员进行刑事处罚,无异于因同一事实而使被告人面对两次危险,《公民权利和政治权利国际公约》第 14 条是绝不允许这样做的。尽管如此,仍然需要将运动员使用兴奋剂的行为入罪,因为这不仅使警察获得了反兴奋剂案件的调查权,而且为其他兴奋剂违规行为入罪,提供了规范根据。

当然,最高人民法院通过《兴奋剂解释》将一些兴奋剂违规行为入罪,也有一定的社会意义,比如,其在一定程度上向国际社会表达了我国对兴奋剂零容忍的态度,解决了警察过去无法对有关人员的住宅或者其他场所进行搜查的问题。不过,由于最高人民法院无权设置上述“法律拟制”,也无权处理反兴奋剂组织与警方的信息(证据)共享以及法律管辖等问题,该《兴奋剂解释》的意义非常有限。对于运动员使用兴奋剂的行为是否应当在立法的层面上入罪,是一个无法回避的问题,我们将在下一节,专门予以探讨。

第三节　运动员兴奋剂违规行为的犯罪化

一、概述

就毒品犯罪而言,贩卖毒品的行为,其危害性源自吸食毒品行为的有害性,不过,除未成年人之外,成年人吸食毒品是一种自愿行为。即使吸食毒品有害于身体健康,也属于自害行为的范畴。将贩卖毒品的行为入罪,则意味着将帮助自害行为的行为入罪,传统的观点认为,这有悖于法益保护原则,其入罪的根据为“家长主义”,这很明显违反人们的自治权。

为了调和毒品犯罪与人们自治权之间的矛盾,费因伯格提出了“软的家长主义”的观点,他认为,行为人吸食毒品并不是为了在明天伤害自己的身体,而是由于今天的不良观念造成的,故国家以刑罚的方式矫正人们的这种选择,并不真正违反行为人的真实意志,所以,刑法的这种干预是正当的。然而,国家以什么为凭说自己的选择一定是行为人明天的选择,谁才真正有权代表“明天的行为人的利益”?显然是行为人自己,故国家以此为理由干预人们的行为是有问题的。这样,毒品犯罪就建立在与“帮助自杀或者自残”相类似的理论之上。具言之,吸食毒品的行为具有自害性,这与自杀或者自残行为一样,人们自己吸食是不构成犯罪的,但是,帮助他人自杀、自残的,却构成犯罪。也就是说,制作、贩卖或者帮助他人吸食毒品的行为之所以入罪,这是类比帮助自杀、自残行为入罪的结果。所以,涉及贩毒行为的处罚,无论如何都不应当重于帮助自杀或者自残行为的处罚;否则,违反比例原则。这也是妨碍兴奋剂管理秩序的行为入罪的根据所在。这就产生了一个问题,即运动员使用兴奋剂是否应当入罪呢?

二、运动员使用兴奋剂入罪的根据:从维护道德到保护公共利益

普遍认为,体育对社会的存在和健康发展起着重要作用,因此,两者密切相关。古希腊哲学认为,一个完整的人应该拥有健康的身体、心理和灵魂,而国家重视和支持体育活动,有助于个体的存在与发展。基于这种理念,1974 年希腊,以体育为文化生活的重要组成部分为由,甚至给予其宪

法保护，理由是，体育在推动社会创新、发展和希望方面具有不可估量的价值。① 这不仅关乎个人的健康和全面发展，还涉及诚实、公平、公正等社会的核心价值。体育关系到社会的健康与发展，故构成社会发展的必要条件。基于这种观点，很多学者主张，兴奋剂的使用对体育领域的破坏性极大，这不仅是不道德的，会破坏比赛的公平，而且会危及个人和社会的健康发展，因此，需要通过刑法来打击这种行为，以保护这些重要的公共利益。

（一）公共利益

道德和伦理的关系在任何领域都是复杂的，而在体育领域，这种复杂性更为明显，处理起来更具挑战性。摩根从哲学角度指出，一些普遍的道德标准和要求，如普适性、一致性和公正性等，在体育领域的应用会变得非常敏感，容易引发争议。② 例如，马拉多纳的“上帝之手”事件就在英国和阿根廷之间引发了两种截然不同的观点。这些观点的差异反映了道德标准在体育领域的敏感性和复杂性。体育领域中确实有许多抽象的道德价值，如“不得伤害他人”，其通常应用于体育中的暴力行为。然而，这个标准如何适用？却面临很大的挑战。体育领域充满了娱乐性，而且“选边站”的现象极为普遍，这也是体育的一大特色。这使得普适性、一致性和公正性等道德标准应用于具体的体育场景变得充满挑战。即便是“不得伤害他人”这样的标准，同样是复杂的。以足球比赛为例，如果一名球员故意以危险的方式铲倒了另一名球员，导致后者受伤，我们是否可以说这名球员违反了“不得伤害他人”的道德原则？答案可能因人而异。从中立的角度看，我们应该根据该球员的动机（比如他是否是故意的），还是根据结果（比如另一名球员是否受伤），或者根据其他的因素（比如比赛的规则，或者体育精神）来进行判断？这是一个难以回答的问题。在社会生活中，这种行为被定性为犯罪是没有问题的，但在体育比赛中，能否将其定性为故意伤害，则存在许多问题。

在体育领域，对于铲球导致的伤害进行定罪可能存在一定的困难。然而，对于使用兴奋剂的行为，情况就不同了。许多人认为，将使用兴奋剂的行为定为犯罪，在很大程度上是为了维护体育的公平性和道德。作弊行为可能对体育产生广泛且严重的危害，而使用兴奋剂被普遍视为一种违反竞技公平的不道德行为。使用兴奋剂被视为欺诈，因为它不仅违反了竞技规则，还破坏了公平竞争。这在体育界是无争议的。“公共利益”理论强调，

---

① See The Regulation of Sports Activities in Greece, Gregory Ioannidis, *Professional Sport in the EU: Regulation and Re-Regulation*, TMC Asser Press, 2000, p. 260.

② See W. J. Morgan, *Ethics in Sport*, Human Kinetics, 2001, p. 3 – 26.

为了维护社会整体利益，有必要通过法律手段保护体育的公平性和诚实竞争。否则，作弊行为失控，体育界可能面临严重的崩溃风险。因此，将使用兴奋剂的行为定为犯罪，是对个体行为的惩罚，更是对整个体育体系的保护。这种法律手段旨在预防和惩治任何可能危害体育公平性和道德原则的行为，以确保体育能继续为社会提供积极、诚实的竞技娱乐。[①] 此外，通过制定这样的法律，也能反映出体育在社会和公民生活中的重要作用。

在这种情况下，各种参与体育活动的当事人，都有责任维护体育领域的公共利益，从而确保体育体系能够服务于包括但不限于教育、职业精神、公平、正义和平等。相关各方在这一框架内不仅需要遵守规则，还要承担保护公共利益的责任。使用兴奋剂的行为会违反上述原则，引发一定程度的不确定性、混乱和危害。这不仅是对体育规则的违反，更是对体育所传递的正面价值观的背离。总之，在社会中，体育的重要性已被广泛认可，各种不同的体育项目以及非体育情境都证明：体育与公共利益之间存在着紧密的联系。公共利益说认为在决策过程中，通常会以大多数人的利益为中心，将其视为唯一的公共利益。这种观点认为，公共利益是单一的、一元化的，而不是多元化的。因此，公共利益说虽然强调了公共利益的重要性，但其一元化的观念可能会导致决策的不公平和片面性，忽视社会的多元化现实。

这种观点无疑引发了很多争议，极易导致国家对个人生活过度干预，因此应当谨慎处理。在这个问题上，公共利益与个体自由之间存在明显的冲突。在这种情况下，法律如何平衡社会权益和个人权利之间的关系，甚至是否需要进行平衡，都是值得深思的问题。然而，有些人认为，多年来，法院在一些案件中已经确立了公共利益优先于个体权利的原则，这种基于法院判例的观点在许多体育和非体育案件中得到了验证，为将使用兴奋剂的行为定为犯罪提供了法律依据。这一法律立场体现了对维护体育公正、公平和道德原则的承诺。比如，在加拿大的乔比顿诉女王案（Jobidon v. The Queen）案中，[②]被告人因在一场格斗中导致对手死亡而被指控犯有过失致人死亡罪。法官认定，这场格斗是在双方同意的情况下进行的，原因是双方在酒吧发生了争吵，而死者先动手殴打了被告人。法官裁定被告人在刑法上没有过失，因此宣告其无罪。公诉人对此不满并提起上诉，上诉法院认为，当被告人试图造成他人人身伤害时，不应要求证明被害人同意受伤。加拿大

---

① The Council of Europe Resolution (67) 12 指出，使用兴奋剂具有欺骗性，这是不道德的。使用兴奋剂有悖于体育的价值及其原则：公平比赛、机会平等、诚实比赛和健康运动。

② See Indexed as R. v. Jobidon, 66 CCC (3d), September 26, 1991.

最高法院支持上诉法院的观点,强调公共政策不支持对赤手搏斗中的同意的法律效果,因为普通法一直都坚持这样的政策。从公共利益的角度看,成年人无正当理由故意造成他人人身伤害,是不应当的,否定这种限制,是一种倒退,因为这是一种不文明的行为。赤手搏斗通常是毫无价值的,有时还可能导致更为严重的争吵,对社会的安宁造成严重不良影响。如果允许具有攻击性的个体参与合意性的打斗,他们可能会滥用这种许可权。从社会伦理的角度来看,法律对这种行为的宽容是有问题的。①

公诉人指出,整个普通法体系普遍认为,在任何情况下,对于故意伤害身体的行为的同意都无效,法律禁止合意性的街头打架或赤手搏斗。从公共政策的角度来看,人们不应该从事这种活动,因此,根据公共政策,上诉人主张在解读刑法典规定的"同意"时,应将其限制为故意伤害罪的正当化事由。公诉人强调,打斗缺乏社会价值,是违法行为,这是许多普通法国家的一致共识。这意味着从公共利益的角度看,社会不应当容忍或正当化这种行为。因此,上诉人认为刑法典对于"同意"的解释应当在确保公共安全和秩序的前提下,限制其在故意伤害罪中的适用范围。所有的法官意见完全一致,即由于不符合公共利益,人们不能尝试给他人的人身造成现实的伤害,除非有正当的理由,所以,打架行为是违法的,不管是否存在同意。

这样,保护"公共利益"在很大程度上成为刑法将特定行为犯罪化的一个根据,以此来对抗个人自由,从而否定同意人身伤害的效力。在拉文克劳比顿(R. v. Jobidon)案中,②法官解释说,公共政策构成控方主张约架无社会价值的根据。英国上诉法院指出,成年人没有正当的理由而故意造成他人人身伤害的,有悖于公共利益。约架或者街头斗殴是没有价值的,这种事件是冲动的结果,通常会给参与者带来严重的人身伤害。我们的社会规范不应再强调拳头的价值。随着人们个体伦理和社会价值观的发展,确立这些观念的理由变得至关重要。对于法律尤其如此,因为法律的设立和修改需要合理的理由来支持。在这一背景下,否定对伤害同意的限制被认为是一种巨大的倒退,相当于阻碍了行为规范文明化的进步。具体而言,如果法律取消了对伤害同意的限制,就等于放弃了限制个体故意伤害他人的规范,这种放弃可能会导致更多的暴力和冲突。然而,如果没有个体利益参与的公共利益,可以成为证成刑法禁止特定行为的根据,那么,这还是现代社会的刑法吗?这会使道德犯因此堂而皇之地获得正当

① [1991]64 CCC (3d) 294,102 NSR(2d) 56,12 WCB(2d) 455.

② [1991]64 CCC (3d) 294,102 NSR(2d) 56,12 WCB(2d) 639.

性，于是，演员的假唱也可以成为刑法规制的对象！固然个人对自身伤害的同意，通常不具有阻却伤害行为违法的功能，不过，这并非完全不能阻却，而是能阻却一部分，这种加害行为如果还有其他的正当理由，比如，治疗疾病、挽救他人，则可以获得完全阻却加害行为违法性。因此，以此证成运动员兴奋剂违规入罪的正当性，可能是有问题的，后面还要探讨。

（二）家长主义

公共利益说认为，人身具有神圣不可侵犯性，这会降低对打架造成的人身伤害同意的效力。也就是说，否定对人身伤害的同意的效力，源于公共政策上的考量，即防止个体暴力的泛滥。然而，就约架而言，限制成年人同意的自由，显然有一种不正当的家长主义的色彩，有违个人自治权，因为这种限制至少表明，自由并非当前法律所试图保护的唯一价值。正是因为这个原因，尽管这种限制是有一定道理的，但仍然遭到很多人的反对。不过，家长主义虽然总是会遭到人们的非议，但是，在一定程度上，所有的刑法禁止都有一定的“家长主义色彩”，比如盗窃，其既保护不同意盗窃的人的财产，也保护同意盗窃行为的人的财产。尽管如此，这并不能否定这种禁止规范所蕴含的指导功能。不过，对于后者，法律存在相应的解决方法，避免家长主义的立法变成现实。然而，对于约架或者街头斗殴，法律已经发展了限制被害人同意效力的方法，不过，这种方法非常复杂，还非常含蓄。即刑法要求人们以人性和尊重的方式对待他人，在这种情况下，被害人的同意，则是允许的。一般来说，非出于正当的理由而试图或者故意造成他人的人身伤害，是违反公共利益的。因此，如果试图或者已经给他人的人身造成了现实的伤害，就构成故意伤害罪。① 这意味着，绝大多数打架都具有违法性，不管是否存在被害人同意。然而，对于拳击比赛、正常的医疗、危险的体育项目（如滑雪）等，其之正当性，如何解读？为了解决这个问题，往往以人格尊严辅助被害人同意，使同意获得阻却全部违法的功能，避免了用公共利益解释否定同意伤害行为的正当性。

再比如，在布朗（Brown）案中，②英国上议院认为，合意性的施虐和受虐有时也会给被害人造成人身伤害，属于违法行为，应当构成故意伤害罪。然而，辩护人认为，被害人的同意，构成被指控行为正当化的根据，因为每个人都有权按照自己的意愿处理自己的身体，但是，有的法官认为，这种理由是不成立的。刑法限制人们实施存在着危险或者伤害个人身体的行为，

① 2 All ER 1057 at 1059，［1981］QB 715 at 719.

② ［1993］2 All ER.

认为这种行为也会给社会造成危害。如果这种观点成立,那么,运动员使用兴奋剂的行为入罪,就有了根据。有法官补充说,①在考虑公共利益时,我们不能仅从个体角度审视上诉人的行为,因为公共利益反对他们及其同伴进行的同性恋间的相互施虐行为,而是应当考虑到这样一种可能性,即这种行为可能由他人实施,而这些人可能不受控制。这样,在考虑公共利益时,可能造成的伤害与实际发生的伤害同样重要,两者都需要被认真对待。这就要求我们在处理这类问题时,全面考虑各种因素,而不能仅仅关注个体行为。这就是说,在处理这类问题时,既要考虑到个体的行为,也要考虑到可能对公共利益产生的影响。也就是说,被害人的同意,并不能控制或者消除其面临的危险。这也是国家强行干预的根据。② 这种观点同样适用于体育领域中使用兴奋剂的行为,即使用兴奋剂的行为的危险性在于,不仅对运动员的健康构成了严重威胁,而且威胁到其他易受体育过度商业化影响的未成年运动员。当体育领域内使用药品的行为可能导致人身伤害时,社会不能保持沉默。

传统的观点认为,干涉一个人的自由,不可能是正当的,这种观点却不能否定这样一种事实,即使用兴奋剂不仅有巨大的危险性,还有巨大的破坏性。特别是,“个人自由”的观点没有考虑到使用兴奋剂行为的强制性,这在国家的层面上存在,其处于最为阴暗的方面。③ 如前所述,前东德运动员使用兴奋剂的情况,就可以证明这一点。使用兴奋剂不仅能实现个人目标,还可能带来经济和社会奖励。然而,由于运动员正在与其他竞争者参与比赛,这就成了一个需要社会审查的问题。为了争夺奖金而实施和接受的伤害可能会对社会造成危害,原因有两点:一是,这违背了公共利益,因为这可能危及参与者的生命健康;二是,争夺奖金可能导致无序的展示和恶作剧。因此,即使当事人存在对伤害的同意,也不能阻却其违法性。所以,法律可以对这种违法行为进行干预,即对有关的医生和教练,可以进行指控。这就要求我们在处理这类问题时,既要考虑到个体的行为,也要考虑到可能对公共利益产生的影响。④ 同样,当运动员使用禁用物质时,

---

① [1993] 2 All ER, note 36, at p. 91 – 92.

② See R. v. Coney (1882) 8 QBD 534 at 547.

③ 这种观点也会产生伤害的可能,其表明行为人缺乏完全、自由和正式的同意。

④ In R. v. Coney [1862] Stephen J. stated:遭受伤害之人对加害人的同意,如果这种伤害的性质具有社会性,即还会危及社会,那么,这种同意是无效的。

不仅对其有害,也危害了社会。① 此外,绝大多数父母或者教育者,也不愿意让未成年运动员面对荣誉和严重的人身伤害之间的冲突。然而,这种支持运动员使用兴奋剂的行为入罪的观点,能够成立吗？接下来一一探讨。

三、入罪的规范障碍

继法国、意大利、西班牙、澳大利亚等国之后,德国在2015年年底也将兴奋剂违规行为入罪。英国体育部副部长曾声称,他们也准备在2017年的伦敦田径锦标赛前,将使用兴奋剂的行为入罪。然而,世界反兴奋剂机构对此却持保留的态度。目前,欧洲大多数国家已经或者准备用刑法打击体育领域内使用兴奋剂的行为,不过,世界上绝大多数国家尚未将其犯罪化,此外,即使一些国家,比如德国,虽然已将兴奋剂违规入罪,但是,该立法却受到了刑法学界的批评。其实,兴奋剂违规行为是否应当入罪,涉及很多复杂的法律问题。本章将在归纳总结国内外兴奋剂犯罪的规制现状的基础上,探讨我国兴奋剂犯罪的法律适用问题,并将重点探讨运动员自愿使用兴奋剂行为入罪所遇到的法律障碍,以及突破这些障碍的根据。

(一)使用兴奋剂的行为入罪的实体法障碍:法益保护原则

刑法学界一般认为,对于特定的加害行为,是否应当用刑法规制,首先要看将其入罪是否有利于保护某种法益,否则,即使行为多么令人厌恶,也不得被犯罪化。那么,将使用兴奋剂的行为入罪,究竟保护的是何种法益呢？对此,理论上主要有三种不同的观点。

1. 财产权说

德国在制定反兴奋剂法之前,学界采用的就是这种学说,目前澳大利亚反兴奋剂法采用的也是这种立场。财产权说认为,为了提高比赛成绩而使用兴奋剂,运动员主要是想通过使用药品的方式,获得不公平的竞争优势,赢得体育比赛的胜利,从而从其他干净的运动员手里拿走本来不属于自己的奖金、奖牌或者荣誉,因此,其构成诈骗。用刑法打击这种行为,主要是出于保护干净运动员的财产权(奖金、赞助费等)的需要。所以,将使用兴奋剂的行为入罪,是为了保护他人的财产权。② 然而,这种观点却存在以下的问题难以解决:其一,如果将使用兴奋剂的行为定义为侵犯他人

---

① 有人认为,使用兴奋剂危及社会的健康发展的重要价值。体育会促进这种价值观,即健康、公平、合理和业余体育比赛的理想,这代表了公平原则和结果的真实。体育还会促进身体、心理和灵魂的健康。使用兴奋剂也是一种加害行为,会伤害其他人。

② See Jacob Kornbeck, *The EU, the Revision of the World Anti-Doping Code and the Presumption of Innocence*, Int. Sports Law J., Vol. 15, p. 172 – 196 (2016).

财产权的行为,那么,运动员使用兴奋剂与其取得的比赛成绩之间是否有因果关系,在追究运动员使用兴奋剂的刑事责任时需要证明。然而,运动员最终能否获胜,有很多影响因素,比如,运动员自己的天赋、竞争对手的状态,甚至比赛的地理位置、天气和裁判等,那么,使用兴奋剂的行为有没有作用?有多大的作用?则是很难证明的。其二,即使能证明运动员由于使用了药品才取得了当前的成绩,那么,接下来的问题是,被害人到底是谁呢?是排名第二的运动员吗?还是所有参加比赛的运动员?这一点是很难确定的。诈骗是有被害人的犯罪,且被害人的态度对认定犯罪具有不可或缺性。比如,德国警方发现自行车手乌里希在2006~2008年,从一个西班牙体育医生那里获得了兴奋剂,并将其使用到比赛之中。乌里希因此受到了诈骗罪的指控,根据是,其与前雇主签订的合同中明确承诺不会使用兴奋剂,即德国认为,兴奋剂诈骗罪的被害人,是与被告人存在合同关系的雇主。但是,控方并不能证明在签订合同时该雇主不知道被告人会使用兴奋剂,再加上,双方当事人已经在民事程序中达成了协议,说明被害人已经接受了这种欺诈的事实,于是,控方根据《德国刑事诉讼法典》第153a条的规定撤诉。这表明通过诈骗罪处理体育领域内的兴奋剂问题,存在很多的法律障碍和事实障碍。正是这个原因,才促使德国制定了单行的刑事法规,即《德国反兴奋剂法》。其三,对于没有取得名次的运动员,他们虽然使用了兴奋剂,但并没有因此获得任何收益。如果按照财产权说,他们又"诈骗"了谁?剥夺了谁的法益呢?总不能说是"诈骗"了比赛的组织方或者管理人员吧!毕竟他们不可能因运动员使用兴奋剂的行为而受到任何的财产损害。由此可以看出,"财产权"说,在司法上,存在很多的问题无法解决。

2. 健康、平等比赛的机会和诚信说

这是《德国反兴奋剂法》所采取的立场。该法第1条规定,打击体育领域内使用兴奋剂的行为,旨在保护运动员的健康、比赛中的平等机会和诚信。因此,德国的使用兴奋剂罪所保护的法益为:运动员的健康、平等比赛的机会和诚信。不过,这种观点存在以下问题:其一,刑法总是作为保护法益的最后手段而存在的,但是,不管是体育诚信,还是平等的比赛机会都是一种理念,其无法构成刑法所保护的法益,因为从本质上看,两者所表达的是一种社会利益,并不涉及人类的基本生存条件(生命财产)问题。其二,这两种观念非常抽象,且边界极为模糊,如果其可以成为刑法保护的对象,人们不禁要问,为什么艺术或者音乐方面的诚信或者机会平等不能获得刑法的保护呢?其三,反兴奋剂法关注的是与比赛有关的使用兴奋剂的行为,那么,网络上的比赛是否也包含在内呢？对这些问题，该学说都无法回答。①

将运动员的健康作为刑法保护的法益，同样是有问题的：其一，这种观点似乎与《德国宪法》第2条第1款规定的个人发展权存在冲突，因为该条规定，个人有权决定是否实施有害于个人健康的行为。这就是说，运动员使用兴奋剂危害自己的健康，是有宪法根据的，国家无权干预。其二，这有悖于世界反兴奋剂机构《禁用清单》中所列举的禁用物质的性质。世界反兴奋剂机构所列举的禁用物质，通常具有提高比赛成绩的功能，而不是有害于健康。比如，可卡因属于禁用物质，但很难说其会危及人的健康，因为诸如可口可乐等饮料中就含有这种物质。事实上，离开了量的考察，是无法评定特定物质的有害性的，比如，运动员经常使用的诸如克伦特罗、类固醇等禁用物质，如果少量使用，通常对人体是没有多大的危害的，只有达到一定的量，才会危及人身健康。这样，如果出于保护人体健康而将使用兴奋剂的行为入罪，世界反兴奋剂机构《禁用清单》中列举的物质，不仅应当根据是否有害于健康而再进行分类，还要规定一定的剂量，而这一点显然是很难做到的。其三，运动员自愿使用兴奋剂，危害的是其自身的健康，运动员自杀、自残都不构成犯罪，为什么其危害自己的健康，刑法要进行制止呢？这也是说不通的。如果这种观点成立，那么，抽烟、吸毒、饮酒甚至风险系数较高的体育项目（比如攀岩和跳伞），也应禁止，事实上，世界上绝大多数国家对这种自害行为，都是放任不管的。如果其的确需要用刑法进行控制，根据只能是家长主义。

学界将家长主义分成“软的家长主义”与“硬的家长主义”两种，“软的家长主义”可以成为入罪的根据，但“硬的家长主义”却没有这项功能。②因为对于前者，在表面上看，国家通过刑法禁止人们实施一些自害行为，似乎侵犯了权利人的自治权，但实质上，并没有违背权利人的真实意志。比如，很多国家将开车不系安全带的行为入罪，在表面上看侵犯了权利人的自治权，但是，权利人不系安全带，并不是想自杀或者自残，而是由于疏忽或者不正当的生活方式。作为理性人，面对法律的这种强制，并不反感或者排斥，故其在本质上并未妨碍权利人的自由。而故意使用兴奋剂的行为却与之不同，运动员知道使用兴奋剂会危及其人身健康，但是，为了能赢得比赛而甘愿冒险，换言之，这是权衡利弊后的选择，属于理性行为。因此，

① See Simon Karlin, *Germany's Anti-Doping Legislation*, World Sports Advocate, Vol. 5, p. 8 – 9 (2017).

② See Paul Roberts, *Philosophy, Feinberg, Codification and Consent: A Progress Report on English Experience of Criminal Law Reform*, Buffalo Criminal Law Review, Vol. 5, p. 173 – 253 (2001).

如果出于对运动员健康的考虑而将使用兴奋剂的行为入罪，显然属于“硬的家长主义”的范畴。① 这是对个人自治权的不当干涉，所以，家长主义无法证成使用兴奋剂入罪的正当性。在这里，如果用家长主义作为使用兴奋剂入罪的根据，极易让人产生“滥用”的嫌疑，即在表面上是为了运动员，实际上是为了使运动员服从于社会的需要，这也是家长主义最让人诟病的地方。②

3. 体育精神说

意大利和希腊等国的反兴奋剂法认为，将使用兴奋剂的行为入罪，是为了保护体育精神或者“体育纯洁性”。③ 所谓的体育精神就是指奥林匹克精神，也就是 WADC 序言中所宣称的体育价值，包括道德、公平竞赛与诚实、健康、优秀的竞技能力、人格与教育、趣味与快乐，等等。这种观点认为，使用兴奋剂的行为破坏了体育精神，为了恢复体育精神，需要刑法打击使用兴奋剂的行为。理由有：其一，保护“体育精神”有助于人们充分展示个人的自然潜能，体现人类的卓越，所以，“体育精神”在现代生活中，具有不可或缺性，其构成人类的生存条件。其二，传统的兴奋剂处罚属于私法的范畴，具有不透明性和秘密性的特点，而兴奋剂丑闻具有公开性，因为现代的媒体特别发达，而运动员的违规往往是媒体报道的焦点之一，所以，兴奋剂处罚不足以压制兴奋剂事件的社会影响，无法使体育活动产生公信力。从干净运动员的角度看，当一些曾经使用兴奋剂的运动员重返赛场时，其他运动员不得不与他们一起比赛，而曾使用兴奋剂的运动员的“前科”很容易污染体育比赛成绩的真实性，导致干净的运动员的真实表现，也遭受人们质疑。对于受过兴奋剂处罚的运动员，他们在赛场上的任何新的、非同寻常的成绩，都有可能被公众看作是作弊的结果。然而，如果用刑罚处罚使用兴奋剂的运动员，就会给社会传递这样一种观念，即该运动员已经得到了报应，于是，人们也就恢复了对受到处罚的运动员成绩的信任，同时，干净运动员的声誉也得到了保护，故只有刑法才有助于保护体育的纯洁性。其三，在现代社会，体育的作用越来越重要，其在促进国家与社会

---

① 费因伯格将前者称为“软的家长主义”，而称后者为“硬的家长主义”，前者可以成为将行为犯罪化的根据，而后者却没有这种能力。See Feinberg, *Harm to Self* (*Moral Limits of the Criminal Law*), Oxford University Press, 1989, p. 12 – 14.

② See Jason Lowther, *Criminal Law Regulation of Performance Enhancing Drugs: Welcome Formalisation or Knee Jerk Response*, in *Drugs and Doping in Sport: Socio-Legal Perspectives*, Cavendish, 2000, p. 225 – 242.

③ See Claire Sumner, *The Spirit of Sport: The Case for Criminalisation of Doping in the UK*, Int. Sports Law J., Vol. 16, p. 217 – 227(2017).

的健康发展,以及实现公平、正义和平等的理念等方面,具有不可或缺性。而体育领域内使用兴奋剂的行为,则会破坏这些理念,给社会带来不确定性、混乱甚至是危害。其四,通过使用兴奋剂获得不公平的竞争优势,具有严重的不道德性,如果刑法不保护体育精神,当不受法律控制的作弊达到一定程度时,体育则面临着崩溃的危险。① 总之,只有将使用兴奋剂的行为入罪,才能改变公众对体育成绩的看法,重塑体育精神。②

这种观点的缺陷有:首先,从体育精神的内容看,其由道德、健康、公平竞赛与诚实、优秀的竞技能力、人格与教育、趣味与快乐等组成,"体育精神"显然属于道德范畴,所以,基于保护体育精神而将使用兴奋剂的行为入罪,无疑是在制造道德犯。对此,民法法系的"法益保护原则"和普通法系的"伤害原则"都是不允许的。③ 因为这两个原则都认为,刑法不能仅仅出于保护道德的考虑而将行为入罪。在 20 世纪中期,德国根据"法益"的理论,成功地使很多道德犯被驱逐出刑法之外,比如通奸罪、介绍卖淫罪、鸡奸罪、兽奸罪和亵渎罪等。④ 与此同时,哈特与德福林之间围绕着道德犯问题展开了激烈的争论。⑤ 普通法系的国家也基本上形成了这样一种共识,即法律不应当基于保护道德而干扰私人生活。这样,以保护体育精神为由而限制人们的自由,显然有悖于现代法治理念。其次,目前学界对法益的概念争议很大,但也形成了一些共识,其中之一就是,刑法只能保护个人的具体法益,不能保护集体或者抽象的法益,这也是醉驾罪(我国的危险驾驶罪)备受质疑的主要原因。如果用刑法保护体育精神,那么,这种刑法禁止保护的是谁的法益呢?这是很难回答的。最后,也是最为重要的是,如果出于保护体育精神而将使用兴奋剂的行为入罪,那么,对于社会上的一些非正规的体育比赛,运动员使用了兴奋剂,也应入罪,但是,世界上目前还没有这样的立法例。

---

① 使用兴奋剂具有欺骗性,这是不道德的。参见 The Council of Europe Resolution (67) 12。使用兴奋剂是一种滥用和降低价值的行为。参见 Resolution (76) 41 of 1975。使用兴奋剂有悖于体育的价值观和其支持的原则:公平比赛、机会平等、诚实比赛和健康运动,参见 Explanatory Report to the Anti-Doping Convention (ETS no. 135)。

② See Claire Sumner, *The Spirit of Sport: The Case for Criminalisation of Doping in the UK*, Int. Sports Law J., Vol. 16, p. 217 – 227 (2017).

③ 参见杨春然:《冒犯型犯罪的根据:伤害原则对法益保护原则的一次超越——兼论犯罪的本质》,载《中国刑事法杂志》2010 年第 2 期。

④ See Stuckenberg C. F., *The Constitutional Deficiencies of the German Rechtsgutslehre*, Oñati Socio-Legal Series, Vol. 3, p. 31 – 41 (2013).

⑤ See Heta Häyry, *Liberalism and Legal Moralism: The Hart-Devlin Debate and Beyond*, Ratio Juris, Vol. 4, p. 202 – 218 (1991).

在我国，有学者指出，我国《宪法》第 21 条第 2 款的规定，可以构成使用兴奋剂行为入罪的宪法根据。① 这种观点显然是有问题的：一则，该条的目的非常明显，即我国发展体育事业是为了“增强人民体质”，即健康，而并非为了比赛，而运动员使用兴奋剂危及的却是其自身的健康。二则，根据我国《刑法》第 13 条（犯罪的定义）和第 14 条（犯罪故意的定义）的规定，我国刑法打击的对象是危害社会的行为，即侵害他人法益的行为。②由此可以看出，将使用兴奋剂的行为入罪显然有悖于我国刑法。其实，综观国际社会，只有 1974 年的《希腊宪法》才要求国家通过法律保护体育，绝大多数国家的宪法都对此缺乏明确的规定，尽管世界上大多数国家或者政府每年都会花费大量资源支持体育运动。如果不能从保护法益的角度，证成将使用兴奋剂的行为入罪的正当性，刑法的强制性只能源自预防他人伤害的需要的理念，则构成将使用兴奋剂行为入罪的最大的实体法障碍。

（二）程序法上的障碍：与诉讼法原则的冲突

将使用兴奋剂的行为入罪，还存在程序法上的障碍。比如，前面提到的《德国反兴奋剂法》，学界对其的另外一个批评就是有悖于当前的程序法。或者说，当前的程序法不允许将使用兴奋剂的行为入罪，主要理由是，如果将其入罪，该刑法禁止的实施有可能违反以下法律原则。

1. 审（裁）判独立原则

将使用兴奋剂的行为入罪后，就会出现纪律处罚与刑事处罚并存的现象，这有可能产生两种制度对同一行为有不同的评价，主要理由有：一则，对于兴奋剂案件，法院审判的素材（或者证据）与仲裁机构仲裁的素材可能完全不同，前者是由警察依靠专业技术和国家公权力收集的，而后者缺乏这样的技术与能力，故两者裁判的基础可能不同。二则，即使他们的审判素材完全相同，由于法院与仲裁机构是两个独立的审判组织，他们按照各自的规则和经验，对兴奋剂案件进行独立判断，故他们的结论也很难完全一致。三则，从规范的角度看，违规行为和违法行为的证明主体和证明标准是不同的。据 WADC 第 3 条的规定，兴奋剂违规的证明主体主要是体育部门，适用的是绝对优势证据证明标准；而刑事诉讼法规定，后者的证明主体是国家公诉机关，适用的是排除合理怀疑标准。由于绝对优势证据证明标准低于排除合理怀疑标准，所以，绝对优势证据证明标准允许对运动员不利的类推，而排除合理怀疑标准却坚持无罪推定原则，这导致两者

---

① 参见贾健：《滥用兴奋剂行为犯罪化研究》，载《武汉体育学院学报》2015 年第 7 期。

② 参见张明楷：《刑法学》（第 4 版），法律出版社 2011 年版，第 68 页。

对同一事实很可能得出不同的评价。[1] 比如,运动员体内发现有非特定物质,但无法证明该物质是如何进入该运动员身体的,法院会认为这是非故意性违规,而仲裁庭会认为,这是故意使用的结果。这样,对同一事实,很可能存在两个截然不同的有效裁判。

一般来说,对于同一事实,刑法与民法作出不同的评价是非常正常的,比如,美国的辛普森案的刑事判决与民事判决就截然相反,主要原因就是民事案件与刑事案件的证明标准有很大的不同。[2] 但是,对于兴奋剂处罚,社会却很难容忍刑法与体育法对同一行为作出截然不同的评价,主要理由是,从社会的角度看,一旦运动员被体育仲裁机构宣告是无辜的,而被法院认定是有罪的,其比赛的竞争对手则有可能质疑比赛结果的公平性。反之,当运动员被仲裁机构认定为违规,并被禁止参加比赛,但随后法院认定其无罪,被指控的运动员则有可能认为禁止其参加比赛的裁决是错误的,从而有可能要求体育部门恢复其名誉并赔偿损失。这样,对于使用兴奋剂的行为,由于存在两个不同的制度,一旦他们对同一事实作出不同的评价,这必然会影响司法或者仲裁的公信力。这是任何将使用兴奋剂的行为入罪的国家都无法回避的难题。为了解决这个问题,大部分国家都要求体育部门与司法部门合作,进行信息共享。比如,《德国反兴奋剂法》第 8 条规定,刑事法院、国家检察机关和国家反兴奋剂组织应当对各自所调查的信息,进行及时交流,即通过信息共享,使体育部门(或者仲裁机构)将其裁决,建立在国家司法机关的调查的基础之上,从而协调两者的评价,避免出现矛盾的裁判。但是,这种做法意味着,法院在审判案件时,要考虑仲裁庭的裁决或者可能作出的裁决;而仲裁庭在仲裁时,也要考虑法院的判决或者可能作出的判决,这显然有悖于审判独立原则或者仲裁独立原则。

2. 不得强迫自证其罪原则

不得强迫自证其罪,是现代法治赋予公民的一项重要权利,联合国《公民权利和政治权利国际公约》第 14.3 条和我国《刑事诉讼法》第 52 条对此都有明确的规定。根据上述法律规定,公权力机构不得强迫被告人或者犯罪嫌疑人作不利于自己的陈述或者提供不利于自己的证据。一般认为,不得强迫自证其罪原则的本质,是承认犯罪嫌疑人或者被告人面对司法机关的调查,享有“沉默权”或者不合作的权利,当然,犯罪嫌疑人或者被告人

---

① See Jacob Kornbeck, *The EU, the Revision of the World Anti-Doping Code and the Presumption of Innocence*, Int. Sports Law J., Vol. 15, p. 172 – 196(2016).

② 参见蔡彦敏:《从 O. J. 辛普森刑、民事案件评析美国诉讼制度》,载《中外法学》1998 年第 3 期。

自愿放弃该权利的除外。

然而,在反兴奋剂实践中,反兴奋剂组织通常通过询问运动员或者辅助人员的方式,获得兴奋剂违规的证据,这是因为在体育法中,面对反兴奋剂组织的询问,运动员有回答的义务。瑞士联邦最高法院解释说,根据瑞士法,运动员这种回答的义务源自体育部门制定的规则,即参加比赛的运动员,通常会分别与体育部门和比赛的组织方签订协议,而这种协议通常要求运动员向体育部门或者反兴奋剂组织提供证据。① 这样,面对反兴奋剂组织的指控,运动员负有举证责任,很难保持沉默。但是,如前所述,由于司法机关与体育部门在信息或者证据方面,建立有共享的制度,所以,运动员向体育部门提供的信息或者材料,有可能成为司法机关指控运动员构成犯罪的证据,而运动员很难以不得强迫自证其罪原则,否定这些证据的效力,理由很简单,这种证据是基于体育法规而获得的,其很容易被看作是运动员"自愿"提供的,并不是"强迫"的结果,尽管事实上可能并非如此。② 比如,在纪律处罚过程中,运动员可能出于"功利主义"的考量,而主动承认某些对自己不利的事实,从而获得体育部门的优待。如运动员提供的尿样或者血样中有非特定物质,由于该运动员根本不知道这种物质是如何进入自己身体的,当然也就无法证明自己对此是缺乏故意的。如果运动员据实提出自己对此不知情,反兴奋剂组织则会推定其是故意使用的,运动员会面临(初次违规)4 年的禁赛。③ 但是,如果主动承认自己是故意使用的,则可以获得最多一半的减轻处罚的优待。如果反兴奋剂组织与司法机关信息共享,这显然是对不得强迫自证其罪原则的否定。当然,这还可能产生另外一种结果,即考虑到刑事处罚的严厉性,运动员有可能永远拒绝承认体内的兴奋剂是故意使用的结果,这样,WADC 规定的承认减轻处罚制度(第 10.11.2 条)则可能完全被虚置。总之,将运动员使用兴奋剂的行为入罪,有可能违反不得强迫自证其罪原则。因此,不得强迫自证其罪原则构成使用兴奋剂行为入罪的法律障碍。

3. 禁止双重危险原则

禁止双重危险原则也是现代法治的一项基本原则,比如,《公民权利和政治权利国际公约》第 14.7 条、《欧洲人权公约》附件 7 第 4 条、《德国宪

---

① See Judgement of the Swiss Federal Tribunal, Gundel v. FEI, cons id. 5a, Digest of CAS Awards I, p. 545[1993].

② See Pechstein v. International Skating Union, German Federal Court, Judgment KZR 6/15[2016].

③ 参见杨春然:《论兴奋剂处罚的归责原则与 WADC 目的的冲突及协调》,载《武汉体育学院学报》2017 年第 3 期。

法》第103.3条等，对此都有明确的规定。其意是指，不得基于相同的原因或者行为而使行为人受到两次以上的审判或者处罚。如果将使用兴奋剂的行为入罪，对于在体育领域内使用兴奋剂的行为，就会存在两种不同的处罚制度，即体育处罚与刑事处罚。这就产生了一个问题，即受到刑事处罚的运动员，再基于同一事实受到纪律处罚，是否违反禁止双重危险原则？在学界，有人认为，这种做法不违背该原则，理由有：其一，两者建立在不同层面上的反兴奋剂法规之上，前者属于公法范畴，后者属于私法范畴。刑事程序需要坚持禁止双重危险原则，但是，民事程序无须坚持该原则，所以，从理论上讲，将使用兴奋剂的行为入罪，不违反该原则。其二，两者的程序不同，刑事处罚有严格的程序限制，也具有公开性，而纪律处罚没有这方面的限制，且具有秘密性，特别是两者的证明标准不同、目的（刑法是为了惩罚，私法是为了救济权利）不同。① 这导致两者处罚的行为其实是完全不同的。既然两者不是同一行为，当然不适用该原则。兴奋剂违规处罚不适用禁止双重危险原则显然是有问题的，主要理由有：

首先，CAS认为，体育部门的处罚应当坚持禁止双重危险原则，"大阪规则"的废除就是明显的例证。② 2008年6月，国际奥委会执委会为了严厉打击使用兴奋剂的行为，在日本的大阪规定，运动员因兴奋剂检查呈阳性构成兴奋剂违规的，如果其禁赛期超过6个月，自动丧失接下来的夏季奥运会和冬季奥运会的参赛资格。这就是所谓的"大阪规则"。美国运动员哈迪在2008年北京奥运会上因为兴奋剂违规而受到了禁赛6个月的处罚，根据"大阪规则"，其无法参加2012年的伦敦奥运会。美国国家奥委会认为该规则违法，于是，将国际奥委会诉到CAS，理由就是该规则违反了禁止双重危险原则。最后，CAS支持了美国国家奥委会的主张，宣告该规则无效。理由是，体育部门不得因为同一违规行为而处罚运动员两次。CAS解释说，兴奋剂处罚可能建立在不同层面的反兴奋剂规定之上，但是，只要这种处罚的目的相同，即使其背后的动机不同，也应当将这些处罚归因于同一行为。事实上，该案涉及的两种处罚，产生的效果完全相同，故违背禁止双重危险原则。③ 这就是说，体育法与刑法都坚持禁止双重危险原则，

① See Tarasti & Lauri, *Source Doping and Anti-doping Policy in Sport: Ethical, Legal and Social Perspectives*, Routledge, 2011, p. 18.

② Court of Arbitration for Sport 2008/A/1583 Sport Lisboae Benfica Futebol SAD v. UEFA & FC Porto Futebol SAD; Court of Arbitration for Sport 2008/A/1584 Vitória Sport Clube de Guimarães v. UEFA & FC Porto Futebol SAD.

③ See CAS 2011/O/2422 USOC v. IOC [2011].

因此,否定说主张体育法可以不坚持该原则的观点,是不成立的。

其次,如将使用兴奋剂的行为入罪,那么,运动员故意使用兴奋剂的行为,法院有可能判处3年监禁刑,而体育部门或者仲裁机构会处以4年的禁赛,即对于同一行为或者事实,存在两种处罚(刑事处罚与纪律处罚)。由于这两种处罚的证明标准接近,而处罚的目的又基本相同,所以,这明显违反禁止双重危险原则。

再次,将使用兴奋剂的行为入罪后,运动员使用兴奋剂的行为有可能被判处罚金刑,因为目前将兴奋剂入罪的国家都同时规定了自由刑和罚金刑。此外,体育组织或者仲裁机构还会根据WADC第10.10条或者所在国的规定,比如我国曾在《关于严格禁止在体育运动中使用兴奋剂行为的规定》(已失效)中规定了罚款。根据当前的制度,如我国国家体育总局的《反兴奋剂规则》第111条第1段规定:"发生兴奋剂违规的,可以依照第十一章(对有关人员和单位的处罚)的规定,根据违规情节的轻重和比例原则,要求当事人负担兴奋剂检测费用,补偿反兴奋剂工作的必要支出,或者对其作出罚款。"罚金归国家所有,罚款归体育组织所有,在表面上看,这好像不违反禁止双重危险原则。但从运动员的角度看,刑法上的罚金与民法或者行政法上的罚款是没有任何区别的。[①] 事实上,从WADC第10.10条的规定看,反兴奋剂组织进行的罚款好像是为了弥补其因为处理违规所产生的成本,即罚款具有"赔偿"性,反兴奋剂组织并没有因此而获利。其实不然,因为如果从"赔偿"的角度解释罚款,反兴奋剂组织必须对其损失进行举证,如果未予举证而进行罚款,当然可以说其具有"惩罚性",即其与"罚金"的性质完全相同。所以,罚款与罚金同时适用于一个兴奋剂违规行为,当然有违反禁止双重危险原则的嫌疑。

最后,将使用兴奋剂的行为入罪后,运动员有时还会受到从业禁止(比如,我国《刑法》第37条之一)的处罚。对于从业禁止,在刑法领域内通常将其视为保安处分的一种,其本身不属于刑罚,其存在的目的是保护社会,或者说是,保障其他干净运动员参加"无药"比赛的权利。但是,这种处罚与体育组织或者仲裁机构进行的纪律处罚,在功能上是相同的,因此,受到刑罚处罚的运动员,如果被判处了一定期限的从业禁止,反兴奋剂组织再根据反兴奋剂政策给予其纪律处罚,这也有悖禁止双重危险原则。因为欧洲人权法院指出,尽管刑法上的行为与体育法上的行为并不总是相同的,

---

① See Tarasti & Lauri, *Source Doping and Anti-doping Policy in Sport: Ethical, Legal and Social Perspectives*, Routledge, 2011, p. 21.

但是，从实质或者功能的角度出发，当违规行为与犯罪行为的含义相同时，两者的适用应当遵守禁止双重危险原则。①

四、民法控制使用兴奋剂的行为的缺陷：危害还原论的提出

（一）民法无法控制使用兴奋剂的行为

当前，体育领域内使用兴奋剂的问题非常严重，传统的民法是很难有效地控制使用兴奋剂的行为的，主要理由有：

其一，运动员使用兴奋剂的愿望非常强烈，因为比赛成功后的巨大的经济和社会收益，对运动员有很大的诱惑力。既然不能否定运动员比赛成功后的收益，也就无法阻止运动员使用兴奋剂。比如，高曼公司对运动员进行过一次匿名调查，结果发现，有一半以上的运动员认为，如果使用了禁药，能确保其成功的话，即使 5 年后死亡，也不后悔。② 这种心理在体育领域内非常普遍。多次获得奥运会划船比赛冠军的运动员马修·平森特（Matthew Pinsent）解释说，划船运动员为什么不欺骗，理由很简单，因为其获胜后所得到的回报太低。③

其二，新的兴奋剂物质层出不穷，兴奋剂作弊技术非常容易，而当前的发现使用兴奋剂的技术又比较落后，特别是运动员逃避兴奋剂检查的方法非常多，甚至有些作弊方法，几分钟即可完成，反兴奋剂组织很难依靠检查，控制兴奋剂的使用。比如，最近出现的微剂量、混合物、策划药、超强补水、血液稀释等方法，就能有效地规避当前的兴奋剂检查。面对这些技术创新，则需要改变传统的以样本检查为中心的反兴奋剂机制，但是，绝大多数侦查技术都离不开警察权。易言之，在立法的层面上，如果仅仅在民法的范畴内处理使用兴奋剂的行为，是很难发现兴奋剂违规行为的。

其三，一般认为，当“违规行为”的发现率太低时，民法是无法控制这种行为的，理由很简单，因为发现率代表发现违规行为的可能性，其意味着并不是所有的违规行为都会受到处罚。④ 换言之，发现率太低，即使运动员因此受到了处罚，也是有利可图的，因为运动员很容易将处罚视为兴奋

---

① See Zolotukhin v. Russia, application 14939/03 (2009).

② See Claire Sumner, *The Spirit of Sport: The Case for Criminalisation of Doping in the UK*, Int. Sports Law J., Vol. 16, p. 217 - 227 (2017).

③ See Claire Sumner, *The Spirit of Sport: The Case for Criminalisation of Doping in the UK*, Int. Sports Law J., Vol. 16, p. 217 - 227 (2017).

④ See Guido Calabresi & A. Douglas Melamed, *Property Rules, Liability Rules, and Inalienability: One View of the Cathedral*, Harvard Law Review, Vol. 85, p. 1089 - 1128 (1972).

剂违规的成本，违规未被发现，就会给其带来巨大的收益，进而弥补这种损失。① 所以，有很多运动员坦承，当前兴奋剂违规行为的发现概率太低，是他们使用兴奋剂的主要原因，或言之，只有当抓获使用兴奋剂的行为的概率非常高，或者比赛获胜的回报非常的低时，运动员才不会进行这种欺骗。② 然而，兴奋剂的发展和社会现实表明，这两个条件是很难具备的，故当前的民法或者行政法，很难控制使用兴奋剂的行为。③

当然，不可否认，有些运动员使用兴奋剂并不是恶意的。比如，在一些重大的赛事中，公众通常想看到新的世界纪录的出现，而运动员又担心媒体或者赞助商对自己的比赛成绩不满意，这种复杂的心理，有可能让他们想使用兴奋剂，以此缓解心理压力。④

（二）危害还原论的提出

由于很难基于法益保护原则而将使用兴奋剂的行为犯罪化，民法或者行政法又很难控制其发生，所以，体育法学界有人放弃传统"堵"的思想，改采"疏"的主张，即他们认为，对于体育领域内使用兴奋剂的行为，不仅不应当犯罪化，还应当将其合法化，具体理由有：

首先，公平比赛的需要。目前反兴奋剂制度不仅不能确保比赛公平，还是产生不公平的主要原因之一，这是因为：第一，医药技术的发展，导致一些使用兴奋剂的行为很难被发现，如果法律禁止使用兴奋剂，则会造成有些运动员能使用，有些运动员不能使用的结果，这显然有悖于公平原则。比如，美镀胺（Meldonium）具有提高成绩的功能，其被世界反兴奋剂机构在2016 年 1 月 1 日添加到《禁用清单》，但在此之前，该物质早已被一些运动员使用。2015 年进行的一项调查发现，有 17% 的俄罗斯运动员因为美镀胺而检查呈阳性；在全球范围内，因这种物质而检查呈阳性的占 2.2%。⑤ 因

---

① 参见杨春然：《刑法的边界研究》，中国人民公安大学出版社 2013 年版，第 183～185 页。

② See Haugen K. , *The Performance-Enhancing Drug Game*, Journal of Sports Economics, Vol. 5, p. 67－86(2004).

③ 需要指出的是，在国际社会，行政法是缺乏独立的地位的，在反兴奋剂领域内，其实质上是以民法的方式而存在。See Claire Sumner, *The Spirit of Sport: The Case for Criminalisation of Doping in the UK*, Int. Sports Law J. , Vol. 16, p. 217－227(2017). 其实在其他领域内，也是如此。See Helmut Koziol Vanessa Wilcox, *Punitive Damages: Common Law and Civil Law Perspectives*, Verlag & Wien, 2009. 该书介绍了美国、英国、德国、法国、意大利、西班牙、塞尔维亚等国家的行政法问题，认为它们属于民法的范畴。

④ See Anderson, *Doping, Sport and The Law: Time for Repeal of Prohibition?*, Int. J. Law Context, Vol. 9, p. 135－159(2013).

⑤ Revealed in a documentary by Hajo Seppelin 2016 refer red to online at http://www.theguardian.com/sport/2016/mar/08/meldoniummaria-sharapova-failed-drugs-test.

此，其早已作为能够提高比赛成绩的物质而存在于体育领域了，这对干净而诚实地遵守反兴奋剂法规的运动员而言，显然是不公平的。第二，禁用药与非禁用药在现实中是很难划分的，比如，1, 3 – 二甲基戊胺与红细胞促成素的功效几乎是完全相同的，但前者是被允许使用的，而后者却处于被禁止的范围。① 因此，禁用药与非禁用药的区分，缺乏正当性。第三，一些自然活动可以获得与使用兴奋剂相同的效果，比如，在高海拔地区进行训练或者生活，具有提高运动员的肺活量的效果，在增加竞争优势方面，其与使用一些禁用物质在本质上是没有多大区别的。② 如果禁止使用兴奋剂的行为具有正当性，那么，是否也应当禁止这些自然活动呢？答案显然是否定的。因此，当前的反兴奋剂政策是有问题的。如果将使用兴奋剂的行为合法化，一方面，运动员都可以使用兴奋剂，兴奋剂的发展就会因此受到控制；另一方面，由于运动员在医学和专业技术环境方面非常接近，他们都可以使用兴奋剂，这当然有利于降低甚至消除反兴奋剂领域内的不公平性。③

其次，保护运动员健康的需要。如果将使用兴奋剂的行为合法化，原来的一些禁用物质，如果没有人身危险性，运动员都可以放心使用。对于一些具有人身伤害风险的物质，也可以通过监管的方式进行控制，降低甚至消除其危及人身健康的风险。这有利于避免运动员使用不安全的药品，而且，体育部门可以为其使用兴奋剂的行为，提供医学指导。原来从事反兴奋剂工作的体育管理部门，现在的任务就变成了兴奋剂研究，负责将成熟的且对人体没有多大危险的兴奋剂推荐给运动员，并对有人身伤害危险的药品及时发出“警示”信息，告诉运动员要谨慎使用，这才能解决兴奋剂危及运动员健康的问题。

最后，从立法的角度看，规则的效力来自绝大多数人（运动员）的自愿遵守，而不是强制或者威慑，即法律应当尊重人类自我完善的欲望，而不是对抗它、否定它，否则，这只会增加执法的成本。事实上，提高体育比赛的成绩，并不违反，甚至更符合体育精神，或者说更符合人性，毕竟，对成绩的追求也是体育竞技的目的之一。当前反兴奋剂工作的巨大成本和无效性，

---

① See Carolan E. , *The New Wada Code and the Search for a Policy Justification for Anti-Doping Rules*, Seton Hall J. Sports Entertain Law, Vol. 16, p. 1 – 43(2006).

② See Claire Sumner, *The Spirit of Sport: The Case for Criminalisation of Doping in the UK*, Int. Sports Law J. , Vol. 16, p. 217 – 227(2017).

③ See Claire Sumner, *The Spirit of Sport: The Case for Criminalisation of Doping in the UK*, Int. Sports Law J. , Vol. 16, p. 217 – 227(2017).

也恰恰证明了在体育领域内坚持自由主义的必要性。如果放开对兴奋剂的管制，将目前反兴奋剂工作所使用的资金花在其他合适的地方，这无疑更能促进体育事业的发展。①

（三）危害还原论的缺陷：对未成年人健康权的忽视

根据危害还原论，由于运动员可以公开使用药品，这的确解决了使用兴奋剂行为的诈骗性问题，似乎更有利于恢复体育精神，但是，这却无法解决以未成年人的健康权为代表的公共健康问题。

首先，绝大多数兴奋剂具有人身危害性。对于世界反兴奋剂机构制定的《禁用清单》所列举的禁用物质，虽然不能说其都具有人身危害性，但是，里面的确存在一些危及人身健康乃至生命的物质。比如，目前运动员经常使用的，而被 WADA 禁止的促红细胞生成素，具有促使肾脏自然产生荷尔蒙的功效，故有助于红细胞的大量形成。对于贫血之人，由于其会增加体内红细胞的数量，自然能减轻贫血造成的痛苦。运动员使用了这种物质后，血液中的红细胞大增，使更多的氧气通过肺到达肌肉，这当然有利于产生更好的训练效果或者比赛成绩。然而，对于正常的人，使用这种物质无疑会导致血液黏稠度提高，极易引发心脏病，使突然卒中，甚至危及其生命。对于这种风险，体育界是非常清楚的。然而，为了获得较好的成绩，运动员对此风险往往不予理睬。据报道，有些使用这种药品的自行车手，为了防止夜晚睡觉期间出现脑溢血，甚至设上闹钟，以提醒自己及时稀释血液。② 血药护照检查开始后，曾使运动员不再使用这种药品，但不久后，市场上出现微剂量促红细胞生成素，这是专门为了应付检查而研发的一种新药品。

其实，兴奋剂对人身具有危害性是有历史根据的。比如，20 世纪六七十年代，为了提高比赛成绩，前东德有一个秘密的使用兴奋剂的计划，即给运动员使用合成性的类固醇。几年后，这些运动员普遍出现了荷尔蒙失调症：男性运动员由于该药品的刺激导致乳房变大；女性运动员身体毛发激增、肌肉男性化、声音变得沙哑、性欲减退、月经紊乱，甚至肝脏和肾出现病变。使用这种药品的女运动员基本上都因此而终生不育，甚至很多年轻的运动员，没过多久身体就开始发生病变，终生不得不与轮椅为伴。③ 这起

---

① See Claire Sumner, *The Spirit of Sport: The Case for Criminalisation of Doping in the UK*, Int. Sports Law J., Vol. 16, p. 217 – 227(2017).

② See Matt Rendell, *The Death of Marco Pantani*, Weidenfeld & Nicolson, 2006, p. 158 – 179.

③ See Edward Grayson & Gregory Ioannidis, *Drugs, Health and Sporting Values*, *in Drugs and Doping in Sports: Socio-Legal Perspectives*, Cavendish Publishing, 2001, p. 255 – 268.

丑闻曝光后，有 9 人被判了刑。这就是说，兴奋剂具有人身危害性的结论，并非没有根据。

其次，对于成年运动员，即使兴奋剂存在危及健康的危险，由于其自愿使用属于“自害行为”的范畴，国家当然无权干预。但是，体育比赛还涉及未成年运动员，毕竟体育规则不能禁止未成年运动员参加比赛。不同于成人，未成年运动员是没有“自害权”的，即使其父母同意，也是不允许的。根据危害还原论，既然使用兴奋剂的行为是合法的，参加体育比赛的未成年运动员，为了能获得一个公平比赛的机会，也必然会使用兴奋剂。这些未成年运动员的健康权如何获得法律的保护？谁才有权允许他们使用兴奋剂呢？危害还原论是无法回答的。

最后，体育比赛与学校体育教育有密切的联系。如果允许在体育赛事中使用兴奋剂，这必然会殃及学校的体育教学，致使学校的体育活动也会受到兴奋剂的污染，而学校里的体育活动涉及所有未成年人的健康问题。这表明使用兴奋剂的行为，并不是单纯的自害行为，而是一种社会问题，所以，危害还原论是不成立的。

五、法律障碍的突破与使用兴奋剂犯罪的规范建构

如前所述，民法或者行政法很难有效地控制使用兴奋剂的行为，而危害还原论又无法解决未成年人的健康问题，这样，刑法就成了规制使用兴奋剂行为的唯一手段，但是，其能够突破上述实体法和程序法上的障碍吗？

（一）使用兴奋剂的行为入罪的实体法根据：未成年运动员的健康权

其实，未成年人的健康权早已成为刑法保护的法益之一，比如，国际社会通常禁止向未成年人出售或者提供烟、酒、毒品等物质，否则，构成犯罪，其目的就是保护未成年人的健康权。再如，《德国刑法典》第 184 条第 1 款第 7 项规定，在公开放映的电影中展示淫秽文书的，构成犯罪。德国联邦宪法法院对该条的解释是，该禁止的目的是保护未成年人的健康权，防止其在电影院接触到淫秽视频或者图片。但是，如果电影放映时，行为人采取了必要的管理措施，将未成年人屏蔽在外，则不构成犯罪。[①] 然而，对于体育比赛，是不能禁止未成年运动员参加的。事实上，未成年运动员参加比赛，是体育维持下去并获得发展的原因。既然不能不让未成年人参加比赛，那么只能禁止使用兴奋剂。这样，刑法禁止使用兴奋剂的行为，并不是

① 参见杨春然：《论法教义学视角下的最后手段原则的规范构成及适用——兼论宪法对犯罪论体系的选择》，载《中国刑事法杂志》2017 年第 5 期。

为了保护人们的体育权,或者说保护体育精神,而是为了保护未成年人的健康权。

不过,对于烟、酒和毒品,法律却不禁止成人消费这些物品,尽管其也有可能招致未成年人的模仿,那么,为什么要禁止成年运动员自己使用兴奋剂呢?主要原因是,未成年人模仿成人吸烟、饮酒或者吸食毒品,是未成年人自愿的选择,成年人对此并没有什么过错,因为人们没有避免他人"学习"自己不良嗜好的义务。而使用兴奋剂的行为却与此不同,成年运动员与未成年运动员同场竞技,如果允许前者为了赢得比赛而使用兴奋剂,则意味着允许借助药品剥夺未成年运动员可能获得的收益,使其付出(比如艰苦的训练和投资)没有任何回报,这必然会迫使后者使用兴奋剂。因此,成年运动员使用兴奋剂的行为与吸烟、喝酒甚至是吸毒行为是不同的,是有他害性的,所以,法律应当禁止。但是,该禁止一旦设立,就具有了独立性,因为运动员不遵守该禁止,还有可能侵犯遵守该禁止的运动员的财产权,构成所谓的诈骗。这样,即使使用兴奋剂的行为不会危及成年人的健康,也有可能构成犯罪。比如,在北京奥运会上,铜牌得主挪威赛马选手托尼·汉森,赛后反兴奋剂机构对其所骑乘的马进行尿检,发现尿液里含有辣椒碱,于是,国际马术联合会宣布其比赛成绩作废,同时对其禁赛 4.5 年。如果有证据证明该运动员故意使用了该禁用物质,同样应当受到刑事处罚。当然,这并不是为了保护动物的"健康权"。

然而,使用兴奋剂的行为具有私密性,除有关的利益共同体(通常由运动员、医生、教练或者管理人员组成)外,社会是很难知情的,这也是民法不能有效地控制这种行为的主要原因。但是,刑法不同,其能够有效控制兴奋剂的滥用,主要理由有:其一,刑罚的威慑力较大。对于一般公民,刑罚具有很大的冲击力,特别对于高水平运动员,由于他们社会地位较高,所以,自由刑的威慑力非常大。其二,刑法能够产生污名,换言之,刑法会给受过刑罚的人打上一个"犯罪人"的标签,而这种标签会给运动员今后的生活带来很大的麻烦。比如,在英国,监禁刑超过 6 个月的有犯罪记录的运动员在服刑期满后 7 年内,有向雇主披露的义务。即使判处的是非监禁刑,比如罚金,在 5 年内,也有向用人单位披露的义务。① 绝大多数国家都有这样的规定,当然,我国也不例外(《刑法》第 100 条)。这种污名不仅有可能使运动员彻底失去赞助商的支持,还会限制其退役后的职业选择。比

① See Sentencing Counci, *Fraud, Bribery and Money Laundering Offences Definitive Guideline*, Sentencing Council(Oct. 1,2014), https://www.sentencingcouncil.org.uk/wp-content/uploads/Fraud_bribery_and_money_laundering_offences_-_Definitive_guideline.pdf.

如,我国大部分职业的法律,如《公务员法》《教师法》《法官法》《人民警察法》等,都要求从业者无犯罪记录。这样,一旦运动员因使用兴奋剂而受到刑事处罚,其很可能被主流社会边缘化,这是精英运动员无论如何都无法接受的。其三,更为重要的是,将使用兴奋剂的行为入罪,会使得反兴奋剂工作获得警察的协助,从而大大增加发现使用兴奋剂行为的概率,因为警察侦破案件的一些技术和权力可以应用于反兴奋剂工作。

第一,搜查。根据当前的法律制度,搜查权一般由警察(或者其他执法机关)垄断。如果不将使用兴奋剂的行为入罪,即使反兴奋剂组织怀疑某些运动员存在使用兴奋剂的重大嫌疑,通常也无权搜查运动员的住所,获得相应的证据,这无疑会造成反兴奋剂工作上的困难,甚至会造成反兴奋剂规则的虚置。为了解决这一难题,CAS 通过仲裁裁决指出,从事兴奋剂检查的官员,如果在运动员家中发现了可疑的设备或者物质,他们有权告诉反兴奋剂组织。该组织则可以基于此而认定该运动员持有禁用物质或者方法,处罚该运动员。然而,目前兴奋剂作弊,通常是教练员、医生和运动员相互合作的结果,运动员一般不会将兴奋剂或者相应的设备放在自己家中。但是,对于运动员之外的其他人,比如教练、医生或者其他的辅助人员,反兴奋剂组织却无法合法地进入其住宅进行检查。如果将使用兴奋剂的行为入罪,反兴奋剂组织则可以借助警方的权力,对这些辅助人员的住宅进行搜查,获得相应的证据。① 比如,马克·弗兰奇是澳大利亚的一个自行车选手,反兴奋剂组织的工作人员在其住宅旁边的垃圾桶里发现了药品注射器和类似于生长激素、皮质类固醇的物质,因此,就怀疑该运动员使用了兴奋剂,对其进行了禁赛处罚。该运动员不服,提起国际体育仲裁。CAS 认为,弗兰奇并不存在兴奋剂违规行为,理由是,上述证据并不能证明其曾经使用了兴奋剂。但是,假设当时澳大利亚已经将使用兴奋剂的行为入罪,当发现上述物质时,反兴奋剂组织完全可以通过报警,借助警察的力量,搜查该运动员、教练员或者队医的住所。情况或许不同。

第二,监视运动员及其有关人员的电话和邮件。当前,使用大数据监控相关人员的行为,已经成为控制兴奋剂的一个重要的方法,但是,通过这种方法解决兴奋剂问题存在一个重大的法律障碍,即反兴奋剂组织没有相应的权力。理由很简单,运动员或者其辅助人员的电话和邮件,虽然可以作为指控运动员存在兴奋剂违规的证据,但是,运动员及其辅助人员的电话记录和邮件信息通常掌握在第三方那里,不借助警察的权力,反兴奋剂

---

① Grano & Abramson, 2004, p. 9.

组织是很难获得的。要获得这方面的证据，只能请求警方协助。警方接受这种请求而收集运动员或者辅助人员的电话记录或者邮件信息不是无条件的，只有当运动员或者其辅助人员涉嫌触犯刑法禁止时，警察才有权收集。① 这就要求将使用兴奋剂行为入罪。不过，警察收集了相关的证据后，并不一定对运动员或者辅助人员进行刑事指控，毕竟犯罪除了触犯兴奋禁止的规定，还必须满足其他的条件，比如，需要达到法定的年龄，并对此存在故意。不过，即使警方未将案件移交给检察机关进行刑事指控，反兴奋剂组织也可以拷贝警方获得的证据，以此作为指控运动员或者辅助人员违规的根据。《美国网球反腐败法》规定，反兴奋剂组织有权对运动员的邮件，直接进行审查，并可以将审查的信息作为指控的证据。这样，美国虽然尚未将使用兴奋剂的行为入罪，但是，反兴奋剂组织对于运动员的电话或者邮件都享有监控权，其有权要求第三人提供运动员或者其他利益相关方的通话记录、发送和接受的短信记录、银行结算清单、网络服务记录、计算机和硬盘储存的其他电子信息。但是，这种做法在我国以及多数国家明显是行不通的，理由很简单，反兴奋剂组织不通过警方想从第三方获得上述信息，是非常困难的，因为通信部门有给用户保密的义务，这会阻止体育部门获得上述信息。

第三，强制证人作证。体育部门或者仲裁机构同样没有限制或者剥夺他人自由的权力，因此，即使发现有人可能了解运动员使用兴奋剂的情况，也无法通过强制的方式，要求其对使用兴奋剂的行为进行证明。但是，将使用兴奋剂的行为入罪后，情况就不同了，警察完全可以借助公权力向有关的证人收集证据。总之，由于公权力机关在侦破犯罪方面拥有更多的技术和方法，这无疑会大大提高侦破兴奋剂案件的概率。

总之，上述理由的存在，足以说明刑法可以有效地解决兴奋剂的问题，这也是危害还原论被当前学界所抛弃的主要原因。

（二）使用兴奋剂的行为入罪的规范模式：定罪身份与量刑身份的解构

既然基于保护未成年运动员健康权和干净运动员的财产权的考虑，才将体育领域内使用兴奋剂的行为入罪，然而，从最后的手段原则项下的适当性原则的角度看，精英运动员或者高水平运动员与普通运动员使用兴奋剂的行为，与未成年运动员的健康权和财产权的联系是不同的。

首先，对一般运动员，其为了提高比赛成绩而使用兴奋剂的行为，通常

---

① 刑法禁止通常代表的是警察权的范围，参见杨春然：《如何学好刑法——法教义学视角下的刑法规范的逻辑》，载《山东科技大学学报（社会科学版）》2014 年第 4 期。

不会危及上述两个法益，主要理由是，由于一般运动员通常无法获得比赛的成功，其不会迫使未成年运动员效仿他们而使用兴奋剂，危及公共健康，当然也不会不法地剥夺原本属于他人的奖金或者其他权益。不过，这种行为具有危害社会的风险，类似于诈骗罪的未遂犯。根据当前的刑法理论，只有重犯的未遂，刑法才给予处罚，而对于轻罪，特别是诈骗罪，未遂犯是不予处罚的，所以，一般运动员使用兴奋剂的行为不应受到刑事处罚。

其次，精英运动员或者高水平运动员使用兴奋剂的，则应当受到刑事处罚。所谓的精英运动员是指在反兴奋剂系统设置的赛外检查登记库中注册的运动员。他们使用兴奋剂的行为之所以应当受到刑事处罚，理由有：一则，这些精英运动员对从事本项目的其他运动员具有“模范”作用，他们往往作为其他运动员，尤其是未成年运动员学习的对象。易言之，精英运动员使用兴奋剂的行为，很容易使未成年运动员（也包括成年运动员）将使用禁用物质或者方法，视为获得成功不可或缺的辅助手段。二则，如前所述，精英运动员使用兴奋剂的行为，会迫使未成年运动员使用兴奋剂，即使精英运动员没有在比赛中获得比较好的成绩，也是如此。三则，精英运动员的日常训练通常会获得国家或者赞助商的支持，如果其使用兴奋剂维持在体育领域内的地位，显然，也构成对国家或者赞助商的欺骗，所以，他们使用兴奋剂的行为应当受到刑事处罚。所谓的高水平运动员，是指虽然未在兴奋剂注册库登记，但取得较好的比赛成绩或者因比赛获得收益的运动员。其因为使用了兴奋剂而获得了“成功”，这不仅剥夺了其他干净运动员的正当权利，还会“迫使”未成年运动员效仿他们。也就是说，这两种运动员使用兴奋剂的行为都会造成现实的社会危害，因此，其故意使用兴奋剂的行为，应当受到刑事处罚。

《德国反兴奋剂法》采用的就是这种立法模式，尽管形式上好像不是这样。《德国反兴奋剂法》第 4 条第 5 款规定：“为参加比赛而使用兴奋剂的，最高处以 3 年监禁和罚金。”但是，接着第 4 条第 7 款第 1 项又规定：这种处罚仅仅局限于精英运动员和高水平运动员，这意味着普通运动员使用兴奋剂的，虽然构成违法，但刑法通常不予处罚。然而，我国不宜采用这种表述模式，否则，根据我国《刑法》第 3 条的第 1 句话，普通运动员使用兴奋剂的行为，也将会受到刑法处罚。基于此，我们建议将其规定为：“在体育比赛中，为了提高比赛成绩而使用禁用物质或者方法的，对精英运动员或者高水平运动员处以 3 年以下的有期徒刑或者拘役，并处罚金。”这种条文表述模式的特点有：其一，警方有权干预体育领域内所有使用兴奋剂的行为。由于刑法禁止记述的是警察权的范围，所以，当有运动员涉嫌使用兴奋剂时,警察就可以参与调查。当然,基于共犯理论,对于医生、教练、管理人员以及其他人员的帮助或者教唆行为,警察也有调查权。其二,迎合了平等原则的要求。根据这种立法模式,精英运动员或者高水平运动员与普通运动员在违法的层面上完全是平等的,即不管精英运动员、高水平运动员,还是普通运动员都有不使用兴奋剂的义务,除非基于治疗伤病的需要。其三,反映了刑法谦抑原则。这种立法模式仅仅处罚精英运动员或者高水平运动员,对普通运动员使用兴奋剂的行为不予处罚。在表面上看,这似乎有悖于平等原则,其实不然,主要理由有:一则,基于保护未成年人的健康权才设置了使用兴奋剂禁止,而为了获得不公平的竞争优势而使用兴奋剂的行为,就具有了诈骗的特点,而传统的诈骗罪是不处罚未遂犯的;①二则,这种立法现象在我国非常普遍,比如,我国《刑法》分则第5章(除了第263条)和第6章规定的犯罪,基本上都是这么记述的。比如,《刑法》第266条规定:“诈骗公私财物,数额较大的,处……”这种立法表明,我国刑法禁止所有的诈骗行为,但是,只有诈骗数额较大的,刑法才给予处罚。这里“精英运动员或者高水平运动员”实际上相当于数额较大的,其仅仅是处罚的条件,而不是违法的构成要素。三则,这使得该规范更有可操作性。如果将精英运动员或者高水平运动员视为违法的要素,这意味着,刑法是允许一般运动员使用兴奋剂的,但条件是不得取得好成绩,这显然是荒唐的。而且,其还会产生一个问题,即当运动员涉嫌使用兴奋剂时,如果不是精英运动员,警察对此是否有干预的权力呢?在比赛之前,运动员是否能取得较好的成绩或者收益和能否变成高水平运动员,是一个未知数,这种立法必然会造成该禁止规范在一定程度上被虚置。

(三)使用兴奋剂罪在程序法上的正当性:比例原则

将使用兴奋剂的行为入罪所存在的程序法上的障碍,主要反映在运动员的一些程序权利有可能因此得不到应有的尊重,所以,如果将使用兴奋剂的行为入罪,必须采取一定的措施,缓解其与程序法的冲突。

首先,为了解决纪律处罚与刑事处罚出现的矛盾裁判而主张司法机关与反兴奋剂组织的合作,应当仅仅局限于审判的素材或者证据方面,而不是规范判断上,所以,这种合作制度很难确保两种制度运行的结果,在方向上是一致的。但是,一方面,体育部门的处罚以及体育仲裁有及时性的诉求,不允许对兴奋剂案件拖延处理,而刑事程序非常重视对被告人的程序

---

① 参见杨春然:《欺诈:违约、侵权抑或犯罪?——以民刑边界理论为中心展开》,载《刑法论丛》2017年第1期。

保护,因此,很难在短时间内完成;另一方面,学界一般认为,刑法是保护法益的最后的手段,即面对体育法,刑法具有补充性,这样,基于相同的事实和证据,如果体育部门认为被指控的运动员的行为是不违规的,法院应当否定被告人的行为具有刑事违法性。① 而法院基于仲裁结果认定被告人无罪,源自刑法上的最后手段原则,所以,在这种情况下,很难说法院的独立审判权受到了影响。然而,如果体育部门认为被指控的行为违规,但是,刑法认定行为不构成犯罪,这种情况应当是允许的。不过,当法院与仲裁机构裁判的事实不同时,即使仲裁机构认定运动员的行为不违规,但只要公诉机关有充分的证据证明被告人有罪,也可以追究被告人的刑事责任,因为体育部门不可能像司法机关那样收集证据,深入调查案件的事实。不过,该案的利害关系人可以因此重新提出指控,追究运动员体育法上的责任。比如,仲裁机构认定被指控的运动员不违规,但是,警方事后收集到的证据证明被告人违规的,特别是认定为有罪的,利益受到影响的其他运动员有可能重新提起仲裁或者告诉,追究违规运动员的纪律责任。在这种情况下,仲裁裁决效力的稳定性会受到很大的影响,很明显这有悖于仲裁独立原则,使运动员面临双重危险。

其次,体育部门与国家的公权力机关相互合作,打击使用兴奋剂的行为,的确有时存在违反不得强迫自证其罪原则的嫌疑。澳大利亚在一开始对兴奋剂进行刑事立法时,曾经打算放弃不得强迫自证其罪原则,后来经过讨论,最终决定仍然坚持该原则,因为这涉及被告人的基本权利问题,即如果不存在沉默权,警察有可能使用暴力,迫使犯罪嫌疑人提供口供。为了解决这个问题,澳大利亚规定,反兴奋剂组织通过调查获得的证据或者文件,不能直接适用于刑事诉讼。易言之,反兴奋剂组织收集或者确认的证据,在用于刑事指控时,还要受到刑事诉讼法的检讨。而警方进行的兴奋剂调查所获得的证据,可以成为反兴奋剂组织对运动员进行纪律处罚的根据。也就是说,尽管警方与反兴奋剂组织之间可以共享反兴奋剂工作所获得的信息,但是,体育部门认定运动员使用兴奋剂的证据,不一定能成为指控犯罪的有效证据,被指控的运动员可以基于非法证据排除规则,否定体育部门提供的一些证据的效力。这就给不得强迫自证其罪原则留下了适用的空间。不过,在这种法律框架下,由于该原则失去了客观的限制,所以,运动员不得强迫自证其罪的特权变得非常脆弱。

---

① See Stuckenberg C. F., *The Constitutional Deficiencies of the German Rechtsgutslehre*, Oñati Socio-Legal Series, Vol. 3, p. 31 – 41(2013).

最后,使用兴奋剂罪与禁止双重危险原则的确存在矛盾,但是,当前的禁赛与刑罚执行制度,在一定程度上缓解了两者的冲突。具言之,根据当前的刑事诉讼法,如果被告人被判处有期徒刑,时间一般从采取强制措施之日开始计算;根据 WADC 的规定,作为纪律处罚的禁赛期,通常“从最终听证会裁决禁赛之日起计算”,也就是说,这两种处罚往往同时进行,即服刑期间一般处在禁赛期内,这显然降低了纪律处罚的严厉性。比如,运动员因为使用兴奋剂而判处 3 年的监禁(目前对使用兴奋剂,规定的最高刑都没有超过 3 年,且该罪为故意犯),而根据 WADC 的规定,故意使用兴奋剂的,其基准罚为 4 年的禁赛,即禁赛的时间超过刑罚,所以,运动员服刑期间往往在禁赛期之内,只不过受指控的(监狱服刑)运动员的待遇低于未受刑事指控的运动员而已。由于刑罚吞噬了与其重叠的纪律处罚,所以,这种刑罚执行制度,有助于缓解使用兴奋剂罪与禁止双重危险原则的冲突。然而,对于其他有可能违背该原则的情况,我们建议如下:其一,法院在刑事审判中,应当仅仅适用刑罚或者“惩罚性”的处罚,而不应当再对被告人进行民事处罚,即只能进行罚金,而不能要求被告人进行赔偿;与之相对应,体育部门或者仲裁机构应当进行“救济性”或者“赔偿性”的处罚,即只能赔偿损失,不能进行罚款。理由很简单,前者适用的是刑事诉讼程序,对被告人的权利有严格的程序保障,如果适用“赔偿性”的处罚,对于利害关系人(比如,比赛名次低于被告人的运动员)是不公平的;后者适用的是民事程序,如果惩罚被告人,则违反“正当程序原则”。不过,对于法院判处的罚金刑,其归属应当考虑反兴奋剂机构的执法成本问题,即其不能像其他犯罪的罚金刑那样,一律归国家所有。其二,在刑事审判中,法院不能再判处从业禁止,毕竟从性质上看,这不是刑罚,而是非刑罚措施。

上述措施虽然在一定程度上缓解了使用兴奋剂罪与程序法的冲突,但并没有彻底解决问题。然而,考虑到反兴奋剂工作的艰巨性和使用刑法打击兴奋剂违规行为的必要性,即使在程序上牺牲了运动员的一些权利,基于比例原则,也是正当的。具体理由有:其一,如前所述,用刑法打击使用兴奋剂的行为,不仅有利于保护未成年运动员的健康,而且有利于维护体育比赛的公平性,故其符合适当性原则。其二,如果不用刑法打击使用兴奋剂的行为,由于当前的民法或者体育法无法控制兴奋剂的滥用,体育比赛很可能演变成药品比赛。运动员参不参加这样的药品比赛,也都失去了意义,即将使用兴奋剂的行为入罪,对于保持当前的体育价值,具有不可或缺性,故符合必要性原则。其三,刑事处罚的仅仅是精英运动员和高水平运动员,普通运动员使用兴奋剂的行为虽然构成违法,但刑法却不给予处罚，即受到这种立法影响的运动员范围很窄。再者，一旦体育比赛受到了兴奋剂的污染而失去了存在的价值，受到损害的是精英运动员和高水平运动员，而不是普通运动员。换言之，用刑法打击使用兴奋剂的行为，真正的受益者是精英运动员和高水平运动员，即出于维护他们的利益才剥夺他们的一些程序权利，故这又符合权衡性原则的要求。其实，行踪规则实行“有罪推定”，构成对精英运动员的侵权，正是基于比例原则，行踪规则才获得正当性，故使用兴奋剂罪基于比例原则而超越上述原则的限制，也是完全可以理解的。

目前在学界，将使用兴奋剂的行为入罪存在很多的批评，甚至有人从宪法的角度质疑其正当性。事实上，除上述法律障碍外，该刑法禁止的管辖权也存在法律问题。根据属地管辖原则，将使用兴奋剂的行为入罪后，对于在本国参加比赛、训练或者从事其他行为的外国运动员，也可以对其进行管辖；根据属人管辖原则，对于在外国举办的赛事，该法也将适用于本国运动员，不管当地的刑法是否禁止这种行为。《德国反兴奋剂法》第 11 条就是这样规定的，其目的旨在于创造一个公平的比赛环境。但是，外国的运动员比赛结束后离开本国，该刑法禁止如何适用？则是一个难题。再者，该法能否适用保护原则，也存在着很大的疑问。尽管存在着如此多的问题，但这却无法改变这样一种现实，即用刑法打击使用兴奋剂的行为的国家，会越来越多。这样，如何协调各国刑法管辖权的冲突以及各国之间如何进行司法协助？将是世界反兴奋剂机构不得不面对的难题。

第四节　我国对世界反兴奋剂治理机制改革应坚持的立场

俄罗斯兴奋剂丑闻发生后，2015 版 WADC 进行了部分修改，2021 版 WADC 结合体育、社会、医学和科技等领域的发展变化作出修订。我们认为，结合我国的具体情况，我国对当前反兴奋剂治理机制的改革应当采用以下的立场：

首先，支持反兴奋剂工作的独立化，反对扩张兴奋剂违规主体，主要理由有：一则，基于我国目前的体育体制，如果将社会组织视为违规的主体，很容易将一些违规行为视为国家违规，对我国显然不利；二则，我国是发展中国家，即使反兴奋剂工作的经费有所增加，也可以通过主张按国民平均收入为标准进行分摊，防止给我国增加太大的负担；三则，结合我国目前的司法制度，我国应当坚决反对各国（瑞士除外）法院对兴奋剂案件行使管辖权,支持 CAS 对兴奋剂纠纷处理的垄断权。如果采用扩张违规主体的方式,很难避免一些国家的法院对这种案件行使管辖权,这对我国的运动员明显不利。

其次,在国际层面上,主张提高治疗用药豁免制度实施的透明性,即对于任何申请以及获得用药豁免许可证的运动员,应当公开其获得该许可的详细情况。目前,WADA 以保护运动员的隐私为由,只同意进行有限的公开。我们认为,提高治疗用药豁免制度实施的透明度,即应对获得用药豁免权的运动员的情况,向社会进行全面披露,具体理由有:其一,基于治疗用药豁免制度而使用药品的运动员,有可能会威胁到其他未使用药品的运动员的合法利益,因此,作为其竞争对手的运动员当然对其用药有知情权,甚至有提出异议的权利。其二,有助于打破对相关医学技术的垄断,增加违法成本。治疗用药豁免制度的存在,有可能使有关组织开展相关的研究,获得不正当使用该制度的方法,但是,如果将该制度的实施彻底公开,那么,这种研究成果很快会被社会知晓,从而大大降低这种投资的收益,这也就变相地提高了违法的成本,有助于减少不公平比赛现象的发生。其三,有利于对治疗用药豁免制度的实施,进行全社会的监督,避免该制度的滥用。其四,在反兴奋剂领域内,社会普遍认为行踪规则的实施构成对运动员隐私权的严重侵犯,不过,考虑到精英运动员或者高水平运动员参加国际比赛的收益,根据比例原则,行踪规则被认为是正当的。① 这就是说,既然运动员的隐私权不能否定行踪规则的效力,那么也不能以此否定治疗用药豁免制度的透明性。总之,由于各国医学水平发展不均衡,如果进行全部信息公开,对于发展中国家,可以参照医学水平较高的国家的做法,应用这种制度。因为一旦公布获得治疗用药许可的具体信息,其他国家有类似情形的运动员就可以效仿,即也可以申请治疗用药豁免,这显然有助于降低由于本国医学水平过低而产生的不公平竞争。

再次,随着国际反兴奋剂组织体系的独立化,被 WADA 认证的各国实验室会逐渐脱离与政府的联系,独立进行反兴奋剂检查。这就要求我国有关部门重视对反兴奋剂工作的技术人才和熟悉反兴奋剂制度的法律工作者的培养,以便于向国际体育组织推荐,这有助于提高我国在世界反兴奋剂领域的影响,使当前的反兴奋剂制度尽可能地反映我国的诉求,最大限度地保护我国运动员的权益。

---

① See Gregory Ioannidis, *The Application of Criminal Law on Doping Infractions and the Whereabouts Information Rule*: *State Regulation v. Self-Regulation*, International Sports Law Journal, Vol. 2, p. 14 - 25(2010).

最后，将兴奋剂违规行为入罪。目前，已经有很多的国家将兴奋剂违规行为犯罪化。但是，由于以此惩罚运动员存在很多的法律障碍（比如根据禁止双重危险原则，受到过反兴奋剂组织处罚的违规行为，不得再另行追究其刑事责任），故这种立法有形式大于内容的特征。但是，进行这样的立法，有助于向国际社会展现我国对兴奋剂零容忍的态度，证明我国已经形成了反兴奋剂文化，有助于我国获得国际赛事举办权，①而且，有利于保护我国运动员的合法权益，防止其受到他国刑法的威胁，维护我国司法主权。

① 参见杨春然：《运动员使用兴奋剂行为入罪的法律障碍及突破》，载《上海体育学院学报》2018年第2期。

附　　录

一、药品名称及医学专用名词

类固醇(Steroid)
麻黄素(Ephedrine)
甲睾酮(Methyltestosterone)
人绒毛膜促性腺激素(Human Chorionic Gonadotrophin,HCG)
氨苯蝶啶(Triamterene)
四氢孕三烯酮(Tetrahydrogestrinone,THG)
安非他命(Amphetamine)
促红细胞生成素(Erythropoietin,EPO)
基于血红蛋白的氧气携带剂(Hemoglobin-Based Oxygen Carriers, HBOCs)
全氟碳化物(Perfluorochemicals,PFCs)
阿替洛尔(Atenolol)
氮胶囊(Nitrogentents)
曲安奈德(Triamcinolone Acetonide)
万托林(Ventolin)
爱维治(Actovegin)
信必可(Symbicort Turbuhaler)
3 – 羟基苯甲酰胺(3-Hydroxybenzamide)
甲睾酮(Methyltestosterone)
甲基乙基胺(N-Ethylmethylamine)
诺龙(Nandrolone)
19 – 去甲雄酮(19-Norandrosterone)
去甲雄酮(Norandrosterone)
去甲本胆烷醇酮(Noretiocholanolone)
皮质类固醇(Corticosteroids)
外源性睾酮(Exogenous Testosterone)
蛋白同化制剂(Anabolic Agents)

刺激剂(Stimulants)
合成类固醇(Anabolic Steroids)
β-2 激动剂(Beta-2 Agonists)
呋喃苯胺酸(Furosemide)
沙丁胺醇(Salbutamol)
尼可刹米(Nikethamide)
β-阻断剂(Beta-Blockers)
麻醉剂(Narcotics)
血液兴奋剂(Blood Doping)
内源性肽类激素(Endogenous Peptide Hormone)
利尿剂(Diuretics)
基因兴奋剂(Gene Doping)
他莫昔芬(Tamoxifen)
苯丙胺(Amfetamine)
可卡因(Cocaine)
苯甲酰芽子碱(Benzoylecgonine)
辣椒碱(Capsaicin)
大麻(Cannabis Sativa)
四氢大麻酚(Tetrahydrocannabinol,THC)
舒喘宁(Salbutamol)
克伦特罗(Clenbuterol)
福莫特罗(Formoterol)
长 QT 综合征(Long QT Syndrome,LQTS)
左心交感神经切除(Left Cardiac Sympathetic Denervation,LCSD)
植入型心律转复除颤器(Implantable Cardioverter Defibrillator,ICD)

二、机构简称

世界反兴奋剂机构(World Anti-Doping Agency,WADA)
国际体育仲裁法庭(Court of Arbitration for Sport,CAS)
美国国家橄榄球联盟(National Football League,NFL)
美国职业足球大联盟(Major League Soccer,MLS)
职业棒球大联盟(Major League Base,MLB)
田径诚信委员会(Athletics Integrity Unit,AIU)
国际奥委会(International Olympic Committee,IOC)

国际单项体育联合会(International Sports Federations,IFs)

各国奥委会(National Olympic Committees,NOCs)

国家反兴奋剂中心(National Anti-Doping Organizations,NADOs)

国际田联(International Association of Athletics Federations,IAAF)

国际自行车联盟(Union Cycliste Internationale,UCI)

荷兰自行车协会(Koninklijke Nederlandsche Wielren Unie,KNWU)

国际足联(Fédération Internationale de Football Association,FIFA)

欧足联(Union of European Football Associations,UEFA)

国际泳联(Fédération Internationale de Natation Amateur,FINA)

国际网联(International Tennis Federation,ITF)

国际射联(Union Internationale de Tir,UIT)(国际射击联合会在 1920 ~ 1928 年的名称,之后改名为 ISSF)

国际射联(International Shooting Sport Federation,ISSF)

世界羽联(Badminton World Federation,BWF)

国际铁人三项联盟(International Triathlon Union,ITU)

国际马术联合会(Fédération Equestre Internationale,FEI)

国际曲棍球联合会(International Hockey Federation,FIH)

国际手联(International Handball Federation,IHF)

国际赛艇联合会(International Rowing Federation, FISA)

联合国教科文组织(United Nations Educational, Scientific and Cultural Organization,UNESCO)

国际举联(International Weightlifting Federation,IWF)

国家橄榄球联盟(National Rugby League, NRL)

西班牙皇家竞技联合会(Real Federación Española de Atletismo, RFEA)

国际冰球联合会(International Ice Hockey Federation,IIHF)

国际滑联(International Skating Union,ISU)

国际法庭(International Court of Justice,ICJ)

国际皮划艇联合会(International Canoe Federation, ICF)

国际兴奋剂检查管理公司(International Doping Tests and Management, IDTM)

国际兴奋剂检测机构(International Testing Agency,ITA)

国际投资争端解决中心(International Centre for Settlement of Investment Disputes,ICSID)

荷兰体育联合会(Nederlandse Sport Federatie,NSF)
美国反兴奋剂中心(United States Anti-Doping Agency,USADA)
美国国家环境保护局(U. S. Environmental Protection Agency,EPA)
美国联邦通信委员会(Federal Communications Commission,FCC)

三、规则名称

《禁用清单》(Prohibited List)
《世界人权宣言》(Universal Declaration of Human Rights)
《欧洲人权公约》(European Convention on Human Rights)
《反对在体育运动中使用兴奋剂国际公约的最佳实践及其指南》(International Convention Against Doping in Sport guidelines and models of best practice)
《承认及执行外国仲裁裁决公约》(Convention on the Recognition and Enforcement of Foreign Arbitral Awards)
《维也纳外交关系公约》(Vienna Convention on Diplomatic Relations)
《维也纳领事关系公约》(Vienna Convention on Consular Relations)
《维也纳条约法公约》(Vienna Convention on the Law of Treaties)
《公民权利和政治权利国际公约》(International Covenant on Civil and Political Rights)
《瑞士联邦国际私法》(Switzerland's Federal Code on Private International Law)
《欧洲联盟条约》(Treaty on European Union)
《欧洲经济共同体条约》(Treaty on the European Economic Community)
《欧盟基本权利宪章》(Charter of Fundamental Rights of the European Union 2007)
《欧盟关于在处理个人数据时保护个人以及个人数据自由流动的第95/46/EC号指令》(Directive 95/46/EC on the protection of individuals with regard to the processing of personal data and on the free movement of such data)
《欧盟关于电子通信行业个人数据处理与个人隐私保护的第2002/58/EC号指令》(Directive 2002/58/EC concerning the processing of personal data and the protection of privacy in the electronic communications sector)
《欧盟关于工作时间安排方面的第2003/88/EC号指令》(Directive

2003/88/EC concerning certain aspects of the organisation of working time)

《国际刑事法院罗马规约》(Rome Statute of the International Criminal Court)

《罗马公约》(Treaty of Rome)

《美国健康保险责任法》(Health Insurance Portability and Accountability Act, HIPAA)

《国际奥委会反兴奋剂规则》(Olympic Movement Anti-Doping Code, OMADC)

《世界反兴奋剂条例》(World Anti-Doping Code, WADC)

《附件 B – 实验室道德守则》(Annex B-Laboratory Code of Ethics)

《反对在体育运动中使用兴奋剂国际公约》(International Convention against Doping in Sport)

《欧盟基本权利宪章》(EU Charter of Fundamental Rights)

《国际检测标准》(International Standard for Testing)

《检查和调查国际标准》(International Standard for Testing and Investigations, ISTI)

《治疗用药豁免国际标准》(International Standard for Therapeutic Use Exemptions, ISTUE)

《欧洲议会和理事会关于保护举报欧盟法律违规行为者第 2019/1937 号指令》[Directive (EU) 2019/1937 of the European Parliament and of the Council of 23 October 2019]

《运动员反兴奋剂权利法案》(Athletes' Anti-Doping Rights Act, AADRA)

《国际律师协会国际仲裁取证规则》(The IBA Rules on the Taking of Evidence in International Arbitration)

《样本采集指南》(Guidelines for Sample Collection)

《教育国际标准》(International Standard for Education, ISE)

《实验室国际标准》(International Standard for Laboratories, ISL)

《体育领域反兴奋剂斗争举报人的保护建议》(Recommendation on the Protection of Whistleblowers in the Context of the Fight Against Doping in Sport)

《签约方条例合规国际标准》(International Standard for Code Compliance by Signatories, ISCCS)

《隐私和个人信息保护国际标准》(International Standard for the

Protection of Privacy and Personal Information, ISPPPI)

《检查和调查国际标准》(International Standard for Testing and Investigations, ISTI)

《国际体育仲裁规则》(Court of Arbitration for Sport Arbitration Rules for the Olympic Games)

《瑞士联邦刑法典》(Swiss Criminal Code)

《结果管理国际标准》(International Standard for Results Management, ISRM)

《治疗用药豁免医学指南》(Therapeutic Use Exemptions Physician Guidelines)

《国际泳联反兴奋剂规则》(World Aquatics Doping Control Rules)

《国际网联反兴奋剂方案》(ITF Anti-Doping Programme)

《网球反兴奋剂规则》(Tennis Anti-Doping Programme)

《国际体育仲裁程序守则》(CAS 法典)(Code of Sports-related Arbitration)

《奥林匹克宪章》(Olympic Charter)

《奥林匹克运动反兴奋剂条例》(Olympic Movement Anti-Doping Code, OMAC)

《国际田联章程》(Constitution of World Athletics)

《国际田联竞赛规则》(IAAF Competition Rules)

《国际马术联合会一般规则》(Fédération Equestre Internationale General Regulations)

《联合国反酷刑公约》(United Nations Convention against Torture)

《关于国际仲裁程序高效进行的规则》(Rules on the Efficient Conduct of Proceedings in International Arbitration)

《国际残联关于中止会员会籍的政策》(IPC Policy on Suspension of an IPC Member Organisation)

《国际残奥会反兴奋剂条例》(IPC Anti-Doping Code)

《检查资格》(Verification Criteria)

《指南实施和有效检查方案》(Guidelines for Implementing an Effective Testing Program)

四、其他

兴奋剂检查官(Doping Control Officer, DCO)

反兴奋剂运行管理系统(Anti-Doping Administration & Management System,ADAMS)

全球导航卫星系统(Global Navigation Satellite System,GNSS)

主要参考文献

一、中文参考文献

1. 杨春然:《刑法的边界研究》,中国人民公安大学出版社 2013 年版。

2. 张新宝:《侵权责任法原理》,中国人民大学出版社 2005 年版。

3. [奥]维特根斯坦:《逻辑哲学论》,贺绍甲译,商务印书馆 1996 年版。

4. 董金鑫:《国际体育仲裁中的法律冲突问题研究:以职业足球劳动合同争议为重心》,中国社会科学出版社 2022 年版。

5. 郑晓剑:《比例原则在民法上的适用及展开》,载《中国法学》2016 年第 2 期。

6. 李真:《治疗用药豁免(TUE)规则初探——首例 TUE 案分析》,载《天津体育学院学报》2013 年第 3 期。

7. 周茗、付甲:《奥林匹克精神与竞技体育的人性复归》,载《成都体育学院学报》2010 年第 7 期。

8. 黄文艺:《作为一种法律干预模式的家长主义》,载《法学研究》2010 年第 5 期。

9. 孙笑侠、郭春镇:《法律父爱主义在中国的适用》,载《法制资讯》2008 年第 2 期。

10. 宋彬龄:《论兴奋剂案件中过错程度的证明》,载《体育科学》2012 年第 7 期。

11. 叶卫兵、苑亮、吕俊:《非药检阳性兴奋剂案件的举证责任和证明标准》,载《天津体育学院学报》2010 年第 2 期。

12. 范继增:《欧洲人权法院适用比例原则的功能与逻辑》,载《欧洲研究》2015 年第 5 期。

13. 韩勇:《兴奋剂处罚的"严格责任"原则》,载《首都体育学院学报》2006 年第 5 期。

14. 郭树理:《兴奋剂禁赛期满仍不得参加奥运会?——评国际奥委会"大阪规则"的重启》,载《上海体育学院学报》2018 年第 2 期。

二、外文参考文献

1. Ioannidis G., *The Application of Criminal Law on Doping Infractions and the "Whereabouts Information" Rule: State Regulation v. Self-regulation*, Int. Sports Law, Vol. 1, (2010).

2. Daniel J. Gandert, *The WADA Code: Optimal on Paper*, Md. J. Int'l L., Vol. 32, (2017).

3. James Halt, *Where is the Privacy in WADA's "Whereabouts" Rule?*, Marquette Sports Law Review, Vol. 20, (2009).

4. Gandert D. & Ronisky F., *American Professional Sports is a Doper's Paradise: It's Time We Make a Change*, North Dakota Law Review, Vol. 86, (2010).

5. Gross O., *Are Torture Warrants Warranted? Pragmatic Absolutism and Official Disobedience*, Social Science Electronic Publishing, Vol. 88, (2004).

6. Haynes J., *WADA's International Standard for Code Compliance by Signatories: A Preliminary Assessment*, International Sports Law Review, Vol. 59, (2018).

7. Mortsiefer, Revision des Welt Anti-Doping Code(WADC 2021)-Ein Überblick, SpuRt, Vol. 1, (2020).

8. Klaus Vieweg, *The Definition of Doping and the Proof of a Doping Offense(An Anti-Doping Rule Violation) under Special Consideration of the German Legal Position*, Marquette Sports Law Review, Vol. 15, (2004).

9. Sullivan, *The World-Anti Doping Code and Contract Law*, Doping in Sport and the Law, (2016).

10. Carlyle Thomas, *History of Friedrich Ⅱ, of Prussia, Called Frederick the Great*, Chapman and Hall, Vol. 22, (1974).

11. Samuel W. Buell, *Novel Criminal Fraud*, New York University Law Review, Vol. 81, (2006).

12. Kevin Jon Heller, *The Cognitive Psychology of Mens rea*, Journal of Criminal Law and Criminology, Vol. 99, (2009).

13. Christopher McKenzie, *The Use of Criminal Justice Mechanisms to Combat Doping in Sport*, Sports Lawe Journal, Vol. 1, (2007).

14. A. Duval, H. Ram, M. Viret et al., *The World Anti-Doping Code*

2015: ASSER International Sports Law Blog Symposium, The International Sports Law Journal, Vol. 16, (2016).

15. O. MacGregor, R. Griffith, D. Ruggiu et al., *Anti-Doping, Purported Rights to Privacy and WADA's Whereabouts Requirements: A legal Analysis*, Fair Play, Vol. 1, (2013).

16. J. Mcgarry, *A Pendlebury, Location, Location, Location: The Whereabouts Rule and the Right to Privacy*, Cambrian L. Rev., Vol. 40, (2009).

17. Casini L., *Global Hybrid Public-Private Bodies: The World Anti-Doping Agency (WADA)*, International Organizations Law Review, Vol. 6, (2009).

18. Kenneth Mann, *Punitive Civil Sanctions: The Middle Ground between Criminal and Civil Law*, Yale Law Journal, Vol. 101, (1992).

19. Frank Oschütz, *Harmonization of Anti-Doping Code through Arbitration: The Case Law of the Court of Arbitration for Sport*, Marquette Sports Law Review, Vol. 12, (2002).

20. Braham Dabscheck, *The Glob Eat Their Feet: FIFA's New Employment Rules-I*, Sport in Society, Vol. 7, (2004).

21. Matthew J. Mitten, *Hayden Opie, "Sports Law": Implications for the Development of International, Comparative, and National Law and Global Dispute Resolution*, Tulane Law Review, Vol. 85, (2010).

22. Matthew J. Mitten, Timothy Davis, *Athlete Eligibility Requirements and Legal Protection of Sports Participation Opportunities*, Va. Sports & Ent. L. J., Vol. 8, (2009).

23. Matthew J. Mitten, *Judicial Review of Olympic and International Sports Arbitration Awards*, Pepperdine Dispute Resolution L. J., Vol. 10, (2009).

24. Mary K. Fitzgerald, *The Court of Arbitration for Sport: Dealing with Doping and Due Process During the Olympics*, Sports Law Journal, Vol. 7, (2000).

25. Michael H. Posner, Candy Whittome, *The Status of Human Rights NGOs*, Colum. Hum. Rts. L. Rev., Vol. 25, (1994).

26. Jason Gubi, *The Olympic Binding Arbitration Clause and the Court of Arbitration for Sport: An Analysis of Due Process Concerns*, Fordham Intell.

Prop. Media & Ent. L. J., Vol. 18, (2008).

27. Nils Jare borg, *Criminalization as Last Resort (Ultima Ratio)*, Ohio State Journal of Criminal Law, Vol. 2, (2004).

28. Moshe Cohen-Eliya, Iddo Porat, *American Balancing and German Proportionality: The Historical Origins*, Int. J. Const Law, Vol. 8, (2010).

29. Kambhampati A., Star S., *Playing true? A Critique of the 2021 WADA Code*, The International Sports Law Journal, Vol. 21, (2021).

30. Lippi G., Banfi G., *Blood Transfusions in Athletes, Old Dogmas, New Tricks*, Clinical Chemistry and Laboratory Medicine (CCLM), Vol. 44, (2006).

31. Maureen A. Weston, *Doping Control, Mandatory Arbitration, and Process Dangers for Accused Athletes in International Sports*, Pepperdine Dispute Resolution Law Journal, Vol. 10, (2010).

32. Michael S. Moore, *Responsibility and the Unconscious*, S. Cal. L. Rev., Vol. 53, (1980).

33. Jong F. D., *Theorizing Criminal Intent: A Methodological Account*, Utrecht Law Review, Vol. 7, (2011).

34. Max Ernst Mayer, *Rechtsnormen und kulturnormen*, Schletter, Vol. 50, (1903).

35. Gunther Arzt, *The Problem of Mistake of Law*, BYU L. Rev., Vol. 19, (1986).

36. Rigozzi A., Haas U., Wisnosky E. et al., *Breaking Down the Process of Determining a Basic Sanction under the 2015 World Anti-Doping Code*, Int. Sports Law Journal, Vol. 15, (2015).

37. H. L. A. Hart, *Negligence, Mens Rea and Criminal Responsibility, in Punishment and Responsibility*, The University of Toronto Law Journal, Vol. 19, (1969).

38. Cox L., Bloodworth A., McNamee M., *Olympic Doping, Transparency, and the Therapeutic Exemption Process*, International Academic Journal on Olympic Studies, Vol. 1, (2017).

39. Tscholl P. M., Dvorak J., *Abuse of Medication During International Football Competition in 2010 – Lesson not Learned*, British Journal of Sports Medicine, Vol. 46, (2010).

40. J. Mazanov, J. Connor, *Rethinking the Management of Drugs in*

Sport, International Journal of Sport Policy and Politics, Vol. 2, (2010).

41. Overbye M., Wagner U., *Between Medical Treatment and Performance Enhancement: An Investigation of How Elite Athletes Experience Therapeutic Use Exemptions*, International Journal of Drug Policy, Vol. 24, (2013).

42. Dixon N., *Boxing, Paternalism, and Legal Moralism*, Social Theory and Practice, Vol. 27, (2001).

43. Reimann M., *Nineteenth Century German Legal Science*, BCL Rev., Vol. 31, (1989).

44. Dimeo P., Moller V., *Elite Sport: Time to Scrap the Therapeutic Exemption System of Banned Medicines*, The Conversation, Vol. 12, (2017).

45. Fraser A. D., *Doping Control from a Global and National Perspective*, Therapeutic Drug Monitoring, Vol. 26, (2004).

46. Waddington I., *Surveillance and Control in Sport: A Sociologist Looks at the WADA Whereabouts System*, International Journal of Sport Policy & Politics, Vol. 2, (2010).

47. Wagner U., Hanstad D. V., *Scandinavian Perspectives on Doping: A Comparative Policy Analysis in Relation to the International Process of Institutionalizing Anti-Doping*, International Journal of Sport Policy and Politics, Vol. 3, (2011).

48. Fitch Ken, *The World Anti-Doping Code: Can You Have Asthma and Still be an Elite Athlete?*, Breathe, Vol. 12, (2016).

49. Wantchekon L., Healy A., *The "Game" of Torture,* Journal of Conflict Resolution, Vol. 43, (1999).

50. Sobel Joel, *A Model of Declining Standards*, International Economic Review, Vol. 41, (2000).

51. McNamee M. J., Müller A., van Hilvoorde I. et al., *Genetic Testing and Sports Medicine Ethics*, Sports Med, Vol. 39, (2009).

52. McNamee M., Phillips N., *Confidentiality, Disclosure and Doping in Sports Medicine*, Br J. Sports Med, Vol. 45, (2011).

53. Johnson R., *The Unique Ethics of Sports Medicine*, Clin Sports Med, Vol. 23, (2004).

54. Dunn W. R., George M. S., Churchill L. et al., *Ethics in Sports Medicine*, Am J. Sports Med, Vol. 35, (2007).

55. Steven D. Stovitz, David J. Satin, *Professionalism and the Ethics of the Sideline Physician*, Curr Sports Med Reports, Vol. 5, (2006).

56. Malcolm D., *Confidentiality in Sports Medicine*, Clin Sports Med, Vol. 35, (2016).

57. Rigozzi A., Haas U. et al., *Breaking down the Process for Determining a Basic Sanction under the 2015 World Anti-Doping Code*, Int. Sports Law J., Vol. 15, (2015).

58. Sheppard B. H., Lewicki R. J., Minton J. W., *Issues in Organization and Management Series Organizational Justice: The Search for Fairness in the Workplace*, Macmillan Pub. Co., 1992.

59. Jurgen Schwarze, *European Administrative Law*, Sweet & Maxwell, 2006.

60. Matthew Mitten et al., *Sports Law And Regulation: Cases, Materials, and Problems, Wolters Kluwer Law & Business*, Aspen Opco Llc., 2013.

61. Paul David, *A Guide to the World Anti-Doping Code: A Fight for the Spirit of Sport*, Cambridge University Press, 2013.

62. Ralph Reisner, Christopher Slobogin, *Law and the Mental Health System*, West Pub. Co., 1990.

63. W. Schild, Derstrafrechtliche Vorsatz zwischen psychischem Sachverhalt und normativem Konstrukt, in R. Jakob et al. (eds.), Psyche, Recht, Gesellschaft, 1995.

64. Winfried Hassemer, Tatbestand und Typus: Untersuchungen zur strafrechtlichen Hermeneutik, 1968.

65. Schmidhauser, Von den zwei Rechtsordnungen im staatlichen Gemeinwesen, 1964.

66. Sache Herberger, Die deskriptiven und normativen Tatbestandsmerkmale im Strafrecht, in Koch [Hrsg.], Juristische Methodenlehre und analytische Philosophie, Atenäum Verlag GmbH, 1976.

67. George P. Fletcher, *The Grammar of Criminal Law: American, Comparative, International*, Oxford University Press, 2007.

68. Jw. Soek, *The Strict Liability Principle and the Human Rights of Athletes in Doping Cases*, T. M. C. Asser Press, 2006.

69. DeCew, Judith Wagner, *In Pursuit of Privacy: Law, Ethics, and the*

rise of Technology, Cornell University Press, 1997.

70. Joel Feinberg, *Harm to Self*, Oxford Univ. Press, 1984.

71. Christopher Berry Grey, *The Philosophy of Law: An Encyclopedia*, Garland Pub. Co., 1999.

72. Soek J., *The Strict Liability Principle and the Human Rights of the Athlete in Doping Cases*, Erasmus School of Law (ESL), 2006.

后　记

娱乐是人类生活中不可或缺的一部分，其原本源于生产劳动，由于社会的分工，才使其获得独立的地位，比如体育、音乐、游戏、曲艺等。当参与这种娱乐时，我们会暂时忘记烦恼，感受到快乐、刺激、想象或启发，故娱乐是生活的调味剂。娱乐虽然来源于现实，但其并不完全等于现实生活，它是单纯地为了开心而从事的一种活动，所以更倾向于非理性，现实生活的规则、逻辑或道德对其的限制，相对较小。

娱乐是一种轻松、随意的活动，具有自我满足、自我放纵的成分，个人色彩比较浓厚，很难一般化。它通常关注某些个体的感受、需求或欲望，既不要求人们对娱乐的内容、过程或结果负责，也不考虑娱乐的影响、后果以及意义。比如，你是某球队的粉丝，往往就站在该球队的一边，至于为什么要这样做，理由很简单，就是“我喜欢”。当然，今天我喜欢尤文图斯足球俱乐部，明天也可能就成了AC米兰足球俱乐部的拥趸了。这不是背叛，不能用康德的普遍法则进行道德评判。现实生活却不这样，看到甲欺负乙，不能因为你的偶像说甲对，你就认为甲就站在正义的一边了，而是要根据已有的规则，重新进行判断和评价，因为这种判断会反映你自己切身的利益。在这里，真正的被害人乙，往往就是你自己，你的“超我”，或者逻辑上的你。动物世界中狼攻击牛群，只有那头直接受害的牛，才予以反抗，其他的牛都懒得观望，各自认真地吃着地上的草，因为它们没有意识到被攻击的牛与自己的关系。人类不同，正是看到了自己与他人逻辑上的关联性，即今天的被害人可能就是明天的“我”，才会站出来，站在被害人的一边。这就是人类会形成各种共同体的原因，而娱乐很难形成一个具有社会意义的共同体，这是因为娱乐中个人享有绝对的自由意志，想喜欢什么就喜欢什么。

不过，娱乐具有双面性：从观众的角度看，就像前面提到的那样，更强调开心、快乐与享受，非理性的成分较多；从从业者的角度看，由于这属于商业或者产业的范畴，所以，规范、理性与责任更重要，而专门用于监管娱乐产业的娱乐法，属于后者，即娱乐法中“娱乐”的成分，仅仅是很小的一部分。

当然，娱乐法与传统的法律有密切的关系，其通常是法律变革的先行者,也是人们熟悉传统法律背后规范的最早启蒙者,因为儿童是通过游戏了解社会规范的。作为游戏规则,娱乐法既是普适性法律的塑造者,也是文化和法律的力量来源。

当然,我只是一个业余爱好者,写这本书绝不是为了教育别人,而是为了分享自己的一些想法和观点,希望能引起更多人的关注和讨论。这个领域还有很多问题和难点需要研究和探索,借此也希望能和更多的同行和专家交流和学习。这本书无疑有很多不足和错误,欢迎大家批评和指正。

本书建立在 CAS 的判例以及相关的研究之上。在开始,是以文章的方式发表的,所以缺陷非常明显:一方面,各个部分往往存在脱节的现象;另一方面,有的问题研究较深,有些则蜻蜓点水、浅尝辄止。为此,我们对各个部分进行了整理,填补了一些内容。这里需要说明的是,该研究成果是集体智慧的结晶,其中,黄岛区检察院张连杰同志主要参与了第十章与第十二章大部分内容的写作与修改,王娜博士主要参与第三章内容的写作与修改,第三章第五节有关兴奋剂违规行为的性质由杨雨潇完成。除此之外,范超群、曹佳豪、包维浩等同学,对该书的各部分进行了整理与文献校对,作出了很大的贡献,特此说明。